Rechtsnatur und Rechtswirkungen des Flächennutzungsplans

Schriften zum Deutschen und Internationalen Bau-, Umwelt- und Energierecht

Herausgegeben von Axel Wirth

Band 18

PL ACADEMIC RESEARCH

Gerrit Krupp

Rechtsnatur und Rechtswirkungen des Flächennutzungsplans

PL ACADEMIC RESEARCH

Bibliografische Information der Deutschen Nationalbibliothek
Die Deutsche Nationalbibliothek verzeichnet diese Publikation in der Deutschen Nationalbibliografie; detaillierte bibliografische Daten sind im Internet über http://dnb.d-nb.de abrufbar.

Zugl.: Köln, Univ., Diss., 2017

D 38
ISSN 2197-0556
ISBN 978-3-631-73310-3 (Print)
E-ISBN 978-3-631-73311-0 (E-PDF)
E-ISBN 978-3-631-73312-7 (EPUB)
E-ISBN 978-3-631-73313-4 (MOBI)
DOI 10.3726/b11705

PL Academic Research ist ein Imprint der Peter Lang GmbH.

Peter Lang – Frankfurt am Main · Bern · Bruxelles · New York · Oxford · Warszawa · Wien

Diese Publikation wurde begutachtet.

www.peterlang.com

Meinen Eltern

Vorwort

Diese Arbeit lag der Rechtswissenschaftlichen Fakultät der Universität zu Köln als Dissertation vor. Die Disputation fand zu Beginn des Sommersemesters 2017 statt. Rechtsprechung und Literatur sind auf dem Stand von Mai 2016.

An erster Stelle danke ich herzlich meinem Doktorvater, Herrn Professor Dr. Stefan Muckel, für die hervorragende Betreuung der Promotion, sein stets offenes Ohr für meine Fragen und seine aufmunternden Worte.

Frau Professorin Dr. Daniela Winkler danke ich für die Übernahme und rasche Erstellung des Zweitgutachtens.

Ein hervorgehobener Dank gilt Herrn Rechtsanwalt Dr. Thomas Stemmler für seine konstruktive Kritik und seine stete Mahnung, die Promotion zu einem erfolgreichen Ende zu führen.

Der Lenz und Johlen Rechtsanwälte Partnerschaft mbB – und hier insbesondere Herrn Rechtsanwalt Dr. Thomas Lüttgau – danke ich für den großzügig gewährten Freiraum, um die Promotion neben meiner Anwaltstätigkeit vollenden zu können.

Auch für die Aufnahme dieser Arbeit in die Schriftenreihe zum Deutschen und Internationalen Bau-, Umwelt- und Energierecht danke ich.

Herrn Lars Kristen danke ich für das Korrekturlesen des Manuskripts. Ebenso danke ich Herrn Christian Görgens, auf dessen IT-Kenntnisse ich zurückgreifen konnte, als es galt, bei der Formatierung der Arbeit die Untiefen des Textverarbeitungsprogramms zu umschiffen. Frau Désirée Ervens danke ich für den Zuspruch. Meinem Patensohn, Oskar Stemmler, danke ich für die Ablenkungen vom Arbeitsalltag.

Der Lebensgefährtin meines Vaters, Frau Doris Weber, sei ebenfalls für ihren Zuspruch gedankt.

Von Herzen dankbar bin ich meinen Eltern, Barbara und Detlev Krupp. Auf ihre Unterstützung konnte ich mich stets – nicht zuletzt während meiner akademischen Ausbildung – verlassen. Ihnen widme ich diese Arbeit.

Herzlich danke ich auch meiner Lebensgefährtin, Frau Carolin Herpertz, die mir Mut zugesprochen und viel Verständnis für die mit der Entstehung der Arbeit verbundenen Entbehrungen gezeigt hat.

Köln, im Juni 2017
Gerrit Krupp

Inhaltsverzeichnis

Literaturverzeichnis

Albers, Gerd: Vom Fluchtlinienplan zum Stadtentwicklungsplan, AfK 1967, 192–211

Albrecht, Eike/Zschiegner, André: Landesgesetzliche Abstandsregelungen für Windkraftanlagen nach § 249 Absatz III BauGB auf dem rechtlichen Prüfstand, NVwZ 2015, 1093–1100

Badura, Peter: Das Planungsermessen und die rechtsstaatliche Funktion des Allgemeinen Verwaltungsrechts, in: Verfassung und Verfassungsrechtsprechung, Festschrift zum 25-jährigen Bestehen des Bayerischen Verfassungsgerichtshofs, München, 1972, S. 157 ff.
(zitiert: Badura, in: FS-25 Jahre BayVerfGH)

Baldauf, Günther: Die öffentlich-rechtliche Wirkung des Leitplanes nach dem Aufbaugesetz, Bauamt und Gemeindebau 1958, 52–54

Battis, Ulrich: Anmerkung zum Urteil des BVerwG vom 26.04.2007 – 4 CN 3/06 – (BVerwGE 128, 382 ff.), JZ 2007, 1153–1154

—: Zentrale Versorgungsbereiche, DVBl. 2011, 196–200

—: Rechtsfragen zum Bundesraumordnungsprogramm, JZ 1976, 73–80

—: Das System der räumlichen Gesamtplanung, in: Planung, Festschrift für Werner Hoppe zum 70. Geburtstag, herausgegeben von Erbguth, Wilfried/Oebbecke, Janbernd/Rengeling, Hans-Werner/Schulte, Martin, München, 2000, S. 303 ff.
(zitiert: Battis, in: FS-Hoppe)

—: Rechtsschutz gegen Flächennutzungspläne, Ad Legendum 2012, 153–158

—: Öffentliches Baurecht und Raumordnungsrecht, 6. Auflage, Stuttgart, 2014
(zitiert: Battis, Öffentliches Baurecht)

Battis, Ulrich/Krautzberger, Michael/Löhr, Rolf-Peter: Bundesbaugesetz, Kommentar, München, 1985
(zitiert: Bearbeiter, in: Battis/Krautzberger/Löhr, Bundesbaugesetz)

Battis, Ulrich/Krautzberger, Michael/Löhr, Rolf-Peter: Baugesetzbuch, Kommentar, München, 12. Auflage, 2014
(zitiert: Bearbeiter, in: Battis/Krautzberger/Löhr, BauGB)

Battis, Ulrich/Krautzberger, Michael/Mitschang, Stephan/Reidt, Olaf/Stüer, Bernhard: Gesetz zur Förderung des Klimaschutzes bei der Entwicklung in den Städten und Gemeinden in Kraft getreten, NVwZ 2011, 897–904

Becker, Bernd: Öffentliche Verwaltung, Percha am Starnberger See u.a., 1989

Beckmann, Klaus: Der Rückbau von Windenergieanlagen (WEA) – eine rechtliche Herausforderung für die Behörden?, UPR 2013, 175–182

Beenken, Reinhard: Zur Überprüfbarkeit der Bauleitpläne nach dem Bundebaugesetz, Dissertation, Köln, 1966
(zitiert: Beenken, Überprüfbarkeit der Bauleitpläne)

Bergt, Thorsten/Kück, Jörn: Rechtsfragen der Planfeststellung – Das Beispiel der Bremer Weserquerung, in: Bau- und Fachplanungsrecht, Festschrift für Bernhard Stüer zum 65 Geburtstag, herausgegeben von Krautzberger, Michael/Rengeling, Hans-Werner/Saerbeck, Klaus, München, 2013, S. 353 ff.
(zitiert: Bergt/Kück, in: FS-Stüer)

Berkemann, Jörg/Halama, Günter: Erstkommentierungen zum BauGB 2004, Bonn, 2005
(zitiert: Bearbeiter, Berkemann/Halama, BauGB 2004)

Bielenberg, Walter: Anmerkung zu den Urteilen des NdsOVG vom 29.10.1964 – I A 75/63 – (DVBl. 1965, 288) und des OVG NRW vom 25.06.1964 – VII A 213/62 – (DVBl. 1965, 289), DVBl. 1965, 291–294

—: Ist das nordrhein-westfälische Landesplanungsgesetz nichtig?, DVBl. 1960, 84–90

—: Die Rechtsnatur der vorbereitenden städtebaulichen Pläne, DVBl. 1960, 542–548

Bielenberg, Walter/Runkel, Peter/Spannowsky, Willy/Reitzig, Frank/Schmitz, Holger: Raumordnungs- und Landesplanungsrecht des Bundes und der Länder, Kommentar, Loseblatt, Stand: Februar 2016
(zitiert: Bearbeiter, in: Bielenberg/Runkel/Spannowsky/Reitzig/Schmitz, Raumordnungsrecht)

Blank, Joseph-Theodor: Regierungsplanung und parlamentarische Kontrolle, DVBl. 1978, 193–200

Blümel, Willi: Fachplanung durch Bundesgesetz (Legalplanung), DVBl. 1997, 205–216

Böckenförde, Ernst-Wolfgang: Planung zwischen Regierung und Parlament, Der Staat 1972, 429–458

Bönker, Christian/Bischopink, Olaf: Baunutzungsverordnung, Kommentar, Baden-Baden, 2014
(zitiert: Bearbeiter, in: Bönker/Bischopink, BauNVO)

Bracher, Christian-Dietrich/Reidt, Olaf/Schiller, Gernot: Bauplanungsrecht, 8. Auflage, Köln, 2014
(zitiert: Bearbeiter, in: Bracher/Reidt/Schiller, Bauplanungsrecht)

Brenner, Michael: Öffentliches Baurecht, 4. Auflage, Heidelberg u.a., 2014
(zitiert: Brenner, Öffentliches Baurecht)

Breuer, Rüdiger: Städtebauliche Planung, Umlegung und Enteignung nach dem Allgemeinen Baugesetz in Sachsen, in: 100 Jahre Allgemeines Baugesetz Sachsen, Festschrift, herausgegeben von Bauer, Hartmut/Breuer, Rüdiger/Degenhart, Christoph/Oldiges, Martin, Stuttgart u.a., 2000, S. 263 ff.
(zitiert: Breuer, in: FS-100 Jahre Baugesetz Sachsen)

—: Die hoheitliche raumgestaltende Planung, Bonn, 1968

—: Das sächsische Baurecht und die baurechtliche Entwicklung in anderen deutschen Staaten während des 19. Jahrhunderts – Vergleichende Betrachtungen, in: 100 Jahre Allgemeines Baugesetz Sachsen, Festschrift, herausgegeben von Bauer, Hartmut/Breuer, Rüdiger/Degenhart, Christoph/Oldiges, Martin, Stuttgart u.a., 2000, S. 209 ff.
(zitiert: Breuer, in: FS-100 Jahre Baugesetz Sachsen)

—: Zur Entstehungsgeschichte eines modernen Städtebaurechts in Deutschland, Die Verwaltung, Bd. 19 (1986), S. 305–337

Bringewat, Jörn: Normenkontrolle von Darstellungen eines Flächennutzungsplans im Anwendungsbereich von § 35 III 3 BauGB, NVwZ 2013, 984–987

Brohm, Winfried: Rechtsschutz im Bauplanungsrecht, Stuttgart, 1959

—: Öffentliches Baurecht, 3. Auflage, München, 2002

—: Planungsrecht, in: Staatslexikon, Band IV, herausgegeben von der Görres-Gesellschaft, Freiburg u.a., 1988, Spalte 409–413
(zitiert: Brohm, in: StL)

—: Plangewährleistungsrechte, JURA 1986, 617–625

Bröll, Helmut: Das neue Baugesetzbuch, BayVBl. 1987, 385–393

Brügelmann, Hermann: Bundesbaugesetz, Kommentar, Loseblatt, Stuttgart u.a., Stand: Februar 1986.
(zitiert: Bearbeiter, in: Brügelmann, Bundesbaugesetz)

—: Baugesetzbuch, Kommentar, Loseblatt, Stuttgart, Stand: Dezember 2015
(zitiert: Bearbeiter, in: Brügelmann, BauGB)

Bunse, Benno: Der Flächennutzungsplan als Instrument der Landesplanung – Überlegungen zu den Ersetzungsklauseln in § 5 Abs. 1 Satz 5 ROG und § 8 Abs. 1, 2. Halbs. NROG, DVBl. 1984, 420–425

Bunzel, Arno: Das Planspiel zur BauGB-Novelle 2011 – Neuerungen für eine klimagerechte Stadtentwicklung, ZfBR 2012, 114–122

—: Neue Aufgaben für die kommunale Flächennutzungsplanung, in: Festschrift zum Städtebaurecht. Einführung in und Handbuch für den aktiven Ruhestand mit den allerbesten Wünschen und bemerkenswerten Überlegungen von vielen Kolleginnen und Kollegen, Festschrift für Gerd Schmidt-Eichstaedt, herausgegeben von Coulmas, Diana/Metscher, Walter/Reiß, Alexander/Sasse, Carola/Weyrauch, Bernhard, Berlin, 2006, S. 27 ff.
(zitiert: Bunzel, in: FS-Schmidt-Eichstaedt)

Busse, Volker: Zur Gesetzgebungsarbeit der Bundesregierung, VerwArch 87 (1996), 445–472

Cholewa, Werner/Dyong, Hartmut/von der Heide, Hans-Jürgen/Arenz, Willi: Raumordnung in Bund und Ländern, Kommentar, Loseblatt, Stand: September 2014
(zitiert: Bearbeiter, in: Cholewa/Dyong/von der Heide/Arenz, Raumordnung)

Clasen, Heinrich: Ist die Vorschrift des § 8 (2) Aufbaugesetz NW verfassungswidrig?, Bauamt und Gemeindebau 1960, 257–258

Dazert, Andreas: Statthaftigkeit der Normenkontrollklage gegen Darstellungen von Konzentrationszonen für Windenergie im Flächennutzungsplan, BauR 2007, 657–660

Decker, Andreas: Darstellungen im Flächennutzungsplan als öffentlicher Belang bei privilegierten und sonstigen Vorhaben nach § 35 I, II BauGB, JA 2015, 1–7

Demske, Antje: Die Steuerungswirkung des Flächennutzungsplans und seine Bedeutung nach Inkrafttreten des Europarechtsanpassungsgestzes (EAG Bau), Berlin, 2009
(zitiert: Demske, Die Steuerungswirkung des Flächennutzungsplans)

Di Fabio, Udo: Die Struktur von Planungsnormen, in: Planung, Festschrift für Werner Hoppe zum 70. Geburtstag, herausgegeben von Erbguth, Wilfried/Oebbecke, Janbernd/Rengeling, Hans-Werner/Schulte, Martin, München, 2000, S. 271 ff.
(zitiert: Di Fabio, in: FS-Hoppe)

Dietlein, Johannes/Burgi, Martin/Hellermann, Johannes: Öffentliches Recht in Nordrhein-Westfalen, 5. Auflage, München, 2014
(zitiert: Bearbeiter, in: Dietlein/Burgi/Hellermann, ÖffR NRW)

Dittus, Wilhelm: Zum Erscheinen des Bundesbaugesetzes, DVBl. 1960, 537–542

—: Entwurf zu einem Baugesetz für die Bundesrepublik Deutschland, Kassel, 1950

Dörries, Andrea: Das Verhältnis der Bauleitplanung zur raumbeanspruchenden Fachplanung, Berlin, 2000

Durner, Wolfgang: Konflikte räumlicher Planung, Tübingen, 2005

Ehebrecht-Stüer, Eva-Maria: Entwicklung des Städtebaurechts, in: Planung, Festschrift für Werner Hoppe zum 70. Geburtstag, herausgegeben von Wilfried Erbguth/Janbernd Oebbecke/Hans-Werner Rengeling/Martin Schulte, München 2000, S. 39 ff.
(zitiert: Ehebrecht-Stüer, in: FS-Hoppe)

Emde, Daniela: Die Rechtswirkungen von Raumordnungsplänen, JA 2010, 87–94

Erbguth, Wilfried: Auswirkungen des Planfeststellungsverfahrens auf die Bauleitplanung, NVwZ 1989, 608–615

Erbguth, Wilfried/Schubert, Mathias: Öffentliches Baurecht mit Bezügen zum Umwelt- und Raumplanungsrecht, 6. Auflage, Berlin, 2015
(zitiert: Erbguth/Schubert, Öffentliches Baurecht)

Erichsen, Hans-Uwe/Pünder, Hermann: Allgemeines Verwaltungsrecht, 15. Auflage, Berlin u.a., 2016
(zitiert: Bearbeiter, in: Erichsen/Pünder, AllgVerwR)

Ernst, Werner/Friede, Paul: Kommentar zum Aufbaugesetz von Nordrhein-Westfalen, 4. Auflage, Düsseldorf, 1958
(zitiert: Ernst/Friede, AufbauG NRW)

Ernst, Werner/Zinkahn, Willy/Bielenberg, Walter/Krautzberger, Michael: Bundesbaugesetz, Kommentar, Loseblatt, München, Stand: September 1977
(zitiert: Bearbeiter, in: Ernst/Zinkahn/Bielenberg, Bundesbaugesetz)

Ernst, Werner/Zinkahn, Willy/Bielenberg, Walter/Krautzberger, Michael: Baugesetzbuch, Kommentar, Loseblatt, München, Stand: November 2015
(zitiert: Bearbeiter, in: Ernst/Zinkahn/Bielenberg/Krautzberger, BauGB)

Eyermann, Erich: Verwaltungsgerichtsordnung, Kommentar, München, 14. Auflage, 2014
(zitiert: Bearbeiter, in: Eyermann, VwGO)

Fehl, Gerhard: Der deutsche Städtebau in den 1890er Jahren. Die verzögerte Modernisierung der Städte, in: 100 Jahre Allgemeines Baugesetz Sachsen, Festschrift, herausgegeben von Bauer, Hartmut/Breuer, Rüdiger/Degenhart, Christoph/Oldiges, Martin, Stuttgart u.a., 2000, S. 73 ff.
(zitiert: Fehl, in: FS-100 Jahre Baugesetz Sachsen)

Fehling, Michael/Kastner, Berthold/Störmer, Rainer: Verwaltungsrecht: Verwaltungsverfahrensgesetz, Verwaltungsgerichtsordnung, Nebengesetze, Kommentar, Baden-Baden, 4. Auflage, 2016
(zitiert: Bearbeiter, in: Fehling/Kastner/Störmer, Verwaltungsrecht)

Finkelnburg, Klaus: Das Verhältnis zwischen Bebauungsplan und Flächennutzungsplan nach § 8 Abs. 2 bis 4 BauGB, in: Baurecht – Aktuell, Festschrift für Felix Weyreuther, herausgegeben von Driehaus, Hans-Joachim/Birk, Hans-Jörg, Köln u.a., 1993, S. 111 ff.
(zitiert: Finkelnburg, in: FS-Weyreuther)

Finkelnburg, Klaus/Ortloff, Karsten-Michael/Kment, Martin: Öffentliches Baurecht, Band I, Bauplanungsrecht, 6. Auflage, München, 2011
(zitiert: Finkelnburg/Ortloff/Kment, BauplanungsR)

Forsthoff, Ernst: Norm und Verwaltungsakt im geltenden und künftigen Baurecht, DVBl. 1957, 113–118

—: Lehrbuch des Verwaltungsrechts. Erster Band. Allgemeiner Teil, 10. Auflage, München, 1973
(zitiert: Forsthoff, Verwaltungsrecht, Bd. I)

Frey, Michael: Aktuelle Fragestellungen bei der Normenkontrolle gegen Windkaft-Flächennutzungspläne. Antragsgegenstand, Antragsbefugnis, Rechtsschutzbedürfnis und Präklusion, NVwZ 2013, 1184–1190

Frey, Michael: Möglichkeiten und Grenzen der Abschichtung umweltrechtlicher Prüfungen bei Windkraft-Flächennutzungsplanung und -anlagengenehmigung, BauR 2014, 920–933

Gärditz, Klaus F.: Verwaltungsgerichtsordnung, Kommentar, Köln, 2013
(zitiert: Bearbeiter, in: Gärditz, VwGO)

Gatz, Stephan: Zulässigkeit der abstrakten Normenkontrolle von Flächennutzungsplänen mit den Rechtswirkungen des § 35 Abs. 3 Satz 3 BauGB – Anmerkung zum Urteil des BVerwG vom 26.04.2007 – 4 CN 3.06 – (BVerwGE 128, 382 ff.), jurisPR-BVerwG 16/2007 Anm. 3

—: Darstellungen im Flächennutzungsplan: Grundzüge; Bestimmtheitsgrad, Gewichtung – Anmerkung zum Urteil des BVerwG vom 18.08.2005 – 4 C 13.04 – (BVerwGE 124, 132 ff.), jurisPR-BVerwG 25/2005 Anm. 1

—: Prinzipale Normenkontrolle bei der Konzentrationsflächenplanung für Windenergieanlagen – Anmerkung zum Urteil des BVerwG vom 31.01.2013 – 4 CN 1.12 – (BVerwGE 146, 40 ff.), jurisPR-BVerwG 11/2013 Anm. 5

—: Planerische Steuerung der Windenergie, in: Bau- und Fachplanungsrecht, Festschrift für Bernhard Stüer zum 65 Geburtstag, herausgegeben von Krautzberger, Michael/Rengeling, Hans-Werner/Saerbeck, Klaus, München, 2013, S. 171 ff.
(zitiert: Gatz, in: FS-Stüer)

Gierke, Hans-Georg: Rechtsschutz bei Flächennutzungsplänen, in: Flächennutzungsplanung – Aufgabenwandel und Perspektiven, herausgegeben von Mitschang, Stephan, Frankfurt a. M. u.a., 2007, S. 181–215
(zitiert: Gierke, in: Mitschang (Hrsg.), Flächennutzungsplanung – Aufgabenwandel und Perspektiven)

Gockel, Willi: Die Rechtswirkung des Leitplans und die Nutzungsbindung nach § 8 (1) Aufbaugesetz NW, Bauamt und Gemeindebau 1960, 166–167

—: Die Nutzungsbindung nach § 8 Abs. 1 des Aufbaugesetzes NW, Bauamt und Gemeindebau 1960, 25–28

Göderitz, Johannes: Neues Städtebaurecht. Der Entwurf eines Gesetzes über den Aufbau der deutschen Gemeinden, Braunschweig, 1948
(zitiert: Göderitz, Neues Städtebaurecht)

Graf, Dennis: Rechtliche Anforderungen an den Inhalt und die Regelungstiefe der Darstellungen im Flächennutzungsplan, BauR 2004, 1552–1559

*Groschupf, Otto:*75 Jahre Allgemeines Sächsisches Baugesetz, DVBl. 873–876

Guckelberger, Annette: Die veränderte Steuerungswirkung der Flächennutzungsplanung, DÖV 2006, 973–981

Heintschel von Heinegg, Wolff: Angreifbarkeit raumbedeutsamer Planungsentscheidungen, NWVBl. 1994, 441–448

Held, Jürgen: Flächennutzungspläne – Aktuelle Bedeutung und Umfang der Normenkontrolle, LKRZ 2008, 367–372

Hering, E. [Vorname nicht ermittelbar]: Verwaltungsverfahren und Gerichtsverfahren nach dem Bundesbaugesetz, DVBl. 1961, 217–228

Herrmann, Christoph: Rechtsschutz gegen Flächennutzungspläne im System des Verwaltungsprozessrechts, NVwZ 2009, 1185–1190

Herzog, Roman/Pietzner, Raine: Planung, in: Herzog, Roman/Kunst, Hermann/Schlaich, Klaus/Schneemelcher, Wilhelm (Hrsg.), Evangelisches Staatslexikon, 3. Auflage, Stuttgart, 1987, Spalte 2503 ff.
(zitiert: Herzog/Pietzner, in: EvStL)

Hoffmann-Riem, Wolfgang/Schmidt-Aßmann, Eberhard/Voßkuhle, Andreas: Grundlagen des Verwaltungsrechts, Band II, 2. Auflage, München, 2012
(zitiert: Bearbeiter, in: Hoffmann-Riem/Schmidt-Aßmann/Voßkuhle, VerwR Bd II.)

Hoppe, Werner: Zur planakzessorischen Zulassung von Außenbereichsvorhaben durch Raumordnungs- und durch Flächennutzungspläne, DVBl. 2003, 1345–1355

—: Die Rechtswirkungen eines Flächennutzungsplans gegenüber nach § 35 Abs. 1 BauGB privilegierten Außenbereichsvorhaben in der Rechtsprechung des Bundesverwaltungsgerichts, in: Festschrift für Konrad Gelzer zum 75. Geburtstag, herausgegeben von Wolfgang Lenz, Düsseldorf, 1991, S. 43 ff.
(zitiert: Hoppe, in: FS-Gelzer)

—: Planung, in: Isensee, Josef/Kirchhof, Paul. Handbuch des Staatsrechts. Band IV – Aufgaben des Staates, 3. Auflage, Heidelberg, 2006, S. 313 ff.
(zitiert: Hoppe, in: HStR IV)

—: Planung und Pläne in der verwaltungsgerichtlichen Kontrolle, in: System des verwaltungsgerichtlichen Rechtsschutzes, Festschrift für Christian-Friedrich Menger zum 70. Geburtstag, Köln u.a., 1985, S.747 ff.
(zitiert: Hoppe, in FS-Menger)

—: Planung und Pläne in der verfassungsgerichtlichen Kontrolle, in: Bundesverfassungsgericht und Grundgesetz, Festgabe aus Anlass des 25jährigen Bestehens des Bundesverfassungsgerichts, Band I, Tübingen, 1976, S. 663 ff.
(zitiert: Hoppe, in. FS-25 Jahre BVerfG)

—: Grundfragen des Planungsrechts. Ausgewählte Veröffentlichungen, Münster, 1998
(zitiert: Hoppe, Grundfragen)

—: Zur Struktur von Normen des Planungsrechts, DVBl. 1974, 641–647

—: Kommunale Selbstverwaltung und Planung, in: Selbstverwaltung im Staat der Industriegesellschaft, Festgabe zum 70. Geburtstag von Georg Christoph von Unruh, Heidelberg, 1983, S. 555 ff.
(zitiert: Hoppe, in: FS-v. Unruh)

—: Entwicklungen von Grundstrukturen des Planungsrechts durch das BVerwG, DVBl. 2003, 697–706

Hoppe, Werner/Bönker, Christian/Grotefels, Susan: Öffentliches Baurecht, 4. Auflage, München 2010
(zitiert: Bearbeiter, in: Hoppe/Bönker/Grotefels, Öffentliches Baurecht)

Hoppe, Werner/Bönker, Christian/Grotefels, Susan: Öffentliches Baurecht, 2. Auflage, München 2002
(zitiert: Bearbeiter, in: Hoppe/Bönker/Grotefels, Öffentliches Baurecht, 2. Auflage)

Huck, Winfried/Müller, Martin: Verwaltungsverfahrensgesetz, Kommentar, München, 2011
(zitiert: Bearbeiter, in: Huck/Müller, VwVfG)

Hufen, Friedhelm: Normenkontrollantrag gegen Flächennutzungsplan – Besprechung des Urteils des BVerwG vom 26.04.2007 – 4 CN 3/06 – (BVerwGE 128, 382 ff.), JuS 2008, 926–928

—: Verwaltungsprozessrecht, 9. Auflage, München, 2013
(zitiert: Hufen, VerwProzR)

Hug, Christian: Gemeindenachbarklagen im öffentlichen Baurecht, Berlin, 2008

Imboden, Max: Der Plan als verwaltungsrechtliches Institut. 1. Bericht, VVDStRL 18 (1960), 113–143

Ingold, Albert: Auswirkungen von Planungsdefiziten höherstufiger Planungsebenen auf nachgeordnete Pläne, NVwZ 2010, 1399–1402

Jäde, Henning: Rechtsschutzaspekte der einstweiligen Anordnung im verwaltungsgerichtlichen Normenkontrollverfahren gegen Bebauungspläne, UPR 2009, 41–47

Jeromin, Curt M.: Normenkontrolle gegen Flächennutzungspläne, NVwZ 2006, 1374–1376

Jeserich, Kurt. G. A./Pohl, Hans/von Unruh, Georg-Christoph: Deutsche Verwaltungsgeschichte, Band 4, Das Reich als Republik und in der Zeit des Nationalsozialismus, Stuttgart, 1985
(zitiert: Bearbeiter, in: Jeserich/Pohl/von Unruh, Deutsche Verwaltungsgeschichte, Band 4)

Jürgens, Klaus-Peter: Die Beschränkungen des Grundeigentums im Rahmen der Städteplanung aufgrund der neuesten Gesetzgebung, Dissertation, Köln, 1965

Kaiser, Joseph H.: Industrielle Absprachen im öffentlichen Interesse, NJW 1971, 585–588

—: Referat auf dem 50. Deutschen Juristentag, in: Verhandlungen des fünfzigsten Deutschen Juristentages, Band II, Teil I, München, 1974, S. I 9 ff.
(zitiert: Kaiser, Referat 50. DJT)

Kau, Marcel: Nicht-privilegierte Bauvorhaben im Außenbereich – § 35 Abs 2 und Abs 3 BauGB unter verfassungs- und verwaltungsrechtlichem Blickwinkel, ZfBR 2009, 120–129

Kauch, Petra/Roer, Friederike: Das Verhältnis von Bauleitplanung und Fachplanung, Münster, 1997
(zitiert: Kauch/Roer, Bauleitplanung und Fachplanung)

Keilbach, Matthias: Rechtsschutz gegen Flächennutzungspläne, Hamburg, 2009

Kersten, Josef: Zur Abgrenzung der Gestaltungsfreiheit der Gemeinden bei der Aufstellung von Wirtschaftsplänen (Flächennutzungsplänen), BayVBl. 1957, 113–117

Kley, Nicolai: Der Teilflächennutzungsplan, Hamburg, 2009

Kment, Martin: Das Planungsrecht der Energiewende, Die Verwaltung 2014, 377–406

—: Die Begleitung der Energiewende durch kommunale Bauleitplanung – Schafft das Gesetz zur Förderung des Klimaschutzes bei der Entwicklung in den Städten und Gemeinden neue Optionen?, DVBl. 2012, 1125–1130

—: Windenergie in der Bauleitplanung, DÖV 2013, 17–24

—: Die unmittelbare Außenwirkung des Flächennutzungsplans, NVwZ 2004, 314–315

—: Rechtsschutz im Hinblick auf Raumordnungspläne, Münster, 2002

—: Ebenenspezifische Planung – Konfliktbewältigung – Erforderlichkeit der Planung: Die Raumordnung im Spannungsfeld planerischer Gebote, BauR 2012, 1867–1872

—: Unmittelbarer Rechtsschutz Privater gegen Ziele der Raumordnung und Flächennutzungspläne im Rahmen des § 35 III BauGB, NVwZ 2003, 1047–1055

Knack, Hans-Joachim/ Henneke, Hans-Günter: Verwaltungsverfahrensgesetz, Kommentar, 10. Auflage, Köln, 2014
(zitiert: Bearbeiter, in: Knack/Henneke, VwVfG)

Knauff, Matthias: Der Regelungsverbund: Recht und Soft Law im Mehrebenensystem, Tübingen, 2010
(zitiert: Knauff, Der Regelungsverbund)

Koch, Hans-Joachim: Zur Konkurrenz zwischen Fachplanung und Bauleitplanung, in: Planung und Plankontrolle, Festschrift für Otto Schlichter zum 65 Geburtstag, herausgegeben von Berkemann, Jörg/Gaentzsch, Günter/Halama, Günter/ Heeren, Helga/Hien, Eckart/ Lemmel, Hans-Peter, Köln u.a., 1995, S. 461 ff.
(zitiert: Koch, in: FS-Schlichter)

Koch, Hans-Joachim/ Hendler, Reinhard: Baurecht, Raumordnungs- und Landesplanungsrecht, 6. Auflage, Stuttgart u.a., 2015
(zitiert: Bearbeiter, in: Koch/Hendler, Baurecht)

Koch, Hans-Joachim/Rubel, Rüdiger/Heselhaus, Sebastian M.: Allgemeines Verwaltungsrecht, 3. Auflage, München/Unterschleißheim, 2003
(zitiert: Koch/Rubel/Heselhaus, AllgVerwR)

Kopp, Ferdinand/Schenke, Wolf-Rüdiger: Verwaltungsgerichtsordnung, Kommentar, München, 21. Auflage, 2015
(zitiert: Bearbeiter, in: Kopp/Schenke, VwGO)

Koppitz, Hans-Joachim/Schwarting, Gunnar: Der Flächennutzungsplan in der kommunalen Praxis, 3. Auflage, Berlin, 2005
(zitiert: Koppitz/Schwarting, Der Flächennutzungsplan)

Kraft, Ingo: Kommunale Verhinderungsplanung gegen Fachplanung?, UPR 2001, 294–299

—: Bauleitplanung und Fachplanung, BauR 1999, 829–841

—: Das Verfahren zur Aufstellung, Änderung und Ergänzung von Flächennutzungsplänen und die Möglichkeit ihrer gerichtlichen Überprüfung, in: Flächennutzungsplanung im Umbruch?; herausgegeben von Spannowsky, Willy/Mitschang, Stephan, S. 153–170
(zitiert: Kraft, in: Spannowsky/Mitschang (Hrsg.), Flächennutzungsplanung im Umbruch?)

Krautzberger, Michael: Gesetz zur Stärkung der Innenentwicklung und zur weiteren Fortentwicklung des Städtebaurechts. Zum Gesetzentwurf der Bundesregierung, UPR 2012, 380–386

—: Änderungen des Baugesetzbuchs und der Baunutzungsverordnung: Das „Gesetz zur Stärkung der Innenentwicklung in den Städten und Gemeinden und weiteren Fortentwicklung des Städtebaurechts" ist verkündet worden, UPR 2013, 281–286

—: Das heutige System der raumbezogenen Gesamt- und Fachplanungen unter Berücksichtigung des Grundsatzes der nachhaltigen Entwicklung, in: Flächennutzungsplanung im Umbruch?; herausgegeben von Spannowsky, Willy/Mitschang, Stephan, S. 1–9
(zitiert: Krautzberger, in: Spannowsky/Mitschang (Hrsg.), Flächennutzungsplanung im Umbruch?)

—: Der Bebauungsplan der Innenentwicklung (§ 13a BauGB) im Lichte der aktuellen Rechtsprechung, DVBl. 2014, 270–275

—:50 Jahre Städtebaurecht des Bundes, NVwZ 2010, 729–733

Krautzberger, Michael/ Stüer, Bernhard: Das neue Raumordnungsgesetz des Bundes, BauR 2009, 180–191

Krieg, Volker: Entwurf, Beratung und Verabschiedung des Allgemeinen Baugesetzes vom 1. Juli 1900 – die Stationen des Gesetzgebungsverfahrens, in: 100 Jahre Allgemeines Baugesetz Sachsen, Festschrift, herausgegeben von Bauer, Hartmut/ Breuer, Rüdiger/Degenhart, Christoph/Oldiges, Martin, Stuttgart u.a., 2000, S. 195 ff.
(zitiert: Krieg, in: FS-100 Jahre Baugesetz Sachsen)

Kroeschell, Karl: Das Kreuzberg-Urteil, VBlBW 1993, 268–271

Kühne, Astrid: Die Änderungen der Außenbereichsvorschrift des § 35 BauGB durch das Europarechtsanpassungsgesetz Bau, Frankfurt a. M., 2011
(zitiert: Kühne, Die Änderungen des § 35 BauGB durch das EAG-Bau)

Kühne, Jörg-Detlef: Die Rechtsentwicklung der Bauleitplanung im räumlichen Bereich des Landes Nordrhein-Westfalen unter besonderer Berücksichtigung des § 173 BBauG, Dortmund, 1976
(zitiert: Kühne, Rechtsentwicklung der Bauleitplanung)

Kulenkamp, Eduard: Enteignungsvorwirkungen durch vorbereitende Planungen?, NJW 1974, 836–839

Kümper, Boas: Zur Privilegierung erneuerbarer Energien in § 35 Absatz 1 BauGB: Funktionswandel der Privilegierung und Perspektiven planerischer Steuerung, ZfBR 2015, 224–231

—: Flächennutzungsplan, Raumordnungsplan und Fachplan – Vertikale Anpassungs- und horizontale Koordinierungserfordernisse, ZfBR 2012, 631–641

—: Die Bindung der Fachplanungsträger an den Flächennutzungsplan gemäß § 7 BauGB, UPR 2013, 9–17

Lahme, Andreas: Anmerkung zum Urteil des BVerwG vom 26.04.2007 – 4 CN 3/06 – (BVerwGE 128, 382 ff.), ZNER 2007, 225–226

Leopold, Andreas: Unmittelbarer Rechtsschutz gegen Flächennutzungspläne im Rahmen des § 35 Abs. 3 S. 3 BauGB; VR 2004, 325–329

Löhr, Rolf-Peter: Das neue Baugesetzbuch, Bauleitplanung, NVwZ 1987, 361–369

—: Die kommunale Flächennutzungsplanung, Siegburg, 1977

Loibl, Helmut: Zur Zulässigkeit von Normenkontrollen von Privaten gegen Regional- und Flächennutzungspläne, UPR 2004, 419–422

Lüers, Hartwig: Der Bedeutungszuwachs für die Flächennutzungsplanung durch das Bau- und Raumordnungsgesetz 1998, UPR 1997, 348–353

Luhmann, Niklas: Politische Planung. Aufsätze zur Soziologie von Politik und Verwaltung, Opladen,1971
(zitiert: Luhmann, Politische Planung)

Lutz, Jana: Repowering-Steuerung aus planungsrechtlicher Perspektive, Baden-Baden, 2012
(zitiert: Lutz, Repowering-Steuerung)

Mang, [Vorname nicht ermittelbar]: Anmerkung zum Urteil des BVerwG vom 29.04.1969 – I C 30.62 – (BVerwGE 18, 247), BayVBl. 1964, 261

Mang, Herbert: Rechtsform des Wirtschaftsplanes, BayVBl. 1958, 49

Mang, Johann: Die Bauleitplanung, ihre Sicherung und ihre Bedeutung für die Baugenehmigung, BayVBl. 1960, 233–236

—: Die Rechtswirksamkeit des Wirtschaftsplanes, BayVBl. 1955, 16–17

Martens, Uwe: Die Rechtswirkungen des Flächennutzungsplans, Dissertation, Hamburg, 1969

Maurer, Hartmut: Allgemeines Verwaltungsrecht, 18. Auflage, München, 2011
(zitiert: Maurer, AllgVerwR)

Menger, Christian-Friedrich: Zum Verhältnis von Bebauungsplan und Flächennutzungsplan, VerwArch 71 (1980), 87–91

Metz, Dieter: Funktionsstärkung und Rechtskontrolle beim Flächennutzungsplan, BauR 1999, 841–853

Meyer, Klaus/Stich, Rudolf/Tittel, Hans-Joachim: Bundesbaurecht, in: v. Brauchitsch/ Uhle (Hrsg.), Verwaltungsgesetze des Bundes und der Länder, Band V, Halbband 1, Köln u.a., 1966
(zitiert: Meyer/Stich/Tittel, Bundesbaurecht)

Mitschang, Stephan: Steuerung der Windenergie durch Regional- und Flächennutzungsplanung – eine praxisbezogene Betrachtung, BauR 2013, 29–52

—: Erste Erfahrungen mit der Umweltprüfung in der Flächennutzungsplanung, BauR 2005, 334–348

—: Der Planungsgrundsatz der Nachhaltigkeit, DÖV 2000, 14–21

—: Zur Relativierung des Prinzips der Zweistufigkeit der Bauleitplanung, in: Nachhaltige Stadt- und Raumentwicklung, Festschrift für Michael Krautzberger zum 65. Geburtstag, herausgegeben von Battis, Ulrich/Söfker, Wilhelm/Stüer, Bernhard, München, 2008, S. 49 ff.
(zitiert: Mitschang, in: FS-Krautzberger)

—: Der Flächennutzungsplan, Bonn, 2003

—: Eingriffsbewältigung und nachhaltige Flächennutzungsplanung, ZfBR 1999, 125–134

—: Strukturveränderungen in der Bauleitplanung und ihre Auswirkungen auf die Planungspraxis, ZfBR 2008, 227–241

—: Die heutige Bedeutung der Flächennutzungsplanung: Aufgaben, Stand und Perspektiven für ihre Weiterentwicklung, LKV 2007, 102–109

—: Die zunehmende Bedeutung der Flächennutzungsplanung für die Steuerung der räumlichen Entwicklung in den Gemeinden, in: Flächennutzungsplanung – Aufgabenwandel und Perspektiven, herausgegeben von Mitschang, Stephan, Frankfurt a. M. u.a., 2007, S. 13–53
(zitiert: Mitschang, in: Mitschang (Hrsg.), Flächennutzungsplanung – Aufgabenwandel und Perspektiven)

Mitschang, Stephan/Wagner, Jörg: FFH-Verträglichkeitsprüfung in der Bauleitplanung – planerische und rechtliche Belange, DVBl. 2010, 1257–1267

Muckel, Stefan/Ogorek, Markus: Öffentliches Baurecht, 2. Auflage, München, 2014
(zitiert: Muckel/Ogorek, Öffentliches Baurecht)

Muckel, Stefan/Stemmler, Thomas: Fälle zum öffentlichen Baurecht, 7. Auflage, München, 2013

Müller, Chris/Mahlburg, Stefan: Die Aufwertung der Flächennutzungsplanung durch das BauROG, DVBl. 1998, 1110–1116

Münkler, Laura: Flexible Steuerung durch Konzentrationsflächenplanung, NVwZ 2014, 1482–1488

Neuffer, Otto: Das Bundesbaugesetz – Text mit Einleitung, Durchführungsbestimmungen, Anmerkungen und Sachregister, 4. Auflage, Stuttgart u.a., 1965
(zitiert: Neuffer, Bundesbaugesetz)

Neuhausen, K.H. [Vorname nicht ermittelbar]: Die Nutzungsbindung nach § 8 (1) Aufbaugesetz NW, Bauamt und Gemeindebau 1960, 61–64

Niehues, Norbert: Dingliche Verwaltungsakte – Abgrenzung zwischen Rechtssatz und Einzelakt, DÖV 1965, 319–326

Nolte, Rüdiger: Bindung anderer Planungsträger an den Flächennutzungsplan einer Gemeinde – Anmerkung zum Urteil des BVerwG vom 24.11.2010 – 9 A 13.09 – (BVerwGE 138, 226 ff.), jurisPR-BVerwG 7/2011 Anm. 1

Obermayer, Klaus: Anmerkung zum Urteil des BVerwG vom 03.05.1956 – 1 C 29/54 (BVerwGE 3, 265 ff.), NJW 1956, 1852

Obermayer, Klaus: Der Plan als verwaltungsrechtliches Institut. 2. Mitbericht, VVDStRL 18 (1960), 144–168

Obermayer, Klaus: Grundzüge des Verwaltungsrechts und des Verwaltungsprozessrechts, 3. Auflage, Stuttgart u.a., 1988
(zitiert: Obermayer, Grundzüge des VerwR u. VerwProzR)

Ortloff, Karsten-Michael: Ermessen in § 35 II BauGB – Hat das Gesetz doch recht?, NVwZ 1988, 320–322

Ossenbühl, Fritz: Welche normativen Anforderungen stellt der Verfassungsgrundsatz des demokratischen Rechtsstaates an die planende staatliche Tätigkeit? Gutachten für den 50. Deutschen Juristentag, in: Verhandlungen des fünfzigsten Deutschen Juristentages, Band I, Teil B, München, 1974, S. B 1 ff.
(zitiert: Ossenbühl, Gutachten 50. DJT)

—: Der Gesetzgeber als Exekutive, in: Planung, Festschrift für Werner Hoppe zum 70. Geburtstag, herausgegeben von Erbguth, Wilfried/Oebbecke, Janbernd/Rengeling, Hans-Werner/Schulte, Martin, München, 2000, S. 183 ff.
(zitiert: Ossenbühl, in: FS-Hoppe)

—: Die Plangewährleistung, JuS 1975, 545–549

—: Die Handlungsformen der Verwaltung, JuS 1979, 681–687

Ostkamp, Carolin: Planerische Steuerung von Windenergieanlagen. Zugleich ein Beitrag zu Inhalt und Folgen des bauplanungsrechtlichen Darstellungsprivilegs, Hamburg, 2006

Otto, Christian-W.: Rückbau und Repowering – Welche Planungsbefugnisse vermittelt § 249 Abs. 2 BauGB?, ZfBR-Sonderausgabe 2012, 72–75

Paetow, Stefan: Zum Verhältnis von Fachplanung und Bauleitplanung, UPR 1990, 321–327

Papier, Hans-Jürgen: Rechtliche Bindung und gerichtliche Kontrolle planender Verwaltung im Bereich des Bodenrechts, NJW 1977, 1714–1720

Pathe, Karl: Die westdeutschen Aufbaugesetze, DV, 1950, 33–38

Pauly, Walter: Grundlagen einer Handlungsformlehre im Verwaltungsrecht, in: Becker-Schwarze, Kathrin/Köck, Wolfgang/Kupka, Thomas/Schwanenflügel, Matthias v., Wandel der Handlungsformen im öffentlichen Recht. 31. Tagung der Wissenschaftlichen Mitarbeiterinnen und Mitarbeiter der Fachrichtung „Öffentliches Recht", Stuttgart u.a., 1991
(zitiert: Pauly, in: Becker-Schwarze/Köck/Kupka/v. Schwanenflügel, Handlungsformen)

Peine, Franz-Joseph: Öffentliches Baurecht Grundzüge des Bauplanungs- und Bauordnungsrechts unter Berücksichtigung des Raumordnungs- und des Fachplanungsrechts, 4. Auflage, Tübingen, 2003
(zitiert: Peine, Öffentliches Baurecht)

Pergande, Hans-Günther/Pergande, Jürgen: Die Gesetzgebung auf dem Gebiete des Wohnungswesens und des Städtebaues, in: Deutsche Bau- und Bodenbank Aktiengesellschaft 1923–1973, 50 Jahre im Dienste der Bau- und Wohnungswirtschaft, Berlin, Frankfurt a. M., 1973, S. 11 ff.
(zitiert: Pergande/Pergande, Wohnungswesen und Städtebau, in: 50 Jahre Deutsche Bau- und Bodenbank)

Peters, Heinz-Joachim: Die Strategische Umweltprüfung und ihre Auswirkungen auf die planungsrechtliche Systematik, KommJur 2005, 245–250

Posser, Herbert/Wolff, Heinrich Amadeus: Beck'scher Online-Kommentar VwGO, München, Stand: 01.04.2016
(zitiert: Bearbeiter, in: Posser/Wolff, BeckOK VwGO)

Priebs, Axel: Vielfalt der Pläne in Verdichtungsräumen, UPR 2010, 254–260

Püttner, Günter: Verwaltungslehre, 4. Auflage, München, 2007
(zitiert: Püttner, Verwaltungslehre)

Rasner, Henning: Vorbereitende Bauleitplanung und Enteignung, DVBl. 1956, 813–816

—: Schlußwort, DVBl. 1957, 125–126

Redeker, Konrad: Flächenkonzentration durch Ziele der Raumordnung, in: Planung, Festschrift für Werner Hoppe zum 70. Geburtstag, herausgegeben von Wilfried Erbguth/Janbernd Oebbecke/Hans-Werner Rengeling/Martin Schulte, München 2000, S. 329 ff.
(zitiert: Redeker, in: FS-Hoppe)

Reicherzer, Max/Freitag, Cyril: Anmerkung zum Urteil des BVerwG vom 31.01.2013 - 4 CN 1/12 - (BVerwGE 146, 40 ff.), IR 2013, 183–185

Reidt, Olaf: Europäischer Habitat- und Artenschutz in der Bauleitplanung, NVwZ 2010, 8–13

—: Wer die Wahl hat, hat die Qual – Vor- und Nachteile des beschleunigten Verfahrens gem. § 13a BauGB, NVwZ 2007, 1029–1032

Rengeling, Hans-Werner: Verwaltungswissenschaftliche Grundlagen der kommunalen Gebietsreform, DVBl. 1976, 353–358

Rieger, Wolfgang: Die Änderung des § 15 Abs. 3 BauGB durch die BauGB-Novelle 2013 – ein Schlag ins Wasser?, ZfBR 2014, 535–537

Ringe, Karl: Zur Rechtsnatur des Wirtschaftsplanes nach dem Wohnsiedlungsgesetz, DVBl. 1954, 245–248

Rinsdorf, Andrea: Der Flächennutzungsplan als Steuerungsinstrument der Gemeinde, Frankfurt a. M., 2004

Robl, Marion: Das beschleunigte Verfahren für Bebauungspläne der Innenentwicklung. Ein Aspekt des Innenstadtentwicklungsgesetzes („BauGB 2007"), Frankfurt a. M., 2010
(zitiert: Robl, Das beschleunigte Verfahren)

Rojahn, Ondolf: Höchstrichterliche Rechtsprechung zur Begrenzung von Geruchsimmissionen im Flächennutzungsplan, in: Flächennutzungsplanung – Aufgabenwandel und Perspektiven, herausgegeben von Mitschang, Stephan, Frankfurt a. M. u.a., 2007, S. 103 ff.
(zitiert: Rojahn, in: Mitschang (Hrsg.), Flächennutzungsplanung – Aufgabenwandel und Perspektiven)

Rollecke, Gerd: Ein Rechtsbegriff der Planung, DÖV 1994, 1024–1031

Rößler, Hans-Günter: Zur Nichtigkeit des Aufbaugesetzes von Nordrhein-Westfalen, DVBl. 1957, 124–125

Rott, Joachim: 100 Jahre „Kreuzberg-Urteil" des PrOVG, NVwZ 1982, 363–364

Runkel, Peter: Das Gebot der Entwicklung der Bebauungspläne aus dem Flächennutzungsplan, ZfBR 1999, 298–303

Scheidler, Alfred: Ausweisungen zusätzlicher Flächen für die Windenergie bei bereits vorhandener bauleitplanerischer Steuerung – Eine Betrachtung des neuen § 249 Abs. 1 BauGB, ZfBR-Sonderausgabe 2012, 76–82

—: Die Sonderregelungen zur Windenergie in der Bauleitplanung im neuen § 249 BauGB, UPR 2012, 411–417

—: Flächennutzungspläne als Gegenstand einer Normenkontrollklage, DÖV 2008, 766–770

—: Normenkontrollklage gegen Flächennutzungspläne – Anmerkung zum Urteil des BVerwG vom 26.04.2007 – 4 CN 3/06 – (BVerwGE 128, 382 ff.), DVP 2007, 503–506

—: Errichtung und Betrieb von Windkraftanlagen aus öffentlich-rechtlicher Sicht, GewArch, Beilage WiVerw Nr. 03/2011, 117–184

Schenke, Wolf-Rüdiger: Rechtsschutz gegen Flächennutzungspläne, NVwZ 2007, 134–144

—: Gerichtliche Kontrolleröffnungen gegenüber Plänen, insbesondere gegenüber Raumordnungs- und Flächennutzungsplänen, in: Planungsrecht in der

gerichtlichen Kontrolle/Kolloquium zum Gedenken an Werner Hoppe, herausgegeben von Erbguth, Wilfried/Kluth, Winfried, Berlin, 2012, S. 73 ff.
(zitiert: W.-R. Schenke, in: Erbguth/Kluth (Hrsg.), Planungsrecht in der gerichtlichen Kontrolle)

—: Neuere Rechtsprechung zum Verwaltungsprozessrecht – Teil 2, JZ 2010, 1046–1058

Scheuner, Ulrich: Verfassungsrechtliche Probleme einer zentralen staatlichen Planung, in: Kaiser, Joseph H., Planung I. Recht und Politik der Planung in Wirtschaft und Gesellschaft, Baden-Baden, 1965, S. 67 ff.
(zitiert: Scheuner, in: Kaiser, Planung I)

Schidlowski, Frank: Standortsteuerung von Windenergieanlagen durch Flächennutzungspläne, NVwZ 2001, 388–391

Schifferdecker, Julia: Das Spannungsfeld zwischen Windkraft und Artenschutz auf der Flächennutzungsplanebene, NuR 2014, 692–696

Schimanke, Dieter: Funktionen der Flächennutzungsplanung, DVBl. 1979, 616–621

Schink, Alexander: Möglichkeiten und Grenzen der Schaffung von Bauland durch Innen- und Außenbereichssatzungen nach § 34 Abs. 4, 5 und § 35 Abs. 6 BauGB, DVBl. 1999, 367–375

—: Die Berücksichtigung von Umweltbelangen in der Bauleitplanung, BauR 1998, 1163–1178)

—: Die Bedeutung umweltschützender Belange für die Flächennutzungsplanung, ZfBR 2000, 154–167

Schlarmann, Hans: Das Verhältnis der privilegierten Fachplanungen zur kommunalen Bauleitplanung, Münster, 1980

Schlichter, Otto/Stich, Rudolf/Driehaus, Hans-Joachim/Paetow, Stefan: Berliner Kommentar zum Baugesetzbuch, Loseblatt, Köln., Stand: Dezember 2015
(zitiert: Bearbeiter, in: Schlichter/Stich/Driehaus/Paetow, BK BauGB)

Schmidt, Jörg: Die Neuregelung des Verhältnisses zwischen Baurecht und Naturschutz, NVwZ 1998, 337–341

Schmidt-Aßmann, Eberhard: Grundfragen des Städtebaurechts, Göttingen, 1972

—: Das allgemeine Verwaltungsrecht als Ordnungsidee. Grundlagen und Aufgaben der verwaltungsrechtlichen Systembildung, 2. Auflage, Berlin u.a., 2004
(zitiert: Schmidt-Aßmann, AllgVerwR als Ordnungsidee)

—: Planung als administrative Handlungsform, in: Planung und Plankontrolle, Festschrift für Otto Schlichter zum 65 Geburtstag, herausgegeben von Berkemann, Jörg/Gaentzsch, Günter/Halama, Günter/Heeren, Helga/Hien, Eckart/Lemmel, Hans-Peter, Köln u.a., 1995, S. 3 ff.
(zitiert: Schmidt-Aßmann, in: FS-Schlichter)

—: Planung unter dem Grundgesetz, DÖV 1974, 541–547

Schmidt-Eichstaedt, Gerd: Gemeinsame Flächennutzungsplanung nach Bundes- und Landesrecht, NVwZ 1997, 846–853

Schmitt Glaeser, Walter/ König, Eberhard: Grundlagen des Planungsrechts. Eine Einführung, JA 1980, 321–326 (1. Teil), 414–421 (2. Teil)

Schoch, Friedrich/Schneider, Jens-Peter/Bier, Wolfgang: Verwaltungsgerichtsordnung, Loseblatt, München, Stand: Oktober 2015
(zitiert: Bearbeiter, in Schoch/Schneider/Bier, VwGO)

Schröder, Rainer: Verwaltungsrechtsdogmatik im Wandel, Tübingen, 2007
(zitiert: Schröder, Verwaltungsrechtsdogmatik)

Schrödter, Hans: Bundesbaugesetz, Kommentar, 2. Auflage, Berlin u.a., 1969
(zitiert: Schrödter, Bundesbaugesetz)

Schrödter, Wolfgang: Der Bebauungsplan der Innenentwicklung – Teil 2, ZfBR 2010, 422–428

—: Baugesetzbuch, Kommentar, 8. Auflage, Baden-Baden, 2015
(zitiert: Bearbeiter, in: Schrödter, BauGB)

Schröter, Patrick: Die bauplanungsrechtliche Zulässigkeit von Bauvorhaben im Außenbereich, Baden-Baden, 2013
(zitiert: Schröter, Bauvorhaben im Außenbereich)

Schulze Buschhoff, Benedikt: Das Darstellungsprivileg im Flächennutzungsplan, Berlin, 1996

Schuppert, Gunnar Folke: Verwaltungswissenschaft, Baden-Baden, 2000

Schütz, Walter/Frohberg, Günther: Bundesbaugesetz, Kommentar, Neuwied u.a., 1960
(zitiert: Schütz/Frohberg, Bundesbaugesetz)

Schwarz, Tim: Sachliche und räumliche Teilflächennutzungspläne, in: Klimagerechte Stadtentwicklung – Die neuen Regelungen der BauGB-Novelle 2011, herausgegeben von Mitschang, Stephan, Frankfurt a. M. u.a., 2012, S. 119–167
(zitiert: Schwarz, in: Mitschang (Hrsg.), Klimagerechte Stadtentwicklung)

—: Interkommunale Kooperation zur planerischen Steuerung der Windenergie, ZfBR-Sonderausgabe 2012, 83–89

—: Abschichtung bei der Umweltprüfung in der Raumordnung und der Bauleitplanung, NuR 2011, 545–555

Sodan, Helge/Ziekow, Jan: Verwaltungsgerichtsordnung, Kommentar, 4. Auflage, Baden-Baden, 2014
(zitiert: Bearbeiter, in: Sodan/Ziekow, VwGO)

Sodan, Helge/Ziekow, Jan: Grundkurs Öffentliches Recht, 6. Auflage, München, 2014

Söfker, Wilhelm: Das Gesetz zur Förderung des Klimaschutzes bei der Entwicklung in den Städten und Gemeinden, ZfBR 2011, 541–549

—: Fragen bei der Änderung und Erweiterung der planungsrechtlichen Grundlagen für die Windenergie durch Bauleitplanung, ZfBR 2013, 13–19

—: Der Teilflächennutzungsplan, in: Bau- und Fachplanungsrecht, Festschrift für Bernhard Stüer zum 65 Geburtstag, herausgegeben von Krautzberger, Michael/ Rengeling, Hans-Werner/Saerbeck, Klaus, München, 2013, S. 273 ff.
(zitiert: Söfker, in: FS-Stüer)

Spannowsky, Willy: Umfang und Grenzen des Anpassungsgebots nach § 1 Abs. 4 BauGB, ZfBR 2015, 445–454

—: Der „Regionale Flächennutzungsplan" als neues Instrument der räumlichen Ordnung und des örtlichen und überörtlichen Raums, UPR 1999, 409–417

—: Der Planer als Rechtsgestalter, DÖV 1996, 1017–1028

Spannowsky, Willy/Runkel, Peter/Goppel, Konrad: Raumordnungsgesetz, Kommentar, München, 2010
(zitiert: Bearbeiter, in: Spannowsky/Runkel/Goppel, ROG)

Spannowsky, Willy/Uechtritz, Michael: Beck'scher Online-Kommentar BauGB, München, Stand 15.04.2016
(zitiert: Bearbeiter, in: Spannowsky/Uechtritz, BeckOK BauGB)

Steiff, Jakob: Darstellungen einer Konzentrationsfläche im Flächennutzungsplan als Rechtsvorschrift, NZBau 2006, 774–775

Stelkens, Paul/Bonk, Heinz J./Sachs, Michael: Verwaltungsverfahrensgesetz, Kommentar, 8. Auflage, München, 2014
(zitiert: Bearbeiter, in: Stelkens/Bonk/Sachs, VwVfG)

Stern, Klaus: Das allgemeine Verwaltungsrecht in der Neueren Bundesgesetzgebung, JZ 1962, 297–302

Stern, Klaus: Das Staatsrecht der Bundesrepublik Deutschland. Band II – Staatsorgane, Staatsfunktionen, Finanz- und Haushaltsverfassung, Notstandsverfassung, München, 1980
(zitiert: Stern, Staatsrecht Bd. II)

—: Die Idee der politischen Planung, in: Planung, Festschrift für Werner Hoppe zum 70. Geburtstag, herausgegeben von Erbguth, Wilfried/Oebbecke, Janbernd/ Rengeling, Hans-Werner/Schulte, Martin, München, 2000, S. 271 ff.
(zitiert: Stern, in: FS-Hoppe)

Stich, Rudolf: Die Planstufen der Orts-, Regional- und Landesplanung, DVBl. 1973, 589–599

Stollmann, Frank: Öffentliches Baurecht, 9. Auflage, München, 2013

Stüer, Bernhard: Anmerkung zu den Urteilen des BVerwG vom 13.12.2013 – 4 CN 1/11 – (BVerwGE 145, 231 ff.), 4 CN 2/11 (DVBl. 2013, 507 ff.), DVBl. 2013, 509–511

—: Normenkontrolle von Bauleitplänen Der Flächennutzungsplan auf der Wanderschaft zur Rechtsnorm, BauR 2007, 1495–1503

—: Handbuch des Bau- und Fachplanungsrechts, 5. Auflage, München, 2015 (zitiert: Stüer, Bau- und Fachplanungsrecht)

—: Bauleitplanung – Rechtsprechungsübersicht 2010, DVBl. 2011, 381–391

Stüer, Bernhard/Bergt, Thorsten: Anmerkung zum Urteil des BVerwG vom 24.11.2011 – 9 A 23/10 – (BVerwGE 141, 171), DVBl. 2012, 449–453

Stüer, Bernhard/Stüer, Eva-Maria: Die BauGB-Klimanovelle und das Energiefach- und finanzierungsrecht 2011, DVBl. 2011, 1117–1126

Stüer, Bernhard/Vildomec, Arthur: Planungsrechtliche Zulässigkeit von Windenergieanlagen, BauR 1998, 427–440

Taegen, Erich: Die Bedeutung des Flächennutzungsplans für die Zulässigkeit von Vorhaben, in: Planung und Plankontrolle, Festschrift für Otto Schlichter zum 65 Geburtstag, herausgegeben von Berkemann, Jörg/Gaentzsch, Günter/Halama, Günter/Heeren, Helga/Hien, Eckart/Lemmel, Hans-Peter, Köln u.a., 1995, S. 247 ff.
(zitiert: Taegen, in: FS-Schlichter)

Thieme, Werner: Zur Systematik verwaltungsrechtlicher Handlungsformen, in: Hamburger Festschrift für Friedrich Schack zum 80. Geburtstag, herausgegeben von Hans Peter Ipsen, Hamburg, 1966, S. 157 ff.
(zitiert: Thieme, in FS-Schack)

Tigges, Franz-Josef: Anmerkung zum Urteil des OVG Rheinland-Pfalz vom 08.12.2005 – 1 C 10065/05 – (NVwZ 2006, 1442 ff.), ZNER 2005, 338 f.

Uechtritz, Michael: Gesetz zur Stärkung der Innenentwicklung in den Städten und Gemeinden und weiteren Fortentwicklung des Städtebaurechts – „BauGB-Novelle 2013", BauR 2013, 1354–1370

Umlauf, Josef: Wesen und Organisation der Landesplanung, Essen, 1958
(zitiert: Umlauf, Landesplanung)

Vitzthum, Wolfgang Graf v.: Parlament und Planung. Zur verfassungsrechtlichen Zuordnung der Funktionen von Bundesregierung und Bundestag bei der politischen Planung, Baden-Baden, 1978
(zitiert: Vitzthum, Parlament und Planung)

Voigt, Roland: Die Rechtsformen staatlicher Pläne, Hamburg, 1979

Wagner, Jörg: Privilegierung von Windkraftanlagen im Außenbereich und ihre planerische Steuerung durch die Gemeinde, UPR 1996, 370–376

Wahl, Rainer: Rechtsfragen der Landesplanung und Landesentwicklung, Band I – Das Planungssystem der Landesplanung. Grundlagen und Grundlinien, Berlin, 1978
(zitiert: Wahl, Landesplanung, Bd. I)

Wallerath, Maximilian: Allgemeines Verwaltungsrecht, 6. Auflage, Berlin, 2009
(zitiert: Wallerath, AllgVerwR)

Wambsganz, Ludwig: Die Bauleitplanung – Zweiter Teil, DVBl. 1961, 494–501

Werner, Fritz: Anmerkung zum Beschluss des BVerwG vom 21.05.1957 – I B 272/56 (DVBl. 1957, 535 ff.), DVBl. 1957, 537–536

—: Zur Kritik an der Verwaltungsgerichtsbarkeit, DVBl. 1957, 221–227

Weyreuther, Felix: Rechtliche Bindung und gerichtliche Kontrolle planender Verwaltung im Bereich des Bodenrechts, BauR 1977, 293–309

—: Bauen im Außenbereich, Köln u.a., 1979

Wickel, Martin: Klimaschutz und Städtebau – Das Gesetz zur Förderung des Klimaschutzes bei der Entwicklung in den Städten und Gemeinden, UPR 2011, 416–421

Widera, Bernd: Zur verfassungsrechtlichen Gewährleistung gemeindlicher Planungshoheit, Berlin, 1985
(zitiert: Widera, Planungshoheit)

Wiedemann, Herbert: Der Wirtschaftsplan: Errichtung und Abänderung, sein Einfluß auf Baulinien und Baugenehmigungen, BayVBl. 1959, 78–80

Wolff, Hans J./Bachof, Otto: Verwaltungsrecht I, 9. Auflage, München, 1974
(zitiert: Bearbeiter, in: Wolff/Bachof, VerwR I (9. A.))

Wolff, Hans J./Bachof, Otto/Stober, Rolf/Kluth, Winfried: Verwaltungsrecht I, 12. Auflage, München, 2007
(zitiert: Bearbeiter, in: Wolff/Bachof/Stober/Kluth, VerwR I)

Wolff, Heinrich Amadeus: Rechtsschutz gegen Flächennutzungspläne, Anmerkung zum Urteil des OVG Rheinland-Pfalz vom 08.12.2005 – 1 C 10065/05 – (NVwZ 2006, 1442), JA 2007, 396–398

Wolff, Heinrich Amadeus/Decker, Andreas: Verwaltungsgerichtsordnung/Verwaltungsverfahrensgesetz, Studienkommentar, München, 3. Auflage, 2012
(zitiert: Bearbeiter, in Wolff/Decker, VwGO/VwVfG-Studienkommentar)

Wollenteit, Ulrich: Antragsberechtigung bei der Normenkontrolle von Flächennutzungsplänen, NVwZ 2008, 1281–1284

Würtenberger, Thomas: Staatsrechtliche Probleme politischer Planung, Berlin, 1979

Wysk, Peter: Verwaltungsgerichtsordnung, Kommentar, München, 2011
(zitiert: Bearbeiter, in: Wysk, VwGO)

Zanker, [Vorname nicht ermittelbar]: Anmerkung zum Urteil des LVG Köln vom 27.11.1957 – 5 K 184/57 –, BBauBl. 1959, 17

Zippelius, Reinhold/ Würtenberger, Thomas: Deutsches Staatsrecht, 32. Auflage, München, 2008
(zitiert: Zippelius/Würtenberger, StaatsR)

1. Teil: Einleitung

A. Problemaufriss: Die Bedeutung des Flächennutzungsplans und seine dogmatische Einordnung

Das zentrale Instrument des Städtebaurechts[1] der Bundesrepublik Deutschland ist die Bauleitplanung.[2] Ihr kommt gemäß § 1 Abs. 1 BauGB die Aufgabe zu, die bauliche und sonstige Nutzung der Grundstücke vorzubereiten und zu lenken. Das System der Bauleitplanung ist zweistufig ausgestaltet.[3] Gemäß § 1 Abs. 2 BauGB sind Bauleitpläne der Flächennutzungsplan und der Bebauungsplan. Nach der Legaldefinition des § 1 Abs. 2 Var. 1 BauGB handelt es sich bei dem Flächennutzungsplan um den vorbereitenden Bauleitplan.[4] Gemäß § 5 Abs. 1 S. 1 BauGB ist in dem Flächennutzungsplan die sich aus der beabsichtigten städtebaulichen Nutzung ergebende Art der Bodennutzung darzustellen. Der Zweistufigkeit der Bauleitplanung trägt § 8 Abs. 2 S. 1 BauGB Rechnung, wonach die Bebauungspläne aus dem Flächennutzungsplan zu entwickeln sind. Zwischen den beiden Formen der Bauleitpläne besteht regelmäßig ein Ableitungsverhältnis.[5] Der Flächennutzungsplan setzt höherstufige Planungen um, steuert nachfolgende Planungen und bestimmt – so im Falle des § 35 Abs. 3 S. 3 BauGB – unmittelbar den Standort einzelner Bodennutzungen.[6] Er stellt das gesamträumliche Entwicklungskonzept für das Gebiet der Gemeinde dar[7] und hat maßgebliche Leitfunktion für die städtebauliche Entwicklung[8]. Im Kontrast zu dieser zentralen Bedeutung des Flächennutzungsplans für die Bauleitplanung steht die geringe Aufmerksamkeit, die er im rechtswissenschaftlichen Diskurs erfahren hat.[9] So hat die über Jahrzehnte gefestigte h.M. die

1 Die Begriffe „Städtebaurecht“, „Stadtplanungsrecht“ und „Bauplanungsrecht“ werden synonym gebraucht, siehe *Hoppe*, in: Hoppe/Bönker/Grotefels, Öffentliches Baurecht, § 1, Rn. 5.

2 So auch *Krautzberger*, in: Battis/Krautzberger/Löhr, BauGB, § 1, Rn. 1.

3 *Muckel/Stemmler*, Fälle zum öffentlichen Baurecht, Rn. 53; *Bönker*, in: Hoppe/Bönker/Grotefels, Öffentliches Baurecht, § 5, Rn. 27.

4 Muckel/Ogorek, Öffentliches Baurecht, § 5, Rn. 1.

5 *Erbguth/Schubert*, Öffentliches Baurecht, § 5, Rn. 3.

6 *Mitschang*, in: Battis/Krautzberger/Löhr, BauGB, § 5, Rn. 4; *Muckel/Ogorek*, Öffentliches Baurecht, § 5, Rn. 6.

7 BVerwG, Urt. v. 22.05.1987 – 4 C 57/84 -, BVerwGE 77, 300 (304).

8 BVerwG, Urt. v. 21.10.1999 – 4 C 1/99 -, BVerwGE 109, 371 (377).

9 Siehe *Demske*, Die Steuerungswirkung des Flächennutzungsplans, S. 20 f., die den Flächennutzungsplan als „Stiefkind“ der verwaltungsrechtsdogmatischen Erörterung bezeichnet. Im Weiteren (S. 24) spricht Demske von der „beispiellosen Diskrepanz“ zwischen den Vorstellungen des Gesetzgebers und der tatsächlichen Bedeutung des

Zuordnung des Flächennutzungsplans zu einer der überkommenen Rechtsformen des Verwaltungshandelns abgelehnt.[10] Vielmehr wird der Flächennutzungsplan – mit einigen Variationen in der Terminologie – im Ergebnis als hoheitliche Maßnahme eigener Art (sui generis) qualifiziert.[11] Diese Einordnung ist – nicht zuletzt unter Rechtsschutzgesichtspunkten – wenig befriedigend.[12] Aus grundsätzlicher Sicht erscheint die Einordnung eines Plans als Maßnahme sui generis dogmatisch nur als „Verlegenheitslösung".[13] Denn von der Rechtsform des Plans hängen die Fehlerfolgen und der statthafte Rechtsschutz[14] ab.[15] Im Übrigen ist zu konstatieren, dass der Flächennutzungsplan erhebliche rechtliche[16] und faktische[17] Auswirkungen hat.[18] Nicht zuletzt bestehen erhebliche Auswirkungen auf den Wert der überplanten

---

Flächennutzungsplans in der planerischen Praxis; *Rinsdorf*, Der Flächennutzungsplan als Steuerungsinstrument der Gemeinde, S. 17 weist darauf hin, dass sich nur wenige Monographien mit dem Flächennutzungsplan beschäftigen.

10 Nach *Keilbach*, Rechtsschutz gegen Flächennutzungspläne, S. 9 bewegt sich der Flächennutzungsplan „noch heute im ‚kategorialen Niemandsland'".

11 Siehe nur: *Bönker*, in: Hoppe/Bönker/Grotefels, Öffentliches Baurecht, § 5, Rn. 85: „hoheitliche Maßnahme eigener Art"; mit gleicher Terminologie: *Mitschang*, in: Battis/Krautzberger/Löhr, BauGB, § 5, Rn. 45; *W. Schrödter*, in: Schrödter, BauGB, § 5, Rn. 23: „Planungsinstrument sui generis"; *Gaentzsch/Philipp/Tepperwien*, in: Schlichter/Stich/Driehaus/Paetow, BK BauGB, § 5, Rn. 3: „hoheitliche Willensäußerung eigener Art"; *Jaeger*, in: Spannowsky/Uechtritz, BeckOK BauGB, § 5, Rn. 10: „Rechtsakt eigener Art (sui generis)"; siehe auch die umfangreichen Nachweise bei *Hug*, Gemeindenachbarklagen im öffentlichen Baurecht, S. 228 f. und *Keilbach*, Rechtsschutz gegen Flächennutzungspläne, S. 53 ff.

12 *Durner*, Konflikte räumlicher Planung, S. 604.

13 *Voigt*, Die Rechtsform staatlicher Pläne, S. 34; *Löhr*, Die kommunale Flächennutzungsplanung, S. 135; *Keilbach*, Rechtsschutz gegen Flächennutzungspläne, S. 59 will nicht einmal die Bezeichnung als Verlegenheitslösung gelten lassen, denn auch eine solche bringe ein „Minimum an Erkenntnisfortschritt", welcher bei der Einordnung des Flächennutzungsplans als Rechtsinstrument sui generis gerade nicht erzielt werde.

14 *Schuppert*, Verwaltungswissenschaft, S. 201.

15 *Herrmann*, NVwZ 2009, 1185, der sich mit dem statthaften Rechtsschutz gegen Flächennutzungspläne auseinandersetzt. Im Ergebnis plädiert er für die Feststellungsklage. Als Argument führt er – mit Blick auf seine Ausgangsprämisse irritierend – an, die Feststellungsklage bringe den Vorteil mit sich, dass sie keine Beantwortung der „schwierige[n] Frage nach der Rechtsnatur des Flächennutzungsplans" erfordere (*Herrmann*, a.a.O., 1190).

16 Eine kompakte Übersicht über die rechtlichen Wirkungen des Flächennutzungsplans findet sich bei *Jaeger*, in: Spannowsky/Uechtritz, BeckOK BauGB, § 5, Rn. 12.1.

17 *Brohm*, Öffentliches Baurecht, § 6, Rn. 13, der darauf hinweist, dass die Darstellungen des Flächennutzungsplans mittelbar nicht nur rechtliche, sondern auch erhebliche wirtschaftliche Auswirkungen für die Planbetroffenen haben können.

18 *Mitschang*, in: Battis/Krautzberger/Löhr, BauGB, § 5, Rn. 47.

Grundstücke, die – wenn sie von entsprechenden Darstellungen erfasst werden – zu Bauerwartungsland i.S.v. § 5 Abs. 2 ImmoWertV werden.[19]

Erscheint eine Überprüfung der h.M. schon aus den genannten Gründen angezeigt, so gilt dies erst recht mit Blick auf die jüngeren Entwicklungen in Gesetzgebung, Rechtsprechung und Literatur.[20] Beispielhaft hierfür ist die zum 01.01.1997[21] in Kraft getretene Regelung des gesetzlichen Planvorbehalts gemäß § 35 Abs. 3 S. 3 BauGB[22]. Diese Kodifizierung des Planvorbehalts geht auf die Rechtsprechung des BVerwG zu den sogenannten Abgrabungskonzentrationszonen[23] zurück.[24] Die Vorschrift des § 35 Abs. 3 S. 3 BauGB vermittelt bestimmten Darstellungen des Flächennutzungsplans im Außenbereich Wirkungen, die über die hergebrachte Regelung des § 35 Abs. 3 S. 1 Nr. 1 BauGB hinausgehen[25] und in der Literatur – befördert durch die Rechtsprechung[26] – Überlegungen aufkommen ließen, ob sich der „Flächennutzungsplan auf Wanderschaft zur Rechtsnorm“[27] befinde. Auf Darstellungen gemäß § 35 Abs. 3 S. 3 beziehen sich auch die mit dem EAG-Bau 2004[28] kodifizierten Regelungen über den Teilflächennutzungsplan gemäß § 5 Abs. 2b

---

19 *Mitschang*, ebenda.

20 So auch *Demske*, Die Steuerungswirkung des Flächennutzungsplans, S. 95; *Keilbach*, Rechtsschutz gegen Flächennutzungspläne, S. 3 ff.; vgl. *Battis*, Ad Legendum 2012, 153 (154 ff.), der zu dem mit den Gesetzesänderungen und der neueren Rechtsprechung einhergehenden Funktionswandel des Flächennutzungsplans ausführt.

21 „Gesetz zur Stärkung der Innenentwicklung in den Städten und Gemeinden und weiteren Fortentwicklung des Städtebaurechts“ v. 11.06.2013, BGBl. I S. 1548.

22 Die Regelung fand sich zunächst in S. 4 des § 35 Abs. 3 BauGB, bevor sie mit dem am 01.01.1998 in Kraft getretenen BauROG in § 35 Abs. 3 S. 3 niedergelegt wurde, siehe hierzu *Dürr*, in: Brügelmann, BauGB, § 35, Rn. 106.

23 BVerwG, Urt. v. 22.05.1987 – 4 C 57.84 -, BVerwGE 77, 300 ff.

24 Dieses Motiv ist der Beschlussempfehlung des Ausschusses für Raumordnung, Bauwesen und Städtebau v. 19.06.1996, BT-Drs. 13/4978, S. 7 zu entnehmen; auch das BVerwG, Urt. v. 17.12.2002 – 4 C 15.01 -, BVerwGE 117, 287 (294) führt aus, dass, dass sich der Gesetzgeber bei der Regelung des § 35 Abs. 3 S. 3 BauGB an der höchstrichterlichen Rechtsprechung orientiert habe; *Dürr*, in: Brügelmann, BauGB, § 35, Rn. 106a.

25 BVerwG, Urt. v. 17.12.2002 – 4 C 15.01 -, BVerwGE 117, 287 (293); *Decker*, JA 2015, 1 (4).

26 Das BVerwG, Urt. v. 26.04.2007 – 4 CN 3.06 -, BVerwGE 128, 382 (384) erachtete eine Normenkontrolle gegen Flächennutzungspläne mit Darstellungen i.S.v. § 35 Abs. 3 S. 3 BauGB in analoger Anwendung des § 47 Abs. 1 Nr. 1 VwGO für statthaft. Allerdings wurde diese Rechtsprechung mit BVerwG, Urt. v. 31.03.2013 – 4 CN 1.12 -, BVerwGE 146, 40 (42 ff.) eingeschränkt. Das BVerwG führt hier aus, ausschließlich die Entscheidung des Plangebers, mit den Ausweisungen die Ausschlusswirkungen nach § 35 Abs. 3 S. 3 BauGB außerhalb dieser Ausweisungen zu erzeugen, könne möglicher Gegenstand der Normenkontrolle sein.

27 So der Untertitel des Aufsatzes von *Stüer*, BauR 2007, 1495.

28 „Gesetz zur Anpassung des Baugesetzbuchs an EU-Richtlinien (Europarechtsanpassungsgesetz Bau – EAG Bau)“ v. 24.06.2004, BGBl. I S. 1359.

BauGB und die Zurückstellungsmöglichkeit nach § 15 Abs. 3 BauGB. Sie erhöhen das Steuerungspotential des Flächennutzungsplans ebenfalls deutlich.[29] Auch die mit der Klimaschutz-Novelle 2011[30] eingeführte und ebenfalls im Kontext des § 35 Abs. 3 S. 3 BauGB stehende Regelung des § 249 Abs. 2 S. 3 BauGB durchbricht die überkommene Einordnung des Flächennutzungsplans als nur vorbereitender Bauleitplan.[31] Aber auch jenseits seiner Steuerungsfunktion für den Außenbereich hat der Flächennutzungsplan Aufwertungen erfahren. So ist im Zuge des am 01.01.1998 in Kraft getretenen BauROG[32] die Anzeigepflicht für die aus dem Flächennutzungsplan entwickelten Bebauungspläne entfallen[33] und die Programmierungsfunktion des Flächennutzungsplans gestärkt worden.[34] Auch hinsichtlich der Berücksichtigung von Umweltbelangen in der Bauleitplanung kommt dem Flächennutzungsplan eine verstärkte Bedeutung zu.[35] Schließlich ist die Weiterentwicklung der Rechtsprechung des BVerwG zum möglichen Detailierungsgrad des Flächennutzungsplans zu nennen. So hat das BVerwG im Jahre 2005 entschieden, dass der Flächennutzungsplan – unter bestimmten Voraussetzungen – auch Darstellungen enthalten dürfe, die in ihrer Detailschärfe den Festsetzungen eines Bebauungsplans gleichkommen.[36] Zwar unterstrich das BVerwG in dieser Entscheidung zugleich, dass Darstellungen des Flächennutzungsplans – anders als Bebauungsplanfestsetzungen – nicht wie Rechtssätze anwendbar seien.[37] Allerdings stieß dies auf Kritik in der Literatur. Denn für detaillierte und auf einer differenzierten Abwägung beruhende Darstellungen liege eine rechtssatzmäßige Wirkung nahe.[38]

B. Gegenstand und Gang der Untersuchung

Die oben angerissenen Entwicklungen geben Anlass, in der vorliegenden Arbeit die dogmatische Einordnung des Flächennutzungsplans zu untersuchen. Dabei sollen

29 *Kühne*, Die Änderungen des § 35 BauGB durch das EAG-Bau, S. 262.
30 „Gesetz zur Förderung des Klimaschutzes bei der Entwicklung in den Städten und Gemeinde“ v. 22.07.2011, BGBl. I 2011 S. 1509.
31 *Erbguth/Schubert*, Öffentliches Baurecht, § 8, Rn. 123b.
32 „Gesetz zur Änderung des Baugesetzbuchs und zur Neuregelung des Rechts der Raumordnung“, v. 18.08.1997, BGBl. I S. 2081.
33 Allerdings können nach § 246 Abs. 1a BauGB die Bundesländer weiterhin eine Anzeigepflicht bestimmen.
34 *Mitschang*, in: Battis/Krautzberger/Löhr, BauGB, § 5, Rn. 1.
35 *Mitschang*, in: Mitschang (Hrsg.), Flächennutzungsplanung – Aufgabenwandel und Perspektiven, S. 32.
36 BVerwG, Urt. v. 18.08.2005 – 4 C 13.04 -, BVerwGE 124, 132 (138); hierzu *Demske*, Die Steuerungswirkung des Flächennutzungsplans, S. 64.
37 BVerwG, Urt. v. 18.08.2005 – 4 C 13.04 -, BVerwGE 124, 132 (141, 143).
38 *Gierke*, in: Mitschang (Hrsg.), Flächennutzungsplanung – Aufgabenwandel und Perspektiven, S. 205 f.

Rechtsnatur und Rechtswirkungen des Flächennutzungsplans im Fokus der Betrachtungen stehen. Der Gang der Untersuchung stellt sich kursorisch wie folgt dar:

Auszugehen ist von der Stellung des Plans als Instrument des Verwaltungshandelns in der verwaltungsrechtlichen Dogmatik[39] **(2. Teil)**. Hier gilt: „Pläne machen es der Verwaltungsrechtswissenschaft schwer."[40] So kann der Plan nicht von vornherein eindeutig innerhalb des Dualismus von Rechtsnorm und Verwaltungsakt zugeordnet werden.[41] Auch die Vielfalt der Erscheinungsformen von Plänen[42] und die besondere – finale statt konditionale[43] – Struktur von Planungsnormen[44] erschweren die Einordnung. Aufzuzeigen wird sein, ob der Plan als eigenständige verwaltungsrechtliche Handlungsform oder sogar als eigenständige Rechtsform gelten kann.

Ausgehend von den Befunden zum Plan als Instrument des Verwaltungshandelns ist dann die Rechtsnatur des Flächennutzungsplans zu untersuchen **(3. Teil)**. Hier werden zunächst die historischen Grundlagen des später in BBauG und BauGB kodifizierten Flächennutzungsplans erarbeitet. So gilt der Flächenaufteilungsplan nach dem Sächsischen Allgemeinen Baugesetz ebenso als Vorläufer für den heutigen Flächennutzungsplan[45] wie der Wirtschaftsplan nach dem Wohnsiedlungsgesetz[46]. Auch die Aufbaugesetze der Länder enthielten Vorläufer der heutigen Flächennutzungs- und Bebauungspläne.[47] Hier ist zu untersuchen, welche Wirkungen die Vorläufer des Flächennutzungsplans hatten und wie diese rechtlich eingeordnet wurden. In der Folge ist zu prüfen, ob diese Erkenntnisse für die Einordnung des Flächennutzungsplans nach dem BBauG und dem BauGB fruchtbar gemacht werden können. Anschließend wird die hergebrachte Dogmatik zur Rechtsnatur des

---

39 Vgl. auch *Löhr*, Die kommunale Flächennutzungsplanung, S. 132 f., der die Klärung der Rechtsnatur des Flächennutzungsplans vor dem Hintergrund der Schwierigkeiten der dogmatischen Einordnung der Gestaltungsverwaltung sieht; auch *Herrmann*, NVwZ 2009, 1185 stellt seinen Überlegungen zum Flächennutzungsplan die allgemeinen Schwierigkeiten bei der Einordnung des Plans als Instrument des Verwaltungshandelns voran.

40 So formuliert es *Köck*, in: Hoffmann-Riem/Schmidt-Aßmann/Voßkuhle, Grundlagen des VerwR, Bd. II, § 37, Rn. 1 treffend. *Herrmann*, NVwZ 2009, 1185 stellt dieses Zitat seiner Abhandlung voran.

41 *Löhr*, Die kommunale Flächennutzungsplanung, S. 131.

42 Köck, in: Hoffmann-Riem/Schmidt-Aßmann/Voßkuhle, Grundlagen des VerwR, Bd. II, § 37, Rn. 1; *Maurer*, AllgVerwR, § 16, Rn. 13.

43 *Bönker*, in: Hoppe/Bönker/Grotefels, Öffentliches Baurecht, § 5, Rn. 14 f.; *Stüer*, Bau- und Fachplanungsrecht, Rn. 1445.

44 Vgl *Di Fabio*, in: FS-Hoppe, S. 75 f.

45 *Rinsdorf*, Der Flächennutzungsplan als Steuerungsinstrument der Gemeinde, S. 25; *Breuer*, in: FS-100 Jahre Baugesetz Sachsen, S. 291 f.

46 *Schmidt-Aßmann*, Grundfragen des Städtebaurechts, S. 128; *Widera*, Planungshoheit, S. 97; *Rinsdorf*, Der Flächennutzungsplan als Steuerungsinstrument der Gemeinde, S. 25; *Pergande/Pergande*, Wohnungswesen und Städtebau, in: 50 Jahre Deutsche Bau- und Bodenbank, S. 109.

47 *Widera*, Planungshoheit, S. 100 f.

Flächennutzungsplans aufgearbeitet. Hierzu werden die verschiedenen Meinungen zur Rechtsnatur des Flächennutzungsplans dargestellt, die sich – insbesondere in der ersten Zeit nach dem Inkrafttreten des BBauG – fanden. Sodann werden die heute h.M. zur Rechtsnatur des Flächennutzungsplans als hoheitliche Maßnahme sui generis und ihre Argumente in den Blick genommen.

Im Weiteren werden die Rechtswirkungen des Flächennutzungsplans im Geflecht der räumlichen Planung untersucht **(4. Teil)**. Dabei wird ein besonderes Augenmerk auf den – oben schon angerissenen – jüngeren Entwicklungen in Gesetzgebung, Rechtsprechung und Literatur liegen. Hierzu wird zunächst das durch das Gegenstromprinzip gekennzeichnete Verhältnis zwischen Flächennutzungsplan und Raumordnung[48] näher beleuchtet. Im Weiteren werden mit dem regionalen Flächennutzungsplan i.S.v. § 8 Abs. 4 ROG und der gemäß § 8 Abs. 1 S. 2 ROG für die Stadtstaaten bestehenden Option zur Übernahme der Funktion des landesweiten Raumordnungsplans durch den Flächennutzungsplan auch die Mischformen zwischen Flächennutzungsplanung und Raumordnung betrachtet. In der Folge werden die Funktionen und Wirkungen des Flächennutzungsplans im System der Bauleitplanung und der Planersatzvorschriften des BauGB analysiert. So werden die Wirkungen des Flächennutzungsplans sowohl als Teil der zweistufigen Bauleitplanung i.S.v. § 1 Abs. 2 BauGB als auch im Verhältnis zu den Planersatzvorschriften § 34 BauGB für den unbeplanten Innenbereich und § 35 BauGB für den Außenbereich untersucht.[49]

Im Rahmen der Untersuchung des Flächennutzungsplans als Teil der zweistufigen Bauleitplanung werden zunächst seine möglichen Darstellungen – und insbesondere der für diese zulässige Konkretisierungsgrad – in den Blick genommen. Anschließend wird die dem Flächennutzungsplan über das Entwicklungsgebot des § 8 Abs. 2 BauGB zugewiesenen Determinationsfunktion analysiert. Auch die angesprochene Aufwertung der Funktion des Flächennutzungsplans bei der Berücksichtigung von Belangen des Umwelt- und Naturschutzes wird untersucht. Schließlich werden die Möglichkeiten der Flächennutzungsplanung durch überörtliche Planungsträger betrachtet. Hier liegt ein besonderes Augenmerk auf den Fällen, in denen der Flächennutzungsplan durch einen überörtlichen Planungsträger aufgestellt wird, während die aus ihm zu entwickelnden Bebauungspläne durch

48 Vgl. *Rinsdorf*, Der Flächennutzungsplan als Steuerungsinstrument der Gemeinde, S. 174, die ausführt, das Gegenstromprinzip sei ein allgemeines, dem Planungsrecht selbst eigenes Prinzip, das die wechselseitigen Beziehungen der Gesamtplanungsebenen zueinander beschreibe; *Demske*, Die Steuerungswirkung des Flächennutzungsplans, S. 147 bezeichnet das Gegenstromprinzip in einer Überschrift als „Ausdruck der Wechselbeziehungen zwischen Raumordnungsplanung und Flächennutzungsplanung".

49 Instruktiv zu diesem Ansatz: *Hug*, Gemeindenachbarklagen im öffentlichen Baurecht, S. 227 ff.

die Ortsgemeinde aufgestellt werden.[50] Diese Flächennutzungspläne werden in der Literatur als „heteronome Flächennutzungspläne“[51] bezeichnet.

Es folgt eine Untersuchung der Wirkungen des Flächennutzungsplans auf das Zulässigkeitsregime des § 34 BauGB. Neben den Tatbeständen des § 34 Abs. 1 und Abs. 2 BauGB ist auch die Regelung des § 34 Abs. 3 BauGB in den Blick zu nehmen. Letztere postuliert, dass von Vorhaben keine schädlichen Auswirkungen auf zentrale Versorgungsbereiche ausgehen dürfen. Dies ist vorliegend von Interesse, da im Zuge der Innenentwicklungsnovelle 2013[52] mit § 5 Abs. 2 Nr. 2 d) BauGB eine Regelung geschaffen wurde, nach der im Flächennutzungsplan insbesondere auch die Ausstattung des Gemeindegebiets mit zentralen Versorgungsbereichen dargestellt werden kann. In Teilen der Literatur wurde diese neue gesetzliche Regelung als zusätzliche Stärkung des Planungsinstruments Flächennutzungsplan verstanden.[53] Ob und unter welchen Gesichtspunkten dies zutrifft, wird zu klären sein. Anschließend wird die Funktion des Flächennutzungsplans bei der Aufstellung von Satzungen i.S.v. § 34 Abs. 4 BauGB geklärt.

Ein Schwerpunkt wird schließlich auf der Untersuchung der Wirkungen des Flächennutzungsplans auf das Zulässigkeitsregime des § 35 BauGB im Außenbereich liegen. Hier wird zunächst die höchstrichterliche Rechtsprechung zu den Rechtswirkungen des Flächennutzungsplans im Außenbereich vor Schaffung des gesetzlichen Planvorbehalts in § 35 Abs. 3 S. 3 BauGB aufbereitet. Wie oben bereits angerissen, wurde die mit Wirkung zum 01.01.1997 in Kraft getretene Regelung über den Planvorbehalt in der Literatur als deutliche Aufwertung des Flächennutzungsplans rezipiert. Entsprechend werden der gesetzliche Planvorbehalt und die an seine planerische Umsetzung zu stellenden Anforderungen im Weiteren untersucht. Diese Untersuchung umfasst auch Teilflächennutzungspläne i.S.v. § 5 Abs. 2b BauGB, die für die Zwecke des § 35 Abs. 3 S. 3 BauGB aufgestellt werden können. Weiterhin werden die Darstellungen gemäß § 35 Abs. 3 S. 3 BauGB unter Auswertung der höchstrichterlichen Rechtsprechung auch im Kontext der untergesetzlichen Rechtsvorschriften i.S.d. § 47 Abs. 1 VwGO betrachtet. Schließlich werden auch die oben bereits angesprochenen Zurückstellungsmöglichkeiten des § 15 Abs. 3 BauGB und die Sonderregelungen des § 249 BauGB zu Darstellungen i.S.v. § 35 Abs. 3 S. 3 BauGB für die Nutzung der Windenergie untersucht. Es folgt eine Analyse der Wirkungen widersprechender Darstellungen des Flächennutzungsplans gemäß § 35 Abs. 3 S. 1 Nr. 1 BauGB auf die Vorhabenzulässigkeit im Außenbereich. Hierbei wird nach sonstigen Vorhaben i.S.d. § 35 Abs. 2 BauGB und privilegierten Vorhaben gemäß § 35 Abs. 1 BauGB differenziert.

---

50 *Gierke*, in: Mitschang (Hrsg.), Flächennutzungsplanung – Aufgabenwandel und Perspektiven, S. 193; *Gierke*, in: Brügelmann, BauGB, § 5, Rn. 41.

51 *Brohm*, Öffentliches Baurecht, § 6, Rn. 17; *Gierke*, in: Mitschang (Hrsg.), Flächennutzungsplanung – Aufgabenwandel und Perspektiven, S. 193 f.

52 „Gesetz zur Stärkung der Innenentwicklung in den Städten und Gemeinden und weiteren Fortentwicklung des Städtebaurechts“ v. 11.06.2013, BGBl. I S. 1548.

53 *Battis*, Ad Legendum 2012, 153 (155).

Abgeschlossen wird die Untersuchung der Rechtswirkungen des Flächennutzungsplans im Geflecht der räumlichen Planung schließlich mit einer Betrachtung der Wirkungen im Verhältnis zur Fachplanung. Diese Betrachtung differenziert hinsichtlich der verschiedenen zeitlichen Konstellationen, in denen Flächennutzungsplan und Fachplan aufeinandertreffen können. Ein besonderer Schwerpunkt wird hier auf der neueren Rechtsprechung des BVerwG[54] liegen, die in Teilen der Literatur als Aufwertung der Anpassungspflicht des § 7 BauGB[55] und als Stärkung der Steuerungskraft des Flächennutzungsplans[56] aufgenommen wurde.

Abschließend erfolgt eine Zusammenfassung der Untersuchung zusammengefasst und ihre Ergebnisse werden dargestellt **(5. Teil)**.

54 BVerwG, Urt. v. 24.11.2010 – 9 A 13.09 -, BVerwGE 138, 226 ff.; BVerwG, Urt. v. 24.11.2011 – 9 A 23.10 -, BVerwGE 141, 171ff.

55 *Kümper*, UPR 2013, 9 (10); kritisch: *Stüer*, DVBl. 2011, 381 (383); *Stüer/Bergt*, DVBl. 2012, 449 (451).

56 *Kümper*, a.a.O., 11 zu BVerwG, Urt. v. 24.11.2010 – 9 A 13.09 -, BVerwGE 138, 226 ff.

2. Teil: Der Ausgangspunkt: Der Plan als Instrument des Verwaltungshandelns

Ausgangspunkt der Bestimmung der Rechtsnatur des Flächennutzungsplans ist die Position, die Pläne im Kanon der Instrumente hoheitlichen Handelns grundsätzlich einnehmen. Hoheitliche Pläne finden sich heute in vielen Erscheinungsformen und bilden verschiedene Planungssysteme.[57] Sie sind fester Bestandteil des öffentlichen Rechts.[58] Planung und Plan sind im Verwaltungsrecht zu gängigen Fachausdrücken geworden.[59] Praxis und Literatur haben trotz der ursprünglich nur fragmentarisch vorhandenen dogmatischen Grundlagen[60] gemeinsame Merkmale[61] der verschiedenen verwaltungsrechtlichen Pläne herausgearbeitet. Hieraus ist ein Planungsrecht entstanden[62], dessen Entwicklung nicht abgeschlossen ist. Pläne bereiten sowohl wegen der Vielfalt ihrer Erscheinungsformen[63] und Funktionen als auch wegen der besonderen Struktur von Planungsnormen[64] der verwaltungsrechtlichen Literatur und Rechtsprechung nicht unerhebliche Schwierigkeiten. Insbesondere die Einordnung des Plans in die klassischen Begriffe des Verwaltungsrechts bleibt problematisch.[65] So ist bereits das Verhältnis der beiden Begriffe Planung und Plan ebenso wie deren Definition nicht unstrittig.

---

57 Zu der Einteilung von Planungen in Planungssysteme vgl. *Hoppe*, in: HStR IV, § 77, Rn. 26 ff.; Kriterien zur Differenzierung finden sich ausführlich auch bei *Ossenbühl*, Gutachten 50. DJT, S. B 25 ff.

58 *Schmidt-Aßmann*, AllgVerwR als Ordnungsidee, S. 332, bezeichnet Pläne als „unverzichtbare Handlungsformen moderner Verwaltung“; vgl. auch *Schmidt-Aßmann*, in: FS-Schlichter, S.5. Nach *Hoppe*, in: HStR IV, § 77, Rn. 4 sind Pläne im modernen Industriestaat ein „unverzichtbares Instrument staatlichen Handelns“; *Hoppe*, in: FS-Menger, S. 747 konstatiert, dass Planung und Pläne heute in nahezu jedem Bereich staatlichen Handelns anzutreffen sind.

59 *Hoppe*, in: FS-Menger, S. 747.

60 Nach *Hoppe*, ebenda und *Obermayer*, VVDStRL, 18 (1960), 144 (145) besitzt der verwaltungsrechtliche Fachausdruck Plan *„keine dogmatische Vergangenheit“* und ist als rechtlicher Begriff nicht vorgeprägt.

61 Eine Aufzählung von gemeinsamen Merkmalen der verschiedenen verwaltungsrechtlichen Pläne findet sich bei *Schmidt-Aßmann*, AllgVerwR als Ordnungsidee, S. 333.

62 *Köck*, in: Hoffmann-Riem/Schmidt-Aßmann/Voßkuhle, Grundlagen des VerwR, Bd. II, § 37, Rn. 1.

63 Vgl. *Köck*, in: Hoffmann-Riem/Schmidt-Aßmann/Voßkuhle, Grundlagen des VerwR, Bd. II, § 37, Rn. 1; *Maurer*, AllgVerwR, § 16, Rn. 13.

64 Vgl. *Di Fabio*, in: FS-Hoppe, S. 75 f.

65 *Herrmann*, NVwZ 2009, 1185 spricht davon, dass sich Pläne einer schlüssigen und zugleich einheitlichen Klassifizierung in den tradierten Begriffen des Staats- und Verwaltungsrechts weitgehend entziehen.

Im Folgenden werden diese allgemeinen Probleme des Planungsrechts aufgegriffen. Zunächst wird auf die Frage nach der rechtlichen Definition der Begriffe Planung und Plan eingegangen und die grundsätzlich zu unterscheidenden Erscheinungsformen hoheitlicher Planung – staatsleitende Planung und Verwaltungsplanung – erläutert. Im Anschluss werden die Besonderheiten der Planung im öffentlichen Recht herausgearbeitet, welche die dogmatische Einordnung des Plans als Instrument des Verwaltungshandelns erschweren. Schließlich wird aufzuzeigen sein, ob der Plan eine eigenständige Handlungsform und darüber hinaus eine eigene Rechtsform im System des Verwaltungsrechts ist. Dies ist nicht zuletzt für die Frage des statthaften Rechtsschutzes gegen die einzelnen Pläne entscheidend.

A. Klärung der Begriffe: Planung und Plan

Zur Klärung der Begriffe Planung und Plan bietet es sich zunächst an, das Verhältnis der beiden Begriffe zueinander zu bestimmen.[66] Planung ist die auf den Erlass eines Plans zielende Tätigkeit.[67] Der Plan ist das Produkt der Planung.[68] Bereits umstritten ist, ob es eine einheitliche Definition geben kann. Vor dem Hintergrund des Verhältnisses der Begriffe zueinander, nach dem der Plan das Produkt der Planung ist, beschränken sich die Versuche einer Definition in der Literatur weitgehend auf den grundlegenden Begriff der Planung.[69] In Teilen wird die Ansicht vertreten, Planung lasse sich nur beschreiben und nicht definieren.[70] Gegen die Möglichkeit einer einheitlichen Definition wird angeführt, angesichts der Verschiedenheit der Planungen müsse jede einheitliche Definition entweder die spezifischen Eigenarten

66 Die ganz h.M. differenziert die Begriffe Planung und Plan. Zwar werden die Begriffe häufig unterschiedslos nebeneinander genannt (vgl. zu diesem Befund *Maurer*, AllgVerwR, § 16, Rn. 14). Die Ursache hierfür dürfte aber meistens in einer sprachlichen Ungenauigkeit zu suchen sein. Anders jedoch *Hoppe*, der die Begriffe Planung und Plan bewusst synonym verstanden wissen will, da der Plan nicht statisch sei und stets selbst Planungsobjekt bleibe, vgl. *Hoppe*, in. FS-25 Jahre BVerfG, S. 665 f., *Hoppe*, in: HStR IV, § 77, Rn. 7.

67 Maurer, AllgVerwR, § 16, Rn. 14; nach Herzog/Pietzner, in: EvStL, Sp. 2503 ist Planung „die Tätigkeit, durch die ein Plan (...) ausgearbeitet wird".

68 Wolff/Bachof/Stober/Kluth, VerwR I, § 56, Rn. 8; Stern, Staatsrecht Bd. II, S. 704; U. Stelkens, in Stelkens/Bonk/Sachs, VwVfG, § 35, Rn 263 formuliert: „Als Plan wird das Ergebnis einer bestimmten Form staatl. Aufgabenerfüllung bezeichnet, der Planung nämlich (...).".

69 Eine Definition des Begriffs Plan findet sich aber bei *Herzog/Pietzner*, in: EvStL, Sp. 2503. Ein Plan ist demnach „ein Entwurf, in dem eine beabsichtigte Handlung bzw. eine Mehrheit von Handlungen sowie das damit verfolgte Ziel gedanklich vorweggenommen werden, um den gewünschten Erfolg möglichst sicher, leicht und rasch zu erreichen".

70 *Peine*, Öffentliches Baurecht, Rn. 8; *Schmitt Glaeser/König*, JA 1980, 321 weist jedenfalls auf die Möglichkeit hin, dass Planung sich nur beschreiben, aber nicht definieren lässt.

einzelner Pläne vernachlässigen oder sich in eine Abstraktion flüchten, in der eine sinnvolle Begriffsbildung nicht mehr möglich sei.[71] Dann aber bliebe es bei nicht weiterführenden Minimalumschreibungen, deren kleinster gemeinsamer Nenner die Prospektivität (Zukunftsgerichtetheit) der Planung sei.[72] Stattdessen wird vorgeschlagen, Definitionen jeweils für Teilbereiche der Planung zu entwickeln.[73] Dieser Vorschlag stößt wiederum in den Teilen der Literatur auf Ablehnung, die auch „Partial-Definitionen"[74] aufgrund der weiterhin hohen Abstraktion nicht für eine geeignete Hilfe bei der Einordnung von Plänen in das Rechtssystem halten.[75] Die Verbreitung der gleichwohl entwickelten Definitionen von Planung in der verwaltungsrechtswissenschaftlichen Literatur lässt den Schluss zu, dass die heute h.M. den genannten grundsätzlichen Bedenken gegen eine Definition nicht folgt.[76] So lehnen sich Teile des Schrifttums an den in der soziologischen Literatur[77] zu findenden Planungsbegriff an, nach dem Planen die Festlegung von Entscheidungsprämissen ist.[78] Andere Literaturstimmen verstehen unter Planung i.S.d. Verwaltungsrechts jede dem Ermessen anheimgegebene Ausarbeitung eines Verwaltungsorgans, die darauf abzielt, im Laufe einer gewissen Zeit durch verschiedene aufeinander abgestimmte Einzelmaßnahmen einen bestimmten Ordnungszustand zu erreichen.[79] Ein weiterer Teil der Literatur definiert Planung als die systematische Vorbereitung

71 *Ossenbühl*, Gutachten 50. DJT, S. B 51 f.; in diesem Sinne auch *Hoppe*, in: HStR IV, § 77, Rn. 7; *Hoppe*, in. FS-25 Jahre BVerfG, S. 667 f.

72 *Schröder*, Verwaltungsrechtsdogmatik, S. 100 f.

73 *Ossenbühl*, Gutachten 50. DJT, S. B 51 f.; *Wolff/Bachof/Stober/Kluth*, VerwR I, § 56, Rn. 12.

74 Der Begriff findet sich bei *Hoppe*, in: FS-25 Jahre BVerfG, S. 669.

75 Vgl. *Hoppe*, a.a.O., S. 667 ff.; *Hoppe*, in: HStR IV, § 77, Rn. 7 f., der weiter ausführt, dass die von Teilen der Literatur anstelle einer Definition erstellte Typologie von Planungsarten ebenfalls nur einen überschaubaren praktischen Wert habe.

76 *Spannowsky*, DÖV 1996, 1017, (1021) merkt an, dass Anlass besteht, einen abstrakten Planbegriff zu entwickeln, wenn man die Wirkungszusammenhänge von Planung und Recht beschreiben möchte.

77 Luhmann, Politische Planung, S. 66 (S. 67) formuliert: „Planen ist Festlegung von Entscheidungsprämissen für künftige Entscheidungen, oder kürzer formuliert: Planen heißt über Entscheidungen entscheiden."

78 Auf den soziologischen Begriff des Planens bei *Niklas Luhmann* beziehen sich *Becker*, Öffentliche Verwaltung, S. 480 f. und *Rollecke*, DÖV 1994, 1024 (1025) sowie *Koch/Rubel/Heselhaus*, AllgVerwR, § 3, Rn. 133.

79 Vgl. *Obermayer*, Grundzüge des VerwR u. VerwProzR, S. 121; *Obermayer.*, VVDStRL, 18 (1960), 144 (150); den angestrebten Ordnungszustand bezieht auch *Schmidt-Aßmann*, DÖV 1974, 541 (542) mit ein: „Planung beruht auf einer analysierenden Erfassung gegenwärtiger Lagen, auf einer Prognose künftiger Entwicklungen und dem Vorentwurf einer normativen Ordnung. Sie besteht in dem kalkulierten Einsatz vorhandenen Potentials zur Steuerung künftiger Entwicklungen auf das Ordnungsbild hin."; in Anlehnung hieran Söfker, in: Ernst/Zinkahn/Bielenberg/Krautzberger, BauGB, § 1, Rn. 16.

und Festlegung rationalen Verhaltens, um unter gegebenen Umständen ein Ziel auf bestmögliche Weise bei Koordinierung verschiedener, auch gegenläufiger Interessen zur Verwirklichung einer Ordnungsvorstellung zu erreichen.[80] Nach einer mittlerweile gängigen[81] Definition ist Planung das vorausschauende Setzen von Zielen und gedankliche Vorwegnehmen der zu ihrer Verwirklichung erforderlichen Verhaltensweisen.[82] Von dieser Definition soll im Folgenden ausgegangen werden, da sie für sich in Anspruch nehmen kann, dass in ihr der Instrumentcharakter der Planung ebenso wie die der Planung innewohnende Autonomie[83] und Prospektivität zum Ausdruck kommen.[84]

B. Erscheinungsformen hoheitlicher Planung: Die verschiedenen Planungssysteme

Hoheitliche[85] Planungen und – als deren Produkt – hoheitliche Pläne finden sich heute in vielen Erscheinungsformen. Diese bilden verschiedene Planungssysteme.[86] Im Folgenden sollen diese Erscheinungsformen und Systeme der Planung kursorisch

80 *Rengeling*, DVBl. 1976, 353 (355); fast gleichlautend auch *Wallerath*, AllgVerwR, § 10, Rn. 105 und *Wolff/Bachof/Stober/Kluth*, VerwR I, § 56, Rn. 8.

81 Zu dieser Einschätzung gelangt auch *Köck*, in: Hoffmann-Riem/Schmidt-Aßmann/Voßkuhle, Grundlagen des VerwR, Bd. II, § 37, Rn. 9.

82 So *Köck*, in: Hoffmann-Riem/Schmidt-Aßmann/Voßkuhle, Grundlagen des VerwR, Bd. II, § 37, Rn. 9; *U. Stelkens*, in Stelkens/Bonk/Sachs, VwVfG, § 35, Rn 263; *Ehlers*, in: Erichsen/Pünder, AllgVerwR, § 1, Rn. 54; *Maurer*, AllgVerwR, § 16, Rn. 13 f., der aber im Gegensatz zum Begriff der Planung den Plan nicht für begrifflich erfassbar hält; ähnlich lautet die Definition bei *Zippelius/Würtenberger*, StaatsR, § 46, Rn. 74, nach der unter Planung „die gedankliche Vorwegnahme von Zielen und von Mitteln und Wegen, die zur Verwirklichung dieser Ziele führen, auch die programmatische oder normative Festlegung dieser Ziele, Mittel und Wege" zu verstehen ist. Planung sei zugleich eine Form der Koordination von Staatstätigkeiten einschließlich der Tätigkeiten kommunaler und anderer öffentlicher Verwaltungsträger.

83 Zu dem Aspekt der Autonomie stellt das BVerwG, Urt. v. 12.12.1969 – IV C 105.66 -, BVerwGE 34, 301 (304) fest, dass „Planung ohne Gestaltungsfreiheit ein Widerspruch in sich wäre".

84 Zu der Hervorhebung von Instrumentcharakter und Autonomie in der Definition vgl. *Köck*, in: Hoffmann-Riem/Schmidt-Aßmann/Voßkuhle, Grundlagen des VerwR, Bd. II, § 37, Rn. 9.

85 Bei *Wolff/Bachof/Stober/Kluth*, VerwR I, § 56, Rn. 8 findet sich der Hinweis, dass es auch nicht-hoheitliche Pläne unter Beteiligung des Staats geben kann. Als Beispiel werden vom Staat veranlasste Selbstbeschränkungsabkommen der Wirtschaft genannt. In der vorliegenden Bearbeitung liegt der Fokus aber auf der hoheitlichen Planung.

86 Zu der Einteilung von Planungen in Planungssysteme vgl. *Hoppe*, in: HStR IV, § 77, Rn. 26 ff.; Kriterien zur Differenzierung finden sich ausführlich auch bei *Ossenbühl*, Gutachten 50. DJT, S. B 25 ff.

skizziert werden. Grundsätzlich zu unterscheiden ist die hier im Fokus stehende Verwaltungsplanung von der staatsleitenden Planung.

I. Die staatsleitende Planung

Zu den verschiedenen öffentlich-rechtlichen Planungssystemen gehört die staatsleitende Planung, die auch als politische Planung[87] bzw. Planung zwischen Regierung und Parlament[88], zentrale Planung, Regierungsplanung oder staatsrechtliche Planung bezeichnet wird.[89] Eine einheitliche Definition für diese Planung hat sich (noch) nicht herausgebildet.[90] Einzelne Ansätze finden sich aber. So wird staatsleitende Planung beschrieben als „Entscheidung über die Richtlinien und Grundsätze der Politik", die damit „die Prioritätensetzung für das Handeln der Verwaltung" zum Gegenstand habe.[91] Während Verwaltungsplanung streng gesetzesakzessorisch sei, erschwere die staatsleitende Planung als „schlichte Planung" ihre juristische Fassbarkeit sowie ihre eindeutige Zuordnung zu den Staatsgewalten der Exekutive oder Legislative.[92] Hierzu wird in der Literatur grundlegend festgehalten, dass – jedenfalls bei den im Grundgesetz geregelten Planungen – die Exekutive solche Planungen dominiere, die nur eine Exekutivbindung herbeiführen. Die Legislative entscheide hingegen bei grundlegenden Fragen, so etwa im Rahmen des ihr historisch zukommenden Haushaltsbewilligungsrechts.[93] Nach der Rechtsprechung ist staatliche Planung von vornherein keiner der beiden Gewalten eindeutig zugeordnet. Daher obliege der Exekutive jedenfalls die Planvorbereitung, während das Parlament über Informations- und Kontrollrechte verfüge. Sofern es sich nicht um den Kernbereich

---

87 In Teilen der Literatur wird empfohlen, von dem Begriff der „politischen Planung" Abstand zu nehmen, da dieser an der Unklarheit des Begriffs des Politischen leide, vgl. *Hoppe*, in: HStR IV, § 77, Rn. 10; *Stern*, Staatsrecht Bd. II, S. 708 f. weist in diesem Zusammenhang darauf hin, dass das politischen Element auch einer fachbezogenen Planung anhaften könne.

88 Zur synonymen Verwendung der Begriffe „politische Planung" und „Planung zwischen Regierung und Parlament" vgl. Böckenförde, Der Staat 1972, 429.

89 Zur jeweils synonymen Bedeutung der Begriffe vgl. *Hoppe*, in: HStR IV, § 77, Rn. 26; *Hoppe*, in. FS-25 Jahre BVerfG, S. 669; *Stern*, Staatsrecht Bd. II, S. 705; *Stern*, in: FS-Hoppe, S. 276; *Brohm*, in: StL, Sp. 410; *Scheuner*, in: Kaiser, Planung I, S. 67 (S. 70).

90 Vgl. zu diesem Befund schon *Vitzthum*, Parlament und Planung, S. 43.

91 *Brohm*, in: StL, Sp. 410.

92 *Stern*, in: FS-Hoppe, S. 276; *Stern*, Staatsrecht Bd. II, S. 713 ff.; vgl. zur Frage der Zuordnung der staatsleitenden Planung zu Exekutive und Legislative auch *Hoppe*, in: HStR IV, § 77, Rn. 34 ff.

93 Vgl. *Hoppe*, in: HStR IV, § 77, Rn. 42; siehe auch *Ossenbühl*, Gutachten 50. DJT, S. B 26 f., der eine Tendenz dahingehend sieht, das Parlament stärker in den Planungsprozess einzubeziehen. Diese Tendenz komme auch in dem von *Böckenförde*, Der Staat 1972, 429 ff. für die politische Planung geprägten Begriff der politischen Planung als „Planung zwischen Regierung und Parlament" zum Ausdruck.

„exekutivischer Eigenverantwortung“ handele, könne das Parlament grundlegende Fragen auch selbst entscheiden.[94]

Zum Teil wird ausgeführt, der staatsrechtliche Plan sei die umfassende Gestaltung eines größeren regionalen, funktionellen oder nationalen Bereichs, während der Verwaltungsplan i.d.R. Spezialfragen betreffe.[95] Nach einer weiteren Beschreibung handelt es sich bei der politischen Planung um „Tätigkeiten, die in den Bereich der Regierung und der Gesetzgebungspolitik fallen, nämlich um längerfristige Entwürfe der rechts- und staatspolitischen Zielvorstellungen und der Mittel zu ihrer Verwirklichung (…)“[96]. Auch die in den 1970er Jahre verschiedentlich eingebrachten Entwürfe von Planungskontrollgesetzen, mit denen die parlamentarische Kontrolle von Planungen der Regierung[97] geregelt werden sollten, enthielten den Versuch einer Definition.[98] Zu nennen ist hier etwa der Entwurf eines Planungskontrollgesetzes der nordrhein-westfälischen CDU-Landtagsfraktion[99] für ein Planungskontrollgesetz aus dem Jahre 1972 oder der entsprechende Gesetzentwurf der rheinland-pfälzischen SPD-Landtagsfraktion[100] aus dem Folgejahr.

Nach der bislang wohl treffendste Beschreibung umfasst die politische Planung „nur gesetzesvorbereitende/ -hervorbringende Planung“ und wird definiert als „die im Vorfeld der Gesetzgebung sich vollziehende, mittel- und längerfristige, in der Regel auf der Stufe der Rahmenplanung sich haltende Ziel- und Programmplanung, die sektorale Fachplanungen zu einer Gesamtplanung abstimmt und integriert und so Entscheidungsvorhaben (im Hinblick auf Umfang, zeitliche

94 BVerfG, Beschl. v. 17.07.1996 – 2 BvF 2/93 -, BVerfGE 95, 1 (16).
95 *Scheuner,* in: Kaiser, Planung I, S. 67 (S. 77).
96 *Zippelius/Würtenberger,* StaatsR, § 46, Rn. 77.
97 An dieser Stelle sei auf den von *Würtenberger,* Staatsrechtliche Probleme politischer Planung, S. 315 ff. entwickelten „parlamentarischen Planungsinformationsanspruch“ hingewiesen, der dem Parlament einen Anspruch auf frühzeitige Information über bedeutende Planungsinitiativen der Regierung vermitteln soll; siehe hierzu auch *Zippelius/Würtenberger,* StaatsR, § 46, Rn. 81; vgl. zur Frage der parlamentarischen Kontrolle der Regierungsplanung auch *Blank,* DVBl. 1978, 193 ff.
98 Vgl. auch *Stern,* in: FS-Hoppe, S. 271 (276); *Hoppe,* in. FS-25 Jahre BVerfG, S. 668; *Ossenbühl,* Gutachten 50. DJT, S. B 51; *Peine,* Öffentliches Baurecht, Rn. 8 führt das Scheitern der Gesetzentwürfe zur Untermauerung seiner These an, nach der Planung sich zwar beschreiben, aber nicht definieren lasse.
99 LT-Drs. 7/1518. Regierungsplanung wird in § 1 dieses Gesetzentwurfs definiert als „die methodisierte Vorbereitung von Entscheidungen durch die systematische Erarbeitung politischer Ziele und der einzusetzenden Mittel zur Lösung eines Sachproblems verbunden mit der Absicht, den Inhalt der Planung bekannt zu geben und die gewonnenen Ergebnisse durch den Erlass von Rechts- und Verwaltungsvorschriften oder durch Ausgaben von erheblicher Bedeutung für die Haushalte des Landes oder der Gemeinden in die Wirklichkeit umzusetzen“.
100 LT-Drs. 7/1542, siehe auch den Überblick über verschiedene Entwürfe von Planungsgesetzen bei *Stern,* Staatsrecht Bd. II, S. 705.

Priorität, Koordinationsnotwendigkeit) für diese entwickelt".[101] Dieser Definition ist zuzustimmen. Das gilt auch für den Aspekt, dass politische Planung im Vorfeld der Gesetzgebung stattfindet, was zunächst irritieren mag, da Pläne auch in Gesetzesform ergehen. Dieser Aspekt erschließt sich aber, wenn man bedenkt, dass die Planung der Prozess ist und der Plan dessen Produkt.[102] Die Zuständigkeit für eine politische Planung ist der Aufgabenverteilung des GG zu entnehmen. Soweit Bund oder Land zur Aufgabenwahrnehmung zuständig sind, sind sie auch dafür zuständig, dies planmäßig zu tun.[103]

II. Die Verwaltungsplanung

Im Gegensatz zur staatsleitenden Planung handelt es sich bei der Verwaltungsplanung grundsätzlich um „verwaltende Gesetzesausführung und Gesetzesbeachtung".[104] Sie ist streng gesetzesakzessorisches Staatshandeln.[105] Eine trennscharfe Unterscheidung zwischen der politischen Planung und der Verwaltungsplanung ist – auch vor dem Hintergrund der häufigen Verknüpfung der Planungsebenen – nicht immer möglich.[106] Eine Verwaltungsplanung von besonders hoher Relevanz ist die Raumplanung.[107] In ihr hat der Typus einer hierarchisch geordneten, auf direkte Verhaltenssteuerung angelegten Planung eine beispielhafte Darstellung gefunden.[108] Neben der Raumplanung gibt es noch weitere Verwaltungsplanungen. Hierunter fallen auch Pläne, die nur eine Person betreffen, so z.B. der Gesamtplan für die Eingliederung eines behinderten Menschen nach § 58 SGB XII.[109]

101 Vgl. *Böckenförde*, Der Staat 1972, 429 (436 f.); dieser Definition schließen sich auch *Hoppe*, in: HStR IV, § 77, Rn. 26 und *Busse*, VerwArch 87 (1996), 445 (450) an.

102 *Busse*, VerwArch 87 (1996), 445 (450) bemerkt korrigierend, politische Planung sei ein fließender, in die Umsetzung hineinreichender Prozess. Deshalb sei die Begrenzung auf das Stadium vor Beginn der Gesetzgebung zu eng.

103 *Zippelius/Würtenberger*, StaatsR, § 46, Rn. 80.

104 Das Zitat ist der Vorauflage des Beitrags „Planung" von *Hoppe*, in: HStR IV, § 77 entnommen. Es findet sich in einem Nachdruck des Beitrags bei *Hoppe.*, Grundfragen, S. 8.

105 *Stern*, in: FS-Hoppe, S. 271 (276).

106 *Maurer*, AllgVerwR, § 16, Rn. 11.

107 *Püttner*, Verwaltungslehre, § 19, Rn. 10 bezeichnet die räumliche Planung als die am stärksten verselbstständigte und zugleich wichtigste Sparte der Verwaltungsplanung; allerdings sind die Raumordnungspläne – obwohl Teil der Raumplanung – nicht immer Teil der Verwaltungsplanung, siehe hierzu unten 4. Teil, A., I., 1., b).

108 *Schmidt-Aßmann*, AllgVerwR als Ordnungsidee, S. 333.

109 *Maurer*, AllgVerwR, § 16, Rn. 8.

C. Die Merkmale hoheitlicher Planung

Die Besonderheiten der hoheitlichen Planung bereiten der Verwaltungsrechtswissenschaft weiterhin Schwierigkeiten.

Gleichwohl haben Literatur und Rechtsprechung die dogmatischen Besonderheiten herausgearbeitet und gemeinsame Merkmale der verschiedenen Planungen erkannt.[110]

I. Öffentlich-rechtliche Planung im Spannungsfeld von Legislative und Exekutive

Hoheitliche Planung kann weder der Legislative noch der Exekutive eindeutig zugeordnet werden.[111] Der Legislative kommt die Aufgabe der Normsetzung zu, während der Exekutive der Gesetzesvollzug obliegt. Da sich Planung weder als Gesetzesvollzug i.S.d. Subsumtion eines Sachverhalts unter die Tatbestandsmerkmale einer Norm darstellt noch die Planungsentscheidung eine generell-abstrakte Vorgabe für eine unbestimmte Vielzahl von Fällen im Sinne einer Normsetzung ist, kann die Planung bei keiner der beiden Gewalten eindeutig verortet werden.[112] Der Legislative kommt die Kompetenz für die Planungsgesetzgebung zu. Planungsgesetze sind solche Gesetze, die den Planungsprozessen einen rechtlichen Rahmen geben.[113] Die rechtsstaatlichen Mindestanforderungen an Planungsgesetze sind die Bestimmung der Zuständigkeit, die Ordnung des Planungsverfahrens, die Definition der Planungsaufgabe und die Festlegung eines Maßstabs für die planerische Abwägung.[114] Hiervon zu unterscheiden sind Plangesetze, die Pläne in Gesetzesform gießen und so rechtsverbindlich werden lassen.[115] Dies ist teilweise bei Raumordnungsplänen der Fall. So ist das nordrhein-westfälische Landesentwicklungsprogramm gemäß § 16a S. 1 LPlG NRW als Gesetz zu beschließen. Darüber hinaus erkennt das BVerfG die Möglichkeit an, dass auch Fachplanungen ausnahmsweise gesetzlich geregelt werden können.[116] Zwar obliege die Fachplanung

110 *Schmitt Glaeser/König*, JA 1980, 414, (417 ff.); *Schmidt-Aßmann*, AllgVerwR als Ordnungsidee, S. 333.

111 Vgl. BVerfG, Beschl. v. 17.07.1996 – 2 BvF 2/93 -, BVerfGE 95, 1 (15 f.); NWVerfGH, Urteil vom 29.04.1997 – VerfGH 9/95 -, NVwZ-RR 1998, 478 (480); *Battis*, Öffentliches Baurecht, Rn. 71. *Wolff/Bachof/Stober/Kluth*, VerwR I, § 56, Rn. 2 bezeichnen dies als „Überlappungssituation"; nach *Stern*, Staatsrecht Bd. II, S. 713 ff. soll in der Zuordnung der Planung zu den Gewalten die „eigentliche staatsrechtliche Brisanz der Planungsthematik" liegen.

112 BVerfG, Beschl. v. 17.07.1996 – 2 BvF 2/93 -, BVerfGE 95, 1 (16); *Herrmann*, NVwZ 2009, 1185.

113 *Schuppert*, Verwaltungswissenschaft, S. 204.

114 Vgl. *Badura*, in: FS-25 Jahre BayVerfGH, S. 175.

115 *Schuppert*, Verwaltungswissenschaft, S. 204.

116 BVerfG, Beschl. v. 17.07.1996 – 2 BvF 2/93 -, BVerfGE 95, 1 (16); so auch *Battis*, Öffentliches Baurecht, Rn. 56.

nach den einschlägigen Fachplanungsgesetzen üblicherweise der Verwaltung.[117] Gleichwohl seien vorhabenbezogene Legalplanungen im Bereich der Fachplanungen ausnahmsweise zulässig. Voraussetzung sei aber, dass „hierfür im Einzelfall gute Gründe bestehen“[118], etwa wenn die schnelle Verwirklichung eines Vorhabens von besonderer Bedeutung für das Allgemeinwohl ist.[119] Dann werde der Kernbereichsschutz der Gewaltenteilung nicht verletzt. Diese Rechtsprechung stößt in der Literatur auf Kritik. Zum einen sei das Abstellen auf die „guten Gründe“ als Voraussetzung der Legalplanung zu ungenau. So blieben die Voraussetzungen für einen Systembruch offen.[120] Dies sei insbesondere vor dem Hintergrund kritisch zu beurteilen, dass der Einsatz der Gesetzesform für exekutivisches Handeln regelmäßig der Einschränkung des verwaltungsgerichtlichen Rechtsschutzes diene.[121]

II. Die finale Struktur der Planungsnormen

Planungsrechtliche Normen, also Normen, die dem Planungsprozess einen rechtlichen Rahmen geben, unterscheiden sich von der Struktur anderer Rechtssätze.[122] Diese Einsicht vermittelt sich vor dem Hintergrund, dass mit dem Konditional- und dem Finalprogramm zwei Grundformen der Programmsteuerung des Verwaltungshandelns bestehen, die sich aus Normen ergeben können.[123] Klassische Rechtsnormen enthalten ein Konditionalprogramm nach dem Schema von Tatbestand und Rechtsfolge.[124] Planungsrechtliche Normen sind hingegen final programmiert, denn sie sind auf die Verwirklichung bestimmter Ziele ausgerichtet.[125] Sie bedienen sich daher nicht eines Tatbestand-Rechtsfolge-Schemas, sondern eines Zweck-Mittel-Schemas[126], das ein bestimmtes Ziel vorgibt und die Wahl des Mittels grundsätzlich – unter Beachtung gewisser Leitlinien – der ausführenden Exekutive überlässt.[127] Durch diese Normstruktur wird die planerische Gestaltungsfreiheit ermöglicht.[128] Der finalprogrammatische Charakter ist zugleich der Planung selbst eigen[129], die

117 BVerfG, Beschl. v. 17.07.1996 – 2 BvF 2/93 -, BVerfGE 95, 1 (17 ff.).
118 BVerfG, a.a.O., 17.
119 BVerfG, ebenda.
120 *Ossenbühl*, in: FS-Hoppe, S. 188 f.
121 *Blümel*, DVBl. 1997, 205 (215 f.).
122 *Stüer*, Bau- und Fachplanungsrecht, Rn. 1445; *Bönker*, in: Hoppe/Bönker/Grotefels, Öffentliches Baurecht, § 5, Rn. 14; *Schmitt Glaeser*, JA 1980, 321 (325).
123 *Hoppe*, DVBl. 1974, 641 (643).
124 *Schmitt Glaeser/König*, JA 1980, 321 (325).
125 *Stüer*, Bau- und Fachplanungsrecht, Rn. 1445.
126 *Schmitt Glaeser/König*, JA 1980, 321 (325).
127 *Hoppe*, DVBl. 1974, 641 (643).
128 *Bönker*, in: Hoppe/Bönker/Grotefels, Öffentliches Baurecht, § 5, Rn. 15; *Schröder*, Verwaltungsrechtsdogmatik, S. 111 f.
129 Vgl. BVerfG, Beschl. v. 17.07.1996 – 2 BvF 2/93 -, BVerfGE 95, 1 (16).

sich als ziel- und zukunftsgerichtete, prognosehafte Verwaltungsentscheidung von dem klassischen Verwaltungshandeln unterscheidet.[130]

III. Der planerische Gestaltungsspielraum

Das BVerwG hat postuliert, dass Planung ohne Gestaltungsfreiheit ein Widerspruch in sich ist.[131] Gleichwohl hat dieser planerische Gestaltungsspielraum der Verwaltung Grenzen.

1. *Die Planrechtfertigung*

Hoheitliche Planung trägt ihre Rechtfertigung nicht in sich selbst, sondern bedarf mit Blick auf die von ihr ausgehenden Einwirkungen auf Rechte Dritter der Rechtfertigung.[132] Maßstab der Rechtfertigung ist das Gebot der Erforderlichkeit.[133] Dieses hat teilweise einfachgesetzlichen Niederschlag gefunden, so etwa in den Anforderungen des § 1 Abs. 3 BauGB an die städtebauliche Rechtfertigung.[134] Allerdings ist die Planrechtfertigung nach der Rechtsprechung eine praktisch nur bei groben und einigermaßen offensichtlichen Missgriffen wirksame Schranke der Planungshoheit.[135]

2. *Das Planungsermessen*

Für die der Planung innewohnende Gestaltungsfreiheit hat sich der Begriff des Planungsermessens durchgesetzt.[136] Es unterscheidet sich vom Normalfall des Verwaltungsermessens sowie von Beurteilungsspielräumen der Verwaltung dadurch, dass es aufgrund des finalen Charakters der Planungsrechtsnormen nicht auf der Rechtsfolgen- oder Tatbestandsseite verortet werden kann.[137] Vielmehr steckt das Planungsermessen bei der final programmierten Verwaltung schon im Wesen der Betätigung selbst.[138]

---

130 *Hoppe*, in: FS-v. Unruh, S. 558.
131 BVerwG, Urt. v. 12.12.1969 – IV C 105.66 -, BVerwGE 34, 301 (304).
132 BVerwG, Urt. v. 14.02.1975 – IV C 21.74 -, BVerwGE 48, 56 (60); *Schmitt Glaeser/König*, JA 1980, 414 (418).
133 *Köck*, in: Hoffmann-Riem/Schmidt-Aßmann/Voßkuhle, Grundlagen des VerwR, Bd. II, § 37, Rn. 97.
134 *Köck*, ebenda.
135 BVerwG, Urt. v. 11.07.2001 – 11 C 14.00 -, BVerwGE 114, 364 (372); Urt. v. 03.06.1971 – 4 C 64.70 -, BVerwGE 38, 152 (157).
136 BVerwG, Urt. v. 26.03.1981- 3 C 134.79 -, BVerwGE 62, 86 (93).
137 *Schuppert*, Verwaltungswissenschaft, S. 204.
138 *Schmitt Glaeser/König*, JA 1980, 414 (417).

a) *Die äußeren Grenzen des Planungsermessens*

Äußere Grenzen des Planungsermessens ergeben sich etwa aus Planungsleitsätzen, die bei der Planung beachtet werden müssen.[139] Zu nennen ist hier beispielsweise das in § 1 Abs. 4 BauGB enthaltene Gebot der Anpassung der Bauleitplanung an die Ziele der Raumordnung.[140] Im Gegensatz hierzu sind die sogenannten Optimierungsgebote zwar ebenfalls bei der Abwägung zu beachten, sie können aber als bloße Planungsleitlinien im Rahmen der Abwägung überwunden werden.[141] Hierzu gehört beispielsweise der Trennungsgrundsatz in § 50 BImSchG, der die Trennung störungsträchtiger und störungsempfindlicher Nutzungen vorsieht.[142]

b) *Die inneren Grenzen des Planungsermessens – Abwägungsgebot und Abwägungsfehlerlehre*

Die Ausübung der planerischen Gestaltungsfreiheit ist in erster Linie als Abwägungsvorgang zu verstehen.[143] Das BVerwG hat anhand des für die Bauleitplanung in § 1 Abs. 7 BauGB kodifizierten Abwägungsgebots eine grundlegende planerische Abwägungsdogmatik entwickelt, die für das gesamte Planungsrecht von hoher Relevanz ist.[144] Das Abwägungsgebot soll einen am Grundsatz der Verhältnismäßigkeit orientierten Interessensausgleich im Einzelfall gewährleisten.[145] Die Anforderungen des Abwägungsgebots, die sowohl den Abwägungsvorgang als auch das Abwägungsergebnis betreffen,[146] sind von der Rechtsprechung negativ formuliert worden.[147] Nach dieser als Abwägungsfehlerlehre[148] bezeichneten Rechtsprechung ist das Gebot der gerechten Abwägung erst dann verletzt, wenn eine sachgerechte Abwägung überhaupt nicht stattfindet (Abwägungsausfall), wenn in die Abwägung an Belangen nicht eingestellt wird, was nach Lage der Dinge in sie eingestellt

---

139 BVerwG, Urt. v. 22.03.1985 – 4 C 73.82 -, BVerwGE 71, 163 (165).

140 *Köck*, in: Hoffmann-Riem/Schmidt-Aßmann/Voßkuhle, Grundlagen des VerwR, Bd. II, § 37, Rn. 100.

141 BVerwG, Urt. v. 22.03.1985 – 4 C 73.82 -, BVerwGE 71, 163 (165).

142 Vgl. *Koch*, in: Koch/Hendler, Baurecht, § 17, Rn. 73. Koch a.a.O., Rn. 34 f. selbst weist allerdings darauf hin, dass die Rechtsprechung zwischenzeitlich einen Begriffswandel eingeleitet habe und nunmehr zunehmend – insbesondere auch hinsichtlich des § 50 BImschG – von Abwägungsdirektive statt von Optimierungsgebot spreche. Siehe zur Abgrenzung von Optimierungsgebot und Abwägungsdirektive auch unten 4. Teil, C., II., 1., a), bb), ccc), (2).

143 *Schuppert*, Verwaltungswissenschaft, S. 525.

144 *Hoppe*, DVBl. 2003, 697 (701). *Köck*, in: Hoffmann-Riem/Schmidt-Aßmann/Voßkuhle, Grundlagen des VerwR, Bd. II, § 37, Rn. 104.

145 *Köck*, in: Hoffmann-Riem/Schmidt-Aßmann/Voßkuhle, Grundlagen des VerwR, Bd. II, § 37, Rn. 103.

146 BVerwG, Urt. v. 05.07.1974 – IV C 50.72 -, BVerwGE 45, 309 (315).

147 *Köck*, in: Hoffmann-Riem/Schmidt-Aßmann/Voßkuhle, Grundlagen des VerwR, Bd. II, § 37, Rn. 106.

148 Vgl. z.B. *Schröder*, Verwaltungsrechtsdogmatik, S. 116 ff.

werden muss (Abwägungsdefizit), wenn die Bedeutung der betroffenen privaten Belange verkannt wird (Abwägungsfehleinschätzung) oder der Ausgleich zwischen den Belangen in einer Weise vorgenommen wird, der zur objektiven Gewichtigkeit einzelner Belange außer Verhältnis steht (Abwägungsdisproportionalität).[149]

IV. Die Bindungswirkung der Pläne

Ausgehend von ihrer Bindungswirkung und Eingriffsintensität können indikative, influenzierende und imperative Pläne unterschieden werden.[150]

1. Indikative Pläne

Indikative Pläne enthalten Orientierungsdaten. Sie sollen staatliche Instanzen oder auch Private über die derzeitigen und zu erwartenden Verhältnisse informieren und ihnen damit Orientierung für eigene Entscheidungen geben.[151] Sie begründen weder Rechte noch Pflichten.[152] Zu den indikativen Plänen zählen beispielsweise die Orientierungsdaten gemäß § 3 Stabilitätsgesetz.[153]

2. Imperative Pläne

Imperative Pläne legen Ge- und Verbote verbindlich[154] fest. Hierbei ist zu unterscheiden, ob die Bindungswirkung sich auf die Verwaltung beschränkt oder auch Privatpersonen betrifft.[155] Zu den imperativen Plänen zählen beispielsweise Bebauungspläne[156] und Planfeststellungsbeschlüsse.[157]

3. Influenzierende Pläne

Influenzierende Pläne sollen mittels der Setzung bestimmter Anreize verhaltenssteuernd wirken.[158] Als Anreize kommen Steuervergünstigungen, Subventionen und

---

149 Grundlegend: BVerwG, Urt. v. 12.12.1969 – IV C 105.66 -, BVerwGE 34, 301 (309); Urt. v. 05.07.1974 – IV C 50.72 -, BVerwGE 45, 309 (325 f.); vgl. auch *Koch*, in: Koch/Hendler, Baurecht, § 17, Rn. 1 ff.

150 *Maurer*, AllgVerwR, § 16, Rn. 14 ff.; *Köck*, in: Hoffmann-Riem/Schmidt-Aßmann/Voßkuhle, Grundlagen des VerwR, Bd. II, § 37, Rn. 38; *Brohm*, JURA 1986, 617 (618 f.); *Schuppert*, Verwaltungswissenschaft, S. 198 f.

151 *Maurer*, AllgVerwR, § 16, Rn. 15; *Brohm*, JURA 1986, 617 (619).

152 *Brohm*, JURA 1986, 617 (619).

153 Das Beispiel stammt von *Battis*, Öffentliches Baurecht, Rn. 55, der als Merkmal indikativer Pläne anführt, diese enthielten lediglich Informationen.

154 *Brohm*, JURA 1986, 617 (619).

155 *Maurer*, AllgVerwR, § 16, Rn. 16.

156 *Battis*, Öffentliches Baurecht, Rn. 55.

157 *Maurer*, AllgVerwR, § 16, Rn. 21.

158 *Maurer*, AllgVerwR, § 16, Rn. 17.

andere mittelbare Lenkungsmittel in Betracht.[159] So werden die zur Verwirklichung eines Wirtschaftsförderungsplans eingesetzten Subventionen in diese Kategorie eingeordnet.[160]

V. Die Plangewährleistung

Pläne sind im Spannungsverhältnis zwischen Stabilität und Flexibilität verortet.[161] Sie bilden ein Aktionsprogramm[162], das nicht darauf angelegt ist, fortzugelten, sondern verwirklicht zu werden.[163] Öffentliche und private Entscheidungsträger stellen ihr Investitionsverhalten auf die Pläne ein und sind infolgedessen an ihrem Fortbestand interessiert.[164] Zugleich sind Variabilität und Instabilität der Planung immanent[165], denn der Plan muss anpassungsfähig bleiben, um Zukunftsvorsorge bzw. Risikoverminderung zu gewährleisten.[166] In diesem Spannungsverhältnis betrifft die Frage nach der Plangewährleistung die Verteilung des Risikos zwischen Plangeber und Planadressat bei Aufhebung, Änderung oder Nichteinhaltung des Plans.[167] Vereinzelt ist diese Risikoverteilung gesetzlich geregelt, so etwa in §§ 39 ff. BauGB mit Schadensersatzregelungen für Planungsschäden im Bereich der Bauleitplanung. In der Literatur werden unter dem Oberbegriff Plangewährleistung mögliche Ansprüche auf Planfortbestand, Planbefolgung, Übergangsregelungen und Anpassungshilfen sowie Entschädigung differenziert.[168] Die Frage nach den einzelnen Rechtsfolgen entzieht sich einer pauschalen Beantwortung.[169] Sie sind vielmehr in erster Linie im herkömmlichen Anspruchssystem zu verorten.[170] So kommen bei einem Plan in Gesetzesform das Rückwirkungsverbot und bei einem Plan in Form eines Verwaltungsakts die Grundsätze der §§ 48 f.

---

159 *Maurer*, AllgVerwR, § 16, Rn. 17; *Brohm*, JURA 1986, 617 (619).

160 *Battis*, Öffentliches Baurecht, Rn. 55.

161 *Maurer*, AllgVerwR, § 16, Rn. 26; *Köck*, in: Hoffmann-Riem/Schmidt-Aßmann/Voßkuhle, Grundlagen des VerwR, Bd. II, § 37, Rn. 117; *Brohm*, JURA 1986, 617.

162 *Brohm*, JURA 1986, 617.

163 *Köck*, in: Hoffmann-Riem/Schmidt-Aßmann/Voßkuhle, Grundlagen des VerwR, Bd. II, § 37, Rn. 117.

164 *Brohm*, JURA 1986, 617; *Köck*, in: Hoffmann-Riem/Schmidt-Aßmann/Voßkuhle, Grundlagen des VerwR, Bd. II, § 37, Rn. 117.

165 *Ossenbühl*, JuS 1975, 545 (546).

166 *Köck*, in: Hoffmann-Riem/Schmidt-Aßmann/Voßkuhle, Grundlagen des VerwR, Bd. II, § 37, Rn. 117.

167 *Maurer*, AllgVerwR, § 16, Rn. 26.

168 Vgl. *Schuppert*, Verwaltungswissenschaft, S. 212; *Maurer*, AllgVerwR, § 16, Rn. 26 ff.; *Ossenbühl*, JuS 1975, 545 (546); *Köck*, in: Hoffmann-Riem/Schmidt-Aßmann/Voßkuhle, Grundlagen des VerwR, Bd. II, § 37, Rn. 119.

169 *Maurer*, AllgVerwR, § 16, Rn. 27.

170 *Schuppert*, Verwaltungswissenschaft, S. 212.

VwVfG in Betracht. Entscheidend kommt es also auch hier auf die Rechtsform des jeweiligen Plans an.[171]

D. Der Plan im System verwaltungsrechtlicher Handlungs- und Rechtsformen

Mit dem Umstand, dass Planung weder eindeutig der Legislative noch der Exekutive zugeordnet werden kann, korrespondiert der Befund, dass der Plan als ihr Produkt nicht ohne Weiteres in das duale Schema von Rechtsnorm und Einzelakt passt. Nach der Rechtsprechung des BVerfG kann die Planung zum einen nicht als Vorgang der Subsumtion eines Lebenssachverhalts unter eine Norm i.S.d. Gesetzesvollzugs verstanden werden. Zum anderen soll die Planungsentscheidung aber auch keine generell-abstrakte Vorgabe für eine unbestimmte Vielzahl von Fällen im Sinne einer Normsetzung darstellen.[172] Zu diesem Ergebnis kommt auch die Literatur, welche „die Normativität des planerischen Ordnungsentwurfs zwischen der Einzelfallentscheidung und dem generell-abstrakten Rechtssatz“[173] verortet. Daher könne es nicht gelingen, die „planende Verwaltung auf das verfassungsrechtlich bereitete Prokrustesbett des Gesetzesvollzugs zu spannen“[174]. Die Einordnung des jeweiligen Plans als hoheitliche Aktivität in das System der verwaltungsrechtlichen Kategorien von Handlungs- und Rechtsformen kann aber nicht unterbleiben. Sie ist mit Blick auf den jeweiligen Plan entscheidend für die Maßstäbe der Rechtmäßigkeit, die Rechtsfolgen und den Rechtsschutz.[175]

I. Zur grundsätzlichen Möglichkeit der Unterscheidung von Handlungs- und Rechtsform

Im Vorfeld der Verortung der Planung im System der verwaltungsrechtlichen Handlungs- und Rechtsformen steht eine notwendige Klärung der Terminologie. Die Begriffe Handlungs- und Rechtsform werden häufig synonym gebraucht.[176] Dies

171 *Köck*, in: Hoffmann-Riem/Schmidt-Aßmann/Voßkuhle, Grundlagen des VerwR, Bd. II, § 37, Rn. 119; *Schuppert*, Verwaltungswissenschaft, S. 212.

172 BVerfG, Beschl. v. 17.07.1996 – 2 BvF 2/93 -, BVerfGE 95, 1 (16).

173 *Schmidt-Aßmann*, in: FS-Schlichter, S. 15.

174 Vgl *Di Fabio*, in: FS-Hoppe, S. 75; Grundlegend zum Problem der Einordnung des Plans in den Dualismus von Rechtsnorm und Einzelakt: *Imboden*, VVdStRL 18 (1960), 113 ff.

175 Vgl. nur *Ossenbühl*, Gutachten 50. DJT, S. B 45; *Köck*, in: Hoffmann-Riem/Schmidt-Aßmann/Voßkuhle, Grundlagen des VerwR, Bd. II, § 37, Rn. 33 f.; *Wahl*, Landesplanung, Bd. I, S. 21.

176 Zu diesem Befund: *Schuppert*, Verwaltungswissenschaft, S. 141; *Wahl*, Landesplanung, Bd. I, S. 21, Fn 1; *Pauly*, in: Becker-Schwarze/Köck/Kupka/v. Schwanenflügel, Handlungsformen, S. 25 (S. 32).

entsprach dem Verständnis der klassischen verwaltungsrechtlichen Handlungsformenlehre.[177] Die heute h.M. in der Verwaltungswissenschaft differenziert jedoch zwischen Handlungs- und Rechtsform.[178] Danach kann ein bestimmter Typ des Verwaltungshandelns als Rechtform bezeichnet werden, wenn er rechtlich näher ausgestaltet worden ist und insbesondere mit feststehenden Rechtmäßigkeitsvoraussetzungen und Rechtsfolgen verbunden ist.[179] Hingegen liegt eine Handlungsform bereits dann vor, wenn sich typische – durchaus auch rechtlich geprägte – Erscheinungsformen einer Verwaltungspraxis feststellen lassen, die (noch) nicht zu einer Rechtsform verdichtet sind oder sich nicht auf die Wahl einer Rechtsform beschränken.[180] Die Handlungsform ist der Oberbegriff. Rechtsformen des Verwaltungshandelns sind solche Handlungsformen, die von der Rechtsordnung hinsichtlich Verfahrensweise, Funktion und Rechtsschutz als „rechtlich bereitgestellte Handlungsformen"[181] ausgestaltet sind.[182]

II. Der Plan als eigenständige Handlungsform der Verwaltung

Ausgehend von dem beschriebenen Verständnis der Begriffe ist zu überlegen, ob der Plan eine eigenständige Handlungsform der Verwaltung darstellt. Dies wird von der h.M. in der Verwaltungsrechtswissenschaft heute bejaht.[183] Zur Begründung wird

---

177 So *Köck*, in: Hoffmann-Riem/Schmidt-Aßmann/Voßkuhle, Grundlagen des VerwR, Bd. II, § 37, Rn. 30, Fn. 177 unter Verweis auf *Ossenbühl*, JuS 1979, 681 ff.

178 Vgl. z.B. *Schmidt-Aßmann*, AllgVerwR als Ordnungsidee, S. 298; *Schuppert*, Verwaltungswissenschaft, S. 141; *Pauly*, in: Becker-Schwarze/Köck/Kupka/v. Schwanenflügel, Handlungsformen, S. 25 (S. 32); *Wahl*, Landesplanung, Bd. I, S. 21, Fn. 1; Köck, in: Hoffmann-Riem/Schmidt-Aßmann/Voßkuhle, Grundlagen des VerwR, Bd. II, § 37, Rn. 30 f.

179 Vgl. *Hoffmann-Riem*, in: Hoffmann-Riem/Schmidt-Aßmann/Voßkuhle, Grundlagen des VerwR, Bd. II, § 33, Rn. 11, der hier „neben dem Gesetz" beispielhaft den Verwaltungsakt, den öffentlich-rechtlichen Vertrag, die innerdienstliche Weisung, die Rechtsverordnung, die Satzung und die Verwaltungsvorschrift nennt.

180 Vgl. *Hoffmann-Riem*, in: Hoffmann-Riem/Schmidt-Aßmann/Voßkuhle, Grundlagen des VerwR, Bd. II, § 33, Rn. 14, der hier als Beispiele die hoheitliche Warnung und den Plan nennt.

181 *Schuppert*, Verwaltungswissenschaft, S. 142.

182 Zur Handlungsform als Oberbegriff auch *Pauly*, in: Becker-Schwarze/Köck/Kupka/v. Schwanenflügel, Handlungsformen, S. 25 (S. 34), der neben den Rechtsformen das „restliche Verwaltungshandeln" zu den Handlungsformen zählt; kritisch hierzu: *Hoffmann-Riem*, in: Hoffmann-Riem/Schmidt-Aßmann/Voßkuhle, Grundlagen des VerwR, Bd. II, § 33, Rn. 14, Fn. 55.

183 *Wolff/Bachof/Stober/Kluth*, VerwR I, § 56, Rn. 1 ff.; *Hoffmann-Riem*, in: Hoffmann-Riem/Schmidt-Aßmann/Voßkuhle, Grundlagen des VerwR, Bd. II, § 33, Rn. 14; *Schuppert*, Verwaltungswissenschaft, S. 198 ff.; *Köck*, in: Hoffmann-Riem/Schmidt-Aßmann/Voßkuhle, Grundlagen des VerwR, Bd. II, § 37, Rn. 18, 30 f.; *Ritgen*, in: Knack/Henneke, VwVfG, vor § 9, Rn. 21.

auf die – oben erläuterten[184] – besonderen Merkmale der Planung hingewiesen, die Planung und Plan ein eigenes rechtliches Gepräge geben[185] und die Planung zu einem besonderen Typus staatlichen Entscheidens verdichten.[186] Teile der Literatur verwenden auch den Begriff des Rechtsinstituts, um die eigenständige Bedeutung von Planung und Plan zu verdeutlichen.[187] Das Rechtsinstitut soll hier als Zusammenfassung von Merkmalen verstanden werden, die sich „aus der Natur des Sachbereichs oder des Sachvorgangs oder des Realvorgangs ableiten lassen und die auf die Lösung typischer Rechtsfragen hin rechtlich vorgeformt werden“[188]. Insofern bestehen zwischen der Einordnung des Plans als eigenständige Handlungsform der Verwaltung und der Einstufung als Rechtsinstitut enge Parallelen. Im Ergebnis ist festzuhalten, dass der Plan ein eigenständiges Handlungsinstrument der Verwaltung ist. Die oben[189] aufgezeigten besonderen Merkmale der hoheitlichen Planung erlauben vor dem Hintergrund der gegebenen Definition diese Einordnung. Der Plan weist eigenständige dogmatische Strukturen auf.[190]

III. Die Rechtsform des Plans

Über das gefundene Ergebnis des Plans als eigenständige Handlungsform hinaus ist – ausgehend von der Stellung der Handlungsform als Oberbegriff – zu fragen, ob der Plan auch eine eigenständige Rechtsform im verwaltungsrechtlichen System ist.

1. *Keine eigenständige Rechtsform – Der Plan als offene Kategorie des Verwaltungsrechts*

Insbesondere zu Beginn der verwaltungsrechtswissenschaftlichen Auseinandersetzung[191] mit dem Komplex der Planung wurde die These vertreten, der Plan sei ein aliud zu den überkommenen Rechtsformen.[192] Das duale Schema von Norm und Verwaltungsakt sei für den Plan nicht angemessen. Der Plan sei vielmehr „eine dritte

---

184 Siehe oben, 2. Teil, C.

185 *Schmidt-Aßmann*, AllgVerwR als Ordnungsidee, S. 333.

186 *Köck*, in: Hoffmann-Riem/Schmidt-Aßmann/Voßkuhle, Grundlagen des VerwR, Bd. II, § 37, Rn. 18.

187 So *Schmidt-Aßmann*, in: FS-Schlichter, S. 8 ff.; zum Teil auch als „Institute des modernen Verwaltungshandelns“ bezeichnet, vgl. *Schmidt-Aßmann*, AllgVerwR als Ordnungsidee, S. 333 in Anlehnung an *Forsthoff*, Verwaltungsrecht, Bd. I, S. 303.

188 *Schmidt-Aßmann*, in: FS-Schlichter, S. 10.

189 Siehe oben, 2. Teil, C.

190 *Schuppert*, Verwaltungswissenschaft, S. 143.

191 Vgl. *Köck*, in: Hoffmann-Riem/Schmidt-Aßmann/Voßkuhle, Grundlagen des VerwR, Bd. II, § 37, Rn. 30, Fn. 181.

192 *Forsthoff*, Verwaltungsrecht, Bd. I, S. 310; *Werner*, DVBl. 1957, 222 (225); *Kaiser*, Referat 50. DJT, S. B 12 ff.; *Kaiser*, NJW 1971, 585 (586); *Thieme*, in FS-Schack, S. 161.

Handlungsform der öffentlichen Gewalt“[193]. Zwar steht der Plan – wie aufgezeigt – zwischen Gesetzesvollzug im Einzelfall und Rechtsnorm. Gleichwohl hat sich die These, er sei grundsätzlich ein aliud zu den überkommenen Rechtsformen, nicht durchgesetzt.[194] Der Plan stellt heute nach ganz h.M. keine eigenständige Rechtform dar.[195] Er wird vielmehr als „offene Kategorie des Verwaltungsrechts“[196] im Gewand der traditionellen Rechtsformen[197] eingeordnet. Zum Teil wird er auch als „an der Schwelle zur Rechtsform verharrend“[198] bezeichnet. Der Grund für diese Entwicklung ist auch darin zu suchen, dass die Vertreter der These, der Plan sei ein aliud, es weitgehend bei der bloßen Negierung der überkommenen Rechtsformen beließen.[199]

2. Die Rechtsnatur der Pläne

Vor dem Hintergrund, dass Pläne in den traditionellen Rechtsformen wie Gesetz, Rechtsverordnung, Satzung, Verwaltungsvorschrift und Verwaltungsakt auftreten[200], bleibt es bei der Aufgabe, die Rechtsnatur des jeweiligen Plans zu bestimmen. Denn die Rechtsnatur ist entscheidend für das jeweils geltende rechtliche Regime und die Möglichkeiten des Rechtsschutzes gegen den Plan.[201] Weitgehend unproblematisch ist dies dort, wo der Gesetzgeber die Rechtsform des Plans ausdrücklich festlegt.[202] Dies zeigt sich hinsichtlich der Rechtsnatur des Bebauungsplans. Bevor dieser mit der im Jahre 1960 eingeführten Regelung des § 10 BBauG (heute § 10 BauGB) durch den Gesetzgeber als Satzung (zu möglichen Ausnahmen in den Stadtstaaten vgl. § 246 Abs. 2 BauGB) qualifiziert wurde, herrschte trotz einschlägiger Rechtsprechung des BVerwG[203] Streit über die Rechtsnatur des Bebauungsplans.[204] Diese

193 *Kaiser*, NJW 1971, 585 (586); *Kaiser*, Referat 50. DJT, S. B 12 ff., der weiter ausführt, auch wenn der Plan als Gesetz beschlossen oder als Verwaltungsakt erlassen werde, so bleibe er „dennoch ein aliud“.

194 Vgl. *Köck*, in: Hoffmann-Riem/Schmidt-Aßmann/Voßkuhle, Grundlagen des VerwR, Bd. II, § 37, Rn. 30.

195 *Maurer*, AllgVerwR, § 16, Rn. 18; *Ritgen*, in: Knack/Henneke, VwVfG, vor § 9, Rn. 21; *Köck*, a.a.O., Rn. 32; *Schuppert*, Verwaltungswissenschaft, S. 143 und S. 198; *Wolff/Bachof/Stober/Kluth*, VerwR I, § 56, Rn. 12; *Hoffmann-Riem*, in: Hoffmann-Riem/Schmidt-Aßmann/Voßkuhle, Grundlagen des VerwR, Bd. II, § 33, Rn. 14.

196 *Wolff/Bachof/Stober/Kluth*, VerwR I, § 56, Rn. 12.

197 *Hoppe*, in: HStR IV, § 77, Rn. 108.

198 *Schuppert*, Verwaltungswissenschaft, S. 198; *Schmidt-Aßmann*, AllgVerwR als Ordnungsidee, S. 333.

199 So *Wahl*, Landesplanung, Bd. I, S. 23; vgl. hierzu auch *Ossenbühl*, JuS 1979, 681 (684 f.).

200 *Hoppe*, in: HStR IV, § 77, Rn. 108.

201 Vgl. *Schuppert*, Verwaltungswissenschaft, S. 201.

202 Vgl. *Hoppe*, in: HStR IV, § 77, Rn. 108.

203 Das BVerwG, Urt. v. 03.05.1956 – I C 89.55 -, BVerwGE 3, 258 ff. hat den Bebauungsplan hier aufgrund von Rechtsschutzüberlegungen als ortsrechtliche Norm eingestuft.

204 Siehe zu diesen historischen Entwicklungen auch unten 3. Teil, A., VI. und VII.

Auseinandersetzung über die Einordnung des Bebauungsplans war der Nährboden für die – oben aufgezeigte – Auseinandersetzung in der Wissenschaft über die Rechtsnatur der Pläne im Allgemeinen.[205] Allerdings wird in der Literatur moniert, dass auch bei Festlegung durch den Gesetzgeber die Pläne nicht selten nur suboptimal zu den zugeordneten Rechtsformen passen, worauf mit der Entwicklung einer eigenen planungsrechtlichen Dogmatik, losgelöst von der jeweiligen Rechtsform des Plans, reagiert wurde und wird.[206] Darüber hinaus stellt sich aber insbesondere bei den Plänen, die durch den Gesetzgeber nicht einer bestimmten Rechtsform zugewiesen wurden, die Aufgabe, ihre Rechtsnatur zu bestimmen. Als Koordinaten dienen dabei, neben der Frage, ob der Plan überhaupt Regelungscharakter hat[207], die Gegensatzpaare Verwaltungsinternum oder außenverbindliche Festlegungen[208] sowie Rechtsnorm und Verwaltungsakt.[209] Die Bestimmung der Rechtsnatur eines Plans kann dabei im Einzelfall zu nicht unerheblichen Schwierigkeiten führen.[210] Als Beispiel sei hier nur die Frage nach der Rechtsnatur des Flächennutzungsplans genannt, die Anlass der vorliegenden Untersuchung ist.

E. Zusammenfassung

Der Verwaltungsplan ist fester Bestandteil hoheitlichen Handelns. Er stellt eine eigenständige verwaltungsrechtliche Handlungsform dar. Als eigenständige verwaltungsrechtliche Rechtsform ist er hingegen nicht zu qualifizieren. Vielmehr erscheint er im Gewand der klassischen Rechtsformen des Verwaltungsrechts. Seine Rechtsnatur muss im Einzelfall bestimmt werden. Diese – nicht zuletzt zur Ermittlung des statthaften Rechtsschutzes – notwendige Aufgabe muss unter Heranziehung der jenseits der einzelnen Rechtsformen geltenden planungsrechtlichen Dogmatik bewältigt werden. Nicht zuletzt der Blick auf den Flächennutzungsplan zeigt, dass dies im Einzelfall erhebliche Probleme mit sich bringen kann.

---

205 Vgl. hierzu die informative Zusammenfassung dieser Entwicklung bei *Schröder*, Verwaltungsrechtsdogmatik, S. 101 ff.

206 *Vgl. Schmidt-Aßmann*, in: FS-Schlichter, S. 9; *Köck*, in: Hoffmann-Riem/Schmidt-Aßmann/Voßkuhle, Grundlagen des VerwR, Bd. II, § 37, Rn. 33. Auch mit Blick auf den in § 10 BauGB als Satzung qualifizierten Bebauungsplan sei darauf hingewiesen, dass es weiterhin Literaturstimmen gibt, die diese Einordnung in Zweifel ziehen. Hingewiesen sei hier nur auf *Jäde*, UPR 2009,41 (42 ff.), der unter Bezugnahme auf geänderte Verfahrensweisen in der Öffentlichkeitsbeteiligung, der Befristung der Normenkontrolle sowie der Weiterentwicklung der Planerhaltungsvorschriften eine Annäherung des Bebauungsplans an die Struktur des Verwaltungsakts sieht.

207 *Köck*, a.a.O., Rn. 35.

208 Hierzu schon *Obermayer*, VVDStRL, 18 (1960), 144 (152 ff.).

209 *Schuppert*, Verwaltungswissenschaft, S. 201.

210 *Maurer*, AllgVerwR, § 16, Rn. 24.

3. Teil: Die Rechtsnatur des Flächennutzungsplans

Im Folgenden werden zunächst die historischen Grundlagen des Flächennutzungsplans im Zeitraum bis zum Inkrafttreten des BBauG im Jahre 1960 in den Blick genommen und auf Erkenntnisse für die aktuelle Einordnung der Rechtsnatur des Flächennutzungsplans untersucht. Sodann wird Diskussion um die Einordnung des Flächennutzungsplans infolge des Inkrafttretens des BBauG aufgearbeitet. Ein besonderer Schwerpunkt liegt hier auf der Betrachtung der h.M., die den Flächennutzungsplan als eine hoheitliche Maßnahme sui generis ohne Außenverbindlichkeit einordnet. Die hier zugrunde gelegten Annahmen gilt es näher zu betrachten.

A. Die historischen Grundlagen der Flächennutzungsplanung

Die Entwicklung des öffentlichen Baurechts verlief in den einzelnen deutschen Ländern nicht einheitlich.[211] Dies gilt auch für die Zeit nach Inkrafttreten der Verfassung des Deutschen Reiches von 1871, weil das Baurecht weiterhin zur ausschließlichen Gesetzgebungskompetenz der Gliedstaaten gehörte.[212] Eine Kompetenz zur Grundsatzgesetzgebung des Reiches im Bereich des Bodenrechts wurde erst mit der Weimarer Reichsverfassung eingeführt. Exemplarisch wird daher im Folgenden zunächst die Entwicklung in Preußen dargestellt. Sodann werden die Besonderheiten der für ihre Zeit wegweisenden sächsischen Baugesetzgebung aufgegriffen. Nach einem Überblick über das Baurecht der Weimarer Republik werden die Entwicklungen in der Zeit des Nationalsozialismus zusammengefasst. Hierauf folgt eine Betrachtung der zweistufigen Bauleitplanung nach den Aufbaugesetzen am Beispiel des nordrhein-westfälischen Rechts. Schließlich wird die Entstehung der zweistufigen Bauleitplanung nach dem BBauG untersucht. Dabei erfolgt keine umfassende Darstellung des öffentlichen Baurechts in der jeweiligen Zeit. Vielmehr werden speziell die Entwicklungen in den Fokus genommen, die für das Verständnis des heutigen Rechtsinstituts des Flächennutzungsplans relevant sein können.

---

211 *Fehl*, in: FS-100 Jahre Baugesetz Sachsen, S. 73.

212 *Appel*, in: Koch/Hendler, Baurecht, § 11, Rn. 9, Fn. 11; *Breuer*, Die Verwaltung, Bd. 19, S. 305 (312).

I. Die Entwicklung des öffentlichen Baurechts im 19. Jahrhundert

Das öffentliche Baurecht stellte sich bis zur Mitte des 19. Jahrhunderts, an heutigen Kriterien gemessen, weitgehend als Bauordnungsrecht dar.[213] Es bestand zum großen Teil aus Rechtsvorschriften des Baupolizeirechts. Im Vergleich hierzu waren Regelungen über die Nutzungen des Grund und Bodens – also das Bauplanungsrecht – nur von untergeordneter Bedeutung.[214]

1. Vom Absolutismus zum Liberalismus

In der Zeit des landesfürstlichen Absolutismus wurden in den deutschen Staaten meist für einzelnen Städte oder Gebiete bauordnungsrechtliche Vorschriften erlassen. Die Nutzung des Bodens wurde hingegen durch das Enteignungsrecht des Monarchen zu städtebaulichen Zwecken, die Vergabe von Grundstücken durch den Monarchen mit einer entsprechenden Baupflicht des Empfängers sowie den Entzug des Grundstücks bei Verstoß gegen die Baupflicht geregelt. Hinzu kam die Möglichkeit des Monarchen, für den Bau neuer und die Erweiterung bestehender Städte Baupläne aufzustellen, ohne sich hierfür auf eine positivrechtliche Ermächtigungsgrundlage stützen zu müssen. Es genügte die monarchische Polizeigewalt.[215]

Mit dem an der Wende vom 18. zum 19. Jahrhundert aufkommenden Liberalismus entfiel die umfassende Hoheitsgewalt der Monarchen, allerdings in unterschiedlichen zeitlichen Abläufen in den einzelnen deutschen Staaten. An ihre Stelle trat die auf die Gefahrenabwehr beschränkte Polizeigewalt. Damit entfiel auch das Recht des Monarchen zur Aufstellung verbindlicher städtebaulicher Pläne.[216] Zugleich rückte in der Zeit des Liberalismus die Baufreiheit in den Fokus, welche aber durch entsprechende – meist aus der Zeit des Absolutismus übernommene[217] – bauordnungsrechtliche Vorschriften beschränkt wurde.

2. Die baurechtlichen Regelungen des Allgemeinen Preußischen Landrechts

Für die Gebiete Preußens, die dem Geltungsbereich des Allgemeinen Preußischen Landrechts von 1794 (PrALR) unterfielen, enthielten die §§ 65 ff. PrALR grundlegende baurechtliche Bestimmungen.[218] Mit § 65 I 8 PrALR enthielt dieses Gesetz bereits

213 Vgl. *Hoppe*, in: Hoppe/Bönker/Grotefels, Öffentliches Baurecht, 2. Auflage, § 1, Rn. 14; *Ehebrecht-Stüer*, in: FS-Hoppe, S. 40 f.

214 Vgl. *Hoppe*, ebenda; *Ehebrecht-Stüer*, ebenda.

215 Vgl. zu alledem: *Breuer*, Die Verwaltung, Bd. 19, S. 305 (307 f.).

216 *Breuer*, a.a.O., S. 309.

217 *Breuer*, a.a.O., S. 308.

218 *Krautzberger*, in: Ernst/Zinkahn/Bielenberg/Krautzberger, BauGB, Einl., Rn. 4.

früh eine Kodifikation der Baufreiheit.[219] Nach dieser Regelung hatte jedermann die Befugnis, sein Grundeigentum mit Gebäuden zu bebauen oder diese Gebäude zu verändern. Allerdings wurde diese grundsätzliche Baufreiheit durch Vorschriften der Gefahrenabwehr weitgehend eingeschränkt.[220] Nach § 66 I 8 PrALR sollte der Bau oder die Veränderung von Gebäuden nicht vorgenommen werden, wenn dies eine Gefahr für die Allgemeinheit darstellt oder zur Verunstaltung öffentlicher Plätze und Wege führt. Vor dem Hintergrund des Liberalismus blieb es zunächst dabei, dass der Schwerpunkt des Öffentlichen Baurechts weiterhin auf bauordnungsrechtlichen Aspekten lag und Beschränkungen der Baufreiheit nur aus Gründen der Gefahrenabwehr zulässig sein sollten.[221] Soweit in der Vergangenheit Ansätze eines auf einem Eigentumsbegriff mit sozialem Inhalt fußenden gestaltenden Städtebaurechts vorhanden waren, gingen diese wieder verloren.[222] So diente auch die Festsetzung von Straßen- und Baufluchtlinien nicht der Bauleitplanung im Sinne einer städtebaulichen Gestaltung, sondern enthielt zugleich ein polizeiliches Verbot, aus verkehrstechnischen Gründen nicht über eine bestimmte Linie hinaus in den Straßenbereich hineinzubauen.[223] Rechtsgrundlage für die Festsetzung von Fluchtlinien war zunächst die Bestimmung über das baupolizeiliche Genehmigungsverfahren in §§ 65 ff. I 8 PrALR sowie lokale Baupolizeiverordnungen.[224]

3. Das Fluchtliniengesetz von 1875

Verschiedene Entwicklungen machten es erforderlich, gerade im städtischen Bereich stärker gestaltend auf die Bebauung Einfluss nehmen zu können. Neben der allgemein wachsenden Bevölkerungszahl führte die Industrialisierung zu einer Bevölkerungskonzentration in den Städten und einem verstärkten Ansiedlungsdruck durch die Industrieunternehmen.[225] Es erschien notwendig, die auch in den Einzelstaaten selbst zersplitterten baurechtlichen Vorschriften einheitlich zu kodifizieren und den gewandelten Anforderungen anzupassen.[226] In Preußen wurde diese Kodifikation mit dem Gesetz über die Anlegung und Veränderung von Straßen und Plätzen in Städten und ländlichen Ortschaften (Fluchtliniengesetz) vom 02.07.1875[227] geschaffen. Durch das Fluchtliniengesetz ging die Kompetenz zur Festsetzung von Fluchtlinien auf die Gemeinden über. Die notwendige Zustimmung durfte durch die

---

219 *Ehebrecht-Stüer*, in: FS-Hoppe, S. 40.
220 *Krautzberger*, in: Ernst/Zinkahn/Bielenberg/Krautzberger, BauGB, Einl., Rn. 4.
221 So auch *Rinsdorf*, Der Flächennutzungsplan als Steuerungsinstrument der Gemeinde, S. 22.
222 *Krautzberger*, in: Ernst/Zinkahn/Bielenberg/Krautzberger, BauGB, Einl., Rn. 4.
223 *Schmidt-Aßmann*, Grundfragen des Städtebaurechts, S. 23.
224 *Schmidt-Aßmann*, ebenda.
225 Vgl. *Schmidt-Aßmann*, a.a.O., S. 24; *Hoppe*, in: Hoppe/Bönker/Grotefels, Öffentliches Baurecht, 2. Auflage, § 1, Rn. 15.
226 Vgl. *Schmidt-Aßmann*, ebenda.
227 PrGS. S. 561.

Polizeibehörde nur versagt werden, wenn dies aus polizeilichen Gründen der Gefahrenabwehr erforderlich war.[228] Gleichzeitig wurden die Gemeinden ermächtigt, die Verkehrswege für die Erschließung der Grundstücke zu schaffen und die aufgewendeten Kosten auf die Anlieger umzulegen.[229] Die Befugnis der Gemeinden beschränkte sich hierbei auf die Festsetzung der Straßenfluchten und der vorderen Baulinie.[230] Festsetzungen in Bezug auf die hinteren und seitlichen Baulinien konnten die Gemeinden hingegen nicht treffen[231], weshalb sie neben der Art auch auf das Maß der Bebauung kaum Einfluss hatten.[232] Darüber hinausgehende Beschränkungen der Baufreiheit wurden weiterhin durch die Baupolizeibehörde auf Grundlage der polizeilichen Generalklausel des § 10 II 17 Pr ALR festgesetzt, wenn dies aus Gründen der Abwehr von Gefahren für die öffentliche Sicherheit und Ordnung notwendig war.[233] Insofern wurde mit der Einführung des Fluchtliniengesetzes erstmals eine Unterscheidung zwischen dem Städtebaurecht und dem Baupolizeirecht getroffen.[234]

Die begrenzten Möglichkeiten, auf das Baugeschehen mit den Instrumenten des Bau(polizei)rechts Einfluss zu nehmen, wurde durch das „Kreuzbergurteil“[235] des PrOVG aus dem Jahre 1882 noch einmal unterstrichen. Im Rahmen dieses Urteils setzte sich das PrOVG mit einer Berliner Baupolizeiverordnung auseinander, nach der in dem Gebiet rund um den Kreuzberg die zulässige Höhe der Bebauung so begrenzt wurde, dass eine Behinderung der Sicht auf das auf dem Kreuzberg errichtete Denkmal nicht zu besorgen war. Das PrOVG hielt diese Verordnung mangels gesetzlicher Grundlage für unwirksam. Die polizeiliche Generalklausel des § 10 II 17 PrALR sei nicht ausreichend[236], da die Baufreiheit auf dieser Grundlage alleine aus Gründen der Gefahrenabwehr eingeschränkt werden könne.[237]

---

228 *Breuer*, Die Verwaltung, Bd. 19, S. 305 (313).
229 *Ehebrecht-Stüer*, in: FS-Hoppe, S. 41.
230 *Widera*, Planungshoheit, S. 92.
231 *Widera*, ebenda.
232 *Albers*, AfK 1967, 192 (194).
233 Vgl. *Hoppe*, in: Hoppe/Bönker/Grotefels, Öffentliches Baurecht, 2. Auflage, § 1, Rn. 15; *Rinsdorf*, Der Flächennutzungsplan als Steuerungsinstrument der Gemeinde, S. 23.
234 Vgl. *Hoppe*, ebenda; *Ehebrecht-Stüer*, in: FS-Hoppe, S. 42; *Koch/ Hendler*, Baurecht, § 11, Rn. 9.
235 PrOVG, Urt. v. 14.06.1882 – II B 23/82 -, PrOVGE 9, 353 ff., abgedruckt auch in VBlBW. 1993, 271 ff.
236 Über die hier interessierende Frage der Relevanz des „Kreuzberg-Urteils“ für das öffentliche Baurecht hinaus hat die Entscheidung grundsätzliche Bedeutung. Sie gilt als Ausgangspunkt für die Entwicklung und Durchsetzung rechtstaatlicher Polizeirechtsgrundsätze, vgl. *Rott*, NVwZ 1982, 363 f.; *Kroeschell*, VBlBW. 1993, 268.
237 Vgl. auch *Hoppe*, in: Hoppe/Bönker/Grotefels, Öffentliches Baurecht, 2. Auflage, § 1, Rn. 15.

II. Das Sächsische Allgemeine Baugesetz von 1900

In den Jahren um die Wende vom 19. zum 20. Jahrhundert traten die mit dem starken Wachstum der Städte und ihrer Vororte verbundenen Probleme verstärkt in das gesellschaftliche Bewusstsein.[238] Die in Folge der Industrialisierung zunehmende Konzentration der Bevölkerung in den Städten und die hierdurch verursachte Wohnungsnot führten zu einer oft „unmenschlichen Verdichtung"[239] der Bebauung mit einhergehenden Gefahren für Umwelt und Gesundheit.[240] Vor diesem Hintergrund wuchs die Erforderlichkeit einer Reform des Baurechts. In der Retrospektive wird deutlich, dass ein zweistufiges Plansystem im Sinne einer vorbereitenden Planung für das gesamte Stadtgebiet und eine endgültige Planung für einzelne, überschaubare Gebiete hier eine erhebliche Hilfe gewesen wären.[241] Während eine grundlegende Reform aber in Preußen noch auf sich warten ließ[242], wurde in Sachsen mit dem Allgemeinen Baugesetz vom 01.07.1900[243] (SächsABauG) eine Kodifikation geschaffen, die noch heute ob ihrer systematischen Geschlossenheit und gedanklichen Klarheit gelobt wird.[244] Das Gesetz umfasste neben dem Planungs-, Umlegungs- und Erschließungsrecht auch das

---

238 *Albers*, AfK 1967, 192 (195).

239 *Fehl*, in: FS-100 Jahre Baugesetz Sachsen, S. 74.

240 *Fehl*, ebenda.

241 *Krautzberger*, in: Ernst/Zinkahn/Bielenberg/Krautzberger, BauGB, Einl., Rn. 13.

242 In Preußen lag der Schwerpunkt zunächst weiterhin auf dem Baupolizeirecht. So wird das preußische Ansiedlungsgesetz in seinen Fassungen von 1845 und 1876 allgemein in den Bereich des Ordnungsrechts eingeordnet, vgl. *Hoppe*, in: Hoppe/Bönker/Grotefels, Öffentliches Baurecht, 2. Auflage, § 1, Rn. 15. Ziel des Gesetzes war es, die Wohnbebauung außerhalb von Siedlungskernen soweit zu beschränken, als es zur Wahrung berechtigter privater oder öffentlicher Interessen erforderlich war, vgl. *Krautzberger*, a.a.O., Rn. 8. Hingegen sieht *Schmidt-Aßmann*, Grundfragen des Städtebaurechts, S. 23, in der Ansiedlungsgesetzgebung einen „Markstein auf dem Wege der Erweiterung der boden- und bauordnungsrechtlichen Staatstätigkeit über den sicherungs- und ordnungspolizeilichen Zweck hinaus". Ebenfalls dem Ordnungsrecht zugerechnet werden die preußischen Verunstaltungsgesetze von 1902 und 1907, vgl. *Hoppe*, ebenda. Mit ihnen wurde nach dem „Kreuzberg-Urteil" des PrOVG die gesetzliche Grundlage für eine Beschränkung der Baufreiheit bei verunstaltender Bauausführung geschaffen, vgl. *Krautzberger*, a.a.O., Rn. 10.

243 GVBl. Sachsen, S. 381 ff.; das Gesetz ist abgedruckt bei *Bauer u.a.* (Hrsg.), FS-100 Jahre Baugesetz Sachsen, S. 623 ff.

244 *Breuer*, in: FS-100 Jahre Baugesetz Sachsen, S. 209; *Krautzberger*, in: Ernst/Zinkahn/Bielenberg/Krautzberger, BauGB, Einl., Rn. 27; *Hoppe*, in: Hoppe/Bönker/Grotefels, Öffentliches Baurecht, 2. Auflage, § 1, Rn. 15; *Schmidt-Aßmann*, Grundfragen des Städtebaurechts, S. 30, bezeichnet das Sächsische Allgemeine Baugesetz als das für „mehrere Jahrzehnte modernste Baugesetz in Deutschland"; ähnlich *Krieg*, in: FS-100 Jahre Baugesetz Sachsen, S. 207: „In der Tat wird man das Allgemeine Baugesetz für das Königreich Sachsen wohl als eines der modernsten

städtebauliche Enteignungsrecht sowie das Baupolizeirecht.[245] Das für das Thema dieser Arbeit besonders relevante Planungsrecht regelte der III. Abschnitt des SächsABauG (§§ 15–38 SächsABauG). Nach dem dort kodifizierten Planungssystem wurde zwischen dem Ortserweiterungsplan (§ 38 SächsABauG) auf der einen und den Bebauungs- und Fluchtlinienplänen (§§ 15–26 SächsABauG) auf der anderen Seite unterschieden. Mit dieser Differenzierung wurde erstmalig eine umfassende zweistufige städtebauliche Planung eingeführt.[246]

1. *Die zweistufige städtebauliche Planung des Sächsischen Allgemeinen Baugesetzes*

Als erste vorbereitende Stufe der städtebaulichen Planung diente der in § 38 SächsABauG geregelte Ortserweiterungsplan. Seine Aufstellung erfolgte durch die Baupolizei.[247] Er stellte die Grundlage für die Festsetzung von Hauptverkehrsstraßen und Versorgungsleitungen in den später auf der zweiten Stufe zu erlassenden Einzelplänen dar.[248] Da er nur vorbereitende Wirkung hatte, entbehrten die im Ortserweiterungsplan dargestellten Straßenzüge der Wirkung von Straßen- oder Baufluchtlinien.[249] Nachdem sich das Rechtsinstitut des nur fakultativ aufzustellenden Ortserweiterungsplans in der Praxis als nicht ausreichend erwiesen hatte, wurde in seiner Nachfolge mit der Novellierung des SächsABauG 1932 der obligatorische und wesentlich detaillierter geregelte Flächenaufteilungsplan eingeführt.[250] Mit diesem in den §§ 38–38f SächsABauG kodifizierten Instrument konnte die künftige Flächennutzung für größere – auch mehrere Gemeinden erfassende – Verkehrs- und Wirtschaftsgebiete geregelt werden.[251] Im Gegensatz zum Ortserweiterungsplan wurde der Flächenaufteilungsplan nicht mehr durch die Baupolizei aufgestellt, sondern – abhängig von seinem Geltungsbereich – durch die Gemeinde, eine Mehrheit von Gemeinden oder sonstigen Selbstverwaltungskörperschaften.[252] Er bedurfte aber

---

und fortschrittlichsten seiner Zeit bezeichnen dürfen, das bis in die Baugesetzgebung unserer Tage nachwirkt."

245 *Krautzberger*, ebenda. Einen Überblick über den Aufbau und Inhalt des Sächsischen Allgemeinen Baugesetzes bietet *Breuer*, Die Verwaltung, Bd. 19, S. 305 (326 ff.); *Breuer*, in: FS-100 Jahre Baugesetz Sachsen, S. 220 ff.

246 *Appel*, in: Koch/Hendler, Baurecht, § 11, Rn. 9; *Breuer*, in: FS-100 Jahre Baugesetz Sachsen, S. 221 f.; *Breuer*, Die Verwaltung, Bd. 19, S. 305 (327); *Hoppe*, in: Hoppe/Bönker/Grotefels, Öffentliches Baurecht, 2. Auflage, § 1, Rn. 15; *Rinsdorf*, Der Flächennutzungsplan als Steuerungsinstrument der Gemeinde, S. 24; *Schmidt-Aßmann*, Grundfragen des Städtebaurechts, S. 32.

247 *Groschupf*, DVBl. 1975, 873 (874); *Schmidt-Aßmann*, ebenda.

248 *Schmidt-Aßmann*, ebenda; *Krautzberger*, in: Ernst/Zinkahn/Bielenberg/Krautzberger, BauGB, Einl., Rn. 27.

249 *Breuer*, in: FS-100 Jahre Baugesetz Sachsen, S. 283 f.

250 *Breuer*, a.a.O., S. 290.

251 *Krautzberger*, in: Ernst/Zinkahn/Bielenberg/Krautzberger, BauGB, Einl., Rn. 27.

252 *Krautzberger*, ebenda.

der Genehmigung durch den Innenminister.[253] Ebenso wie der Ortserweiterungsplan hatte der Flächenaufteilungsplan nur vorbereitende Funktion und setzte weder Fluchtlinien noch sonstige Baubeschränkungen fest.[254]

Konkret und verbindlich hingegen waren die Festsetzungen der auf der zweiten Planungsstufe stehenden Bebauungs- und Fluchtlinienpläne.[255] Der in den §§ 15 ff. SächsABauG geregelte Bebauungsplan wurde regelmäßig durch die Gemeinde aufgestellt und als Ortsgesetz beschlossen.[256] Mit ihm konnten Straßen- und Baufluchtlinien, Freiflächen und Abstände sowie das Maß der zulässigen Bebauung und die Bauweise festgesetzt werden.[257] Der in § 27 SächsABauG geregelte Fluchtlinienplan, dessen Aufstellung in der Kompetenz der Baupolizeibehörde stand, diente in Abgrenzung zu dem Bebauungsplan als „Reserveinstrument"[258], das in Fällen von geringer städtebaulicher Bedeutung herangezogen werden konnte.

2. *Der Ortserweiterungs- und Flächenaufteilungsplan als Vorläufer des Flächennutzungsplans*

Das zweistufige Planungssystem des SächsABauG mit dem Ortserweiterungs- bzw. Flächenaufteilungsplan auf der einen und dem Bebauungs-/Fluchtlinienplan auf der anderen Seite weist Parallelen zu dem heutigen System der Bauleitplanung des BauGB auf[259] und kann in Teilen als deren Vorläufer gelten.[260] Dies zeigt auch die Ähnlichkeit des Ortserweiterungs- bzw. Flächenaufteilungsplans mit dem heutigen Flächennutzungsplan. So entsprach das Verhältnis zwischen dem Ortserweiterungsplan und den Bebauungs-/Fluchtlinienplänen weitgehend dem heutigen Entwicklungsgebot des § 8 Abs. 2 S. 1 BauGB.[261] Denn gemäß § 38 SächsABauG hatte der Ortserweiterungsplan den „späteren Einzelbebauungsplänen als Grundlage zu dienen". Auf der anderen Seite gibt es auch Unterschiede: Der Ortserweiterungsplan wurde, anders als der heutige Flächennutzungsplan, nicht durch die Gemeinde, sondern durch die Baupolizei aufgestellt und war lediglich fakultativ.[262] Beide Unterschiede zum heutigen Flächennutzungsplan fielen aber mit Einführung des Flächenaufteilungsplans weg. Dieser weist auch hinsichtlich

---

253 *Krautzberger*, ebenda; *Breuer*, in: FS-100 Jahre Baugesetz Sachsen, S. 291; *Widera*, Planungshoheit, S. 95.

254 *Breuer*, ebenda.

255 *Breuer*, Die Verwaltung, Bd. 19, S. 305 (327).

256 *Krautzberger*, in: Ernst/Zinkahn/Bielenberg/Krautzberger, BauGB, Einl., Rn. 27.

257 *Widera*, Planungshoheit, S. 95. Ausführlich zu den Festsetzungsmöglichkeiten des Bebauungsplans nach dem SächsABauG: *Breuer*, in: FS-100 Jahre Baugesetz Sachsen, S. 270 ff.

258 *Breuer*, a.a.O., S. 282.

259 *Appel*, in: Koch/Hendler, Baurecht, § 11, Rn. 10.

260 *Breuer*, in: FS-100 Jahre Baugesetz Sachsen, S. 221 f.

261 *Breuer*, a.a.O., S. 283 f.

262 *Breuer*, a.a.O., S. 284.

seiner Darstellungsmöglichkeiten für bestimmte Flächenarten deutliche Ähnlichkeiten mit dem Flächennutzungsplan des heutigen BauGB auf. Das Rechtsinstitut des Flächenaufteilungsplans ist als Vorläufer des heutigen Flächennutzungsplans einzuordnen.[263]

III. Die Entwicklung des öffentlichen Baurechts in Preußen zu Beginn des 20. Jahrhunderts

Während Sachsen mit dem SächsABauG ein modernes Städtebaurecht kodifiziert hatte, blieb eine solche grundlegende Reform für das Gebiet von Preußen für die Zeit vor dem 1. Weltkrieg aus.[264]

1. Das preußische Wohnungsgesetz von 1918

Eine nennenswerte Weiterentwicklung brachte erst das Wohnungsgesetz vom 28.03.1918.[265] Das Gesetz enthielt sowohl bauplanerische als auch baupolizeiliche Regelungen.[266] Es modifizierte das Fluchtliniengesetz von 1875 mit dem Ziel, es zu einem umfassenden Planungsgesetz auszugestalten.[267] Nunmehr konnten Fluchtlinien auch für Gartenanlagen sowie Spiel- und Erholungsplätze festgesetzt werden.[268] Weiterhin konnten auch das Wohnbedürfnis und der Schutz des Orts- und Landschaftsbilds für die Rechtfertigung der Festsetzungen herangezogen werden[269]. Gleichwohl wurde auch das Wohnungsgesetz den Anforderungen an ein modernes

263 So *Rinsdorf*, Der Flächennutzungsplan als Steuerungsinstrument der Gemeinde, S. 25; *Breuer*, a.a.O., S. 291 f.

264 *Schmidt-Aßmann*, Grundfragen des Städtebaurechts, S. 32.

265 *Widera*, Planungshoheit, S. 93; das Gesetz wurde schon in der Thronrede des Jahres 1901 angekündigt. Erst der durch die Staatsregierung im Jahre 1913 vorgelegte Entwurf wurde dann nach mehrjähriger Beratung verabschiedet, vgl. *Krautzberger*, in: Ernst/Zinkahn/Bielenberg/Krautzberger, BauGB, Einl., Rn. 11.

266 *Berg*, in: Jeserich/Pohl/von Unruh, Deutsche Verwaltungsgeschichte, Band 4, S. 432.

267 *Schmidt-Aßmann*, Grundfragen des Städtebaurechts, S. 34.

268 Vgl. den Nachweis der Änderung des Fluchtliniengesetzes durch das Wohnungsgesetz bei *Ehebrecht-Stüer*, in: FS-Hoppe, S. 43, Fn. 11).

269 Nachweise bei *Schmidt-Aßmann*, Grundfragen des Städtebaurechts, S. 32; *Rinsdorf*, Der Flächennutzungsplan als Steuerungsinstrument der Gemeinde, S. 24. Weiterhin war es nun möglich, durch Baupolizeiverordnungen Regelungen über die Abstufung der Bebauung und die Ausweisung besonderer Baugebiete auch dann zu treffen, wenn dies nicht durch Gesichtspunkte der Gefahrenabwehr geboten war, *vgl. Krautzberger*, in: Ernst/Zinkahn/Bielenberg/Krautzberger, BauGB, Einl., Rn. 11.

Städtebaurecht nicht gerecht.[270] Vorherrschend blieb der Gedanke der einseitigen Gefahrenabwehr und nicht der Interessenausgleich.[271]

2. *Der Entwurf eines preußischen Städtebaugesetzes*

Mit dem wachsenden Erfordernis einer umfassenden Städtebauplanung wuchs auch die Erkenntnis der Notwendigkeit einer umfassenden Kodifikation des Städtebaurechts.[272] In Preußen wurde der Entwurf eines Städtebaugesetzes erarbeitet, dessen erster Referentenentwurf 1925 veröffentlicht wurde.[273] Der Entwurf sah ein zweistufiges System für die städtebauliche Planung vor. Als Instrument zur vorausschauenden Ordnung der zukünftigen städtebaulichen Entwicklung der Gemeinde war das Rechtsinstitut des Flächenaufteilungsplans vorgesehen.[274] Dieser sollte von den Gemeinden als genehmigungsbedürftige Satzung erlassen werden.[275] Mit ihm sollten Baubeschränkungen sowie Beschränkungen der Veränderung des Baubestands und der Erdoberfläche festgesetzt werden können. Der Flächenaufteilungsplan sollte dabei Programm und Rahmen für die Fluchtlinien- und Bebauungspläne sein.[276] Der Entwurf des Städtebaugesetzes wurde jedoch abgelehnt, da man sich u.a. nicht auf die Rechtswirkungen des Flächenaufteilungsplans einigen konnte.[277]

IV. Der Entwurf eines Städtebaugesetzes in der Weimarer Republik

In der Folge wurde auf Reichsebene der Weimarer Republik der Versuch unternommen, die in Preußen erfolglos gebliebenen Arbeiten zur Schaffung eines umfassenden Städtebaugesetzes aufzugreifen und fortzuführen.[278] So wurde im November 1931

---

270 Vgl. auch *Schmidt-Aßmann*, a.a.O., S. 35; *Widera*, Planungshoheit, S. 93.

271 *Schmidt-Aßmann*, ebenda; *Rinsdorf*, Der Flächennutzungsplan als Steuerungsinstrument der Gemeinde, S. 24.

272 Vgl. *Krautzberger*, in: Ernst/Zinkahn/Bielenberg/Krautzberger, BauGB, Einl., Rn. 15.

273 Vgl. *Krautzberger*, ebenda.

274 Der Regierungsentwurf des Städtebaugesetzes bezeichnet die Regelungen über die Flächenaufteilungspläne (§§ 1–14) als den wichtigsten Abschnitt des Gesetzentwurfs. Er enthalte „grundlegende neue Bestimmungen", die bisher einer Rechtsgrundlage entbehrten, vgl RegE, PrLT 2. Wahlperiode Drs. 4360.

275 Vgl. Krautzberger, in: Ernst/Zinkahn/Bielenberg/Krautzberger, BauGB, Einl., Rn. 15; § 3 Abs. 1 des Gesetzentwurfs lautet: „Der Flächenaufteilungsplan kann je nach Bedürfnis in Teilen oder im Ganzen im Wege der Ortssatzung festgesetzt werden. Die Ortssatzung bedarf der Genehmigung der Beschlußbehörde."

276 *Schmidt-Aßmann*, Grundfragen des Städtebaurechts, S. 54.

277 *Krautzberger*, in: Ernst/Zinkahn/Bielenberg/Krautzberger, BauGB, Einl., Rn. 15.

278 *Krautzberger*, a.a.O., Rn. 36.

der Referentenentwurf für ein „Reichsstädtebaugesetz"[279] bekannt gemacht.[280] Dieser Entwurf wies eine – im Vergleich zum Entwurf des preußischen Städtebaugesetzes – noch stärker ausdifferenzierte zweistufige städtebauliche Planung auf.[281] Für die erste Stufe war nunmehr der Wirtschaftsplan vorgesehen, dessen Aufstellung auch über die Gemeindegrenzen hinweg für ein Wirtschaftsgebiet möglich sein sollte.[282] In ihm sollten die Grundzüge der Bodennutzung – z.B. Verkehrsflächen, Grünanlagen, Baugebiete – darzustellen sein.[283] Hierbei sollte der Wirtschaftsplan die Grundlage für die Aufstellung des verbindlichen Bebauungsplans bilden. Seine Unverbindlichkeit war in § 9 Abs. 1 des Gesetzentwurfs ausdrücklich festgesetzt. Die Regelung sah weiter vor, dass der Wirtschaftsplan öffentlich bekannt zu machen ist und „bei der Bekanntgabe darauf hinzuweisen [ist], daß es sich um einen nicht verbindlichen Plan ohne Rechtswirkungen handelt und daß der Plan jederzeit abgeändert werden kann". Letztlich scheiterte der Entwurf des Reichsstädtebaugesetzes an dem Widerstand der Länder. Diese kritisierten, dass das Reich seine ihm auf dem Gebiet des Bodenrechts aus Art. 10 Nr. 4 WRV zustehende Kompetenz für die Grundsatzgesetzgebung mit dem Reichsstädtebaugesetz überschreiten würde.[284] Nachdem der Gesetzentwurf daraufhin zunächst zurückgestellt wurde, um weitere Verhandlungen zwischen dem Reich und den Ländern zu ermöglichen, machte zuletzt die sozialdemokratische Reichstagsfraktion im September 1932 den Entwurf zum Gegenstand eines Antrags. Dieser wurde infolge der Auflösung des Reichstags nicht mehr behandelt.[285]

V. Das Städtebaurecht in der Zeit des Nationalsozialismus

Nach der „Machtergreifung" durch die Nationalsozialisten wurde der Entwurf des Reichsstädtebaugesetzes nicht wieder aufgegriffen.[286] Hintergrund war die Absicht des Regimes, einen neuen Entwurf auf Grundlage der nationalsozialistischen „Blut- und Bodenideologie"[287] zu erstellen.[288]

---

279 ReichsArbBl. 1931, S. 266.

280 *Krautzberger*, in: Ernst/Zinkahn/Bielenberg/Krautzberger, BauGB, Einl., Rn. 36.

281 *Schmidt-Aßmann*, Grundfragen des Städtebaurechts, S. 54.

282 *Widera*, Planungshoheit, S. 96.

283 *Widera*, ebenda; *Schmidt-Aßmann*, Grundfragen des Städtebaurechts, S. 54; *Krautzberger*, in: Ernst/Zinkahn/Bielenberg/Krautzberger, BauGB, Einl., Rn. 36.

284 *Widera*, ebenda; *Krautzberger*, ebenda.

285 *Krautzberger*, ebenda.

286 *Krautzberger*, a.a.O., Rn. 39.

287 *Kühne*, in: Jeserich/Pohl/von Unruh, Deutsche Verwaltungsgeschichte, Band 4, S. 823.

288 *Krautzberger*, in: Ernst/Zinkahn/Bielenberg/Krautzberger, BauGB, Einl., Rn. 39; zu einer solchen reichseinheitlichen Kodifikation des Baurechts kam es aber nicht mehr. Der im Jahre 1942 erarbeitete Referentenentwurf für ein „Deutsches Baugesetzbuch" trat nicht mehr in Kraft, vgl. *Appel*, in: *Koch/ Hendler*, Baurecht, § 11, Rn. 12, Fn. 21; *Stüer*, Bau- und Fachplanungsrecht, Rn. 20. Die Prägung dieses Entwurfs durch die nationalsozialistische Ideologie zeigt anschaulich *Kühne*, ebenda.

1. Das Wohnsiedlungsgesetz und die Bauregelungsverordnung

Angesichts der wachsenden städtebaulichen Probleme wurde aber bei Einzelfragen auf die Vorarbeiten in der Weimarer Republik zurückgegriffen.[289] Dies gilt auch für das am 22.09.1933 in Kraft getretene Wohnsiedlungsgesetz[290] (WSG).[291] In § 1 WSG war vorgesehen, dass die oberste Landesbehörde Gebiete, in denen eine starke Wohnsiedlungstätigkeit besteht oder zu erwarten ist, zu Wohnsiedlungsgebieten erklären kann, wenn anzunehmen ist, dass „ohne besondere Ordnung der Siedlung das allgemeine Interesse oder das Wohl der Siedler beeinträchtigt würde". Für ein solches Wohnsiedlungsgebiet musste nach § 2 WSG ein „Wirtschaftsplan" aufgestellt werden, der die geordnete Nutzung des Bodens im Hinblick auf Wohn-, Wirtschafts- und Verkehrsinteressen zu regeln hatte.[292] Die Umsetzung dieser im Wirtschaftsplan festgehaltenen Vorgaben wurde durch einen Genehmigungsvorbehalt sichergestellt.[293] Nach § 4 Abs. 1 WSG bedurften die Teilung des Grundstücks ebenso wie seine Auflassung und jede andere Vereinbarung, durch die einem Anderen ein Recht zur Nutzung des Grundstücks eingeräumt wird, der Genehmigung. Nach § 6 Abs. 1 WSG sollte diese „Wohnsiedlungsgenehmigung"[294] nur versagt werden, wenn anzunehmen ist, dass auf dem Grundstück eine dem Wirtschaftsplan entgegenstehende Bebauung errichtet werden soll. Das WSG und das Rechtsinstrument des Wirtschaftsplans sollten ursprünglich die Weiterentwicklung der Landesplanung und Raumordnung einleiten.[295] Bedingt durch die im WSG fehlende Festlegung des Verfahrens zur Aufstellung der Wirtschaftspläne kam es in der Folge aber zu Kompetenzstreitigkeiten zwischen den für die Raumordnung und den Städtebau zuständigen Behörden.[296] Am Ende dieses Streits stand die Zuordnung der Wirtschaftspläne zum Bereich der gemeindlichen Ortsplanung.[297]

---

289 *Krautzberger*, ebenda; *Appel*, a.a.O., § 11, Rn. 12.

290 RGBl. I S. 659.

291 *Koch/ Hendler*, Baurecht, § 11, Rn. 12.

292 *Schmidt-Aßmann*, Grundfragen des Städtebaurechts, S. 57; in § 2 S. 1 des Wohnsiedlungsgesetzes findet sich die Legaldefinition des Wirtschaftsplans. § 2 S. 1 lautet: „Wird ein Gebiet zum Wohnsiedlungsgebiet erklärt, so muß ein Plan aufgestellt werden, der die geordnete Nutzung des Bodens, insbesondere im Hinblick auf die Erfordernisse der Land- und Forstwirtschaft und der Industrie, des Verkehrs, der Bebauung, des Luftschutzes, der Erholung und des Schutzes des Heimatbildes, in den Grundzügen regelt (Wirtschaftsplan).".

293 *Schmidt-Aßmann*, ebenda.

294 Diese Bezeichnung für die Genehmigung i.S.v. § 4 WSG findet sich bei *Krautzberger*, in: Ernst/Zinkahn/Bielenberg/Krautzberger, BauGB, Einl., Rn. 39.

295 *Schmidt-Aßmann*, Grundfragen des Städtebaurechts, S. 57; vgl. auch die Begründung zum WSG, RABl. 1933 I, S. 253.

296 *Kühne*, in: Jeserich/Pohl/von Unruh, Deutsche Verwaltungsgeschichte, Band 4, S. 823 (828 f.).

297 *Schmidt-Aßmann*, Grundfragen des Städtebaurechts, S. 58; *Widera*, Planungshoheit, S. 97; *Umlauf*, Landesplanung, S. 97 f.

Mit der Bauregelungsverordnung (BauRegVO) vom 15.02.1936[298] sollte das geordnete Bauen reichseinheitlich gewährleistet werden.[299] Die BauRegVO sah in § 1 vor, dass Baugebiete durch Baupolizeiverordnungen ausgewiesen werden können. Nach § 2 BauRegVO konnten auch die Beschränkung der Geschosszahl sowie eine Mindestgröße von Baugrundstücken festgesetzt werden. Ein Schwerpunkt der Verordnung war die Regelung der Zulässigkeit von baulichen Anlagen im Außenbereich.[300] Gemäß § 3 Abs. 1 BauRegVO sollte die baupolizeiliche Genehmigung für Anlagen im Außenbereich versagt werden, wenn ihre Ausführung der geordneten Entwicklung des Gemeindegebiets oder einer ordnungsgemäßen Bebauung zuwiderlaufen würde.

2. *Der Wirtschaftsplan als vorbereitender Bauleitplan*

Vor dem Hintergrund dieser Grundzüge des Bauplanungsrechts in der Zeit des Nationalsozialismus ist der Wirtschaftsplan als vorbereitender Bauleitplan einzuordnen.[301] Er gilt als Vorläufer des heutigen Flächennutzungsplans.[302] Für die Verwandtschaft zwischen den beiden Rechtsinstituten streitet zunächst der Wortlaut der einschlägigen Normen. Der Wirtschaftsplan ist in § 2 WSG legaldefiniert. Danach ist in ihm die geordnete „Nutzung des Bodens“ in „Grundzügen“ zu regeln. In § 5 Abs. 1 S. 1 BauGB ist für den heutigen Flächennutzungsplan bestimmt, dass in diesem die „Bodennutzung“ für das Gemeindegebiet „in den Grundzügen“ darzustellen ist. Während die Ähnlichkeiten im Wortlaut für die Verwandtschaft zwischen Wirtschaftsplan und heutigem Flächennutzungsplan sprechen, fällt dagegen auf, dass sich für den Wirtschaftsplan keine dem heutigen Entwicklungsgebot nach § 8 Abs. 2 S. 1 BauGB entsprechende Regelung fand. Vielmehr entfaltete der Wirtschaftsplan seinen Einfluss auf die Bebauung unmittelbar über die nach § 4 Abs. 1 WSG auf seiner Grundlage zu erteilende Wohnsiedlungsgenehmigung.

---

298 RGBl. I S. 104.

299 *Ehebrecht-Stüer*, in: FS-Hoppe, S. 45; *Widera*, Planungshoheit, S. 97 f., weist darauf hin, dass die BauRegVO zum Ziel gehabt habe, die städtebauliche Planung als Aufgabe des Staates zu erhalten. Die BauRegVO habe verhindern sollen, dass die Gemeinden aufgrund der Generalklausel in § 3 der 1935 in Kraft getretenen Deutschen Gemeindeordnung die Städtebauplanung und Ausweisung der Baugebiete auch dort als eigene Angelegenheit durchführen, wo es entsprechende landesgesetzliche Vorschriften bisher nicht gab. Insofern muss die BauRegVO vor dem Hintergrund des zentralistischen Staatsverständnisses der Nationalsozialisten gesehen werden.

300 *Ehebrecht-Stüer*, a.a.O., S. 46.

301 *Kühne*, in: Jeserich/Pohl/von Unruh, Deutsche Verwaltungsgeschichte, Band 4, S. 828 f.

302 *Schmidt-Aßmann*, Grundfragen des Städtebaurechts, S. 128; *Widera*, Planungshoheit, S. 97; *Rinsdorf*, Der Flächennutzungsplan als Steuerungsinstrument der Gemeinde, S. 25; *Pergande/Pergande*, Wohnungswesen und Städtebau, in: 50 Jahre Deutsche Bau- und Bodenbank, S. 109.

Gleichwohl übernahm der Wirtschaftsplan in der Praxis die Funktion des vorbereitenden Bebauungsplans.[303] Denn ein von dem Wirtschaftsplan abweichender Bauleitplan hätte dem Grundstückseigentümer – bei Vorliegen weiterer Voraussetzungen – zwar einen Anspruch auf Genehmigung der Bebauung gegeben. Strebte aber ein Dritter die dem Wirtschaftsplan entgegenstehende Bebauung des Grundstücks an, so hätte er dieses schon nicht erwerben können, da ihm die erforderliche Wohnsiedlungsgenehmigung versagt worden wäre. Eine von den Vorgaben des Wirtschaftsplans abweichende weitergehende Bauleitplanung wäre sinnwidrig gewesen und hätte zu kaum vertretbaren Ergebnissen geführt.[304] Mittelbare Bedeutung kam dem Wirtschaftsplan darüber hinaus auch im Rahmen des § 3 Abs. 1 BauRegVO für den Außenbereich zu.[305] Er schränkte das Ermessen der Verwaltung bei der Beurteilung der Vereinbarkeit der Bebauung mit der geordneten Entwicklung des Gemeindegebiets ein.[306]

Über die Rechtsform des Wirtschaftsplans ist in der Nachkriegszeit[307] in Literatur und Rechtsprechung gestritten worden.[308] Während das OVG NRW im Jahre 1952 den Wirtschaftsplan als verwaltungsinternes Entwicklungsprogramm[309] einordnete, vertrat das VG München 1953 die Auffassung, zur Rechtsverbindlichkeit des Wirtschaftsplans bedürfe es seiner Einkleidung in eine gemeindliche Satzung.[310] Eine

---

303 *Söfker*, in: Ernst/Zinkahn/Bielenberg/Krautzberger, BauGB, § 233, Rn. 80.

304 Das Beispiel ist dem Aufsatz von *Wiedemann*, BayVBl. 1959, 78 (80) entnommen. Der Autor weist auch auf die Gefahr hin, dass der Kaufinteressent die Bebauung des Grundstücks durch den bisherigen Eigentümer als Strohmann durchführen lässt, um es erst nach Fertigstellung zu erwerben.

305 *Söfker*, in: Ernst/Zinkahn/Bielenberg/Krautzberger, BauGB, § 233, Rn. 79; vgl. *ders.*, a.a.O., Rn. 79 ff. auch instruktiv zu den folgenden Ausführungen.

306 OVG NRW, Urt. v. 28.10.1952 – VII A 1399/51 -, DVBl. 1953, 376 (377).

307 Auch unter der Geltung des Grundgesetzes wurde die Gültigkeit des WSG nicht bestritten, vgl. *Söfker*, in: Ernst/Zinkahn/Bielenberg/Krautzberger, BauGB, § 233, Rn. 79.

308 Vgl. zusammenfassend *Söfker*, a.a.O., Rn. 80 ff.

309 OVG NRW, Urt. v. 28.10.1952 – VII A 1399/51 -, DVBl. 1953, 376 f. Dieses interne Entwicklungsprogramm schränke für den Außenbereich das Ermessen der Verwaltung bei der Beurteilung im Rahmen des § 3 Abs. 1 BauRegVO ein. In einem weiteren Urteil hält das Gericht fest, dass durch den Wirtschaftsplan keine Baugebiete i.S.d. BauRegVO ausgewiesen werden können. Insofern bedürfe es zwingend einer Baupolizeiverordnung, OVG NRW, Urt. v. 08.09.1953 – VII A 1832/52 -, DVBl. 1954, 58 f.

310 VG München, Urt. v. 18.06.1953 – VI 6067/53 -, BBbl. 1953, 556 ff. Der BayVGH hatte bereits im Jahre 1952 den Wirtschaftsplan als Teil der nach Art. 83 Bayerische Verfassung in den eigenen Wirkungskreis der Gemeinde fallenden Ortsplanung eingestuft. Zu seiner Aufstellung bedürfe es eines Beschlusses des Gemeinderats oder eines Ausschusses, vgl. BayVGH, Urt. v. 25.11.1952 – Nr. 38 I 50 -, BRS Bd. 2, S. 59 ff.

entsprechende Ermächtigung gewähre das WSG.[311] Die Auffassung des VG München fand in der Literatur überwiegend Zustimmung und entwickelte sich zur h.M.[312] Abgestellt wurde auf die Rechtswirkung des § 6 WSG. Aus der Vorschrift folge, dass die Wohnsiedlungsgenehmigung zu versagen sei, wenn auf dem Grundstück eine dem Wirtschaftsplan widersprechende Bebauung erfolgen soll. Der Wirtschaftsplan löse gegenüber einer unbestimmten Personenmehrheit Rechtswirkungen aus. Ihm komme daher Rechtsnormcharakter zu.[313] Das bayerische Innenministerium äußerte in einer Ministerialerschließung aus dem Jahr 1955 keine Bedenken gegen die Aufstellung der Wirtschaftspläne als Satzung.[314] Ebenfalls keine Bedenken gegen den Erlass der Wirtschaftspläne in Satzungsform äußerte der BayVerfGH in einer Entscheidung aus dem Jahre 1956, setzte den Erlass als Satzung aber auch nicht zwingend voraus.[315] Die Gegenmeinung führte gegen den Rechtsnormcharakter des Wirtschaftsplans an, diesem komme zwar Rechtserheblichkeit aber keine Rechtsverbindlichkeit zu.[316] Rechtserheblich sei der Wirtschaftsplan für die Erteilung von Wohnsiedlungsgenehmigungen. Diese Erheblichkeit als Tatbestandsmerkmal im Rahmen von § 6 Abs. 1 WSG sollte aber nichts daran ändern, dass dem Wirtschaftsplan keine Rechtsverbindlichkeit zukomme.[317] Denn ihm fehle die positive Vollziehbarkeit. Vielmehr handele es sich bei ihm um eine unverbindliche umfassende Planung, auf der die Einzelplanung aufbaue. Erst diese sollte Rechtsverbindlichkeit entfalten können.[318] Weiterhin wurde angeführt, gegen die Rechtsverbindlichkeit der Wirtschaftspläne spreche auch der Umstand, dass diese in der Praxis selten veröffentlicht wurden.[319] Dies sollte angesichts der Unverbindlichkeit der Pläne auch unschädlich sein. Ferner sei die Veröffentlichung sogar bedenklich, da sich „der Baulustige auf in bestimmter Form erteilte Auskünfte nach den Grundsätzen von Treu und Glauben möglicherweise verlassen kann".[320] Die Notwendigkeit der Veröffentlichung des Wirtschaftsplans war auch Gegenstand eines Urteils des BayVGH

311 VG München, Urt. v. 18.06.1953 – VI 6067/53 -, BBbl. 1953, 556 (557).

312 *Mang*, BayVBl. 1955, 16 f.; *Wiedemann*, BayVBl. 1959, 78 ff.

313 *Mang*, a,a,O., 16; *Bielenberg*, DVBl. 1960, 542 (545), ordnet den Wirtschaftsplan ebenfalls als Rechtsnorm ein. Es handele sich aber nicht um eine gemeindliche Satzung, vielmehr gehöre der Wirtschaftsplan zum Bereich der Raumordnung, vgl. *Bielenberg*, DVBl. 1960, 84 ff.

314 MABl. S. 573; *Söfker*, in: Ernst/Zinkahn/Bielenberg/Krautzberger, BauGB, § 233, Rn. 80.

315 BayVerfGH, Entsch. v. 04.07.1956 – Vf. 34-VII-54 -, DÖV 1956, 702 f.

316 *Ringe*, DVBl. 1954, 245 ff.

317 *Ringe*, DVBl. a.a.O., 246 ff.; *Wiedemann*, BayVBl. 1959, 78 (79) führt hiergegen an, die Eigenschaft des Wirtschaftsplans als Tatbestandsmerkmal ändere nichts an seinem Rechtsnormcharakter. Bei § 6 Abs 1 WSG handele es sich um eine Blankettbestimmung, die von den Wirtschaftsplänen ausgefüllt werde. Der Wirtschaftsplan sei daher Teil eines Rechtssatzes und habe selbst normativen Charakter.

318 *Ringe*, ebenda; so auch *Kersten*, BayVBl. 1957, 113.

319 *Ringe*, a.a.O., 247.

320 *Ringe*, a.a.O., 247.

aus dem Jahre 1957.[321] Der Verwaltungsgerichtshof verwies darauf, dass § 1 Abs. 2 der Ausführungsverordnung zum WSG aus dem Jahre 1935[322] nur vorschreibe, dass die Erklärung eines Bereichs zum Wohnsiedlungsgebiet ortsüblich bekannt zu machen ist. Für den für dieses Gebiet aufzustellenden Wirtschaftsplan gelte dies nicht. Vielmehr genüge es, dass dieser durch den Gemeinderat beschlossen wird. Einer Veröffentlichung als Satzung bedürfe es nicht.[323] Bei den Befürwortern der Einordnung des Wirtschaftsplans als Satzung stieß dieses Urteil erwartungsgemäß auf Kritik. Die ortsübliche Bekanntmachung des Wirtschaftsplans sei ein unabdingbares rechtstaatliches Erfordernis.[324] Es genüge aber die Veröffentlichung in Form der Ersatzbekanntmachung.[325]

Auch die Übergangsregelungen des 1960 erlassenen Bundesbaugesetzes (BBauG) sprechen für die Einordnung des Wirtschaftsplans als Vorgänger des Flächennutzungsplans. Nach § 173 Abs. 1 S. 1 BBauG galten Wirtschaftspläne nach dem WSG bis zum Ablauf von zwei Jahren nach Inkrafttreten des BBauG als Flächennutzungspläne i.S.v. § 5 BBauG, wenn sie nicht zuvor aufgehoben wurden. Über diesen Zeitraum hinaus eröffnete die Regelung in Satz 2 des § 173 Abs. 1 BBauG für die höhere Verwaltungsbehörde die Möglichkeit, Wirtschaftspläne zu unbefristet geltenden Flächennutzungsplänen zu erklären, wenn diese inhaltlich und verfahrensrechtlich im Wesentlichen den an einen Flächennutzungsplan gestellten Anforderungen entsprechen. Diese Möglichkeit bestand bis zur Ablösung des BBauG durch das BauGB im Jahre 1987. Angesichts der im WSG fehlenden Regelung des Aufstellungsverfahrens und des erläuterten Streits um die rechtliche Einordnung der Wirtschaftspläne war fraglich, wie die wesentlichen Anforderungen an einen Flächennutzungsplan, die von den überzuleitenden Wirtschaftsplänen gemäß § 173 Abs. 1 BBauG erfüllt werden mussten, zu definieren sind. Das BVerwG stellte hierbei für das angewendete Aufstellungsverfahren grundsätzlich auf die Rechtmäßigkeit nach der früheren Rechtslage ab, soweit diese rechtsstaatliche Mindestanforderungen erfüllt.[326] So verlangte das BVerwG für die notwendige Publizität der Planung ein Verfahren, das den Anforderungen an die Auslegung des Plans im Aufstellungsverfahren gemäß § 2 Abs. 6 BBauG entspricht.[327] Zudem musste

321 BayVGH, Urt. v. 17.09.1957 – Nr. 233 I 56 -, BayVBl. 1957. 361 f.
322 RGBl. I S. 292 f.
323 BayVGH, Urt. v. 17.09.1957 – Nr. 233 I 56 -, BayVBl. 1957. 361 (362).
324 Vgl. *Mang*, BayVBl. 1958, 49.
325 *Mang*, ebenda; *Wiedemann*, BayVBl. 1959, 78 (79).
326 Vgl. BVerwG, Urt. v. 14.03.1975 – IV C 44.72 -, BauR 1975, 253 ff.; so auch *Krautzberger*, in Battis/Krautzberger/Löhr, Bundesbaugesetz, § 173, Rn. 1.
327 BVerwG, Beschl. v. 04.11.1969 – 4 B 108.69 -, n.v.; ebenfalls für das Erfordernis einer Auslegung des Wirtschaftsplans sprach sich *Schrödter*, Bundesbaugesetz, § 173, Rn. 4 f. aus; gegen ein solches Erfordernis: *Grauvogel*, in: Brügelmann, Bundesbaugesetz, § 173, II. 1. b).

die Erklärung der oberen Verwaltungsbehörde entsprechend § 6 Abs. 6 BBauG[328] bekannt gemacht worden sein.[329] Zu den rechtsstaatlichen Mindestvoraussetzungen für die Überleitung der Wirtschaftspläne nach § 173 Abs. 1 S. 2 BBauG zählte auch die sachgerechte Abwägung privater und öffentlicher Belange.[330] Inhaltlich setzte die Überleitung nach § 173 Abs. 1 S. 2 BBauG nicht dieselben Anforderungen voraus, die für den Flächennutzungsplan nach dem BBauG galten. Der Wirtschaftsplan musste zwar Darstellungen i.S.v. § 5 BBauG enthalten[331], hierbei war aber nicht auf die Bezeichnung, sondern auf den Sinn der Darstellung abzustellen.[332] Weiterhin musste ein überzuleitender Wirtschaftsplan nicht die Anforderungen des BBauG an die Darstellungsdichte des Flächennutzungsplans erfüllen. Entscheidend war seine Eignung als Grundlage für die Entwicklung eines Bebauungsplans gemäß § 8 Abs. 2 S. 1 BBauG.[333]

Die nach § 173 Abs. 1 S. 2 BBauG übergeleiteten Wirtschaftspläne gelten gemäß § 233 Abs. 3 BauGB auch heute noch als Flächennutzungspläne.

VI. Die Vorläufer der zweistufigen Bauleitplanung in den Aufbaugesetzen am Beispiel des nordrhein-westfälischen Rechts

Das Ausmaß der Zerstörung von Bausubstanz während des zweiten Weltkriegs und der Zustrom von Flüchtlingen und Vertriebenen stellten die Gemeinden vor erhebliche städtebauliche Aufgaben.[334] Die in der Vergangenheit entwickelten rechtlichen Grundlagen für den Städtebau erwiesen sich als unzureichend.[335] Es fehlte ein umfassendes, abgestuftes und in sich geschlossenes System der städtebaulichen Planung. So bestand in den ehemals preußischen Ländern keine Verbindung zwischen den Fluchtlinienplänen und der Bestimmung über Art und Maß der baulichen Nutzung[336] Ferner fehlte auch ein für die nachfolgende Planung und die Ordnung

---

328 § 6 Abs. 6 BBauG regelte die öffentliche Bekanntmachung der Genehmigung des Flächennutzungsplans entsprechend des heutigen § 6 Abs. 5 BauGB.

329 BVerwG, Beschl. v. 04.11.1969 – 4 B 108.69 -, n.v.; ebenso: *Grauvogel*, in: Brügelmann, Bundesbaugesetz, § 173, II. 2. b) bb); *Schrödter*, Bundesbaugesetz, § 173, Rn. 6; verneint wird die Notwendigkeit einer Bekanntmachung der Erklärung von *Söfker*, in: Ernst/Zinkahn/Bielenberg/Krautzberger, BauGB, § 233, Rn. 81, 83.

330 BVerwG, Urt, v. 20.10.1972 – 4 C 14.71 -, BVerwGE 41, 67 (68 f.); Urt. v. 28.02.1975 – IV C 74.72 -, DVBl. 1975, 661 (662); *Söfker*, a.a.O., Rn. 81.

331 *Schrödter*, Bundesbaugesetz, § 173, Rn. 5.

332 *Söfker*, in: Ernst/Zinkahn/Bielenberg/Krautzberger, BauGB, § 233, Rn. 82.

333 *Schrödter*, Bundesbaugesetz, § 173, Rn. 5; *Söfker*, ebenda.

334 *Krautzberger*, in: Ernst/Zinkahn/Bielenberg/Krautzberger, BauGB, Einl., Rn. 45.

335 *Krautzberger*, ebenda; *Widera*, Planungshoheit, S. 99.

336 *Ehebrecht-Stüer*, in: FS-Hoppe, S. 48; *Krautzberger*, ebenda, der von der fehlenden „Verbindung zwischen Flächennutzungsplan und Regelungen über Art und Maß der baulichen Nutzung“ spricht; *Stüer*, Bau- und Fachplanungsrecht, Rn. 24.

des Grund und Bodens sowie der Bebauung verbindlicher grundlegender Gesamtplan.[337] Vor diesem Hintergrund entwickelte eine durch den Deutschen Städtetag eingesetzte Arbeitsgruppe ausgehend von dem 1942 vorgelegten Referentenentwurf eines Baugesetzbuchs[338] den Entwurf eines Wiederaufbaugesetzes.[339] Dieser wurde durch das zuständige Zentralamt für Arbeit in der britischen Besatzungszone aufgegriffen und mit Änderungen als „Entwurf eines Gesetzes über den Aufbau der deutschen Gemeinden" vom 12.08.1947 veröffentlicht.[340] Dieser als „Lemgoer Entwurf" bezeichnete Text sollte als Muster für die Gesetzgebung der Länder dienen[341], die vor dem Hintergrund des Fehlens einer Legislative auf Bundesebene entsprechende Regelungen für ihr jeweiliges Gebiet schaffen mussten.[342] Parallel zu den Vorbereitungen für den Erlass von Aufbaugesetzen durch die Länder wurde in den Jahren 1948 und 1949 mit den sogenannten „Trümmergesetzen" die gesetzliche Grundlage für die zur Vorbereitung des Wiederaufbaus notwendige Beseitigung und Verwertung der Trümmer geschaffen.[343] Schließlich wurden in den Ländern – mit Ausnahme von Bayern, Berlin und Bremen[344] – in den Jahren 1948 bis 1950 die Aufbaugesetze erlassen.[345] Die Hoffnung, auf der Grundlage des „Lemgoer Entwurfs" zu einer Einheit des Baurechts zu gelangen, erfüllte sich nicht.[346] Nur die Aufbaugesetze der norddeutschen Länder innerhalb der britischen Besatzungszone wiesen eine weitgehende Übereinstimmung mit diesem Entwurf auf.[347]

---

337 *Ernst/Friede*, AufbauG NRW, Vorbemerkungen, S. 13.

338 Der durch die nationalsozialistische Ideologie geprägte Referentenentwurf war während des Kriegs nicht mehr in Kraft getreten, siehe oben Fn. 284.

339 Vgl. *Pergande/Pergande*, Wohnungswesen und Städtebau, in: 50 Jahre Deutsche Bau- und Bodenbank, S. 136; *Krautzberger*, in: Ernst/Zinkahn/Bielenberg/Krautzberger, BauGB, Einl., Rn. 46.

340 *Pergande/Pergande*, ebenda; *Krautzberger*, ebenda; der Text des „Lemgoer Entwurfs" findet sich bei *Göderitz*, Neues Städtebaurecht, S. 7 ff.

341 *Krautzberger*, ebenda.

342 *Pergande/Pergande*, Wohnungswesen und Städtebau, in: 50 Jahre Deutsche Bau- und Bodenbank, S. 136; *Krautzberger*, ebenda.

343 *Appel*, in: Koch/Hendler, Baurecht, § 11, Rn. 13; Nachweise finden sich bei *Krautzberger*, a.a.O., Einl., Rn. 47, der auch darauf hinweist, dass in Berlin und Bremen keine „Trümmergesetze" erlassen wurden.

344 *Ehebrecht-Stüer*, in: FS-Hoppe, S. 48; *Widera*, Planungshoheit, S. 100; Nach *Krautzberger*, a.a.O., Einl., Rn. 48, wurden die begonnenen Gesetzgebungsarbeiten in Bayern und Berlin nicht fortgesetzt, als erkennbar wurde, dass der Bund auf dem Gebiet des Baurechts als Gesetzgeber tätig wird.

345 *Pergande/Pergande*, Wohnungswesen und Städtebau, in: 50 Jahre Deutsche Bau- und Bodenbank, S. 136; *Ehebrecht-Stüer*, in: FS-Hoppe, S. 48; Nachweise finden sich bei *Krautzberger*, a.a.O., Einl., Rn. 49.

346 *Krautzberger*, a.a.O., Einl., Rn. 48.

347 *Pergande/Pergande*, Wohnungswesen und Städtebau, in: 50 Jahre Deutsche Bau- und Bodenbank, S. 136.

Die Aufbauplanung – die den Kommunen als Selbstverwaltungsangelegenheit übertragen wurde[348] – gliederte sich in ein mehrstufiges Planungssystem.[349] In der überwiegenden Zahl der Aufbaugesetze war die örtliche Planung in zwei Stufen unterteilt. Die zugehörigen Pläne wurden – obwohl in der Sache weitgehend gleich ausgestaltet – in den einzelnen Gesetzen mit verschiedenen Begriffen belegt, ein Umstand, der in der Literatur zu der Feststellung einer „babylonischen Sprachverwirrung" führte.[350] Gleichwohl stimmen die Instrumente der beiden Planungsstufen in der Sache weitgehend überein und werden regelmäßig unter den Bezeichnungen Generalplan und Durchführungsplan zusammengefasst.[351] Vereinzelt sahen die Aufbaugesetze auch Systeme mit mehr als zwei Stufen für die örtliche Planung vor. So war die Planung beispielsweise nach dem hessischen Aufbaugesetz in fünf Stufen aufgeteilt. Im Folgenden wird das System der mehrstufigen Aufbauplanung exemplarisch an dem Aufbaugesetz des Landes Nordrhein-Westfalen dargestellt:

Das nordrhein-westfälische Gesetz über Maßnahmen zum Aufbau in den Gemeinden wurde am 29.04.1950[352] verkündet. Geändert und neu bekannt gemacht wurde es mit dem am 09.05.1952[353] in Kraft getretenen Änderungsgesetz. Es ergingen vier Durchführungsverordnungen.[354] Zudem erließ der Minister für Wiederaufbau Richtlinien zum Aufbaugesetz.[355]

Gemäß § 3 Abs.1 AufbauG NRW hatte die Gemeinde das Gemeindegebiet ganz oder teilweise zum Aufbaugebiet zu erklären, wenn dies zur Sicherung der geordneten Planung des Aufbaus erforderlich war. Es mussten den Aufbau gefährdende Maßnahmen der Eigentümer zu befürchten sein, die voraussichtlich nicht ohne Zwangsmittel unterbunden werden können.[356] Die Folgen der Erklärung zum Aufbaugebiet regelte § 4 Abs. 1 AufbauG NRW. Danach galt das Aufbaugebiet als Wohnsiedlungsgebiet i.S.d. WSG. Die Pflicht zur Aufstellung eines Wirtschaftsplans gemäß § 2 WSG entfiel gemäß § 4 Abs. 1 a) AufbauG NRW.[357] Weiterhin konnte die Gemeinde gemäß § 4 Abs. 1 b) AufbauG NRW für das ganze Aufbaugebiet oder Teile hiervon eine Bausperre anordnen.

---

348 *Hoppe*, in: Hoppe/Bönker/Grotefels, Öffentliches Baurecht, 2. Auflage, § 1, Rn. 17; *Pergande/Pergande*, Wohnungswesen und Städtebau, in: 50 Jahre Deutsche Bau- und Bodenbank, S. 136.

349 *Hoppe*, in: Hoppe/Bönker/Grotefels, Öffentliches Baurecht, 2. Auflage, § 1, Rn. 17.

350 Vgl. *Pathe*, DV 1950, 33 (35), Fn. 24.

351 Vgl. *Widera*, Planungshoheit, S. 100; *Pathe*, a.a.O., 35; *Bielenberg*, DVBl. 1960, 542.

352 GV. NW. S. 78.

353 GV. NW. S. 73 u. S. 75.

354 DVO v. 28.06.1950, GV. NW. S. 95; v. 22.10.1951, GV. NW. S. 131; v. 26.05.1952, GV. NW. S. 87; v. 20.08.1952, GV. NW. S. 166.

355 RdErl. v. 25.09.1952, MBl.NW. S. 1307.

356 Vgl. *Ernst/Friede*, AufbauG NRW, § 3, Anm. 1.

357 Vgl. auch *Kühne*, Rechtsentwicklung der Bauleitplanung, S. 56.

Das AufbauG NRW sah ein zweistufiges Planungssystem[358] vor: Regelungen über den als Leitplan bezeichneten vorbereitenden Plan enthielten die §§ 5 ff. AufbauG NRW. Der Durchführungsplan fand seine Regelung in §§ 10 ff. AufbauG NRW. Vorgaben für die Anwendung des zweistufigen Systems aus Leitplan und Durchführungsplan enthielten die Art. 4 ff. der 1. DVO zum AufbauG NRW.[359] Die Erklärung zum Aufbaugebiet war keine zwingende Voraussetzung für die Aufstellung des Leitplans oder der Durchführungspläne.[360] Dies ist auch in den Richtlinien[361] zum AufbauG NRW ausdrücklich betont worden.

1. *Der Leitplan nach §§ 5 ff. AufbauG NRW: Rechtswirkungen und Rechtsnatur*

Die Gemeinde hatte den Leitplan nach § 5 Abs. 1 AufbauG NRW „für den Aufbau" aufzustellen. In ihm sollte gemäß § 6 Abs. 1 a) AufbauG NRW die beabsichtigte Entwicklung des „städtebaulichen Aufbaues" der Gemeinde als Ganzes dargestellt werden. Er wurde durch den Gemeinderat beschlossen[362] und bedurfte gemäß § 7 Abs. 1 S. 7 AufbauG NRW der Genehmigung durch die höhere Verwaltungsbehörde. In den zu Aufbaugebieten erklärten Bereichen der Gemeinde, die – wie eben erläutert – gemäß § 4 Abs. 1 a) AufbauG NRW als Wohnsiedlungsgebiete i.S.d. WSG galten, ersetzte der Leitplan den nach dem WSG vorgesehenen Wirtschaftsplan.[363] Vor dem Hintergrund der Funktion des Leitplans als Voraussetzung und Grundlage für die Aufstellung des Durchführungsplans bezeichnete die Literatur ihn als „verfeinerter Flächennutzungsplan" bzw. „verfeinerter Wirtschaftsplan".[364]

a) Die Rechtswirkung des Leitplans

Gemäß § 8 Abs. 1 AufbauG NRW war bei der Änderung der bisherigen Nutzungsart der im Geltungsbereich eines genehmigten Leitplans belegenen Grundstücke nur eine dem Leitplan entsprechende Nutzung zulässig. Für den Fall, dass durch eine der Vorschrift des § 8 Abs. 1 AufbauG NRW widersprechende Nutzungsänderung eine Wertsteigerung verursacht wurde, sah § 8 Abs. 2 AufbauG NRW vor, dass diese bei der Wertermittlung im Rahmen von bodenordnenden Maßnahmen der Um- und Zusammenlegung von Grundstücken nach dem III. und IV. Abschnitt des AufbauG NRW nicht zu berücksichtigen ist. Die Möglichkeit der Ausnahme

---

358 Vgl. *Ernst/Friede*, AufbauG NRW, Vorb., S. 14.

359 DVO v. 28.06.1950, GV. NW. S. 95.

360 Ernst/Friede, AufbauG NRW, § 3, Anm. 1, weist auf das „immer wieder auftretenden Mißverständnis, daß es in jedem Falle der vorherigen Erklärung zum Aufbaugebiet bedürfe" hin.

361 RdErl. v. 25.09.1952, MBl.NW. S. 1307, vgl. dort Gliederungspunkt II. 1.

362 *Ernst/Friede*, AufbauG NRW, § 5–7, Anm. 4.

363 *Ernst/Friede*, a.a.O., § 4, Anm. 1.

364 *Ernst/Friede*, a.a.O., § 5–7, Anm. 1.

von der Vorschrift des § 8 Abs. 1 AufbauG NRW sah § 9 Abs. 2 AufbauG NRW vor. Diese konnte die Gemeinde mit Genehmigung der höheren Verwaltungsbehörde im Einzelfall zulassen.

Ausgehend von der zu bestimmenden materiell-rechtlichen Wirkung des § 8 Abs. 1 AufbauG NRW entfaltete sich in Literatur und Rechtsprechung eine Kontroverse um Rechtswirkungen und Rechtsnatur der Leitpläne. Während zum Teil die Vorschrift des § 8 Abs. 1 AufbauG NRW dahingehend verstanden wurde, dass bei einem Verstoß von Bauvorhaben gegen die Darstellungen des Leitplans die Baugenehmigung zu versagen war[365], erschöpfte sich die Wirkung der Vorschrift nach anderer Ansicht[366] in ihrer Funktion als Voraussetzung für die Anwendung von § 8 Abs. 2 AufbauG NRW. Folge einer gegen die Darstellungen des Leitplans verstoßenden Änderung der Nutzungsart des betreffenden Grundstücks sollte demnach ausschließlich die in § 8 Abs. 2 AufbauG NRW vorgesehene Nichtberücksichtigung einer hierdurch verursachten Wertsteigerung des Grundstücks im Falle der Enteignung anlässlich einer bodenordnenden Maßnahme sein.[367]

Die Stimmen in der Literatur, die dem Leitplan eine materielle Wirkung als Entscheidungsgrundlage im Baugenehmigungsverfahren zuerkennen wollten[368], stellten auf den Wortlaut des § 8 Abs. 1 AufbauG NRW[369] – insbesondere auf den verwendeten Begriff „zulässig" – ab.[370] Denn wo immer in baurechtlichen Vorschriften die Begriffe „zulässig" oder „unzulässig" in Bezug auf ein bestimmtes „baurechtlich genehmigungsbedürftiges Tun" bezogen seien, werde durch sie zum Ausdruck gebracht, dass dieses von der Rechtsordnung gebilligt oder missbilligt werde.[371] Entsprechend hänge die Erteilung oder Versagung der Baugenehmigung von der Zulässigkeit oder Unzulässigkeit des Vorhabens in diesem Sinne ab.[372] Zum Teil wurde auch auf die Verwandtschaft des Leitplans mit dem Wirtschaftsplan nach dem WSG abgestellt. Der Wirtschaftsplan habe – entgegen anders lautender Stimmen[373] – erhebliche rechtliche Wirkungen. Die Regelung in § 8 Abs. 1 AufbauG NRW gehe

---

365 *Zanker*, BBauBl. 1959, 17; *Bielenberg*, DVBl. 1960, 542 (545).

366 LVG Köln, Urt. v. 27.11.1957 – 5 K 184/57 -, BBauBl. 1959, 17; *Brohm*, Rechtsschutz im Bauplanungsrecht, S. 22.

367 *Rasner*, DVBl. 1956, 813; *Brohm*, ebenda.

368 *Neuhausen*, Bauamt und Gemeindebau 1960, 61 (62), führt für die Rechtsverbindlichkeit des Leitplans das Argument ins Feld, bereits aus der Gesetzesbegründung zum AufbauG NRW ergebe sich, dass der Leitplan „kein Wunschplan" sein soll, sondern die gesamte Entwicklung des Gemeindegebiets vom Zeitpunkt seines Inkrafttretens an regeln soll.

369 So wohl auch *Pathe*, DV 1950, 33 (36).

370 *Zanker*, BBauBl. 1959, 17; *Bielenberg*, DVBl. 1960, 542 (545), der auch auf die Entscheidung des OVG Münster, Urt. v. 16.11.1958 – VII A 1419/56 -, BRS Bd. 8, S. 17 ff. verweist.

371 *Zanker*, ebenda.

372 *Zanker*, ebenda.

373 Vgl. zu diesem Streit oben 3. Teil, A., V., 2.

gegenüber der Rechtslage nach dem WSG noch einen Schritt weiter. Denn nach ihr sei jede leitplanwidrige Änderung unzulässig.[374] Soweit gegen die materiell-rechtliche Bindungswirkung des Leitplans ins Feld geführt werde, dass der Gemeinde bei Verstoß gegen § 8 Abs. 1 AufbauG NRW – mangels gesetzlicher Grundlage für eine entsprechende Anordnung – keine Zwangsbefugnisse i.S.d. § 55 AufbauG NRW zustehen, greife diese Argumentation nicht durch. Insofern gehe es weniger darum, ob die für die Bauaufsicht spezifischen Eingriffsbefugnisse einschlägig sind, als vielmehr um die Eingriffsbefugnisse der Ordnungsbehörden schlechthin. Diese seien aber gegeben. Es sei ordnungsbehördliche Aufgabe, eine Beeinträchtigung der Durchführung des Leitplans zu verhindern.[375] Jeder Verstoß gegen § 8 Abs. 1 AufbauG NRW sei insofern eine „echte Ordnungswidrigkeit".[376] Schließlich werde das Verbot einer leitplanwidrigen Änderung der Nutzungsart in § 8 Abs. 1 AufbauG NRW auch durch die Regelung des § 9 AufbauG NRW noch einmal unterstrichen. Denn zum einen zeige § 9 Abs. 1 AufbauG NRW, der bei einer Änderung oder Ergänzung des Leitplans das Offenlage- und Genehmigungsverfahren des § 7 AufbauG NRW vorsah, dass der Leitplan als ein fester und rechtsverbindlicher Rahmen gedacht ist.[377] Zum anderen sei § 9 Abs. 2 AufbauG NRW zu entnehmen, dass der Leitplan einer Dispensierung nicht zugänglich ist, sondern nur im Einzelfall Ausnahmen von § 8 Abs. 1 AufbauG NRW zugelassen werden können.[378] Dies lasse erkennen, dass eine leitplanwidrige Nutzungsänderung grundsätzlich verboten bleibt und nur dann zulässig ist, wenn von der Gemeinde ohne Schädigung öffentlicher Interessen eine Ausnahme zugestanden worden ist.[379] Insofern unterstreiche § 9 Abs. 2 AufbauG NRW das Verbot der leitplanwidrigen Nutzungsänderung in § 8 Abs. 1 AufbauG NRW noch einmal besonders.[380] Im Übrigen ergebe sich für die Rechtswirkungen des Leitplans auch unter Berücksichtigung der §§ 4,12 AufbauG NRW nichts anderes. Soweit hierin die Wirkungen der Erklärung zum Aufbaugebiet und des Durchführungsplans bestimmt seien, habe dies für die Bestimmung der Wirkungen des Leitplans keine hinreichende Relevanz. Was sich aus der Heranziehung der Vorschrift des § 4 AufbauG NRW für die Bestimmung der Rechtswirkungen des Leitplans gewinnen lasse, sei nicht im Ansatz erkennbar.[381] Aus der Vorschrift des § 12 AufbauG NRW, nach der alle dem Durchführungsplan entgegenstehenden Pläne der Gemeinde als aufgehoben gelten, könne nicht gefolgert werden, dass dem Leitplan entgegenstehendes Ortsbaurecht erst mit dem Durchführungsplan außer Kraft gesetzt werde.[382] Vielmehr werde mit § 12 AufbauG NRW nur der allgemeine

---

374 *Baldauf*, Bauamt und Gemeindebau 1958, 52 (53).
375 *Baldauf*, ebenda.
376 *Baldauf*, ebenda.
377 *Baldauf*, ebenda.
378 *Baldauf*, ebenda.
379 *Baldauf*, ebenda.
380 *Baldauf*, ebenda.
381 *Zanker*, BBauBl. 1959, 17.
382 *Neuhausen*, Bauamt und Gemeindebau 1960, 61 (62 f.).

Rechtsgrundsatz, nach dem das „jüngere Gesetz (hier der Durchführungsplan) das ältere Gesetz (hier das Ortsbaurecht) automatisch außer Kraft“[383] setzt, wiederholt.

Uneinigkeit herrschte im Lager der Befürworter einer Bindungswirkung des Leitplans aber hinsichtlich der Reichweite, die dieser zukommen soll. Dieser Streit wurde an zwei eng miteinander korrespondierenden Fragestellungen geführt. Zum einen war umstritten, ob sich die Bindungswirkung des § 8 Abs. 1 AufbauG NRW auf die bisher tatsächlich ausgeübte und rechtlich zulässige Nutzung[384] oder auch auf die bisher rechtlich zulässige aber tatsächlich noch nicht ausgeübte Nutzung[385] bezieht. Zum anderen stand in Frage, ob der Leitplan das frühere Ortsbaurecht ipso jure abändert[386] oder ob er von diesem, bis es in einem zusätzlichen Rechtsakt außer Kraft gesetzt wurde, überlagert wird[387].

Hingegen herrschte unter den Stimmen in Literatur und Rechtsprechung, die dem Leitplan keine Bindungswirkung zuerkennen wollten, folgerichtig Einigkeit darüber, dass der Leitplan das örtliche Baurecht nicht ipso jure abändert.[388] Dass § 8 Abs. 2 AufbauG NRW sich faktisch wie eine Bausperre auswirken könne, weil Bauwillige sich häufig von der Gefahr einer entschädigungslosen Enteignung abschrecken ließen, ändere hieran nichts.[389] Entsprechend wollten die Vertreter dieser Ansicht im Rahmen von § 8 Abs. 1 AufbauG NRW auf die bisher rechtlich zulässige Nutzung – auch wenn diese noch nicht tatsächlich ausgeübt wurde – abstellen.[390]

---

383 *Neuhausen*, a.a.O., 62.

384 So *Neuhausen*, ebenda.

385 *Zanker*, BBauBl. 1959, 17; so auch OVG NRW, Urt. v.16.11.1958 – VII A 1419/56 -, BRS Bd. 8, S. 17 f.

386 Hierfür spricht sich *Neuhausen*, Bauamt und Gemeindebau 1960, 61 (62) aus.

387 So *Baldauf*, Bauamt und Gemeindebau, 1958, 52 (54).

388 Vgl. LVG Köln, Urt. v. 27.11.1957 – 5 K 184/57 -, BBauBl. 1959, 17; OVG Münster, Bescheid v. 26.01.1960 – 4 K 2413/57 -, OVGE MüLü 15, 226 (230); *Rößler*, DVBl. 1957, 124; *Gockel*, Bauamt und Gemeindebau 1960, 25 (26); *Gockel*, Bauamt und Gemeindebau 1960, 166 (167); *Ernst/Friede*, AufbauG NRW, § 8, Anm. 1.

389 *Rasner*, DVBl. 1956, 813 (815) sah allerdings in § 8 Abs. 2 AufbauG NRW eine Überschreitung der Rechtskompetenz des Landesgesetzgebers, die letztlich zur Nichtigkeit des ganzen AufbauG NRW führe. Denn aus § 8 Abs. 1 AufbauG NRW lasse sich zwar kein Bauverbot herleiten. Insofern werde dem Eigentümer sein Eigentum belassen, zugleich sei sein Eigentum dann aber mit Blick auf § 8 Abs. 2 AufbauG NRW vor der entschädigungslosen Enteignung ungeschützt. Dies verletze Art. 14 GG.

390 *Rößler*, DVBl. 1957, 124 f.; *Gockel*, Bauamt und Gemeindebau 1960, 25 (26); *Gockel*, Bauamt und Gemeindebau 1960, 166 (167); *Clasen*, Bauamt und Gemeindebau, 1960, 257 (258); anders hier *Rasner*, DVBl. 1956, 813 ff. und DVBl. 1957, 125 f., der den Leitplan ebenfalls als unverbindlich einstuft, zugleich aber im Rahmen des § 8 AufbauG NRW auf die tatsächliche Nutzung abstellen will. Dies ergebe sich aus dem Zweck der Vorschrift, welche durch die Versagung einer Entschädigung die wirtschaftliche Erschwerung der zur „Ordnung des Grund und Bodens“ und zur „Ordnung der Bebauung“ notwendigen Maßnahmen verhindern solle. Damit

Als Argumente gegen die verbindliche Wirkung des Leitplans[391] wurden die Stellung des Leitplans innerhalb des Systems der Pläne nach dem AufbauG NRW[392], seine Grobmaschigkeit[393], der Wortlaut des § 8 AufbauG NRW[394] sowie das Verhältnis des § 8 AufbauG NRW zu den §§ 4, 12 AufbauG NRW angeführt. Insofern wurde argumentiert, in den §§ 4, 12 AufbauG NRW seien die materiell-rechtliche Wirkungen der Erklärung zum Aufbaugebiet und des endgültigen Durchführungsplans festgelegt. Bei einem Vergleich des § 8 AufbauG NRW mit diesen Vorschriften ergebe sich, dass ein Verstoß gegen den Leitplan keine über die Bestimmung des § 8 Abs. 2 AufbauG NRW hinausgehende Wirkung habe.[395] Denn der Gesetzgeber habe in § 12 AufbauG NRW zum Ausdruck gebracht, dass nur der Durchführungsplan ein allgemein verbindlicher städtebaulicher Plan ist.[396] Insofern handele es sich bei der in § 8 Abs. 1 AufbauG NRW festgelegten Nutzungsbindung um eine „lex imperfecta", auf welche die Ablehnung einer beantragten Baugenehmigung nicht gestützt werden könne.[397] Die im Leitplan zum Ausdruck kommende planerische Absicht entfalte nur in den Fällen für die baurechtliche Beurteilung eines Vorhabens eine mittelbare Bedeutung, in denen die einschlägigen Tatbestände des vorhandenen Baurechts planungsrechtlich auszufüllende Tatbestandsmerkmale enthalten. Dies sei insbesondere für den Außenbereich mit § 3 BauRegVO und den vergleichbaren

---

erfülle § 8 AufbauG NRW einen Zweck, der „in den anderen Ländern im allgemeinen durch die Verhängung von Bausperren" erreicht werden solle.

391 Die Verbindlichkeit der vorbereitenden Pläne verneint auch der BGH, Urt. v 28.03.1955 – III ZR 24/54 -, BGHZ 17, 96 (99 f.). Allerdings beschäftigt sich dieses Urteil mit der Rechtswirkung der vorbereitenden Pläne nach dem Gesetz über die städtebauliche Planung für Groß-Berlin v. 22.08.1949 (GVBl. I, S. 301). Der BGH geht hier auch auf die Rechtsprechung des RG ein, nach der sich eine Entschädigungspflicht bei der ablehnenden Bescheidung der Baupolizeibehörde auch dann ergibt, wenn die Baugenehmigung zum Zwecke der Sicherung einer für die Zukunft in Aussicht genommenen Baufluchtlinie vorsorglich versagt wird. Aus dieser Rechtsprechung ergebe sich zwar, dass es anlässlich „vorbereitender Planung" zu Entschädigungsansprüchen kommen kann. Diese würden jedoch nicht durch die vorbereitende Planung, sondern durch das zu ihrer Sicherung ausgesprochene Bauverbot ausgelöst.

392 *Ernst/Friede*, AufbauG NRW, § 8, Anm. 1.

393 *Brohm*, Rechtsschutz im Bauplanungsrecht, S. 22; *Gockel*, Bauamt und Gemeindebau 1960, 166, weist darauf hin, dass der Leitplan nach § 6 Abs. 2 AufbauG NRW aus zeichnerischen Darstellungen im Maßstab 1:10000 bis 1:2000 sowie Erläuterungen hierzu besteht. Dieser Maßstab lasse aber nur eine grobe Aufteilung und Gliederung des Gemeindegebiets zu, was gegen die Verbindlichkeit des Leitplans spreche.

394 *Ernst/Friede*, AufbauG NRW, § 8, Anm. 1.

395 Vgl. LVG Köln, Urt. v. 27.11.1957 – 5 K 184/57 -, BBauBl. 1959, 17; *Rasner*, DVBl. 1956, 813 (dort Fn. 7).

396 *Gockel*, Bauamt und Gemeindebau 1960, 166 (167).

397 OVG Münster, Bescheid v. 26.01.1960 – 4 K 2413/57 -, OVGE MüLü 15, 226 (230).

regionalen Vorschriften der Fall.[398] In der Folge habe auch die Zulassung einer Ausnahme gemäß § 9 Abs. 2 AufbauG NRW von der Vorschrift des § 8 Abs. 1 AufbauG NRW keine unmittelbare baurechtliche Wirkung, auf die sich der Bauwillige berufen könnte. Aus ihr sei kein Anspruch auf Erteilung der Baugenehmigung herzuleiten.[399] In der Verwaltungspraxis setzte sich die Ansicht, nach der die Nutzungsbindung des § 8 Abs. 1 AufbauG NRW keine über die Rechtsfolgen des § 8 Abs. 2 AufbauG NRW hinausgehenden Wirkungen haben soll, durch. Der nordrhein-westfälische Minister für Wiederaufbau hat in einem Runderlass vom 22.10.1959[400] ausgeführt, dass die bauliche Nutzung eines Grundstücks nur dann einer Ausnahme nach § 9 Abs. 2 AufbauG NRW von der Vorschrift des § 8 Abs. 1 AufbauG NRW bedarf, wenn von den im Ortsbaurecht festgesetzten Baugebietsausweisungen oder, soweit Baugebiete nicht ausgewiesen sind, von den Vorschriften der Bauordnungen und zugleich dem Leitplan abgewichen werden soll. Denn der Leitplan ändere das geltende Baurecht nicht ab. Entsprechend sei bei der Bestimmung der bisherigen Nutzungsart i.S.d. § 8 Abs. 1 AufbauG NRW von der rechtlich zulässigen Nutzung auszugehen. In der Folge sei für die Verwirklichung der nach dem Leitplan vorgesehenen Planungsabsichten die Anpassung der bestehenden Baugebietsausweisungen an den Leitplan erforderlich.[401]

b) Die Rechtsnatur des Leitplans

Zu der Frage nach der Rechtsnatur des Leitplans wurde in der Literatur nicht durchgängig Stellung bezogen. So äußerten sich viele der Stimmen, die sich ausführlich mit den Rechtswirkungen des Leitplans befassten, nicht ausdrücklich zu seiner Rechtsnatur. Soweit dies der Fall war, wurde er – zutreffend – weit überwiegend als Rechtsnorm qualifiziert.[402] Zur Begründung dieser Einordnung wurde zum Teil

---

398 Vgl. OVG Münster, Bescheid v. 26.01.1960 – 4 K 2413/57 -, OVGE MüLü 15, 226 (230 f.). In der Folge soll der Bauwillige sich gegenüber der Baugenehmigungsbehörde nicht darauf berufen können, die Gemeinde habe nach § 9 Abs. 2 AufbauG NRW eine Ausnahme von der Vorschrift des § 8 Abs. 1 AufbauG NRW zugelassen. Ebenso wie der Leitplan insgesamt habe auch die Zulassung der Ausnahme keine unmittelbare baurechtliche Wirkung. Vielmehr sei unmittelbare Folge der Zulassung einer Ausnahme der Wegfall der Rechtsfolge des § 8 Abs. 2 AufbauG NRW. Hieraus ergebe sich bei rechtmäßiger Versagung der Baugenehmigung schon deshalb keine zusätzliche rechtliche Folge, weil eine Entschädigungspflicht in diesen Fällen ohnehin schon nach § 46 Abs. 5 c) AufbauG NRW ausgeschlossen sei.

399 OVG Münster, Bescheid v. 26.01.1960 – 4 K 2413/57 -, OVGE MüLü 15, 226 (230 f.).

400 MBl. NW 1959, 2697 f.

401 Vgl. zu alledem RdErl. d. Ministers für Wiederaufbau v. 22.10.1959, MBl. NW 1959, 2697 f.

402 Vgl. OVG Münster, Beschl. v. 04.01.1955 – VII B 1083/54 -, BRS Bd. 4, S. 33 (S. 34); *Baldauf*, Bauamt und Gemeindebau 1958, 52; *Bielenberg*, DVBl. 1960, 542 (545); *Ernst/Friede*, AufbauG NRW, § 5–7, Anm. 6; vgl. auch *Obermayer*, VVDStRL 18 (1960), 144 (159), der zwar die Leitpläne nach dem AufbauG NRW als Norm

auf die Abgrenzung zum Rechtsinstitut des Verwaltungsakts abgestellt.[403] In der weiteren Folge wurde dann auch die Funktion des Leitplans als den Durchführungsplan vorbereitender Plan herangezogen. Da der Durchführungsplan nicht als Verwaltungsakt, sondern als Rechtsnorm einzustufen sei, könne für den Leitplan nichts anderes gelten.[404] Im Übrigen erfordere die von dem Leitplan ausgehende Wirkung „den Rechtssatz im materiellen Sinne“[405]. Dies gelte nicht nur dann, wenn man aus dem § 8 Abs. 1 AufbauG NRW eine grundsätzliche Bindungswirkung des Leitplans ableitet, sondern bereits für die Wirkung nach § 8 Abs. 2 AufbauG NRW.[406] Angeführt wurde auch, der Leitplan enthalte, da durch ihn der Boden unmittelbar zum Gegenstand der rechtlichen Ordnung gemacht werde, echtes Bodenrecht im Range einer ortsgesetzlichen Norm.[407] Zum Teil wurde der Leitplan auch von Autoren als Rechtsnorm qualifiziert, die ihm keine das geltende Ortsbaurecht ändernde Wirkung zuerkennen wollten.[408] Dies wurde von anderen Stimmen in der Literatur als bedenklicher Widerspruch kritisiert.[409]

2. Der Durchführungsplan gemäß §§ 10 ff. AufbauG NRW

Der Durchführungsplan nach §§ 10 ff. AufbauG NRW wurde auch als Bebauungsplan[410] bezeichnet.

a) Die Rechtswirkungen des Durchführungsplans

Die Rechtswirkungen des Durchführungsplans i.S.d. §§ 10 ff. AufbauG NRW waren – im Gegensatz zu der Frage nach seiner Rechtsnatur – weitgehend unstrittig. Gemäß § 12 Abs. 1 b) S. 1 AufbauG NRW mussten alle Bauvorhaben und Änderungen an vorhandenen baulichen Anlagen dem Durchführungsplan entsprechen. Diese

---

qualifizieren will, andererseits „die verbindlichen Flächennutzungspläne“ als „rein organisatorische Rechtsakte“ einstuft, denen es an der Außenwirkung fehle.

403 *Ernst/Friede*, AufbauG NRW, § 5–7, Anm. 6.

404 OVG Münster, Beschl. v. 04.01.1955 – VII B 1083/54 -, BRS Bd. 4, S. 33 (S. 34).

405 *Bielenberg*, DVBl. 1960, 542 (545).

406 *Bielenberg*, ebenda.

407 Baldauf, Bauamt und Gemeindebau 1958, 52, der weiter ausführt, aus dem „Wesen einer normativen Rechtsschöpfung“ folge, dass dem Grundstückseigentümer „für den Inhalt seines Eigentums durch den Leitplan eine Schranke gesetzt wird, die schon seine tatsächliche Verfügungsmacht“ einschränke. Andernfalls sei unverständlich, dass in § 7 Abs. 1 S. 5 AufbauG NRW bereits für das Stadium der Leitplanung der Begriff der *„Betroffenen“* Verwendung findet.

408 So ordneten *Ernst/Friede*, AufbauG NRW, § 5–7, Anm. 6., den Leitplan als ortsgesetzliche Norm ein und spreche ihm eine das geltende Ortsbaurecht abändernde Wirkung gleichwohl ab, vgl. *Ernst/Friede.*, a.a.O., § 8, Rn. 1.

409 Vgl. *Rößler*, DVBl. 1957, 124.

410 BVerwG, Beschl. v. 21.05.1957 – I B 272.56 -, BRS Bd. 7, S. 5 (S. 6).

Wirkung des Durchführungsplans wurde als „Bauanpassungszwang“[411] bezeichnet. Im Übrigen wurden gemäß § 12 Abs. 1 a) AufbauG NRW mit Feststellung des Durchführungsplans gemäß § 11 Abs. 2 AufbauG NRW die entgegenstehenden Pläne der Gemeinde ipso jure aufgehoben, ohne dass es eines gesonderten Verfahrens bedurfte.[412] Vorhandene öffentliche Wege, die der Durchführungsplan nicht mehr als solche auswies, galten gemäß § 12 Abs. 1 c) AufbauG NRW ebenfalls als aufgehoben.

b) Die Rechtsnatur des Durchführungsplans

Im Kontrast zu der weitgehend unstrittigen Wirkung der Durchführungspläne stand die ausführliche Diskussion um ihre Rechtsnatur.[413] Diese vollzog sich nicht lediglich vor dem Hintergrund der Besonderheiten des AufbauG NRW, sondern umfasste die Frage nach der Rechtsnatur der durchführenden Pläne im Bauplanungsrecht allgemein. Bereits damals wurden durchführende Pläne – unabhängig von ihrer jeweiligen Bezeichnung in den einzelnen Aufbaugesetzen der Länder – unter den Sammelbegriff Bebauungsplan gefasst.[414] Zur Vereinfachung soll dieser Sammelbegriff im Folgenden zur Anwendung kommen. Gemeint ist hiermit nicht der Bebauungsplan nach dem BBauG bzw. BauGB, sondern vielmehr die durchführenden Pläne nach den Aufbaugesetzen der Länder im Allgemeinen und der Durchführungsplan nach dem AufbauG NRW im Speziellen.

Die Diskussion um die Einordnung der Bebauungspläne i.S.d. Aufbaugesetze vollzog sich entlang des Dualismus von Rechtsnorm und Einzelakt.[415] Gleichzeitig und in engem Zusammenhang hierzu wurde auch die Frage nach der Rechtsnatur der Fluchtlinienpläne diskutiert. Die Parallelität der Diskussionen lag zum einen darin begründet, dass Fluchtlinienpläne als mit den Bebauungsplänen vergleichbare städtebauliche Pläne angesehen wurden.[416] Zum anderen lag den einschlägigen gerichtlichen Entscheidungen regelmäßig ein Rechtsstreit zugrunde, in dem der Planbetroffene sich gegen die in einem Bebauungsplan enthaltenen Fluchtlinienfestsetzungen[417] wandte. Daher wurde die Rechtsnatur des Bebauungsplans häufig mit Blick auf den Fluchtlinienbestandteil des jeweiligen Plans erörtert.[418]

---

411 Vgl. statt vieler: *Ernst/Friede*, AufbauG NRW, § 12, Anm. 3.

412 *Ernst/Friede*, ebenda.

413 Vgl. die ausführliche Übersicht bei *Ernst/Friede*, a.a.O., § 10, Anm. 6.

414 Vgl. beispielsweise die Diktion bei *Ernst/Friede*, ebenda.

415 Vgl. *Schröder*, Verwaltungsrechtsdogmatik, S. 101.

416 Vgl. *Ernst/Friede*, AufbauG NRW, § 10, Anm. 6. Siehe auch BVerwG, Urt. v. 03.05.1956 – I C 89.55 -, BVerwGE 3, 258 ff. Das BVerwG geht hier bei der Bestimmung der Rechtsnatur des Bebauungsplans nach württembergischem Recht ausführlich auf die frühere Rechtsprechung zur Rechtsnatur des Fluchtlinienplans ein.

417 So sah § 10 Abs. 2 S. 2 AufbauG NRW vor, dass die Grenzlinien der dem Gemeinbedarf als öffentliche Anlagen dienenden Verkehrsflächen als Fluchtlinien i.S.d. Peußischen Fluchtliniengesetzes von 1875 gelten.

418 *Brohm*, Rechtsschutz im Bauplanungsrecht, S. 27.

Im Hintergrund der Auseinandersetzung stand die Frage nach den Rechtsschutzmöglichkeiten mit Blick auf die Reichweite der Rechtsschutzgarantie des Art. 19 Abs. 4 GG.[419] Vor Inkrafttreten der VwGO im Jahre 1960 kannte die deutsche Rechtsordnung kein einheitliches verwaltungsprozessuales Normenkontrollverfahren.[420] Ein solches Verfahren war nur in § 25 der Verwaltungsgerichtsgesetze der ehemaligen amerikanischen Besatzungszone im süddeutschen Raum[421] und in Bremen vorgesehen.[422] Insofern war die Möglichkeit des Rechtsschutzes gegen Bebauungs- und Fluchtlinienpläne eng mit der Frage verknüpft, ob diese als Verwaltungsakte in Form von Allgemeinverfügungen bzw. als Bündel von Verwaltungsakten oder Normen zu qualifizieren sind. Während das OVG Münster den Durchführungsplan i.S.d. AufbauG NRW bereits 1952 als ortsgesetzliche Rechtsnorm einstufte[423], hat das BVerwG die Rechtsnatur des Bebauungsplans im Jahre 1953 noch offengelassen.[424] Das BVerwG führte aus, für eine Anfechtungsklage gegen einen Bescheid, durch den eine im Auslegungsverfahren geltend gemachte Einwendung zurückgewiesen wird, bestehe schon kein Rechtsschutzbedürfnis. Denn der Bebauungsplan wirke auf die Rechtsposition der Planbetroffenen nicht unmittelbar ein, sondern lediglich mittelbar im Baugenehmigungsverfahren. Der Betroffene könne die in dem Genehmigungsverfahren ergehenden Bescheide im Wege der Klage angreifen und so inzident die Kontrolle des Plans erreichen.[425] Im Jahre 1956 hat das BVerwG diese Rechtsprechung weiterentwickelt und die Frage der Rechtsnatur des Bebauungsplans entschieden.[426] Zur Begründung des erneuten Aufgreifens dieser Frage führte das BVerwG aus, dass die Verneinung des Rechtsschutzbedürfnisses für eine Klage gegen den Bebauungsplan nur dann aufrechterhalten werden könne, wenn dieser als Rechtsnorm zu qualifizieren sei. Nur in diesem Fall treffe es zu, dass für den Planbetroffenen durch die Nichtzulassung einer direkten Klage gegen den Plan faktisch die Möglichkeiten des Vorbringens von Einwendungen gegen diesen nicht verkürzt werden.[427] In der Folge hat das BVerwG die Eigenschaft des Bebauungsplans als Verwaltungsakt verneint und diesen als Rechtsnorm qualifiziert. Das Gericht führte aus, die Subsumtion des Bebauungsplans unter die begrifflichen Merkmale

419 *Schröder*, Verwaltungsrechtsdogmatik, S. 101.
420 Vgl. *Schröder*, a.a.O., S. 101 f.
421 Bayern, Hessen und Baden-Württemberg.
422 Vgl. *Schröder*, Verwaltungsrechtsdogmatik, S. 102. Zu der Normenkontrolle unter Geltung der Verwaltungsgerichtsgesetze im süddeutschen Raum: *Gerhardt/Bier*, in: Schoch/Schneider/Bier, VwGO, § 47, Rn. 1.
423 OVG Münster, Beschl. v. 18.12.1952 – IV B 705/52 -, BRS Bd. 2, S. 4 (S. 10).
424 Vgl. BVerwG, Urt. v. 08.12.1953 – I C 4.53 -, BVerwGE 1, 39 (40) zu einem Ortsbauplan nach der braunschweigischen Landesbauordnung.
425 BVerwG, Urt. v. 08.12.1953 – I C 4.53 -, BVerwGE 1, 39 (41); siehe auch die Darstellung des Urteils bei *Ernst/Friede*, AufbauG NRW, § 10, Anm. 6.
426 BVerwG, Urt. v. 03.05.1956 – I C 89.55 -, BVerwGE 3, 258 ff. Das Urteil befasst sich mit einem Bebauungsplan nach württembergischem Recht.
427 BVerwG, Urt. v. 03.05.1956 – I C 89.55 -, BVerwGE 3, 258 (259).

der Definitionen von Verwaltungsakt und Rechtsnorm (die damals noch umstritten waren[428]) führe nicht weiter, da der Bebauungsplan – je nach seiner Ausgestaltung – die Merkmale beider Definitionen zum Teil erfülle.[429] Die letzte Entscheidung in der Frage der Rechtsnatur des Bebauungsplans und seiner Qualifizierung als Verwaltungsakt oder Rechtsnorm könne daher nur durch einen Rekurs auf Sinn und Zweck des Begriffs des Verwaltungsakts gewonnen werden. Dieser liege in dem Rechtsschutzinteresse der Betroffenen. Unter diesem Gesichtspunkt sei es nicht erforderlich, den Bebauungsplan als Verwaltungsakt einzustufen, sondern vielmehr gerechtfertigt, ihn als ortsrechtliche Norm zu betrachten.[430] Der Bebauungsplan habe – wie in dem oben genannten Urteil aus dem Jahre 1953[431] bereits ausgeführt – gegenüber dem Planbetroffenen keine unmittelbare, sondern nur eine mittelbare Wirkung im Rahmen des Baugenehmigungsverfahrens. Da der Betroffene gegen die im Rahmen des Genehmigungsverfahrens ergehenden Bescheide klagen und somit eine inzidente Prüfung des zugrundeliegenden Bebauungsplans herbeiführen könne, spreche der Gesichtspunkt des Rechtsschutzbedürfnisses des Bürgers nicht für eine Einordnung bereits des Bebauungsplans als Verwaltungsakt. Vielmehr sei dieser als Rechtsnorm zu qualifizieren.[432]

Diese Rechtsprechung des BVerwG stieß in der Literatur auf ein geteiltes Echo. Auch die Literaturstimmen, die der Einordnung der Bebauungspläne als Rechtsnorm i.E. zustimmten, monierten die Methodik des Gerichts.[433] Andere Stimmen in der Literatur äußerten grundsätzliche Bedenken.[434] Das Rechtsinstitut des Bebauungsplans sei erst im Laufe der noch jungen Geschichte des Bauplanungsrechts entstanden. Ein solcher Plan sei weder Norm noch Verwaltungsakt, sondern vielmehr ein aliud. Gleichwohl sei seine Einordnung in die rechtsstaatliche Formentypik notwendig.[435] Dann seien Bebauungspläne aber jedenfalls i.E. als Verwaltungsakte

---

428 *Ernst/Friede*, AufbauG NRW, § 10, Anm. 6.

429 BVerwG, Urt. v. 03.05.1956 – I C 89.55 -, BVerwGE 3, 258 (261 f.).

430 BVerwG, a.a.O., 262.

431 BVerwG, Urt. v. 08.12.1953 – I C 4.53 -, BVerwGE 1, 39 (40 f.).

432 BVerwG, Urt. v. 03.05.1956 – I C 89.55 -, BVerwGE 3, 258 (262).

433 Vgl. *Obermayer*, NJW 1956, 1852, der ausführt, die Einordnung einer Maßnahme in die Kategorien der Hoheitsakte dürfe nicht von der Erforderlichkeit unter dem Gesichtspunkt des Rechtsschutzes abhängen, sondern sei im Wege der Subsumtion vorzunehmen. Erst wenn die Einordnung auf diesem Wege nicht gelinge, sei Raum für die Überlegung, die Maßnahme gleichwohl „wie ein Akt zu behandeln, der einen anerkannten Rechtsbegriff erfüllt". Dies sei aber im Falle des Bebauungsplans (und des Fluchtlinienplans) nicht erforderlich, da dieser die Merkmale einer Norm erfülle. Er entfalte Wirkung gegenüber einem zum Zeitpunkt seines Erlasses nicht abschließend bestimmbaren Personenkreis. Dies gelte selbst für solche Pläne, die nur ein einziges Grundstück betreffen.

434 Grundlegend für die Diskussion: *Forsthoff*, DVBl. 1957, 113 ff. Kritisch auch *Werner*, DVBl. 1957, 221 (225), der den Plan „als die Summe vorweggenommener freier Einzelentscheidungen" bezeichnete.

435 *Forsthoff*, DVBl. 1957, 113 (115).

zu behandeln. Einer Einordnung als Norm stehe schon die für die Bebauungspläne vorgesehene Ersatzverkündung entgegen, die kein adäquates Verfahren für eine Normsetzung darstelle.[436] Die Argumentation des BVerwG gegen eine Einordnung als Verwaltungsakt greife nicht durch. Denn in die Rechtsposition der Planbetroffenen werde bereits mit dem Plan selbst und nicht erst mit nachfolgenden Vollzugsakten eingegriffen. Da der Grundstückswert entscheidend durch die Bebaubarkeit bestimmt werde, könne man die Rechtsverletzung des Eigentümers durch die Beeinträchtigung infolge eines fehlerhaften Bebauungsplans nicht bestreiten. Im Übrigen sei der Umstand, dass die Rechtsordnung die Möglichkeit der Klage grundsätzlich nicht gegen Rechtsnormen, sondern nur gegen die auf Grundlage der Rechtsnormen ergehenden Verwaltungsakte gewährt, darauf zurückzuführen, dass „mit dem Ergehen der Norm für den einzelnen noch nichts entschieden“[437] sei. Dies sei regelmäßig erst mit dem aufgrund der Norm ergehenden Verwaltungsakt der Fall, dem ein Element selbständiger Entscheidung innewohne. Ein solches Element enthalte der Vollzugsakt im Genehmigungsverfahren aber im Verhältnis zu dem Bebauungsplan gerade nicht. Denn bereits der Bebauungsplan gebe über die bauplanungsrechtliche Qualität der betroffenen Grundstücke erschöpfend Auskunft. Mithin sei über die zulässige Nutzung eines Grundstücks bereits durch den Bebauungsplan und nicht erst durch den ablehnenden Bescheid entschieden.[438] Die Aufstellung von Bebauungsplänen müsse unter die Rechtsweggarantie des Art. 19 Abs. 4 GG gestellt werden. Dem Bebauungsplan – der grundsätzlich ein Fremdkörper in der Funktionstypik des Rechtsstaats sei – müsse daher i.E. der Charakter eines Verwaltungsakts zuerkannt werden.[439]

Das BVerwG setze sich mit der beschriebenen Argumentation anhand eines Durchführungsplans i.S.v. §§ 10 ff. AufbauG NRW auseinander und blieb mit Unterstützung einiger Stimmen aus der Literatur[440] bei der Einordnung des Bebauungsplans als Rechtsnorm.[441] Der Bebauungsplan sei keine eigentliche Neuschöpfung aus der ersten Hälfte des 20. Jahrhunderts. Vielmehr habe es Festlegungen, wie sie nunmehr in den Bebauungsplänen geregelt sind, schon seit langer Zeit gegeben.[442] Selbst das Preußische Fluchtliniengesetz von 1875 habe solche Festlegungen nicht neu geschaffen, sondern nur ihre rechtliche Form geändert, indem es an Stelle der bis dahin gebräuchlichen polizeilichen Anordnung die planerische Festsetzung als Aufgabe der Selbstverwaltung regelte. Auch wenn diese Festlegungen ihrem Inhalt nach ausgeweitet und differenziert wurden, so sei doch auch in der Vergangenheit

436 *Forsthoff*, ebenda, der darauf hinweist, dass die Einordnung als Norm erst recht dort zu Problemen führe, wo das Gesetz es gestatte, von der öffentlichen Bekanntmachung abzusehen und sie durch eine Mitteilung an die Betroffenen zu ersetzen.

437 *Forsthoff*, DVBl. 1957, 113 (116).

438 *Forsthoff*, ebenda.

439 *Forsthoff*, a.a.O., 117.

440 Vgl. *Ernst/Friede*, AufbauG NRW, § 10, Anm. 6; *Werner*, DVBl. 1957, 537 f.

441 BVerwG, Beschl. v. 21.05.1957 – I B 272.56 -, DVBl. 1957, 535 ff.

442 BVerwG, a.a.O., 536.

das baurechtliche Schicksal des Grundstücks durch diese Festlegungen immer abschließend geregelt worden.[443] Auch das Argument der für eine Normsetzung nicht ausreichenden Publikation des Bebauungsplans greife nicht durch, wenn man den Sinn des Erfordernisses der öffentlichen Publikation von Normen zugrunde lege.[444] Dieser liege allein darin, einem unbestimmbaren Kreis von Bürgern zur Kenntnis zu bringen, was für sie verbindlich ist. Dass dies bei Bebauungsplänen im Wege der Ersatzbekanntmachung erfolge, liege in der Natur der Sache begründet. Diese ließen sich mit Blick auf ihren Umfang in die üblichen Verkündungsblätter nicht einfügen.[445] Auch das Argument, dass bereits die Festsetzungen des Bebauungsplans einen erheblichen Einfluss auf die Grundstückswerte im Plangebiet haben können, greife nicht durch.[446] Zwar treffe diese Beobachtung zu. Jedoch gelte dies für andere Maßnahmen, die unzweifelhaft als Rechtsnormen eingestuft werden, ebenfalls. Wolle man das Kriterium der wirtschaftlichen Auswirkungen auf die betroffenen Grundstücke zum Merkmal der Einordnung einer Maßnahme als Verwaltungsakt oder Rechtsnorm machen, so müsse die Abgrenzung dieser beiden Rechtsfiguren in ihrem ganzen Umfang geändert werden. Dies sei begrifflich nicht unmöglich, werde aber von Rechtsprechung und Literatur grundsätzlich einhellig abgelehnt.[447] Ähnliches gelte auch für das Argument, den im Rahmen eines Genehmigungsverfahrens ergehenden Bescheiden komme im Vergleich zu den Festsetzungen des Bebauungsplans keine selbständige rechtserhebliche Bedeutung mehr zu. Es gebe eine große Zahl von behördlichen Entscheidungen, die nur zwangsläufige Schlussfolgerungen aus den zugrundeliegenden Vorschriften ziehen, ohne dass der Rechtsnormcharakter der Vorschriften angezweifelt würde.[448] Im Übrigen habe die Entscheidung über das Baugesuch im Genehmigungsverfahren mit Blick auf die Möglichkeit der Erteilung von Ausnahmen und Befreiungen weiterhin eine eigenständige Bedeutung. Entsprechend greife das Argument, es sei unbillig, den Eigentümer auf den Weg der späteren Klage gegen den Bescheid zu verweisen, nicht durch. Vor Ablehnung des Baugesuchs oder der Einleitung eines Enteignungsverfahrens stehe eine Rechtsbeeinträchtigung des Eigentümers nicht fest.[449] Nach Inkrafttreten des Bebauungsplans komme neben der Erteilung eines Dispenses auch die Abänderung des Bebauungsplans mit Rücksicht auf das Vorhaben sowie das Absehen von der Einleitung des Enteignungsverfahrens in Betracht. Schließlich gebiete auch die Rechtsschutzgarantie des Art. 19 Abs. 4 GG keine andere Betrachtungsweise.[450] Zunächst sei bereits fraglich, ob diese auf Rechtsnormen Anwendung finde. Selbst wenn man dies bejahe, so würde sie keine Anwendung finden, weil die Pläne

443 BVerwG, ebenda.
444 BVerwG, ebenda.
445 BVerwG, ebenda.
446 BVerwG, ebenda.
447 BVerwG, ebenda.
448 BVerwG, ebenda.
449 BVerwG, ebenda.
450 BVerwG, a.a.O., 536 f.

selbst noch keinen Eingriff in die Rechte der betroffenen Grundstückseigentümer enthalten. Selbst wenn man in diesem Punkt anderer Auffassung sei, so werde Art. 19 Abs. 4 GG jedenfalls mit der Möglichkeit der inzidenten Überprüfung der Bebauungspläne im Klageverfahren gegen die Ablehnung einer Baugenehmigung genüge getan.[451]

Trotz dieser Klärung in der höchstrichterlichen Rechtsprechung wurde die Diskussion in der Rechtswissenschaft über die Einordnung der Bebauungs- und Fluchtlinienpläne in den Dualismus von Einzelakt und Norm weitergeführt.[452] So wurde z.T. für den räumlichen Plan allgemein angenommen, dieser stelle sich „als Instrument nicht-rechtsatzmäßiger inhaltlicher Koordinierung von ermessensweise getroffenen Einzelverfügungen“[453] dar[454]. Dies gelte allerdings grundsätzlich nicht für den vorbereitenden Leitplan, der als Parallele zur Verwaltungsverordnung einzustufen sei.[455] Allerdings werde die klare Unterscheidung des programmatischen Leitplans und des rechtsgestaltenden Durchführungsplans in der neueren Gesetzgebung zunehmend verwischt.[456] Andere Stimmen in der Literatur gingen von der Prämisse aus, die Rechtsnatur des Bebauungsplans sei rechtslogisch nicht in einer bestimmten Weise vorgeschrieben, vielmehr könne er gesetzlich sowohl als Einzelakt wie auch als Rechtsnorm ausgestaltet sein.[457] So liege ein Einzelakt vor, wenn sich die Festsetzung der Baulinien und sonstiger Baubeschränkungen nur an die Personen richtet, die im Zeitpunkt der Festsetzung die Verfügungsmacht über die planbetroffenen Grundstücke besitzen.[458] Hingegen sei der Bebauungsplan als Rechtsnorm zu betrachten, wenn er jedem, der auf dem betroffenen Grundstück bauen will, die Pflicht zur Beachtung der Baulinien und sonstiger Baubeschränkungen auferlegt. Eine solche Verpflichtung resultiere dann nicht daraus, dass die Baulinien und sonstigen Beschränkungen „am Grundstück haften“[459]. Sie ergebe sich vielmehr unmittelbar aus dem Bebauungsplan und mache daher nicht nur den derzeitigen Grundstückseigentümern, sondern allen Bauwilligen Auflagen.[460] Unter Zugrundelegung der genannten Kriterien müsse

---

451 BVerwG, ebenda.

452 Vgl. auch die Darstellung bei *Schröder*, Verwaltungsrechtsdogmatik, S. 105 ff.

453 *Imboden*, VVDStRL 18 (1960), 113 (124)., vgl. *Imboden*, a.a.O., 137 f.

454 Ähnlich auch *Werner*, DVBl. 1957, 221 (225), der den Plan „als die Summe vorweggenommener freier Einzelentscheidungen“ bezeichnet.

455 *Imboden*, VVDStRL 18 (1960), 113 (137).

456 Vgl. Imboden, a.a.O., 137 f.

457 *Obermayer*, VVDStRL 18 (1960), 144 (157).

458 *Obermayer*, a.a.O., 157 f. Der Autor führt weiter aus, in diesem Falle seien die Baulinien und sonstigen Baubeschränkungen „gewissermaßen als öffentliche Last den Grundstücken aufgedrückt, mit der Folge, dass alle Rechtsnachfolger diese Last in gleicher Weise übernehmen, wie eine in das Grundbuch eingetragene privatrechtliche Belastung“.

459 *Obermayer*, VVDStRL 18 (1960), 144 (158).

460 *Obermayer*, ebenda.

man angesichts der landesrechtlichen Vorschriften konstatieren, dass dem Bebauungsplan in den meisten Bundesländern normativer Charakter zukomme.[461] Dann allerdings sei es auch mit Blick auf Art. 19 Abs. 4 GG geboten, die Bebauungspläne mit normativem Charakter in ihrer Wirkung nicht auf eine verwaltungsinterne Vorschrift zu beschränken, sondern sie den unmittelbar wirkenden Rechtsnormen gleichzusetzen.[462] Im Übrigen erweise sich der Erlass von Bebauungsplänen als Normen aber als „sehr unzweckmäßig"[463]. Werde eine Rechtskontrolle frühzeitig nach Inkrafttreten des Bebauungsplans in Gang gebracht, so bestehe die Möglichkeit der Beseitigung rechtswidriger Baulinien. Werde eine Normenkontrolle (in den Ländern, in denen sie vorgesehen ist) erst später angestrengt, nachdem bereits andere Grundstückseigentümer in Übereinstimmung mit den nunmehr angefochtenen Festsetzungen des Plans Bauwerke errichtet haben, so ergebe sich eine schwierige Situation. Denn mit Blick auf die zwischenzeitlich errichtete Bebauung könne es leicht möglich sein, dass die Baulinien, die zuvor (zum Zeitpunkt des Planerlasses) rechtswidrig waren, nunmehr aus Gründen des öffentlichen Interesses rechtmäßig in derselben Weise festzusetzen wären.[464] De lege ferenda sei deshalb der Ausgestaltung des Bebauungsplans als Verwaltungsakt „unbedingt der Vorzug zu geben"[465].

VII. Die Einführung der zweistufigen Bauleitplanung durch das Bundesbaugesetz

Die zweistufige Bauleitplanung in der heutigen Form ist mit Inkrafttreten des Bundesbaugesetzes (BBauG) im Jahre 1960 eingeführt worden.

1. *Die Entstehungsgeschichte des BBauG*

Bereits im März des Jahres 1950 hatte der Bundestag im Rahmen der Verabschiedung des ersten Wohnungsbaugesetzes die Bundesregierung in einer Entschließung[466]

---

461 *Obermayer*, ebenda.

462 Nach *Obermayer*, a.a.O., 164 sei andernfalls eine Verkürzung des Rechtsschutzes durch die faktischen Entwicklungen im Plangebiet zu befürchten. Formal betrachtet gewinne ein normativer Bebauungsplan zwar unmittelbare Rechtserheblichkeit erst dann, wenn die in seinem Geltungsbereich belegenen Grundstücke bebaut werden. Doch sei zu berücksichtigen, dass zwischen den über ein Grundstück verlaufenden Baulinien regelmäßig ein unlösbarer Zusammenhang mit einem ganzen System von Baulinien bestehe. Verweise man den Grundstückeigentümer nun auf den späteren Rechtsschutz im Baugenehmigungsverfahren, so könnten andere Planbetroffene mit einem früheren Baubeginn Fakten schaffen, die einen späteren Rechtsschutz „praktisch illusorisch" machen würden.

463 *Obermayer*, ebenda.

464 *Obermayer*, a.a.O., 164 f.

465 *Obermayer*, a.a.O., 165.

466 BT-Drs. 1/703, S. 2.

aufgefordert, bis Ende September desselben Jahres den Entwurf eines Gesetzes über die Enteignung von Grundstücken zugunsten des Wohnungsneubaus und für den Wiederaufbau vorzulegen.[467] Hintergrund war die Absicht, ergänzend zu den durch das Wohnungsgesetz ermöglichten Wohnungsbaumaßnahmen auch die Baulandbeschaffung durch Enteignung gesetzlich zu regeln.[468] Mit Blick darauf, dass die Enteignung zur Baulandbeschaffung im Ergebnis letztlich eine Enteignung aus Gründen des Städtebaus darstellt, wurde erkannt, dass dieses Problem nur im Zusammenhang mit allen städtebaulichen und baurechtlichen Problemen zu lösen ist.[469] Daher wurde durch den Bundesminister für den Wohnungsbau im Herbst 1950 der Referentenentwurf eines „Baugesetzes für die Bundesrepublik Deutschland“[470] der Öffentlichkeit vorgestellt.[471] Dieser Entwurf sah eine vergleichsweise umfangreiche Regelung vor, die auch Teile der Landesplanung und des Bauordnungsrechts umfasste. Die Verfasser orientierten sich an der Erkenntnis, dass die Enteignung zum Zwecke der Schaffung von Wohnungsbau mit der Enteignung aus städtebaulichen Gründen identisch ist und dass diese Probleme nur im Kontext aller städtebaurechtlichen Erkenntnisse befriedigend gelöst werden können.[472]

a) Die Diskussion um die Gesetzgebungszuständigkeit

Es traten jedoch im Zuge der Erörterung des Entwurfs zwischen den einzelnen Ressorts des Bundes und der Länder zahlreiche Fragen und Kontroversen hinsichtlich der Gesetzgebungskompetenz des Bundes und des Zusammenwirkens von Bund und Ländern auf.[473]

aa) Der Kompetenztitel des Art. 74 Abs. 1 Nr. 18 i.V.m. Art. 72 GG und erste Vorbereitungen für die Gesetzgebung

Mit Art. 74 Abs. 1 Nr. 18 i.V.m. Art. 72 GG ordnete des Grundgesetz dem Bundesgesetzgeber die konkurrierende Gesetzgebungskompetenz für das „Bodenrecht“ zu. Die Frage, welche Regelungsbereiche unter diesen Kompetenztitel fallen, erwies sich als schwierig. Dies galt insbesondere mit Blick auf die Differenzierung zwischen den in dem System des älteren Rechts der Länder zusammengefassten Regelungen und der Unterscheidung zwischen Bauplanungs- und Bauordnungsrecht nach moderner Auffassung.[474] Die bayerische Staatsregierung drängte die

---

467 *Krautzberger*, in: Ernst/Zinkahn/Bielenberg/Krautzberger, BauGB, Einl., Rn. 51.
468 *Krautzberger*, ebenda.
469 *Krautzberger*, ebenda.
470 Siehe den Abdruck des Entwurfs bei *Dittus*, Entwurf zu einem Baugesetz für die Bundesrepublik Deutschland, S. 9–70.
471 *Dittus*, a.a.O., S. 3; *Krautzberger*, in: Ernst/Zinkahn/Bielenberg/Krautzberger, BauGB, Einl., Rn. 51.
472 *Krautzberger*, ebenda.
473 *Ehebrecht-Stüer*, in: FS-Hoppe, S. 50.
474 *Krautzberger*, NVwZ 2010, 729.

Beteiligten, die Kontroverse über die Zuständigkeiten zurückzustellen und schlug vor, im gemeinsamen Zusammenwirken unter Einbezug der bisherigen Vorarbeiten einen umfassenden und einheitlichen Entwurf für ein Baugesetz zu erstellen.[475] In der Folge begannen die Besprechungen der Vertreter des Bundesministeriums für Wohnungsbau und der zuständigen Länderministerien im Mai des Jahres 1951 in Weinheim. Als eine wesentliche Schwierigkeit bei der Ausarbeitung eines Entwurfs für ein Baugesetz erwies sich die Frage, welche baurechtlichen Maßnahmen einen entschädigungspflichtigen Eingriff in das Eigentum darstellen und wie Art und Höhe der Entschädigung zu bemessen und zu leisten sind.[476] Zur Prüfung dieser Frage wurde ein Gutachterausschuss eingesetzt, der im April des Jahres 1952 das „Gutachten über die Erfordernisse der Bau- und Bodengesetzgebung" (Weinheimer Gutachten) erstattete.[477] Nachdem der Referentenentwurf des Bundesministeriums für ein Baugesetz auf Widerstand gestoßen war, ersuchte der Bundestag mit Entschließung vom 13.09.1951 die Bundesregierung, bis Ende des Jahres einen Entwurf für ein Baugesetz vorzulegen, das „Bau-, Boden, Planung-, Anlieger und Umlegungsrecht im Zusammenhang und bundeseinheitlich regeln soll"[478]. Angesichts der kurzen Frist führte die Entschließung nicht zum Erfolg. Jedoch trug diese Initiative des Bundestags dazu bei, dass die in Weinheim begonnenen Verhandlungen der Vertreter des Bundesministeriums für Wohnungsbau und der Länderministerien im November des Jahres 1952 in Bad Dürkheim fortgeführt wurden.[479] Dort wurde beschlossen, eine „Hauptkommission für die Baugesetzgebung" mit entsprechenden Unterkommissionen bei dem Bundesministerium für Wohnungsbau einzurichten. Ihr fiel die Aufgabe zu, einen vorlagereifen Entwurf für ein Baugesetz auszuarbeiten.[480] Vor dem Hintergrund der Forderung in der Entschließung des Bundestags vom 13.09.1951 nach einem bundeseinheitlichen Baugesetz war das Ziel der Bad Dürkheimer Besprechungen die Erarbeitung eines Bundesbaugesetzes, während auf Grundlage der Weinheimer Besprechungen zunächst nur die Ausarbeitung eines einheitlichen Baugesetzentwurfs angestrebt wurde, ohne ausdrücklich festzulegen, ob dieser als Bundes- oder Landesgesetzentwurf weiterzuführen ist.[481]

475 *Dittus*, DVBl. 1960, 537; *Krautzberger*, in: Ernst/Zinkahn/Bielenberg/Krautzberger, BauGB, Einl., Rn. 52.
476 *Krautzberger*, ebenda.
477 „Gutachten über die Erfordernisse der Bau- und Bodengesetzgebung (Weinheimer Gutachten)", Schriftenreihe des Bundesministers für Wohnungsbau, Heft 1.
478 BT-Drs. 01/2442; siehe auch *Krautzberger*, in: Ernst/Zinkahn/Bielenberg/Krautzberger, BauGB, Einl., Rn. 53.
479 *Krautzberger*, ebenda.
480 *Krautzberger*, a.a.O., Rn. 54.
481 *Krautzberger*, a.a.O., Rn. 54 f.

bb) Das Baurechtsgutachten des BVerfG

Auch nach der Entschließung des Bundestags vom 13.09.1951 für ein bundeseinheitliches Baugesetz war die Gesetzgebungskompetenz des Bundes für das Städtebaurecht umstritten.[482] Zur Klärung dieser Frage holten Bundesregierung, Bundestag und Bundesrat ein Rechtsgutachten des BVerfG gemäß § 97 BVerfGG a.F.[483] ein.[484]

aaa) Bodenrecht i.S.v. Art. 74 Nr. 18 GG

Nach den Ausführungen des BVerfG in diesem Gutachten fallen unter den Begriff „Bodenrecht" i.S.d. Art. 74 Nr. 18 GG „nur solche Vorschriften, die den Grund und Boden unmittelbar zum Gegenstand rechtlicher Ordnung haben, also die rechtlichen Beziehungen des Menschen zum Grund und Boden regeln"[485]. Das BVerfG kam zu dem Ergebnis, der Bundesgesetzgeber habe unter den Voraussetzungen des Art. 72 Abs. 2 GG a.F. unter anderem die „Zuständigkeit zur Regelung des Rechts der städtebaulichen Planung" während das Bauordnungsrecht[486] (und die Einführung einer Wertsteigerungsabgabe) nicht in seine Zuständigkeit falle.[487]

bbb) Insbesondere: Die Stellung der vorbereitenden Bauleitplanung nach dem Baurechtsgutachten des BVerfG

In seinem Baurechtsgutachten führte das BVerfG auch zur vorbereitenden Bauleitplanung und ihrer Zugehörigkeit zum Bodenrecht aus.[488] So könne der moderne Städtebau dazu zwingen, vor Aufstellung „eines verbindlichen Bebauungsplans"[489] durch Pläne vorzubereiten, die „zunächst einmal die Flächenaufteilung im großen

---

482 Dittus, DVBl. 1960, 537; *Krautzberger*, in: Ernst/Zinkahn/Bielenberg/Krautzberger, BauGB, Einl., Rn. 55.

483 Die Vorschrift des § 97 BVerfGG wurde mit Gesetz vom 21.07.1956 (BGBl. I S.662) gestrichen.

484 Vgl. *Ehebrecht-Stüer*, in: FS-Hoppe, S. 50.

485 BVerfG, Rechtsgutachten v. 16.06.1954 – 1 PBvV 2/52 -, BVerfGE 3, 407 (424).

486 Das BVerfG spricht entsprechend dem Wortlaut des Antrags auf Erstattung des Rechtsgutachtens vom „Baupolizeirecht im bisher gebräuchlichen Sinne", vgl. BVerfG, a.a.O., 410, 439.

487 BVerfG, a.a.O., 439. Nach dem BVerfG kommt dem Bundesgesetzgeber über das Städtebaurecht hinaus auch die konkurrierende Gesetzgebungskompetenz für das Recht der Baulandumlegung, der Zusammenlegung von Grundstücken, des Bodenverkehrs und der Erschließung zu. Gleiches soll für das Recht der Bodenbewertung gelten, „soweit sie sich auf diese Gebiete bezieht". Die konkurrierende Gesetzgebungskompetenz des Bundes für das Erschließungsrecht ist durch das Gesetz zur Änderung des Grundgesetzes vom 27.10.1994 (BGBl. I, S. 3146) weggefallen. Gleichwohl gelten die bundesrechtlichen Regelungen über das Erschließungsrecht in §§ 127 ff. BauGB gemäß Art. 125a GG fort, bis sie durch Landesrecht ersetzt werden, siehe *Muckel*, Öffentliches Baurecht, § 2, Rn. 1.

488 BVerfG, a.a.O., 424 f.

489 BVerfG, a.a.O., 424.

vornehmen und die Bebauung im allgemeinen festlegen“[490]. Diese Pläne hingen mit den für den Grundstückseigentümer verbindlichen Plänen untrennbar zusammen und gehörten mit diesen einer einheitlichen Gesetzgebungsmaterie an. Daher sei der aus dem Kompetenztitel „Bodenrecht“ für die gesetzliche Regelung des Aufstellungsverfahrens der verbindlichen Bebauungspläne zuständige Bundesgesetzgeber auch für solche Normen zuständig, die die Aufstellung von vorbereitenden Plänen im Bedarfsfall vorschreiben.[491] Die Ausführungen des BVerfG zu den vorbereitenden Plänen sind vor dem Hintergrund des seinerzeitigen Kompetenzstreits zu sehen, ob der Flächennutzungsplan zum Bereich der Landesplanung oder zum Bereich des Städtebaurechts gehöre.[492] Zum Teil wurde in dieser Diskussion auch vorgeschlagen, zwischen einem landeplanerischen Entwicklungsplan als allgemeinem Flächennutzungsplan und einem zur städtebaulichen Planung gehörenden baulichen Flächennutzungsplan zu unterschieden.[493] Durch das Baurechtsgutachten des BVerfG wurde geklärt, dass der Flächennutzungsplan zum Bodenrecht und damit zur städtebaulichen Planung gehört.[494]

In der Literatur wurde konstatiert, dass diese Ausführungen des BVerfG entscheidend für die Entwicklungsfähigkeit des Rechtsinstituts Flächennutzungsplan seien.[495] Von gleicher Seite wurde aber kritisiert, die Einordnung der vorbereitenden Bauleitplanung als bloße Voraussetzung und Annex der Bebauungspläne beruhe auf einer veralteten Interpretation des Begriffs Bodenrecht. Den Flächennutzungsplan alleine als Annex der „Frage der unmittelbar verbindlichen Regelung“[496] zu sehen, verkürze „zu stark die Bezüge, die die singuläre Bodennutzungsfrage mit überfachlichen gesamtwirtschaftlichen Belangen verknüpfe und die gerade über den Flächennutzungsplan in den Bebauungsplan einfließen sollen“[497]. Das BBauG habe daher zu Recht und gegen die enge Sicht des BVerfG den Flächennutzungsplan gegenüber dem Bebauungsplan emanzipiert und mit entwicklungsplanerischen Elementen versehen, auch wenn dort weiterhin der Flächennutzungsplan auf die Umsetzung durch einen „rechtsverbindlichen Bebauungsplan“[498] ziele.[499]

---

490 BVerfG, ebenda.

491 BVerfG, a.a.O., 425.

492 Vgl. zu diesem Streit: *Umlauf*, Landesplanung, S. 182 f.; *Schmidt-Aßmann*, Grundfragen des Städtebaurechts, S. 114 f.

493 Siehe zu diesen Vorschlägen die Darstellung bei *Umlauf*, ebenda.

494 *Umlauf*, a.a.O., S. 183.

495 *Schmidt-Aßmann*, Grundfragen des Städtebaurechts, S. 114.

496 *Schmidt-Aßmann*, a.a.O., S. 123.

497 *Schmidt-Aßmann*, ebenda.

498 *Schmidt-Aßmann*, ebenda.

499 *Schmidt-Aßmann*, ebenda, der darauf hinweist, dass bereits die Begründung des RegE zum BBauG (BT-Drs. 3/336) dem Flächennutzungsplan eine größere Eigenständigkeit zubillige und nicht als bloßen Annex des Bebauungsplans sehe. So heißt es in der Begründung des RegE zum BBauG unter BT-Drs. 3 /336, S. 59 wörtlich: „Auch die neuzeitliche städtebauliche Planung beginnt mit der Aufstellung

b) *Der weitere Verlauf des Gesetzgebungsverfahrens*

Nachdem für das Enteignungsrecht mit dem Baulandbeschaffungsgesetz im Jahre 1953[500] eine Zwischenlösung[501] in Kraft getreten war, ergriff die Bundesregierung die Initiative. Parallel zu den Arbeiten der infolge der Bad Dürkheimer Besprechungen eingesetzten Hauptkommission für die Baugesetzgebung wurde ab August 1954 in engem Kontakt mit dieser Kommission ein Referentenentwurf für ein Bundesbaugesetz aufgestellt.[502] In Teilen des Parlaments wurde befürchtet, die Verabschiedung eines Bundesbaugesetzes könne auf unabsehbare Zeit hinausgezögert werden. Daher brachten 127 Abgeordnete aller Parteien im Bundestag die erste Entwurfsfassung der Kommission vom Oktober 1954 initiativ als Entwurf eines Bundesbaugesetzes[503] in den Bundestag ein.[504] Der Antrag diente in erster Linie der Verdeutlichung der Dringlichkeit, ein einheitliches Baurecht zu schaffen, und wurde durch das Plenum des Bundestags ohne Aussprache an die Ausschüsse verwiesen.[505] Die endgültige Entwurfsfassung legte die Kommission im März 1956 vor.[506] Der im Bundesministerium für Wohnungsbau ausgearbeitete Referentenentwurf für ein Bundesbaugesetz stimmte inhaltlich und wörtlich weitgehend mit dem Kommissionsentwurf überein und wurde nach Verabschiedung durch das Bundeskabinett im September 1956 dem Bundesrat zugeleitet.[507] Dieser lehnte den Entwurf ab. Die Ablehnung wurde in erster Linie mit Bedenken gegen die in dem Entwurf vorgesehene Festlegung baurechtlicher Aufgaben als Selbstverwaltungsangelegenheiten der Gemeinden begründet.[508] Die Bundesregierung leitete den Entwurf unverändert an den Bundestag weiter.[509] Weder der initiativ durch eine Gruppe von Abgeordneten eingebrachte Entwurf noch der Regierungsentwurf konnten in der 2. Legislaturperiode abschließend beraten werden und erledigten

---

eines allgemeinen Entwicklungsprogramms, dem Flächennutzungsplan, aber sie sieht im Gegensatz zur Raumordnung ihr Ziel in der Weiterführung der unverbindlichen Bauleitpläne zum rechtsverbindlichen Bebauungsplan."

500 Baulandbeschaffungsgesetz vom 03.08.1953, BGBl. I, S. 720.

501 Vgl. *Krautzberger*, NVwZ 2010, 729.

502 *Krautzberger*, in: Ernst/Zinkahn/Bielenberg/Krautzberger, BauGB, Einl., Rn. 63.

503 „Antrag der Abgeordneten Lücke, Jacobi, Dr. Will, Engell, Dr. Schild (Düsseldorf) und Genossen" vom 26.10.1955, BT-Drs. 2/1813.

504 *Krautzberger*, in: Ernst/Zinkahn/Bielenberg/Krautzberger, BauGB, Einl., Rn. 64, der die Initiative – offensichtlich infolge eines Tippfehlers – allerdings auf den Oktober 1950 datiert; *Ehebrecht-Stüer*, in: FS-Hoppe, S. 53.

505 *Krautzberger*, ebenda.

506 *Krautzberger*, a.a.O., Rn. 61. Der Entwurf selbst ist als Band 7 der Schriftenreihe des Bundesministers für Wohnungsbau veröffentlicht worden. Die Entwurfsbegründung ist als Band 9 in derselben Reihe erschienen.

507 *Krautzberger*, a.a.O., Einl., Rn. 65.

508 *Krautzberger*, a.a.O., Einl., Rn. 66.

509 BT-Drs. 2/3028.

sich vor dem Hintergrund des Diskontinuitätsgrundsatzes.[510] Schließlich legte die Bundesregierung in der 3. Legislaturperiode zu Beginn des Jahres 1958 erneut einen überarbeiteten Entwurf des Bundesbaugesetzes vor[511], der im Laufe des Gesetzgebungsverfahrens noch abgeändert wurde und nach Verabschiedung durch den Bundestag sowie Zustimmung des Bundesrats mit Verkündung am 29.06.1960 Gesetzeskraft erlangte.

2. *Das System der Bauleitplanung nach den Entwürfen des BBauG – Flächennutzungsplan, Gesamtaufbauplan und Bebauungsplan*

Die oben[512] teilweise schon beschriebenen Entwürfe zu einem „Baugesetz" für die Bundesrepublik Deutschland sahen über den Flächennutzungsplan hinaus noch weitere Planarten für die vorbereitende Bauleitplanung vor. So sollte das System der Bauleitplanung nach § 2 des ersten Entwurfs zu einem Baugesetz für die Bundesrepublik aus dem Jahre 1950[513] aus dem Landesplan „als vorbereitenden überörtlichen Plan"[514], dem Flächennutzungsplan und den Generalbebauungsplan als „vorbereitende örtliche Pläne" sowie dem Bebauungsplan „als endgültige[n] örtlichen Plan" bestehen. Der Landesplanung nach §§ 6 ff. sollte eine koordinierende und zusammenfassende Funktion auf überörtlicher Ebene zukommen.[515] Hingegen kam dem Flächennutzungsplan nach § 12 S. 1 des Entwurfs die Aufgabe zu, die „flächenmäßige Gliederung des Gemeindegebiets nach der grundsätzlichen Zweckbestimmung der Flächenteile" darzustellen. Gemäß § 12 S. 2 des Entwurfs sollte er „vor allem ersichtlich [machen], welche Flächen im Laufe der Zeit voraussichtlich der Bebauung zugeführt werden können, welche Flächen aus Gründen des öffentlichen Wohls unbebaut oder in der Bebauung beschränkt bleiben und welche Flächen einer sonstigen Zweckbestimmung vorbehalten bleiben sollen". Der Generalbebauungsplan sollte nach § 20 Abs. 1 S. 1 des Entwurfs die „grundsätzlichen gestaltenden Absichten für die künftige Bebauung" darstellen. Weiter hieß es in

510 *Ehebrecht-Stüer*, in: FS-Hoppe, S. 53; *Krautzberger*, in: Ernst/Zinkahn/Bielenberg/Krautzberger, BauGB, Einl., Rn. 66.
511 BT-Drs. 3/336.
512 Siehe oben 3. Teil, A., VII., 1.
513 Siehe den Abdruck des Entwurfs bei *Dittus*, Entwurf zu einem Baugesetz für die Bundesrepublik Deutschland, S. 9–70.
514 In Bezug auf die Landesplanung wurde zwischen der Landesplanung der Länder nach §§ 6–9 und der Landesplanung des Bundes gemäß §§ 10–11 unterschieden.
515 Zur Aufgabe der Landesplanung hieß es in § 6 des Entwurfs, diese habe „in Auswertung der Ergebnisse der allgemeinen Raumforschung und Raumpolitik gemäß der von der Staatsregierung gewiesenen allgemeinen Entwicklungsrichtung die einzelnen baulichen Fachplanungen zusammenzufassen, bei der Überschneidung verschiedener Vorhaben eine ausgeglichene organische Gesamtgestaltung herbeizuführen und bei sonstigen Fachplanungen beratend mitzuwirken".

§ 20 Abs. 1 S. 2 des Entwurfs, er zeige „somit die Gliederung des Stadtraums, die Verteilung und Anordnung der Baumassen einschließlich der rohen Form der in Aussicht genommenen Bauten". Seine Funktion sollte gemäß § 20 Abs. 2 in der Vorbereitung aller Bebauungspläne sowie in der Gewährleistung ihres Zusammenpassens bestehen. Er sollte gemäß § 20 Abs. 3 allerdings nur aufzustellen sein, wenn die beschriebene Zweckbestimmung dies erfordert und seine Darstellungen nicht bereits im Flächennutzungsplan hinreichend Ausdruck finden können. Schließlich enthielt der Entwurf in §§ 22 ff. die Vorschriften über den Bebauungsplan. Diesem sollte nach § 22 die Funktion der „rechtsverbindliche[n] Darstellung und Festlegung der endgültigen Bauleitplanung" zukommen. Nach dem Entwurf sollte der Bebauungsplan in seinem Geltungsbereich „allen Gestaltungsabsichten ihr Gepräge" geben. Weiter hieß es: „Die Bautätigkeit, die Nutzung der Grundstücke und die Erschließung haben sich nach ihm zu richten." Ebenso bilde er auch die „Grundlage für neue Grundstücksgrenzen sowie für die Überführung und sonstige Regelung des Eigentums an den Grundstücken".

In den folgenden Entwürfen zu einem Baugesetz wurde die Anzahl der vorgesehenen Planarten von vier auf zwei reduziert. Die Landesplanung als Teil der Raumordnung wurde aus dem Regelungsbereich des Baugesetzes ausgeschieden. In der Begründung zu dem im Oktober 1955 als Initiativantrag in den Bundestag eingebrachten Entwurf[516], der auf der ersten Fassung des Kommissionsentwurfs basierte, wurde die Unterscheidung der Landesplanung als Teil der Raumordnung und der Bauleitplanung als örtliche Planung herausgestellt. So sei es Aufgabe der Landesplanung, die „mögliche und anzustrebende Entwicklung eines Gebiets aufzuzeigen und in einem Programm (Entwicklungsprogramm) festzulegen, das durch Pläne (Entwicklungspläne) erläutert werden kann"[517]. Weiter hieß es: „Aufgabe der Bauleitplanung ist es hingegen, die Bodennutzung und Bebauung unter Berücksichtigung der Ergebnisse der Raumordnung planmäßig vorzubereiten und zu lenken sowie die städtebauliche Entwicklung in Stadt und Land zu ordnen und zu sichern."[518] Entsprechend sah die Legaldefinition in § 2 Abs. 2 des Entwurfs vor: „Bauleitpläne sind der Flächennutzungsplan und der Gesamtaufbauplan (vorbereitende Bauleitpläne) sowie der Bebauungsplan (rechtsverbindlicher Bauleitplan)." Gemäß § 5 Abs. 1 des Entwurfs hatte der Flächennutzungsplan „das Gemeindegebiet nach den Arten der Bodennutzung zu gliedern". Nach § 7 des Entwurfs sollte der Flächennutzungsplan grundsätzlich für das gesamte Gemeindegebiet aufgestellt werden und nur wenn „zwingende Gründe" dies erfordern „zunächst auf Teile des Gemeindegebiets und einzelne Nutzungszwecke" beschränkbar sein. Der Gesamtaufbauplan sollte gemäß dem Wortlaut des § 9 des Entwurfs „aus dem Flächennutzungsplan als Gesamtorganismus die Grundzüge der beabsichtigten baulichen Ordnung und Gestaltung" entwickeln sowie „als Grundlage für die Aufstellung der

516 BT-Drs. 2/1813.
517 BT-Drs. 2/1813, S. 68.
518 BT-Drs. 2/1813, S. 68.

Bebauungspläne geeignet sein“. Schließlich sah § 12 des Entwurfs die Möglichkeit der Zusammenfassung von Flächennutzungsplan und Gesamtaufbauplan für den Fall vor, dass „die bauliche Entwicklung sich bereits bei Aufstellung des Flächennutzungsplans übersehen und in ihm der Inhalt des Gesamtaufbauplans (...) [sich] zeichnerisch darstellen lässt“. In diesem Fall müsse „der Flächennutzungsplan auch den Erfordernissen des Gesamtaufbauplans entsprechen“.

Hinsichtlich der Rechtswirkung der vorbereitenden Bauleitpläne heißt es in der Begründung des Gesetzentwurfs[519], sowohl der Flächennutzungsplan als auch der Gesamtaufbauplan hätten vorbreitenden Charakter und seien lediglich für die bei ihrer Aufstellung beteiligten Behörden verbindlich. Entsprechend bestimmt § 5 Abs. 2 des Entwurfs, dass der Flächennutzungsplan „als öffentlich-rechtliche Vereinbarung die Behörden, die bei seiner Aufstellung mitgewirkt haben“, binden soll. Dies soll gemäß § 11 des Entwurfs, der auf § 5 Abs. 2 verweist, auch für den Gesamtaufbauplan gelten. Weiter heißt es in der Entwurfsbegründung: „Die Verfeinerung der vorbereitenden Pläne führt schließlich zu dem zur unmittelbaren praktischen Verwirklichung bestimmten rechtsverbindlichen Bebauungsplan als dem Kernstück der Bauleitplanung.“[520]

Annähernd gleichen Inhalt in Bezug auf die vorbereitende Bauleitplanung, wenn auch unter Abänderung des Wortlauts und der Gliederung der Vorschriften, hatte auch der Regierungsentwurf aus dem Jahre 1956[521], der weitgehend auf der Endfassung des Kommissionsentwurfs beruhte[522]. So heißt es auch hier in der Entwurfsbegründung, der Flächennutzungsplan sei „seinem Wesen nach veränderlich“[523]. Aus diesem Grunde „und wegen seines nur vorbereitenden Charakters (...) [seien ihm] keine unmittelbaren Rechtswirkungen beigelegt“[524] worden. Auch der Gesamtaufbauplan habe „wie der Flächennutzungsplan nur vorbereitenden Charakter“[525] und sei nicht rechtsverbindlich. Allerdings entfielen in dieser Fassung die in dem Entwurf von 1955 – der auf den ersten Ergebnissen der Kommission beruhte – vorgesehenen Vorschriften, nach denen Flächennutzungsplan und Gesamtaufbauplan die bei ihrer Aufstellung mitwirkenden Behörden als öffentlich-rechtliche Vereinbarung binden sollten. Schließlich sah § 8 Abs. 2 S. 1 des Entwurfs vor, dass Bebauungspläne aus den vorbereitenden Bauleitplänen zu entwickeln seien. Zur Frage der Rechtsnatur des Bebauungsplans, die lange Zeit umstritten war[526], sah § 14 S. 2 des

519 BT-Drs. 2/1813, S. 69.
520 BT-Drs. 2/1813, S. 69.
521 RegE, BT-Drs. 2/3028.
522 Siehe RegE, BT-Drs. 2/3028, S. 74.
523 RegE, BT-Drs. 2/3028, S. 81.
524 Vgl. RegE, BT-Drs. 2/3028, S. 81.
525 Vgl. RegE, BT-Drs. 2/3028, S. 82.
526 Siehe zur Diskussion um die Rechtsnatur des auch als Bebauungsplan bezeichneten Durchführungsplans nach dem AufbauG NRW oben, 3. Teil, A., VI., 2., b).

Entwurfs vor: „Sie [die Gemeinde] beschließt den Bebauungsplan als Satzung."[527] Zur Begründung führte der Entwurf an, der Bebauungsplan sei eine „abstrakte und allgemein verbindliche Anordnung"[528] und werde nicht einer bestimmten Person oder einem bestimmten Personenkreis gegenüber zur Regelung eines Einzelfalls vorgenommen. Er sei daher weder Verwaltungsakt noch Allgemeinverfügung.[529] Für die Ausgestaltung als Satzung spreche auch das Interesse am baldigen Vollzug der Bebauungspläne. Dem komme der Umstand entgegen, dass, wenn man von der nach den süddeutschen Verwaltungsgerichtsgesetzen zulässigen Normenkontrollklage absehe, Rechtsmittel nicht gegeben seien. Insofern habe der Betroffene nur die Möglichkeit, Einwendungen gegen die Rechtsgültigkeit des Plans anlässlich des Planvollzugs im Genehmigungsverfahren inzident geltend zu machen.[530]

Nachdem der Entwurf aus dem Jahre 1956 in der 2. Legislaturperiode nicht mehr verabschiedet werden konnte[531], legte die Bundesregierung in der 3. Legislaturperiode zu Beginn des Jahres 1958 einen Entwurf[532] vor, der dem des Jahres 1956 weitgehend glich[533]. Auch dieser Entwurf sah eine zweistufige Bauleitplanung mit drei Planarten vor, die nach der Legaldefinition des § 1 Abs. 2 aus dem Flächennutzungsplan und dem Gesamtaufbauplan als vorbereitende Bauleitpläne sowie dem Bebauungsplan als verbindlichen Bauleitplan bestehen sollte.[534] Auch wurde in der Entwurfsbegründung weitgehend wortgleich zu dem Entwurf des Jahres 1956 dargelegt, dass dem Flächennutzungsplan und dem Gesamtaufbauplan als

527 Bei dieser Regelung blieb es auch in den folgenden Entwürfen und der schließlich in Kraft getretenen Fassung des BBauG. Sie findet sich heute in § 10 Abs. 1 BauGB. Gleichwohl sind die Stimmen, welche die gesetzlich vorgesehene Rechtsnatur des Bebauungsplans als Satzung anzweifeln, nicht endgültig verstummt. So hat in jüngerer Zeit *Jäde*, UPR 2009, 41 (42 ff.) darauf hingewiesen, dass der Bebauungsplan sich angesichts der „Verdrängung von Elementen der Öffentlichkeitsbeteiligung durch solche einer bloßen Betroffenenanhörung" sowie der Befristung der Normenkontrolle und den weiter ausgebauten Regelungen über die Planerhaltung seiner Sachstruktur nach immer mehr dem Verwaltungsakt annähere.

528 BT-Drs. 2/3028, S. 83.

529 BT-Drs. 2/3028, S. 83.

530 Vgl. BT-Drs. 2/3028, S. 83 f.

531 Siehe hierzu RegE, BT-Drs. 3/336, S. 55.

532 RegE, BT-Drs. 3/336.

533 In der Entwurfsbegründung heißt es hierzu, die Bundesregierung habe in der vorliegenden Entwurfsfassung die Änderungsvorschläge der an der Beratung des Entwurfs aus dem Jahre 1956 beteiligten Bundesratsausschüsse weitgehend berücksichtigt. Im Übrigen sei der Entwurf aber im Wesentlichen unverändert geblieben, vgl. RegE, BT-Drs. 3/336, S. 55.

534 Allerdings sah § 10 Abs. 2 nunmehr die Möglichkeit vor, in Gemeinden mit mehr als 500.000 Einwohnern den Gesamtaufbauplan in räumlichen und sachlichen Teilen aufzustellen, wenn dies mit dem Zweck des Gesamtaufbauplans vereinbar ist.

vorbereitende Bauleitpläne keine verbindliche Rechtswirkung zukommen soll.[535] Das mit dem BBauG gewählte Modell der zweistufigen Bauleitplanung unterschied sich insofern von der oben beschriebenen Systematik der Aufbaugesetze und des Wohnsiedlungsgesetzes.[536] Denn wie oben dargestellt[537], sah der beispielhaft herangezogene § 8 Abs. 1 AufbauG NRW vor, dass eine Nutzungsänderung nur entsprechend den Vorgaben des Leitplans zulässig sei. Auch war – wie aufgezeigt[538] – eine Wohnsiedlungsgenehmigung gemäß § 6 WSG zu versagen, wenn die Bebauung im Widerspruch zum Wirtschaftsplan stand. Diese Wirkungen legte der Gesetzgeber der vorbereitenden Bauleitplanung nun nicht mehr bei. Hierin liegt ein Unterschied zu den historischen Vorgängern der vorbereitenden Bauleitplanung.[539]

3. Das zweistufige Planungssystem des BBauG und des BauGB – Flächennutzungsplan und Bebauungsplan

Der eben genannte Regierungsentwurf eines Bundesbaugesetzes aus dem Jahre 1958[540] wurde nach der ersten Lesung an den Bundestagsausschuss für Wohnungswesen, Bau- und Bodenrecht zur federführenden Beratung verwiesen.[541] Der Ausschuss hat seine Beratungen in drei Lesungen durchgeführt. Als (ein) Ergebnis der Ausschussberatungen wurde das Instrument des Gesamtaufbauplans aus dem Gesetzentwurf gestrichen.[542] Zur Begründung führte der Ausschuss an, die Praxis habe ergeben, dass die Gemeinden „mit einem in einem formellen Verfahren aufgestellten vorbereitenden Plan auskommen"[543]. In der Folge solle aus Gründen der Verwaltungsvereinfachung kein zusätzliches Planverfahren vorgeschrieben werden,

---

535 RegE, BT-Drs. 3/336, S. 63 f.

536 *Martens*, Die Rechtswirkungen des Flächennutzungsplans, S. 5 f. Der Gesetzgeber selbst sah das offenbar anders, und betonte, dass mit der zweistufigen Bauleitplanung einem in „der Vergangenheit bewährten Prinzip [gefolgt werde], das namentlich in der Nachkriegszeit durch die Aufbaugesetze der Länder eine ins einzelne gehende Ausprägung erfahren" habe, siehe RegE, BT-Drs. 2/3028, S. 79.

537 Siehe oben 3. Teil, A., VI., 1.

538 Siehe oben 3. Teil, A., V.

539 *Schmidt-Aßmann*, Grundfragen des Städtebaurechts, S. 115, der dies zurückhaltend als „rechtssystematische Verfeinerung" bezeichnet; *Kulenkamp*, NJW 1974, 836.

540 RegE, BT-Drs. 3/336.

541 Vgl. den „Schriftlichen Bericht des Ausschusses für Wohnungswesen, Bau- und Bodenrecht (24. Ausschuss) über den von der Bundesregierung eingebrachten Entwurf eines Bundesbaugesetzes", zu BT-Drs. 3/1794.

542 Vgl. die „Zusammenstellung des von der Bundesregierung eingebrachten Entwurfs eines Bundesbaugesetzes – Drucksache 336 – mit den Beschlüssen des Ausschusses für Wohnungswesen, Bau- und Bodenrecht (24. Ausschuss)", BT-Drs. 3/1794, dem der Antrag des Ausschusses zu entnehmen ist, die Vorschriften der §§ 8–10 des Regierungsentwurfs (BT-Drs. 3/336) über den Gesamtaufbauplan ersatzlos zu streichen.

543 Siehe „Bericht des Abgeordneten Dr. Hesberg" zu BT-Drs. 1794, S. 5.

für das kein Bedürfnis bestehe. Im Übrigen stehe es der Gemeinde frei, zunächst einen Flächennutzungsplan mit den allgemeinen Grundzügen aufzustellen und diesen später im Wege der Ergänzung zu verfeinern. Somit könne – bei Bedarf im Einzelfall – das gleiche Ziel erreicht werden, das nach dem ursprünglichen Entwurf mit dem Gesamtaufbauplan verfolgt wurde.[544]

Neu in den Entwurf eingefügt wurde durch den Ausschuss der § 7a. Wie oben dargestellt[545], war die in der ersten Fassung des Kommissionsentwurfs aus dem Jahre 1955 noch vorgesehene Vorschrift, nach welcher der Flächennutzungsplan die an seiner Aufstellung beteiligten Behörden als öffentlich-rechtliche Vereinbarung bindet, entfallen. Der nun neu durch den Ausschuss eingefügte § 7a sah vor, dass die bei der Aufstellung beteiligten öffentlichen Planungsträger ihre Planungen dem Flächennutzungsplan insoweit anzupassen haben, als sie ihm nicht widersprochen haben. Bei durch veränderte Sachlage erforderlichen abweichenden Planung haben sie sich unverzüglich mit der Gemeinde ins Benehmen zu setzen. In der Begründung führte der Ausschuss an, der Grundsatz, dass der Flächennutzungsplan noch keine unmittelbare Rechtswirkung habe, werde insofern eingeschränkt.[546]

Die im April 1960 vorgelegte geänderte Entwurfsfassung[547] des Ausschusses wurde in der zweiten und dritten Lesung des Gesetzes im Bundestag noch in Einzelheiten abgeändert.[548] Dem am 20.05.1960 durch den Bundestag verabschiedeten BBauG stimmte der Bundesrat am 10.06.1960 zu. Nach seiner Ausfertigung ist das BBauG am 29.06.1960[549] verkündet worden.

Mit dem am 01.07.1987 in Kraft getretenen BauGB wurden das BBauG und das Städtebauförderungsgesetz (StBauFG) in einem Gesetzbuch zusammengeführt.[550] Gesetzestechnisch ist das BauGB nicht das Ergebnis einer vollständigen Neufassung, sondern einer Novelle des BBauG.[551] Neben einzelnen weiteren Motiven der Novellierung[552] verfolgte die Bundesregierung in erster Linie das Ziel, mit der Zusammenfassung von BBauG und StBauFG die mit dem BBauG 1960 begonnene umfassende bundesgesetzliche Kodifikation des Städtebaurechts zu vollenden.[553] Für die vorliegend interessierende Frage des Systems der Bauleitplanung ist festzuhalten, dass die städtebauliche Planung in den wesentlichen Elementen unverändert aus

544 Vgl. zu alledem den „Bericht des Abgeordneten Dr. Hesberg“ zu BT-Drs. 1794, S. 5.

545 Siehe oben, 3. Teil, A., VII., 2.

546 BT-Drs. 3/1794, S. 5.

547 BT-Drs. 3/1794.

548 Vgl. den Gesetzentwurf mit den im Rahmen der zweiten Lesung beschlossenen Änderungen, BT-Drs. 3/1861.

549 BGBl. I, S. 341.

550 Vgl. die Erläuterungen bei *Krautzberger*, in Ernst/Zinkahn/Bielenberg/Krautzberger, BauGB, Einl., Rn. 150.

551 *Krautzberger*, ebenda.

552 Vgl. die Auflistung in dem RegE, BT-Drs. 10/4630, S. 49.

553 RegE, BT-Drs. 10/4630, S. 49.

dem BBauG übernommen wurde.[554] So blieb es bei der Zweistufigkeit von Flächennutzungs- und Bebauungsplan sowie bei dem Gebot, den Bebauungsplan aus einem rechtswirksamen Flächennutzungsplan zu entwickeln.[555] Soweit die Vorschriften des BauGB in der Folge weiterentwickelt wurden, bleibt die Darstellung und Auseinandersetzung mit den Normen den Bereichen dieser Untersuchung überlassen, die sich mit dem aktuellen Recht der städtebaulichen Planung beschäftigen.

VIII. Zusammenfassung

Das Bauplanungsrecht als Teil des öffentlichen Baurechts hat sich in der zweiten Hälfte des 19. Jahrhunderts herausgebildet. Das System der zweistufigen städtebaulichen Planung wurde erstmals zu Beginn des 20. Jahrhunderts mit dem SächsABauG eingeführt. So gelten der Flächenaufteilungsplan nach dem SächsABauG, der Wirtschaftsplan nach dem WSG und die Leitpläne nach den Aufbaugesetzen als Vorgänger des heutigen Flächennutzungsplans. Während der Flächenaufteilungsplan nur vorbereitende Funktion hatte, brachten Wirtschaftspläne und Leitpläne verbindliche Rechtswirkungen mit sich. So war nach § 6 WSG für eine im Widerspruch zu dem Wirtschaftsplan stehende Bebauung die Wohnsiedlungsgenehmigung zu versagen. Im Bereich eines Leitplans nach dem AufbauG NRW waren gemäß § 8 Abs. 1 AufbauG Nutzungsänderungen nur nach den Vorgaben des Leitplans zulässig. Angesichts dieser Rechtswirkungen wurde der Wirtschaftsplan teilweise als Satzung qualifiziert. Auch der Leitplan nach dem AufbauG NRW wurde als Norm eingeordnet.

Die in der Historie zu findenden Unsicherheiten hinsichtlich der Zuordnung der vorbereitenden Pläne zur Landesplanung oder zum Städtebaurecht wurden mit dem sogenannten Baurechtsgutachten des BVerfG beendet. Dieses rechnete die vorbereitende Bauleitplanung als Teil der städtebaulichen Planung dem Bodenrecht zu. Die Diskussion um die Schaffung eines einheitlichen Baugesetzes für die Bundesrepublik Deutschland begann im Jahre 1950. Während der ein Jahrzehnt andauernden Arbeiten an einem einheitlichen Baugesetz wurden verschiedene Modelle und Gesetzentwürfe entwickelt. Zum Teil sahen diese mehr als zwei Planungsstufen vor. Auch sahen die Entwürfe teilweise die Bindungswirkung des Flächennutzungsplans als öffentlich-rechtliche Vereinbarung der bei seiner Aufstellung mitwirkenden Behörden vor. Letztlich setzten sich diese Vorschläge nicht durch. Mit dem im Jahre 1960 verkündeten BBauG wurde ein zweistufiges System der Bauleitplanung kodifiziert. Dieses enthielt keine dem § 6 WSG oder § 8 Abs. 1 AufbauG NRW vergleichbaren Regelungen für den Flächennutzungsplan. Nach dem Willen des Gesetzgebers sollte der Flächennutzungsplan grundsätzlich keine unmittelbaren

---

554 Löhr, NVwZ 1987, 361; Bröll, BayVBl. 1987, 385 (387). In dem RegE, BT-Drs. 10/4630, S. 60, heißt es zur Neufassung des § 1: „Die Vorschriften des geltenden Rechts über Aufgabe, Begriff und Grundsätze der Bauleitplanung sollen [...] im wesentlichen beibehalten werden."

555 *Löhr*, ebenda.

Rechtswirkungen haben. Als Ausnahme bezeichnete der Gesetzgeber seinerzeit die Regelung des § 7a BBauG, nach der die bei der Aufstellung des Flächennutzungsplans beteiligten Planungsträger ihre Planung dem Flächennutzungsplan insoweit anpassen müssen, als sie ihm nicht widersprochen haben. Das System der städtebaulichen Planung nach dem BBauG wurde weitgehend unverändert in das 1987 in Kraft getretene BauGB übernommen.

B. Hergebrachte Dogmatik zur Rechtsnatur des Flächennutzungsplans

Im Folgenden sind die verschiedenen Ansätze zur dogmatischen Einordnung des Flächennutzungsplans nach Inkrafttreten des BBauG im Jahre 1960 näher in den Blick zu nehmen. Aus diesen hat sich die h.M. entwickelt, der zufolge der Flächennutzungsplan eine hoheitliche Maßnahme sui generis ohne Außenverbindlichkeit sein soll. Die Argumente der h.M. werden im Weiteren näher betrachtet.

I. Keine gesetzliche Festlegung der Rechtsnatur des Flächennutzungsplans

Anders als für den Bebauungsplan – der gemäß § 10 Abs. 1 BauGB von der Gemeinde als Satzung beschlossen wird – hat der Gesetzgeber keine ausdrückliche[556] Festlegung zur Rechtsnatur des Flächennutzungsplans getroffen.[557]

---

556 Die Einschränkung, dass keine „ausdrückliche Festlegung" erfolgt sei, ist dem Umstand geschuldet, dass z.T. mit Blick die gesetzlichen Regelungen indirekte Schlüsse auf die Rechtsnatur des Flächennutzungsplans gezogen werden. So führt *Söfker*, in: Ernst/Zinkahn/Bielenberg/Krautzberger, BauGB, § 5, Rn 7 aus, mit Blick auf § 1 Abs. 2 BauGB (Bezeichnung des Flächennutzungsplans durch den Gesetzgeber als „vorbereitender Bauleitplan"), § 5 und § 9 BauGB („Darstellungen" statt „Festsetzungen"), § 8 BauGB (Stufenverhältnis) und § 10 BauGB (ausdrückliche Festlegung nur des Bebauungsplans als Satzung) könne indirekt geschlossen werden, der Gesetzgeber habe sich dafür entschieden, dass von den beiden Bauleitplänen nur der Bebauungsplan Rechtssatz sein solle.

557 *Rinsdorf*, Der Flächennutzungsplan als Steuerungsinstrument der Gemeinde, S. 87; *Kley*, Der Teilflächennutzungsplan, S. 278; vgl. auch *Gierke*, in: Brügelmann, BauGB, § 5, Rn. 36; *Gierke*, in: Mitschang (Hrsg.), Flächennutzungsplanung – Aufgabenwandel und Perspektiven, S. 183. *Gierke* wirft hier auch die Frage auf, ob der durch Bundesrecht nicht ausdrücklich festgelegte Rechtscharakter des Flächennutzungsplans durch den Landesgesetzgeber festgelegt werden könnte.

II. Die hergebrachte Dogmatik des Flächennutzungsplans als nicht außenverbindliche hoheitliche Maßnahme sui generis

Nach der (bisher) h.M. handelt es sich bei dem Flächennutzungsplan um eine „hoheitliche Maßnahme eigener Art".[558]

1. Die Entwicklung der hergebrachten Dogmatik

Die fehlende ausdrückliche gesetzliche Festlegung der Rechtsnatur des Flächennutzungsplans erklärt im Zusammenspiel mit den oben[559] bereits geschilderten dogmatischen Schwierigkeiten der Einordnung von Plänen in den Dualismus von Norm und Verwaltungsakt das Bemühen von Literatur und Rechtsprechung um die Qualifizierung der Rechtsnatur des Flächennutzungsplans.[560] Diese Bemühungen verschaffen der Einordnung der Rechtsnatur des Flächennutzungsplans als hoheitliche Maßnahme sui generis durch die h.M. eine beachtenswerte Vorgeschichte.[561] Wie aufgezeigt, kam dem Wirtschaftsplan nach dem WSG und dem (beispielhaft für die Aufbaugesetze der Länder herangezogenen) Leitplan des AufbauG NRW nach h.M. Rechtsnormcharakter zu.[562] Die dieser Einordnung zugrundeliegenden Erkenntnisse konnten nicht ohne Weiteres für den Flächennutzungsplan nach dem BBauG übernommen werden, da die einschlägigen Rechtsnormen – wie oben bereits

558 *Bönker*, in: Hoppe/Bönker/Grotefels, Öffentliches Baurecht, § 5, Rn. 85; *Mitschang*, in: Battis/Krautzberger/Löhr, BauGB, § 5, Rn. 45; vgl. auch *Muckel/Ogorek*, Öffentliches Baurecht, § 5, Rn. 18; *Schiller*, in Bracher/Reidt/Schiller, Bauplanungsrecht, Rn. 132 spricht von einem „Planungsinstrument eigener Art (...), das eine besonders ausgestaltete Planungsstufe im Rahmen der kommunalen Bauleitplanung zum Gegenstand hat"; *Rinsdorf*, Der Flächennutzungsplan als Steuerungsinstrument der Gemeinde, S. 89 bezeichnet den Flächennutzungsplan als „Hoheitsakt sui generis"; nach *Finkelnburg/Ortloff/Kment*, BauplanungsR, § 7, Rn. 45 soll der Flächennutzungsplan nur das sein, was „er seinem Namen nach sein will: ein schlichter Plan".

559 Siehe oben 3. Teil, A., VI., 1., b), zur Diskussion um die Rechtsnatur des auch als Bebauungsplan bezeichneten Durchführungsplans nach dem AufbauG NRW.

560 *Löhr*, Die kommunale Flächennutzungsplanung, S, 132 f. weist darauf hin, dass es bereits erheblich Mühen gekostet habe, die Leistungsverwaltung im Dualismus von Norm und Verwaltungsakt dogmatisch zu verorten und die Dogmatik die mit der Gestaltungsverwaltung aufgeworfenen Fragen noch nicht beantworten könne. Vor diesem Hintergrund seien auch die Bemühungen um die Klärung der Rechtsnatur des Flächennutzungsplans zu sehen.

561 Instruktiv schlüsselt *Martens*, Die Rechtswirkungen des Flächennutzungsplans, S. 7 ff. den Ende der 1960er Jahre ersichtlichen Meinungsstand zur Rechtsnatur des Flächennutzungsplans auf.

562 Siehe zum Wirtschaftsplan oben 3. Teil, A., V., 2. und zum Leitplan nach dem AufbauG NRW oben 3. Teil, A., VI., 1., b).

skizziert[563] – deutliche Unterschiede aufwiesen.[564] So war gemäß § 6 WSG die Erteilung einer Wohnsiedlungsgenehmigung für eine dem Wirtschaftsplan widersprechende Bebauung zu versagen und gemäß § 8 Abs. 1 AufbauG NRW eine Änderung der bisherigen Nutzung eines Grundstücks im Geltungsbereich eines Leitplans nur entsprechend den Vorgaben des Leitplans[565] zulässig.[566] Diese Regelungen fanden sich im BBauG nicht wieder. Daher wurde bei Schaffung des BBauG zwar das zuvor schon existierende System der zweistufigen Planung übernommen, gleichwohl stellte sich die Frage nach der Rechtsnatur der vorbereitenden Bauleitpläne für den Flächennutzungsplan nach dem BBauG erneut.[567]

In der Literatur wurde darauf hingewiesen, dass auch ein Urteil des BVerwG aus dem Jahre 1964[568] die – schon seit Inkrafttreten des BBauG im Jahre 1960 laufende – Diskussion um die Abgrenzung der Wirkungen und der Verbindlichkeit von Flächennutzungsplan und Bebauungsplan befördert hat.[569] In diesem Urteil hat das BVerwG festgehalten, dass die im Flächennutzungsplan zum Ausdruck gebrachten planerischen Vorstellungen der Gemeinden zu den bei der Zulässigkeit eines sonstigen Vorhabens i.S.d. § 35 Abs. 2 BBauG[570] zu berücksichtigenden öffentlichen Belangen gehörten.[571] So weise der Flächennutzungsplan zwar nicht die gleichen rechtlichen Eigenschaften wie ein Bebauungsplan auf. Jedoch stelle er für das Baugenehmigungsverfahren mehr als nur eine unverbindliche Äußerung der Gemeinde dar.[572] In diesem Zusammenhang wies das BVerwG darauf hin, dass auch „Bebauungspläne jederzeit geändert und den neuen Verhältnissen angepasst werden

563 Siehe oben 3. Teil, A., VII., 2.

564 Siehe hierzu *Martens*, Die Rechtswirkungen des Flächennutzungsplans, S. 5 f.

565 Woraus nach zutreffender Ansicht die Unzulässigkeit der Nutzungsänderung insgesamt und nicht lediglich die in § 8 Abs. 2 AufbauG NRW geregelte Nichtberücksichtigung der durch sie verursachten Wertsteigerung bei der Wertermittlung im Rahmen bodenordnender Maßnahmen folgte, vgl. oben 3. Teil, A., VI., 1., a).

566 *Martens*, Die Rechtswirkungen des Flächennutzungsplans, S. 5 f.

567 Vgl. *Kulenkamp*, NJW 1974, 836; *Martens*, ebenda; *Schmidt-Aßmann*, Grundfragen des Städtebaurechts, S. 115 führt aus, das BBauG vermeide es, den „Flächennutzungsplan an irgendeiner Stelle zum Anknüpfungspunkt für Verhaltenspflichten der Grundstückseigentümer zu machen". Darin liege eine „rechtssystematische Verfeinerung gegenüber den historischen Vorbildern vorbereitender Pläne, die unmittelbare Drittwirkung und verwaltungsinterne Bindungen miteinander verbanden". Das BBauG strebe „demgegenüber eine Typenreineit (...) [an], die die Transparenz des Planungsinstrumentariums fördern kann".

568 BVerwG, Urt. v. 29.04.1969 – I C 30.62 – BVerwGE 18, 247.

569 *Schmidt-Aßmann*, Grundfragen des Städtebaurechts, S. 116 f.

570 Die seinerzeit zugrundeliegende Fassung des § 35 BBauG zählte – anders als heute § 35 Abs. 3 S. 1 Nr. 1 BauGB – den Widerspruch des Vorhabens zu den Darstellungen des Flächennutzungsplans noch nicht als Beispielsfall der Beeinträchtigung öffentlicher Belange auf.

571 BVerwG, Urt. v. 29.04.1969 – I C 30.62 – BVerwGE 18, 247 (252 ff.).

572 BVerwG, a.a.O., 253.

können“[573]. Die den Darstellungen des Flächennutzungsplans zugrundeliegende und auf der Planungshoheit beruhende Entscheidung der Gemeinde wirke sich auf den Inhalt des Rechtsbegriffs der öffentlichen Belange aus.[574] Weiter heißt es in diesem Zusammenhang wörtlich: „Diese Tatsache bedeutet für die Rechtsanwendung jedoch grundsätzlich nichts anderes, als wenn die Entscheidung über die Zulässigkeit eines Vorhabens von den Festsetzungen eines Bebauungsplans abhinge. Denn der Inhalt eines Bebauungsplans ist in gleicher Weise wie der eines Flächennutzungsplans Ausdruck der gestalterischen Freiheit der Gemeinde.“[575] Zwar hat der bis heute für das öffentliche Bau- und Bodenrecht zuständige 4. Senat des BVerwG die Entscheidung des im Jahre 1964 für dieses Rechtsgebiet noch zuständigen 1. Senats später dahingehend klargestellt[576], dass „eine völlige Verwischung der rechtlichen Grenzen zwischen Bebauungsplan und Flächennutzungsplan“[577] mit ihr nicht ausgesprochen werden „konnte und sollte“[578]. Jedoch war mit dieser Einschränkung der Rechtsprechung die laufende Diskussion über die Wirkungen und Rechtsnatur des Flächennutzungsplans nicht beendet.[579] Seit Inkrafttreten des BBauG im Jahre 1960 wurden verschiedene Ansätze entwickelt.[580] Hierbei weisen die Einordnungsversuche, die dem Flächennutzungsplan eine Außenverbindlichkeit absprechen, teilweise fließende Übergänge auf. Entsprechend wurden zur Bezeichnung der Rechtsnatur des Flächennutzungsplans von einigen Stimmen in Literatur und Rechtsprechung verschiedene der zur Einordnung entwickelten Begriffe kombiniert.[581]

573 BVerwG, ebenda.
574 BVerwG, a.a.O., 254.
575 BVerwG, ebenda; Zustimmend: *Mang*, BayVBl. 1964, 261.
576 *Kraft*, in: Spannowsky/Mitschang (Hrsg.), Flächennutzungsplanung im Umbruch?, S. 158.
577 BVerwG, Urt. v. 15.03.1967 – IV C 205.65 -, BVerwGE 26, 287 (292).
578 BVerwG, ebenda.
579 So *Schmidt-Aßmann*, Grundfragen des Städtebaurechts, S. 117, der erkennbar kritisch formuliert, dass die „Tendenz zur Nivellierung der Unterschiede zwischen beiden Stufen der Bauleitplanung durch die Entscheidung [des BVerwG] vom 15.03.1967“ nicht an ihrem Ende angelangt sei. Sie sei „vielmehr Ausdruck eines planungsfreudigen Zeitalters, dem jede planerische Vorstellung bereits um ihrer selbst willen beachtenswert erscheint“.
580 *Weyreuther*, Bauen im Außenbereich, S. 128 merkt an, die Bemühungen um eine positive Bestimmung der Rechtsnatur des Flächennutzungsplans hätten „fast keine der geläufigen Rechtsfiguren ausgelassen“.
581 So ordnen beispielweise *Gaentzsch/Philipp/Tepperwien*, in: Schlichter/Stich/Driehaus/Paetow, BK BauGB, § 5, Rn. 3 den Flächennutzungsplan als „hoheitliche Willensäußerung eigener Art“ ein, die ein „behördengerichtetes planungsbindendes Programm“ beinhalte. *Stollmann*, Öffentliches Baurecht, § 5, Rn. 33 spricht von einer „hoheitlichen Maßnahme eigener Art“, die einen „qualifizierten Sachverhalt“ enthält. Diese Begriffe werden aber in anderen Fällen auch jeweils für sich und ohne ihre Kombination bereits zur Qualifizierung des Flächennutzungsplans verwendet. Auf die fließenden Übergänge weist der Sache nach auch *Keilbach*,

a) *Der Flächennutzungsplan als Rechtsnorm*

Bereits zum Zeitpunkt des Inkrafttretens des BBauG ordnete nur eine m.M.[582] den Flächennutzungsplan als Rechtssatz im materiellen Sinne ein. Abgestellt wurde – ausgehend noch von der Terminologie der Aufbaugesetze – auf das Verhältnis von vorbereitenden und durchführenden Plänen. Es komme für die Rechtsnatur der vorbereitenden Pläne nur auf ihre Rechtswirkungen und ihren Inhalt an, während die gesetzliche Bezeichnung, die Form und das Verfahren nicht maßgeblich seien.[583] So sei zu konstatieren, dass das BBauG in § 10 für die Bebauungspläne den Erlass als Satzung vorsehe, während für die vorbereitenden Pläne entsprechende Regelungen fehlten.[584] Entscheidend sei aber ein anderer Aspekt: Grundsätzlich gelte für die moderne städtebauliche Planung, dass die durchführenden Pläne auf den vorbereitenden Plänen beruhten und innerhalb der beiden grundsätzlichen Planungsstufen der nachfolgende aus dem vorhergehenden Plan hervorgehe.[585] Dies gelte nicht nur für das Plansystem der Aufbaugesetze, sondern sei mit § 8 Abs. 2 auch im BBauG normiert.[586] Es handele sich um eine „sukzessive Rechtssetzung“[587]. Da der durchführende Plan einerseits als Rechtsnorm einzustufen sei, andererseits nicht unmittelbar auf das Gesetz zurückgeführt werden könne, müsse es sich auch bei dem vorbereitenden Plan um eine Rechtsnorm[588] handeln. Nur mit einer solchen könne die Lücke zwischen dem Gesetz und dem durchführenden

---

Rechtsschutz gegen Flächennutzungspläne, S. 53 hin, der die Einordnung des Flächennutzungsplans als „Verwaltungsprogramm“ nur als „Variation der Aliud-These“ bezeichnet.

582 *Bielenberg*, DVBl. 1960, 542 (546 f.); mit Einschränkungen: *Mang*, BayVBl. 1960, 233 (234), der aus dem Umstand, dass die Genehmigung des Flächennutzungsplans durch die höhere Verwaltungsbehörde ortsüblich bekannt zu machen ist, schließt, dass der Flächennutzungsplan selbst in Form einer Satzung zu erlassen sei. Da er jedoch keine unmittelbaren Rechtswirkungen gegenüber dem Bürger zeitige, sei er seinem Inhalt nach als behördeninterne Ermessensrichtlinie zu werten. *Löhr*, Die kommunale Flächennutzungsplanung, S 134 (dort. Fn. 99) weist zutreffend darauf hin, dass auch *Wolff/Bachof*, VerwaltungsR I (9. A.), § 25, IX, d) (S. 138) den Flächennutzungsplan der Rechtsfigur der „autonomen Satzung“ zuordnen und insofern als Rechtsnorm qualifizieren. An anderer Stelle führen *Wolff/Bachof*, VerwaltungsR I (9. A.), § 47, IX, e) (S. 401) aber aus, der Flächennutzungsplan enthalte „gebündelte dingliche Verwaltungsakte“. Dies ist insofern kein Widerspruch in der Argumentation, als die Autoren an anderer Stelle festhalten, dass auch Pläne, die als Satzungen ergehen, gleichwohl ein Bündel dinglicher materieller Verwaltungsakte enthalten können. Als Beispiel wird auch der Bebauungsplan genannt, siehe *Wolff/Bachof*, VerwaltungsR I (9. A.), § 47, IX, d) (S. 399 ff.).

583 *Bielenberg*, DVBl. 1960, 542 (544).

584 *Bielenberg*, a.a.O., 545.

585 *Bielenberg*, a.a.O., 546 f.

586 *Bielenberg*, a.a.O., 546 f., dort Fn. 67 und 73.

587 *Bielenberg*, a.a.O., 547.

588 *Bielenberg*, a.a.O. selbst spricht von „Rechtssätzen“.

Plan – beides Rechtsnormen – adäquat gefüllt werden. Weder der vorbereitende noch der durchführende Plan hätte nur deklaratorischen Charakter. Zwar seien die Rechtswirkungen der Pläne im Einzelnen gesetzlich geregelt. Jedoch werde „der Anwendungsbereich der Wirkungen den Plänen und damit der Entscheidung der Gemeinde überlassen"[589]. Hierin liege „die Ermächtigung zum Rechtssatzerlass"[590]. Das förmliche Rechtssetzungsverfahren sei einzuhalten, weshalb gegen die im BBauG vorgesehene Behandlung der vorbereitenden Pläne Bedenken bestünden.[591]

b) Der Flächennutzungsplan als Bündel von dinglichen Verwaltungsakten

Andere Stimmen in der Literatur qualifizierten den Flächennutzungsplan als „gebündelte dingliche Verwaltungsakte".[592] Der Flächennutzungsplan binde aber nur andere Planungsträger und könne daher zu den „planbindenden Plänen[593]" gezählt werden. Der Flächennutzungsplan müsse als „intransitive rechtliche Qualifizierung von Grundflächen"[594] verstanden werden, da andernfalls die bestehende Bindung von Verordnungs- und Satzungsgebern an den Plan nicht zu erklären sei.[595] Gegen diese Einordnung des Flächennutzungsplans wurde vorgebracht, dass dieser zwar eine abstrakte und auf die rechtliche Zweckbestimmung abzielende Regelung darstelle. Jedoch sei er gleichwohl nicht als öffentlich-rechtliche sachgestaltende Zustandsregelung anzusehen.[596] Eine solche bedürfe als gegenüber jedermann Wirkung entfaltende intransitive Regelung – wenn sie durch dinglichen Einzelakt begründet werden soll – stets einer entsprechenden gesetzlichen Ermächtigung. Diese biete das BBauG nicht, in dem eine allgemeine öffentlich-sachenrechtliche Wirkung des Flächennutzungsplans „nicht einmal andeutungsweise zu finden"[597]

---

589 *Bielenberg*, ebenda, der diese Konstellation mit der Rahmengesetzgebung nach Art. 75 GG a.F. vergleicht. Das Rahmenrecht nach Art. 75 GG a.F. könne unmittelbar vollziehbar sein oder aber noch der weiteren Ausfüllung bedürfen. Auch im letzteren Fall liege aber Recht im materiellen Sinne vor. So sei „die Außenwirkung ‚verhalten' vorhanden, wenn sie nicht – wie bei den Plänen – für einzelne Sachverhalte (...) schon vorher ausgesprochen wird".

590 So *Bielenberg*, ebenda.

591 *Bielenberg*, ebenda.

592 *Wolff/Bachof*, VerwaltungsR I (9. A.), § 47, IX, e) (S. 401 f.); *Niehues*, DÖV 1965, 319 (323 f.), der sich nicht speziell auf den Flächennutzungsplan bezieht, sondern Maßnahmen der Bauleitplanung insgesamt dogmatisch als „dingliche Einzelakte" einordnet. Es handele sich bei dem Erlass von Plänen um „eine konkrete, sachenrechtliche Zustandsregelung".

593 *Wolff/Bachof*, VerwaltungsR I (9. A.), § 47, IX, e) (S. 400).

594 *Wolff/Bachof*, ebenda.

595 *Wolff/Bachof*, ebenda.

596 *Beenken*, Überprüfbarkeit der Bauleitpläne, S. 110 f.; siehe die Zusammenfassung des Meinungsstands bei *Löhr*, Die kommunale Flächennutzungsplanung, S. 133.

597 *Beenken*, Überprüfbarkeit der Bauleitpläne, S. 111; der von *Martens*, Die Rechtswirkungen des Flächennutzungsplans, S. 10 f. gegen die Einordnung des Flächen-

sei. Der Flächennutzungsplan habe lediglich „Ankündigungscharakter“[598]. Gegen die Einordnung des Flächennutzungsplans als Verwaltungsakt(e) wird auch in jüngerer Zeit[599] angeführt, dass § 35 VwVfG die unmittelbare Rechtswirkung nach außen voraussetze. Hingegen bedürfe der Flächennutzungsplan einer vermittelnden Norm wie § 7 BauGB um Wirkung auf andere Rechtsträger zu erzielen.[600] Anders als ein Verwaltungsakt vermittele der Flächennutzungsplan keine subjektiven öffentlichen Rechte.[601] Schließlich sei die Rechtsfigur des „Bündels dinglicher Verwaltungsakte“ ungeeignet, die vielfältigen durch den Flächennutzungsplan geregelten Maßnahmen zu erfassen.[602] Vor dem Hintergrund der regelmäßig fehlenden Parzellenschärfe der Darstelllungen des Flächennutzungsplans fehle es auch an der für den einzelnen dinglichen Verwaltungsakt notwendigen Bestimmtheit.[603]

c) Der Flächennutzungsplan als Handlung mit örtlichem Bezug

Ausgehend von der Schwierigkeit der Verortung des Flächennutzungsplans zwischen Rechtsnorm und Verwaltungsakt ordnete ihn eine weitere Literaturmeinung als Handlung mit örtlichem Bezug ein.[604] Diese stelle neben Rechtsnorm und Verwaltungsakt eine eigenständige dritte Kategorie dar.[605] Charakteristisch für die Handlung mit örtlichem Bezug seien zum einen das gestalterische Moment der Handlung und zum anderen die hierdurch primär bewirkte Regelung über die Eigenschaft einer Sache.[606] Es bestehe insoweit eine Nähe zur Lehre von den dinglichen Verwaltungsakten, als die Regelung primär nicht auf die Rechtsverhältnisse zwischen Personen, sondern die Gestaltung von Sachen ziele.[607]

---

nutzungsplans als Bündel dinglicher Verwaltungsakte vorgebrachte Einwand, die Lehre von den dinglichen Verwaltungsakten habe sich „in der Verwaltungsrechtslehre noch nicht durchgesetzt“, ist spätestens seit der Einführung des § 35 S. 2 Var. 2 VwVfG nicht mehr von praktischer Relevanz; siehe hierzu auch *Löhr*, Die kommunale Flächennutzungsplanung, S. 133, Fn. 90.

598 *Schütz/Frohberg*, Bundesbaugesetz, § 2, Anm. 1.

599 Explizit hält auch BVerwG, Beschl. v. 18.12.1991 – 4 N 2.89 -, NVwZ 1992, 882 fest, dass der Flächennutzungsplan nicht als Verwaltungsakt einzuordnen ist. Bei ihm handele es sich – anders als bei einem Verwaltungsakt – nicht um eine nicht mehr anfechtbare Entscheidung i.S.v. § 79 Abs. 2 S. 1 BVerfGG.

600 *Rinsdorf*, Der Flächennutzungsplan als Steuerungsinstrument der Gemeinde, S. 88.

601 *Henneke*, in: Knack/Henneke, VwVfG, § 35, Rn. 45.

602 *Keilbach*, Rechtsschutz gegen Flächennutzungspläne, S. 77.

603 *Keilbach*, a.a.O., S. 78 f.

604 *Thieme*, in FS-Schack, S. 161, der „wohl auch“ Flächennutzungspläne als Handlung mit örtlichem Bezug einordnet. Hieran schließt *Martens*, Die Rechtswirkungen des Flächennutzungsplans, S. 100 ff. an und entwickelt diese Überlegungen weiter.

605 *Thieme*, ebenda.

606 *Martens*, Die Rechtswirkungen des Flächennutzungsplans, S. 100.

607 *Martens*, ebenda, der im Falle des Flächennutzungsplans als in diesem Sinne zu gestaltende Sachen die „Gegenstände des Raumes“ nennt.

d) Der Flächennutzungsplan als öffentlich-rechtlicher Vertrag

Zum Teil wurde der Flächennutzungsplan als Unterfall des öffentlich-rechtlichen Vertrags[608] eingeordnet.[609] Hierbei wurde auf die Bindung gemäß § 7 BBauG des dem Flächennutzungsplan nicht widersprechenden Planungsträgers an die Darstellungen des Flächennutzungsplans abgestellt.[610] Gegen die Einordnung als öffentlich-rechtlicher Vertrag wurde vorgebracht, der Flächennutzungsplan binde zwar die Gemeinde, könne aber ohne die Mitwirkung und sogar bei Widerspruch des Fachplanungsträgers zustande kommen.[611] Allenfalls komme in Betracht, dass der Flächennutzungsplan selbst – der selbst kein öffentlich-rechtlicher Vertrag sei – auf einem Vertrag der Planungsbeteiligten beruhe.[612] Allerdings stelle sich diese Frage dann bei dem Bebauungsplan ebenso, an dessen Aufstellung auch Träger öffentlicher Belange einschließlich Planungsträger zu beteiligen seien.[613] Auch zwinge die Anpassungspflicht nach § 7 BBauG nicht zur Annahme eines Vertrags. Bei genauerer Betrachtung werde deutlich, dass – anders als durch die Vertreter einer Einordnung des Flächennutzungsplans als öffentlich-rechtlicher Vertrag angenommen – „Gegenstand des Konsenses (...) nicht der Flächennutzungsplan,

608 Wie oben aufgezeigt, bestimmten die Entwurfsfassungen des BBauG teilweise explizit, dass der Flächennutzungsplan die an seiner Aufstellung mitwirkenden Behörden als öffentlich-rechtliche Vereinbarung binden solle. Diese Bestimmung wurde aber nicht in das BBauG übernommen, siehe oben 3. Teil, A., VII., 2.

609 *Hering*, DVBl. 1961, 217 (219 f.); *Neuffer*, Bundesbaugesetz, Anmerkung zu § 7; mit Einschränkungen: *Jürgens*, Die Beschränkungen des Grundeigentums im Rahmen der Städteplanung aufgrund der neuesten Gesetzgebung, S. 76; *Wambsganz*, DVBl. 1961, 494 (499) spricht von einer „Vereinbarung aller an der Bodennutzung interessierten gemeindlichen und staatlichen Stellen".

610 *Hering*, ebenda; *Neuffer*, ebenda; hingegen weist *Jürgens*, a.a.O., S. 75 f. darauf hin, dass es auch Flächennutzungspläne gebe, durch die keine anderen öffentlichen Planungsträger gebunden werden (weil es diese nicht gebe, sie nicht beteiligt wurden oder sie auch nicht widersprochen haben). Insofern habe der Flächennutzungsplan den „Grundcharakter" einer innerdienstlichen Weisung. Nur in den Fällen, in denen Fachplanungsbehörden gebunden werden, sei der Flächennutzungsplan <u>auch</u> öffentlich-rechtlicher Vertrag. Hingegen lehnt *Breuer*, Die hoheitliche raumgestaltende Planung, S. 191 eine solch differenzierte Einordnung ab. Die Qualifizierung des Flächennutzungsplans als öffentlich-rechtlicher Vertrag könne nicht von den Umständen des Einzelfalls abhängig gemacht werden. Da die Entstehung des Flächennutzungsplans nicht von der Zustimmung oder unterlassenen Widersprüchen der anderen Planungsträger abhänge, sei er insgesamt nicht als Vertrag einzuordnen.

611 *Schrödter*, Bundesbaugesetz, § 1, Rn 4; *Martens*, Die Rechtswirkungen des Flächennutzungsplans, S. 10; *Löhr*, Die kommunale Flächennutzungsplanung, S, 133 f.; *Keilbach*, Rechtsschutz gegen Flächennutzungspläne, S. 61.

612 *Meyer/Stich/Tittel*, Bundesbaurecht, § 5 BBauG, Rn. 2.

613 *Meyer/Stich/Tittel*,ebenda.

sondern der Inhalt der Fachplanung“[614] sei. Schließlich fehle es an den notwendigen Bestandteilen eines Vertrags. Im bürgerlichen Recht sei die Zustimmung zu einem fremden Rechtsgeschäft oder dessen Genehmigung eine bloße einseitige Willenserklärung und nicht etwa zusammen mit dem Rechtsgeschäft des Anderen ein Vertrag. Im Falle des Flächennutzungsplans müsse man darüber hinaus annehmen, dass schon durch den unterlassenen Widerspruch nach § 7 BBauG ein Vertrag zustande komme.[615]

e) Der Flächennutzungsplan als hoheitliche Willenserklärung besonderer Art

Von Teilen der Literatur, die die Einordnung des Flächennutzungsplans als öffentlich-rechtlicher Vertrag unter Hinweis auf die einseitige Begründung der Anpassungspflicht des § 7 BauGB ablehnten, wurde der Flächennutzungsplan als „hoheitliche Willenserklärung besonderer Art“[616] qualifiziert. Der Flächennutzungsplan binde die Gemeinde selbst und wirke mittelbar als „rechtserhebliches Faktum“[617] bei der Anwendung von Rechtssätzen wie beispielsweise § 35 BBauG. Darüber hinaus habe der Plan auch eine begrenzte Außenwirkung, die von „anderer Art als die von Rechtssätzen“[618] sei. Sie erstrecke sich über die plangebende Gemeinde hinaus durch § 7 BBauG auf andere öffentliche Planungsträger. So führe § 7 BBauG zu einer Rechtsbindung inter partes zwischen der plangebenden Gemeinde und den beteiligten Planungsträgern ohne Außenwirkung inter omnes zu entfalten.[619] Die durch § 7 BBauG begründete relative Rechtsbindung könne durch die Gemeinde gegenüber dem Planungsträger auch verwaltungsgerichtlich durchgesetzt werden.[620]

---

614 *Beenken*, Überprüfbarkeit der Bauleitpläne, S. 112.

615 *Meyer/Stich/Tittel*, Bundesbaurecht, § 5 BBauG, Rn. 2, die die Einordnung als öffentlich-rechtlicher Vertrag für den falschen Weg halten. So weisen sie darauf hin, dass auf die „Hilfsfigur des Zwangsvertrags oder diktierten Vertrags“ zurückgegriffen werden müsse, um die in § 4 Abs. 3 BBauG (heute § 205 Abs. 3 BauGB) vorgesehene Möglichkeit der ersatzweisen Festsetzung eines Plans durch die Landesregierung bei Nichteinigung der Mitglieder eines Planungsverbands einordnen zu können.

616 *Meyer/Stich/Tittel*, a.a.O., Rn. 3; Gaentzsch/Philipp/Tepperwien, in: Schlichter/Stich/Driehaus/Paetow, BK BauGB, § 5, Rn. 3 sprechen aktuell von einer „hoheitliche[n] Willensäußerung eigener Art“.

617 *Meyer/Stich/Tittel*, a.a.O., Rn. 1.

618 *Meyer/Stich/Tittel*, a.a.O., Rn. 3.

619 *Meyer/Stich/Tittel*, ebenda.

620 *Meyer/Stich/Tittel*, a.a.O., § 5 BBauG, Rn. 3 und § 7 BBauG, Rn. 5. Die Autoren befürworten hier in Bezug auf § 7 BBauG die Annahme eines verwaltungsgerichtlich überprüfbaren Rechtsverhältnisses. Handele es sich bei der dem Flächennutzungsplan widersprechenden Fachplanung um eine Planfeststellung, so sei eine Anfechtungsklage denkbar. Andernfalls komme eine Feststellungs- oder Unterlassungsklage in Betracht.

f) Der Flächennutzungsplan als „qualifizierter Sachverhalt"

Nach einer weiteren Ansicht – die auch heute noch vertreten wird – soll es sich bei dem Flächennutzungsplan um einen „qualifizierten Sachverhalt"[621] handeln. Bestandteile dieses qualifizierten Sachverhalts seien die Ermittlung der öffentlichen und privaten Belange in einem förmlichen Verfahren unter umfassender Beteiligung, ihre Berücksichtigung unter Beachtung überörtlicher und fachplanerischer Belange sowie der Abwägung und die anschließende Beschlussfassung des möglichst weitgehend koordinierten und integrierten Ergebnisses diese Prozesses durch den Gemeinderat mit abschließender Genehmigung der Aufsichtsbehörde.[622]

g) Der Flächennutzungsplan als „Programm"

Nach einer weiteren vertretenen Ansicht wurde der Flächennutzungsplan als Verwaltungsprogramm qualifiziert.[623] Diese Ansicht wird noch heute[624] vertreten. Das Rechtsinstitut des Verwaltungsprogramms sei durch eine rahmensetzende Lenkungsfunktion für die Verwaltung bei gleichzeitigem Fehlen unmittelbarer Rechtswirkungen gegenüber dem Bürger und dem Zustandekommen in einem gesetzlich geregelten Verfahren gekennzeichnet.[625] Diese Merkmale erfülle der Flächennutzungsplan. Er ordne die künftige städtebauliche Entwicklung der Gemeinde in

---

621 *Bielenberg*, DVBl. 1965, 291 (292), der damit seine zuvor vertretene Ansicht von der Rechtssatzqualität des Flächennutzungsplans aufgibt; *Bielenberg* in: Ernst/Zinkahn/Bielenberg, Bundesbaugesetz, § 6, Rn. 4; *Bönker*, in: Hoppe/Bönker/Grotefels, Öffentliches Baurecht, § 5, Rn. 86; *Schulze Buschhoff*, Das Darstellungsprivileg im Flächennutzungsplan, S. 142; *Stollmann*, Öffentliches Baurecht, § 5, Rn. 33: „Aufgrund seines nur vorbereitenden Charakters und seines Inhalts ist der Flächennutzungsplan vielmehr eine hoheitliche Maßnahme eigener Art (...), die einen qualifizierten Sachverhalt enthält (...)".

622 *Bielenberg*, DVBl. 1965, 291 (292).

623 *Stich*, DVBl. 1973, 589 (593); zustimmend: *Voigt*, Die Rechtsform staatlicher Pläne, S. 159, der den Flächennutzungsplan darüber hinaus aber auch als Verwaltungsvorschrift qualifiziert; *Löhr*, Die kommunale Flächennutzungsplanung, S, 135.

624 Siehe hierzu auch unten, 3. Teil, B., II., 2., a); aktuell z.B. *Stüer*, Bau- und Fachplanungsrecht, Rn. 413; *Mitschang*, LKV 2007, 102, (106); *Mitschang*, ZfBR 2008, 227; *Gaentzsch/Philipp/Tepperwien*, in: Schlichter/Stich/Driehaus/Paetow, BK BauGB, § 5, Rn. 3 bezeichnen den Flächennutzungsplan als „behördengerichtetes planungsbindendes Programm", während *Kraft*, in: Spannowsky/Mitschang (Hrsg.), Flächennutzungsplanung im Umbruch?, S. 153 den Flächennutzungsplan als „soft-law-Programm im Binnenbereich der Gemeinde" bezeichnet.

625 *Stich*, DVBl. 1973, 589 (593), der den Begriff des Verwaltungsprogramms in den Diskurs eingeführt und seine Definition entwickelt hat. Der Autor lehnt sich dabei an den Begriff des Regierungsprogramms an, das ebenfalls weder Rechtsnorm noch Einzelakt sei, das aber nach seiner Bekanntgabe die programmatische Leitlinie für das weitere Regierungshandeln darstelle. Gemeint ist hier offensichtlich die staatsleitende Planung (siehe hierzu oben 2. Teil, B., I.).

Grundzügen, binde die Träger öffentlicher Belange bei gleichzeitiger Möglichkeit der Anpassung an besondere Anforderungen und wirke auch im Außenbereich nur mittelbar durch seinen Einfluss auf die zu bestimmenden öffentlichen Belange.[626] Weiter sei er in einem gesetzlich geregelten Verfahren unter Beteiligung der Träger öffentlicher Belange und der Öffentlichkeit aufzustellen und könne auch nur in diesem Verfahren geändert oder aufgehoben werden.[627] Dieser Einordnung des Flächennutzungsplans wird entgegengehalten, dass der Begriff des Verwaltungsprogramms rein deskriptiv sei und eine entsprechende Zuordnung des Flächennutzungsplans keinen analytischen Fortschritt bringe.[628] Über die Einordnung des Flächennutzungsplans in die Formentypik des Verwaltungsrechts sage der Begriff nichts aus. Unbeantwortet bleibe daher auch die Frage nach dem richtigen Rechtsschutz.[629] Es handele sich daher i.E. nur um eine andere Benennung der eigentlich als unbefriedigend empfundenen Qualifizierung als Rechtsakt sui generis.[630]

h) Der Flächennutzungsplan als Verwaltungsvorschrift

Zum Teil wurde der Flächennutzungsplan zu den Verwaltungsvorschriften gerechnet.[631] Vereinzelt findet sich diese Auffassung heute noch.[632] Aufgegriffen wurde hier die Einordnung des Flächennutzungsplans als „innerdienstlicher Rechtsakt"[633] von Teilen der Literatur.[634] Diese Einordnung beschreibe die Rechtsnatur des Flächennutzungsplans letztlich nicht zutreffend. Denn der Flächennutzungsplan ergehe nicht aufgrund einer innerdienstlichen Weisungsbefugnis, sondern auf Grundlage der bundesgesetzlichen Ermächtigung des BBauG. Er entfalte nicht nur Wirkung innerhalb der plangebenden Gemeinde, sondern auf Grundlage der §§ 2 Abs. 4, 7 und 8 Abs. 2 BBauG auch gegenüber anderen Planungsträgern, denen gegenüber der plangebenden Gemeinde keine Weisungsbefugnis zustehe.[635] Daher handele es sich nicht um einen rein „innerdienstlichen Rechtsakt", sondern vielmehr um eine Verwaltungsvorschrift in Form einer „unbedingten, unselbständigen (weil

626 *Stich*, DVBl., ebenda.
627 *Stich*, DVBl., ebenda.
628 *Löhr*, Die kommunale Flächennutzungsplanung, S. 137; *Keilbach*, Rechtsschutz gegen Flächennutzungspläne, S. 60.
629 *Keilbach*, a.a.O., S. 14.
630 *Löhr*, Die kommunale Flächennutzungsplanung, S. 137; *Keilbach*, a.a.O., S. 53.
631 *Voigt*, Die Rechtsform staatlicher Pläne, S. 159; *Stern*, JZ 1962, 297 (299); *Beenken*, Überprüfbarkeit der Bauleitpläne, S. 114; *Schrödter*, Bundesbaugesetz, § 1, Rn. 4.
632 *Battis*, Öffentliches Baurecht, Rn. 56; *Knauff*, Der Regelungsverbund, S. 364 hält die Qualifikation des Flächennutzungsplans als „Verwaltungsvorschrift mit planerischem Inhalt" für nicht fernliegend.
633 *Schütz/Frohberg*, Bundesbaugesetz, § 2, Anm. 1.
634 *Beenken*, Überprüfbarkeit der Bauleitpläne, S. 113, der auf die Einordnung des Flächennutzungsplans als „innerdienstlichen Rechtsakt" bei *Schütz/Frohberg*, ebenda, verweist.
635 *Beenken*, a.a.O., S. 114.

anderweitige Verhaltensnormen ausfüllende) Verwaltungsverordnung[636], die abstrakt die geplante Zweckbestimmung des Grund und Bodens als menschlichen Lebensraum"[637] darstelle.

i) *Der Flächennutzungsplan als besondere Stufe der Bauleitplanung*

Zum Teil wurde der Flächennutzungsplan auch als besondere Stufe der Bauleitplanung[638] oder „rechtlich relevante Planstufe"[639] eingeordnet. Als solche habe er Auswirkungen auf die Inhalte der Bebauungspläne und binde die Gemeinde an seine Darstellungen. Anders als gewöhnliche Verwaltungsrichtlinien könne er nicht jederzeit, sondern nur in dem dafür vorgesehenen Verfahren geändert werden.[640] Auch heute findet sich noch die Bezeichnung des Flächennutzungsplans als besonders ausgestaltete Planstufe.[641]

2. *Die herrschende Meinung: Der Flächennutzungsplan als hoheitliche Maßnahme sui generis ohne Außenverbindlichkeit*

Nach weiterhin aktueller h.M. soll der Flächennutzungsplan grundsätzlich – mit einigen Differenzierungen hinsichtlich der besonderen Darstellungen gemäß § 35 Abs. 3 S. 3 BauGB[642] – als hoheitliche Maßnahme sui generis ohne Außenverbindlichkeit einzuordnen sein.

a) *Die Terminologie der h.M.*

Die gefestigte und auch heute[643] noch aktuelle h.M. ordnet den Flächennutzungsplan[644] im Ergebnis als hoheitliche Maßnahme eigener Art (sui generis) ein[645].

---

636 Die Begriffe Verwaltungsvorschrift und Verwaltungsverordnung werden synonym verwendet, siehe hierzu *Sodan/Ziekow*, Grundkurs Öffentliches Recht, § 64, Rn. 1.
637 *Beenken*, Überprüfbarkeit der Bauleitpläne, S. 114.
638 *Schrödter*, Bundesbaugesetz, § 1, Rn. 4; NdsOVG, Urt. v. 11.09.1970 – I A 145/69 -, BRS Bd. 23 Nr. 11 S. 27 (S. 28).
639 NdsOVG, Urt. v. 04.11.1970 – I A 132/70 -, BRS Bd. 23 Nr. 12 S. 30 (S. 31).
640 *Schrödter*, Bundesbaugesetz, § 1, Rn. 4.
641 *Scheidler*, GewArch, Beilage WiVerw Nr. 03/2011, 117 (155); *Kment*, NVwZ 2003, 1047 (1054).
642 Siehe hierzu unten 4. Teil, C., II., 3., c), aa).
643 *Keilbach*, Rechtsschutz gegen Flächennutzungspläne, S. 9 spricht davon, der Flächennutzungsplan existiere „noch heute im ‚kategorialen Niemandsland'".
644 Anders nur für Darstellungen i.S.v. § 35 Abs. 3 S. 3 BauGB, siehe hierzu 4. Teil, C., II., 3., c), aa).
645 *Bönker*, in: Hoppe/Bönker/Grotefels, Öffentliches Baurecht, § 5, Rn. 85; *Muckel/Ogorek*, Öffentliches Baurecht, § 5, Rn. 18; *Hellermann*, in: Dietlein/Burgi/Hellermann, ÖffR NRW, § 4, Rn. 30; *Jaeger*, in: Spannowsky/Uechtritz, BeckOK BauGB, § 5, Rn. 10; *Mitschang*, in: Battis/Krautzberger/Löhr, BauGB, § 5, Rn. 45; *Peine*, Öffentliches Baurecht, Rn. 463; *Gaentzsch/Philipp/Tepperwien*, in: Schlichter/Stich/

Unterschiede zeigen sich hier lediglich in der Terminologie. So ist von einer „hoheitliche[n] Maßnahme eigener Art“[646], einem „Rechtsakt eigener Art (sui generis)“[647], einem „Rechtsgebilde eigener Art“[648], einem „Hoheitsakt sui generis“[649] oder einer „hoheitliche[n] Äußerung eigener Art“[650] bzw. einer „hoheitliche[n] Willensäußerung eigener Art“[651] die Rede. Auch die Bezeichnungen „Planungsinstrument sui generis“[652] bzw. „Planungsinstrument eigener Art, das eine besonders ausgestaltete Planungsstufe im Rahmen der kommunalen Bauleitplanung zum Gegenstand hat“[653] sind zu finden. Schließlich wird konstatiert, der Flächennutzungsplan sei nur das, was „er seinem Namen nach sein will: ein schlichter Plan“[654]. Auch der Begriff des Verwaltungsprogramms[655] wird heute noch[656] – teilweise ergänzend zur Einordnung

---

Driehaus/Paetow, BK BauGB, § 5 Rn. 3; *Bönker*, in: Bönker/Bischopink, BauNVO, 3. Teil, Rn. 36; W. *Schrödter*, in: Schrödter, BauGB, § 5, Rn. 23; *Schiller*, in Bracher/Reidt/Schiller, Bauplanungsrecht, Rn. 132; *Rinsdorf*, Der Flächennutzungsplan als Steuerungsinstrument der Gemeinde, S. 89; *Finkelnburg/Ortloff/Kment*, BauplanungsR, § 7, Rn. 45; siehe auch die umfangreichen Nachweise bei *Hug*, Gemeindenachbarklagen im öffentlichen Baurecht, S. 228 f. und *Keilbach*, Rechtsschutz gegen Flächennutzungspläne, S. 53 ff.; *Müller*, in: Huck/Müller, VwVfG, § 35, Rn. 15 ordnet den Flächennutzungsplan dem irritierenden Begriff der „sog. Rechtsnormen sui generis“ zu.

646 *Mitschang*, ebenda; *Bönker*, in: Hoppe/Bönker/Grotefels, Öffentliches Baurecht, § 5, Rn. 85; *Muckel/Ogorek*, ebenda; *Hellermann*, ebenda; *Brohm*, Öffentliches Baurecht, § 6, Rn. 12.

647 *Jaeger*, in: Spannowsky/Uechtritz, BeckOK BauGB, § 5, Rn. 10 f., der konstatiert, es sei „weiterhin von einer Rechtsnatur sui generis von Darstellungen des Flächennutzungsplans auszugehen“.

648 *Heintschel von Heinegg*, NWVBl. 1994, 441 (443).

649 *Rinsdorf*, Der Flächennutzungsplan als Steuerungsinstrument der Gemeinde, S. 89.

650 *Peine*, Öffentliches Baurecht, Rn. 463.

651 *Gaentzsch/Philipp/Tepperwien*, in: Schlichter/Stich/Driehaus/Paetow, BK BauGB, § 5 Rn. 3.

652 *W. Schrödter*, in: Schrödter, BauGB, § 5, Rn. 23.

653 *Schiller*, in Bracher/Reidt/Schiller, Bauplanungsrecht, Rn. 132.

654 *Finkelnburg/Ortloff/Kment*, BauplanungsR, § 7, Rn. 45.

655 *Mitschang*, in: Battis/Krautzberger/Löhr, BauGB, § 5, Rn. 45; *Decker*, JA 2015, 1: „kommunales Verwaltungsprogramm“; *Jaeger*, in: Spannowsky/Uechtritz, BeckOK BauGB, § 5, Rn. 10: „Der Flächennutzungsplan ist (...) ein behördenverbindliches Planprogramm, das entfernte Ähnlichkeiten mit sog ermessensbindenden Verwaltungsvorschriften hat“; Kraft, in: Spannowsky/Mitschang (Hrsg.), Flächennutzungsplanung im Umbruch?, S. 153: „soft-law-Programm im Binnenbereich einer Gemeinde“. Siehe zu der Einordnung des Flächennutzungsplans als Programm auch Keilbach, Rechtsschutz gegen Flächennutzungspläne, S. 59 f. m.w.N.

656 Siehe zu den historischen Ursprüngen der Einordnung des Flächennutzungsplans als Programm oben, 3. Teil, B. II., 1., g).

als hoheitliche Maßnahme sui generis – gewählt, um den Flächennutzungsplan zu beschreiben[657].

b) *Die Argumente der h.M. gegen die Zuordnung des Flächennutzungsplans zu einer der überkommenen Rechtsformen des Verwaltungshandelns*

Die den Flächennutzungsplan als Rechtsinstitut eigener Art qualifizierenden Stimmen der h.M. haben gemein, dass sie allesamt die Zuordnung des Flächennutzungsplans zu einer der überkommenen Rechtsformen des Verwaltungshandelns ablehnen. In der Literatur wird dies teilweise mit dem Hinweis erklärt, die h.M. sei „erkennbar von dem Bestreben gekennzeichnet, das Instrument des Flächennutzungsplans flexibel zu halten und jede ‚Versteinerung' zu vermeiden"[658]. Ausführungen der h.M. finden sich in der aktuelleren Literatur und Rechtsprechung insbesondere für die Kategorien der Rechtsnorm und des Verwaltungsakts. Grundlegend spricht die h.M. dem Flächennutzungsplan – z.T. mit Ausnahme von Darstellungen i.S.v. § 35 Abs. 3 S. 3 BauGB – eine über den verwaltungsinternen Bereich hinausgehende unmittelbare Außenverbindlichkeit ab.[659] Der Flächennutzungsplan

---

657 Zu Recht kritisieren *Löhr*, Die kommunale Flächennutzungsplanung, S. 137 und *Keilbach*, Rechtsschutz gegen Flächennutzungspläne, S. 60, dass der Begriff des Verwaltungsprogramms rein deskriptiv – also beschreibend – sei und über die Verortung der so bezeichneten Verwaltungshandlung nichts aussage. *Keilbach*, ebenda, konstatiert, der Terminus habe „keine Rechtsqualität".

658 *Gierke*, in: Brügelmann, BauGB, § 5, Rn. 37 f., der zugleich der h.M. in ihrer Allgemeinheit nicht mehr folgen will. *Gierke*, in: Mitschang (Hrsg.), Flächennutzungsplanung – Aufgabenwandel und Perspektiven, S. 182 vermutet als Motiv der h.M – ähnlich, wie dies bei der Diskussion um die Rechtsnatur des Bebauungsplans vor Inkrafttreten des BBauG der Fall gewesen sei – die Furcht vor einer mit der Erweiterung des Rechtschutzes gegen Flächennutzungspläne möglicherweise einhergehenden Hemmung der Investoren; *Koppitz/Schwarting*, Der Flächennutzungsplan, Rn. 61 weisen darauf hin, dass der Flächennutzungsplan – anders als der Bebauungsplan, dessen Umsetzung sich baulich unmittelbar vollziehe – ständig fortgeschrieben und an die Entwicklung angepasst werden müsse.

659 *Mitschang*, in: Battis/Krautzberger/Löhr, BauGB, § 5, Rn. 45; *Bönker*, in: Hoppe/Bönker/Grotefels, Öffentliches Baurecht, § 5, Rn. 85: „Gegenüber dem Bürger entfaltet der Flächennutzungsplan unmittelbar regelmäßig keine Rechtsfolgen."; *Muckel/Ogorek*, Öffentliches Baurecht, § 5, Rn. 11; *Hellermann*, in: Dietlein/Burgi/Hellermann, ÖffR NRW, § 4, Rn. 30; *Jaeger*, in: Spannowsky/Uechtritz, BeckOK BauGB, § 5, Rn. 10; *Rinsdorf*, Der Flächennutzungsplan als Steuerungsinstrument der Gemeinde, S. 88: „Dem Flächennutzungsplan fehlt es aber an einem [für eine Rechtsnorm] ausreichenden Grad an Verbindlichkeit."; *Peine*, Öffentliches Baurecht, Rn. 462: „Er [der Flächennutzungsplan] entfaltet (...) für die Grundstückseigentümer keine unmittelbare Rechtswirkung."; *Gaentzsch/Philipp/Tepperwien*, in: Schlichter/Stich/Driehaus/Paetow, BK BauGB, § 5 Rn. 3 führen aus, der Flächennutzungsplan sei „ein behördengerichtetes planungsbindendes Programm" und „mit – ebenfalls nur verwaltungsintern bindenden – Zielen der Raumordnung

habe „als solcher keine unmittelbaren bodenrechtlichen Wirkungen“[660]. Auch die Rechtsprechung verneint die Verbindlichkeit des Flächennutzungsplans[661], enthält sich darüber hinaus aber einer positiven Kategorisierung.[662]

aa) Die h.M.: Der Flächennutzungsplan ist keine Rechtsvorschrift

Im Folgenden werden die Argumente der h.M. gegen die Einordnung des Flächennutzungsplans als Rechtsvorschrift aufgezeigt.

aaa) Ausgangspunkt: Untergesetzliche Rechtsvorschriften i.S.v. § 47 Abs. 1 VwGO

Die Ausführungen der h.M. zum fehlenden Normcharakter des Flächennutzungsplans finden sich überwiegend im Zusammenhang mit der Frage, ob gegen einen Flächennutzungsplan die Normenkontrolle gemäß § 47 VwGO statthaft ist.[663] Gegenstand der Normenkontrolle nach § 47 VwGO sind untergesetzliche Rechtsvorschriften.[664]

---

zu vergleichen“. Die Formulierung von *Gaentzsch/Philipp/Tepperwien* ist allerdings insofern missverständlich, als Ziele der Raumordnung nach BVerwG, Urt. v. 20.11.2003 – 4 CN 6.03 -, BVerwGE 119, 217 (219 ff.) gegenüber mit eigenen Rechten und Pflichten ausgestatteten Gemeinden und mit Blick auf § 4 Abs. 3 ROG auch gegenüber bestimmten Privatpersonen unmittelbar Rechte und Pflichten begründen können. Ihnen kommt dann Außenwirkung zu und sie sind als Rechtsvorschriften gemäß § 47 Abs. 1 Nr. 2 VwGO tauglicher Gegenstand einer Normekontrolle; differenziert: *W. Schrödter*, in: Schrödter, BauGB, § 5, Rn. 94, der festhält, dass der Flächennutzungsplan zwar nach h.M. keine Rechtsnorm sei, jedoch „vielfältige Außenwirkungen“ habe; *Brohm*, Öffentliches Baurecht, § 6, Rn. 13 führt aus, dass die Darstellungen des Flächennutzungsplans zwar keine unmittelbaren Rechtswirkungen gegenüber dem Bürger entfalteten, gleichwohl aber erheblichen mittelbaren Einfluss auf die wirtschaftliche und rechtliche Stellung des Bürgers hätten. Im Übrigen kämen Darstellungen des Flächennutzungsplans in Bezug auf die Vorhabenzulässigkeit von nicht-privilegierten Vorhaben im Außenbereich faktisch den Festsetzungen eines Bebauungsplans gleich. *Schiller*, in Bracher/Reidt/Schiller, Bauplanungsrecht, Rn. 132 konstatiert, dass der Flächennutzungsplan „nur mittelbar (...) außenverbindliche Bedeutung erlangt“; nach Finkelnburg/Ortloff/Kment, BauplanungsR, § 7, Rn. 45 ist der Flächennutzungsplan ein (nur) „planungsbindender Plan“; Decker, JA 2015, 1: sieht „keine unmittelbare rechtliche Bindungswirkung gegenüber dem Bürger“.

660 *Krautzberger*, in: Ernst/Zinkahn/Bielenberg/Krautzberger, BauGB, vor § 1–13a, Rn. 13.

661 BVerwG, Beschl. v. 20.07.1990 – 4 N 3.88 – NVwZ 1991, 262 (263); Urt. v. 20.01.1984 – 4 C 43.81 -, BVerwGE 68, 311 (313 f.); VGH BW, Urt. v. 20.11.2013 – 5 S 3074/11 -, BauR 2014, 1138.

662 Siehe zu diesem Befund für die höchstrichterliche Rechtsprechung: *Keilbach*, Rechtsschutz gegen Flächennutzungspläne, S. 56 f.

663 *Hug*, Gemeindenachbarklagen im öffentlichen Baurecht, S. 228.

664 *Gerhardt/Bier*, in: Schoch/Schneider/Bier, VwGO, Vorbemerkung § 47, Rn. 2.

Was zu diesem Gegenstand zählt, ist durch Auslegung zu ermitteln.[665] Während § 47 Abs. 1 Nr. 1 VwGO als tauglichen Antragsgegenstand Satzungen nach den Vorschriften des BauGB sowie eine Rechtsverordnung gemäß § 246 Abs. 2 BauGB benennt, überlässt der Bundesgesetzgeber es gemäß § 47 Abs. 1 Nr. 2 VwGO dem Landesrecht, die Möglichkeit der Normenkontrolle auch gegen andere im Rang unter dem Landesgesetz stehende Rechtsvorschriften zu eröffnen.[666] Die Beantwortung der Frage, ob gegen Flächennutzungspläne die Normenkontrolle statthaft ist, erfordert eine Aussage dazu, ob der Flächennutzungsplan die Kriterien der genannten tauglichen Gegenstände der Normenkontrolle erfüllt.[667] Während die Rechtsinstitute Satzung und Rechtsverordnung i.S.d. § 47 Abs. 1 Nr. 1 VwGO insofern die von § 47 Abs. 1 VwGO erfassten untergesetzlichen Rechtsvorschriften konkretisieren, fehlt eine solche gesetzliche Konkretisierung für die in § 47 Abs. 1 Nr. 2 VwGO genannten anderen im Rang unter dem Landesgesetz stehenden Rechtsvorschriften.[668] So wird die Diskussion über die Frage, ob es sich bei Flächennutzungsplänen um Rechtsvorschriften i.S.d. § 47 Abs. 1 Nr. 2 VwGO handelt, durch den Umstand erschwert, dass der Begriff der Rechtsvorschrift in Rechtsprechung und Literatur umstritten ist.[669] Zum Zwecke der Definition des Begriffs der Rechtsvorschrift werden nicht selten die Termini „Rechtsnorm“ und „Rechtssatz“ verwendet, ohne dass diese in ihrem Inhalt wiederum umstrittenen Rechtsinstitute abschließend definiert sind.[670] Auch das BVerwG weist im Kontext der Frage nach der Statthaftigkeit der Normenkontrolle gegen Flächennutzungspläne darauf hin, dass der Begriff der Rechtsvorschrift in § 47 Abs. 1 Nr. 2 VwGO in der Literatur zum Teil mit den Termini Rechtsnorm und Rechtssatz gleichgesetzt werde, ohne dass über den Inhalt dieser Begriffe Einigkeit bestehe.[671] In der Literatur wird darauf hingewiesen, dass eine Ursache für die Unsicherheit darin zu sehen sei, dass die Verwaltungsrechtslehre die administrative Normsetzung – ausgehend von deren Doppelcharakter als Rechtsquelle einerseits und Handlungsform andererseits – zu einseitig unter dem Gesichtspunkt der Rechtsquelle behandele.[672] Daher seien normative Handlungsformen deutlich schlechter dogmatisch aufgearbeitet als die im VwVfG vorgesehenen Handlungsformen für den Einzelfall.[673]

---

665 *Gerhardt/Bier*, ebenda.

666 Von dieser Möglichkeit haben außer Berlin, Hamburg und Nordrhein-Westfalen alle Bundesländer Gebrauch gemacht, siehe *Hufen*, VerwProzR, § 19, Rn. 16.

667 *Hug*, Gemeindenachbarklagen im öffentlichen Baurecht, S. 228.

668 Auch das BVerwG, Beschl. v. 20.07.1990 – 4 N 3.88 -, NVwZ 1991, 262 (263) weist darauf hin, dass der Begriff der Rechtsvorschrift in § 47 Absatz 1 Nr. 2 VwGO nicht näher erläutert sei.

669 *Hug*, Gemeindenachbarklagen im öffentlichen Baurecht, S. 230 ff., der auch einen ausführliche Überblick über den Streitstand gibt; *Jeromin*, NVwZ 2006, 1374.

670 *Ziekow*, in: Sodan/Ziekow, VwGO, § 47, Rn. 93.

671 BVerwG, Beschl. v. 20.07.1990 – 4 N 3.88 -, NVwZ 1991, 262 (263).

672 *Möstl*, in: Erichsen/Pünder, AllgVerwR, § 19, Rn. 2.

673 *Möstl*, ebenda.

Näherungsweise kann der Gehalt der Begriffe Rechtsvorschrift, Rechtsnorm und Rechtssatz wie folgt umschrieben werden: Rechtssätze sind abstrakt-generelle Regelungen hoheitlicher Art.[674] Rechtsvorschriften bzw. Rechtsnormen sind Rechtssätze, die über den Innenbereich der Exekutive hinaus an Rechtsubjekte gerichtet sind, für die sie Rechte oder Pflichten begründen, ändern oder aufheben.[675] Allerdings will eine m.M. den Begriff der Rechtsvorschrift rein formell definieren.[676] Zur Einordnung eines Hoheitsakts in das System des Rechtsschutzes sei entscheidend auf dessen äußere Erscheinungsform abzustellen.[677] Dies folge aus dem Gebot der Rechtssicherheit.[678] Auch sei dem Umstand, dass die besonderen Entscheidungswirkungen einer stattgebenden Entscheidung im Normenkontrollverfahren dem Verfahren zum Erlass der Normen entsprächen, zu entnehmen, dass auf rein formelle Kriterien abzustellen sei.[679] So seien stattgebende Entscheidungen gemäß § 47 Abs. 5 VwGO zu veröffentlichen.[680] Nach zutreffender Ansicht ist hingegen auch auf den Inhalt des Hoheitsakts – und damit auf materielle Kriterien – abzustellen.[681] Denn mit Blick auf den Sinn und Zweck des Rechtsinstituts der Normenkontrolle ist eine

---

674 *Gerhardt/Bier*, in: Schoch/Schneider/Bier, VwGO, Vorbemerkung § 47, Rn. 2.

675 *Gerhardt/Bier*, ebenda; nach *Hufen*, VerwProzR, § 19, Rn. 14 sind Rechtsvorschriften alle abstrakt-generellen Regelungen mit Außenwirkung; siehe auch *Maurer*, AllgVerwR, § 4, Rn. 4: „Die Rechtsnormen sind allgemeinverbindliche Regelungen, d. h. generell-abstrakte Regelungen, die Rechte und Pflichten für den Bürger oder sonstige selbständige Rechtspersonen begründen, ändern oder aufheben. Sie kommen in den Rechtssätzen zum Ausdruck. Form und Inhalt bedingen sich. Eine Form ohne Inhalt wäre sinnlos, ein Inhalt ohne Form, in die er gefasst wird, sogar unmöglich. Rechtssätze enthalten in der Regel Rechtsnormen. Sie können aber ggf. auch andere Inhalte aufnehmen."

676 NdsOVG, Beschl. v. 28.10.1983 – 8 C 2/83 -, NJW 1984, 627; OVG Mecklenburg-Vorpommern, Beschl. v. 01.10.1999 – 4 K 26/99 -, NVwZ-RR 2000, 780 f.; HessVGH, Urt. v. 12.09.2013 – 8 C 563/13.N -, NVwZ-RR 2014, 193 f.; umfassende Nachweise zu diesem Streit finden sich bei: *Hug*, Gemeindenachbarklagen im öffentlichen Baurecht, S. 230 ff.; *Unruh*, in: Fehling/Kastner/Störmer, Verwaltungsrecht, § 47 VwGO, Rn. 40; *W.-R. Schenke*, in: Kopp/Schenke, VwGO, § 47, Rn. 27.

677 NdsOVG, Beschl. v. 28.10.1983 – 8 C 2/83 -, NJW 1984, 627; OVG Mecklenburg-Vorpommern, ebenda; HessVGH, ebenda.

678 OVG Mecklenburg-Vorpommern, Beschl. v. 01.10.1999 – 4 K 26/99 -, NVwZ-RR 2000, 780 f. Das Gericht führt allerdings weiter aus, dass sich der Bürger allerdings ausnahmsweise „der Klageart bedienen [dürfe], die gegen die richtigerweise zu wählende Handlungsform gegeben wäre, wenn anderenfalls verwaltungsgerichtlicher Rechtsschutz durch die Wahl der falschen Rechtsform vereitelt oder wesentlich erschwert würde". Siehe auch *Hug*, Gemeindenachbarklagen im öffentlichen Baurecht, S. 230 für weitere Nachweise zu Vertretern der Auffassung, dass vorrangig aber nicht ausnahmslos auf formelle Kriterien abzustellen ist.

679 NdsOVG, Beschl. v. 28.10.1983 – 8 C 2/83 -, NJW 1984, 627.

680 NdsOVG, ebenda.

681 BVerwG, Urt. v. 20.11.2003 – 4 CN 6.03 -, BVerwGE 119, 217 (220 f.); *Giesberts*, in: Posser/Wolff, BeckOK VwGO, § 47, Rn. 27; *Jeromin*, NVwZ 2006, 1374.

extensive Auslegung[682] des Begriffs der Rechtsvorschrift i.S.v. § 47 Abs. 2 Nr. 2 VwGO geboten.[683] Mit der Einführung der Normenkontrolle verfolgte der Gesetzgeber die Ziele der Rechtsklarheit und der Prozessökonomie[684] durch die Vermeidung zahlreicher Einzelverfahren, in denen die Wirksamkeit des Hoheitsakts inzident als Vorfrage zu klären wäre und die das Risiko divergierender Entscheidungen bergen.[685] Unter materiellen Gesichtspunkten erfordert die Qualifikation eines Hoheitsakts als Rechtsvorschrift i.S.v. § 47 Abs. 1 Nr. 2 VwGO jedenfalls das Vorliegen einer abstrakt-generellen Regelung mit Anspruch auf Verbindlichkeit.[686] Während eine m.M. die rechtlich verbindliche Außenwirkung der Regelung für entbehrlich hält[687], ist sie nach h.M. ein weiteres notwendiges materielles Kriterium einer Rechtsnorm i.S.v. § 47 Abs. 1 Nr. 2 VwGO[688]. Nach zutreffender Ansicht sind den i.e.S. außenverbindlichen Regelungen solche Regelungen gleichzustellen, die zwar im Bereich der

682 Für eine extensive Auslegung des Begriffs der Rechtsvorschrift i.S.d. § 47 Abs. 1 Nr. 2 VwGO auch: *Guckelberger*, DÖV 2006, 973 (980).

683 BVerwG, Urt. v. 20.11.2003 – 4 CN 6.03 -, BVerwGE 119, 217 (220 f.); *Giesberts*, in: Posser/Wolff, BeckOK VwGO, § 47, Rn. 27; *Jeromin*, NVwZ 2006, 1374.

684 Siehe den „Bericht des Rechtsausschusses über den von der Bundesregierung eingebrachten Entwurf einer Verwaltungsgerichtsordnung (VwGO) sowie über den von der Bundesregierung eingebrachten Entwurf eines Gesetzes über die Beschränkung der Berufung im verwaltungsgerichtlichen Verfahren", BT-Drs. 3/1094, S. 6.

685 BVerwG, Urt. v. 20.11.2003 – 4 CN 6.03 -, BVerwGE 119, 217 (220 f.); *Jeromin*, NVwZ 2006, 1374.

686 BVerwG, Beschl. v. 20.07.1990 – 4 N 3.88 – NVwZ 1991, 262 (263).

687 *Ziekow*, in: Sodan/Ziekow, VwGO, § 47, Rn. 102, der maßgeblich auf die Bündelungsfunktion der Normenkontrolle abstellt und diese durch das Kriterium der Außenverbindlichkeit gefährdet sieht. Entscheidend sei, ob die Regelung zu einer Vielzahl von Einzelstreitigkeiten führen könne. Sei dies nicht der Fall, weil sie als Regelung des Innenrechtskreises keine vor den Verwaltungsgerichten verfolgbaren Rechte verleihe, so liege keine Rechtsvorschrift vor. Biete die Regelung hingegen eine Grundlage für eine Mehrzahl von Einzelklagen, so sei es für die Einordnung als Rechtsvorschrift irrelevant, ob sie dem Innen- oder Außenrechtskreis zuzuordnen ist.

688 BVerwG, Beschl. v. 25.11.1993 -5 N 1.92 -, BVerwGE 94, 335 (338). Der 5. Senat des BVerwG führt hier aus, dass dem Zweck der verwaltungsgerichtlichen Normenkontrolle gemäß § 47 VwGO „nur eine Auslegung des § 47 Abs. 1 Nr. 2 VwGO gerecht [wird], die den dort verwendeten Begriff der Rechtsvorschrift in einem weiten Sinne versteht und jedenfalls solche (abstrakt-generellen) Regelungen der Exekutive einbezieht, die (...) rechtliche Außenwirkung gegenüber dem Bürger entfalten und auf diese Weise dessen subjektiv-öffentlichen Rechte unmittelbar berühren"; mit *Ziekow*, a.a.O., Rn. 97 ist auch BVerwG, Urt. v. 20.11.2003 – 4 CN 6.03 -, BVerwGE 119, 217 (222 ff.) dahingehend zu verstehen, dass der 4. Senat des BVerwG die Außenverbindlichkeit der Regelung als notwendiges Kriterium einer Rechtsvorschrift sieht; *Giesberts*, in: Posser/Wolff, BeckOK VwGO, § 47, Rn. 27; *Jeromin*, NVwZ 2006, 1374.

Verwaltung verbleiben, aber die Rechtsstellung von Körperschaften und Organen berühren.[689]

Der gebotenen extensiven Auslegung wird eine Kombination aus formellen und materiellen Kriterien gerecht.[690] Diese extensive Auslegung erfordert es, unter formellen Gesichtspunkten nicht nur solche Hoheitsakte als Rechtsvorschrift zu qualifizieren, für die der Gesetzgeber ausdrücklich das Normgebungsverfahren vorschreibt[691], sondern auch solche, die – ohne eine entsprechende gesetzliche Vorgabe – die Form einer Rechtsvorschrift aufweisen.[692] Letzteres kann beispielweise der Fall sein, wenn der Hoheitsakt wie eine Rechtsnorm bekannt gemacht wurde. Dann ist die Unwirksamkeitserklärung im Normenkontrollverfahren und die Veröffentlichung der stattgebenden Entscheidung gemäß § 47 Abs. 5 VwGO als actus contrarius zur Beseitigung des Rechtsscheins geboten.[693] In der Literatur finden sich Versuche, aus den verschiedenen Kriterien konzise Definitionen zu entwickeln.[694] Zusammenfassend gilt Folgendes: Hoheitsakte sind unter formellen Gesichtspunkten als Vorschrift i.S.d. § 47 Abs. 1 Nr. 2 VwGO einzustufen, wenn entweder gesetzlich die Form der Rechtsvorschrift vorgeschrieben ist oder wenn die Hoheitsakte – auch bei fehlender gesetzlicher Vorgabe – die Form der Rechtsvorschrift aufweisen.[695] Liegen diese formellen Kriterien nicht vor, so kann der Hoheitsakt gleichwohl als Rechtsvorschrift zu qualifizieren sein, wenn er in materieller Hinsicht die Kriterien erfüllt.[696]

---

689 BVerwG, Beschl. v. 15.09.1987 – 7 N 1.87 -, NVwZ 1988, 1119 (1120) für die Geschäftsordnung eines kommunalen Vertretungsorgans; *Hufen*, VerwProzR, § 19, Rn. 14; *Wolff*, in Wolff/Decker, VwGO/VwVfG-Studienkommentar, § 47 VwGO, Rn. 12.

690 *Unruh*, in: Fehling/Kastner/Störmer, Verwaltungsrecht, § 47 VwGO, Rn. 40.

691 So aber *W.-R. Schenke*, JZ 2010, 1046 (1049); *W.-R. Schenke*, in: Kopp/Schenke, VwGO, § 47, Rn. 27.

692 *Ziekow*, in: Sodan/Ziekow, VwGO, § 47, Rn. 100; *Schmidt*, in Eyermann, VwGO, § 47, Rn. 24; *Unruh*, in: Fehling/Kastner/Störmer, Verwaltungsrecht, § 47 VwGO, Rn. 40.

693 *Ziekow*, in: Sodan/Ziekow, VwGO, § 47, Rn. 100 f.

694 So findet sich z.B. bei *Ziekow*, a.a.O., Rn. 103, der die Außenverbindlichkeit der Regelung für kein notwendiges Kriterium hält, folgende - ausdrücklich als Versuch gekennzeichnete – Definition: „Rechtsvorschriften i.S.d. § 47 Abs. 1 Nr. 2 sind Hoheitsakte, die in die Form einer Rechtsvorschrift gekleidet sind oder für die diese Form gesetzlich vorgeschrieben ist oder die, ohne förmliche Rechtsvorschrift zu sein, als abstrakt-generelle Regelungen mit dem Anspruch auf Verbindlichkeit zu einer Vielzahl von Einzelstreitigkeiten führen können."

695 *Unruh*, in: Fehling/Kastner/Störmer, Verwaltungsrecht, § 47 VwGO, Rn. 40.

696 *Unruh*, ebenda.

bbb) Die Argumente der h.M. gegen die Einordnung des Flächennutzungsplans als Rechtsvorschrift

Von der h.M. in Literatur[697] und Rechtsprechung[698] wird die Statthaftigkeit der Normenkontrolle mit Hinweis auf die fehlende Normqualität des Flächennutzungsplans und seiner Darstellungen – mit Ausnahme von Darstellungen i.S.v. § 35 Abs. 3 S. 3 BauGB[699] – verneint.[700] Der Flächennutzungsplan habe keinen Normcharakter[701] und dürfe auch nicht wie ein Rechtssatz gehandhabt werden[702]. Es handele sich weder um eine Satzung i.S.v. § 47 Abs. 1 Nr. 1 VwGO noch um eine Rechtsnorm i.S.d. § 47 Abs. 1 Nr. 2 VwGO.[703]

(1) Keine Einordnung des Flächennutzungsplans als Rechtsvorschrift unter formellen Gesichtspunkten

Die h.M. macht geltend, dem Flächennutzungsplan fehle schon der förmliche Normcharakter.[704] Hierfür reiche seine Aufstellung in einem förmlichen Verfahren, dass mit der Bekanntmachung der aufsichtsbehördlichen Genehmigung abschließe, nicht aus.[705] Er werde nicht als Satzung erlassen. Dem stehe der Wille des Gesetzgebers entgegen, der die Form der Satzung ausdrücklich nur für Bebauungspläne

---

697 *Gerhardt/Bier*, in: Schoch/Schneider/Bier, VwGO, § 47, Rn. 18 u. 30; *Schmidt*, in: Eyermann, VwGO, § 47, Rn. 23; *Giesberts*, in: Posser/Wolff, BeckOK VwGO, § 47, Rn. 22; *Wysk*, in: Wysk, VwGO, § 47, Rn. 6; *Kerkmann/Lambrecht*, in: Gärditz, VwGO, § 47, Rn. 38; a.A.: *Jeromin*, NVwZ 2006, 1374 ff.; *Ziekow*, in: Sodan/Ziekow, VwGO, § 47, Rn. 118a; *Wolff*, in Wolff/Decker, VwGO/VwVfG-Studienkommentar, § 47 VwGO, Rn. 15, der die Argumente der h.M. gegen die Einordnung des Flächennutzungsplans als Rechtsvorschrift für nicht überzeugend hält; *Hufen*, VerwProzR, § 19, Rn. 12, der im Zusammenhang mit der Statthaftigkeit der Normenkontrolle im Rahmen von Darstellungen i.S.d. § 35 Abs. 3 S. 3 BauGB ohne weitere Argumentation ausführt: „Warum der ‚gewöhnliche' Flächennutzungsplan mit seinen gleichfalls erheblichen rechtlichen Wirkungen nicht der Normenkontrolle unterliegen soll, bleibt allerdings weiterhin unerfindlich."

698 BVerwG, Beschl. v. 20.07.1990 – 4 N 3.88 – NVwZ 1991, 262 f.; VGH BW, Urt. v. 23.01.2013 – 3 S 1409/11 – juris.

699 Siehe hierzu unten 4. Teil, C., II., 3., c).

700 Siehe zu diesem Befund *Hug*, Gemeindenachbarklagen im öffentlichen Baurecht, S. 228 f.

701 BVerwG, Beschl. v. 20.07.1990 – 4 N 3.88 – NVwZ 1991, 262 (263); BVerwG, Urt. v. 15.03.1967 – IV C 205.65 -, BVerwGE 26, 287 (290).

702 BVerwG, Beschl. v. 20.07.1990 – 4 N 3.88 – NVwZ 1991, 262 (263); BVerwG, Urt. v. 20.01.1984 – 4 C 43.81 -, BVerwGE 68, 311 (314).

703 VGH BW, Urt. v. 23.01.2013 – 3 S 1409/11 – juris.

704 BVerwG, Beschl. v. 20.07.1990 – 4 N 3.88 – NVwZ 1991, 262 (263); *W.-R. Schenke*, in: Erbguth/Kluth (Hrsg.), Planungsrecht in der gerichtlichen Kontrolle, S. 88; *Gerhardt/Bier*, in: Schoch/Schneider/Bier, VwGO, § 47, Rn. 18.

705 BVerwG, Beschl. v. 20.07.1990 – 4 N 3.88 – NVwZ 1991, 262 (263).

vorgesehen habe.[706] Dieser Regelungswillen finde auch in den Vorschriften über die Bekanntmachung seinen Niederschlag.[707] Anders als in der Bekanntmachung eines Bebauungsplans gemäß § 10 Abs. 3 S. 3 BauGB sei bei der Bekanntmachung der Genehmigung eines Flächennutzungsplans gemäß § 6 Abs. 5 BauGB nicht darauf hinzuweisen, wo der Plan zur Einsichtnahme bereitgehalten werde. Werde jedoch eine Rechtsnorm selbst nicht veröffentlicht, müsste die Kenntnisnahme der Norm durch die Betroffenen auf anderem Wege verlässlich möglich sein. Dies setze voraus, dass bei der Bekanntmachung der Norm – wie für die Ersatzbekanntmachung von Bebauungsplänen gemäß § 10 Abs. 3 S. 3 BauGB vorgesehen – auf die Möglichkeit der Einsichtnahme samt Angabe des Ortes, an dem die Unterlagen bereitgehalten werden, hingewiesen wird.[708] Entsprechend handele es sich bei der Bekanntmachung der Genehmigung des Flächennutzungsplans – anders als bei der Ersatzbekanntmachung des Bebauungsplans – gerade nicht um die Verkündung einer Rechtsnorm.[709] Einzelne Literaturstimmen halten auch die Bekanntmachung des Flächennutzungsplans ohne konkreten Hinweis auf den Ort, an dem der Plan zur Einsichtnahme bereitgehalten wird, für ausreichend. Da der Einzelne ohne größere Schwierigkeiten den Aufbewahrungsort des jeweiligen Flächennutzungsplans ermitteln könne, genüge die Bekanntmachung des Flächennutzungsplans auch ohne Hinweis auf den Ort der Aufbewahrung den Anforderungen an die Verkündung von Rechtsnormen.[710]

706 BVerwG, ebenda; *Söfker*, in: Ernst/Zinkahn/Bielenberg/Krautzberger, BauGB, § 5, Rn. 7; *Menger*, VerwArch 71 (1980), 87 (90).

707 *Söfker*, ebenda; a.A.: *Maurer*, AllgVerwR, § 16, Rn. 24, der ausführt, dass der Flächennutzungsplan wie eine Satzung erlassen werde und formell weitgehend dem Bebauungsplan entspreche. Daher liege es nahe, ihn als „nur-formelle Satzung" mit einigen „materiell-rechtlichen Einsprengseln" zu qualifizieren. Dem schließt sich *Keilbach*, Rechtsschutz gegen Flächennutzungspläne, S. 123 für Flächennutzungspläne ohne Darstellungen i.S.v. § 35 Abs. 3 S. 3 BauGB an.

708 BVerwG, Beschl. v. 20.07.1990 – 4 N 3.88 – NVwZ 1991, 262 (263). Das Gericht bezieht sich hier noch auf die früher in § 12 BauGB a.F. (heute § 10 BauGB n.F.) niedergelegten Regelungen zur Ersatzbekanntmachung von Bebauungsplänen; *Demske*, Die Steuerungswirkung des Flächennutzungsplans, S. 105 f.

709 *Krautzberger*, in: Ernst/Zinkahn/Bielenberg/Krautzberger, BauGB, § 6, Rn. 92.

710 *Guckelberger*, DÖV 2006, 973 (981), die allerdings empfiehlt, dass die Vorschrift zur Bekanntmachung von Flächennutzungsplänen de lege ferenda an die Vorgaben für die Ersatzbekanntmachung von Bebauungsplänen angepasst wird. Ebenfalls hält *Hug*, Gemeindenachbarklagen im öffentlichen Baurecht, S. 271 die Bekanntmachung des Flächennutzungsplans gemäß § 6 Abs. 5 BauGB für vereinbar mit den verfassungsrechtlichen Anforderungen an die Verkündung von Rechtsnormen. Er betont allerdings, dass die Ansicht der h.M. an diesem Punkt allein gegen die – von ihm ohnehin nicht vertretene – Annahme einer Rechtsvorschrift im formellen Sinne spreche, jedoch nichts über die Einordnung des Flächennutzungsplans oder einzelner Darstellungen als materielle Rechtsvorschriften sage.

(2) Keine Einordnung des Flächennutzungsplans als Rechtsvorschrift unter materiellen Gesichtspunkten

Nach der h.M. soll der Flächennutzungsplan darüber hinaus auch unter materiellrechtlichen Gesichtspunkten nicht als Norm einzuordnen sein.[711] Unabhängig davon, wie die Begriffe Rechtsnorm oder Rechtssatz zu definieren und untereinander sowie gegenüber dem Begriff der Rechtsvorschrift abzugrenzen seien, setzten sie in materieller Hinsicht eine Regelung mit Verbindlichkeitsanspruch voraus.[712]

(a) Die gesetzliche Unterscheidung zwischen vorbereitenden und verbindlichen Bauleitplänen

Die h.M. führt gegen den Verbindlichkeitsanspruch des Flächennutzungsplans die gesetzliche Unterscheidung zwischen vorbereitenden und verbindlichen Bauleitplänen an. So bringe die Vorschrift des § 1 Abs. 2 BauGB zum Ausdruck, dass es sich bei dem Flächennutzungsplan um den vorbereitenden Bauleitplan handele, während die Vorschrift den Bebauungsplan als verbindlichen Bauleitplan bezeichne.[713] Diese Unterscheidung komme auch in den Überschriften des Zweiten und Dritten Abschnitts des Ersten Teils des Ersten Kapitels des BauGB zum Ausdruck.[714] Auch sei Grundlage für die zum Vollzug des BauGB erforderlichen Maßnahmen gemäß § 8 Abs. 1 S. 2 BauGB nur der Bebauungsplan.[715]

---

711 BVerwG, Beschl. v. 20.07.1990 – 4 N 3.88 – NVwZ 1991, 262 (263); *W.-R. Schenke*, in: Erbguth/Kluth (Hrsg.), Planungsrecht in der gerichtlichen Kontrolle, S. 88; eine stupende Aufarbeitung und Systematisierung der Argumente der h.M. findet sich bei *Hug*, a.a.O., S. 233–239.

712 BVerwG, Beschl. v. 20.07.1990 – 4 N 3.88 – NVwZ 1991, 262 (263); vgl. auch *Muckel/Ogorek*, Öffentliches Baurecht, § 5, Rn. 11, die die Einordnung des Flächennutzungsplans als Satzung mit dem Hinweis ablehnen, eine Satzung erfordere „als Rechtsnorm nach heute üblichem Verständnis Außenwirkung“.

713 BVerwG, Urt. v. 28.02.1975 – IV C 74.72 -, BVerwGE 48, 70 (73) zu § 1 Abs. 2 BBauG; BVerwG, Beschl. v. 20.07.1990 – 4 N 3.88 – NVwZ 1991, 262 (263); *Söfker*, in: Ernst/Zinkahn/Bielenberg/Krautzberger, BauGB, § 5, Rn. 7; *Rinsdorf*, Der Flächennutzungsplan als Steuerungsinstrument der Gemeinde, S. 88; siehe auch *Hug*, Gemeindenachbarklagen im öffentlichen Baurecht, S. 234, m.w.N., der die aus dem Verhältnis von Flächennutzungsplan und Bebauungsplan insgesamt gewonnenen Argumente der h.M. als „Verhältnisargumente“ kategorisiert und speziell den Hinweis der h.M. auf die Dichotomie von „vorbereitender Bauleitplan“ und „verbindlicher Bauleitplan“ als „sog. Vorbereitungsargument“ bezeichnet.

714 BVerwG, Beschl. v. 20.07.1990 – 4 N 3.88 – NVwZ 1991, 262 (263).

715 *Söfker*, in: Ernst/Zinkahn/Bielenberg/Krautzberger, BauGB, § 5, Rn. 7; *Hug*, Gemeindenachbarklagen im öffentlichen Baurecht, S. 234, m.w.N. ordnet dieses Argument als Unterfall der „Verhältnisargumente“ ein und bezeichnet es als „sog. Vollzugsargument“.

(b) Die gesetzliche Unterscheidung zwischen Darstellungen gemäß § 5 Abs. 1 BauGB und Festsetzungen gemäß § 8 Abs. 1 BauGB

Weiterhin sei gemäß § 8 Abs. 1 BauGB nur der Bebauungsplan verbindlicher Bauleitplan. Denn gemäß § 8 Abs. 1 BauGB enthalte der Bebauungsplan Festsetzungen[716], der Flächennutzungsplan hingegen nur Darstellungen.[717] Diese seien grobmaschiger[718] als Festsetzungen und nicht parzellenscharf.[719] Daher komme ihnen in räumlicher Hinsicht ein geringerer Grad an Verlässlichkeit zu.[720]

(c) Darstellungen des Flächennutzungsplans als tatsächlicher Anknüpfungspunkt für die Tatbestandsmerkmale städtebaurechtlicher Normen

Weiter führt die h.M. gegen die Verbindlichkeit des Flächennutzungsplans an, dieser sei „zwar nicht rechtlich bedeutungslos, vielmehr als Element der rechtlichen Beurteilung im Rahmen anderer Vorschriften von erheblicher Tragweite“[721]. Die Darstellungen des Flächennutzungsplans entfalteten aus sich selbst heraus aber keine rechtlichen Wirkungen.[722] Diese würden ihnen lediglich durch bestimmte Tatbestandsmerkmale anderer Normen vermittelt[723], für deren Anwendung die Darstellungen des Flächennutzungsplans „als Tatsachen eine Rolle spielen können“[724].[725] So habe der Flächennutzungsplan „nur dann rechtliche Relevanz, wenn und soweit dies gesetzlich ausdrücklich angeordnet ist“[726]. Beispielsweise enthielten die Darstellungen des Flächennutzungsplans nach § 35 Abs. 3 BauGB bei der Beurteilung der bauplanungsrechtlichen Vorhabenzulässigkeit im Außenbereich wesentliche Anhaltspunkte für die Beantwortung der Frage nach der Beeinträchtigung öffentlicher

---

716 § 8 Abs. 1 S. 1 BauGB spricht von „rechtsverbindlichen Festsetzungen [des Bebauungsplans] für die städtebauliche Ordnung“.

717 BVerwG, Beschl. v. 20.07.1990 – 4 N 3.88 – NVwZ 1991, 262 (263); *Söfker*, in: Ernst/Zinkahn/Bielenberg/Krautzberger, BauGB, § 5, Rn. 7; *Muckel/Ogorek*, Öffentliches Baurecht, § 5, Rn. 18; *Erbguth/Schubert*, Öffentliches Baurecht, § 5, Rn. 92; *Hug*, Gemeindenachbarklagen im öffentlichen Baurecht, S. 233, m.w.N. bezeichnet dies als „Darstellungsargument“.

718 So schon BVerwG, Urt. v. 28.02.1975 – IV C 74.72 -, BVerwGE 48, 70 (73).

719 Vgl. zu Grobmaschigkeit des Flächennutzungsplans *Taegen*, in: FS-Schlichter, S. 249.

720 BVerwG, Beschl. v. 20.07.1990 – 4 N 3.88 – NVwZ 1991, 262 (263).

721 BVerwG, ebenda.

722 BVerwG, ebenda.

723 *Hug*, Gemeindenachbarklagen im öffentlichen Baurecht, S. 235 f., m.w.N. verwendet hierfür das Schlagwort „Mittelbarkeitsargument“.

724 BVerwG, Beschl. v. 20.07.1990 – 4 N 3.88 – NVwZ 1991, 262 (263).

725 Kraft, in: Spannowsky/Mitschang (Hrsg.), Flächennutzungsplanung im Umbruch?, S. 155. führt aus, erst „über diese ‚Scharniernormen‘ [genannt wird u.a. § 35 Abs. 3 S. 1 Nr. 1 BauGB] erhält der Flächennutzungsplan eine gewisse normative Kraft“.

726 *Schiller*, in: Bracher/Reidt/Schiller, Bauplanungsrecht, Rn. 131.

Belange.[727] Auch aus der Funktion des Flächennutzungsplans als öffentlicher Belang gemäß § 35 Abs. 3 S. 1 Nr. 1 BauGB bei der Vorhabenzulassung im Außenbereich folge aber keine normative Wirkung.[728] Denn widersprechende Darstellungen des Flächennutzungsplans könnten – insbesondere im Hinblick auf privilegierte Vorhaben – als öffentliche Belange gemäß § 35 Abs. 3 S.1 Nr. 1 BauGB im Wege einer nachvollziehenden Abwägung überwunden werden.[729]

(d) Darstellungen des Flächennutzungsplans als Unterstützung und einleuchtende Fortschreibung bestimmter tatsächlicher Gegebenheiten

Ferner führt die h.M. gegen die Außenverbindlichkeit des Flächennutzungsplans an, die Bedeutung seiner Darstellungen als entgegenstehender öffentlicher Belang bei der Vorhabenzulassung hänge von den tatsächlichen Entwicklungen im Planbereich ab. Die Darstellungen des Flächennutzungsplans seien „nur Unterstützung und einleuchtende Fortschreibung bestimmter tatsächlicher Gegebenheiten“[730] und wesentlich stärker als Bebauungsplanfestsetzungen von der tatsächlichen Entwicklung abhängig.[731] Laufe diese widersprüchlich zu den Darstellungen des Flächennutzungsplans, so könne dieser auch seine Bedeutung als Konkretisierung öffentlicher Belange verlieren.[732]

---

727 BVerwG, Beschl. v. 20.07.1990 – 4 N 3.88 – NVwZ 1991, 262 (263); BVerwG, Urt. v. 15.03.1967 – IV C 205.65 -, BVerwGE 26, 287 (291).

728 *W.-R. Schenke*, NVwZ 2007, 134 (135 f.).

729 W.-R. Schenke, ebenda unter Hinweis auf BVerwG, Urt. v. 17.12.2002 – 4 C 15.01 -, BVerwGE 117, 287 ff. Das Gericht führt hier zur Notwendigkeit der nachvollziehenden Abwägung bei der Zulassung von privilegierten Vorhaben aus; siehe zur Notwendigkeit der nachvollziehenden Abwägung sowohl bei privilegierten als auch bei sonstigen Vorhaben: BVerwG, Urt. v. 22.05.1987 – 4 C 57.84 -, BVerwGE 77, 300 (307).

730 BVerwG, Beschl. v. 20.07.1990 – 4 N 3.88 – NVwZ 1991, 262 (263). Das Gericht verweist hier auf die Entscheidung BVerwG, Urt. v. 28.02.1975 – IV C 30.73 -, BVerwGE 48, 81 (Passage in der offiziellen Entscheidungssammlung nicht abgedruckt, siehe juris), in der die Wendung von den Darstellungen des Flächennutzungsplans als „Unterstützung und einleuchtende Fortschreibung bestimmter tatsächlicher Gegebenheiten“ – soweit ersichtlich – erstmals verwendet wurde.

731 BVerwG, Beschl. v. 20.07.1990 – 4 N 3.88 – NVwZ 1991, 262 (263).

732 BVerwG, ebenda; BVerwG, Urt. v. 15.03.1967 – IV C 205.65 -, BVerwGE 26, 287 (292 ff.); dieses Argument der h.M. gegen die materiell-rechtliche Normqualität des Flächennutzungsplans fasst *Hug*, Gemeindenachbarklagen im öffentlichen Baurecht, S. 236 f., m.w.N. unter dem Begriff „Abhängigkeitsargument“ zusammen.

(e) Keine rechtssatzmäßige Verbindlichkeit des Flächennutzungsplans aus der Anpassungspflicht gemäß § 7 S. 1 BauGB und dem Entwicklungsgebot des § 8 Abs. 2 S. 1 BauGB

Schließlich soll nach der h.M. dem Flächennutzungsplan auch weder aus der Anpassungspflicht des nicht widersprechenden Trägers der Fachplanung gemäß § 7 S. 1 BauGB noch aus dem an die plangebende Gemeinde gerichteten Entwicklungsgebot des § 8 Abs. 2 S. 1 BauGB rechtssatzmäßige Verbindlichkeit zukommen.[733] Vielmehr seien die mit diesen Vorschriften einhergehenden Bindungswirkungen als planerische Fortentwicklung der in den Darstellungen des Flächennutzungsplans zum Ausdruck kommenden Grundkonzeption der Gemeinde aufzufassen.[734]

bb) Die Argumente der h.M. gegen die Einordnung des Flächennutzungsplans als Verwaltungsakt i.S.d. § 35 VwVfG

Neben der Ablehnung des Normcharakters des Flächennutzungsplans bezieht die h.M. in Literatur[735] und Rechtsprechung[736] auch zur möglichen Einordnung des Flächennutzungsplans als Verwaltungsakt i.S.d. § 35 VwVfG ablehnend Stellung. Zum Teil wird auch hier – parallel zur Ablehnung der Einordnung des Flächennutzungsplans als Norm – auf die fehlende Außenverbindlichkeit abgestellt.[737] Die Argumentation deckt sich hier weitgehend mit den oben aufgezeigten Argumenten,

---

733 BVerwG, Beschl. v. 20.07.1990 – 4 N 3.88 – NVwZ 1991, 262 (263).

734 BVerwG, Beschl. v. 20.07.1990 – 4 N 3.88 – NVwZ 1991, 262 (263).

735 *Söfker*, in: Ernst/Zinkahn/Bielenberg/Krautzberger, BauGB, § 5, Rn. 7 u. 9; *Muckel/Ogorek*, Öffentliches Baurecht, § 5, Rn. 11; *Muckel/Stemmler*, Fälle zum öffentlichen Baurecht, Rn. 59 ff.; *Schenke*, NVwZ 2007, 134 (138 f.); *Stelkens*, in Stelkens/Bonk/Sachs, VwVfG, § 35, Rn 265; *Battis*, Ad Legendum 2012, 153 (156); *Rinsdorf*, Der Flächennutzungsplan als Steuerungsinstrument der Gemeinde, S. 88; *Menger*, VerwArch 71 (1980), 87 (89 f.).

736 Die Rechtsprechung formuliert diese Ablehnung insofern indirekt, als sie die Statthaftigkeit einer Anfechtungsklage gegen den Flächennutzungsplan verneint. Nach BVerwG, Beschl. v. 18.12.1991 – 4 N 2.89 -, NVwZ 1992, 882 „unterliegt [der Flächennutzungsplan] nicht – wie ein Verwaltungsakt – der Anfechtung durch den von seinen Darstellungen Betroffenen". Weiter heißt es in der Entscheidung: „Der Flächennutzungsplan kann (...) [im Unterschied zu einem Verwaltungsakt] nicht in Bestandskraft gegenüber dem Bürger erwachsen. Insoweit gleicht der Flächennutzungsplan zumindest funktional einer den Einzelfall steuernden Norm."; so auch BayVGH, Urt. v. 29.07.1992 – 20 N 91.2692 – NuR 1993, 328 (330): „Insbesondere können weder ein Flächennutzungsplan insgesamt noch einzelne seiner Darstellungen mit der Anfechtungsklage angegriffen werden. Ein Flächennutzungsplan kann daher dem Betroffenen gegenüber auch nicht in Bestandskraft erwachsen(...)".

737 *Rinsdorf*, Der Flächennutzungsplan als Steuerungsinstrument der Gemeinde, S. 88; *Muckel/Ogorek*, Öffentliches Baurecht, § 5, Rn. 11; *Menger*, VerwArch 71 (1980), 87 (89 f.).

mit denen die h.M. den Normcharakter des Flächennutzungsplans wegen seiner fehlenden Außenverbindlichkeit verneint. Darüber hinaus wird auch konstatiert, dem Flächennutzungsplan komme zwar mit Blick auf die Regelungen des § 35 Abs. 3 S. 1 Nr. 1 und S. 3 BauGB durchaus Regelungscharakter sowie ein Anspruch auf Verbindlichkeit zu. Die Feststellung des Widerspruchs eines Außenbereichsvorhabens zu den Darstellungen eines Flächennutzungsplans obliege aber weiterhin der behördlichen Einzelfallentscheidung. Erst an diese könne sich eine unmittelbare Rechtsfolgen begründende hoheitliche Maßnahme anschließen, weshalb der Flächennutzungsplan selbst kein Verwaltungsakt sei.[738] Schließlich wird ausgeführt, dass – auch soweit dem Flächennutzungsplan Außenwirkung zukomme – dieser nicht als Verwaltungsakt i.S.v. § 35 VwVfG gelten könne. Soweit der Flächennutzungsplan Außenwirkung habe, erfülle er zwar dem Grunde nach die Voraussetzungen einer sachbezogenen Allgemeinverfügung i.S.v. § 35 S. 2 VwVfG.[739] Allerdings sehe das BauGB für den Flächennutzungsplan umfangreiche eigenständige Vorschriften zu Verfahren und Fehlerfolgenregime vor, die von §§ 9 ff. VwVfG deutlich abwichen. Dies mache kenntlich, dass der Gesetzgeber an den Flächennutzungsplan nicht die Rechtsfolgen des VwVfG knüpfen wolle, weshalb eine Einordnung als Allgemeinverfügung ausscheide.[740]

III. Zusammenfassung

Anders als der Bebauungsplan ist die Rechtsform des Flächennutzungsplans gesetzlich nicht festgelegt. Die Überlegungen zur Rechtsnatur der Wirtschaftspläne nach dem WSG und dem Leitplan nach dem AufbauG NRW konnten auf den Flächennutzungsplan nach dem BBauG und dem heutigen BauGB nicht ohne Weiteres übertragen werden. Seit dem Inkrafttreten des BBauG im Jahre 1960 wurden verschiedene Versuche zur dogmatischen Einordnung des Flächennutzungsplans unternommen. Während der ursprünglich zuständige 1. Senat des BVerwG die Wirkungen des Flächennutzungsplans ähnlich der Wirkungen eines Bebauungsplans beurteilte, betonte der bis heute für das Bau- und Bodenrecht zuständige 4. Senat die Unverbindlichkeit des Flächennutzungsplans. Insbesondere in den Jahren nach dem Inkrafttreten des BBauG wurde die Rechtsnatur des Flächennutzungsplans diskutiert. Nur eine m.M. wollte dem Flächennutzungsplan Normcharakter zusprechen. Darüber hinaus wurde der Flächennutzungsplan verschiedentlich als Bündel dinglicher Verwaltungsakte, Handlung mit örtlichem Bezug, öffentlich-rechtlicher Vertrag, hoheitliche Willenserklärung besonderer Art, qualifizierter Sachverhalt, Verwaltungsprogramm sowie als Verwaltungsvorschrift und besondere

---

738 *Muckel/Stemmler*, Fälle zum öffentlichen Baurecht, Rn. 61.

739 *Stelkens*, in Stelkens/Bonk/Sachs, VwVfG, § 35, Rn 265 unter Hinweis auf VG Gießen, Urt. v. 19.03.2007 – 1 E 1785/06 – NVwZ-RR 2008, 200 (201). Das VG Gießen qualifizierte hier die der Beachtenspflicht unterliegenden Ziele der Raumordnung als Allgemeinverfügung i.S.d. § 35 Abs. 2 HessVwVfG.

740 *Stelkens*, ebenda.

Stufe der Bauleitplanung eingeordnet. In Teilen der Literatur und Rechtsprechung wurden und werden auch verschiedene dieser Begriffe kombiniert, um den Flächennutzungsplan zu charakterisieren. Die ganz h.M. ordnet den Flächennutzungsplan grundsätzlich – mit einigen Differenzierungen hinsichtlich der Darstellungen gemäß § 35 Abs. 3 S. 3 BauGB – als hoheitliche Maßnahme sui generis ohne Außenverbindlichkeit ein. Insbesondere sei der Flächennutzungsplan sowohl unter formellen als auch unter materiellen Gesichtspunkten grundsätzlich nicht als Rechtsvorschrift i.S.d. § 47 VwGO zu qualifizieren. Auch erfülle er nicht die Merkmale eines Verwaltungsakts i.S.d. § 35 VwVfG.

C. Fazit: Keine generelle Zuordnung des Flächennutzungsplans zu einer der überkommenen Rechtsformen des Verwaltungshandelns

Der Flächennutzungsplan kann auf Grundlage der Historie und der dogmatischen Durchdringung in Rechtsprechung und Literatur nicht ohne Weiteres einer der überkommenen Rechtsformen des Verwaltungshandelns zugeordnet werden. Nach h.M. handelt es sich um eine hoheitliche Maßnahme sui generis ohne Außenverbindlichkeit. Daher gilt es im Folgenden, die Rechtswirkungen des Flächennutzungsplans und seiner Darstellungen zu erarbeiten, um auf dieser Grundlage die Konsistenz der h.M. zu beurteilen.

4.Teil: Die Rechtswirkungen des Flächennutzungsplans im Geflecht der räumlichen Planung

Im Folgenden werden die Stellung und die Rechtswirkungen des Flächennutzungsplans im System der räumlichen Planung untersucht. Dies gilt sowohl hinsichtlich der Ebenen der Raumordnung und der Bauleitplanung als Gesamtplanungsrecht als auch hinsichtlich der Fachplanung als sektorale Planung.

A. Grundzüge der räumlichen Planung

Raumplanung ist die räumliche Planung der öffentlichen Hand auf allen Ebenen und Sachgebieten.[741] Damit umfasst das Raumplanungsrecht sowohl das raumbezogene Gesamtplanungsrecht als auch das raumbezogene Fachplanungsrecht.[742] Die einzelnen Planungen stehen hierbei nicht beziehungslos zueinander.[743] Vielmehr sind die verschiedenen Ebenen der Raumplanung eng verzahnt.[744] Idealtypisch stellt die Raumplanung eine Stufenfolge von Planungen dar, die sich – ausgehend von dem jeweils größeren Raum – stufenweise konkretisiert und schließlich die Nutzung des einzelnen Grundstücks regelt.[745]

I. Die raumbezogene Gesamtplanung

Die raumbezogene Gesamtplanung koordiniert mit dem Ziel der Gesamtentwicklung eines Raumes alle in einem Raum auftretenden (konfligierenden) Raumansprüche und Belange.[746] Zu ihr gehören die Raumordnung und die Bauleitplanung.[747]

---

741 *Hoppe*, in: Hoppe/Bönker/Grotefels, Öffentliches Baurecht, § 1, Rn. 2; *Brohm*, Öffentliches Baurecht, § 2, Rn. 23.

742 *Muckel/Ogorek*, Öffentliches Baurecht, S. 6; Hoppe, ebenda; *Battis*, in: FS-Hoppe, S. 303.

743 *Durner*, Konflikte räumlicher Planung, S. 68.

744 *Papier*, NJW 1977, 1714.

745 *Schiller*, in Bracher/Reidt/Schiller, Bauplanungsrecht, Rn. 202.

746 *Hoppe*, in: Hoppe/Bönker/Grotefels, Öffentliches Baurecht, § 1, Rn. 4; *Battis*, in: FS-Hoppe, S. 303.

747 *Muckel/Ogorek*, Öffentliches Baurecht,§ 1, Rn. 22; *Hoppe*, ebenda.

1. Die Raumordnung

Raumordnung ist nach der Definition, die das BVerfG in seinem sogenannten „Baurechtsgutachten“[748] entwickelt hat, die zusammenfassende, übergeordnete Planung und Ordnung des Raumes.[749] Sie ist hoheitliche Gestaltung des Raumes jenseits der Ortsebene unter überörtlichen und überfachlichen Gesichtspunkten, die – in Abgrenzung zum Bodenrecht – nicht unmittelbar die rechtlichen Beziehungen des Menschen zum Grund und Boden betrifft.[750] Kennzeichnend für die Raumordnung ist, dass mit ihr grundsätzlich nicht gegenüber dem Bürger unmittelbar Entscheidungen getroffen werden.[751] Vielmehr werden die raumordnerischen Planinhalte zur weiteren Ausgestaltung an andere Plangeber weitergereicht, sodass die Raumordnung auch als „Transitplanung“[752] bezeichnet wird.

a) Das Recht der Raumordnung

Das Raumordnungsrecht ist bundesgesetzlich durch das im Jahre 2008 neu gefasste[753] Raumordnungsgesetz (ROG) geregelt. Gemäß § 1 Abs. 1 ROG sind der Gesamtraum der Bundesrepublik Deutschland und seine Teilräume durch fachübergreifende Raumordnungspläne, raumordnerische Zusammenarbeit und Abstimmung raumbedeutsamer Planungen und Maßnahmen zu entwickeln, zu ordnen und zu sichern. Raumordnung findet auf Bundes- und Landesebene statt.[754] Entsprechend ist die Raumordnung auf Bundesebene auch nach der Neufassung des ROG vergleichsweise schwach ausgeprägt.[755] Raumordnungspläne enthalten Ziele der Raumordnung, Grundsätze der Raumordnung und sonstige Elemente.[756] Der Gesetzgeber hat in § 2 Abs. 2 ROG eine nicht abschließende[757] Aufzählung von Grundsätzen der Raumordnung eingefügt. Gemäß der Legaldefinition in § 3 Abs. 1 Nr. 3 ROG handelt es

---

748 BVerfG, Rechtsgutachten v. 16.06.1954 – 1 PBvV 2/52 -, BVerGE 3, 407 ff.; siehe zu diesem Baurechtsgutachten auch oben 3. Teil, A., VII., 1., a), bb).

749 BVerfG, Rechtsgutachten v. 16.06.1954 – 1 PBvV 2/52 -, BVerGE 3, 407 (425).

750 *Hendler*, in: Koch/Hendler, Baurecht, § 1, Rn. 9 f.

751 *Kment*, BauR 2012, 1867.

752 So *Kment*, ebenda.

753 Ursprünglich basierte das ROG auf der Kompetenz des Bundes für die Rahmengesetzgebung. Nachdem diese Rahmengesetzgebungskompetenz des Bundes im Rahmen der Föderalismusreform 2006 abgeschafft wurde, ist der Bereich der Raumordnung nunmehr mit Art. 74 Abs. 1 Nr. 31 GG der konkurrierenden Gesetzgebungskompetenz des Bundes zugeordnet. Auf dieser Grundlage hat der Bundesgesetzgeber das ROG 2008 neu gefasst, vgl. auch *Krautzberger/Stüer*, BauR 2009, 180 (181).

754 Vgl. *Brenner*, Öffentliches Baurecht, Rn. 60.

755 *Hendler*, in: Koch/Hendler, Baurecht, § 6, Rn. 1.

756 *Emde*, JA 2010, 87.

757 Vgl. das Wort „insbesondere“ im Einleitungssatz von § 2 Abs. 2 ROG; siehe auch: *Hendler*, in: Koch/Hendler, Baurecht, § 3, Rn. 4.

sich hierbei um allgemeine Aussagen zur Entwicklung, Ordnung und Sicherung des Raumes als Vorgaben für nachfolgende Abwägungs- und Ermessensentscheidungen. Hingegen sind Ziele der Raumordnung gemäß der Legaldefinition in § 3 Abs. 1 Nr. 2 ROG verbindliche, räumlich und sachlich bestimmte oder bestimmbare Festlegungen in Raumordnungsplänen. Die Raumordnung im Bund ist in den §§ 17–25 ROG geregelt. In § 17 ROG sind drei Arten von Raumordnungsplänen des Bundes vorgesehen: Der Plan über die Grundsätze der Raumordnung (Grundsätze-Plan), die Pläne mit länderübergreifenden Standortkonzepten für Häfen und Flughäfen (Standorte-Pläne) sowie der Raumordnungsplan für die ausschließliche Wirtschaftszone[758] (AWZ-Plan).[759] Bestimmungen für die Raumordnung in den Ländern enthalten die §§ 8–16 ROG. Gemäß § 8 Abs. 1 ROG sind in den Ländern ein Raumordnungsplan für das Landesgebiet (landesweiter Raumordnungsplan) und Raumordnungspläne für die Teilräume der Länder (Regionalpläne) aufzustellen. In den Stadtstaaten kann gemäß § 8 Abs. 1 S. 2 ROG ein Flächennutzungsplan die Funktion des landesweiten Raumordnungsplans übernehmen.[760] Regionalpläne sind in diesen Ländern sowie im Saarland gemäß § 8 Abs. 1 S. 3 ROG nicht aufzustellen.

Mit den Instrumenten der Raumordnung sollen unterschiedliche Anforderungen an den Raum harmonisiert, Konflikte ausgeglichen und Vorsorge für einzelne Funktionen und Nutzungen des Raumes betrieben werden.[761] Von besonderer Relevanz ist das in § 1 Abs. 3 ROG legal definierte[762] Gegenstromprinzip.[763] Nach diesem tragenden raumplanerischen Grundprinzip soll sich die Ordnung der Einzelräume in den Kontext des Gesamtraumes einfügen und die Ordnung des Gesamtraumes soll die Gegebenheiten der Teilräume berücksichtigen.[764]

Während § 17 Abs. 2 und Abs. 3 ROG für die Standort-Pläne und den AWZ-Plan des Bundes die Form der Rechtsverordnung vorsehen, enthält das ROG keine Vorgaben für die Rechtsform der Raumordnungspläne auf Landesebene[765]. Daher wird die Rechtsform dieser Pläne durch das Landesrecht bestimmt.[766] Gibt das Landesrecht für die Raumordnungspläne bzw. die in ihnen enthaltenen Ziele als Rechtsform die Rechtsverordnung oder Satzung vor, oder sind Ziele der Raumordnung in Gesetzen enthalten, so handelt es sich schon aufgrund dieser Zuweisung um Rechtsvorschriften.[767] Aber auch wenn eine solche Vorgabe fehlt, haben jedenfalls die in

758 Zur Definition der AWZ siehe Runkel, in: Spannowsky/Runkel/Goppel, ROG, § 1, Rn. 113.

759 Zu den Raumordnungsplänen des Bundes nach § 17 ROG vgl. im Einzelnen *Hendler*, in: Koch/Hendler, Baurecht, § 6, Rn. 1 ff.

760 Siehe hierzu 4. Teil, C., I., 3., b).

761 *Hendler*, Koch/Hendler, Baurecht, § 1, Rn. 31.

762 Vgl. *Hendler*, a.a.O., Rn. 33.

763 Siehe zum Gegenstromprinzip unten 4. Teil, C., I.

764 *Brenner*, Öffentliches Baurecht, Rn. 71.

765 *Brenner*, a.a.O., Rn. 94.

766 *Brenner*, ebenda.

767 Vgl. *Krebs*, in: Schmidt-Aßmann, BesVerwR, 4. Kapitel, Rn. 72.

den Raumordnungsplänen enthaltenen Ziele der Raumordnung Normcharakter.[768] Für die in Raumordnungsplänen enthaltenen Grundsätze der Raumordnung i.S.v. § 3 Abs. 1 Nr. 3 ROG gilt dies nicht.[769]

b) Die Raumordnung – keine reine Verwaltungsplanung

Eine Zuordnung der Raumordnungsplanung in ihrer Gesamtheit zum Bereich der Verwaltungsplanung erscheint zweifelhaft.[770] Eine trennscharfe Unterscheidung zwischen politischer Planung und Verwaltungsplanung ist nicht immer möglich.[771] Hierfür kann die Raumordnungsplanung als Beispiel dienen. Denn zum Teil ergehen Raumordnungspläne als Parlamentsgesetze. Dies gilt jedenfalls gemäß § 16a LPlG NRW für das Landesentwicklungsprogramm NRW (LEPro NRW), das allerdings gemäß § 38 S. 2 LEPro NRW Ende 2011 außer Kraft getreten ist. Dieses ist zwar mit Blick auf § 2 Abs. 3 LPlG NRW kein Raumordnungsplan im landesgesetzlichen Sinne. Ungeachtet dessen enthält es aber Grundsätze und Ziele der Raumordnung.[772] Solch eine Planung ist aber keine Verwaltungsplanung, sondern rückt aus dem Kernbereich der Verwaltung in den Bereich zwischen Legislative und Exekutive.[773] Diese Entwicklung wird auch mit dem Schlagwort der „Parlamentarisierung“ der Raumordnung auf Landesebene gekennzeichnet.[774]

2. Die Bauleitplanung

Aufgabe der Bauleitplanung ist gemäß § 1 Abs. 1 BauGB die Vorbereitung und Leitung der baulichen und sonstigen Nutzung der Grundstücke in der Gemeinde. Die in der Vorschrift des § 1 Abs. 1 BauGB zum Ausdruck kommenden Prinzipien der Planmäßigkeit und der Planakzessorietät des Instrumenteneinsatzes rücken die Planung in den Mittelpunkt des Städtebaurechts.[775] Die zentrale Bedeutung der Planung für das Städtebaurecht hat dazu geführt, dass die einschlägige höchstrichterliche Judikatur auch zentrale Bedeutung für das allgemeine Planungsrecht erlangt hat.[776] Bauleitpläne sind nach der Legaldefinition in § 1 Abs. 2 BauGB der Flächennutzungsplan als vorbereitender Bauleitplan und der Bebauungsplan als

768 Vgl. BVerwG, Urt. v. 20.11.2003 – 4 CN 6.03 -, BVerwGE 119, 217 (219 ff.); *Krebs*, ebenda.

769 BVerwG, Beschl. v. 15.06.2009 – 4 BN 10.09 -, NVwZ 2009, 1226 ff.

770 Siehe hierzu schon Battis, JZ 1976, 73, der das „ungeklärte Verhältnis der Raumordnung zur politischen Planung“ problematisiert.

771 *Maurer*, AllgVerwR, § 16, Rn. 11.

772 *Hendler*, Koch/Hendler, Baurecht, § 5, Rn. 88.

773 *Battis*, Öffentliches Baurecht, Rn. 71.

774 *Wahl*, Landesplanung, Bd. I, S. 224; *Battis*, ebenda.

775 *Schmidt-Aßmann*, in: FS-Schlichter, S. 6; *Söfker*, in: Ernst/Zinkahn/Bielenberg/Krautzberger, BauGB, § 1, Rn. 16.

776 *Vgl. Schmidt-Aßmann*, ebenda, S. 3, der empfiehlt, sich über Planung und Planungsrecht mittels der Rechtsprechung zu § 1 BauGB zu informieren.

verbindlicher Bauleitplan. Die Bauleitplanung ist zweistufig ausgestaltet.[777] Diese Zweistufigkeit ist auch in dem Entwicklungsgebot des § 8 Abs. 2 S. 1 BauGB verankert, nachdem die Bebauungspläne grundsätzlich aus dem Flächennutzungsplan zu entwickeln sind.[778] Die Bauleitpläne sind gemäß § 2 Abs. 1 BauGB von der Gemeinde in eigener Verantwortung aufzustellen. Die Planungshoheit der Gemeinde in der Bauleitplanung gehört zum Kernbereich der den Gemeinden mit Art. 28 Abs. 2 S. 1 garantierten Selbstverwaltung.[779]

II. Die raumbezogene Fachplanung

Im System der Raumplanung ist von der raumbezogenen Gesamtplanung die raumbezogene Fachplanung zu unterscheiden. Während die raumbezogene Gesamtplanung die Gesamtentwicklung eines bestimmten Gebiets betrifft[780], ist die raumbezogene Fachplanung in erster Linie auf die planerische Gestaltung des Raumes unter einem besonderen Sachgesichtspunkt gerichtet.[781] Die raumbezogene Fachplanung lässt sich in die drei Bereiche Planfeststellungen bzw. Plangenehmigung, Schutzgebietsfestsetzungen und sonstige räumliche Fachplanungen einteilen.[782] Planfestgestellt werden beispielsweise die Fachpläne für bestimmte raumbeanspruchende Anlagen, so z.B. von Flugplätzen (§ 8 LuftVG) und Straßen (§ 17 FStrG).[783] Das Verfahren der Planfeststellung bzw. Plangenehmigung ist in §§ 72 ff. VwVfG geregelt. Aus § 74 i.V.m. §§ 69, 70 VwVfG ergibt sich, dass es sich bei der Planentscheidung im Rahmen eines Planfeststellungsverfahrens um einen Verwaltungsakt handelt.[784] Schutzgebietsfestsetzungen sind dadurch gekennzeichnet, dass für förmlich ausgewiesene territoriale Bereiche (z.B. Natur- oder Wasserschutzgebiete) bestimmte Regelungen insbesondere für die Bodennutzung gelten sollen.[785] Zu den sonstigen räumlichen Fachplanungen gehören alle raumbezogenen hoheitlichen Planungen, die auf spezielle Fachbelange abzielen.[786] Zu nennen sind hier beispielsweise Landschaftspläne (§ 11 BNatSchG) oder Luftreinhaltepläne (§ 47 BImSchG).[787]

777 *Muckel/Stemmler*, Fälle zum Bau- und Raumordnungsrecht, S. 23.
778 *Bönker*, in: Hoppe/Bönker/Grotefels, Öffentliches Baurecht, § 5, Rn. 25.
779 *Muckel/Ogorek*, Öffentliches Baurecht, § 4, Rn. 1.
780 *Maurer*, AllgVerwR, § 16, Rn. 3.
781 *Hendler*, in: Koch/Hendler, Baurecht, § 1, Rn. 20.
782 Diese Einteilung ist *Hendler*, a.a.O., Rn. 22 ff. entnommen.
783 *Maurer*, AllgVerwR, § 16, Rn. 4.
784 Vgl. *Wolff/Bachof/Stober/Kluth*, VerwR I, § 56, Rn. 2.
785 *Hendler*, in: Koch/Hendler, Baurecht, § 1, Rn. 24.
786 *Koch*, a.a.O., Rn. 25.
787 Vgl. *Koch*, ebenda.

B. Die Raumplanung als System – Plankonkordanz durch Koordination

Der Umstand, dass eine bestimmte Fläche nur einer Nutzung zugeführt werden kann, verdeutlicht die Notwendigkeit von Regeln zur Koordination und Auflösung von Kollisionen.[788] Öffentliche Planungen für dasselbe Gebiet sollen nicht in Widerspruch geraten, sondern aufeinander abgestimmt werden und so dem Grundsatz der Plankonkordanz genügen.[789] Die hierfür notwendige Verzahnung wird durch gesetzlich normierte raumplanerische Koordinationsregeln[790] verfolgt. Bei den Bemühungen[791] um Systematisierung dieser Koordinationsregeln bedienen sich die Stimmen der Literatur keiner einheitlichen Terminologie. Grundsätzlich kann zwischen formellen und materiellen Koordinationsregeln unterschieden werden.[792]

I. Formellrechtliche Koordinationsregeln

Die formellen Regeln zur Koordination der Raumplanung lassen sich in die Kategorien nachrichtliche Übernahme, Konsultation und Benehmen, Einvernehmen und verfahrensrechtliche Integration einteilen.[793] Pflichten zur bloßen nachrichtlichen Übernahme begründen beispielsweise §§ 5 Abs. 4 und 9 Abs. 6 BauGB. Eine klassische Vorschrift über Konsultationspflichten findet sich mit § 4 BauGB, der die Beteiligung von Behörden und sonstigen Trägern öffentlicher Belange im Verfahren zur Aufstellung von Bauleitplänen vorsieht. Inhaltlich ebenfalls als Konsultationsregel einzuordnen ist der im Planfeststellungsverfahren geltende § 73 Abs. 2 VwVfG.[794] Einvernehmen erfordert beispielsweise die Abweichung

788 Vgl. *Durner*, Konflikte räumlicher Planung, S. 1 f.

789 *Gierke*, in: Brügelmann, BauGB, § 7, Rn. 6; *Demske*, Die Steuerungswirkung des Flächennutzungsplans, S. 150.

790 Zu diesem Terminus: *Durner*, Konflikte räumlicher Planung, S. 78.

791 *Durner*, ebenda, konstatiert, eine Systematisierung der gesetzlichen Koordinationsregeln sei bislang nur in Ansätzen erkennbar.

792 Siehe *Durner*, a.a.O., S. 78, 140 ff. *Kraft*, BauR 1999, 829 (831) verwendet (allerdings begrenzt auf das Verhältnis zwischen Bauleitplanung und Fachplanung) die Begriffe „prozedurale Koordination" und „materiellrechtliche Koordination". Ebenfalls begrenzt auf die Abstimmung von Bauleitplanung und Fachplanung: *Paetow*, UPR 1990, 321 (322), der von „verfahrensrechtlicher Koordination in Gestalt wechselseitiger Verfahrensbeteiligung" und „materiellen Koordinationsregeln" spricht.

793 Diese Kategorienbildung stammt von *Durner*, a.a.O., S. 140 ff. Schon *Schmidt-Aßmann*, Grundfragen des Städtebaurechts, S. 134 weist am Beispiel des Verhältnisses von kommunaler Flächennutzungsplanung und staatlicher Planung darauf hin, dass die Grundtypen „gemeinsamer Sachwalterschaft" dem überkommenen Verwaltungsrecht nicht fremd sind. Er nennt hier: Zustimmung, Einvernehmen, Benehmen und Anhörung.

794 So *Durner*, a.a.O., S. 142.

des Trägers der Fachplanung von den Darstellungen eines unwidersprochen gebliebenen Flächennutzungsplans. Hat der Planungsträger dem entgegenstehenden Flächennutzungsplan nicht widersprochen und will er gleichwohl von dessen Darstellungen abweichen, so ist er zur Vermeidung der Sperrwirkung des § 7 Abs. 1 BauGB auf die Zustimmung der Gemeinde angewiesen.[795] Auf die Regelung des § 7 BauGB wird unten[796] näher einzugehen sein. Ein Beispiel für die verfahrensrechtliche Integration[797] verschiedener Planungen findet sich im Planfeststellungsrecht mit der Regelung des § 78 VwVfG, der für das Zusammentreffen mehrerer selbständiger planfeststellungspflichtiger Vorhaben in einem Bereich die Zusammenführung in ein einheitliches Planfeststellungsverfahren vorsieht. Im Bereich der Bauleitplanung sind hier der gemeinsame Flächennutzungsplan nach § 204 BauGB[798] und der Planungsverband[799] gemäß § 205 BauGB zu nennen.[800]

II. Materiellrechtliche Koordinationsregeln

In materiellrechtlicher Hinsicht finden sich Koordinationsregeln für die verschiedenen Planungen in Form von bloßen Berücksichtigungspflichten, Entwicklungsgeboten sowie Beachtens- und Anpassungspflichten. Zunächst wird die materiellrechtliche Verzahnung durch Berücksichtigungspflichten sichergestellt. Diese ergeben sich aus dem in § 1 Abs. 3 ROG niedergelegten Gegenstromprinzip[801], der Pflicht zur Berücksichtigung von Grundsätzen und sonstigen Erfordernissen der Raumordnung gemäß § 4 Abs. 1 S. 1 HS 2 ROG[802] und aus den Abwägungsgeboten des § 7 Abs. 2 ROG und § 1 Abs. 7 BauGB.[803] Gemein ist diesen Berücksichtigungspflichten, dass aus ihnen keine strikte Bindung der Plangeber an andere Planungen folgt, sondern lediglich die Pflicht, solche Planungen in die Abwägung einzustellen.[804] In der Folge können sie auch weggewogen werden. Eine verbindlichere Wirkung erlangen vorhergehende Planungsentscheidungen durch Entwicklungsgebote. Als Beispiele sind hier für die Raumordnung § 8 Abs. 2 S. 1 ROG und für die Bauleitplanung § 8 Abs. 2 S. 1 BauGB zu nennen. Entwicklungsgebote sind durch die Pflicht zur konkordanten Entwicklung höherstufiger Planungen aus

---

795 VGH Baden-Württemberg, Urt. v. 18.11.1996 – 5 S 432/96 – NVwZ 1998, 99 (100); *Durner*, a.a.O., S. 107, 142; *Finkelnburg/Ortloff/Kment*, BauplanungsR, § 7, Rn. 50.

796 Siehe unten 4. Teil, C., III., 2., a).

797 Der Begriff ist *Durner*, Konflikte räumlicher Planung, S. 142 entnommen.

798 Dazu unten 4. Teil, C., II., 1., b), aa), bbb).

799 Zur Bedeutung des Planungsverbands für die Koordinierung von Bauleitplanung und Fachplanung in größeren und gemeindeübergreifenden Verdichtungsräumen siehe *Runkel*, in: Ernst/Zinkahn/Bielenberg/Krautzberger, BauGB, § 205, Rn. 5.

800 Sämtliche Beispiele stammen von *Durner*, Konflikte räumlicher Planung, S. 140 ff.

801 *Kümper*, ZfBR 2012, 631 (632).

802 *Ingold*, NVwZ 2010, 1399 (1400).

803 *Kümper*, ZfBR 2012, 631 (632).

804 *Durner*, Konflikte räumlicher Planung, S. 145 f.

den Vorgaben einer niederstufigen Planungsebene gekennzeichnet.[805] Hierbei verbleibt eine planerische Gestaltungsfreiheit. Eine Beachtenspflicht ergibt sich aus § 4 Abs. 1 S.1 HS 1 ROG. Nach dieser Vorschrift sind bei bestimmten raumbedeutsamen Planungen, Maßnahmen und Entscheidungen die Ziele der Raumordnung zu beachten. Auch diese Vorschrift statuiert bereits eine feste Bindung an Ziele der Raumordnung insofern, als die Ziele der Raumordnung nicht durch entgegenstehende bauleitplanerische Ausweisungen konterkariert werden dürfen.[806] Eine strikt zu befolgende Anpassungspflicht der Bauleitplanung an die Ziele der Raumordnung folgt aus § 1 Abs. 4 BauGB. Aus dieser Vorschrift kann in Verbindung mit § 1 Abs. 3 BauGB auch eine Pflicht zur Aufstellung eines Bebauungsplans zur Umsetzung der Ziele der Raumordnung folgen[807], die auch als Erstplanungspflicht bezeichnet wird[808].

C. Funktionen und Wirkungen des Flächennutzungsplans im System der räumlichen Planung unter Berücksichtigung der jüngeren Entwicklungen in Gesetzgebung, Rechtsprechung und Literatur

Dem Flächennutzungsplan kommt im System des raumbezogenen Gesamtplanungsrechts die Funktion eines „Scharniers“[809] zwischen der überörtlichen Raum- und Landeplanung und der örtlichen Bebauungsplanung zu.[810] Er koordiniert und integriert die überörtlichen Planungen in den örtlichen Bereich.[811] Im Hinblick auf die Verzahnung mit der Raumordnung erfüllt der Flächennutzungsplan „vertikale Anpassungserfordernisse“[812]. Nicht nur im Verhältnis zur übergeordneten Gesamtplanung, sondern auch im Verhältnis von Fachplanung und gemeindlicher Bauleitplanung kommt dem Flächennutzungsplan eine Bindegliedfunktion zu.[813] Insofern erfüllt er auch „horizontale Koordinierungserfordernisse“[814]. Im Folgenden werden diese Funktionen und Wirkungen des Flächennutzungsplans im System der

---

805 *Ingold*, NVwZ 2010, 1399 (1400).
806 So *Kümper*, ZfBR 2012, 631 (632).
807 BVerwG, Urt. v. 17.09.2003 – 4 C 14.01 -, BVerwGE 119, 25 (38 ff.); *Kümper*, ZfBR 2012, 631 (632).
808 *Finkelnburg/Ortloff/Kment*, BauplanungsR, § 5, Rn. 17; *Durner*, Konflikte räumlicher Planung, S. 143, der die Erstplanungspflicht als eigene Kategorie der materiellrechtlichen Koordinationsregeln aufführt.
809 Diesen Begriff verwenden: *Finkelnburg/Ortloff/Kment*, a.a.O., § 7, Rn. 2; Runkel, ZfBR 1999, 298.
810 So *Finkelnburg/Ortloff/Kment*, ebenda.
811 *Bönker*, in: Hoppe/Bönker/Grotefels, Öffentliches Baurecht, § 5, Rn. 28; *Demske*, Die Steuerungswirkung des Flächennutzungsplans, S. 122.
812 So *Kümper*, ZfBR 2012, 631.
813 *Kümper*, ebenda.
814 So *Kümper*, a.a.O., 636.

Raumplanung im Einzelnen aufgezeigt. Hierbei werden die jüngeren Entwicklungen in Gesetzgebung, Rechtsprechung und Literatur berücksichtigt. Seit Inkrafttreten des BBauG im Jahre 1960 blieb die gesetzliche Grundkonzeption der Flächennutzungsplanung zunächst weitgehend unverändert.[815] Beginnend mit der BauGB-Novelle 1997 wurde die gesetzliche Ausgestaltung des Flächennutzungsplans dann bis heute mehrfach in für seine Bedeutung als Planungsinstrument relevanter Weise modifiziert. Die Entwicklungen in Gesetzgebung und Rechtsprechung geben Anlass, die Einordnung des Flächennutzungsplans durch die h.M. als Rechtsinstitut sui generis ohne Außenverbindlichkeit erneut auf ihre Konsistenz zu prüfen.[816]

I. Flächennutzungsplanung und Raumordnung: Das Gegenstromprinzip als Ausgangspunkt der Koordination

Auch die das Verhältnis von Flächennutzungsplanung und Raumordnung bestimmenden Normen weisen die geschilderte Dichotomie von formellen und materiellen Koordinationsregeln auf. Dabei ist Ausgangspunkt beider Ebenen der Koordination das in § 1 Abs. 3 ROG in Form der Legaldefinition niedergelegte Gegenstromprinzip.[817] Hiernach soll sich die Entwicklung, Ordnung und Sicherung der Teilräume in die Gegebenheiten und Erfordernisse des Gesamtraumes ebenso einfügen wie die Entwicklung, Ordnung und Sicherung des Gesamtraumes die Gegebenheiten und Erfordernisse seiner Teilräume berücksichtigen soll. Das Gegenstromprinzip soll als verwaltungstechnisches Verfahrensprinzip dafür Sorge tragen, dass der kontinuierliche Planungsprozess der verschiedenen Raumeinheiten durch wechselseitige Rücksichtnahme und Abstimmung zu einer harmonischen Koordination der Ordnungen in den Teilräumen und dem Gesamtraum führt.[818] Es bestimmt allerdings nur das Verhältnis der verschiedenen Ebenen der Gesamtplanungen untereinander und nicht auch das Verhältnis zur Fachplanung. Mithin bezieht es sich nur auf die vertikale, nicht aber auf die horizontale Dimension der Raumplanung.[819] Bei der vertikalen Koordination der räumlichen Gesamtplanungen findet das Gegenstromprinzip

---

815 *Lüers*, UPR 1997, 348; *Mitschang*, ZfBR 1999, 125 (128).

816 So auch *Demske*, Die Steuerungswirkung des Flächennutzungsplans, S. 95; *Keilbach*, Rechtsschutz gegen Flächennutzungspläne, S. 3 ff.; vgl. *Battis*, Ad Legendum 2012, 153 (154 ff.) zu dem mit den Änderungen der Gesetzeslage und der Rechtsprechung einhergehenden Funktionswandel des Flächennutzungsplans.

817 Vgl. *Rinsdorf*, Der Flächennutzungsplan als Steuerungsinstrument der Gemeinde, S. 174, die das Gegenstromprinzip als allgemeines Prinzip bezeichnet, das dem Planungsrecht selbst eigen ist und die wechselseitigen Beziehungen der Gesamtplanungsebenen zueinander beschreibt; *Demske*, a.a.O., S. 147 sieht das Gegenstromprinzip in einer Überschrift als „Ausdruck der Wechselbeziehungen zwischen Raumordnungsplanung und Flächennutzungsplanung".

818 *Peine*, Öffentliches Baurecht, Rn. 43.

819 *Demske*, Die Steuerungswirkung des Flächennutzungsplans S. 148; *Runkel*, in: Spannowsky/Runkel/Goppel, ROG, § 1, Rn. 108.

nicht nur für das Verhältnis der verschiedenen Raumordnungspläne Anwendung, sondern es bildet auch die Grundlage für das Beziehungsgeflecht zwischen Raumordnung und Bauleitplanung.[820] Die Bedeutung, die das Gegenstromprinzip auch für das Verhältnis von Raumordnungsplanung und Flächennutzungsplanung hat, wird nicht zuletzt in § 8 Abs. 2 S. 2 ROG deutlich, der ausdrücklich für die Entwicklung der Regionalpläne aus dem landesweiten Raumordnungsplan die Berücksichtigung des Flächennutzungsplans (und auch die Ergebnisse der von der Gemeinde beschlossenen sonstigen städtebaulichen Planungen) entsprechend § 1 Abs. 3 ROG in der raumordnerischen Abwägung nach § § 7 Abs. 2 ROG anordnet.[821]

1. *Formellrechtliche Verzahnung von Flächennutzungsplanung und Raumordnung durch Beteiligungsverfahren*

Die Gemeinden als Träger der örtlichen Bauleitplanung sind bei der Aufstellung des Raumordnungsplans zu beteiligen. Dies ergibt sich bereits zwingend aus dem kommunalen Selbstverwaltungsrecht nach Art. 28 Abs. 2 GG, soweit die Gemeinde die in dem Raumordnungsplan enthaltenen Ziele gemäß § 1 Abs. 4 BauGB zu beachten hat.[822] Diese zwingende Beteiligung ist Kompensation für den mit § 1 Abs. 4 BauGB verbundenen Eingriff in die kommunale Hoheit über die Bauleitplanung.[823] Einfachgesetzlich ist dieser Anspruch auf Beteiligung in § 10 Abs. 1 S. 1 ROG niedergelegt. Unter den dort verwendeten Begriff der in ihren Belangen berührten öffentlichen Stellen fallen gemäß der Legaldefinition in § 3 Abs. 1 Nr. 5 ROG auch die kommunalen Gebietskörperschaften. Hierzu zählen auch die Gemeinden.[824] In § 10 ROG sind nur die grundlegenden Regelungen zur Beteiligung von Öffentlichkeit und öffentlichen Stellen niedergelegt, während ergänzende Verfahrensregeln[825] für die Aufstellung des landesweiten Raumordnungsplans und der Regionalpläne dem Landesrecht vorbehalten bleiben.[826] Ihre Grenze findet diese Ergänzungsmöglichkeit durch den Landegesetzgeber dort, wo § 10 ROG eine abschließende Regelung trifft.[827] Will der Landesgesetzgeber an diesen Stellen eine andere Regelung treffen, so muss er von seiner Kompetenz zur Abweichungsgesetzgebung nach Art. 72 Abs. 3 Nr. 4 GG Gebrauch machen.[828] Entsprechend dem Gegenstromprinzip sind umgekehrt die Träger der Raumordnungsplanung auch in den Verfahren zur Aufstellung der kommunalen

---

820 *Mitschang*, Der Flächennutzungsplan, Rn. 54.
821 *Runkel*, in: Spannowsky/Runkel/Goppel, ROG, § 1, Rn. 108.
822 BVerwG, Beschl. v. 07.03.2002 – 4 BN 60.01 -, NVwZ 2002, 869 (871).
823 BVerwG, ebenda.
824 *Runkel*, in: Spannowsky/Runkel/Goppel, ROG, § 3, Rn. 87.
825 Ergänzende Verfahrensregeln für die Aufstellung von Raumordnungsplänen des Bundes sieht § 18 ROG vor.
826 *Runkel*, in: Spannowsky/Runkel/Goppel, ROG, § 10, Rn. 7.
827 *Hendler*, in: Cholewa/Dyong/von der Heide/Arenz, Raumordnung, § 10 ROG, Rn. 78.
828 *Runkel*, in: Spannowsky/Runkel/Goppel, ROG, § 10, Rn. 7; *Hendler*, ebenda.

Bauleitpläne und damit auch der Flächennutzungspläne zu beteiligen. Dies regelt § 4 Abs. 1 S. 1 BauGB.[829] Danach sind Behörden und sonstige Träger öffentlicher Belange, deren Aufgabenbereich durch die Bauleitplanung berührt werden kann, zu beteiligen. Hierzu gehören auch die Behörden der Raumordnung und Landesplanung.[830]

2. *Materiellrechtliche Verzahnung von Flächennutzungsplanung und Raumordnung*

Das Verhältnis von Flächennutzungsplanung und Raumordnung wird insbesondere durch die in § 1 Abs. 4 BauGB niedergelegte Pflicht zur Anpassung der Bauleitpläne an die Ziele der Raumordnung geprägt.[831] Im Verhältnis zu § 4 Abs. 1 S. 1 HS 1 ROG ist § 1 Abs. 4 BauGB lex specialis. Zudem geht die Vorschrift des § 1 Abs. 4 BauGB in ihren Folgen über die des § 4 Abs. 1 S. 1 HS 1 ROG hinaus. Zum einen erfasst die Vorschrift – im Gegensatz zu § 4 Abs. 1 S. 1 HS 1 ROG – sämtliche raumbedeutsamen Bauleitpläne und nicht nur die in § 3 Abs. 1 Nr. 6 ROG genannten.[832] Zum anderen sieht § 4 Abs. 1 S. 1 HS 1 ROG auf Rechtsfolgenseite im Ergebnis lediglich vor, dass durch die Bauleitplanung Ziele der Raumordnung nicht konterkariert werden dürfen. Hingegen kann aus § 1 Abs. 4 BauGB im Einzelfall darüber hinaus auch die Pflicht zur aktiven Umsetzung der raumordnerischen Vorgaben folgen.[833]

3. *Mischformen zwischen Flächennutzungsplanung und Raumordnung*

Mit dem Instrument des regionalen Flächennutzungsplans i.S.v. § 8 Abs. 4 ROG und der Möglichkeit zur Substituierung des landesweiten Raumordnungsplans durch den Flächennutzungsplan gemäß § 8 Abs. 1 S. 2 ROG in den Stadtstaaten liegen zwei Mischformen von Flächennutzungsplanung und Raumordnung vor.

a) *Der regionale Flächennutzungsplan als Mischform zwischen Flächennutzungsplan und Regionalplan*

Mit dem Gesetz zur Neuregelung des Raumrechts wurde 1998 das – heute in § 8 Abs. 4 ROG geregelte – Instrument des regionalen Flächennutzungsplans durch den Gesetzgeber geschaffen. Mit seiner Einführung verknüpfte sich die Hoffnung, insbesondere in verdichteten Räumen mit der Einführung des neuen Plantyps eine Planebene einsparen zu können.[834]

---

829 *Rinsdorf*, Der Flächennutzungsplan als Steuerungsinstrument der Gemeinde, S. 174.

830 *Finkelnburg/Ortloff/Kment*, BauplanungsR, § 6, Rn. 52; *Rinsdorf*, a.a.O., S. 178.

831 Vgl. *Kümper*, ZfBR 2012, 631 (632).

832 *Kümper*, ebenda; *Runkel*, in: Ernst/Zinkahn/Bielenberg/Krautzberger, BauGB, § 1, Rn. 46.

833 *Kümper*, ZfBR 2012, 631 (632).

834 *Priebs*, UPR 2010, 254 (258).

aa) Der regionale Flächennutzungsplan als Instrument der Raumplanung

Der regionale Flächennutzungsplan übernimmt zugleich die Funktion des Regionalplans und eines gemeinsamen Flächennutzungsplans i.S.v. § 204 BauGB.[835] Seine gesetzliche Regelung fand sich ursprünglich in § 9 ROG und ist nunmehr in § 8 Abs. 4 ROG niedergelegt. Die ursprünglich vorgesehenen raumstrukturellen Voraussetzungen für einen regionalen Flächennutzungsplan, nach denen das Plangebiet in einem Verdichtungsraum oder in einem Gebiet mit „sonstigen raumstrukturellen Verflechtungen" belegen sein musste, sind mit der Novelle des ROG im Jahre 2008[836] entfallen.[837] Weiterhin Voraussetzung für die Bündelung von Regionalplan und gemeinsamem Flächennutzungsplan i.S.v. § 204 BauGB[838] bleibt auch nach der Novelle, dass die Regionalplanung durch Zusammenschlüsse von Gemeinden und Gemeindeverbänden zu regionalen Planungsgemeinschaften erfolgt.[839] Der regionale Flächennutzungsplan muss gemäß § 8 Abs. 4 S. 1 ROG sowohl den Vorschriften des BauGB als auch den Vorschriften des ROG über die Raumordnung in den Ländern entsprechen. Das Verfahren zu seiner Aufstellung ist daher besonders anspruchsvoll.[840] Der Plan muss sowohl die regionalplanerischen raumstrukturellen Festlegungen durch Ziele und Grundsätze der Raumordnung als auch die nutzungsregelnden Darstellungen eines Flächennutzungsplans enthalten.[841] Gemäß § 8 Abs. 4 S. 2 ROG sind sowohl die regionalplanerischen Festlegungen als auch Darstellungen i.S.v. § 5 BauGB zu kennzeichnen. Zum Teil wird der regionale Flächennutzungsplan skeptisch betrachtet, da er die Gefahr einer Relativierung der einen räumlichen Ordnungsauftrag erfüllenden klassischen Regionalplanung durch einen vermeintlich pragmatischeren weil raumnutzungsbezogenen Plan mit sich bringe.[842] Andererseits wird der praktische Vorteil des regionalen Flächennutzungsplans darin gesehen, dass er einerseits Ziele der Raumordnung enthält und andererseits auf ihm Bebauungspläne entwickelt werden können.[843] In der Planungspraxis spielt das Instrument des regionalen Flächennutzungsplans bislang eine untergeordnete Rolle.[844]

---

835 *Goppel*, in: Spannowsky/Runkel/Goppel, ROG, § 8, Rn. 41.
836 BGBl. I S. 2986.
837 *Goppel*, in: Spannowsky/Runkel/Goppel, ROG, § 8, Rn. 46.
838 Siehe zum gemeinsamen Flächennutzungsplan i.S.d. § 204 BauGB unten 4. Teil, C., II., 1., b), aa), bbb).
839 *Goppel*, in: Spannowsky/Runkel/Goppel, ROG, § 8, Rn. 43 ff.
840 *Priebs*, UPR 2010, 254 (256).
841 *Goppel*, in: Spannowsky/Runkel/Goppel, ROG, § 8, Rn. 49.
842 *Goppel*, a.a.O., Rn. 52.
843 *Priebs*, UPR 2010, 254 (257).
844 *Goppel*, in: Spannowsky/Runkel/Goppel, ROG, § 8, Rn. 42; einen Überblick über die verschiedenen Regionen, in denen des Instrument des regionalen Flächennutzungsplans aufgegriffen wurde, bietet *Priebs*, a.a.O., 257 f.

bb) Die Rechtsnatur des regionalen Flächennutzungsplans

Der regionale Flächennutzungsplan wird abhängig von der jeweiligen landesrechtlichen Regelung für den Regionalplan als Satzung oder Rechtsverordnung beschlossen.[845] Ist seine Rechtsform nicht landesrechtrechtlich bestimmt, so sind jedenfalls die in ihm enthaltenen Ziele der Raumordnung als Rechtsnormen zu qualifizieren.[846] Zu differenzieren sind die Rechtswirkungen des regionalen Flächennutzungsplans jeweils nach den überörtlichen und örtlichen Aussagen des Plans.[847] Der regionale Flächennutzungsplan entfaltet sowohl die Wirkungen eines Regional- als auch die eines Flächennutzungsplans.[848] Einerseits enthält er der Abwägung der späteren Bauleitplanung entzogene Raumordnungsziele i.S.v. § 1 Abs. 4 BauGB. Andererseits enthält er für das Entwicklungsgebot gemäß § 8 Abs. 2 S. 1 BauGB relevante Aussagen, soweit er nutzungsregelnde Darstellungen enthält.[849] Als die Funktion eines Regionalplans erfüllender Plan ist der regionale Flächennutzungsplan unter den gleichen Voraussetzungen wie dieser als Rechtsnorm einzuordnen.[850] Dies gilt ebenso, wenn der Flächennutzungsplan in der jeweiligen Konstellation als Rechtsnorm einzustufen ist.[851] Wird die regionalplanerische Festlegung des regionalen Flächennutzungsplans in einem Normenkontrollverfahren für unwirksam erachtet, so erfasst diese Unwirksamkeit in der Regel auch die nutzungsregelnden Darstellungen, da diese der Konkretisierung der Ziele und Grundsätze der Raumordnung dienen.[852] Dies gilt auch, wenn die Unwirksamkeit – mit Wirkung inter partes – im Rahmen anderer Klagearten (inzident) festgestellt wird.

b) Die Option zur Übernahme der Funktion des landesweiten Raumordnungsplans durch den Flächennutzungsplan in den Stadtstaaten

Gemäß § 8 Abs. 1 S. 1 ROG haben die Länder einen landesweiten Raumordnungsplan und Regionalpläne als Raumordnungspläne für die Teilräume der Länder aufzustellen. Etwas anderes gilt nur für die Stadtstaaten und das Saarland. Dort entfällt gemäß § 8 Abs. 1 S. 3 ROG die Pflicht zur Aufstellung von Regionalplänen. Darüber hinaus

845 *Spannowsky*, UPR 1999, 409 (415); *Mitschang*, Der Flächennutzungsplan, Rn. 700.

846 Zu Zielen der Raumordnung in Regionalplänen als Rechtsvorschriften siehe BVerwG, Urt. v. 20.11.2003 – 4 CN 6.03 -, BVerwGE 119, 217 (227).

847 *Spannowsky*, UPR 1999, 409 (415).

848 *Spannowsky*, ebenda.

849 *Spannowsky*, ebenda.

850 So differenzierend *Spannowsky*, in: Bielenberg/Runkel/Spannowsky/Reitzig/Schmitz, Raumordnungsrecht, K § 9 zu ROG 1998, Rn. 56; an anderer Stelle ordnet *Spannowsky*, UPR 1999, 409 (415) den regionalen Flächennutzungsplan grundsätzlich als Rechtsnorm oder normähnlich ein; *Mitschang*, Der Flächennutzungsplan, Rn. 700.

851 *Spannowsky*, in: Bielenberg/Runkel/Spannowsky/Reitzig/Schmitz, Raumordnungsrecht, K § 9 zu ROG 1998, Rn. 56.

852 *Spannowsky*, UPR 1999, 409 (416).

sieht § 8 Abs. 1 S. 2 ROG für die Stadtstaaten vor, dass dort ein Flächennutzungsplan i.S.v. § 5 BauGB die Funktion des landesweiten Raumordnungsplans übernehmen kann. Durch die Doppelrolle der Stadtstaaten als Länder und Städte überschneiden sich für einen gebietsgleichen Raum die Pflichten zur Raumordnungsplanung nach § 8 Abs. 1 S. 1 ROG und die Pflicht zur Bauleitplanung nach § 1 Abs. 3 S. 1 BauGB. Die hiermit einhergehende Häufung von Planungen der beiden Ebenen auf vergleichsweise kleinem Raum kann durch Inanspruchnahme der Möglichkeit des § 8 Abs. 1 S. 2 ROG vermieden werden.[853] Die Möglichkeit zur Übernahme der Funktion des landesweiten Raumordnungsplans durch einen Flächennutzungsplan war einerseits Vorbild für die Schaffung des – soeben beschriebenen[854] – Rechtsinstituts des regionalen Flächennutzungsplans mit der Gesetzesnovelle 1998.[855] Andererseits wird die Regelung des § 8 Abs. 1 S. 2 ROG rechtssystematisch nunmehr als Unterfall des regionalen Flächennutzungsplans eingeordnet.[856] Zu beachten ist, dass der die Funktion eines landesweiten Raumordnungsplans übernehmende Flächennutzungsplan gemäß § 8 Abs. 1 S. 2 HS 2 ROG Mindestbestandteile eines Raumordnungsplans gemäß §§ 8 Abs. 5–7 ROG enthalten sowie die Anforderungen an das Aufstellungsverfahren nach §§10–11 ROG erfüllen muss.

Zum Teil wird darauf hingewiesen, dass den Stadtstaaten nach der bis zum 31.12.1997 geltenden Regelung des § 5 Abs. 1 ROG 1965[857] die Aufgabe zukam, mit den Mitteln der Flächennutzungsplanung zugleich Raumordnung und Landesplanung für ihr Gebiet zu betreiben.[858] Nach der seit 1998 geltenden gesetzlichen Regelung der Stadtstaatenklausel könne aber heute auch in den Stadtstaaten Landesplanung nur noch mit den Instrumenten des Raumordnungsrechts betrieben werden.[859] Daher entfalte nunmehr auch ein den landesweiten Raumordnungsplan in den Stadtstaaten substituierender Flächennutzungsplan nicht mehr in seiner Gesamtheit die Wirkung von Grundsätzen und Zielen der Raumordnung, sondern nur noch insoweit, als es sich um die raumordnerische Festlegung eines den Voraussetzungen des ROG genügenden Grundsatzes oder Ziels der Raumordnung handele.[860] Allerdings wurde auch schon anlässlich der alten Regelung des § 5 Abs. 1 ROG 1965 – neben des Bedeutungszuwachses, die der Flächennutzungsplan durch die Regelung erfahre – auch auf die Notwendigkeit hingewiesen, in dem Flächennutzungsplan zwischen Zielen und Darstellungen eindeutig zu unterscheiden.[861]

853 *Spannowsky*, in: Bielenberg/Runkel/Spannowsky/Reitzig/Schmitz, Raumordnungsrecht, K § 8 zu ROG 1998, Rn. 12.

854 Siehe oben, 4. Teil, C., I., 3., a).

855 *Spannowsky*, a.a.O., Rn. 13.

856 *Spannowsky*, ebenda.

857 BGBl. I S. 306.

858 *Dallhammer*, in: Cholewa/Dyong/von der Heide/Arenz, Raumordnung, § 8 ROG, Rn. 42.

859 *Dallhammer*, ebenda.

860 *Dallhammer*, a.a.O., Rn 43.

861 *Bunse*, DVBl. 1984, 420 (424).

4. *Zusammenfassung*

Dem Flächennutzungsplan kommt als Bindeglied zwischen der überörtlichen Planung der Raumordnung und der örtlichen Bebauungsplanung eine Scharnierfunktion zu. Ausgangspunkt der Koordination von Raumordnung und Flächennutzungsplanung ist das in § 1 Abs. 3 ROG legal definierte Gegenstromprinzip. Unter formellen Gesichtspunkten sind Flächennutzungsplanung und Raumordnung durch Beteiligungsverfahren verzahnt. So ist die einfachgesetzlich nach § 10 Abs. 1 S. 1 ROG i.V.m. § 3 Abs. 1 Nr. 5 ROG durchzuführende Beteiligung der Gemeinden mit Blick auf § 28 Abs. 2 GG verfassungsrechtlich geboten, soweit die Gemeinde die Ziele der Raumordnung gemäß § 1 Abs. 4 BauGB zu beachten hat. Mit § 1 Abs. 4 BauGB werden Flächennutzungsplanung und Raumordnung materiellrechtlich verzahnt. Die Regelung des § 1 Abs. 4 BauGB ist im Verhältnis zu §§ 4 Abs. 1 S. 1 HS 1 ROG lex specialis und hat zudem die weitreichenderen Wirkungen.

Als Mischformen zwischen der Raumordnung und der Flächennutzungsplanung erweisen sich der regionale Flächennutzungsplan i.S.v. § 8 Abs. 4 ROG und die in § 8 Abs. 1 S. 2 ROG vorgesehene Möglichkeit zur Substituierung des landesweiten Raumordnungsplans durch den Flächennutzungsplan in den Stadtstaaten. Mit dem regionalen Flächennutzungsplan i.S.d. § 8 Abs. 4 ROG gehen sowohl die Wirkungen eines Regionalplans als auch die eines Flächennutzungsplans einher. Abhängig von der jeweiligen landesrechtlichen Regelung wird er als Satzung oder als Rechtsverordnung beschlossen. Ist seine Rechtsform nicht durch Landesrecht vorgegeben, so weisen jedenfalls die in ihm enthaltenen Ziele der Raumordnung Rechtsnormcharakter auf. Die Unwirksamkeit einer in ihm enthaltenen regionalplanerischen Festlegung bringt häufig die Unwirksamkeit auch der nutzungsregelnden Darstellungen des regionalen Flächennutzungsplans mit sich. Im Saarland und in den Stadtstaaten besteht gemäß § 8 Abs. 1 S. 3 ROG keine Pflicht zur Aufstellung von Regionalplänen. Für die Stadtstaaten sieht § 8 Abs. 1 S. 2 ROG zudem die Möglichkeit vor, dass ein Flächennutzungsplan i.S.v. § 5 BauGB die Funktion des landesweiten Raumordnungsplans übernehmen kann. Diese Möglichkeit zur Substituierung des landesweiten Raumordnungsplans durch den Flächennutzungsplan ist systematisch als Unterfall des regionalen Flächennutzungsplans einzuordnen.

II. Der Flächennutzungsplan im System der Bauleitplanung und der Planersatzvorschriften des BauGB

Im Folgenden werden die Funktionen und Wirkungen des Flächennutzungsplans im Städtebaurecht untersucht. Hierbei ist der Flächennutzungsplan sowohl als Teil der zweistufigen Bauleitplanung i.S.v. § 1 Abs. 2 BauGB als auch im Kontext der Planersatzvorschriften des § 34 BauGB für den unbeplanten Innenbereich und des § 35 für den Außenbereich zu betrachten.[862]

862 Instruktiv zu diesem Ansatz: *Hug*, Gemeindenachbarklagen im öffentlichen Baurecht, S. 227 ff.

1. *Der Flächennutzungsplan als Teil der Bauleitplanung*

Der Flächennutzungsplan ist im System der zweistufigen Bauleitplanung nach der Legaldefinition des § 1 Abs. 2 Var. 1 BauGB der vorbereitende Bauleitplan, in dem gemäß § 5 Abs. 1 S. 1 BauGB „für das ganze Gemeindegebiet die sich aus der beabsichtigten städtebaulichen Entwicklung ergebende Art der Bodennutzung nach den voraussehbaren Bedürfnissen der Gemeinde in den Grundzügen darzustellen" ist.

a) Der gemeindliche Flächennutzungsplan in seiner hergebrachten Form

Die Regelungen über den Flächennutzungsplan in seiner hergebrachten Form enthalten die §§ 5 ff. BauGB. In § 5 Abs. 1 und Abs. 5 BauGB finden sich Regelungen über die Stellung des Flächennutzungsplans im zweistufigen System der Bauleitplanung und seine Aufgaben, während in § 5 Abs. 2–4 BauGB der zulässige Inhalt des Flächennutzungsplans bestimmt wird.[863] Nach § 8 Abs. 2 S. 1 BauGB sind Bebauungspläne aus dem Flächennutzungsplan zu entwickeln. Von diesem sogenannten Entwicklungsgebot gibt es Ausnahmen.

aa) Der Flächennutzungsplan für das Gemeindegebiet und seine möglichen Darstellungen

Entsprechend der Regelung in § 5 Abs. 1 S. 1 BauGB stellt die Gemeinde in dem Flächennutzungsplan ihre Bodennutzungskonzeption für das gesamte Gemeindegebiet dar.[864] Die Vorschrift spricht von einer Darstellung „in den Grundzügen". Grundsätzlich kann es für jedes Gemeindegebiet nur einen Flächennutzungsplan geben, dessen Geltungsbereich mit den Grenzen der Gemeinde übereinstimmt.[865] Dieser Grundsatz erfährt verschiedene Ausnahmen. So sieht § 5 Abs. 1 S. 2 BauGB vor, dass aus dem Flächennutzungsplan Flächen und sonstige Darstellungen ausgenommen werden können, wenn die gemäß § 5 Abs. 1 S. 1 BauGB darzustellenden Grundzüge der beabsichtigten städtebaulichen Entwicklung nicht berührt werden und die Gemeinde die Vornahme der betroffenen Darstellungen zu einem späteren Zeitpunkt beabsichtigt.[866] Auch die für die Genehmigung nach § 6 Abs. 1 BauGB zuständige höhere Verwaltungsbehörde kann räumliche oder sachliche Teile des Flächennutzungsplans von der Genehmigung ausnehmen. Weitere Abweichungen von dem Grundsatz, dass Gemeindegebiet und Geltungsbereich des Flächennutzungsplans übereinstimmen, ergeben sich für die unten abzuhandelnden Instrumente des Teilflächennutzungsplans i.S.d. § 5 Abs. 2b BauGB[867], des gemeinsamen

863 Vgl. *Muckel/Ogorek*, Öffentliches Baurecht, § 5, Rn. 8.
864 Vgl. *Mucke/Ogorek*, Öffentliches Baurecht, § 5, Rn. 6.
865 *Schiller*, in Bracher/Reidt/Schiller, Bauplanungsrecht, Rn. 121.
866 *Schiller*, ebenda.
867 Siehe zum Teilflächennutzungsplan unten, 4. Teil, C., II., 3., c)., aa), ccc).

Flächennutzungsplans mehrerer Gemeinden gemäß §§ 204 f. BauGB[868] sowie des regionalen Flächennutzungsplans nach § 8 Abs. 4 ROG[869].

aaa) Zulässige Inhalte des Flächennutzungsplans

In § 5 Abs. 2–4a BauGB sind die zulässigen Inhalte des Flächennutzungsplans geregelt, denen eine unterschiedliche Qualität zukommt.[870] Hierbei handelt es sich um Darstellungen nach Abs. 2 HS 1, Kennzeichnungen i.S.v. Abs. 1 Nr. 1 HS 2 und Abs. 3, nachrichtliche Übernahmen gemäß Abs. 4 S. 1 und Abs. 4a sowie Vermerke nach Abs. 4 S. 2.[871] Die Aufzählung möglicher Darstellungen in § 5 Abs. 2 BauGB ist – anders als der für die Festsetzungen des Bebauungsplans geltende Katalog des § 9 BauGB[872] – nicht abschließend, wie ein Blick auf das in der Einleitung des Absatzes verwendete Wort „insbesondere" zeigt.[873] So finden sich auch die Konzentrationsflächen i.S.v. § 35 Abs. 3 S. 3 BauGB nicht in der Aufzählung des § 5 Abs. 2 BauGB.[874] Eine Grenze für die Möglichkeit von Darstellungen jenseits dieses Beispielkatalogs bildet die Zweistufigkeit der Bauleitplanung und das hiermit einhergehende Entwicklungsgebot des § 8 Abs. 1 S. 1 BauGB. Zum einen ist die Darstellung von Aussagen, die mit Blick auf die enumerative Aufzählung in § 9 BauGB nicht festsetzungsfähig sind, auch in einem Flächennutzungsplan unzulässig.[875] Zum anderen dürfen die Darstellungen nicht eine Detailschärfe erreichen, die für die Entwicklung des Bebauungsplans aus dem Flächennutzungsplan keinen planerischen Gestaltungsspielraum lässt.[876] Aus der Zusammenschau der Aufgabenbeschreibung in § 5 Abs. 1 BauGB und den typisierten Fällen des § 5 Abs. 2 Nr.1–10 BauGB ergeben sich Grundsätze für den Planinhalt.[877] In § 5 Abs. 2 BauGB sind Darstellungen

868 Siehe zum gemeinsamen Flächennutzungsplan unten, 4. Teil, C., II., 1., b), aa), bbb).
869 Siehe zum regionalen Flächennutzungsplan oben, 4. Teil, C., I., 3., a).
870 Vgl. *Gaentzsch/Philipp/Tepperwien*, in: Schlichter/Stich/Driehaus/Paetow, BK BauGB, § 5, Rn. 18.
871 Siehe auch *Gaentzsch/Philipp/Tepperwien*, ebenda.
872 Siehe *W. Schrödter*, in: Schrödter, BauGB, § 5, Rn. 25. Allerdings gibt es auch außerhalb des § 9 BauGB gesetzlich geregelte Festsetzungsmöglichkeiten. Allen ist aber gemein, dass sie – anders als die Regelung des § 5 BauGB für den Flächennutzungsplan – abschließend sind. Die Plangeberin hat kein „Festsetzungserfindungsrecht", siehe *Söfker*, in Ernst/Zinkahn/Bielenberg/Krautzberger, BauGB, § 9, Rn. 9 und 12.
873 *Mitschang*, in: Battis/Krautzberger/Löhr, BauGB, § 5, Rn. 11.
874 *Söfker*, in Ernst/Zinkahn/Bielenberg/Krautzberger, BauGB, § 5, Rn. 20.
875 BVerwG, Urt. v. 18.08.2005 – 4 C 13.04 -, BVerwGE 124, 132 (139). Das BVerwG bezieht sich auf § 9 Abs. 1 BauGB. *Gaentzsch/Philipp/Tepperwien*, in: Schlichter/Stich/Driehaus/Paetow, BK BauGB, § 5, Rn. 20 weisen hingegen zur Recht darauf hin, dass die Darstellungsmöglichkeiten durch § 9 BauGB in seiner Gesamtheit begrenzt werden.
876 *Schiller*, in Bracher/Reidt/Schiller, Bauplanungsrecht, Rn. 148. Siehe hierzu sogleich 4. Teil, C., II., 1., a), aa), bbb).
877 *Söfker*, in Ernst/Zinkahn/Bielenberg/Krautzberger, BauGB, § 5, Rn. 20.

aufgezählt, die charakteristisch für den Inhalt des Flächennutzungsplans sind[878] und die üblicherweise bei der Aufstellung des Flächennutzungsplans in Betracht gezogen werden müssen.[879] Zu diesen Darstellungen gehören auch die in § 5 Abs. 2 Nr. 1 BauGB genannten Bauflächen.[880] Die Vorschrift sieht vor, dass im Flächennutzungsplan Art und Maß der baulichen Nutzung dargestellt werden können. So können sowohl Grund- und Geschossflächenzahlen und die Zahl der Vollgeschosse als auch die Höhe der baulichen Anlagen dargestellt werden.[881] Als mögliche Darstellung der Art der baulichen Nutzung nennt die Vorschrift neben den Bauflächen auch die Baugebiete. Gemäß den in § 5 Abs. 2 Nr. 1 BauGB enthaltenen Legaldefinitionen handelt es sich bei den Bauflächen um die Darstellung der für die Bebauung vorgesehenen Flächen nach der allgemeinen Art ihrer baulichen Nutzung, während mit den Baugebieten die besondere Art der baulichen Nutzung dargestellt wird. Kataloge der möglichen Bauflächen und Baugebiete enthält § 1 Abs. 1 und Abs. 2 BauNVO. Hierbei handelt es sich um eine enumerative Aufzählungen. Die BauNVO grenzt den offenen Katalog des § 5 Abs. 2 ein.[882] Eine weitere Feindifferenzierung ist nicht möglich. Die Gliederungsmöglichkeiten des § 1 Abs. 4–9 BauNVO erfassen nicht die in Flächennutzungsplänen dargestellten, sondern nur die in Bebauungsplänen festgesetzten Baugebietstypen.[883] Allerdings wird bei der Darstellung von Baugebieten nach § 1 Abs. 2 BauNVO bereits die Art der dort zulässigen Nutzungen durch die jeweilige Definition der Baugebietstypen in §§ 2 ff. BauNVO bestimmt. Damit verbleibt für den Bebauungsplan, der aus den Darstellungen eines solchen Flächennutzungsplans entwickelt wird, vergleichsweise wenig Gestaltungsspielraum, da mit dem Flächennutzungsplan wesentliche planerische Entscheidungen bereits determiniert wurden.[884]

Sowohl für Bauflächen als auch für Baugebiete sieht § 5 Abs. 2 Nr. 1 BauGB die Möglichkeit der Darstellung des allgemeinen Maßes der Nutzung vor. Es genügt gemäß § 16 Abs. 1 BauNVO die Angabe der Geschossflächenzahl, der Baumassenzahl

---

878 *Söfker*, ebenda.

879 *Gaentzsch/Philipp/Tepperwien*, in: Schlichter/Stich/Driehaus/Paetow, BK BauGB, § 5, Rn. 20.

880 *Gaentzsch/Philipp/Tepperwien*, ebenda, die ausführen, dass ein Flächennutzungsplan über die Darstellung der Bauflächen i.S.v. § 5 Abs. 2 Nr. 1 BauGB hinaus auch ohne Darstellung der Flächen für Gemeinbedarfseinrichtungen (Nr. 2), der Flächen für den überörtlichen Verkehr und die örtlichen Hauptverkehrszüge (Nr. 3), der Flächen für die Versorgungsanlagen sowie Hauptleitungen für Versorgung und Wasser (Nr. 4), der größeren Grünflächen (Nr. 5) sowie der Flächen für die Landwirtschaft und den Wald regelmäßig nicht aufgestellt werden dürfe.

881 Hierauf weist BVerwG, Urt. v. 18.08.2005 – 4 C 13.04 -, BVerwGE 124, 132 (138) hin.

882 *Schiller*, in Bracher/Reidt/Schiller, Bauplanungsrecht, Rn. 156.

883 Vgl. *Gaentzsch/Philipp/Tepperwien*, in: Schlichter/Stich/Driehaus/Paetow, BK BauGB, § 5, Rn. 24.

884 *Finkelnburg/Ortloff/Kment*, BauplanungsR, § 7, Rn. 25.

oder der Höhe der baulichen Anlage. Die Obergrenzen für das Maß der baulichen Nutzung ergeben sich aus § 17 BauNVO.[885] Darüber hinaus können nach dem nicht abschließenden Katalog des § 5 Abs. 2 BauGB Darstellungen der gemeindlichen Infrastruktur in den Flächennutzungsplan aufgenommen werden.[886] Hierzu zählen etwa die Darstellungen von Anlagen und Einrichtungen des Gemeinbedarfs gemäß § 5 Abs. 2 Nr. 2 BauGB. Hier ist mit der BauGB-Novelle 2011 die Möglichkeit gemäß § 5 Abs. 2 Nr. 2 b) BauGB zur Darstellung von Anlagen, Einrichtungen und sonstigen Maßnahmen, die dem Klimawandel entgegenwirken bzw. nach § 5 Abs. 2 Nr. 2 c) BauGB der Anpassung an den Klimawandel dienen, aufgenommen worden. Bei letzteren handelt es sich beispielsweise um die Darstellung von Kaltluftschneisen.[887] Mit dieser Ergänzung des § 5 Abs. 2 Nr. 2 BauGB hat der Gesetzgeber noch einmal die Bedeutung des Flächennutzungsplans als Planungsinstrument der Gemeinden für die Maßnahmen zum Klimaschutz bzw. zur Bewältigung des Klimawandels unterstrichen.[888] Mit der BauGB-Novelle 2013 wurde in § 5 Abs. 2 Nr. 2 d) BauGB weiterhin die Möglichkeit der Darstellung der Ausstattung des Gemeindegebiets mit zentralen Versorgungsbereichen im Flächennutzungsplan gesetzlich niedergelegt. Ziel dieser Neuregelung ist die Schaffung einer Möglichkeit für die um eine bauleitplanerische Einzelhandelssteuerung bemühten Gemeinden, dem regelmäßig als städtebauliches Entwicklungskonzept i.S.v. § 1 Abs. 6 Nr. 11 BauGB erstellten gemeindlichen Einzelhandels- und Zentrenkonzept weiteres Gewicht zu verleihen und die Koordinierungs- und Steuerungsfunktion des Flächennutzungsplans nutzbar zu machen.[889]

bbb) Zulässiger Konkretisierungsgrad für Darstellungen des Flächennutzungsplans

Gemäß § 5 Abs. 1 S. 1 BauGB ist „die sich aus der beabsichtigten städtebaulichen Entwicklung ergebende Art der Bodennutzung nach den voraussehbaren Bedürfnissen der Gemeinde in den Grundzügen darzustellen". Die Regelungen des § 5 Abs. 1 S. 1, Abs. 2 BauGB ziehen der planerischen Freiheit der Gemeinden für die Darstellungsmöglichkeiten des Flächennutzungsplans einen weiten Rahmen.[890] Die Vorgabe „in den Grundzügen" wirkt in zwei Richtungen.[891] Zum einen dürfen die

885 *Finkelnburg/Ortloff/Kment*, a.a.O., Rn. 26.

886 *Finkelnburg/Ortloff/Kment*, a.a.O., Rn. 27.

887 *Battis/Krautzberger/Mitschang/Reidt/Stüer*, NVwZ 2011, 897 (899).

888 Vgl. *Battis/Krautzberger/Mitschang/Reidt/Stüer*, ebenda.

889 So *Uechtritz*, BauR 2013, 1354 (1357 f.), der zugleich gute Argumente gegen die Sinnhaftigkeit der Neuregelung in § 35 Abs. 2 Nr. 2 d) BauGB anführt.

890 *Söfker*, in: Ernst/Zinkahn/Bielenberg/Krautzberger, BauGB, § 5, Rn. 12; BayVGH, Urt. v. 28.05.2008 – 4 BV 07.1981 -, BayVBl. 2009, 245 (246).

891 Siehe zum Folgenden *Demske*, Die Steuerungswirkung des Flächennutzungsplans, S. 62 ff.

Darstellungen nicht hinter den Grundzügen zurückbleiben.[892] Nach der höchstrichterlichen Rechtsprechung dürfen die Darstellungen zwar grobmaschiger als Bebauungsplanfestsetzungen sein.[893] Sie müssten jedoch eine ausreichende Bestimmtheit aufweisen, um einen ausreichenden Rahmen für Konkretisierungen in einem Bebauungsplan und für Planungen anderer Planungsträger bilden zu können.[894] Die Regelung des § 5 Abs. 1 S. 1 zieht für den Inhalt des Flächennutzungsplans sowie die Regelungstiefe und Parzellenschärfe der Darstellungen keine von der planerischen Konzeption losgelösten Grenzen.[895] Sie postuliert nicht das Erfordernis der Abstraktion, sondern die notwendige Bedeutung der Darstellungen über die unmittelbar dargestellten Flächen hinaus für das planerische Gesamtkonzept.[896] Mit Blick auf die Praxis wird in der Literatur darauf hingewiesen, dass mit dem Grad der Detailliertheit des Flächennutzungsplans auch die Häufigkeit notwendiger Änderungen steigt.[897] Konstatiert wird in rechtstatsächlicher Hinsicht, dass die Darstellungen in den Flächennutzungsplänen räumlich und sachlich immer konkreter werden.[898] Die Grobmaschigkeit sei konkreteren Darstellungen gewichen mit der Folge, dass der „parzellenscharfe Flächennutzungsplan nicht mehr die Ausnahme, sondern die Regel"[899] sei.

In der Literatur wurde die Auffassung vertreten, dass sich der Flächennutzungsplan in seinem Grad der Detailierung zurückhalten müsse, wenn § 9 Abs. 1 BauGB für die gleiche oder ähnliche Bodennutzung Festsetzungsmöglichkeiten eröffne.[900] Zwischenzeitlich wurde diese Auffassung von der neueren höchstrichterlichen Rechtsprechung überholt. Das BVerwG hat im Jahre 2005 seine Rechtsprechung zur möglichen Darstellungstiefe von Darstellungen des Flächennutzungsplans weiterentwickelt.[901] Gegenstand des Verfahrens waren Grenzwerte für Geruchsimmissionen im Außenbereich, die die plangebende Gemeinde als Darstellungen in den Flächennutzungsplan aufgenommen hatte.[902] Das BVerwG führte aus, diese Darstellungen seien als Flächen für Nutzungsbeschränkungen i.S.v. § 5 Abs. 2 Nr. 6 Var. 1

---

892 BVerwG, Urt. v. 18.08.2005 – 4 C 13.04 -, BVerwGE 124, 132 (137); *Söfker*, in: Ernst/Zinkahn/Bielenberg/Krautzberger, BauGB, § 5, Rn. 12.

893 BVerwG, Urt. v. 18.02.1994 – 4 C 4.92 -, BVerwGE 95, 123 (125 f.).

894 BVerwG, ebenda.

895 BVerwG, Urt. v. 18.08.2005 – 4 C 13.04 -, BVerwGE 124, 132 (138).

896 *Erbguth/Schubert*, Öffentliches Baurecht, § 5, Rn. 92.

897 *Koppitz/Schwarting*, Der Flächennutzungsplan, Rn. 61.

898 *Runkel*, ZfBR 1999, 298 (301).

899 *Runkel*, ZfBR 1999, 298 (301).

900 *Graf*, BauR 2004, 1552 (1556).

901 BVerwG, Urt. v. 18.08.2005 – 4 C 13.04 -, BVerwGE 124, 132; siehe hierzu *Mitschang*, in: FS-Krautzberger, S. 57 f.; Rojahn, in: Mitschang (Hrsg.), Flächennutzungsplanung – Aufgabenwandel und Perspektiven, S. 103 ff.; *Guckelberger*, DÖV 2006, 973 (979 f.); Gierke, in: Mitschang (Hrsg.), Flächennutzungsplanung – Aufgabenwandel und Perspektiven, S. 202 ff.

902 *Mitschang*, ebenda.

BauGB zulässig.[903] Der Senat wies darauf hin, dass sich bereits aus dem Katalog des § 5 Abs. 2 BauGB die Zulässigkeit solcher Darstellungen ergebe, die nicht weniger detailliert und konkret als Bebauungsplanfestsetzungen seien.[904] Entscheidend sei, dass sich die für die jeweilige Fläche dargestellte Art der Bodennutzung in ein planerisches Konzept für das Gemeindegebiet einfüge.[905] Dienten Darstellungen der planerischen Bewältigung eines in seiner Bedeutung über die unmittelbar betroffenen Flächen hinausgehenden und für das dem Flächennutzungsplan zugrundeliegende gesamträumliche Entwicklungskonzept relevanten Nutzungskonflikts, so zählten sie ungeachtet ihres Bestimmtheitsgrads zu den Grundzügen i.S.d. § 5 Abs. 1 S. 1 BauGB.[906] Umgekehrt folge hieraus, dass die plangebende Gemeinde nicht jeden beliebigen Nutzungskonflikt zur Rechtfertigung detaillierter Darstellungen als für das gemeindliche Entwicklungskonzept relevant überhöhen dürfe.[907] Auch wenn detaillierte und nicht weiter konkretisierungsbedürftige Darstellungen grundsätzlich nicht ausgeschlossen seien, dürften sie die Art der Bodennutzung nur in einzelnen Aspekten betreffen.[908] Im Übrigen sei der Flächennutzungsplan auf die Rahmensetzung für die beabsichtigte städtebauliche Entwicklung beschränkt. Er dürfe im Außenbereich aufgrund des Bestimmtheitsgrads seiner Darstellungen nicht faktisch an die Stelle eines Bebauungsplans treten.[909] Die Art der Bodennutzung dürfe nicht insgesamt mit einer für Bebauungsplanfestsetzungen typischen Detailtreue und Konkretisierung dargestellt werden.[910] Auch sei für die Gewichtung von Darstellungen zu beachten, dass diese nur wirksam seien, wenn sie ihrerseits auf einer gerechten bauleitplanerischen Abwägung beruhten.[911] Handele es sich um grobmaschige Darstellungen, so dürfe die parzellenscharfe Ermittlung und Würdigung der in die Abwägung einzustellenden Belange für den Außenbereich dem Baugenehmigungsverfahren überlassen werden, soweit nicht eine Abgrenzung verschiedenartiger Flächen bereits auf Ebene des Flächennutzungsplans gewollt sei.[912] Gingen Darstellungen des Flächennutzungsplans aber ins Detail, so müsse ihnen eine entsprechend differenziertere Abwägung zugrunde liegen als dies bei nur grobmaschigen Darstellungen der Fall sei.[913] Jedoch zeige sich eine relative

903 BVerwG, Urt. v. 18.08.2005 – 4 C 13.04 -, BVerwGE 124, 132 (138 f.).

904 BVerwG, a.a.O., 138; siehe hierzu *Demske*, Die Steuerungswirkung des Flächennutzungsplans, S. 64.

905 BVerwG, Urt. v. 18.08.2005 – 4 C 13.04 -, BVerwGE 124, 132 (139 f.).

906 BVerwG, a.a.O., 140.

907 BVerwG, ebenda.

908 BVerwG, a.a.O., 142.

909 BVerwG, ebenda.

910 BVerwG, ebenda.

911 BVerwG, a.a.O.,143.

912 BVerwG, a.a.O., 143 f.

913 BVerwG, a.a.O., 143; In diesen Fällen entfaltet der Flächennutzungsplan für die Abwägung nach § 1 Abs. 7 BauGB eine Abschichtungswirkung, siehe *Guckelberger*, DÖV 2006, 973 (980).

Wirkungsschwäche des Flächennutzungsplans darin, dass dieser in wesentlich stärkerem Maße als der Bebauungsplan von den tatsächlichen Entwicklungen im Plangebiet abhängig sei. Infolgedessen könne er an Aussagekraft bei divergierenden tatsächlichen Entwicklungen einbüßen oder diese ganz verlieren.[914] Auch betonte das BVerwG in diesem Verfahren noch einmal, dass die Darstellungen des Flächennutzungsplans – anders als Bebauungsplanfestsetzungen – nicht wie Rechtssätze anwendbar seien.[915]

In der Literatur wurde die Argumentation des BVerwG mit Blick auf detaillierte und auf einer differenzierten Abwägung beruhenden Darstellungen als wenig überzeugend kritisiert.[916] Diese unterschieden sich in ihrer Wirkung nicht von Darstellungen i.S.v. § 35 Abs. 3 S. 3 BauGB. Eine rechtssatzmäßige Wirkung solcher Darstellungen liege nahe.[917] Auch andere Autoren stellten fest, dass durch diese Rechtsprechung des BVerwG das Steuerungspotential für den Außenbereich erheblich gestärkt wurde.[918] So konstatiert eine Literaturstimme, der Flächennutzungsplan bringe für den Außenbereich „geradezu steuernde, ja inzwischen sogar bereits regelnde Wirkungen“[919] mit sich. Entsprechend detaillierte Darstellungen für den Außenbereich seien mit der Durchsetzungskraft von Bebauungsplanfestsetzungen vergleichbar.[920] Auf diese Argumentation wird insbesondere im Hinblick auf die Steuerungswirkung des Flächennutzungsplans für den Außenbereich[921] einzugehen sein.

bb) Funktionen und Steuerungswirkung des Flächennutzungsplans im Rahmen der gemeindlichen Bauleitplanung

Im Folgenden werden die Funktionen und die steuernden Wirkungen des Flächennutzungsplans im Rahmen der gemeindlichen Bauleitplanung in den Blick genommen.

---

914 BVerwG, Urt. v. 18.08.2005 – 4 C 13.04 -, BVerwGE 124, 132 (144).

915 BVerwG, a.a.O., 141, 143.

916 *Gierke*, in: Mitschang (Hrsg.), Flächennutzungsplanung – Aufgabenwandel und Perspektiven, S. 205.

917 *Gierke*, ebenda.

918 *Mitschang*, in: FS-Krautzberger, S. 51; *Mitschang*, LKV 2007 102 (107) weist darauf hin, dass mit dieser Rechtsprechung die Möglichkeit einer stärkeren Maßnahmenbezogenheit des Flächennutzungsplans einhergehe; Rojahn, in: Mitschang (Hrsg.), Flächennutzungsplanung – Aufgabenwandel und Perspektiven, S. 108 f.

919 *Stüer*, BauR 2007, 1495 (1502) unter Bezugnahme auf BVerwG, Urt. v. 18.08.2005 – 4 C 13.04 -, BVerwGE 124, 132 ff.

920 *Mitschang*, ZfBR 2008, 227 (238); *Mitschang*, in: FS-Krautzberger, S. 58.

921 Siehe unten, 4. Teil, C., II., 3.

aaa) Der Flächennutzungsplan als Bodennutzungskonzeption für das gesamte Gemeindegebiet

Die Gemeinde stellt in dem Flächennutzungsplan die Bodennutzungskonzeption für ihr Gebiet dar.[922] Der Flächennutzungsplan dient als „gesamträumliches Entwicklungskonzept“[923], dem eine dreifache Aufgabe zukommt: Umsetzung der übergeordneten Planungen, Steuerung der nachfolgenden Planungen sowie – beispielsweise im Rahmen der Konzentrationszonenplanung nach § 35 Abs. 3 S. 3 BauGB – die unmittelbare Standortbestimmung einzelner Nutzungen.[924] Die Aufgabe des Flächennutzungsplans bei der Umsetzung überörtlicher Planung wird auch als Koordinierungsfunktion[925] bezeichnet. Hierbei kommt dem Flächennutzungsplan auch eine Programmausführungsfunktion bei der Zusammenführung und Ausfüllung der vielfältigen übergeordneten Planungen in der Flächennutzungsplanung zu.[926] Hinsichtlich der Steuerungswirkung für die nachfolgende Planung kann noch einmal die Determinationsfunktion von der Programm- bzw. Programmierungsfunktion des Flächennutzungsplans unterschieden werden.[927] Mit dem Begriff

922 *Muckel/Ogorek*, Öffentliches Baurecht, § 5, Rn. 6.

923 BVerwG, Urt. v. 22.05.1987 – 4 C 57.84 -, BVerwGE 77, 300 (304); Urt. v. 21.10.1999 – 4 C 1.99 -, BVerwGE 109, 371 (376).

924 *Mitschang*, in: Battis/Krautzberger/Löhr, BauGB, § 5, Rn. 4; *Muckel*/Ogorek Öffentliches Baurecht, § 5, Rn. 6.

925 Vgl. *W. Schrödter*, in: Schrödter, BauGB, § 5, Rn. 4 unter Bezugnahme auf BVerwG, Urt. v. 21.10.1999 – 4 C 1.99 -, BVerwGE 109, 371 (376 f.). Das BVerwG spricht hier insbesondere mit Blick auf § 7 BauGB von einer Koordinierungsfunktion des Flächennutzungsplans. Siehe zur Koordinierungsfunktion des Flächennutzungsplans auch *Mitschang*, in: Battis/Krautzberger/Löhr, BauGB, § 5, Rn. 6, der darauf hinweist, dass sich bei der Zusammenführung der vielfältigen übergeordneten Planungen in der Flächennutzungsplanung oftmals die Notwendigkeit ergeben werde, „bislang unausgetragene Zielkonflikte abzuarbeiten“. Soweit die vorrangige Planung es räumlich bei der Festlegung bestimmter Gemeinden oder Gemeindeteile belasse, erfülle der Flächennutzungsplan mit der Festlegung des genauen Standorts bestimmter Anlagen oder Flächen eine Allokationsfunktion. Soweit ein solcher Spielraum nicht verbleibe, komme dem Flächennutzungsplan „immerhin noch eine Informationsfunktion zu“. Siehe zum Verhältnis zwischen Flächennutzungsplan und überörtlicher Planung auch unten, 4. Teil, I. und III.

926 *Schimanke*, DVBl. 1979, 616 (621) zum Begriff der Programmausführungsfunktion. Siehe auch *Mitschang*, ebenda, der in einer Überschrift ebenfalls den Terminus „Programmausführung“ verwendet.

927 Vgl. *W. Schrödter*, in: Schrödter, BauGB, § 5, Rn. 4 unter Bezugnahme auf BVerwG, Urt. v. 21.10.1999 – 4 C 1.99 -, BVerwGE 109, 371 ff. *W. Schrödter* spricht von der „Programmfunktion“ während das BVerwG den Terminus „Programmierungsfunktion“ verwendet. Das BVerwG führt wörtlich aus, dass die „in § 5 Abs. 1 BauGB selbst enthaltene Programmierungsfunktion (...) durch das Entwicklungsgebot im Sinne einer Determinierung den Inhalt der Festsetzungen des rechtsver-

Determinationsfunktion wird die Wirkung des Entwicklungsgebots[928] gemäß § 8 Abs. 2 BauGB beschrieben. Hingegen wird mit dem Begriff Programm- bzw. Programmierungsfunktion auf die dem Flächennutzungsplan immanente Weichenstellung für die zukünftigen städtebaulichen Aufgaben der Gemeinde abgestellt.[929] Schließlich erfüllt der Flächennutzungsplan mit der Festlegung bestimmter Standorte in der Gemeinde – so insbesondere mit der Darstellung von Konzentrationszonen gemäß § 35 Abs. 3 S. 3 BauGB – auch eine Allokationsfunktion.[930]

Die Bedeutung des Flächennutzungsplans geht über die Frage der künftigen Bebauung der Grundstücke hinaus. Gemäß § 1 Abs. 1 BauGB soll die Bauleitplanung neben der baulichen auch die „sonstige" Nutzung der Grundstücke in der Gemeinde nach Maßgabe des BauGB vorbereiten und leiten. Entsprechend setzt der Flächennutzungsplan im Sinne eines das gesamte Gemeindegebiet umfassenden Bodennutzungskonzeptes[931] nach den bestehenden städtebaulichen Entwicklungsvorstellungen den Rahmen für die künftige Bodennutzung im Gemeindegebiet.[932] Dem Flächennutzungsplan kommt die „maßgebende Leitfunktion in der städtebaulichen Entwicklung"[933] zu.

bindlichen Bebauungsplans steuern (vgl. § 8 Abs. 2 Satz 1 BauGB)" solle, siehe BVerwG, Urt. v. 21.10.1999 – 4 C 1.99 -, BVerwGE 109, 371 (376).

928 Siehe zum Entwicklungsgebot auch unten 4. Teil, C., II., 1., a), bb), bbb), (1); zum Teil wird aber auch das Entwicklungsgebot des § 8 Abs. 2 BauGB als Beispiel für die Programmierungsfunktion herangezogen (ohne Unterscheidung einer darüber hinausgehenden Determinationsfunktion, siehe *Mitschang*, in: Battis/Krautzberger/Löhr, BauGB, § 5, Rn. 1, der darauf hinweist, dass der mit dem BauROG 1998 einhergegangene Wegfall der Genehmigungs- oder Anzeigepflicht für aus dem Flächennutzungsplan entwickelte Bebauungspläne (siehe hierzu unten, 4. Teil, C., II., 1., a), bb), bbb), (6)) die Programmierungsfunktion des Flächennutzungsplans erheblich gestärkt habe.

929 *W. Schrödter*, in: Schrödter, BauGB, § 5, Rn. 4.

930 *Mitschang*, in: Battis/Krautzberger/Löhr, BauGB, § 5, Rn. 6; *W. Schrödter*, in: Schrödter, BauGB, § 5, Rn. 4; siehe zum Begriff Allokationsfunktion schon *Schimanke*, DVBl. 1979, 616 (621).

931 Nach *Appel*, in: Koch/Hendler, Baurecht, § 14, Rn. 3 hat der Flächennutzungsplan „die Aufgabe der übergreifenden Gesamtplanung der Bodennutzung".

932 *Mitschang*, LKV 2007, 102 (103); *Mitschang*, in: Battis/Krautzberger/Löhr, BauGB, § 5, Rn. 7 führt aus, dass der Flächennutzungsplan „zwar auf die Bodennutzung beschränkt ist, in seinen Wirkungen jedoch weit über Bodennutzungsaspekte hinaus in den kommunalpolitisch beeinflussbaren sozialen, ökologischen und wirtschaftlichen Bereich hinein Folgewirkungen auslöst".

933 BVerwG, Urt. v. 21.10.1999 – 4 C 1.99 -, BVerwGE 109, 371 (377).

bbb) Insbesondere: Die Determinationsfunktion des Flächennutzungsplans gemäß § 8 Abs. 2 BauGB

Wie eben[934] aufgezeigt, kommt dem Flächennutzungsplan für die Aufstellung der Bebauungspläne über das Entwicklungsgebot des § 8 Abs. 2 BauGB eine Determinationsfunktion[935] zu. Neben dem Grundsatz des Entwicklungsgebots gemäß § 8 Abs. 2 S. 1 BauGB werden Umfang und Grenzen dieser Determinationsfunktion auch durch das Instrument des selbständigen Bebauungsplans gemäß § 8 Abs. 2 S. 2 BauGB, das in § 8 Abs. 3 BauGB vorgesehene Parallelverfahren sowie der Möglichkeit zur Aufstellung eines vorzeitigen Bebauungsplans nach § 8 Abs. 4 BauGB bestimmt. Weiterhin sind im Folgenden die Auswirkungen der Einführung des beschleunigten Verfahrens gemäß § 13a Abs. 2 Nr. 2 BauGB und die Abschaffung der Anzeigepflicht für die aus dem Flächennutzungsplan entwickelten Bebauungspläne hinsichtlich ihrer Konsequenzen für die Determinationsfunktion des Flächennutzungsplans in den Blick zu nehmen.

(1) Der Grundsatz des Entwicklungsgebots gemäß § 8 Abs. 2 S. 1 BauGB

Gemäß § 8 Abs. 2 S. 1 BauGB sind Bebauungspläne grundsätzlich aus dem Flächennutzungsplan zu entwickeln.[936] Dieses Entwicklungsgebot[937] gilt sowohl für einfache als auch für qualifizierte Bebauungspläne.[938] Beurteilungszeitpunkt für die Frage, ob der Bebauungsplan i.S.v. § 8 Abs. 2 S. 1 BauGB aus dem Flächennutzungsplan entwickelt wurde, ist der Zeitpunkt des Inkrafttretens des Bebauungsplans gemäß § 10 Abs. 3 S. 4 BauGB.[939]

Gesetzgeberisches Ziel der durch das Entwicklungsgebot verbundenen zweistufigen Bauleitplanung ist das Anhalten der Gemeinde zur Steuerung ihrer städtebaulichen Entwicklung auf Grundlage einer in sich stimmigen Grundkonzeption für das gesamte Gemeindegebiet.[940] Dem Entwicklungsgebot liegt die – am Idealbild der auf einer Stufenfolge beruhenden Raumplanung[941] orientierte –

---

934 Siehe 4. Teil, C., II., 1., a), bb), aaa).

935 *W. Schrödter*, in: Schrödter, BauGB, § 5, Rn. 4.

936 Allerdings unterliegen planfeststellungsersetzende Bebauungspläne für Bundesfern- oder Landesstraßen nicht dem Entwicklungsgebot, sondern sind an die straßenrechtlichen Linienbestimmungen gekoppelt, siehe hierzu *Schiller*, in Bracher/Reidt/Schiller, Bauplanungsrecht, Rn. 201; *Runkel*, in: Ernst/Zinkahn/Bielenberg/Krautzberger, BauGB, § 8, Rn. 24.

937 Siehe zu dieser Bezeichnung für die Grundregel des § 8 Abs. 2 S. 1 BauGB *Muckel/Ogorek* Öffentliches Baurecht, § 5, Rn. 21.

938 *Mitschang*, in: FS-Krautzberger, S. 51.

939 BVerwG, Urt. v. 29.09.1978 – IV C 30.76 -, BVerwGE 56, 283 (286); *Schiller*, in Bracher/Reidt/Schiller, Bauplanungsrecht, Rn. 209.

940 BVerwG, Beschl. v. 03.10.1984 – 4 N 4.84 -, BVerwGE 70, 171 (177).

941 *Schiller*, in Bracher/Reidt/Schiller, Bauplanungsrecht, Rn. 202 führt aus, das zweistufige Verhältnis von Flächennutzungsplan und Bebauungsplan entspreche „dem

Vorstellung des Gesetzgebers von der grundsätzlichen planerischen Priorität des Flächennutzungsplans gegenüber dem Bebauungsplan zugrunde.[942] Das durch § 8 Abs. 2 S. 1 BauGB geprägte Stufenverhältnis der Bauleitpläne[943] hat formelle und materielle Aspekte[944], die sich in einer zeitlichen und sachlichen Priorität des Flächennutzungsplans niederschlagen.[945] Unter formellen Gesichtspunkten muss im Grundsatz der Flächennutzungsplan als erste Planungsstufe vor dem Bebauungsplan aufgestellt worden sein.[946] Unter materiellen Gesichtspunkten gilt, dass der Bebauungsplan aus dem Flächennutzungsplan zu entwickeln ist.[947] Das Entwicklungsgebot kann darüber hinaus auch unter den zwei folgenden Blickwinkeln betrachtet werden: Einerseits bringt das Entwicklungsgebot durch die Determinationsfunktion des Flächennutzungsplans Elemente rechtlicher Bindungen mit sich.[948] Andererseits ermöglicht es – durch die weitere Konkretisierung der Vorgaben des Flächennutzungsplans in den Bebauungsplanfestsetzungen – auch planerische Gestaltung.[949] So folgt aus dem prognostischen Charakter des Flächennutzungsplans und der Grobmaschigkeit seiner Darstellungen sowie der Größe des Plangebiets, dass § 8 Abs. 2 S. 1 BauGB nicht nur die Präzisierung und Ausfüllung der Darstellungen des Flächennutzungsplans durch die Bebauungsplanfestsetzungen erlaubt.[950] Vielmehr bringt das Entwicklungsgebot auch Elemente planerischer Freiheit mit sich.[951] So kann die Gemeinde durch eine engere oder weitere Fassung der Darstellungen des Flächennutzungsplans auch die Bindungskraft des Flächennutzungsplans selbst variieren.[952] Zum anderen kommt die planerische Freiheit in der in einem gewissen Rahmen gegebenen Möglichkeit zum Ausdruck, mit den Festsetzungen des Bebauungsplans von den Darstellungen des

---

Idealbild der Raumplanung, das auf einer Stufenfolge der Planung basiert, die sich vom jeweils größeren Raum stufenweise bis zur Nutzungsregelung für ein einzelnes Grundstück konkretisiert".

942 *Mitschang*, in: Battis/Krautzberger/Löhr, BauGB, § 5, Rn. 2.

943 *Mitschang*, in: FS-Krautzberger, S. 51.

944 BVerwG, Urt. v. 28.02.1975 – IV C 74.72 -, BVerwGE 48, 70 (78) zu § 8 Abs. 2 S. 1 BBauG. Das BVerwG führt aus, dass das Verhältnis von Flächennutzungsplan und Bebauungsplan darüber hinaus durch § 1 Abs. 2 und §§ 5,8,9,10 BBauG geprägt sei.

945 *Mitschang*, in: FS-Krautzberger, S. 51.

946 BVerwG, Urt. v. 28.02.1975 – IV C 74.72 -, BVerwGE 48, 70 (78); *Finkelnburg*, in: FS-Weyreuther, S. 113; *Rinsdorf*, Der Flächennutzungsplan als Steuerungsinstrument der Gemeinde, S. 97.

947 BVerwG, ebenda; Finkelnburg, a.a.O., S. 114; Der Flächennutzungsplan als Steuerungsinstrument der Gemeinde, S. 97.

948 *Runkel*, ZfBR 1999, 298 (300).

949 *Runkel*, ebenda.

950 *Schiller*, in Bracher/Reidt/Schiller, Bauplanungsrecht, Rn. 203.

951 *Schiller*, ebenda; *Finkelnburg*, in: FS-Weyreuther, S. 115; BVerwG, Urt. v. 28.02.1975 – IV C 74.72 -, BVerwGE 48, 70 (74).

952 *Finkelnburg*, in: FS-Weyreuther, S. 115.

Flächennutzungsplans abzuweichen, ohne dass dies zwingend zu einem Verstoß gegen das Entwicklungsgebot des § 8 Abs. 2 S. 1 BauGB führt.[953] Das BVerwG weist darauf hin, dass in § 8 Abs. 2 S. 1 BauGB nicht davon die Rede sei, der „Bebauungsplan sei ‚in Übereinstimmung' mit oder ‚gemäß' dem Flächennutzungsplan zu erlassen"[954]. Der von dem Gesetzgeber gewählte Rechtsbegriff „Entwickeln" gewährleiste die „gestalterische Freiheit, über ein Ausfüllen des Vorgeplanten hinaus in dessen [dem] Rahmen [des Flächennutzungsplans] eigenständig zu planen"[955]. Die Möglichkeit der Abweichung setze voraus, dass die Grundzüge des Flächennutzungsplans nicht berührt werden und die ihm zugrundeliegende Konzeption schlüssig bleibe.[956]

Die Frage, wann der so gezogene Rahmen überschritten wird, entscheidet sich nach der Rechtsprechung und Teilen der Literatur anhand der konkreten Umstände des Einzelfalls.[957] Hierbei sei auf das objektive Verhältnis des Bebauungsplans zum Flächennutzungsplan abzustellen und nicht auf die subjektiven Vorstellungen der Mitglieder der beschließenden Vertretungskörperschaft.[958] Ein genereller und abstrakter Maßstab sei nicht vorhanden.[959] Auch räumlich eng begrenzte Abweichungen könnten das Entwicklungsgebot verletzen, wenn das zugrundeliegende Konzept des Flächennutzungsplans hierdurch unterlaufen werde.[960] Andere Literaturstimmen konstatieren eine tendenziell eher großzügige Handhabung des Entwicklungsgebots in der Rechtsprechung.[961] Teilweise wird auch versucht, abstrakte Kriterien für die Verletzung des Entwicklungsgebots zu postulieren.[962] So könne die Festsetzung des Bebauungsplans als aus dem Flächennutzungsplan entwickelt gelten, wenn sie zu der für diesen Bereich in dem Flächennutzungsplan gewählten und einer der Kategorien des § 5 Abs. 2 BauGB zuordenbaren Darstellungskategorien gehöre.[963] In einer solchen Konstellation komme Festsetzung und Darstellung die gleiche Nutzungsqualität zu.[964] Für den Fall, dass die Festsetzungen des Bebauungsplans

---

953 *Schiller*, in Bracher/Reidt/Schiller, Bauplanungsrecht, Rn. 203.

954 BVerwG, Urt. v. 28.02.1975 – IV C 74.72 -, BVerwGE 48, 70 (74).

955 BVerwG, ebenda.

956 BVerwG, a.a.O., 74 f.; BVerwG, Beschl. v. 12.02.2003 – 4 BN 9.03 -, NVwZ-RR 2003, 406.

957 BVerwG, Urt. v. 28.02.1975 – IV C 74.72 -, BVerwGE 48, 70 (75).

958 *Gierke*, in: Brügelmann, BauGB, § 8, Rn. 95.

959 BVerwG, Urt. v. 28.02.1975 – IV C 74.72 -, BVerwGE 48, 70 (75).

960 *Rinsdorf*, Der Flächennutzungsplan als Steuerungsinstrument der Gemeinde, S. 98.

961 *W. Schrödter*, in Schrödter, BauGB, § 8, Rn. 18.

962 Siehe z.B. *Runkel*, ZfBR 1999, 298 (302), der aus der Rechtsprechung „trotz ihrer Einzelfallbezogenheit und trotz spürbarer unterschiedlicher Wertungsmaßstäbe" einen abstrakten Kriterienkatalog schöpft.

963 *Rinsdorf*, Der Flächennutzungsplan als Steuerungsinstrument der Gemeinde, S. 99.

964 *Rinsdorf*, ebenda.

einer anderen Kategorie des § 5 Abs. 2 BauGB als die zugrundeliegende Darstellung zuzuordnen wären, wird zum Teil von vornherein die Verletzung des Entwicklungsgebots angenommen.[965] Nach h.M. in Literatur und Rechtsprechung soll es aber ausreichen, wenn die im Bebauungsplan festgesetzte Gebietsart mit dem im Flächennutzungsplan dargestellten Gebietstyp artverwandt ist und die Festsetzung die seit Inkrafttreten des Flächennutzungsplans eingetretenen tatsächlichen Entwicklungen widerspiegelt.[966]

Grundsätzlich führt der Verstoß gegen das Entwicklungsgebot des § 8 Abs. 2 S. 1 BauGB zur Unwirksamkeit des Bebauungsplans.[967] Allerdings wird aus der Unbeachtlichkeitsklausel des § 214 Abs. 2 Nr. 2 BauGB deutlich, dass das Entwicklungsgebot verletzt sein kann, ohne dass die sich aus dem Flächennutzungsplan ergebende geordnete städtebauliche Entwicklung beeinträchtigt ist.[968] Führt der Verstoß gegen das Entwicklungsgebot nicht zu einer Beeinträchtigung der sich aus dem Flächennutzungsplan ergebenden geordneten städtebaulichen Entwicklung, so ist der Verstoß gemäß § 214 Abs. 2 Nr. 2 BauGB unbeachtlich.[969] Für die Beantwortung der Frage nach der Verletzung des Entwicklungsgebots des § 8 Abs. 2 S. 1 BauGB ist auf die planerische Konzeption des Flächennutzungsplans für den „engeren Bereich des Bebauungsplans“[970] abzustellen.[971] Für die Beantwortung der Frage, ob ein solcher Verstoß die sich aus dem Flächennutzungsplan ergebende geordnete städtebauliche Entwicklung beeinträchtigt und damit gemäß § 214 Abs. 2 Nr. 2 BauGB beachtlich ist, ist hingegen die Flächennutzungsplankonzeption für „den größeren Raum, d.h. für das gesamte Gemeindegebiet oder einen über das Bebauungsplangebiet hinausreichenden Ortsteil in den Blick zu nehmen“[972]. Voraussetzung für die Anwendung der Unbeachtlichkeitsklausel des § 214 Abs. 2 Nr. 2 BauGB ist, dass die Gemeinde dem Entwicklungsgebot eigentlich entsprechen will und der Verstoß nicht bewusst gewollt ist.[973] Greift die Unbeachtlichkeitsklausel des § 214 Abs. 2 Nr. 2 BauGB, so macht der Verstoß gegen das Entwicklungsgebot den Bebauungsplan nicht genehmigungspflichtig nach § 10 Abs. 2 BauGB.[974]

---

965 *Menger*, VerwArch 71 (1980), 87 (89).

966 VGH BW, Urt. v. 18.09.1998 – 8 S 290/98 -, BRS Bd. 60 Nr. 9, S. 36 f.; *Rinsdorf*, Der Flächennutzungsplan als Steuerungsinstrument der Gemeinde, S. 100; *Runkel*, in: Ernst/Zinkahn/Bielenberg/Krautzberger, BauGB, § 8, Rn. 39.

967 *Schiller*, in Bracher/Reidt/Schiller, Bauplanungsrecht, Rn. 212.

968 BVerwG, Urt. v. 26. 2. 1999 – 4 CN 6.98 -, NVwZ 2000, 197 (198).

969 *Schiller*, in Bracher/Reidt/Schiller, Bauplanungsrecht, Rn. 212.

970 BVerwG, Urt. v. 26. 2. 1999 – 4 CN 6.98 -, NVwZ 2000, 197 (198).

971 BVerwG, ebenda.

972 BVerwG, ebenda.

973 *Schiller*, in Bracher/Reidt/Schiller, Bauplanungsrecht, Rn. 212.; *Runkel*, ZfBR 1999, 298 (302).

974 *Schiller*, ebenda; *Runkel*, ebenda.

Die Literatur führt zu § 214 Abs. 2 Nr. 2 BauGB aus, die Regelung verdeutliche, dass es bei der Entwicklung des Bebauungsplans im Kern um eine Konkretisierung der in den Darstellungen des Flächennutzungsplans niedergelegten geordneten städtebaulichen Entwicklung gehe.[975] So werde einerseits klar, dass die Entwicklung des Bebauungsplans aus dem Flächennutzungsplan Anforderungen über die Einhaltung der sich aus dem Flächennutzungsplan ergebenden geordneten städtebaulichen Entwicklung hinaus stelle.[976] Andererseits mache § 214 Abs. 2 Nr. 2 BauGB deutlich, dass der Gesetzgeber in erster Linie die dargestellte geordnete städtebauliche Entwicklung gewahrt sehen möchte und den plangebenden Gemeinden einen weiten Rahmen vorgebe, innerhalb dessen sie sich auch bei einer mit der Konkretisierung möglicherweise einhergehenden Verletzung des Entwicklungsgebots sanktionslos bewegen könnten.[977]

Auch die Entwicklung des Bebauungsplans aus einem unwirksamen Flächennutzungsplan verstößt grundsätzlich gegen das Entwicklungsgebot des § 8 Abs. 2 S. 1 BauGB.[978] Allerdings kann ausnahmsweise der aus einem unwirksamen Flächennutzungsplan entwickelte Bebauungsplan im Einzelfall als vorzeitiger Bebauungsplan i.S.d. § 8 Abs. 4 wirksam sein.[979] Grundsätzlich kann die Gemeinde dem Entwicklungsgebot des § 8 Abs. 2 S. 1 BauGB bei Fehlen eines wirksamen Flächennutzungsplans nicht nachkommen.[980] Etwas anderes gilt nach § 214 Abs. 2 Nr. 3 BauGB dann, wenn die Unwirksamkeit des Flächennutzungsplans auf der Verletzung von Verfahrens- und Formvorschriften einschließlich des § 6 BauGB beruht und sich erst nach Bekanntmachung des Bebauungsplans herausstellt. Hingegen infiziert ein aus anderen Gründen unwirksamer Flächennutzungsplan auch die Wirksamkeit des Bebauungsplans.[981] So kann nach der Rechtsprechung des BVerwG ein ursprünglich der Pflicht zur Anpassung an die Ziele der Raumordnung gemäß § 1 Abs. 4 BauGB genügender Flächennutzungsplan dann nicht als Grundlage des Entwicklungsgebots gemäß § 8 Abs. 2 S. 1 BauGB dienen, wenn die betreffende Darstellung des Flächennutzungsplans den zwischenzeitlich geänderten Zielen der Raumordnung widerspricht.[982] Das BVerwG führt aus, dass das Entwicklungsgebot des § 8 Abs. 2 S. 1 BauGB mit Blick auf die Pflicht zur Anpassung der Bauleitpläne an die Ziele der Raumordnung gemäß § 1 Abs. 4 BauGB teleologisch und systematisch

975 *Finkelnburg*, in: FS-Weyreuther, S. 115.
976 *Finkelnburg*, ebenda.
977 *Finkelnburg*, ebenda; *Demske*, Die Steuerungswirkung des Flächennutzungsplans S. 191 f.
978 *Rinsdorf*, Der Flächennutzungsplan als Steuerungsinstrument der Gemeinde, S. 103.
979 BVerwG, Beschl. v. 18.12.1991 – 4 N 2.89 -, NVwZ 1992, 882 (883) zu § 8 BBauG, siehe zum vorzeitigen Bebauungsplan unten 4. Teil, C., II., 1., a), bb), bbb), (4).
980 BVerwG, Beschl. v. 18.12.1991 – 4 N 2.89 -, NVwZ 1992, 882 (883).
981 *W. Schrödter*, in Schrödter, BauGB, § 8, Rn. 19.
982 BVerwG, Urt. v. 30.01.2003 – 4 CN 14.01 -, BVerwGE 117, 351 (356); hierzu W. *Schrödter*, ebenda.

einschränkend dahingehend auszulegen sei, dass eine Leitfunktion nur solchen Darstellungen des Flächennutzungsplans zukommen könne, die bindenden Zielen der Raumordnung nicht widersprechen. Andernfalls gerieten § 1 Abs. 4 BauGB und § 8 Abs. 2 S. 1 BauGB unauflösbar in Widerspruch.[983] In der Literatur wird in diesem Zusammenhang darauf hingewiesen, dass § 1 Abs. 4 BauGB – anders als § 8 Abs. 2 S. 1 BauGB – nicht Ausdruck der Selbstbindung der Plangeberin innerhalb der Planungsebene ist. Vielmehr gründe die Pflicht zur Anpassung gemäß § 1 Abs. 4 BauGB auf der normativen Bindungswirkung einer höherrangigen Planungsnorm, die sich auf die Planungshoheit eines – innerhalb des hierarchisch und föderal aufgebauten Planungssystems verorteten – anderen Planungsträgers stütze.[984] Daher gehe § 1 Abs. 4 BauGB dem Entwicklungsgebot des § 8 Abs. 2 S. 1 BauGB vor.[985]

Gemäß § 215 Abs. 1 Nr. 2 BauGB werden auch die nach § 214 Abs. 2 BauGB beachtlichen Verstöße gegen die Vorschriften über das Verhältnis zwischen Bebauungsplan und Flächennutzungsplan unbeachtlich, wenn sie nicht ein Jahr seit Bekanntmachung „des Flächennutzungsplans oder der Satzung schriftlich gegenüber der Gemeinde“ gerügt worden sind.

(2) Der selbständige Bebauungsplan gemäß § 8 Abs. 2 S. 2 BauGB

Mit Blick auf die Grenzen der Determinationsfunktion des Flächennutzungsplans ist auch die Vorschrift des § 8 Abs. 2 S. 2 BauGB in den Blick zu nehmen. Diese Regelung sieht für Ausnahmefälle die Zulässigkeit einer einstufigen Bauleitplanung vor.[986] Danach ist ein Flächennutzungsplan dann nicht erforderlich, wenn die städtebauliche Entwicklung auf Grundlage des Bebauungsplans ausreichend geordnet werden kann. Der selbständige Bebauungsplan muss zwar die städtebauliche Entwicklung für das gesamte Gemeindegebiet ordnen können.[987] Er muss aber nicht das gesamte Gemeindegebiet abdecken.[988] Anders als ein gemäß § 8 Abs. 2 S. 1 aus dem Flächennutzungsplan entwickelter Bebauungsplan bedarf ein selbständiger Bebauungsplan i.S.d. § 8 Abs. 2 S. 2 BauGB gemäß § 10 Abs. 2 S. 1 Var. 1 BauGB der Genehmigung der höheren Verwaltungsbehörde. Geordnet i.S.d. § 8 Abs. 2 S. 2 BauGB ist die städtebauliche Entwicklung dann, wenn der Bebauungsplan eine an den Planungsgrundsätzen und Planungsleitlinien des § 1 Abs. 5 und Abs. 6 BauGB orientierte Entwicklung gewährleistet.[989] Ein selbständiger Bebauungsplan kommt aufgrund der genannten Anforderungen nur in engen Ausnahmekonstellationen in Betracht.[990]

983 BVerwG, a.a.O., 357.
984 *Spannowsky*, ZfBR 2015, 445 (448).
985 *Spannowsky*, ebenda.
986 *Schiller*, in Bracher/Reidt/Schiller, Bauplanungsrecht, Rn. 214.
987 *Muckel*/Ogorek, Öffentliches Baurecht, § 5, Rn. 22.
988 *Muckel*/Ogorek, ebenda.
989 *Schiller*, in Bracher/Reidt/Schiller, Bauplanungsrecht, Rn. 214.
990 *Runkel*, in: Ernst/Zinkahn/Bielenberg/Krautzberger, BauGB, § 8, Rn. 41; *Petz*, in: Spannowsky/Uechtritz, BeckOK BauGB, § 8, Rn. 37.

Zu denken ist hier an kleinere Gemeinden[991] und Gebiete mit abgeschlossener oder geringer Siedlungstätigkeit[992]. In der Literatur wird der selbständige Bebauungsplan als konsequente Fortführung des Grundanliegens des Entwicklungsgebots – die Gewährleistung der geordneten städtebaulichen Entwicklung auf Grundlage einer planerischen Gesamtkonzeption – eingeordnet.[993] Daher sei der selbständige Bebauungsplan im Kern keine Ausnahme von dem Entwicklungsgebot, sondern eine Ausnahme von dem Grundsatz der zweistufigen Bauleitplanung.[994] Gemäß § 214 Abs. 2 Nr. 1 Var. 1 BauGB ist es bei Aufstellung eines selbständigen Bebauungsplans für die Rechtswirksamkeit des Plans unbeachtlich, wenn die Plangeberin die Voraussetzungen des § 8 Abs. 2 S. 2 BauGB nicht richtig beurteilt hat. Auch hier gilt für die Mängelrüge die Jahresfrist des § 215 Abs. 1 S. 1 BauGB.

Nach der höchstrichterlichen Rechtsprechung sind für die Fehlerhaftigkeit der Beurteilung i.S.d. § 214 Abs. 2 Nr. 1 BauGB nicht subjektive, sondern objektive Kriterien entscheidend.[995] Daher greife die Unbeachtlichkeitsklausel auch dann, wenn die Plangeberin keine oder fehlerhafte Überlegungen zu den Voraussetzungen des § 8 Abs. 2 S. 2 BauGB angestellt hat, diese objektiv aber vorliegen.[996] Soweit der Gesetzgeber darauf abstelle, dass die Anforderungen nicht richtig beurteilt worden seien, solle hiermit verhindert werden, dass ein bewusster Verstoß durch die Plangeberin unbeachtlich werde.[997] In der Literatur wird diese Rechtsprechung mit dem Hinweis kritisiert, die Regelung laufe bei dieser Auslegung weitgehend ins Leere. Wenn sich die Gemeinde nicht mit den Voraussetzungen des § 8 Abs. 2 S. 2 BauGB auseinandersetze, fehle es an einem Beurteilungsvorgang, der folglich nicht – auch nicht objektiv – fehlerhaft sein könne.[998] Auch werde in der Praxis ein bewusster Rechtsverstoß kaum Eingang in die Aufstellungsvorgänge erhalten und damit regelmäßig nicht nachweisbar sein.[999]

(3) Das Parallelverfahren gemäß § 8 Abs. 3 BauGB

Auch das Parallelverfahren gemäß § 8 Abs. 3 BauGB begrenzt die Determinationsfunktion des Flächennutzungsplans. Wie oben aufgezeigt, kommt das Stufenverhältnis der Bauleitpläne auch in der grundsätzlichen zeitlichen Priorität des

---

991 *Schiller*, in Bracher/Reidt/Schiller, Bauplanungsrecht, Rn. 214.

992 *Runkel*, in: Ernst/Zinkahn/Bielenberg/Krautzberger, BauGB, § 8, Rn. 41.

993 *Petz*, in: Spannowsky/Uechtritz, BeckOK BauGB, § 8, Rn. 31.

994 *Petz*, a.a.O., Rn. 32.

995 BVerwG, Urt. v. 14.12.1984 – 4 C 54.81 -, NVwZ 1985, 745 (746 f.) zu § 155b Abs. 1 S. 1 Nr. 5 BBauG, der inhaltlich mit § 214 Abs. 2 Nr. 1 BauGB übereinstimmt; kritisch zu dieser Rechtsprechung: *Sennekamp*, in: Brügelmann, BauGB, § 214, Rn. 89.

996 BVerwG, a.a.O., 746 f.

997 BVerwG, a.a.O., 747.

998 *Dürr*, in: Brügelmann, BauGB, § 214, Rn. 55; *Uechtritz*, in: Spannowsky/Uechtritz, BeckOK BauGB, § 214, Rn. 81.

999 *Uechtritz*, ebenda

Flächennutzungsplans zum Ausdruck.[1000] Dieser Grundsatz wird durch die Möglichkeit des Parallelverfahrens gemäß § 8 Abs. 3 BauGB modifiziert.[1001] Nach 8 Abs. 3 S. 1 BauGB kann gleichzeitig mit der Aufstellung, Änderung, Ergänzung oder Aufhebung eines Bebauungsplans auch der Flächennutzungsplan aufgestellt, geändert oder ergänzt werden. Lässt der Stand der Planungsarbeiten die Annahme zu, dass der Bebauungsplan aus den künftigen Darstellungen des Flächennutzungsplans entwickelt sein wird, so kann der Bebauungsplan gemäß § 8 Abs. 3 S. 2 BauGB vor dem Flächennutzungsplan bekannt gemacht werden. Darüber hinausgehende besondere Voraussetzungen für das Parallelverfahren nennt das Gesetz nicht.[1002] Es ist unerheblich, welches der beiden Bauleitplanverfahren zuerst begonnen wurde.[1003] Das Parallelverfahren kommt beispielsweise in Betracht, wenn ein Flächennutzungsplan noch nicht besteht oder wenn ein bestehender Flächennutzungsplan einer dringenden Bebauungsplanänderung entgegensteht und zur Änderung des Flächennutzungsplans vor Inkrafttreten des geänderten Bebauungsplans nicht ausreichend Zeit ist.[1004] Nach der Rechtsprechung müssen Flächennutzungsplan und Bebauungsplan im Parallelverfahren nicht gleichzeitig im Sinne eines zeitlichen Gleichlaufs aller Verfahrensschritte aufgestellt werden.[1005] Allerdings scheide ein Parallelverfahren aus, wenn der Aufstellungsbeschluss für den Flächennutzungsplan oder seine Änderung erst nach Satzungsbeschluss für den Bebauungsplan gefasst werde.[1006] Die einzelnen Abschnitte der Aufstellungsverfahren müssten sich zweckangemessen zeitlich aufeinander beziehen und im Fortgang der Verfahren eine Entwurfsabstimmung möglich und gewollt sein.[1007] Die beiden Planungsstufen müssen in diesem Sinne miteinander verzahnt sein.[1008] Soll der Bebauungsplan vor dem Flächennutzungsplan bekannt gemacht werden, so muss gemäß § 8 Abs. 3 S. 2 BauGB nach Stand der Planungsarbeiten anzunehmen sein, dass der Bebauungsplan aus den künftigen Darstellungen des Flächennutzungsplans entwickelt sein wird. Dies ist nicht anhand des Verfahrensstands, sondern inhaltlich zu bestimmen und zu bejahen, wenn die Situation für das Bebauungsplangebiet ausreichend geklärt ist. Hierfür können die Kriterien der Planreife gemäß § 33 Abs. 1 Nr. 2 BauGB – die

1000 Siehe oben 4. Teil, C., II., 1., a), bb), bbb), (1).

1001 Vgl. *Schiller*, in Bracher/Reidt/Schiller, Bauplanungsrecht, Rn. 231.

1002 *Muckel*/Ogorek Öffentliches Baurecht, § 5, Rn. 23.

1003 *Schiller*, in Bracher/Reidt/Schiller, Bauplanungsrecht, Rn. 233. *Schiller* weist darauf hin, dass auch Konstellationen vorkommen können, in denen ursprünglich ein Parallelverfahren nicht beabsichtigt war, aber ein bereits eingeleitetes Verfahren für den Flächennutzungsplan oder seine Änderungen durch das Aufstellungsverfahren eingeholt wird.

1004 *Muckel*/Ogorek Öffentliches Baurecht, § 5, Rn. 23.

1005 BVerwG, Beschl. v. 03.10.1984 – 4 N 4.84 -, BVerwGE 70, 171 (177).

1006 VGH BW, Beschl. v. 24.10.1991 – 5 S 2394/90 -, BRS Bd. 52 Nr. 29., S. 86 f.

1007 BVerwG, Beschl. v. 03.10.1984 – 4 N 4.84 -, BVerwGE 70, 171 (178) zu § 8 Abs. 3. S. 1 BBauG.

1008 *Schiller*, in Bracher/Reidt/Schiller, Bauplanungsrecht, Rn. 233.

direkt keine Anwendung finden – entsprechend herangezogen werden.[1009] Es genügt, wenn für den Bereich des Bebauungsplans dem Entwicklungsgebot materiell Genüge getan wird und mit einer Änderung der Darstellungen für diesen Bereich im weiteren Verfahrensverlauf zur Aufstellung des Flächennutzungsplans nicht mehr zu rechnen ist.[1010] Das Parallelverfahren ist im Ergebnis keine Durchbrechung des Entwicklungsgebots, sondern modifiziert dieses.[1011] Anders aber als ein aus dem Flächennutzungsplan gemäß § 8 Abs. 2 S. 1 BauGB entwickelter Bebauungsplan bedarf der im Parallelverfahren aufgestellte und nach § 8 Abs. 3 S. 2 BauGB vor dem Flächennutzungsplan bekannt gemachte Bebauungsplan gemäß § 10 Abs. 2 S. 1 Var. 2 BauGB der Genehmigung durch die höhere Verwaltungsbehörde.[1012] Die höchstrichterliche Rechtsprechung führt aus, durch die Genehmigungspflicht gemäß § 10 Abs. 2 S. 1 Var. 2 BauGB werde sichergestellt, dass die höhere Verwaltungsbehörde ihre rechtsaufsichtlichen Befugnisse im Rahmen der Flächennutzungsplanung – die sie normalerweise durch das Genehmigungsverfahren gemäß § 6 Abs. 1 BauGB ausübe – mittelbar durch die Genehmigung des Bebauungsplans wahrnehmen könne.[1013] Der Bebauungsplan i.S.d. § 8 Abs. 3 S. 2 BauGB übernehme hier für den betreffenden Teilbereich der Gemeinde „der Sache nach eine Funktion, die sonst dem Flächennutzungsplan zukommt, nämlich die beabsichtigte städtebauliche Entwicklung festzuschreiben“[1014]. Eine Genehmigungspflicht für den Bebauungsplan besteht allerdings bereits dann nicht, wenn der parallel geänderte Flächennutzungsplan im Zeitpunkt der Bekanntmachung des Bebauungsplans durch die höhere Verwaltungsbehörde bereits nach § 6 Abs. 1 BauGB genehmigt worden ist, diese Genehmigung aber noch nicht gemäß § 6 Abs. 5 S. 1 BauGB bekannt gemacht wurde.[1015] Wenn die Plangeberin im Falle des § 8 Abs. 3 S. 2 BauGB nach Bekanntmachung des Bebauungsplans den Entwurf des Flächennutzungsplans so ändert, dass der Bebauungsplan aus diesem geänderten Entwurf nicht mehr entwickelt werden könnte, so hat die höhere Verwaltungsbehörde gemäß § 6 Abs. 2 BauGB die Genehmigung des Flächennutzungsplans zu versagen oder die Anpassung des Bebauungsplans durchzusetzen.[1016] Es gilt die Fehlerfolgenregelung des § 214 Abs. 2 Nr. 4 BauGB. Danach sind im Parallelverfahren Verstöße gegen § 8 Abs. 3 BauGB unbeachtlich, wenn diese die geordnete städtebauliche Entwicklung nicht beeinträchtigen. Im Übrigen

---

1009 *Petz*, in: Spannowsky/Uechtritz, BeckOK BauGB, § 8, Rn. 43; *Schiller*, ebenda; *W. Schrödter*, in Schrödter, BauGB, § 8, Rn. 23 zieht § 33 Abs. 1 und Abs. 2 BauGB entsprechend heran.

1010 *Schiller*, ebenda.

1011 *Demske*, Die Steuerungswirkung des Flächennutzungsplans S. 194; *Finkelnburg*, in: FS-Weyreuther, S. 123 f.

1012 *Runkel*, in: Ernst/Zinkahn/Bielenberg/Krautzberger, BauGB, § 8, Rn. 51; *W. Schrödter*, in Schrödter, BauGB, § 8, Rn. 24.

1013 BVerwG, Beschl. v. 28.05.2008 – 4 BN 48.07 -, ZfBR 2008, 687 (688).

1014 BVerwG, ebenda.

1015 BVerwG, ebenda; *W. Schrödter*, in Schrödter, BauGB, § 8, Rn. 24.

1016 *W. Schrödter*, a.a.O., Rn. 23.

findet auch hier die Jahresfrist gemäß § 215 Abs. 1 S. 1 BauGB für die Mängelrüge Anwendung.

(4) Der vorzeitige Bebauungsplan gemäß § 8 Abs. 4 BauGB

Auch die Möglichkeit der Aufstellung eines vorzeitigen Bebauungsplans ist für die Bestimmung der Grenzen der Determinationsfunktion des Flächennutzungsplans zu betrachten. Gemäß § 8 Abs. 4 S. 1 BauGB kann ausnahmsweise, bereits bevor der Flächennutzungsplan aufgestellt ist, ein Bebauungsplan aufgestellt, geändert, ergänzt oder aufgehoben werden.[1017] Voraussetzung ist, dass dringende Gründe dies erforderlich machen und der Bebauungsplan der beabsichtigten städtebaulichen Entwicklung des Gemeindegebiets nicht entgegenstehen wird. Anders als bei dem Parallelverfahren wird durch einen solchen vorzeitigen Bebauungsplan das Entwicklungsgebot durchbrochen.[1018] Grundsätzlich ist die Aufstellung eines vorzeitigen Bebauungsplans unzulässig, wenn für das Gemeindegebiet bereits ein wirksamer Flächennutzungsplan gilt.[1019] Auch wenn für diesen Flächennutzungsplan Änderungsbedarf besteht, kommt kein vorzeitiger Bebauungsplan nach § 8 Abs. 4 S. 1 BauGB in Betracht, sondern ein Parallelverfahren gemäß § 8 Abs. 3 BauGB.[1020] Eine hiervon abweichende Sonderregelung trifft § 8 Abs. 4. S. 2 BauGB für den Fall, dass bei der Bestandsänderung von Gemeinden oder anderen Änderungen in der Zuständigkeit für die Aufstellung der Flächennutzungspläne ein Flächennutzungsplan weiterhin gilt. In einer solchen Konstellation kann die Aufstellung eines vorzeitigen Bebauungsplans auch vor Ergänzung oder Änderung des Flächennutzungsplans erfolgen. Für diesen Sonderfall[1021] gilt das Entwicklungsgebot auch bei fortgeltendem Flächennutzungsplan nicht.[1022] In der Literatur wird dies z.T. mit dem Hinweis darauf erklärt, dass die Gemeinde durch das Entwicklungsgebot lediglich an ihre eigenen, nicht aber an einen (ursprünglich) von einem anderen Plangeber aufgestellten Flächennutzungsplan gebunden sei.[1023] Diese Erklärung überzeugt insofern nicht, als es bei Übertragung der Zuständigkeit zur Flächennutzungsplanung gemäß §§ 203 ff. BauGB durchaus für die Gemeinde im Rahmen des Entwicklungsgebots bindende Flächennutzungspläne gibt, die durch andere Plangeber aufgestellt wurden. Ein solcher Flächennutzungsplan wird in der

---

1017 *Muckel*/Ogorek Öffentliches Baurecht, § 5, Rn. 24.

1018 *Petz*, in: Spannowsky/Uechtritz, BeckOK BauGB, § 8, Rn. 48.

1019 BVerwG, Urt. v. 26.02.1999 – 4 CN 6.98 -, NVwZ 2000, 197 f.

1020 *Schiller*, in Bracher/Reidt/Schiller, Bauplanungsrecht, Rn. 220.

1021 *Petz*, in: Spannowsky/Uechtritz, BeckOK BauGB, § 8, Rn. 54 bezeichnet die Konstellation des § 8 Abs. 4 S. 2 BauGB als Sonderfall und macht dies auch durch die Gliederung der Kommentierung an dieser Stelle deutlich, indem er den § 8 Abs. 4 S. 2 BauGB selbständig neben § 8 Abs. 4 S. 1 BauGB behandelt.

1022 *Schiller*, in Bracher/Reidt/Schiller, Bauplanungsrecht, Rn. 221.

1023 *Schiller*, in Bracher/Reidt/Schiller, ebenda.

Literatur auch als „heteronomer Flächennutzungsplan"[1024] bezeichnet.[1025] Über den mit der Novelle des BBauG im Jahre 1976 geschaffenen Sonderfall des bei der Bestandsänderung von Gemeinden oder anderen Änderungen in der Zuständigkeit für die Aufstellung der Flächennutzungspläne zulässigen vorzeitigen Bebauungsplans hinaus, hat der Bundesgesetzgeber den Bestrebungen der Kommunen nach eine Auflockerung des Entwicklungsgebots durch eine Lockerung der Voraussetzungen für den vorzeitigen Bebauungsplan widerstanden.[1026]

Anders als ein selbständiger Bebauungsplan i.S.d. § 8 Abs. 2 S. 2 BauGB muss der vorzeitige Bebauungsplan keine Ordnungsfunktion für die städtebauliche Entwicklung übernehmen, sondern kann sich auf die Ordnung innerhalb seines Geltungsbereichs beschränken.[1027] Von dem im Parallelverfahren gemäß § 8 Abs. 3 BauGB aufzustellenden Bebauungsplan unterscheidet sich der vorzeitige Bebauungsplan insbesondere durch die fehlende Verzahnung mit dem Flächennutzungsplan.[1028]

Um die Gefahr der Aushöhlung der Funktion des Flächennutzungsplans als vorbereitender Bauleitplan durch eine ausufernde Anwendung des Instruments des vorzeitigen Bebauungsplans zu bannen, hat der Gesetzgeber das Vorliegen dringender Gründe zur Voraussetzung für die Anwendung dieses Planungsinstruments gemacht.[1029] Weiterhin darf der vorzeitige Bebauungsplan der beabsichtigen städtebaulichen Entwicklung des Gemeindegebiets nicht entgegenstehen, die ja regelmäßig erst in dem Flächennutzungsplan dargestellt wird.[1030] Die dringenden Gründe i.S.d. § 8 Abs. 4 S. 1 BauGB müssen objektiv vorliegen.[1031] Sie haben sowohl eine sachliche als auch eine zeitliche Komponente.[1032] In sachlicher Hinsicht liegen dringende Gründe vor, wenn mit der Aufstellung des vorzeitigen Bebauungsplans entweder erhebliche Nachteile für die Entwicklung des Gemeindegebiets abgewendet werden können oder ein Vorhaben ermöglicht wird, dessen Realisierung in dringendem öffentlichen Interesse liegt.[1033] In zeitlicher Hinsicht darf die Planung keinen Aufschub dulden.[1034] Im Ergebnis sind dringende Gründe i.S.v. § 8 Abs. 4 S. 1 BauGB zu bejahen, wenn das Zuwarten auf den Flächennutzungsplan die

---

1024 *Brohm*, Öffentliches Baurecht, § 6, Rn. 17; *Gierke*, in: Mitschang (Hrsg.), Flächennutzungsplanung – Aufgabenwandel und Perspektiven, S. 193 f.
1025 Siehe hierzu unten, 4. Teil, C., II., 1., b), cc).
1026 *Runkel*, in: Ernst/Zinkahn/Bielenberg/Krautzberger, BauGB, § 8, Rn. 53 f., der allerdings darauf hinweist, dass die Schaffung des beschleunigten Verfahrens gemäß § 13a BauGB eine indirekte Lockerung des Entwicklungsgebots mit sich gebracht hat (siehe hierzu auch unten, 4. Teil, C., II., 1., a)., bb), bbb), (5)).
1027 *Finkelnburg*, in: FS-Weyreuther, S. 120.
1028 *Schiller*, in Bracher/Reidt/Schiller, Bauplanungsrecht, Rn. 233.
1029 *Finkelnburg*, in: FS-Weyreuther, S. 120.
1030 *Muckel/Ogorek*, Öffentliches Baurecht, § 5, Rn. 24.
1031 *Schiller*, in Bracher/Reidt/Schiller, Bauplanungsrecht, Rn. 224.
1032 *Petz*, in: Spannowsky/Uechtritz, BeckOK BauGB, § 8, Rn. 50.
1033 *Petz*, ebenda; *Muckel/Ogorek*, Öffentliches Baurecht, § 5, Rn. 24.
1034 *Petz*, ebenda.

städtebauliche Entwicklung eher gefährdet als die Aufstellung eines vorzeitigen Bebauungsplans.[1035] Hiermit verbunden ist die weitere Voraussetzung für den vorzeitigen Bebauungsplan, nach der dieser der beabsichtigten städtebaulichen Entwicklung im Gemeindegebiet nicht entgegenstehen darf.[1036] Diese Voraussetzung kann allerdings nur greifen, wenn hinreichend konkrete Absichten der Gemeinde für ihre städtebauliche Entwicklung vorliegen[1037], die sich aus dem Entwurf eines Flächennutzungsplans oder aus informellen Planungskonzepten ergeben können.[1038]

Anders als der aus dem Flächennutzungsplan i.S.v. § 8 Abs. 2 S. 1 BauGB entwickelte Bebauungsplan muss der vorzeitige Bebauungsplan i.S.d. § 8 Abs. 4 BauGB nach § 10 Abs. 2 S. 1 Var. 3 BauGB durch die höhere Verwaltungsbehörde genehmigt werden. Hierbei hat die Behörde gemäß § 216 BauGB auch die Voraussetzungen des § 8 Abs. 4 S. 1 BauGB zu prüfen, deren Nichtvorliegen nach § 214 Abs. 2 Nr. 1 Var. 2 BauGB unbeachtlich wären.[1039] Unbeachtlich gemäß § 214 Abs. 2 Nr. 1 Var. 2 BauGB ist die unrichtige Beurteilung der dringenden Gründe für die Aufstellung des vorzeitigen Bebauungsplans. Für die Beantwortung der Frage, wann die Gründe gemäß § 214 Abs. 2 Nr. 1 Var. 2 BauGB „nicht richtig beurteilt worden sind", ist derselbe Maßstab anzulegen, der für die Beantwortung dieser Frage bei der Unbeachtlichkeit von Fehlern bei der Beurteilung der Anforderungen zur Aufstellung eines selbständigen Bebauungsplans nach § 214 Abs. 2 Nr. 1 Var. 1 BauGB herangezogen wird.[1040] Unbeachtlich gemäß § 214 Abs. 2 Nr. 1 Var. 2 BauGB ist nur die fehlerhafte Beurteilung der dringenden Gründe, nicht aber die fehlende Vereinbarkeit des vorzeitigen Bebauungsplans mit der städtebaulichen Entwicklung des Gemeindegebiets.[1041]

(5) Die Relativierung der Determinationsfunktion des Flächennutzungsplans durch die Einführung des beschleunigten Verfahrens gemäß § 13a Abs. 2 Nr. 2 BauGB

Unter dem Gesichtspunkt der Determinationsfunktion des Flächennutzungsplans sind auch die Besonderheiten des beschleunigten Verfahrens gemäß § 13a BauGB in den Blick zu nehmen. Diese Variante des Aufstellungsverfahrens wurde im Jahre 2007[1042] für Bebauungspläne der Innenentwicklung geschaffen.[1043] Nach der

---

1035 *Petz*, ebenda; *Schiller*, in Bracher/Reidt/Schiller, Bauplanungsrecht, Rn. 224.

1036 *Schiller*, a.a.O., Rn. 229.

1037 *Schiller*, ebenda.

1038 *Petz*, in: Spannowsky/Uechtritz, BeckOK BauGB, § 8, Rn. 51; *Schiller*, in Bracher/Reidt/Schiller, Bauplanungsrecht, Rn. 229.

1039 *Runkel*, in: Ernst/Zinkahn/Bielenberg/Krautzberger, BauGB, § 8, Rn. 60.

1040 *Uechtritz*, in: Spannowsky/Uechtritz, BeckOK BauGB, § 214, Rn. 82.

1041 *Uechtritz*, ebenda.

1042 Der § 13a BauGB wurde durch das „Gesetz zur Erleichterung von Planungsvorhaben für die Innenentwicklung der Städte" vom 21.12.2006 (BGBl. I 3316) eingeführt und trat am 01.01.2007 in Kraft.

1043 *Gierke*, in: Brügelmann, BauGB, § 13a, Rn. 1.

Legaldefinition des § 13a Abs. 1 S. 1 BauGB handelt es sich bei einem Bebauungsplan um einen Bebauungsplan der Innenentwicklung, wenn mit ihm die Zielsetzung der Wiedernutzbarmachung von Flächen, die Nachverdichtung oder andere Maßnahmen der Innenentwicklung verfolgt werden. Ein Vorläufer des Bebauungsplans der Innenentwicklung gemäß § 13a BauGB war der Bebauungsplan gemäß § 1 Abs. 2 BauGB-MaßnahmenG[1044], nach dem die Aufstellung, Änderung oder Ergänzung eines Bebauungsplans dann vor Aufstellung, Änderung oder Ergänzung des Flächennutzungsplans möglich war, wenn der Bebauungsplan der Deckung eines dringenden Wohnbedarfs der Bevölkerung dienen sollte.[1045] Das BauGB-MaßnahmenG trat am 01.06.1990 in Kraft und wurde auf fünf Jahre befristet.[1046]

Rechtspolitisch wird mit § 13a BauGB das Ziel verfolgt, die städtebauliche Entwicklung im Innenbereich gegenüber dem Außenbereich zu erleichtern und zu fördern.[1047] Hiermit soll dem sogenannten Flächenverbrauch im Außenbereich entgegengewirkt werden. Ein Bebauungsplan der Innenentwicklung darf im beschleunigten Verfahren aufgestellt werden, wenn er die in § 13a Abs. 1 S. 2–5 genannten Bedingungen erfüllt. In § 13 Abs. 2–4 BauGB sind die Modalitäten des beschleunigten Verfahrens für Bebauungspläne in der Innenentwicklung geregelt. Neben sonstigen Erleichterungen – insbesondere besteht keine Pflicht zur Durchführung einer Umweltprüfung[1048] – ist in § 13a Abs. 2 Nr. 2 BauGB vorgesehen, dass ein von den Darstellungen des Flächennutzungsplans abweichender Bebauungsplan der Innenentwicklung im beschleunigten Verfahren aufgestellt werden kann, bevor der Flächennutzungsplan geändert oder ergänzt ist.[1049] Auch die Zulässigkeit des Bebauungsplans der Innenentwicklung gemäß § 13a BauGB wird durch den Gesetzgeber an die Vereinbarkeit mit der städtebaulichen Entwicklung des Gemeindegebiets gekoppelt. Während die Aufstellung eines vorzeitigen Bebauungsplans gemäß § 8 Abs. 4 S. 1 BauGB der geordneten städtebaulichen Entwicklung des Gemeindegebiets nicht „entgegenstehen" darf, darf durch den von den Darstellungen des Flächennutzungsplans abweichenden Bebauungsplan der Innenentwicklung gemäß § 13a Abs. 2 Nr. 2 HS 2 BauGB die geordnete städtebauliche Entwicklung des Gemeindegebiets nicht „beeinträchtigt" werden.[1050] In der Literatur wird diese Differenzierung dahingehend verstanden, dass der Belang der geordneten städtebaulichen Entwicklung einer Abweichung von dem Entwicklungsgebot durch den Bebauungsplan der Innenentwicklung eher entgegengehalten werden

---

1044 Art. 2 des „Gesetz[es] zur Erleichterung des Wohnungsbaus im Planungs- und Baurecht sowie zur Änderung mietrechtlicher Vorschriften" vom 17.05.1990, BGBl. I S. 926.

1045 *Robl*, Das beschleunigte Verfahren, S. 517; *Krautzberger*, in: Ernst/Zinkahn/Bielenberg/Krautzberger, BauGB, § 13a, Rn. 72; *Mitschang*, LKV 2007, 102 (108).

1046 *Krautzberger*, a.a.O., Einl., Rn. 162.

1047 *Krautzberger*, DVBl. 2014, 270 (271).

1048 *Krautzberger*, a.a.O., 270.

1049 *Petz*, in: Spannowsky/Uechtritz, BeckOK BauGB, § 8, Rn. 59.

1050 *Petz*, a.a.O., Rn. 62.

könne, als einer solchen durch den vorzeitigen Bebauungsplan.[1051] Da eine mögliche Beeinträchtigung der städtebaulichen Entwicklung nicht auf den Geltungsbereich des Bebauungsplans begrenzt sei, seien auch die Auswirkungen auf die übrigen Darstellungen des Flächennutzungsplans – insbesondere für die städtebauliche Nachbarschaft – zur prüfen.[1052] Denn die Berichtigung des Flächennutzungsplans gemäß § 13a Abs. 2 Nr. 2 HS 3 BauGB erfolge nur für den Geltungsbereich des Bebauungsplans selbst.[1053] So könne nicht im Rahmen eines Bebauungsplans der Innenentwicklung eine Insellage innerhalb der Darstellung von Gewerbegebieten als Reines Wohngebiet festgesetzt werden, während der Flächennutzungsplan für die sie umgebende Nachbarschaft weiterhin Gewerbegebiete darstelle.[1054] In der Rechtsprechung wird die Judikatur zu § 214 Abs. 2 Nr. 2 BauGB – der ebenfalls auf die Beeinträchtigung der städtebaulichen Entwicklung abstellt – herangezogen.[1055] Entsprechend sei im Rahmen des § 13a Abs. 2 Nr. 2 HS BauGB die planerische Konzeption des Flächennutzungsplans für das gesamte Gemeindegebiet oder den über den Geltungsbereich des Bebauungsplans hinausgehenden Ortsteil zu betrachten und zu prüfen, welches Gewicht die Abweichung angesichts der Gesamtkonzeption des Flächennutzungsplans hat.[1056] Maßgeblich sei, dass die Bedeutung des Flächennutzungsplans als kommunales Steuerungsinstrument der städtebaulichen Entwicklung erhalten bleibe.[1057] Hierzu wird in der Literatur darauf hingewiesen, dass dieses Kriterium auch für Aussagen des Flächennutzungsplans aufgrund einer Umweltprüfung und dargestellte Ausgleichsflächen i.S.v. § 1a Abs. 3 BauGB gelte.[1058] Diese und andere Grundzüge des Flächennutzungsplans könne der Bebauungsplan der Innenentwicklung nicht einfach überwinden. Das in dem Flächennutzungsplan zum Ausdruck kommende Ordnungssystem müsse in die Abwägung einbezogen werden.[1059] Als Lackmustest empfehle sich die Prüfung, ob die mit der Berichtigung des Flächennutzungsplans infolge der Aufstellung eines Bebauungsplans der Innenentwicklung einhergehenden Änderungen des Flächennutzungsplans auch im regulären Planverfahren umsetzbar wären.[1060] Allerdings seien bei der der selbständigen Änderung des Flächennutzungsplans die naturschutzrechtlichen Ausgleichsregelungen gemäß § 1a Abs. 3 BauGB zu beachten und möglicherweise Ausgleichsflächen darzustellen,

---

1051 *Petz*, ebenda.
1052 *W. Schrödter*, in Schrödter, BauGB, § 13a, Rn. 43.
1053 *Gierke*, in: Brügelmann, BauGB, § 13a, Rn. 121.
1054 *W. Schrödter*, in Schrödter, BauGB, § 13a, Rn. 43.
1055 OVG Berlin-Brandenburg, Urt. v. 19.10.2010 – 2 A 15/09 -, juris; hierzu: *Krautzberger*, DVBl. 2014, 270 (274).
1056 OVG Berlin-Brandenburg, ebenda; hierzu: *Krautzberger*, ebenda.
1057 OVG Berlin-Brandenburg, ebenda; hierzu: *Krautzberger*, ebenda
1058 *Krautzberger*, ebenda.
1059 *Krautzberger*, ebenda.
1060 *Krautzberger*, in: Ernst/Zinkahn/Bielenberg/Krautzberger, BauGB, § 13a, Rn. 74; *Krautzberger*, DVBl. 2014, 270 (274); *W. Schrödter*, in Schrödter, BauGB, § 13a, Rn. 44.

während dies im Rahmen des beschleunigten Verfahrens gemäß § 13a Abs. 2 Nr. 4 BauGB entfalle.[1061]

Wird der Bebauungsplan der Innenentwicklung gemäß § 13a Abs. 2 Nr. 2 HS 1 BauGB abweichend von den Darstellungen des Flächennutzungsplans aufgestellt, so ist der Flächennutzungsplan nach § 13a Abs. 2 Nr. 2 HS 3 BauGB zu berichtigen. Hierbei soll es sich nach der Gesetzesbegründung um einen rein redaktionellen Akt handeln, der nicht den Vorschriften über die Aufstellung von Bauleitplänen unterliege.[1062] Die h.M. in der Literatur konstatiert, der Gesetzgeber gehe ersichtlich davon aus, dass die entsprechenden Darstellungen des Flächennutzungsplans gegenstandslos und obsolet geworden seien.[1063] Die Berichtigung des Flächennutzungsplans soll nach der h.M. in der Literatur auch nicht genehmigungspflichtig nach § 6 Abs. 1 BauGB[1064], sondern entsprechend § 6 Abs. 6 BauGB bekannt zu machen sein.[1065] Auch stellt die Gesetzesbegründung klar, dass der im beschleunigten Verfahren gemäß § 13a BauGB aufgestellte Bebauungsplan der Innenentwicklung – wie der aus dem Flächennutzungsplan entwickelte und anders als der selbständige, der im Parallelverfahren aufgestellte und der vorzeitige Bebauungsplan – nicht der Genehmigungspflicht durch die höhere Verwaltungsbehörde unterliegen soll.[1066] Hierin unterscheidet er sich weiter auch von seinem Vorläufer, dem Bebauungsplan nach § 1 Abs. 2 S. 1 BauGB-MaßnahmenG. Dieser bedurfte gemäß § 1 Abs. 2 S. 2 BauGB der Genehmigung.[1067]

Diese Vorstellungen des Gesetzgebers und ihre Rezeption durch die h.M. in der Literatur sind auf Kritik gestoßen, da hiermit „das Entwicklungsgebot auf den Kopf gestellt“[1068] werde. So überzeuge die Gesetzesbegründung nicht, wenn dort ausgeführt wird, eine Genehmigung des Bebauungsplans der Innenentwicklung durch die höhere Verwaltungsbehörde sei nicht erforderlich und insofern auf den „abschließenden Katalog“[1069] des § 10 Abs. 2 BauGB verwiesen Denn das Gesetz gehe in § 10 Abs. 2 BauGB von einem Kontrollerfordernis für Bebauungspläne ohne zugrundeliegenden Flächennutzungsplan (gemeint ist offensichtlich der selbständige

1061 *Krautzberger*, in: Ernst/Zinkahn/Bielenberg/Krautzberger, BauGB, § 13a, Rn. 74; *Krautzberger*, DVBl. 2014, 270 (274).

1062 RegE des „Gesetz[es] zur Erleichterung von Planungsvorhaben für die Innenentwicklung der Städte“, BR-Drs. 558/06, S. 28.

1063 *Krautzberger*, in: Ernst/Zinkahn/Bielenberg/Krautzberger, BauGB, § 13a, Rn. 75.

1064 *Robl*, Das beschleunigte Verfahren, S. 553: *Krautzberger*, ebenda.

1065 *W. Schrödter*, ZfBR 2010, 422 (424); *W. Schrödter*, in: Schrödter, BauGB, § 13a, Rn. 42.

1066 *Mitschang*, in: FS-Krautzberger, S. 57; *W. Schrödter*, in Schrödter, BauGB, § 13a, Rn. 45; *Petz*, in: Spannowsky/Uechtritz, BeckOK BauGB, § 8, Rn. 63.

1067 *Krautzberger*, in: Ernst/Zinkahn/Bielenberg/Krautzberger, BauGB, § 13a, Rn. 72; *Robl*, Das beschleunigte Verfahren, S. 544.

1068 *Petz*, in: Spannowsky/Uechtritz, BeckOK BauGB, § 8, Rn. 64; ähnlich in der Wortwahl: *Runkel*, in: Ernst/Zinkahn/Bielenberg/Krautzberger, BauGB, § 8, Rn. 3.

1069 RegE des „Gesetz[es] zur Erleichterung von Planungsvorhaben für die Innenentwicklung der Städte“, BR-Drs. 558/06, S. 28.

Bebauungsplan) aus.[1070] Dann sei eine Kontrolle durch die höhere Verwaltungsbehörde im Fall des § 13a Abs. 2 Nr. 2 BauGB – der ja von einem Widerspruch zum bestehenden Flächennutzungsplan ausgehe – erst recht erforderlich.[1071] Mit der fehlenden Genehmigungspflicht für Bebauungspläne der Innenentwicklung gemäß § 13a BauGB werde erstmals der in der Gesamtschau der § 6 Abs. 1 BauGB und § 10 Abs. 2 BauGB zum Ausdruck kommende Grundsatz durchbrochen, nach dem jeder Bauleitplan jedenfalls einmal – im Normalfall auf der Ebene des Flächennutzungsplans und in den Fällen des § 10 Abs. 2 BauGB auf Bebauungsplanebene – aufsichtlich überprüft werde.[1072] Auch lege die gewollte Beschleunigung des Verfahrens im Ergebnis nahe, dass die Berichtigung des Flächennutzungsplans nicht genehmigungspflichtig sei. Jedoch finde dies im Wortlaut der Norm keinen Niederschlag.[1073] Weiterhin sei die Einordnung der Berichtigung des Flächennutzungsplans als rein redaktioneller Akt nicht tragfähig, da im – umgekehrten – Normalfall der Entwicklung des Bebauungsplans aus dem Flächennutzungsplan der Bebauungsplan das reguläre Aufstellungsverfahren durchlaufen müsse.[1074]

Entsprechend diesen Differenzen in der Auslegung des § 13a Abs. 2 Nr. 2 BauGB finden sich auch hinsichtlich der Bewertung des Verhältnisses von § 13a Abs. 2 Nr. 2 BauGB zu dem Grundsatz des Entwicklungsgebots gemäß § 8 Abs. 2 S. 1 BauGB und den Konsequenzen für das System der Bauleitplanung verschiedene Ansichten. Einerseits wird die Regelung des § 13a Abs. 2 Nr. 2 BauGB als Ausnahme vom Entwicklungsgebot eingeordnet[1075], die dieses durchbreche.[1076] Andererseits wird konstatiert, dass § 13a Abs. 2 Nr. 2 BauGB den Bebauungsplan der Innenentwicklung nicht vollständig vom Flächennutzungsplan abkoppele[1077], sondern das Entwicklungsgebot lediglich auflockere.[1078] Denn ein Bebauungsplan der Innenentwicklung gemäß § 13a BauGB dürfe nur solche Festsetzungen treffen, die aus einer rechtmäßigen Änderung des Flächennutzungsplans – die zudem die Grundzüge des bestehenden Flächennutzungsplans unberührt lassen müsse – entwickelt werden könnten.[1079] § 13a Abs. 2 Nr. 2 HS 2 BauGB gewährleiste, dass die materiell-rechtlichen Anforderungen an die Flächennutzungsplanänderung bereits im beschleunigten Aufstellungsverfahren für den Bebauungsplan der Innenentwicklung berücksichtigt würden und im Übrigen die Grundzüge des bestehenden Flächennutzungsplans unberührt blieben[1080]. Der von den Darstellungen des Flächennutzungsplans abweichende Bebauungsplan

1070 *Erbguth/Schubert*, Öffentliches Baurecht, § 5, Rn. 113a.
1071 *Erbguth/Schubert*, ebenda.
1072 *Petz*, in: Spannowsky/Uechtritz, BeckOK BauGB, § 8, Rn. 63.
1073 *Jaeger*, in: Spannowsky/Uechtritz, BeckOK, BauGB, § 13a, Rn. 22.
1074 *Erbguth/Schubert*, Öffentliches Baurecht, § 5, Rn. 113a.
1075 *Jaeger*, in: Spannowsky/Uechtritz, BeckOK, BauGB, § 13a, Rn. 21.
1076 *Petz*, in: Spannowsky/Uechtritz, BeckOK BauGB, § 8, Rn. 59.
1077 *Reidt*, NVwZ 2007, 1029 (1031).
1078 *Robl*, Das beschleunigte Verfahren, S. 543; *Mitschang*, LKV 2007, 102 (108).
1079 *Robl*, a.a.O., S. 541 f.
1080 *Robl*, a.a.O., S. 542.

i.S.d. § 13a Abs. 2 Nr. 2 HS 1 BauGB werde über die Anforderungen des § 13a Abs. 2 Nr. 2 HS 2 BauGB letztlich von dem erst später wirksam werdenden Flächennutzungsplan entsprechend abgeleitet.[1081]

Von der h.M. wird anlässlich der Regelung des § 13a Abs. 2 Nr. 2 BauGB eine Strukturveränderung im System der Bauleitplanung ausgemacht. Während der Flächennutzungsplan im Außenbereich an Steuerungskraft gewinne, verliere er im Innenbereich an Bedeutung.[1082] Zwar bleibe das in dem Flächennutzungsplan abgebildete materielle Entscheidungsprogramm – beispielsweise die Ziele der Raumordnung und die geordnete städtebauliche Entwicklung – weiterhin verbindlich. Es bestehe aber bei der Aufstellung eines Bebauungsplans im beschleunigten Verfahren keine formale Bindung an den Flächennutzungsplan im Sinne des Entwicklungsgebots und entsprechender Genehmigungserfordernisse mehr.[1083] Teilweise wird in der Literatur auch betont, dass es den beschriebenen Bedeutungsrückgang zwar gebe, dieser aber nicht überschätzt werden dürfe.[1084] Denn über die Regelung des § 13a Abs. 2 Nr. 2 HS 2 BauGB sei gewährleistet, dass der Bebauungsplan von den Darstellungen des Flächennutzungsplans nur in dem Maße abweichen dürfe, in dem der Flächennutzungsplan rechtmäßig so geändert werden könnte, dass die Entwicklung des Bebauungsplans aus diesem möglich sei.[1085] Andere Stimmen weisen darauf hin, dass von der Möglichkeit des beschleunigten Verfahrens gemäß § 13a BauGB in der Praxis rege Gebrauch gemacht werde, was mit einem graduellen Rückgang der Bedeutung des Flächennutzungsplans im besiedelten Gemeindebereich einhergehe.[1086] Während dieser durch den Gesetzgeber verursachte Bedeutungsverlust zum Teil kritisiert wird[1087], schlagen andere Literaturstimmen eine weitergehende Fortentwicklung des zweistufigen Systems der Bauleitplanung de lege ferenda vor.[1088] So könne der Flächennutzungsplan als formelles Planwerk in Zukunft auf den Außenbereich beschränkt werden, und dort vor allem den Vorgaben des Gemeinschaftsrechts, der planerischen Eingriffsbewältigung und der Steuerung einzelner privilegierter Vorhaben Rechnung tragen, während ihm in besiedelten Bereichen dann keine Bedeutung mehr zukäme.[1089] Hingegen könne die Entwicklung im besiedelten Bereich durch eine flexible informelle Planung – beispielsweise

1081 *Robl*, a.a.O., S. 543.

1082 *Mitschang*, ZfBR 2008, 227 (237); *W. Schrödter*, ZfBR 2010, 422 (425); *Stüer*, Bau- und Fachplanungsrecht, Rn. 988 f.; *Stüer*, BauR 2007, 1495 (1502); *Battis*, Ad Legendum 2012, 153 (155); *Spannowsky*, in: Schlichter/Stich/Driehaus/Paetow, BK BauGB, § 13a, Rn. 28 konstatiert und kritisiert diesen Bedeutungsverlust.

1083 *Stüer*, BauR 2007, 1495 (1502).

1084 *Robl*, Das beschleunigte Verfahren, S. 542 f.

1085 *Robl*, ebenda.

1086 *Mitschang*, ZfBR 2008, 227 (237).

1087 *Spannowsky*, in: Schlichter/Stich/Driehaus/Paetow, BK BauGB, § 13a, Rn. 28.

1088 *Mitschang*, LKV 2007, 102 (108 f.).

1089 *Mitschang*, a.a.O., 109.

einer Stadtentwicklungsplanung – gesteuert werden.[1090] Während diese Vorschläge in Teilen der Literatur als diskussionswürdig erachtet werden[1091], lehnen sie andere Autoren – die bereits die fehlende Überzeugungskraft der Gesetzesbegründung zu § 13a Abs. 2 Nr. 2 BauGB monieren – als „mit der gesetzlichen Verfasstheit nicht zu vereinbarende Sichtweise“[1092] ab.

Die Rechtsfolgen der fehlerhaften Aufstellung eines Bebauungsplans der Innenentwicklung gemäß § 13a BauGB richten sich zunächst nach den allgemeinen Regeln des § 214 Abs. 1 und 2 BauGB.[1093] Spezielle Fehlerfolgenregelungen für die im beschleunigten Verfahren aufgestellten Bebauungspläne enthält § 214 Abs. 2a BauGB.[1094] Die Regelungen gelten dem Wortlaut des § 214 Abs. 2a BauGB zufolge ergänzend zu § 214 Abs. 1 und Abs. 2 BauGB. In der Literatur wird zutreffend darauf hingewiesen, dass dem Verweis des § 214 Abs. 2a BauGB auf § 214 Abs. 2 BauGB ein Redaktionsversehen zugrunde liegt, da die Regelungen des § 214 Abs. 2 BauGB für den Bebauungsplan der Innenentwicklung weitgehend leerlaufen.[1095] Denn infolge der Regelung des § 13a Abs. 2 Nr. 2 BauGB gilt das Entwicklungsgebot im herkömmlichen Sinne nicht für Bebauungspläne der Innenentwicklung, sodass der Anwendungsbereich der Planerhaltungsvorschriften des § 214 Abs. 2 BauGB nicht eröffnet ist.[1096]

Die Regelung des § 214 Abs. 2a Nr. 1 BauGB sah u.a. vor, dass eine Verletzung der Vorschriften des Bebauungsplans zum Flächennutzungsplan für die Rechtswirksamkeit des Bebauungsplans auch unbeachtlich ist, wenn sie auf einer unzutreffenden Beurteilung der Voraussetzungen des § 13a Abs. 1 S. 1 BauGB beruht. Der EuGH hat entschieden, dass diese Klausel mit Europarecht nicht zu vereinbaren sei[1097], da sie im Ergebnis die Aufstellung eines Bebauungsplans der Innenentwicklung ohne Umweltprüfung auch in solchen Konstellationen sanktionslos ermöglichte, in denen nach europäischem Recht eine Pflicht zur Umweltprüfung besteht.[1098] Die Vorschrift wurde mit der Innenentwicklungsnovelle 2013[1099] aufgehoben.[1100]

1090 *Mitschang*, ebenda.

1091 *W. Schrödter*, in: Schrödter, BauGB, § 5, Rn. 1, der darauf hinweist, dass die „unter großem Zeitdruck durchgeführten BauGB-Novellen 2011 und 2013 (...) diese Anregung aber nicht aufgegriffen“ hätten.

1092 *Erbguth/Schubert*, Öffentliches Baurecht, § 5, Rn. 113a.

1093 *Uechtritz*, in: Spannowsky/Uechtritz, BeckOK BauGB, § 214, Rn. 102.

1094 *Uechtritz*, in: Spannowsky/Uechtritz, BeckOK BauGB, § 214, Rn. 102.

1095 *Petz*, in: Schlichter/Stich/Driehaus/Paetow, BK BauGB, § 214, Rn. 115.

1096 *Uechtritz*, in: Spannowsky/Uechtritz, BeckOK BauGB, § 214, Rn. 102; *Petz*, ebenda, der darauf hinweist, dass der Bebauungsplan der Innenentwicklung mit Blick auf die Regelung des § 13a Abs. 2 Nr. 2 BauGB dem vorzeitigen Bebauungsplan nach § 8 Abs. 4 S. 1 ähnelt.

1097 EuGH, Urt. v. 18.04.2013 – C-463/11 -, NVwZ-RR 2013, 503 ff.

1098 *Erbguth/Schubert*, Öffentliches Baurecht, § 15, Rn. 93a.

1099 Artikel 1 Nr. 30 des Gesetzes zur Stärkung der Innenentwicklung in den Städten und Gemeinden und weiteren Fortentwicklung des Städtebaurechts v. 11.06.2013, BGBl. I S. 1548.

1100 *Battis*, in: Battis/Krautzberger/Löhr, BauGB, § 214, Rn. 15.

(6) Die Aufwertung der Determinationsfunktion des Flächennutzungsplans durch die Abschaffung der Anzeigepflicht für die aus dem Flächennutzungsplan entwickelten Bebauungspläne

Mit dem am 01.01.1998 in Kraft getretenen „Gesetz zur Änderung des Baugesetzbuchs und zur Neuregelung des Rechts der Raumordnung“ (BauROG)[1101] wurde die Anzeigepflicht für solche Bebauungspläne abgeschafft[1102], die aus dem Flächennutzungsplan entwickelt wurden. Zu der Abschaffung dieser in § 11 Abs. 1 BauGB a.F. vorgesehenen Anzeigepflicht führt die Gesetzesbegründung aus, dass „Bebauungspläne, die aus dem Flächennutzungsplan entwickelt worden sind, (...) künftig nicht nur von der Anzeige, sondern von jeglicher präventiver staatlicher Kontrolle und damit zugleich auch von der Genehmigung freigestellt werden“ sollten.[1103] Wörtlich hält die Gesetzesbegründung darüber hinaus fest: „Durch diese Regelung soll der Flächennutzungsplan in seiner Bedeutung für die städtebauliche Entwicklung aufgewertet werden.“[1104] Gemäß § 10 Abs. 2 BauGB bedürfen nur noch solche Bebauungspläne der Genehmigung durch die höhere Verwaltungsbehörde, die gemäß § 8 Abs. 2 Satz 2 BauGB selbständig sind oder die im Parallelverfahren gemäß § 8 Abs. 3 Satz 2 BauGB bzw. als vorzeitige Bebauungspläne gemäß § 8 Abs. 4 BauGB aufgestellt wurden. Entsprechend der aufgezeigten Intention des Gesetzentwurfs wurde die grundsätzliche Abschaffung der Anzeigepflicht für die aus dem Flächennutzungsplan entwickelten Bebauungspläne als deutliche Stärkung der Programmierungsfunktion des Flächennutzungsplans eingeordnet.[1105] In der Literatur wurde darauf hingewiesen, dass das Freistellen des aus dem Flächennutzungsplan entwickelten Bebauungsplans von der vorlaufenden Rechtskontrolle der höheren Verwaltungsbehörde rechtstatsächlich zu einer intensivierten Rechtskontrolle der Flächennutzungspläne führen könne.[1106] In der Folge sei zu erwarten, dass hierbei mit dem Ziel der Eingrenzung des gemeindlichen Spielraums auf detailliertere Darstellungen gedrungen werde.[1107]

1101 G. v. 18.08.1997, BGBl. I 2081.

1102 Gemäß § 246 Abs. 1a BauGB können allerdings die Bundesländer eine Pflicht zur Anzeige bestimmen.

1103 RegE, BT-Drs. 13/6392, S. 49.

1104 RegE, BT-Drs. 13/6392, S. 49.

1105 *Mitschang*, in: Battis/Krautzberger/Löhr, BauGB, § 5, Rn. 1; *Keilbach*, Rechtsschutz gegen Flächennutzungspläne, S. 16; vgl. auch *Lüers*, UPR 1997, 348 (351 f.); kritisch zu der Annahme einer Funktionsstärkung des Flächennutzungsplans durch das BauROG: *Metz*, BauR 1999, 841.

1106 *Runkel*, ZfBR 1999, 298 (301).

1107 *Runkel*, ebenda.

ccc) Insbesondere: Die Funktion des Flächennutzungsplans bei der Berücksichtigung von Belangen des Umwelt- und Naturschutzes in der Bauleitplanung

Dem Flächennutzungsplan kommt als vorbereitender Bauleitplan eine bedeutende Funktion bei der Berücksichtigung von Belangen des Umwelt- und Naturschutzes in der Bauleitplanung zu.[1108] Denn die vorbereitende Bauleitplanung mit den dort zu treffenden Entscheidungen über die künftige Bodennutzung eignet sich in besonderer Weise als Anknüpfungspunkt für die Belange des Umweltschutzes.[1109] Einerseits soll der Flächennutzungsplan zur Bewältigung der Konflikte zwischen baulicher Entwicklung und Umweltschutz beitragen.[1110] Andererseits soll für die nicht zu bebauenden Flächen in dem Flächennutzungsplan dargestellt werden, ob hier Belange des Umwelt- und Naturschutzes Vorrang haben.[1111] Exemplarisch soll die Funktion des Flächennutzungsplans bei der Berücksichtigung von Belangen des Umwelt- und Naturschutzes im Folgenden für die Umsetzung des Planungsziels der nachhaltigen städtebaulichen Entwicklung gemäß § 1 Abs. 5 S. 1 BauGB sowie bei der Reduzierung der Inanspruchnahme von Flächen gemäß § 1 Abs. 2 BauGB und der hiermit in Zusammenhang stehenden Prüfung von Standortalternativen aufgezeigt werden. Es folgt eine Darstellung der Funktion des Flächennutzungsplans bei der Umsetzung der naturschutzrechtlichen Eingriffsregelung gemäß § 1a Abs. 3 BauGB und der Berücksichtigung der Erhaltungsziele und des Schutzzwecks der Natura 2000-Gebiete nach § 1a Abs. 4 BauGB in der Bauleitplanung. Hierauf folgt eine Darstellung des Verfahrens der Umweltprüfung gemäß § 2 Abs. 4 BauGB, die u.a. für die Belange i.S.v. § 1a BauGB durchzuführen ist. Ein Schwerpunkt liegt auf der Darstellung der Abschichtungsfunktion des Flächennutzungsplans im Rahmen der Umweltprüfung.

(1) Die Funktion des Flächennutzungsplans bei der Umsetzung des Planungsziels der nachhaltigen städtebaulichen Entwicklung

Mit dem BauROG[1112] trat am 01.01.1998 das in § 1 Abs. 5 S. 1 BauGB neu eingefügte Planungsziel der Nachhaltigkeit[1113] in Kraft. Sollten zuvor die Bauleitpläne eine „geordnete städtebauliche Entwicklung" gewährleisten, so wurde nunmehr die

---

1108 *Mitschang*, in: Mitschang (Hrsg.), Flächennutzungsplanung – Aufgabenwandel und Perspektiven, S. 32.

1109 *Mitschang*, ebenda; *Schink*, ZfBR 2000, 154.

1110 *Schink*, ebenda.

1111 *Schink*, ebenda.

1112 „Gesetz zur Änderung des Baugesetzbuchs und zur Neuregelung des Rechts der Raumordnung (Bau- und Raumordnungsgesetz 1998 – BauROG)" v. 18.08.1997, BGBl. I 2081.

1113 *Mitschang*, DÖV 2000, 14 (16) weist zutreffend darauf hin, dass das Planungsziel der Nachhaltigkeit sich noch nicht im RegE zum BauROG (BT-Drs. 13/6392) findet. Vielmehr wurde es erst im Laufe des Gesetzgebungsverfahrens durch den

„nachhaltige städtebauliche Entwicklung" zur Zielvorgabe für die Bauleitpläne.[1114] Angelehnt an die Definition der nachhaltigen Raumentwicklung in § 1 Abs. 2 ROG wurde hierunter zunächst die Zielsetzung für die Gemeinden verstanden, die sozialen und wirtschaftlichen Ansprüche an den Raum mit seiner ihm ebenfalls zukommenden ökologischen Funktion auszugleichen und noch stärker als bisher die Bauleitplanung zukunftsorientiert und mit Blick auf ihre Wirkung für nachfolgende Generationen auszurichten.[1115] In diese Richtung wurde das Planungsziel der Nachhaltigkeit dann auch durch den Gesetzgeber mit dem EAG Bau 2004 konkretisiert. Mit dem Ziel, das Prinzip der Nachhaltigkeit zu betonen[1116], wurde der § 1 Abs. 5 S. 1 BauGB dahingehend gefasst, dass die nachhaltige städtebauliche Entwicklung die sozialen, wirtschaftlichen und umweltschützenden Anforderungen auch in Verantwortung gegenüber künftigen Generationen miteinander in Einklang bringen soll.

Wiewohl das Planungsziel der Nachhaltigkeit für beide Ebenen der Bauleitplanung gilt, wurde in Teilen der Literatur eine Stärkung der Ebene der vorbereitenden Bauleitplanung durch dieses neue Ziel angenommen. Eine nachhaltige städtebauliche Entwicklung habe bei den im Rahmen der Flächennutzungsplanung zu treffenden grundlegenden Raumnutzungsentscheidungen anzusetzen.[1117] Im Fokus dieser Planungsebene stehe die Steuerung langfristiger Nutzungen unter Berücksichtigung der ökologischen Funktionen des Raumes.[1118] Nur aus einem entsprechend ausgerichteten Flächennutzungsplan könne dann auch ein dieser Zielsetzung dienender Bebauungsplan abgeleitet werden.[1119] Im Übrigen erfordere der dem Nachhaltigkeitsprinzip innewohnende Zukunftsbezug eine Risikovorsorge vor allem dergestalt, dass im Rahmen der auf der Ebene des Flächennutzungsplans zu treffenden grundlegenden Entscheidungen über die Bodennutzung sowohl soziale, ökonomische als auch ökologische Belange integrativ zu berücksichtigen seien.[1120] Diese Ansicht überzeugt mit Blick auf die Möglichkeit des Plangebers, auf der Ebene des Flächennutzungsplans einen nachhaltigen Ansatz – anders als auf der Ebene des Bebauungsplans – gemeindeweit konzipieren und verfolgen zu können.

Ausschuss für Raumordnung, Bauwesen und Städtebau in den Gesetzentwurf aufgenommen (BT-Drs. 13/7588, S. 16 und 13/7589, S. 14).

1114 *Krautzberger*, in: Spannowsky/Mitschang (Hrsg.), Flächennutzungsplanung im Umbruch?, S. 1.

1115 *Schink*, BauR 1998, 1163 (1164); Rinsdorf, Der Flächennutzungsplan als Steuerungsinstrument der Gemeinde, S. 42 f.

1116 Siehe die Begründung zum RegE des EAG-Bau, BT-Drs. 15/2250, S. 37.

1117 *Mitschang*, DÖV 2000, 14 (19); *Schink*, ZfBR 2000, 154 (155).

1118 *Schink*, ebenda.

1119 *Mitschang*, DÖV 2000, 14 (18); *Mitschang*, in: Mitschang (Hrsg.), Flächennutzungsplanung – Aufgabenwandel und Perspektiven, S. 31.

1120 *Demske*, Die Steuerungswirkung des Flächennutzungsplans, S. 39.

(2) Die Funktion des Flächennutzungsplans bei der Reduzierung der Inanspruchnahme von Flächen und der Prüfung von Standortalternativen

Die vorbereitende Bauleitplanung mit den dort zu treffenden grundlegenden Bodennutzungsentscheidungen spielt „für den Umgang mit dem Umweltmedium ‚Boden' eine maßgebliche Rolle"[1121]. Daher ist die Ebene der Flächennutzungsplanung für das mit der Bodenschutzklausel des § 1a Abs. 2 BauGB verfolgte Ziel der Reduzierung des Flächenverbrauchs von zentraler Bedeutung.[1122] Innerhalb der zweistufigen Bauleitplanung kann mit Blick auf das Entwicklungsgebot die Planungsstufe der Flächennutzungsplanung den Zielen des Bodenschutzes maßgebend Rechnung tragen.[1123] Hier ist über den zusätzlichen Bedarf an Bauflächen unter Zugrundelegung der prognostischen Gemeindeentwicklung zu entscheiden.[1124] Dies gilt auch für Verkehrs- und Infrastrukturflächen.[1125] Mit dem Ziel, zusätzlichen Flächenverbrauch für die Erschließung neuer Bauflächen zu minimieren, sollten diese entlang bestehender Verkehrswege dargestellt werden.[1126] Auch durch die Darstellung von Flächen, die von Bebauung freizuhalten sind – etwa Grünflächen gemäß § 5 Abs. 2 Nr. 5 BauGB oder Flächen für die Landwirtschaft und Wald nach § 5 Abs. 2 Nr. 9 BauGB – kann das Ziel der Reduzierung der Inanspruchnahme von Flächen mithilfe des Flächennutzungsplans verfolgt werden.[1127] Gemäß § 1a Abs. 2 S. 3 BauGB sind die in § 1a Abs. 2 S. 1 und 2 BauGB genannten Grundsätze der Bodenschutzklausel in der Abwägung gemäß § 1 Abs. 7 BauGB zu berücksichtigen. Während die Bodenschutzklausel in der älteren Literatur als Optimierungsgebot eingeordnet wurde[1128], wird sie nunmehr in Rezeption der neueren höchstrichterlichen Rechtsprechung[1129]

1121 *Mitschang*, in: Mitschang (Hrsg.), Flächennutzungsplanung – Aufgabenwandel und Perspektiven, S. 41.

1122 *Mitschang*, ebenda; *Schink*, ZfBR 2000, 154 (156 f.), der darauf hinweist, dass jenseits der Ebene der Bauleitplanung insbesondere die vorgelagerte Regionalplanung eine entscheidende Rolle zur Reduzierung der Flächeninanspruchnahme spielt; zur Rolle der Regionalplanung bei der Umsetzung der Belange des Bodenschutzes siehe auch: *Mitschang*, in: Schlichter/Stich/Driehaus/Paetow, BK BauGB, § 1a, Rn. 74 ff.

1123 *Mitschang*, in: Schlichter/Stich/Driehaus/Paetow, BK BauGB, § 1a, Rn. 79.

1124 *Schink*, ZfBR 2000, 154, (156); *Mitschang*, a.a.O., Rn. 81.

1125 *Mitschang*, ebenda.

1126 *Schink*, ZfBR 2000 154, (157).

1127 *Schink*, ebenda.

1128 *Schink*, ebenda, m.w.N.

1129 BVerwG, Urt. v. 16.03.2006 – 4 A 1075.04 -, BVerwGE 125, 116 (172) bezeichnet den Trennungsgrundsatz des § 50 BImSchG als Abwägungsdirektive, dessen Durchsetzung in der Abwägung sich erst bei Bewertung der Einzelfallumstände entscheide. Der Trennungsgrundsatz könne daher durch Belange von hohem Gewicht überwunden werden. Dies gelte „selbst dann, wenn man den Trennungsgrundsatz im Sinne einer früheren Rechtsprechung des Bundesverwaltungsgerichts als ‚Optimierungsgebot'" bezeichne.

als Abwägungsdirektive qualifiziert[1130]. Jedenfalls bedarf die Zurückstellung der in der Bodenschutzklausel genannten Belange – auch wenn sie der Gemeinde keine strikten, unüberwindbaren Grenzen setzt – in der Abwägung eine Rechtfertigung, die dem Gewicht dieser durch den Gesetzgeber ausdrücklich herausgehobenen Belange Rechnung trägt.[1131] Entsprechend der beschriebenen Funktion des Flächennutzungsplans bei der Umsetzung der Bodenschutzklausel hat die Gemeinde die entsprechenden Belange insbesondere in die Abwägung auf der Ebene des Flächennutzungsplans einzustellen.[1132]

In Zusammenhang mit dem mit der Bodenschutzklausel verfolgten Ziel der Reduzierung der Inanspruchnahme von Flächen ist auch die Funktion des Flächennutzungsplans bei der Alternativprüfung zu sehen, bei der auch die dem Gebot der Bodenschutzklausel besser entsprechenden Varianten zu ermitteln sind.[1133] Die Pflicht zur Alternativprüfung folgt bereits aus dem Gebot der Abwägungsproportionalität, das seinerseits Ausfluss des Grundsatzes der Verhältnismäßigkeit ist.[1134] Darüber hinaus ist die Prüfung von Planungsalternativen auch Teil der Umweltprüfung gemäß § 2 Abs. 4 BauGB.[1135] Hier ist zwischen Konzept- und Standortalternativen zu unterscheiden.[1136] Während die Möglichkeiten der Ausgestaltung des Vorhabens an einem grundsätzlich schon feststehenden Standort Gegenstand von Konzeptalternativen sind, beziehen sich Standortalternativen auf die Wahl des konkreten Vorhabenstandorts.[1137] Bei der Ausgestaltung der Alternativprüfung sind die Ziele und der räumliche Geltungsbereich des Bauleitplans

1130 *Krautzberger/Wagner*, in: Ernst/Zinkahn/Bielenberg/Krautzberger, BauGB, § 1a, Rn. 56 f.; *Dirnberger*, in: Spannowsky/Uechtritz, BeckOK BauGB, § 1a, Rn. 10 spricht davon, dass der Einordnung der Bodenschutzklausel als Optimierungsgebot ein Missverständnis zugrunde liege. Das BVerwG habe den Begriff des Optimierungsgebots in Abgrenzung zu der Bindungswirkung des § 1 Abs. 4 BauGB verwendet. Auch sei der Versuch, die Bodenschutzklausel in ein abstraktes Rangverhältnis zu setzen, in der Praxis wenig hilfreich. Der § 1a Abs. 2 enthalte „keinesfalls ein Versiegelungsverbot oder eine Baulandsperre für die Gemeinde, sondern allenfalls ein qualifiziertes Begründungsgebot [für das Wegwägen der Belange der Bodenschutzklausel]".

1131 BVerwG, Beschl. v. 12.06.2008 – 4 BN 8.08 -, ZfBR 2008, 689.

1132 *Schink*, ZfBR 2000 154, (156).

1133 *Mitschang*, in: Schlichter/Stich/Driehaus/Paetow, BK BauGB, § 2, Rn. 374a, 386.

1134 OVG RP, Urt. v. 23.01.2013 – 8 C 1078/12 -, NVwZ-RR 2013, 586 (588); *Stüer*, Bau- und Fachplanungsrecht, Rn. 1776; *Mitschang*, a.a.O., Rn. 376.

1135 *Stüer*, Bau- und Fachplanungsrecht, Rn. 1776. Gemäß Nr. 2 d) der Anlage 1 zum BauGB muss die in dem Umweltbericht enthaltene Beschreibung und Bewertung der Umweltauswirkungen auch Angaben der in Betracht kommenden anderweitigen Planungsmöglichkeiten enthalten. Siehe zur Umweltprüfung sogleich unten 4. Teil, C., II., 1., a), bb), ccc), (5).

1136 *Gierke*, in: Brügelmann, BauGB, § 2, Rn. 160; *Schwarz*, NuR 2011, 545 (550).

1137 *Gierke*, ebenda; *Schwarz*, ebenda.

zu berücksichtigen.[1138] Da der räumliche Geltungsbereich des Flächennutzungsplans gemäß § 5 Abs. 1 S. 1 BauGB das gesamte Gemeindegebiet umfasst, bietet sich diese Stufe der Bauleitplanung insbesondere für die Klärung von Standortalternativen an.[1139] Hier hat der Flächennutzungsplan eine zentrale Bedeutung im Rahmen der Umweltprüfung.[1140] In der Literatur wird hierzu ausgeführt, die Prüfung von Alternativen sei seit jeher – also auch schon vor Einführung der Umweltprüfung – in erster Linie Aufgabe der vorbereitenden Bauleitplanung gewesen.[1141] Sie ist allerdings heute fester Bestandteil der Umweltprüfung.[1142] Die mit der BauGB-Novelle 2013[1143] verfolgte Zielsetzung der Stärkung der Innenentwicklung wirkt mit den Neuregelungen des § 1 Abs. 5 S. 3 BauGB und § 1a Abs. 2 S. 4 und Abs. 3 S. 5 BauGB auch auf die Prüfung von Planungsalternativen im Rahmen der Umweltprüfung ein.[1144] So wurde in § 1 Abs. 5 S. 3 BauGB das Ziel der vorrangigen städtebaulichen Entwicklung durch Innenentwicklung als neuer Planungsgrundsatz eingefügt.[1145] Die im Kontext der Bodenschutzklausel gemäß § 1a Abs. 2 S. 1 BauGB in § 1a Abs. 2 S. 2 BauGB geregelte sogenannte Umwidmungssperrklausel[1146] – nach der landwirtschaftlich, als Wald oder für Wohnzwecke genutzte Flächen nur im notwendigen Umfang umgenutzt werden sollen – wird durch die nunmehr in § 1 Abs. 2 S. 4 BauGB vorgesehene Begründung unter Zugrundelegung der Möglichkeiten der Innenentwicklung aufgewertet und soll so die Bodenschutzklausel insgesamt stärker akzentuieren.[1147] Schließlich wurde in § 1a Abs. 3 S. 5 BauGB geregelt, dass § 15 Abs. 3 BNatSchG entsprechend gilt. Werden für Ausgleichs- und Ersatzmaßnahmen land- und forstwirtschaftlich genutzte Flächen beansprucht, so sind agrarstrukturelle Belange zu berücksichtigen.[1148] Mit diesen Neuregelungen gehen erweiterte Anforderungen an die Ermittlung von Planungsalternativen mit reduzierter Flächeninanspruchnahme im Rahmen der Umweltprüfung einher.[1149] Insbesondere die Ermittlung

---

1138 *Mitschang*, in: Schlichter/Stich/Driehaus/Paetow, BK BauGB, § 2, Rn. 385.

1139 *Mitschang*, a.a.O., Rn. 386; *Schwarz*, NuR 2011, 545 (550, 553).

1140 *Bunzel*, in: FS-Schmidt-Eichstaedt, S. 39.

1141 *Mitschang*, in: Schlichter/Stich/Driehaus/Paetow, BK BauGB, § 2, Rn. 376, der hier davon spricht, dass „sowohl Standort- als auch Konzeptalternativen seit jeher originäre Aufgabe, insbesondere der vorbereitenden Bauleitplanung" seien, während er unter Rn. 386 in erster Linie die Klärung der Standortalternativen als Aufgabe der Flächennutzungsplanung sieht.

1142 Siehe zur Umweltprüfung sogleich unten 4. Teil, C., II., 1. a), bb), ccc), (5).

1143 „Gesetz zur Stärkung der Innenentwicklung in den Städten und Gemeinden und weiteren Fortentwicklung des Städtebaurechts" v. 11.06.2013, BGBl. I, S. 1548.

1144 *Mitschang*, in: Schlichter/Stich/Driehaus/Paetow, BK BauGB, § 2, Rn. 374a.

1145 *Krautzberger*, UPR 2013, 281 (282).

1146 *Mitschang*, in: Schlichter/Stich/Driehaus/Paetow, BK BauGB, § 2, Rn. 374a.

1147 *Krautzberger*, UPR 2012, 380 (381).

1148 *Krautzberger*, a.a.O., 282.

1149 *Mitschang*, in: Schlichter/Stich/Driehaus/Paetow, BK BauGB, § 2, Rn. 374a.

von Standortalternativen zur Reduzierung der Flächeninanspruchnahme ist zunächst auf der Ebene des Flächennutzungsplans abzuarbeiten, der sich als gesamtgemeindliche Planung für die im Rahmen der räumlichen Nutzungsverteilung für das Gemeindegebiet zu treffenden Standortentscheidungen anbietet.[1150] Im Ergebnis ist die Funktion des Flächennutzungsplans mit Blick auf das Entwicklungsgebot und die Abschichtungsmöglichkeiten[1151] durch die beschriebenen Neuregelungen gestärkt worden.[1152]

(3) Die Funktion des Flächennutzungsplans bei der Umsetzung der naturschutzrechtlichen Eingriffsregelungen für die Bauleitplanung

Mit dem BauROG[1153] wurden auch die spezifisch die Bauleitplanung betreffenden naturschutzrechtlichen Eingriffsregelungen – die sich zuvor im BNatSchG fanden – in das BauGB aufgenommen.[1154] Die Ausgestaltung dieser Neuregelung führte zu einer Stärkung der Ebene des Flächennutzungsplans.[1155] Waren zuvor Eingriffsbewältigung und Bebauungsplan eng verknüpft – mit der Folge, dass Ausgleichsflächen regelmäßig in räumlichem Zusammenhang mit dem Bebauungsplan festgesetzt wurden –[1156], so wurde mit der Neuregelung insbesondere die räumliche und zeitliche Verknüpfung von Eingriff und Ausgleich aufgehoben.[1157] So bestimmt der mit dem BauROG kodifizierte § 1a Abs. 3 BauGB[1158], dass der Ausgleich der zu erwartenden Eingriffe in Natur und Landschaft nunmehr durch geeignete Darstellungen und Festsetzungen auch an anderer Stelle als am Ort des Eingriffs erfolgen kann, soweit dies mit einer „geordneten städtebaulichen Entwicklung und den Zielen der Raumordnung sowie des Naturschutzes und der Landschaftspflege“ vereinbar ist. Durch die zeitliche Abkoppelung wurde zudem auch die Durchführung von Ausgleichmaßnahmen bereits im Vorfeld der Aufstellung eines Bebauungsplans ermöglicht. Auch sah der mit dem BauROG geschaffene § 5 Abs. 2a BauGB vor, dass Flächen zum Ausgleich im Sinne des § 1a Abs. 3 im Geltungsbereich des Flächennutzungsplans den Flächen, auf denen Eingriffe in Natur und Landschaft zu

---

1150 *Mitschang*, a.a.O., Rn. 386.

1151 Gemeint sind die Abschichtungsmöglichkeiten gemäß § 2 Abs. 4 S. 5 BauGB im Rahmen der Umweltprüfung, siehe hierzu sogleich unten 4. Teil, C., II., 1. a), bb), ccc), (5).

1152 *Mitschang*, in: Schlichter/Stich/Driehaus/Paetow, BK BauGB, § 2, Rn. 386.

1153 „Gesetz zur Änderung des Baugesetzbuchs und zur Neuregelung des Rechts der Raumordnung (Bau- und Raumordnungsgesetz 1998 – BauROG)“ v. 18.08.1997, BGBl. I 2081.

1154 Siehe *Schmidt*, NVwZ 1998, 337 und den RegE BauROG, BT-Drs. 13/6392, S. 36 f.

1155 *Lüers*, UPR 1997, 348 (350 f.); *Mitschang*, ZfBR 1999, 125 (128); *Müller/Mahlburg*, DVBl. 1998, 1110 (1112).

1156 *Mitschang*, a.a.O., 127.

1157 *Lüers*, UPR 1997, 348 (350).

1158 Siehe zur Entstehungsgeschichte des § 1a BauGB: *Krautzberger/Wagner*, in: Ernst/Zinkahn/Bielenberg/Krautzberger, BauGB, § 1a, Rn. 4 f.

erwarten sind, ganz oder teilweise zugeordnet werden können. Mit dem ebenfalls durch das BauROG geschaffenen § 200a S. 1 BauGB[1159] wurde klargestellt, dass die Differenzierung zwischen Ausgleichs- und Ersatzmaßnahme im Rahmen der Eingriffsregelung des BauGB entfällt.[1160] Schließlich wurde mit § 200a S. 2 BauGB noch einmal verdeutlicht, dass „ein unmittelbarer räumlicher Zusammenhang zwischen Eingriff und Ausgleich (...) nicht erforderlich [ist], soweit dies mit einer geordneten städtebaulichen Entwicklung und den Zielen der Raumordnung sowie des Naturschutzes und der Landschaftspflege vereinbar" sei. Diese Neuregelungen wurden zugleich als Stärkung der vorbereitenden Bauleitplanung verstanden.[1161] Denn die räumliche Flexibilisierung wurde unter die Bedingung ihrer Vereinbarkeit mit der geordneten städtebaulichen Entwicklung gestellt. Diese geordnete städtebauliche Entwicklung ist dann gewährleistet, wenn auch die Ausgleichsfläche an anderer Stelle dem Entwicklungsgebot des § 8 BauGB entspricht. In der Folge wurde die Funktion der Flächennutzungsplanung mit der Einfügung dieser Bedingung gestärkt. Will die Gemeinde eine – die Steuerungsfunktionen des Flächennutzungsplans konterkarierende – ständige Anpassung des Flächennutzungsplans vor dem Hintergrund der regelmäßig bei der Aufstellung von Bebauungsplänen zu lösenden Eingriffs- bzw. Ausgleichsproblematik vermeiden, so muss sie bereits auf der Ebene des Flächennutzungsplans ein umfassendes gemeindeweites Eingriffs- und Ausgleichskonzept implementieren und entsprechende Kompensationsflächen in den Flächennutzungsplan aufnehmen.[1162] Insofern wurde die Ebene des Flächennutzungsplans durch die Novellierung der naturschutzrechtlichen Eingriffsregelung mit dem BauROG gestärkt. Zwar wurde der Wortlaut des § 1a Abs. 3 BauGB bei der erneuten Novellierung im Rahmen des EAG-Bau 2004 dahingehend modifiziert, dass bei einer räumlichen Trennung zwischen Eingriff und Ausgleich nunmehr der „nachhaltigen städtebaulichen Entwicklung" Genüge getan werden muss. Das Postulat der „geordneten städtebaulichen Entwicklung" findet sich für diese Konstellation aber weiterhin in § 200a S. 2 BauGB.[1163]

(4) Die Funktion des Flächennutzungsplans bei der Berücksichtigung der Erhaltungsziele und des Schutzzwecks der Natura 2000-Gebiete in der Bauleitplanung

Schließlich hat der Flächennutzungsplan auch besondere Bedeutung für den in § 1a Abs. 4 BauGB geregelten Fall der erheblichen Beeinträchtigung der in § 1 Abs. 6

1159 Siehe zur Entstehungsgeschichte des § 200a BauGB: *Krautzberger*, in: Ernst/Zinkahn/Bielenberg/Krautzberger, BauGB, § 200a, Rn. 4.

1160 *Lüers*, UPR 1997, 348 (351).

1161 *Lüers*, a.a.O., 350 f.; *Mitschang*, ZfBR 1999, 125 (128); *Müller/Mahlburg*, DVBl. 1998, 1110 (1112).

1162 *Mitschang*, a.a.O., 127 f.; *Müller/Mahlburg*, a.a.O., 1112 f.

1163 Insofern ergänzt § 200a BauGB den § 1a BauGB, siehe *Gierke*, in: Brügelmann, BauGB, § 200a, Rn. 1.

Nr. 7 lit. b BauGB genannten und auf die FFH-Richtlinie und Vogelschutz-Richtlinie zurückgehenden Natura 2000-Gebiete i.S.v. §§ 7 Abs. 1 Nr. 8, 31 ff. BNatSchG.[1164] Die Regelung des § 1a Abs. 4 BauGB i.V.m. § 1 Abs. 6 Nr. 7 lit. b BauGB sieht vor, dass bei einer möglichen erheblichen Beeinträchtigung eines Natura 2000-Gebiets die Vorschriften der §§ 31 ff. BNatSchG Anwendung finden.[1165] Bei den auf die der Erhaltung der Artenvielfalt dienenden[1166] FFH-Richtlinie und Vogelschutz-Richtlinie zurückgehenden Natura 2000-Gebieten handelt es sich um Gebiete, die schrittweise zu einem europäischen Biotopverbundsystem ausgebaut werden sollen.[1167] Die Pflicht zur Durchführung einer Prüfung der Verträglichkeit mit den Erhaltungszielen der Natura 2000-Gebiete sieht § 34 Abs. 1 S. 1 BNatSchG nur projektbezogen vor. Jedoch ordnet § 36 S. 1 Nr. 2 BNatSchG die entsprechende Anwendbarkeit des § 34 Abs. 1–5 BNatSchG für die bei behördlichen Entscheidungen zu beachtenden oder zu berücksichtigenden Pläne an. Hierunter fallen der Sache nach auch Flächennutzungspläne.[1168] Allerdings nimmt § 36 S. 2 BNatSchG Bauleitpläne ausdrücklich von der Anwendung des § 34 Abs. 1 S. 1 BNatSchG aus[1169], sodass für diese nur § 34 Abs. 1 S. 2, Abs. 2-Abs. 5 BNatSchG gelten[1170]. Die Pflicht zur Durchführung einer Verträglichkeitsprüfung folgt daher für die Bauleitplanung aus den bauplanungsrechtlichen Vorschriften § 1a Abs. 4 BauGB i.V.m. § 1 Abs. 6 Nr. 7 lit. b BauGB.[1171] Die Verträglichkeitsprüfung ist nicht erst erforderlich, wenn die Beeinträchtigung eines Natura 2000-Gebiets sicher zu erwarten ist, sondern bereits dann, wenn diese nicht offensichtlich ausgeschlossen ist.[1172] Auch ein Bauleitplan, dessen Geltungsbereich das Schutzgebiet nicht erfasst, kann in diesem Sinne beeinträchtigend wirken.[1173] Ob das Erfordernis einer Verträglichkeitsprüfung besteht, beurteilt sich im Rahmen

---

1164 *Mitschang*, in: Mitschang (Hrsg.), Flächennutzungsplanung – Aufgabenwandel und Perspektiven, S. 36.

1165 *Dirnberger*, in: Spannowsky/Uechtritz, BeckOK BauGB, § 1a, Rn. 36.

1166 *Mitschang/Wagner*, DVBl. 2010, 1257.

1167 *Mitschang/Wagner*, ebenda.

1168 *Erbguth/Schubert*, Öffentliches Baurecht, § 3, Rn. 80.

1169 *Erbguth/Schubert*, ebenda.

1170 *Gellermann*, in: Schrödter, BauGB, § 1a, Rn. 129.

1171 *Gellermann*, a.a.O., Rn. 134; *Erbguth/Schubert*, Öffentliches Baurecht, § 3, Rn. 80 hingegen führen aus, dass auch der § 1a Abs. 4 BauGB keine Pflicht zur Verträglichkeitsprüfung enthalte, sondern diese vielmehr voraussetze. Vielmehr ließe sich eine solche Pflicht „allenfalls" einer Auslegung des § 1 Abs. 6 Nr. 7 lit. b BauGB insofern entnehmen, als die dort vorgesehene Berücksichtigung der Erhaltungsziele und des Schutzzwecks der Natura 2000-Gebiete eine ordnungsgemäße Zusammenstellung des relevanten Abwägungsmaterials bedinge.

1172 BVerwG, Beschl. v. 26.11.2007 – 4 BN 46.07 -, NVwZ 2008, 210 (211); *Erbguth/Schubert*, Öffentliches Baurecht, § 3, Rn. 81.

1173 *Erbguth/Schubert*, ebenda.

einer Vorprüfung, die auch als Screening bezeichnet wird.[1174] Entscheidend ist hier, ob nach Lage der Dinge ernsthaft nachteilige Auswirkungen zu besorgen sind.[1175]

Wechselwirkungen zwischen der Vorschrift des § 1a Abs. 4 BauGB und der Flächennutzungsplanung bestehen unter verschiedenen Gesichtspunkten.[1176] So ist das Naturschutzrecht einerseits Maßstab für die Wirksamkeit der Darstellungen des Flächennutzungsplans. Die Darstellung einer Baufläche für ein Natura 2000-Gebiet wird regelmäßig (teil-) unwirksam sein.[1177] Andererseits hat der Flächennutzungsplan eine Abschichtungsfunktion dergestalt, dass bei Klärung der grundsätzlichen Bebaubarkeit einer Fläche unter dem Gesichtspunkt des § 1a Abs. 4 BauGB diese Frage bei der Entwicklung des Bebauungsplans aus dem Flächennutzungsplan auf der Ebene des Bebauungsplans nicht mehr behandelt werden muss.[1178] Hier sind dann vielmehr die konkreten Auswirkungen durch Art und Maß der baulichen Nutzung zu behandeln.[1179] Darüber hinaus wirkt sich die Ebene der Flächennutzungsplanung mit den dort zu treffenden grundlegenden Entscheidungen für die Bodennutzungen auch auf die Ausgestaltung des Biotopnetzverbunds aus.[1180] Die Ebene des Flächennutzungsplans behandelt gemäß § 5 Abs. 1 S. 1 BauGB die sich aus der beabsichtigten städtebaulichen Entwicklung ergebende Art der Bodennutzung für das ganze Gemeindegebiet. Entsprechend stehen auf dieser Ebene die flächenbezogenen Nutzungskonflikte mit den Erhaltungszielen des betroffenen Natura 2000-Gebiets und mögliche Flächenverluste im Fokus der Bewertung.[1181] So sind bei der Aufstellung eines Flächennutzungsplans im Rahmen der Abwägung die Möglichkeiten zu berücksichtigen, durch planerische Maßnahmen die Schutzwirkung zu optimieren, etwa durch die Sicherung von Flächen zur Verbesserung der Biotopstrukturen.[1182] Weiterhin ist auch das Potential des Flächennutzungsplans als vorsorgende Planung für § 1a Abs. 4 BauGB von Relevanz. So ist nach der Rechtsprechung des BVerwG grundsätzlich jede Beeinträchtigung von Erhaltungszielen erheblich i.S.v. § 34 Abs. 2 BNatSchG und führt damit zunächst zur Unzulässigkeit.[1183] Dem Erhaltungsziel zuwider i.d.S. läuft grundsätzlich jede Überschreitung der als Critical

---

1174 BVerwG, Beschl. v. 26.11.2007 – 4 BN 46.07 -, NVwZ 2008, 210 (211).

1175 BVerwG, ebenda; *Erbguth/Schubert*, Öffentliches Baurecht, § 3, Rn. 81.

1176 *Schink*, ZfBR 2000, 154 (162).

1177 *Mitschang/Wagner*, DVBl. 2010, 1257 (1262); *Krautzberger/Wagner*, in: Ernst/Zinkahn/Bielenberg/Krautzberger, BauGB, § 1a, Rn. 221f.

1178 *Krautzberger/Wagner*, in: Ernst/Zinkahn/Bielenberg/Krautzberger, BauGB, § 1a, Rn. 221g.

1179 *Krautzberger/Wagner*, ebenda.

1180 *Mitschang*, in: Mitschang (Hrsg.), Flächennutzungsplanung – Aufgabenwandel und Perspektiven, S. 36; *Reidt*, NVwZ 2010, 8 (10).

1181 *Krautzberger/Wagner*, in: Ernst/Zinkahn/Bielenberg/Krautzberger, BauGB, § 1a, Rn. 221f.

1182 *Schink*, ZfBR 2000, 154 (162); *Mitschang*, Der Flächennutzungsplan, Rn. 307.

1183 BVerwG, Urt. v. 17.01.2007 – 9 A 20.05 -, BVerwGE 128, 1 (21); *Mitschang/Wagner*, DVBl. 2010, 1257 (1263).

Loads bezeichneten naturwissenschaftlich begründeten Belastungsgrenzen.[1184] Vorbelastungen der Natura 2000-Gebiete, die für sich genommen bereits die Critical Loads ausschöpfen, führen dazu, dass jede weitere durch die Bauleitplanung zu erwartende Beeinträchtigung die Schwelle zur Erheblichkeit überschreitet.[1185] Daher empfiehlt sich für die Bauleitplanung – auch bei einer aktuell nicht erheblichen Beeinträchtigung – von vornherein die vorsorgliche Einhaltung bestimmter naturschutzfachlich begründeter Abstände zu den Natura 2000-Gebieten.[1186] Die Ebene des Flächennutzungsplans bietet sich für diese vorsorgende Planung an.[1187] Weiterhin bietet sich der Flächennutzungsplan auch an, wenn für Projekte und Bebauungspläne bei Vorliegen eines Beeinträchtigungsverbots gemäß § 34 Abs. 2 BNatSchG ein Abweichungsverfahren nach § 34 Abs. 3 BNatSchG durchgeführt werden soll. Hierbei sind gemäß § 34 Abs. 3 Nr. 2 BNatSchG Alternativlösungen – insbesondere andere Standorte – zu prüfen. Für diese Suche nach alternativen Standorten ist die Ebene des Flächennutzungsplans besonders geeignet, denn dort kann sie auf das gesamte Gemeindegebiet erstreckt werden.[1188] Anders als bei der Alternativenprüfung im Rahmen der bauleitplanerischen Abwägung ist die Alternativenprüfung bei der Verträglichkeitsprüfung gemäß § 1a Abs. 4 BauGB insofern bindend, als dort gefundene Alternativlösungen strikt herangezogen werden müssen.[1189]

(5) Die Umweltprüfung bei der Aufstellung von Flächennutzungsplänen und die Möglichkeiten der Abschichtung

Für die Belange des Umweltschutzes gemäß § 1 Abs. 6 Nr. 7 BauGB und § 1a BauGB ist mit dem am 20.07.2004 in Kraft getretenen EAG-Bau[1190] die Umweltprüfung nach

---

1184 BVerwG, Beschl. v. 10.11.2009 – 9 B 28.09 -, NVwZ 2010, 319 (320).

1185 *Mitschang/Wagner*, DVBl. 2010, 1257 (1263); vgl. BVerwG, Beschl. v. 10.11.2009 – 9 B 28.09 -, NVwZ 2010, 319 (320).

1186 *Mitschang/Wagner*, ebenda; *Krautzberger/Wagner*, in: Ernst/Zinkahn/Bielenberg/Krautzberger, BauGB, § 1a, Rn. 224.

1187 *Mitschang/Wagner*, ebenda; *Krautzberger/Wagner*, ebenda.

1188 *Mitschang/Wagner*, a.a.O., 1264 f., die darauf hinweisen, dass die Bebauungsplanebene für die Suche nach Alternativen weniger geeignet erscheine. Denn bei einem alternativen Bebauungsplan, der zwar den Anforderungen des § 1a Abs. 4 BauGB besser entspreche, der aber zugleich gegen das Entwicklungsgebot verstoße, müsse der Flächennutzungsplan für die Suche nach Alternativen noch einmal einbezogen werden; *Krautzberger/Wagner*, a.a.O., Rn. 233; vgl. auch *Gellermann*, in: Schrödter, BauGB, § 1a, Rn. 152.

1189 *Mitschang/Wagner*, a.a.O., 1265.

1190 Gesetz zur Anpassung des Baugesetzbuchs an EU-Richtlinien (Europarechtsanpassungsgesetz Bau – EAG Bau) v. 24.06.2004, BGBl. I, S. 1359.

§ 2 Abs. 4 BauGB als Regelverfahren[1191] der Bauleitplanung eingeführt worden.[1192] In der für diese Belange durchzuführenden Umweltprüfung sind gemäß § 2 Abs. 4 S. 1 BauGB die voraussichtlichen erheblichen Umweltauswirkungen zu ermitteln und in einem Umweltbericht zu beschreiben und zu bewerten. Die Umweltprüfung führt als Trägerverfahren alle städtebaulich relevanten Umweltverfahren zusammen.[1193] Hierzu gehören auch die oben[1194] behandelten Belange des Bodenschutzes gemäß § 1a Abs. 2 BauGB, die bauleitplanerische Eingriffsregelung nach § 1a Abs. 3 BauGB und die Berücksichtigung der Erhaltungsziele und des Schutzzwecks der Natura 2000-Gebiete gemäß § 1a Abs. 4 BauGB i.V.m. § 1 Abs. 6 Nr. 7 lit. b BauGB. Wie aufgezeigt, hat die Ebene der Flächennutzungsplanung für diese Belange eine wichtige Bedeutung.[1195]

Mit der Einführung der Umweltprüfung wurden die europarechtlichen Vorgaben der Plan-UP-Richtlinie[1196] für den Bereich der Bauleitplanung umgesetzt.[1197] Bereits zuvor sah das im Jahre 1990 in Kraft getretene UVPG[1198] – mit dem die UVP-Richtlinie[1199] umgesetzt wurde – projektbezogene Umweltverträglichkeitsprüfungen vor. Auf Planungsebene war eine Umweltverträglichkeitsprüfung nur für bestimmte projektbezogene Bebauungspläne vorgeschrieben.[1200] Hingegen wurde die zunächst in § 2 Abs. 3 Nr. 4 UVPG a.F. vorgesehene Pflicht zur Durchführung einer Umweltverträglichkeitsprüfung für solche Flächennutzungspläne, die Grundlage für die projektbezogenen Bebauungspläne sein können[1201], bereits

---

1191 Ausnahmen von dem Grundsatz der Pflicht zur Umweltprüfung bestehen für das vereinfachte Verfahren gemäß § 13 BauGB und für das beschleunigte Verfahren gemäß § 13a BauGB sowie für Innenbereichssatzungen i.S.v. § 34 Abs. 4 S. 1 Nr. 2 und Nr. 3 BauGB und Außenbereichssatzungen gemäß § 35 Abs. 6 BauGB, siehe *Battis*, in: Battis/Krautzberger/Löhr, BauGB, § 2, Rn. 8.

1192 *W. Schrödter*, in: Schrödter, BauGB, § 2, Rn. 123 und 143.

1193 *Mitschang*, in: Schlichter/Stich/Driehaus/Paetow, BK BauGB, § 2, Rn. 103.

1194 Siehe oben 4. Teil, C., II., 1., a), bb), ccc).

1195 Siehe oben, 4. Teil, C., II., 1., a), bb), ccc).

1196 Richtlinie 2001/42/EG des Europäischen Parlaments und des Rates vom 27.06.2001 über die Prüfung der Umweltauswirkungen bestimmter Pläne und Programme, Abl. EG Nr. L 197, v 21.07.2001, S. 30.

1197 *Krautzberger*, in: Ernst/Zinkahn/Bielenberg/Krautzberger, BauGB, § 2, Rn. 200.

1198 Artikel 1 des „Gesetz[es] zur Umsetzung der Richtlinie des Rates vom 27. Juni 1985 über die Umweltverträglichkeitsprüfung bei bestimmten öffentlichen und privaten Projekten (85/337/EWG)" v. 12.02.1990, BGBl. I, S. 205.

1199 „Richtlinie des Rates vom 27. Juni 1985 über die Umweltverträglichkeitsprüfung bei bestimmten öffentlichen und privaten Projekten (85/337/EWG)", ABl. EG Nr. L 197, v. 05.07.1985, S. 40.

1200 *W. Schrödter*, in: Schrödter, BauGB, § 2, Rn. 128.

1201 *Mitschang*, in: Mitschang (Hrsg.), Flächennutzungsplanung – Aufgabenwandel und Perspektiven, S. 32 f.

1993 mit dem Investitionserleichterungs- und Wohnbaulandgesetz[1202] wieder gestrichen.[1203] Damit bestand (und besteht) bei der Aufstellung oder Änderung von Flächennutzungsplänen seit 1993 keine Pflicht zur Durchführung einer Umweltverträglichkeitsprüfung.[1204] Vor dem Hintergrund, dass der mit der Umweltverträglichkeitsprüfung verfolgte Ansatz der Prüfung auf Projektebene auf eine nachgelagerte Ebene abstellt[1205], wurde dieser durch die Anknüpfung der Plan-UP-Richtlinie auf der Ebene der Planung ergänzt.[1206] Mit Blick auf den Umstand, dass die Prüfung an die der Projektebene vorgelagerte Ebene der Planung anknüpft, wird diese auch als strategische Umweltprüfung bezeichnet.[1207] Daher wird die Plan-UP-Richtlinie teilweise auch SUP-Richtlinie genannt.[1208] In § 17 Abs. 2 UVPG ist bestimmt, dass im Falle der Bauleitpläne – also auch im Falle des Flächennutzungsplans[1209] – die Umweltprüfung nach dem BauGB als speziellere Regelung die Vorschriften über die Umweltverträglichkeitsprüfung verdrängt.[1210] Dies gilt auch, soweit die im Jahre 2005 mit dem SUPG[1211] eingefügten Vorschriften § 14b Abs. 1 UVPG i.V.m. Nr. 1.8 der Anlage 3 zum UVPG ausdrücklich auf die Bauleitplanung abstellen. Auch unter Beachtung dieser Gesetzesänderung finden die Vorschriften des UVPG in der Bauleitplanung keine Anwendung, da § 17 Abs. 2 UVPG eine abschließende Regelung trifft.[1212]

Mit der Umweltprüfung werden die in der Abwägungsentscheidung zu berücksichtigenden Umweltbelange vorab im Verfahren geprüft[1213] und der Abwägungsvorgang bezüglich der Belange des Umweltschutzes strukturiert.[1214] So verweist § 2

1202 Geändert durch Art. 11 des „Gesetz[es] zur Erleichterung von Investitionen und der Ausweisung und Bereitstellung von Wohnbauland (Investitionserleichterungs- und Wohnbaulandgesetz)" v. 22.04.1993, BGBl. I, S. 466.

1203 Siehe hierzu die umfassende Darstellung bei *Mitschang*, Der Flächennutzungsplan, Rn. 246 ff.

1204 *Mitschang*, ebenda.

1205 *Finkelnburg/Ortloff/Kment*, BauplanungsR, § 6, Rn. 22 weisen darauf hin, dass der Ansatz der Umweltverträglichkeitsprüfung auf Projektebene Defizite mit sich bringe, da Überlegungen zu (Standort-) Alternativen auf Projektebene außer Betracht blieben.

1206 *Mitschang*, in: Mitschang (Hrsg.), Flächennutzungsplanung – Aufgabenwandel und Perspektiven, S. 34.

1207 *Peters*, KommJur 2005, 245.

1208 Siehe hierzu *Erbguth/Schubert*, Öffentliches Baurecht, § 3, Rn. 29 (dort Fußnote 117).

1209 *W. Schrödter*, in: Schrödter, BauGB, § 2, Rn. 138.

1210 *W. Schrödter*, ebenda; *Finkelnburg/Ortloff/Kment*, BauplanungsR, § 6, Rn. 23; *Keilbach*, Rechtsschutz gegen Flächennutzungspläne, S. 17.

1211 „Gesetz zur Einführung einer Strategischen Umweltprüfung und zur Umsetzung der Richtlinie 2001/42/EG (SUPG)" v. 25.06.2005, BGBl. I, S. 1746.

1212 *W. Schrödter*, in: Schrödter, BauGB, § 2, Rn. 138, 140 ff.; *Uechtritz*, in: Spannowsky/Uechtritz, BeckOK BauGB, § 2, Rn. 71; *Mitschang*, in: Schlichter/Stich/Driehaus/Paetow, BK BauGB, § 2, Rn. 206 f.

1213 *Battis*, in: Battis/Krautzberger/Löhr, BauGB, § 2, Rn. 6.

1214 *Erbguth/Schubert*, Öffentliches Baurecht, § 3, Rn. 35; *Schwarz*, NuR 2011, 545 (554).

Abs. 4 S. 1 BauGB auf die Belange des Umweltschutzes nach § 1 Abs. 6 Nr. 7 BauGB und § 1a BauGB und bestimmt, dass die voraussichtlichen erheblichen Umweltauswirkungen ermittelt und in einem Umweltbericht beschrieben und bewertet werden. Konkretisiert werden diese Vorgaben durch die in Anlage 1 zum BauGB niedergelegten Mindestinhalte des Umweltberichts.[1215] Nach § 3 b 4 S. 2 BauGB legt die Gemeinde für jeden Bauleitplan fest, in welchem Umfang und Detailierungsgrad die Belange für die Abwägung ermittelt werden müssen und beteiligt hieran gemäß § 4 Abs. 1 S. 1 BauGB auch andere Behörden und Träger öffentlicher Belange. Die Koordination der Umweltprüfung wird Scoping genannt.[1216] Die Umweltprüfung erfasst die bodenrechtlich relevanten Umweltbelange.[1217] Sie bezieht sich gemäß § 2 Abs. 4 S. 3 BauGB auf das, was nach gegenwärtigem Wissensstand und allgemein anerkannten Prüfmethoden angemessenerweise verlangt werden kann.

Gemäß § 2 Abs. 4 S. 4 BauGB ist das in der Bewertung der Umweltauswirkungen zum Ausdruck kommende Ergebnis der Umweltprüfung in der Abwägung zu berücksichtigen.[1218] Wie ein Blick auf die in der Umweltprüfung abzuhandelnde mögliche Beeinträchtigung von Natura 2000-Gebieten i.S.v. § 1a Abs. 4 BauGB i.V.m. § 1 Abs. 6 Nr. 7 lit. b BauGB zeigt, umfasst die Ermittlung und Bewertung der umweltrechtlich relevanten Belange im Rahmen der als Trägerverfahren konzipierten Umweltprüfung nicht lediglich die abwägungsrelevanten, sondern alle einschlägigen Belange.[1219] Denn die Vorgaben des § 1a Abs. 4 BauGB können in der Abwägung gerade nicht überwunden werden.[1220]

Insbesondere auf der Ebene der Flächennutzungsplanung mit ihrer Ausrichtung auf das gesamte Gemeindegebiet und den hier zu treffenden grundlegenden Raumnutzungsentscheidungen bringt die Umweltprüfung als Trägerverfahren für die verschiedenen Umweltverfahren erhebliche Vorteile unter dem Gesichtspunkt der Effizienz mit sich.[1221] Zwar wird das Prüfprogramm der Umweltprüfung gemäß § 2 Abs. 4 S. 3 BauGB für die Ebene des Flächennutzungsplans auch dadurch begrenzt, dass sie sich nur auf das bezieht, was nach Inhalt und Detailierungsgrad des Bauleitplans angemessenerweise verlangt werden kann.[1222] Spricht allerdings bereits auf der Ebene der Flächennutzungsplanung eine große Wahrscheinlichkeit dafür, dass in einem bestimmten Bereich überwiegende Umweltbelange der Festsetzung einer baulichen Nutzung entgegenstehen, so muss dies – mit Blick auf das Entwicklungsgebot des § 8 Abs. 2 S. 1 BauGB – durch die Gemeinde bereits auf

---

1215 *Finkelnburg/Ortloff/Kment*, BauplanungsR, § 6, Rn. 25.
1216 *Finkelnburg/Ortloff/Kment*, a.a.O., Rn. 29.
1217 *W. Schrödter*, in: Schrödter, BauGB, § 2, Rn. 154.
1218 *Erbguth/Schubert*, Öffentliches Baurecht, § 3, Rn. 35.
1219 *Reidt*, in Bracher/Reidt/Schiller, Bauplanungsrecht, Rn. 712.
1220 *Dirnberger*, in: Spannowsky/Uechtritz, BeckOK BauGB, § 1a, Rn. 40; *Krautzberger/Wagner*, in: Ernst/Zinkahn/Bielenberg/Krautzberger, BauGB, § 1a, Rn. 244b.
1221 *Mitschang*, BauR 2005, 334 (337).
1222 *Reidt*, in Bracher/Reidt/Schiller, Bauplanungsrecht, Rn. 720.

der Ebene des Flächennutzungsplans geklärt werden.[1223] Die Verschiebung dieser Prüfung auf ein (späteres) Bebauungsplanverfahren ist nicht zulässig.[1224] Im Ergebnis muss im Rahmen der Umweltprüfung auf der Ebene des Flächennutzungsplans geklärt werden, dass keine große Wahrscheinlichkeit mehr gegen die Möglichkeit spricht, aus den Darstellungen später wirksame Festsetzungen zu entwickeln.[1225]

Vor dem Hintergrund, dass sich der mit der Pflicht zur Umweltprüfung verbundene Mehraufwand in einem mehrstufigen Planungs- und Zulassungsprozess addieren kann, bietet sich die Bündelung der Prüfungsschritte auf einzelnen Ebenen und ihre Nutzbarmachung für die übrigen Ebenen an.[1226] Die Möglichkeit der Abschichtung der für die Bauleitpläne durchzuführenden Umweltprüfung ist in § 2 Abs. 4 S. 5 BauGB geregelt. Nach dieser Vorschrift soll für den Fall, dass eine Umweltprüfung für das Plangebiet oder Teile davon in einem Raumordnungs-, Flächennutzungs-, oder Bebauungsplanverfahren erfolgt, die Umweltprüfung in einem zeitlich nachfolgenden oder gleichzeitig durchgeführten Bauleitplanverfahren auf zusätzliche oder andere erhebliche Umweltauswirkungen beschränkt werden. Voraussetzung ist, dass die bei der abschichtend wirkenden Umweltprüfung geltenden rechtlichen oder tatsächlichen Verhältnisse zwischenzeitlich keine wesentliche Änderung erfahren haben.[1227] Eine im Zusammenhang mit der Abschichtungsregelung des § 2 Abs. 4 S. 5 BauGB zu betrachtende Regelung trifft § 2 Abs. 4 S. 6 BauGB, der vorsieht, dass die aus Landschaftsplänen und sonstigen Umweltplänen vorliegenden Bestandsaufnahmen und Bewertungen in der Umweltprüfung heranzuziehen sind.[1228] Auch dies dient der Vermeidung von doppelten Prüfungen.[1229]

Den Hintergrund der Abschichtungsregelung des § 2 Abs. 4 S. 5 BauGB bildet Art. 4 Abs. 3 der Plan-UP-Richtlinie, nach dem Mehrfachprüfungen bei zu einer Planhierarchie gehörenden Plänen vermieden werden sollen.[1230] Dies gilt auch mit Blick auf das Verhältnis von Flächennutzungsplänen und Bebauungsplänen sowie dem hier zugrundeliegenden Entwicklungsgebot.[1231] So kann die im Rahmen der Aufstellung des Flächennutzungsplans durchgeführte Umweltprüfung eine Abschichtungsfunktion für den nachfolgend aufzustellenden Bebauungsplan

---

1223 *Reidt*, ebenda.

1224 *Reidt*, ebenda.

1225 *Reidt*, ebenda.

1226 *Finkelnburg/Ortloff/Kment*, BauplanungsR, § 6, Rn. 31; Schifferdecker, NuR 2014, 692 (694).

1227 *W. Schrödter*, in: Schrödter, BauGB, § 2, Rn. 181.

1228 *Mitschang*, in: Schlichter/Stich/Driehaus/Paetow, BK BauGB, § 2, Rn. 478; nach Krautzberger, in: Ernst/Zinkahn/Bielenberg/Krautzberger, BauGB, § 2, Rn. 303 ist die Regelung des § 2 Abs. 4 S. 6 BauGB im Ergebnis an die Regelung des § 2 Abs. 4 S. 5 BauGB angelehnt.

1229 *Mitschang*, ebenda.

1230 *Mitschang*, a.a.O., Rn. 460 f.

1231 *Mitschang*, ebenda.

übernehmen.[1232] Hier liegt ein Schwerpunkt bei der praktischen Bedeutung von § 2 Abs. 4 S. 5 BauGB.[1233] Dabei wirkt § 2 Abs. 4 S. 5 BauGB regelmäßig nicht dahingehend, dass die Umweltprüfung auf der Ebene des Bebauungsplans komplett entfallen kann.[1234] Sie kann aber die in der Umweltprüfung des Flächennutzungsplans gefundenen Erkenntnisse übernehmen (so z.B. zur Wahl des Standorts) und sich auf die auf der Ebene des Bebauungsplans zusätzlich aufgeworfenen Fragen (etwa zum Maß der baulichen Nutzung) konzentrieren.[1235] Aber auch die Ergebnisse der Umweltprüfung für eine niedrigstufigere Planung können für die höherstufige Planung fruchtbar gemacht werden. So kann beispielsweise bei Änderung des Flächennutzungsplans eine für die betroffenen Flächen im Rahmen der Aufstellung eines Bebauungsplans durchgeführte aktuelle Umweltprüfung nutzbar gemacht werden.[1236] Besondere Bedeutung kommt der Möglichkeit zur Abschichtung in zwei Richtungen[1237] im Parallelverfahren gemäß § 8 Abs. 3 S. 1 BauGB zu.[1238] Hier kann bei der Festlegung von Umfang und Grad der Detaillierung der Umweltprüfung im Rahmen des Scopings bestimmt werden, welche Auswirkungen mit Schwerpunkt in welchem der beiden Aufstellungsverfahren zu prüfen sind.[1239]

Eine Abschichtung auf die nachfolgende Ebene kommt bei der Prüfung von Standortalternativen im Rahmen der Umweltprüfung im Falle von räumlich konkreten Ausweisungen nicht in Betracht.[1240] Dies gilt etwa bei der Darstellung neuer Bauflächen durch den Flächennutzungsplan.[1241] So wird in der Literatur ausgeführt, neben dem Regionalplan sei insbesondere der Flächennutzungsplan als örtliche Gesamtplanungsebene mit regelmäßig räumlich konkreten Darstellungen zu bestimmten Nutzungen für die Prüfung von Standortalternativen im Rahmen der Umweltprüfung geeignet.[1242] Umgekehrt ist es bei der Darstellung von Bauflächen für bestimmte Nutzungen in dem Flächennutzungsplan aufgrund einer Umweltprüfung nicht notwendig, im Rahmen der Umweltprüfung für den nachfolgenden Bebauungsplan erneut auf den Standort und mögliche Alternativen einzugehen.[1243]

Neben der Abschichtung im Rahmen der bauleitplanerischen Umweltprüfung gemäß § 2 Abs. 4 S. 5 BauGB stellt sich auch die Frage nach einer möglichen Abschichtung zwischen der Umweltprüfung nach dem BauGB und der bei

---

1232 *W. Schrödter*, in: Schrödter, BauGB, § 2, Rn. 175 f.
1233 *W. Schrödter*, a.a.O., Rn. 175.
1234 *Uechtritz*, in: Spannowsky/Uechtritz, BeckOK BauGB, § 2, Rn. 99.
1235 *Uechtritz*, ebenda.
1236 *Battis*, in: Battis/Krautzberger/Löhr, BauGB, § 2, Rn. 12.
1237 *Frey*, BauR 2014, 920 (921).
1238 *Uechtritz*, in: Spannowsky/Uechtritz, BeckOK BauGB, § 2, Rn. 101.
1239 *Uechtritz*, ebenda.
1240 *Schwarz*, NuR 2011, 545 (553).
1241 *Schwarz*, ebenda.
1242 *Schwarz*, ebenda.
1243 *W. Schrödter*, in: Schrödter, BauGB, § 2, Rn. 175.

der Prüfung der Zulässigkeit einzelner Vorhaben gegebenenfalls durchzuführenden Umweltverträglichkeitsprüfung nach dem UVPG. Grundsätzlich sieht § 17 Abs. 3 UVPG für diese Konstellation vor, dass bei einer auf der Ebene des Bebauungsplans durchgeführten Prüfung[1244] die Umweltverträglichkeitsprüfung im nachfolgenden Zulassungsverfahren auf zusätzliche oder andere erhebliche Umweltauswirkungen des Vorhabens beschränkt werden soll. Jedoch wird in der Literatur vertreten, dass bei Darstellungen von Konzentrationszonen für die Windkraft i.S.d. § 35 Abs. 3 S. 3 BauGB – vor dem Hintergrund, dass diese eine nach der neueren höchstrichterlichen Rechtsprechung eine dem Bebauungsplan vergleichbare Funktion erfüllen – die Regelung des § 17 Abs. 3 UVPG entsprechend anwendbar sein könnte.[1245] Diese Ansicht ist zutreffend. Die Regelung des § 17 Abs. 3 UVPG geht offensichtlich von der unzutreffenden Annahme aus, die Zulässigkeit eines Vorhabens könne sich im Rahmen der Bauleitpläne direkt ausschließlich aus dem Bebauungsplan ergeben und negiert die Fälle, in denen sich diese aus einem Flächennutzungsplan bereits ergibt und auf den dementsprechend kein Bebauungsplan folgt. Die Regelung des § 17 Abs. 3 UVPG ist daher auf Darstellungen eines Flächennutzungsplans gemäß § 35 Abs. 3 S. 3 BauGB entsprechend anwendbar.

b) Flächennutzungsplanung durch überörtliche Planungsträger

Grundsätzlich stellt die Gemeinde gemäß § 2 Abs. 1 S. BauGB i.V.m. § 1 Abs. 2 BauGB die Bauleitpläne – zu denen gemäß § 1 Abs. 2 BauGB auch der Flächennutzungsplan gehört – in eigener Verantwortung auf.[1246] Ausnahmen von diesem Grundsatz kommen nach §§ 203 ff. BauGB in Betracht.[1247] Die Aufgabe der Flächennutzungsplanung kann in diesen Fällen auch einem überörtlichen Planungsträger übertragen werden.[1248] Diese Möglichkeit ist auch vor dem Hintergrund zu betrachten, dass die

1244 Zutreffend weist *Krautzberger*, in: Ernst/Zinkahn/Bielenberg/Krautzberger, BauGB, § 2, Rn. 302 darauf hin, dass – auch wenn der Wortlaut des § 17 Abs. 3 UVPG hinsichtlich des Bebauungsplans von der „Umweltverträglichkeitsprüfung“ spricht – diese Abschichtungsregelung die Umweltprüfung nach § 2 Abs. 4 BauGB meint. Insofern sieht § 17 Abs. 1 UVPG vor, dass – bis auf wenige Ausnahmekonstellationen – die Umweltverträglichkeitsprüfung bei der Aufstellung von Bebauungsplänen als Umweltprüfung nach den Vorschriften des Baugesetzbuchs durchgeführt wird.

1245 *Frey*, BauR 2014, 920 (925), der sich explizit mit der entsprechenden Anwendbarkeit der Abschichtungsregelung des § 17 Abs. 3 UVPG mit Blick auf die „Windkraft-Flächennutzungsplanung“ beschäftigt; Schifferdecker, NuR 2014, 692 (694), die aus den Abschichtungsregelungen des BauGB und des UVPG einen „allgemeinen Abschichtungsgrundsatz“ ableitet.

1246 Vgl. *Finkelnburg/Ortloff/Kment*, BauplanungsR, § 6, Rn. 4.

1247 *W. Schrödter*, in: Schrödter, BauGB, § 203, Rn. 1.

1248 Siehe *W. Schrödter*, in: Schrödter, BauGB, § 5, Rn. 108, von dem auch die konzise Beschreibung der Möglichkeiten der §§ 203 ff. BauGB im Hinblick auf

faktischen Verflechtungen von Kommunen mit der steigenden räumlichen Arbeitsteilung sowie der damit einhergehenden Flexibilität der Bürger bei der Wahl des Arbeitsortes sowie verschiedener Konzentrationsprozesse in den Bereichen Einzelhandel und Freizeiteinrichtungen gewachsen sind.[1249]

aa) Die Möglichkeiten zur Übertragung der Aufgabe der Flächennutzungsplanung auf überörtliche Planungsträger nach §§ 203 ff. BauGB

Für die Übertragung der Zuständigkeit für die Aufstellung der Flächennutzungspläne auf überörtliche Planungsträger bieten die §§ 203–205 BauGB verschiedene Optionen.[1250] Diese können nach landesrechtlichen Vorgaben oder durch freiwillige Kooperationen zur Anwendung kommen.[1251] Die §§ 203–205 BauGB ergänzen die in § 2 Abs. 2 BauGB und § 4 BauGB vorgesehenen interkommunalen Abstimmungspflichten.[1252]

aaa) Übertragung der Aufgabe zur Aufstellung des Flächennutzungsplans gemäß § 203 Abs. 1, Abs. 2 BauGB

Die Vorschriften des § 203 Abs. 1 und Abs. 2 BauGB sehen die Möglichkeit der Hochzonung der den Gemeinden nach dem BauGB zukommenden Aufgaben vor.[1253] So können die nach dem BauGB den Gemeinden obliegenden Aufgaben – und damit auch die Flächennutzungsplanung – gemäß § 203 Abs. 1 BauGB im Einvernehmen mit der Gemeinde durch die Landesregierung oder eine von ihr bestimmte Behörde auf eine andere Gebietskörperschaft übertragen werden. In Betracht kommt hier etwa die Übertragung auf eine andere Gemeinde.[1254] Auch eine Übertragung auf einen Verband, an dessen Willensbildung die Gemeinde mitwirkt, sieht die Vorschrift vor. Während § 203 Abs. 1 BauGB Einvernehmen voraussetzt, können nach § 203 Abs. 2 BauGB die entsprechenden Aufgaben durch Landesgesetz auch gegen den Willen der Gemeinden übertragen werden.[1255] Mit Blick auf die durch Art. 28 Abs. 2 GG geschützte Planungshoheit der Gemeinden bedarf eine zwangsweise Übertragung der Zuständigkeit für die Bauleitplanung einer sorgfältigen Begründung.[1256] Eine Übertragung ist nach § 203 Abs. 2 BauGB auf Verbandsgemeinden,

---

Flächennutzungsplanung in der zusammenfassenden Terminologie der Übertragung der „Aufgabe der Flächennutzungsplanung“ auf „überörtliche Planungsträger“ stammt.

1249 *Bunzel*, in: FS-Schmidt-Eichstaedt, S. 41 f.

1250 *W. Schrödter*, in: Schrödter, BauGB, § 203, Rn. 2 für die Bauleitpläne insgesamt.

1251 *W. Schrödter*, ebenda.

1252 *W. Schrödter*, a.a.O., Rn. 1.

1253 *Battis*, in: Battis/Krautzberger/Löhr, BauGB, § 203, Rn. 1.

1254 *Reidt*, in Bracher/Reidt/Schiller, Bauplanungsrecht, Rn. 28.

1255 *W. Schrödter*, in: Schrödter, BauGB, § 203, Rn. 10; *Reidt*, a.a.O., Rn. 29.

1256 *W. Schrödter*, ebenda.

Verwaltungsgemeinschaften oder vergleichbare gesetzliche Zusammenschlüsse von Gemeinden, denen landesrechtlich die örtlichen Selbstverwaltungsaufgaben obliegen, möglich. Als Übertragungsempfänger i.S.v. § 203 Abs. 2 BauGB kommen mit der Gebietsreform geschaffene „Organisationsformen einer ‚zweiten Gemeindeebene'"[1257] in Betracht.[1258] Mit Blick auf die Bauleitplanung kommt der Vorschrift in der Praxis hauptsächlich hinsichtlich der Übertragung der Zuständigkeit für die Flächennutzungsplanung Bedeutung zu.[1259] Von der Möglichkeit des § 203 Abs. 2 BauGB zur Übertragung der Zuständigkeit für die Flächennutzungsplanung haben die Länder Baden-Württemberg, Brandenburg, Mecklenburg-Vorpommern, Niedersachsen, Rheinland-Pfalz und Sachsen Gebrauch gemacht.[1260] So sind beispielsweise die in dem Niedersächsischen Kommunalverfassungsgesetz vorgesehenen[1261] Samtgemeinden[1262] – durch die über die Hälfte des Gebiets des Bundeslands abgedeckt wird[1263] – gemäß § 98 Abs. 1 S. 1 Nr. 1 NKomVG für die Aufstellung der Flächennutzungspläne zuständig, während die Aufstellung der Bebauungspläne in die Zuständigkeit der Gemeinden fällt.[1264]

1257 BVerfG, Beschl. v. 09.12.1987 – 2 BvL 16/84 -, BVerfGE 77, 288 (356 f.) zu § 147 Abs. 2 BBauG 1976, der nach *W. Schrödter*, ebenda, in weiten Teilen mit § 203 Abs. 2 BauGB übereinstimmt.

1258 *Battis*, in: Battis/Krautzberger/Löhr, BauGB, § 203, Rn. 7.

1259 *Reidt*, in Bracher/Reidt/Schiller, Bauplanungsrecht, Rn. 29.

1260 *Hornmann*, in: Spannowsky/Uechtritz, BeckOK BauGB, § 203, Rn. 24, der auch darauf hinweist, dass eine entsprechenden Regelung in Brandenburg durch VfGBbg, Urt. v. 21.03.2002 – 19/01 -, LKV 2002, 516 ff. wegen Unvereinbarkeit mit der kommunalen Selbstverwaltungsgarantie der BbgVerf verworfen wurde.

1261 Siehe zu den Samtgemeinden §§ 97 ff. NKomVG.

1262 Die niedersächsischen Samtgemeinden werden von der h.M. als Zusammenschlüsse i.S.d. § 203 Abs. 2 BauGB eingeordnet, siehe: *Schmidt-Eichstaedt*, NVwZ 1997, 846 (849); *Gaentzsch*, in: Schlichter/Stich/Driehaus/Paetow, BK BauGB, § 203, Rn. 13; a.A.: *Kalb*, in Ernst/Zinkahn/Bielenberg/Krautzberger, BauGB, § 203, Rn. 41, der § 205 Abs. 1 BauGB hinsichtlich der Samtgemeinden für einschlägig hält; offen gelassen von: *Gierke*, in: Mitschang (Hrsg.), Flächennutzungsplanung – Aufgabenwandel und Perspektiven, S. 193; *Gierke*, in: Brügelmann, BauGB, § 5, Rn. 41.

1263 *Gierke*, in: Mitschang (Hrsg.), Flächennutzungsplanung – Aufgabenwandel und Perspektiven, S. 193.

1264 *Gierke*, ebenda, zu den Vorschriften der NdsGO, die durch das NKomVG abgelöst wurde. Insofern hat sich aber keine Änderung der Rechtslage ergeben, wie ein Blick auf § 58 Abs. 2 NKomVG zeigt. Gemäß § 58 Abs. 2 S. 1 Nr. 2 NKomVG ist der Rat für die Bauleitplanung zuständig, während nach § 58 Abs. 2 S. 2 NKomVG in Samtgemeinden der Samtgemeinderat für die Flächennutzungsplanung zuständig ist. Hiermit korrespondiert, dass § 98 Abs. 1 S. 1 Nr. 1 NKomVG als von den Samtgemeinden zu erfüllende Aufgaben des eigenen Wirkungskreises ihrer Mitgliedsgemeinden die Aufstellung der Flächennutzungspläne – nicht aber der Bebauungspläne – nennt.

bbb) Der gemeinsame Flächennutzungsplan i.S.v. § 204 Abs. 1 BauGB

Die Vorschrift des § 204 BauGB über den gemeinsamen Flächennutzungsplan ist Teil des Stufensystems interkommunaler Zusammenarbeit und ermöglicht – wie auch §§ 203, 205 BauGB – eine über das Abstimmungserfordernis des § 2 Abs. 2 BauGB hinausgehende Beschränkung der Planungshoheit.[1265] Ein Vorläufer des gemeinsamen Flächennutzungsplans i.S.d. § 204 war der oben[1266] erläuterte, im Jahre 1932 eingeführte Flächenaufteilungsplan nach §§ 38–38f SächsABauG, der auch als gemeinsamer Flächenaufteilungsplan von mehreren Gemeinden gemeinsam aufgestellt werden konnte.[1267] Die Funktion des gemeinsamen Flächennutzungsplans i.S.d. § 204 BauGB kann auch von einem regionalen Flächennutzungsplan gemäß § 8 Abs. 4 S. 1 ROG übernommen werden.[1268]

Die Aufstellung eines gemeinsamen Flächennutzungsplans setzt gemäß § 204 Abs. 1 S. 1 BauGB voraus, dass benachbarte Gemeinden einer Grundlage für eine gemeinschaftliche Planung bedürfen.[1269] Die i.S.d. § 204 Abs. 1 S. 1 BauGB benachbarten Gemeinden müssen nicht zwingend räumlich aneinander grenzen.[1270] Grenzt die Gemeinde nicht direkt an, so ist entscheidend, ob in dieser Gemeinde die örtlichen privaten oder öffentlichen Belange durch die Bauleitplanung der anderen Gemeinde potentiell berührt werden.[1271] Voraussetzung für die Aufstellung eines gemeinsamen Flächennutzungsplans ist gemäß § 204 Abs. 1 S. 1 BauGB ein erhöhter Koordinierungsbedarf, der in § 204 Abs. 1 S. 2 BauGB durch Regelbeispiele weiter konkretisiert wird.[1272] So sollen benachbarte Gemeinden einen gemeinsamen Flächennutzungsplan aufstellen, wenn gemäß § 204 Abs. 1 S. 1 Var. 1 BauGB ihre städtebauliche Entwicklung wesentlich durchgemeinsame Voraussetzungen oder Bedürfnisse bestimmt wird oder gemäß § 204 Abs. 1 S. 1 Var. 2 BauGB der gemeinsame Flächennutzungsplan einen gerechten Ausgleich der verschiedenen Belange ermöglicht. Nach § 204 Abs. 1 S. 2 BauGB soll er insbesondere aufgestellt werden, wenn mit Blick auf die Ziele der Raumordnung oder auf Einrichtungen und Anlagen des öffentlichen Verkehrs, sonstige Erschließungsanlagen und Gemeinbedarfs- oder sonstige Folgeeinrichtungen eine gemeinsame Planung erforderlich ist. Auch wenn der Wortlaut des § 204 Abs. 1 BauGB als Sollvorschrift formuliert ist, besteht nach zutreffender h.M. regelmäßig eine Pflicht zur Aufstellung eines gemeinsamen Flächennutzungsplans, wenn

---

1265 *Battis*, in: Battis/Krautzberger/Löhr, BauGB, § 204, Rn. 1; *Demske*, Die Steuerungswirkung des Flächennutzungsplans, S. 175 f.

1266 Siehe oben, 3. Teil, A., II., 2.

1267 *Runkel*, in Ernst/Zinkahn/Bielenberg/Krautzberger, BauGB, § 204, Rn. 6; *W. Schrödter*, in: Schrödter, BauGB, § 204, Rn. 2.

1268 Siehe hierzu oben 4. Teil, C., I., 3., a).

1269 *W. Schrödter*, in: Schrödter, BauGB, § 204, Rn. 3; *Demske*, Die Steuerungswirkung des Flächennutzungsplans, S. 176.

1270 *Hornmann*, in: Spannowsky/Uechtritz, BeckOK BauGB, § 204, Rn. 9.

1271 *Battis*, in: Battis/Krautzberger/Löhr, BauGB, § 204, Rn. 2; *Demske*, Die Steuerungswirkung des Flächennutzungsplans, S. 176.

1272 *Hornmann*, in: Spannowsky/Uechtritz, BeckOK BauGB, § 204, Rn. 10.

die Tatbestandsvoraussetzungen erfüllt sind.[1273] Die auch in § 204 Abs. 1 S. 3 HS 2 BauGB angesprochenen Bindungen des gemeinsamen Flächennutzungsplans gehen insofern über die eines einzelgemeindlichen Flächennutzungsplans hinaus, als zusätzlich durch den gemeinsamen Flächennutzungsplan die von den Einzelgemeinden beabsichtigte Art der Bodennutzung in sachlicher und rechtlicher Hinsicht in die nachbarschaftlichen Zusammenhänge eingeordnet wird.[1274]

Inhaltlich entspricht der gemeinsame Flächennutzungsplan hinsichtlich seiner Darstellungen im Grundsatz dem einzelgemeindlichen Flächennutzungsplan.[1275] Soweit § 204 Abs. 1 S. 1 Var. 1 BauGB gemeinsame Bedürfnisse der Nachbargemeinden in Bezug auf die städtebauliche Entwicklung voraussetzt, können diese auch mit Blick auf die Ausweitung der Ausschlusswirkung von Darstellungen i.S.d. § 35 Abs. 3 S. 3 BauGB bestehen.[1276] So kann das Bedürfnis nach einer übergemeindlichen Steuerung der Windenergie zur gerechten Verteilung von Konzentrationszonen den für einen gemeinsamen Flächennutzungsplan vorausgesetzten erhöhten Koordinierungsbedarf auslösen.[1277] In diesen Fällen können auch gemeinsame sachliche Teilflächennutzungspläne[1278] gemäß § 204 i.V.m. § 5 Abs. 2b BauGB aufgestellt werden.[1279] Anders als bei einem gemeinsamen Flächennutzungsplan i.S.d. § 204 Abs. 1 BauGB können bei einem gemeinsamen sachlichen Teilflächennutzungsplan gemäß § 204 i.V.m. § 5 Abs. 2b BauGB die Flächennutzungspläne in den beteiligten Gemeinden weiter bestehen bleiben.[1280] Ein wirksamer gemeinsamer (Teil-) Flächennutzungsplan mit Darstellungen gemäß § 35 Abs. 3 S. 3 BauGB setzt eine sorgfältige Koordinierung zwischen den Gemeinden im Vorfeld voraus, um eine den besonderen Anforderungen für die Ausschlusswirkung von Darstellungen i.S.v. § 35 BauGB genügendes schlüssiges gesamträumliches Konzept zu erarbeiten, das den mit der Darstellung gemäß § 35 Abs. 3 S. 3 BauGB erfassten privilegierten Vorhaben i.S.v. § 35 Abs. 1 Nr. 2–6 BauGB substantiell Raum verschafft.[1281]

1273 *Runkel*, in Ernst/Zinkahn/Bielenberg/Krautzberger, BauGB, § 204, Rn. 34; *Demske*, Die Steuerungswirkung des Flächennutzungsplans, S. 178; *Battis*, in: Battis/Krautzberger/Löhr, BauGB, § 204, Rn. 5; *Hornmann*, a.a.O., Rn. 23; *Grauvogel*, in: Brügelmann, BauGB, § 204, Rn. 36; a.A.: *W. Schrödter*, in: Schrödter, BauGB, § 204, Rn. 6; *Reidt*, in Bracher/Reidt/Schiller, Bauplanungsrecht, Rn. 30.

1274 *Runkel*, a.a.O., Rn. 39; *Demske*, a.a.O., S. 179.

1275 *Priebs*, UPR 2010, 254 (255).

1276 *Runkel*, in Ernst/Zinkahn/Bielenberg/Krautzberger, BauGB, § 204, Rn. 28 am Beispiel der Windenergie; *Söfker*, in: FS-Stüer, S. 273 (279); *W. Schrödter*, in: Schrödter, BauGB, § 204, Rn. 5.

1277 *Schwarz*, ZfBR-Sonderausgabe 2012, 83 (84).

1278 Siehe zu den Teilflächennutzungsplänen i.S.v. § 5 Abs. 2b BauGB unten 4. Teil, C., II., 3., c), aa), ccc).

1279 *Schwarz*, ZfBR-Sonderausgabe 2012, 83 (84 ff.); *Söfker*, in: FS-Stüer, S. 273 (279).

1280 *Schwarz*, a.a.O., 85.

1281 *Runkel*, in Ernst/Zinkahn/Bielenberg/Krautzberger, BauGB, § 204, Rn. 28; *Söfker*, in: FS-Stüer, S. 273 (279).

Im Übrigen sieht § 204 Abs. 3 HS 2 BauGB die Möglichkeit einer abgeschwächten Form des gemeinsamen Flächennutzungsplans vor.[1282] Nach dieser Vorschrift können die beteiligten Gemeinden im Wege einer öffentlich-rechtlichen Vereinbarung festlegen, dass sich die Bindung an den gemeinsamen Flächennutzungsplan nur auf räumliche oder sachliche Teilbereiche erstreckt.[1283] Für die übrigen Bereiche können sie dann im Rahmen ihrer eigenen Planungshoheit Änderungen für ihr eigenes Gemeindegebiet vornehmen.[1284] Schließlich können die Gemeinden gemäß § 204 Abs. 1 S. 4 BauGB statt eines gemeinsamen Flächennutzungsplans einen öffentlich-rechtlichen Vertrag über bestimmte Darstellungen in ihren gemeindlichen Flächennutzungsplänen treffen, wenn ein gemeinsamer Flächennutzungsplan nur für räumliche oder sachliche Teilbereiche erforderlich wäre.[1285] Gegenstand einer solchen Vereinbarung können auch Darstellungen i.S.d. § 35 Abs. 3 S. 3 BauGB sein.[1286] Die Ausschlusswirkung kommt dann nicht schon der Vereinbarung, sondern den infolge ihrer Umsetzung in den Flächennutzungsplan wirksam aufgenommenen Darstellungen zu.[1287]

ccc) Flächennutzungsplanung durch Planungsverbände gemäß § 205 BauGB

Gemäß § 205 Abs. 1 S. 1 BauGB können sich Gemeinden und sonstige öffentliche Planungsträger zu einem Planungsverband zusammenschließen, um durch eine gemeinsame zusammengefasste Bauleitplanung die verschiedenen Belange in Ausgleich zu bringen. Die Vorschrift bildet die stärkste Stufe rechtlicher und organisatorischer Konzentration der gemeindenachbarlichen Bauleitplanung innerhalb des durch die §§ 203–205 BauGB gezogenen Rahmens.[1288] Gemäß § 205 Abs. 1 S. 2 BauGB tritt der Verband nach Maßgabe seiner Satzung für die Bauleitplanung und ihre Durchführung an die Stelle der Gemeinden. Dem Verband müssen nicht beide Stufen der Bauleitplanung übertragen werden. Vielmehr kann er auch nur die Flächennutzungsplanung übernehmen.[1289] So ist die Flächennutzungsplanung von den für die Übertragung in Betracht kommenden Aufgaben diejenige, die Planungsverbänden in der Praxis am häufigsten übertragen wird.[1290] Der § 205 BauGB hat eine

1282 *Reidt*, in Bracher/Reidt/Schiller, Bauplanungsrecht, Rn. 31.

1283 *Hornmann*, in: Spannowsky/Uechtritz, BeckOK BauGB, § 204, Rn. 19.

1284 *Hornmann*, ebenda, Rn. 19.

1285 *Hornmann*, a.a.O., Rn. 21.

1286 OVG Sachsen-Anhalt, Beschl. v. 17.11.2006 – 2 L 278/03 -, juris; *Schwarz*, ZfBR-Sonderausgabe 2012, 83 (85); *Schmidt-Eichstaedt*, NVwZ 1997, 846 (853) zu § 35 Abs. 3 S. 4 BauGB a.F.

1287 OVG Sachsen-Anhalt, ebenda; *Schwarz*, ebenda.

1288 *Hornmann*, in: Spannowsky/Uechtritz, BeckOK BauGB, § 205, vor Rn. 1.

1289 *Gaentzsch*, in: Schlichter/Stich/Driehaus/Paetow, BK BauGB, § 205, Rn. 3, der darauf hinweist, dass der Verband auch die verbindliche Bauleitplanung isoliert – also ohne Zuständigkeit für die Flächennutzungsplanung – übernehmen kann; siehe auch *Reidt*, in Bracher/Reidt/Schiller, Bauplanungsrecht, Rn. 32.

1290 *W. Schrödter*, in: Schrödter, BauGB, § 205, Rn. 8.

zweifachen Zielrichtung.[1291] Neben der gemeindenachbarlichen Koordination kann ein Verband nach § 205 BauGB auch eine verstärkte – über die Verfahrensregelung des § 4 BauGB – hinausgehende Koordination zwischen Bauleitplanung und Fachplanung bezwecken.[1292] Vor diesem Hintergrund können neben Gemeinden auch sonstige öffentliche Planungsträger Mitglied des Verbands sein.[1293] Dieser Aspekt ist für eine gemeinsame Flächennutzungsplanung nach § 205 BauGB von besonderer Relevanz, da insbesondere der vorbereitenden Bauleitplanung die Aufgabe der Koordinierung zwischen Bauleitplanung und Fachplanung zukommt.[1294] Mit der verfahrensrechtlichen Koordination zwischen Bauleitplanung und Fachplanung durch einen Planungsverband gemäß § 205 BauGB geht keine Konzentrationswirkung einher.[1295] Vielmehr stehen Bauleitplanung und Fachplanung regelmäßig weiter nebeneinander.[1296] Hinsichtlich der dem Planungsverband übertragenen Aufgaben verlieren seine Mitglieder ihre eigene Planungshoheit.[1297] Der Regelfall des § 205 Abs. 1 S. 1 BauGB sieht die freiwillige Bildung eines Planungsverbands vor.[1298] Dieser wird durch den Abschluss eines öffentlich-rechtlichen Vertrags realisiert, der neben der Vereinbarung über den Zusammenschluss auch eine Vereinbarung über die Verbandssatzung enthalten muss.[1299] Nur wenn ein freiwilliger Zusammenschluss nach § 205 Abs. 1 BauGB nicht zustande kommt[1300], können die Beteiligten auf Antrag eines Planungsträgers zu einem Zwangsverband zusammengeschlossen werden, wenn dies zum Wohl der Allgemeinheit dringend geboten ist. In der Praxis wurde von dieser Möglichkeit des zwangsweisen Zusammenschlusses nur äußerst selten Gebrauch gemacht.[1301]

bb) Die Wirkungen „heteronomer Flächennutzungspläne“ auf die Standortgemeinden

Infolge der geschilderten Möglichkeiten der Übertragung der Zuständigkeiten für die Bauleitplanung nach § 203 BauGB oder § 205 BauGB kann die Zuständigkeit für die Flächennutzungsplanung auf einen überörtlichen Planungsträger übertragen werden, während die Aufstellung der Bebauungspläne Aufgabe der Ortsgemeinden

1291 *Runkel*, in Ernst/Zinkahn/Bielenberg/Krautzberger, BauGB, § 205, Rn. 1.
1292 *Runkel*, ebenda; *Battis*, in: Battis/Krautzberger/Löhr, BauGB, § 205, Rn. 1.
1293 *Gaentzsch*, in: Schlichter/Stich/Driehaus/Paetow, BK BauGB, § 205, Rn. 2.
1294 *Gaentzsch*, ebenda.
1295 *Battis*, in: Battis/Krautzberger/Löhr, BauGB, § 205, Rn. 3.
1296 *Battis*, ebenda.
1297 *Demske*, Die Steuerungswirkung des Flächennutzungsplans, S. 180.
1298 *Demske*, a.a.O., S. 181.
1299 *Battis*, in: Battis/Krautzberger/Löhr, BauGB, § 205, Rn. 4.
1300 Nach *Battis*, a.a.O., Rn. 7 muss ein freiwilliger Zusammenschluss i.S.d. § 205 Abs. 1 BauGB „vergeblich versucht worden“ sein.
1301 *W. Schrödter*, in: Schrödter, BauGB, § 205, Rn. 5.

bleibt.[1302] Somit stehen sich zwei rechtlich selbständige Träger öffentlicher Planungen gegenüber.[1303] Die Gemeinde ist über das Entwicklungsgebot des § 8 Abs. 2 S. 1 BauGB bei der Aufstellung ihrer Bebauungspläne an den von einem anderen Planungsträger aufgestellten und insofern „heteronomen Flächennutzungsplan"[1304] gebunden.[1305] Beispiel hierfür sind die oben schon erläuterten niedersächsischen Samtgemeinden, die gemäß § 98 Abs. 1 S. 1 Nr. 1 NKomVG für die Aufstellung der Flächennutzungspläne zuständig sind, während die Zuständigkeit für die Aufstellung der Bebauungspläne bei den Mitgliedsgemeinden verbleibt.[1306] Nach der obergerichtlichen Rechtsprechung[1307] sind die Mitgliedsgemeinden – mit Blick auf den Umstand, dass die Organe der Samtgemeinde ihre Legitimation im Wege der unmittelbaren Wahl durch die Bürger der Samtgemeinde erlangen – nicht an der Willensbildung der Samtgemeinde beteiligt.[1308] Insofern liegt im Verhältnis von Samtgemeinde und Mitgliedsgemeinden ein Außenrechtsverhältnis vor.[1309] Der „heteronome Flächennutzungsplan" kann das Selbstverwaltungsrecht der Gemeinden verletzen.[1310] Daher kommt dem Flächennutzungsplan in einer solchen Konstellation Außenwirkung zu. Er ist dann als materieller Rechtssatz einzuordnen.[1311]

Parallelen hierzu weist auch das Verhältnis von Verbandsgemeinden und Ortsgemeinden in Rheinland-Pfalz auf. Hier wird gemäß § 67 Abs. 2 S. 1 GemO RP den

---

1302 *Gierke*, in: Mitschang (Hrsg.), Flächennutzungsplanung – Aufgabenwandel und Perspektiven, S. 193; *Gierke*, in: Brügelmann, BauGB, § 5, Rn. 41.

1303 *Gierke*, in: Brügelmann, BauGB, § 5, Rn. 41.

1304 Der Begriff findet sich bei: *Brohm*, Öffentliches Baurecht, § 6, Rn. 17; *Gierke*, in: Mitschang (Hrsg.), Flächennutzungsplanung – Aufgabenwandel und Perspektiven, S. 193 f.

1305 *Gierke*, in: Mitschang (Hrsg.), Flächennutzungsplanung – Aufgabenwandel und Perspektiven, S. 193; *Gierke*, in: Brügelmann, BauGB, § 5, Rn. 41.

1306 Das Beispiel stammt von: *Gierke*, in: Mitschang (Hrsg.), Flächennutzungsplanung – Aufgabenwandel und Perspektiven, S. 193; *Gierke*, in: Brügelmann, BauGB, § 5, Rn. 41.

1307 NdsOVG, Beschl. v.12. 09. 2003 – 1 ME 212/03 -, NVwZ-RR 2004, 91 (92).

1308 *Gierke*, in: Mitschang (Hrsg.), Flächennutzungsplanung – Aufgabenwandel und Perspektiven, S. 193 f.; *Gierke*, in: Brügelmann, BauGB, § 5, Rn. 41.

1309 *Gierke*, in: Mitschang (Hrsg.), Flächennutzungsplanung – Aufgabenwandel und Perspektiven, S. 194; *Gierke*, in: Brügelmann, BauGB, § 5, Rn. 41.

1310 *Brohm*, Öffentliches Baurecht, § 6, Rn. 17, der hieraus folgert, dass neben einer Anfechtungsklage der betroffenen Gemeinde gegen die Genehmigung des Flächennutzungsplans nach § 6 BauGB auch eine Klage auf Feststellung der fehlenden Pflicht zur Entwicklung der Bebauungspläne aus dem Flächennutzungsplan statthaft sein müsse; für nicht ausreichend hält *Gierke*, in: Mitschang (Hrsg.), Flächennutzungsplanung – Aufgabenwandel und Perspektiven, S. 194 die von *Brohm* präferierte Möglichkeit der Feststellungsklage; *Gierke*, in: Brügelmann, BauGB, § 5, Rn. 41.

1311 *Gierke*, in: Brügelmann, BauGB, § 6, Rn. 194, der daher einer Normenkontrolle in diesen Fällen in Betracht zieht.

Verbandsgemeinden gemäß § 203 Abs. 2 BauGB die Zuständigkeit für die Flächennutzungsplanung übertragen.[1312] Allerdings sieht § 67 Abs. 2 S. 2 GemO RP vor, dass die endgültige Entscheidung des Verbandsgemeinderats über die Aufstellung, Änderung, Ergänzung oder Aufhebung des Flächennutzungsplans der Zustimmung der Ortsgemeinden bedarf. Diese gilt nach § 67 Abs. 2 S. 3 GemO RP als erteilt, wenn mehr als die Hälfte der Ortsgemeinden zugestimmt hat und in diesen mehr als zwei Drittel der Einwohner der Verbandsgemeinde wohnen. Werden die Grundzüge der Planung nicht berührt, bedarf es gemäß § 67 Abs. 2 S. 4 GemO RP nur der Zustimmung der Ortsgemeinden, die selbst oder als Nachbargemeinden von den Änderungen oder Ergänzungen berührt werden. Die Verbandsgemeinde kann sich über den Umstand, dass eine Zustimmung gemäß § 67 Abs. 2 S. 3 und S. 4 GemO RP nicht zustande gekommen ist, nach § 67 Abs. 2 S. 5 GemO RP mit einer Mehrheit von zwei Dritteln der gesetzlichen Mitglieder des Verbandsgemeinderats hinwegsetzen. Nach der obergerichtlichen Rechtsprechung soll die Vorschrift des § 67 Abs. 2 GemO RP mit der Selbstverwaltungsgarantie des Art. 28 Abs. 2 GG vereinbar sein.[1313] Hinsichtlich der Zulässigkeit einer Normenkontrolle sei – neben ihrer fehlenden Statthaftigkeit[1314] – zu beachten, dass die Ortsgemeinde aus dem

---

1312 Siehe hierzu auch *Held*, LKRZ 2008, 367 (372).

1313 OVG RP, Urt. v. 02.02.2005 – 8 A 11771/04 -, NVwZ-RR 2005, 647 (648) zur Feststellungsklage; OVG RP, Urt. v. 18.10.2007 – 1 C 10138/07 – ZfBR 2008, 67 (69) zur Normenkontrolle.

1314 Das OVG RP, Urt. v. 18.10.2007 – 1 C 10138/07 – ZfBR 2008, 67 f. verneint die Statthaftigkeit der Normenkontrolle einer Ortsgemeinde gegen den Flächennutzungsplan der Verbandsgemeinde mit dem Hinweis, das Entwicklungsgebot gemäß § 8 Abs. 2 S. 1 BauGB begründe zwar eine Bindungswirkung der Gemeinden, jedoch nicht im Sinne einer rechtssatzmäßigen Anwendung. Das OVG führt darüber hinaus aus, dass auch der Umstand, dass es sich um Darstellungen i.S.v. § 35 Abs. 3 S. 3 BauGB handele, keine rechtssatzmäßigen Auswirkungen auf die Gemeinde mit sich bringe. Denn eine solche Wirkung entfalteten diese Darstellungen nur auf Ebene der Vorhabenzulassung. Vielmehr hält das OVG RP, Urt. v. 02.02.2005 – 8 A 11771/04 -, NVwZ-RR 2005, 647 eine Klage der Ortsgemeinde für statthaft, mit der diese die Feststellung begehrt, dass der Flächennutzungsplan der Verbandsgemeinde ihr gegenüber keine Wirkung entfaltet. Gegen die Auffassung des OVG RP, nach der Darstelllungen gemäß § 35 Abs. 3 S. 3 BauGB keine rechtssatzmäßige Außenwirkung auf die Gemeinde mit sich bringen sollen, wendet *Bringewat*, NVwZ 2013, 984 (986) zutreffend ein, dass die angenommene Außenwirkung von Darstellungen gemäß § 35 Abs. 3 S. 3 BauGB nicht nur gegenüber einem bestimmten Adressatenkreis gelten könne; *Held*, LKRZ 2008, 367 (372) verneint die Statthaftigkeit einer Normenkontrolle der Ortsgemeinde gegen den Flächennutzungsplan der Verbandsgemeinde unter Hinweis darauf, in diesem Falle fehle das Bedürfnis für die mit der Normenkontrolle verfolgte Bündelungswirkung; OVG RP, Urt. v. 16.05.2013 – 1 C 11003/12 -, ZfBR 2013 bejaht die Statthaftigkeit der Normenkontrolle der Ortsgemeinde gegen die Ausschlusswirkung der Darstellungen i.S.v. § 35 Abs. 3 S. 3 BauGB in dem Flächennutzungsplan der

Umstand, dass sie die Zustimmung zu einem Flächennutzungsplan verweigert habe, keine Antragsbefugnis für eine Normenkontrolle herleiten könne.[1315] Denn zum einen sei die Selbstverwaltungsgarantie im Rahmen der Gesetze gewährleistet. Hier sehe die gesetzliche Regelung des § 67 Abs. 2 S. 3 GemO RP aber vor, dass es gerade nicht der Zustimmung aller Ortsgemeinden zu dem Flächennutzungsplan bedürfe. Werde eine Ortsgemeinde in diesem Sinne überstimmt, so könne sie hierdurch nicht in eigenen Rechten verletzt sein.[1316] Zum anderen bestimme Art. 28 Abs. 2 S. 2 GG, dass auch Gemeindeverbänden im Rahmen ihres gesetzlichen Aufgabenbereichs nach Maßgaben der Gesetze das Selbstverwaltungsrecht zustehe.[1317] Im Übrigen sei die aus Art. 28 Abs. 2 GG folgende Planungshoheit der Gemeinde auch deshalb nicht verletzt, weil der Flächennutzungsplan nur vorbereitender Plan sei und die Planungshoheit hauptsächlich in der den Ortsgemeinden zukommenden Befugnis zur Aufstellung von Bebauungsplänen zum Ausdruck komme.[1318] Eine Antragsbefugnis für die Normenkontrolle könne allerdings grundsätzlich aus der Verletzung des Rechts der Ortsgemeinde auf angemessene Berücksichtigung ihrer Planungsvorstellungen im Rahmen der Abwägung gemäß § 1 Abs. 7 BauGB durch die Verbandsgemeinde folgen.[1319] Den Planvorstellungen der Ortsgemeinden komme im Falle der Hochzonung des Flächennutzungsplans auf die Ebene der Verbandsgemeinde ein besonderes Gewicht zu.[1320] Durch einen mit den Planungsabsichten der Ortsgemeinde in Konflikt stehenden Flächennutzungsplan könne das Recht der Ortsgemeinde auf hinreichende Berücksichtigung ihrer Belange verletzt werden.[1321] Zur Begründung der Antragsbefugnis sei aber erforderlich, dass die Ortsgemeinde zum Zeitpunkt des Beschlusses über den Flächennutzungsplan über eine hinreichend konkretisierte Planung verfügt, die durch den Flächennutzungsplan nachhaltig beeinträchtigt würde.[1322] Der obergerichtlichen Rechtsprechung ist zuzustimmen, dass der Ortsgemeinde ein Recht auf gerechte Abwägung ihrer Belange zukommt. Die Geltendmachung der Verletzung dieses Rechts kann der Ortsgemeinde – jedenfalls bei Vorliegen einer hinreichend konkretisierten und mit dem Flächennutzungsplan in Konflikt stehenden eigenen Planung – eine Antragsbefugnis im Normenkontrollverfahren vermitteln. Im Ergebnis sind damit auch im Falle

Verbandsgemeinde für den Fall, dass die Ortsgemeinde sich auf ihr einfachrechtliches Eigentum an Grundstücken berufen kann, die von der Ausschlusswirkung gemäß § 35 Absatz 3 S. 3 BauGB erfasst werden.

1315 OVG RP, Urt. v. 18.10.2007 – 1 C 10138/07 -ZfBR 2008, 67 (69).

1316 OVG RP, ebenda.

1317 OVG RP, ebenda.

1318 OVG RP, ebenda unter Bezugnahme auf OVG RP, Urt. v. 02.02.2005 – 8 A 11771/04 -, NVwZ-RR 2005, 647 (648).

1319 OVG RP, Urt. v. 18.10.2007 – 1 C 10138/07 – ZfBR 2008, 67 (69).

1320 OVG RP, ebenda.

1321 OVG RP, ebenda.

1322 OVG RP, Urt. v. 18.10.2007 – 1 C 10138/07 – ZfBR 2008, 67 (70).

der Flächennutzungsplanung durch die rheinland-pfälzischen Verbandgemeinden die Besonderheiten des „heteronomen Flächennutzungsplans“ zu beachten.

c) Zusammenfassung

In seiner hergebrachten Form umfasst der Flächennutzungsplan das gesamte Gemeindegebiet. Die möglichen Darstellungen des Flächennutzungsplans sind in § 5 BauGB – anders als die möglichen Festsetzungen eines Bebauungsplans in § 9 BauGB – nicht abschließend geregelt. Jedoch werden sie durch das Entwicklungsgebot gemäß § 8 Abs. 2 S. 1 BauGB limitiert. Zum einen müssen sich aus den Darstellungen zulässige Festsetzungen entwickeln lassen. Zum anderen dürfen die Darstellungen nicht so detailliert sein, dass für eine Entwicklung i.S.v. § 8 Abs. 2 S. 1 BauGB kein Raum mehr bleibt. Insofern bestimmt § 5 Abs. 1 S. 1 BauGB, dass der Flächennutzungsplan die Art der baulichen Nutzung in Grundzügen darstellt. Jedoch kann der Flächennutzungsplan auch Darstellungen enthalten, die in ihrer Detailliertheit den Festsetzungen eines Bebauungsplans gleichkommen. Ungeachtet der Darstellungstiefe zählen solche Darstellungen dann zu den Grundzügen, wenn sie einen Nutzungskonflikt regeln, der für das gesamträumliche Nutzungskonzept des Flächennutzungsplans relevant ist.

Der Flächennutzungsplan übernimmt nach der höchstrichterlichen Rechtsprechung die maßgebliche Leitfunktion für die städtebauliche Entwicklung. Er setzt übergeordnete Planungen um, steuert nachfolgende Planungen und bestimmt teilweise unmittelbar den Standort einzelner Nutzungen. Mit der Steuerung nachfolgender Planungen durch das Entwicklungsgebot des § 8 Abs. 2 BauGB übernimmt der Flächennutzungsplan eine Determinationsfunktion, der die gesetzgeberische Vorstellung der grundsätzlichen planerischen Priorität des Flächennutzungsplans zugrunde liegt. Modifiziert wird die Determinationsfunktion durch die Rechtsinstitute des selbständigen Bebauungsplans nach § 8 Abs. 2 S. 2 BauGB, des im Parallelverfahren gemäß § 8 Abs. 3 BauGB aufgestellten Bebauungsplans und des vorzeitigen Bebauungsplans nach § 8 Abs. 4 BauGB. Relativiert wird sie durch die Möglichkeit zur Aufstellung von Bebauungsplänen der Innenentwicklung im beschleunigten Verfahren gemäß § 13a BauGB. Hingegen hat die Abschaffung der Anzeigepflicht für die aus dem Flächennutzungsplan entwickelten Bebauungspläne die Determinationsfunktion des Flächennutzungsplans deutlich aufgewertet.

Besondere Bedeutung kommt dem Flächennutzungsplan als vorbereitender und gemeindeweiter Bauleitplan auch bei der Berücksichtigung von Belangen des Umwelt- und Naturschutzes in der Bauleitplanung zu. So ist der Flächennutzungsplan besonders geeignet, um die Umsetzung des Planungsziels der nachhaltigen städtebaulichen Entwicklung gemäß § 1 Abs. 5 S. 1 BauGB in die Bauleitplanung zu implementieren. Auch die Ziele der Bodenschutzklausel des 1a Abs. 2 BauGB lassen sich bevorzugt auf der gesamtgemeindlichen Ebene des Flächennutzungsplans durch die Anordnung von Bauflächen entlang der Verkehrswege und die Freihaltung von Grünflächen verfolgen. Mit Blick auf seinen die gesamte Gemeinde umfassenden Planungsbereich eignet sich der Flächennutzungsplan auch besonders für die Klärung von Standortalternativen. Gleiches gilt für die Umsetzung der naturschutzrechtlichen Eingriffsregelungen in der Bauleitplanung gemäß §§ 1a Abs. 3, 200a BauGB. Vor dem Hintergrund, dass gemäß § 200a S. 2 BauGB ein unmittelbarer räumlicher Zusammenhang zwischen Eingriff und Ausgleich nicht erforderlich ist, wenn dies mit einer geordneten städtebaulichen Entwicklung vereinbar ist, ist die Gemeinde angehalten, ein umfassendes gemeindeweites Eingriffs- und Ausgleichskonzept auf Ebene des Flächennutzungsplans zu implementieren. Auch für die Berücksichtigung der Erhaltungsziele und des Schutzzwecks der von Natura 2000-Gebieten i.S.v. § 1a Abs. 4 i.V.m. § 1 Abs. 6 Nr. 7 lit. b BauGB kommt dem Flächennutzungsplan besondere Bedeutung zu. Zum einen kann der Flächennutzungsplan hier eine Abschichtungsfunktion übernehmen, indem die grundsätzlich Bebaubarkeit einer Fläche unter dem Gesichtspunkt der Natura 2000-Gebiete bereits hier geklärt wird. Auch kann auf Ebene des Flächennutzungsplans die Ausgestaltung des Biotopnetzwerks der Natura 2000-Gebiete geplant werden. Schließlich eignet sich der Flächennutzungsplan für die vorsorgende Planung von Abständen zu den Natura 2000-Gebieten, durch die das Erreichen der als critical loads bezeichneten Belastungsgrenzen der Natura 2000-Gebiete vermieden werden kann. Schließlich kann die bei der Aufstellung des Flächennutzungsplans durchzuführende Umweltprüfung gemäß § 2 Abs. 4 S. 5 BauGB eine Abschichtungsfunktion für die Umweltprüfungen nachfolgender Bebauungspläne übernehmen, die dann auf entsprechend neue Aspekte beschränkt werden können. Im Übrigen kann die Umweltprüfung auf der Ebene des Flächennutzungsplans bei Darstellungen i.S.d. § 35 Abs. 3 S. 3 BauGB auch eine Abschichtungsfunktion hinsichtlich der auf Vorhabenebene durchzuführenden Umweltverträglichkeitsprüfung übernehmen. Der eigentlich auf das Verhältnis von Bebauungsplan und Projektebene zugeschnittene § 17 Abs. 3 UVPG ist in diesen Fällen entsprechend anwendbar.

Grundsätzlich stellt gemäß § 2 Abs. 1 BauGB die Gemeinde den Flächennutzungsplan auf. Ausnahmen hiervon ergeben sich aus §§ 203 ff. BauGB, nach denen der Flächennutzungsplan auch durch überörtliche Planungsträger aufgestellt werden kann. Wird die Aufgabe zur Aufstellung eines Flächennutzungsplans auf einen überörtlichen Planungsträger hochgezont, so stehen sich zwei rechtlich selbständige Träger öffentlicher Planung gegenüber. In einem solchen Fall handelt es sich um einen sogenannten heteronomen Flächennutzungsplan. Beispiel hierfür ist die Flächennutzungsplanung durch die niedersächsischen Samtgemeinden und das hier gegebene Außenrechtsverhältnis zu den Mitgliedsgemeinden, bei denen die Kompetenz zur Aufstellung der Bebauungspläne verbleibt. Im Verhältnis zur Mitgliedsgemeinde hat der heteronome Flächennutzungsplan der Samtgemeinde die Qualität einer Rechtsvorschrift. Parallelen zu dieser Konstellation finden sich bei der Aufstellung von Flächennutzungsplänen durch die rheinland-pfälzischen Verbandsgemeinden. Zwar werden die Ortsgemeinden nach der obergerichtlichen Rechtsprechung in diesen Fällen – auch wenn die getroffenen Darstellungen des Flächennutzungsplans nicht dem Willen der Ortsgemeinden entsprechen – nicht in ihrem Recht auf Selbstverwaltung gemäß Art. 28 GG verletzt. Jedoch kann das

Recht der Ortsgemeinden auf gerechte Abwägung ihrer Planungsvorstellungen gemäß § 1 Abs. 7 BauGB durch die Verbandsgemeinde verletzt sein.

2. *Die Wirkungen des Flächennutzungsplans auf das Zulässigkeitsregime des § 34 BauGB*

Die bauplanungsrechtliche Zulässigkeit von Vorhaben im unbeplanten Innenbereich ist in § 34 BauGB geregelt.

a) *Die fehlenden Wirkungen des Flächennutzungsplans auf die grundlegenden Zulässigkeitsvoraussetzungen gemäß § 34 Abs. 1 und Abs. 2 BauGB*

Nach § 34 Abs. 1 S. 1 BauGB sind innerhalb der im Zusammenhang bebauten Ortsteile Vorhaben zulässig, wenn sie sich nach Art und Maß der baulichen Nutzung, der Bauweise und der Grundstücksfläche, die überbaut werden soll, in die Eigenart der näheren Umgebung einfügen und die Erschließung gesichert ist. Entspricht die Eigenart der näheren Umgebung einem der Baugebiete der BauNVO, so beurteilt sich gemäß § 34 Abs. 2 BauGB die Zulässigkeit des Vorhabens allein danach, ob es nach den Vorschriften der BauNVO in dem Gebiet allgemein zulässig wäre. Auf dieses grundlegende Zulässigkeitsregime im unbeplanten Innenbereich wirkt der Flächennutzungsplan nicht ein.[1323] Der bei Anwendung des § 34 BauGB heranzuziehende Maßstab bestimmt sich grundsätzlich nur aus der Umgebungsbebauung.[1324] Das BVerwG führt aus, es werde im „Anwendungsbereich des § 34 Abs. 1 und 2 BauGB (...) generell und seit jeher nur auf das tatsächlich Vorhandene abgestellt“[1325]. Die Darstellungen des Flächennutzungsplans können weder die Grenzen der im Zusammenhang bebauten Ortsteile[1326] noch die Eigenart der näheren Umgebung[1327] beeinflussen.[1328] Auch für die Frage, ob die nähere Umgebung einem faktischen Baugebiet gemäß § 34 Abs. 2 BauGB entspricht, kommt den Darstellungen des Flächennutzungsplans keine Relevanz zu.[1329]

1323 BVerwG, Beschl. v. 15.07.1994 – 4 B 109.94 – NVwZ-RR 1995, 66; BayVGH, Beschl. v. 23.11.2012 – 22 ZB 12.2120 -, BauR 2013, 928; *Söfker*, in: Ernst/Zinkahn/Bielenberg/Krautzberger, BauGB, § 5, Rn. 7; *Rinsdorf*, Der Flächennutzungsplan als Steuerungsinstrument der Gemeinde, S. 207 f.; *Schiller*, in Bracher/Reidt/Schiller, Bauplanungsrecht, Rn. 142; *Finkelnburg/Ortloff/Kment*, BauplanungsR, § 7, Rn. 47; nach *Hug*, Gemeindenachbarklagen im öffentlichen Baurecht, S. 299 entfalten die Darstellungen des Flächennutzungsplans im unbeplanten Innenbereich keine „unmittelbare Außenwirksamkeit“.

1324 BVerwG, Beschl. v. 20.8.1998 – 4 B 79.98 -, NVwZ-RR 1999, 105 (106).

1325 BVerwG, Beschl. v. 12.07. 2012 – 4 B 13.12 -, ZfBR 2012, 671.

1326 BVerwG, Beschl. v. 15.0.1994 – 4 B 109.94 -, NVwZ-RR 1995, 66.

1327 *Mitschang/Reidt*, in: Battis/Krautzberger/Löhr, BauGB, § 34, Rn. 22.

1328 *W. Schrödter*, in: Schrödter, BauGB, § 5, Rn. 97; *Gierke*, in: Brügelmann, BauGB, § 5, Rn. 46.

1329 BVerwG, Beschl. v. 20.8.1998 – 4 B 79.98 -, NVwZ-RR 1999, 105 (106).

b) *Die Darstellung zentraler Versorgungsbereiche gemäß § 5 Abs. 2 Nr. 2 lit. d) BauGB mit Blick auf die Zulässigkeitsvoraussetzung des § 34 Abs. 3 BauGB*

Nach § 34 Abs. 3 BauGB ist ein Vorhaben im unbeplanten Innenbereich nur zulässig, wenn von diesem keine schädlichen Auswirkungen auf zentrale Versorgungsbereiche der Gemeinde oder der Nachbargemeinden zu erwarten sind. Danach sind die die Kriterien des § 34 Abs. 1 oder Abs. 2 BauGB erfüllenden Einzelhandelsbetriebe gleichwohl unzulässig, wenn von ihnen die genannten schädlichen Auswirkungen zu erwarten sind.[1330] Die Rechtsprechung definiert zentrale Versorgungsbereiche als „räumlich abgrenzbare Bereiche einer Gemeinde, denen auf Grund vorhandener Einzelhandelsnutzungen – häufig ergänzt durch diverse Dienstleistungen und gastronomische Angebote – eine Versorgungsfunktion über den unmittelbaren Nahbereich hinaus zukommt"[1331]. Schädliche Auswirkungen auf den zentralen Versorgungsbereich setzen voraus, dass dieser in seiner Funktion soweit gestört wird, dass er den ihm zukommenden Versorgungsauftrag allgemein oder mit Blick auf einzelne Branchen nicht mehr in substantieller Weise erfüllen kann.[1332]

Mit der Innenentwicklungsnovelle 2013[1333] wurde in § 5 Abs. 2 Nr. 2 lit. d) BauGB die – mit Blick auf den nicht abschließenden Charakter des § 5 Abs. 2 BauGB auch zuvor schon bestehende – Möglichkeit zur Darstellung der Ausstattung des Gemeindegebiets mit zentralen Versorgungsbereichen klargestellt.[1334] Die Gesetzesbegründung führt hierzu aus, mit der Regelung solle den Gemeinden ermöglicht werden, unter Ausnutzung der Koordinierungs- und Steuerungsfunktion des Flächennutzungsplans das rechtliche Gewicht ihrer informellen Einzelhandels- und Zentrenkonzepten zu stärken.[1335] Dabei erfasse die Darstellungsmöglichkeit des § 5 Abs. 2 Nr. 2 lit. d) BauGB sowohl bestehende als auch noch zu entwickelnde zentrale Versorgungsbereiche. Im Übrigen könne die Darstellung zentraler Versorgungsbereiche im Flächennutzungsplan die Prüfung des § 34 Abs. 3 BauGB erleichtern.[1336]

Zutreffend wird in der Literatur angenommen, mit der Klarstellung dieser Darstellungsmöglichkeit setze der Gesetzgeber im Rahmen der Innenentwicklungsnovelle 2013 „beim Flächennutzungsplan einen Akzent zur Stärkung seiner

---

1330 *Battis*, DVBl. 2011, 196 (198).

1331 BVerwG, Urt. v. 11.10.2007 – 4 C 7.07 -, BVerwGE 129, 307 (309); siehe auch *Battis*, a.a.O., 196.

1332 BVerwG, Urt. v. 17.12.2009 – 4 C 2.08 -, BVerwGE 136, 10 (15); siehe auch *Battis*, a.a.O., 198.

1333 „Gesetz zur Stärkung der Innenentwicklung in den Städten und Gemeinden und weiteren Fortentwicklung des Städtebaurechts" v. 11.06.2013, BGBl. I S. 1548.

1334 *W. Schrödter*, in: Schrödter, BauGB, § 5, Rn. 39.

1335 RegE zum Gesetz zur Stärkung der Innenentwicklung in den Städten und Gemeinden und weiteren Fortentwicklung des Städtebaurechts, BT-Drs. 17/11468, S. 13; siehe auch *Uechtritz*, BauR 2013, 1354 (1357 f.).

1336 RegE zum Gesetz zur Stärkung der Innenentwicklung in den Städten und Gemeinden und weiteren Fortentwicklung des Städtebaurechts, BT-Drs. 17/11468, S. 13; siehe auch *Uechtritz*, ebenda.

Steuerungs- und Koordinierungsfunktion"[1337]. Dies gilt in erster Linie mit Blick auf die bei der gemeindlichen Bauleitplanung zu beachtenden und sämtlich auf den Begriff des zentralen Versorgungsbereichs abstellenden Vorschriften der §§ 1 Abs. 6 Nr. 4, 2 Abs. 2 S. 2, 9 Abs. 2a BauGB.[1338] Mit Zurückhaltung sind jedoch die Überlegungen der Gesetzesbegründung zu betrachten, soweit diese auch eine Erleichterung der Prüfung des Vorhandenseins eines zentralen Versorgungsbereichs im Rahmen des § 34 Abs. 3 BauGB annimmt.[1339] Diese Zurückhaltung gilt auch, soweit in Teilen der Literatur angenommen wird, die Vorschrift des § 34 Abs. 3 BauGB vermittele der Darstellung eines zentralen Versorgungsbereichs in einem Flächennutzungsplan Rechtswirkungen.[1340] Denn für § 34 Abs. 3 BauGB sind ausschließlich tatsächliche und nicht – wie bei § 1 Abs. 6 Nr. 4 BauGB[1341] und § 9 Abs. 2a BauGB – auch noch zu entwickelnde zentrale Versorgungsbereiche verbindlich.[1342] Soweit in der Gesetzesbegründung bei Schaffung der Regelung des § 34 Abs. 3 S. 3 BauGB im Zuge des EAG-Bau 2004 noch davon die Rede war, dass sich zentrale Versorgungsbereiche im Rahmen des § 34 Abs. 3 auch aus neben den tatsächlichen Verhältnissen „insbesondere aus planerischen Festlegungen, namentlich aus Darstellungen und Festsetzungen in den Bauleitplänen oder aus Festlegungen in den Raumordnungsplänen"[1343] ergeben, hat diese gesetzgeberische Überlegung keinen Niederschlag in der Vorschrift gefunden.[1344] Auch wäre es mit der grundsätzlichen und auf die tatsächlichen Verhältnisse vor Ort abstellenden Systematik des § 34 BauGB nur schwer zu vereinbaren, im Rahmen des § 34 Abs. 3 BauGB planerischen Überlegungen Verbindlichkeit beizumessen.[1345] Der Darstellung eines zentralen Versorgungsbereichs kann im Rahmen des § 34 Abs. 3 BauGB keine Verbindlichkeit

1337 *Battis*, Ad Legendum 2012, 153 (155).

1338 Diese Vorschriften nennt *W. Schrödter*, in: Schrödter, BauGB, § 5, Rn. 39 im Zusammenhang mit § § 5 Abs. 2 Nr. 2 lit. d) BauGB.

1339 *Uechtritz*, BauR 2013, 1354 (1358) bezeichnet diese in der Gesetzesbegründung geäußerten Erwartungen als zweifelhaft.

1340 Dies nimmt *Jaeger*, in: Spannowsky/Uechtritz, BeckOK BauGB, § 5, Rn. 12.1 an.

1341 Battis, DVBl. 2011, 196 (197).

1342 *W. Schrödter*, in: Schrödter, BauGB, § 5, Rn. 41.

1343 RegE EAG-Bau, BT-Drs. 15/2250, S. 54.

1344 BVerwG, Beschl. v. 12.07. 2012 – 4 B 13.12 -, ZfBR 2012, 671.

1345 Nach BVerwG, Beschl. v. 12.07. 2012 – 4 B 13.12 -, ZfBR 2012, 671 f besteht für „einen Systemwechsel innerhalb des § 34 BauGB, der Vorschrift eine ihr bislang fremde planerische Komponente beizugeben" jedenfalls seit Schaffung des Planungsinstruments des § 9 Abs. 2a BauGB kein Anlass mehr; ebenfalls auf die Systemwidrigkeit einer möglichen Verbindlichkeit planerischer Festlegungen im Rahmen des § 34 Abs. 3 BauGB weist *Rieger*, in: Schrödter, BauGB, § 34, Rn. 87 hin.

zukommen. Soweit sie bei § 34 Abs. 3 BauGB Relevanz hat[1346], kann diese allenfalls in einer Hinweisfunktion der Darstellung liegen[1347].

c) Die Funktion des Flächennutzungsplans bei der Aufstellung von Satzungen i.S.d. § 34 Abs. 4 BauGB

Im Hinblick auf die nicht selten mit der Abgrenzung der im Zusammenhang bebauten Ortsteile i.S.d. § 34 Abs. 1 S. 1 BauGB und dem Außenbereich i.S.d. § 35 BauGB einhergehenden Schwierigkeiten sieht § 34 Abs. 4 und Abs. 5 BauGB vor, dass die Gemeinden mittels Satzung eine klare Grenze zwischen unbeplantem Innenbereich und Außenbereich ziehen können.[1348] Die drei möglichen Arten der Innenbereichssatzungen werden in § 34 Abs. 4 S. 1 Nr. 1–3 BauGB näher definiert. Das Gesetz gestattet gemäß § 34 Abs. 4 S. 2 BauGB auch Kombinationen der drei in § 34 Abs. 4 S. 1 BauGB vorgesehenen Satzungsarten.[1349]

aa) Die Klarstellungssatzung gemäß § 34 Abs. 4 S. 1 Nr. 1 BauGB

So kann die Gemeinde gemäß § 34 Abs. 4 S. 1 Nr. 1 BauGB die Grenzen der im Zusammenhang bebauten Ortsteile durch Satzung festlegen. Mit diesem als Klarstellungs- oder Abgrenzungssatzung bezeichneten Instrument kann die Gemeinde deklaratorisch[1350] beschreiben, wo – gemessen an den Maßstäben des § 34 Abs. 1 BauGB – eine Innenbereichslage vorliegt und wo der Außenbereich beginnt.[1351] Die Gemeinde muss hier die Grenzen des tatsächlich vorhandenen Innenbereichs beachten.[1352] Im Ergebnis vollzieht die Gemeinde mit der Klarstellungssatzung die Vorgaben des § 34 Abs. 1 S. 1 BauGB für die Abgrenzung des Innenbereichs nach.

1346 Das BVerwG, a.a.O., 671 führt aus, die fehlende Bezugnahme des Gesetzeswortlauts des § 34 Abs. 3 BauGB auf planerische Überlegungen bedeute nicht, dass „planerische Festlegungen nicht bei der Abgrenzung der zentralen Versorgungsbereiche bzw. als Unterstützung und einleuchtende Fortschreibung bestimmter tatsächlicher Gegebenheiten relevant sein können“. Sodann heißt es: „Sie sind nur nicht verbindlich (…).“

1347 *Gaentzsch/Philipp/Tepperwien*, in: Schlichter/Stich/Driehaus/Paetow, BK BauGB, § 5 Rn. 30e.

1348 *Finkelnburg/Ortloff/Kment*, BauplanungsR, § 26, Rn. 9.

1349 Roeser, in: Schlichter/Stich/Driehaus/Paetow, BK BauGB, § 34, Rn. 80.

1350 BVerwG, Urt. v. 22.09.2010 – 4 CN 2.10 – BVerwGE 138, 12 (14); *Reidt*, in Bracher/Reidt/Schiller, Bauplanungsrecht, Rn. 2163; *Finkelnburg/Ortloff/Kment*, BauplanungsR, § 26, Rn. 10; *Muckel/Ogorek*, Öffentliches Baurecht, § 7, Rn. 103; eine differenzierte Ansicht vertreten *Schink*, DVBl. 1999, 367 (369) und *Demske*, Die Steuerungswirkung des Flächennutzungsplans, S. 204 f., die der satzungsgebenden Gemeinde einen Beurteilungsspielraum und damit der Klarstellungssatzung eine konstitutive Wirkung in Zweifelsfällen – nicht aber in eindeutigen Konstellationen – zuerkennen.

1351 *Reidt*, ebenda; *Finkelnburg/Ortloff/Kment*, a.a.O., Rn. 9.

1352 BVerwG, Urt. v. 22.09.2010 – 4 CN 2.10 – BVerwGE 138, 12 (15).

Da sich – wie oben aufgezeigt – die Darstellungen des Flächennutzungsplans im Rahmen der Abgrenzung des Innenbereichs gemäß § 34 Abs. 1 S. 1 BauGB nicht auswirken, kommt ihnen auch für die Satzung i.S.d. § 34 Abs. 4 S. 1 Nr. 1 keine Bedeutung zu.[1353]

bb) Die Entwicklungssatzung i.S.d. § 34 Abs. 4 S. 1 Nr. 2 BauGB

Mit einer Entwicklungssatzung i.S.v. § 34 Abs. 3 S. 1 Nr. 2 BauGB – auch Festlegungssatzung genannt[1354] – kann die Gemeinde bebaute Flächen im Außenbereich mit konstitutiver Wirkung als im Zusammenhang bebaute Flächen festlegen, wenn diese Flächen im Flächennutzungsplan als Bauflächen dargestellt sind.[1355] Mit ihr werden neue Baurechte i.S.v. § 34 Abs. 1 und Abs. 2 für solche Flächen geschaffen, die bisher dem Regime des § 35 BauGB unterlagen.[1356] Voraussetzung ist, dass die betreffende Fläche – obwohl bebaut – dem Außenbereich zuzurechnen ist.[1357] Dies betrifft in erster Linie sogenannte Splittersiedlungen.[1358] Die Vorschrift des § 34 Abs. 4 S. 1 Nr. 2 BauGB sieht vor, dass die betreffenden Flächen im Flächennutzungsplan als Bauflächen dargestellt sein müssen. Gemeinden ohne Flächennutzungsplan können eine Satzung gemäß § 34 Abs. 4 S. 1 Nr. 2 BauGB nicht aufstellen.[1359] Es genügt die Darstellung von Bauflächen i.S.d. § 1 Abs. 1 BauNVO.[1360] Die Darstellung von Baugebieten gemäß § 1 Abs. 2 BauGB ist nicht erforderlich[1361], aber unschädlich, da die Baugebiete die Bauflächen konkretisieren[1362]. Die Darstellung verdeutlicht den Willen der Gemeinde, den betreffenden Teil des Außenbereichs grundsätzlich einer Bebauung zuzuführen.[1363] Mit der Voraussetzung der Darstellung des Satzungsbereichs als Baufläche wird die Einordnung der Satzung in die mit dem Flächennutzungsplan zum Ausdruck kommende beabsichtigte städtebauliche

---

1353 *Rinsdorf*, Der Flächennutzungsplan als Steuerungsinstrument der Gemeinde, S. 127.

1354 *Rieger*, in: Schrödter, BauGB, § 34, Rn. 106.

1355 *Muckel/Ogorek*, Öffentliches Baurecht, § 7, Rn. 104; *Finkelnburg/Ortloff/Kment*, BauplanungsR, § 26, Rn. 11.

1356 *Rinsdorf*, Der Flächennutzungsplan als Steuerungsinstrument der Gemeinde, S. 126; *Demske*, Die Steuerungswirkung des Flächennutzungsplans, S. 205 f.

1357 *Finkelnburg/Ortloff/Kment*, BauplanungsR, § 26, Rn. 11; *Reidt*, in Bracher/Reidt/Schiller, Bauplanungsrecht, Rn. 2167.

1358 *Finkelnburg/Ortloff/Kment*, ebenda; *Muckel/Ogorek*, Öffentliches Baurecht, § 7, Rn. 104.

1359 *Demske*, Die Steuerungswirkung des Flächennutzungsplans, S. 207 f.; *Reidt*, in Bracher/Reidt/Schiller, Bauplanungsrecht, Rn. 2167.

1360 *Schink*, DVBl. 1999, 367 (371).

1361 *Schink*, ebenda.

1362 *Rinsdorf*, Der Flächennutzungsplan als Steuerungsinstrument der Gemeinde, S. 128.

1363 *Söfker*, in: Ernst/Zinkahn/Bielenberg/Krautzberger, BauGB, § 34, Rn. 105.

Entwicklung gewährleistet.[1364] Daher muss die Entwicklungssatzung auch inhaltlich mit den Darstellungen des Flächennutzungsplans übereinstimmen.[1365] Teile der Literatur gehen von einer strikten Bindung der Entwicklungssatzung aus.[1366] Aber auch diese Stimmen konstatieren teilweise[1367], dass im Rahmen des § 34 Abs. 4 S. 1 Nr. 2 BauGB – wie durch die Rechtsprechung[1368] und die übrige Literatur[1369] zutreffend angenommen – das Entwicklungsgebot gemäß § 8 Abs. 2 S. 1 BauGB entsprechende Anwendung findet. Abweichungen der Entwicklungssatzung von den Darstellungen des Flächennutzungsplans sind in dem durch § 8 Abs. 2 S. 1 BauGB gezogenen Rahmen möglich.[1370] Nach zutreffender Ansicht finden die Vorschriften des § 8 Abs. 3 und Abs. 4 BauGB bei der Entwicklungssatzung keine Anwendung, da § 34 Abs. 4 S. 1 Nr. 2 BauGB – anders als die Vorgängernorm des § 34 Abs. 2a BBauG – keine entsprechende Verweisung enthält.[1371] Hieraus ist abzuleiten, dass der Gesetzgeber stets einen Flächennutzungsplan für die Entwicklungssatzung voraussetzt.[1372]

Nach § 34 Abs. 5 BauGB gelten für die Entwicklungssatzung weitere Voraussetzungen. Für die vorliegend zu untersuchende Funktion des Flächennutzungsplans ist insofern § 34 Abs. 5 S. 1 Nr. 1 BauGB in den Blick zu nehmen. Hiernach muss die Entwicklungssatzung mit einer geordneten städtebaulichen Entwicklung vereinbar sein. Soweit die geordnete städtebauliche Entwicklung im Flächennutzungsplan zum Ausdruck kommt, hat die Vorschrift für die Entwicklungssatzung allerdings

---

1364 *Söfker*, ebenda; *Rinsdorf*, Der Flächennutzungsplan als Steuerungsinstrument der Gemeinde, S. 129; *Mitschang/Reidt*, in: Battis/Krautzberger/Löhr, BauGB, § 34, Rn. 87.

1365 *Rieger*, in: Schrödter, BauGB, § 34, Rn. 108.

1366 *Schink*, DVBl. 1999, 367 (371); *Demske*, Die Steuerungswirkung des Flächennutzungsplans, S. 208.

1367 *Demske*, ebenda.

1368 VGH BW, Urt. v. 19.05.2004 – 5 S 2771/01 -, BauR 2005, 1132 (1133).

1369 *Söfker*, in: Ernst/Zinkahn/Bielenberg/Krautzberger, BauGB, § 34, Rn. 105; *Rieger*, in: Schrödter, BauGB, § 34, Rn. 108; *Rinsdorf*, Der Flächennutzungsplan als Steuerungsinstrument der Gemeinde, S. 129.

1370 *Rieger*, ebenda.

1371 *Dürr*, in: Brügelmann, BauGB, § 34, Rn. 121; im Ergebnis ebenso: *Rinsdorf*, Der Flächennutzungsplan als Steuerungsinstrument der Gemeinde, S. 130; *Schink*, DVBl. 1999, 367 (371); *Söfker*, in: Ernst/Zinkahn/Bielenberg/Krautzberger, BauGB, § 34, Rn. 105 hält § 8 Abs. 3 und Abs. 4 BauGB ebenfalls für nicht anwendbar. Im Übrigen sei aber eine parallele Aufstellung der Entwicklungssatzung und Änderung des Flächennutzungsplans möglich, allerdings ohne die entsprechenden Erleichterungen. So komme beispielsweise eine vorzeitige Bekanntmachung der Satzung nicht in Betracht.

1372 *Dürr*, ebenda; a.A. *Rieger*, in: Schrödter, BauGB, § 34, Rn. 108, der gerade mit Blick auf die frühere Regelung des § 34 Abs. 2a BBauG die Anwendung des § 8 Abs. 3 und Abs. 4 BauGB auch bei der Nachfolgeregelung des § 34 Abs. 4 S. 1 Nr. 2 BauGB für geboten hält.

keine eigenständige Bedeutung, da § 34 Abs. 4 S. 1 Nr. 2 BauGB für diese bereits die Darstellung einer Baufläche im Flächennutzungsplan voraussetzt.[1373] Darüber hinaus werden im Rahmen des § 34 Abs. 5 S. 1 Nr. 1 BauGB aber mit Blick auf Entwicklungssatzungen die notwendige Größe des Satzungsgebiets und solche Konfliktlagen relevant, die auf der Ebene des Flächennutzungsplans noch nicht abschließend geklärt wurden.[1374]

cc) Die Ergänzungssatzung gemäß § 34 Abs. 4 S. 1 Nr. 3 BauGB

Mit der Ergänzungssatzung[1375] – auch Einbeziehungssatzung genannt[1376] – gemäß § 34 Abs. 4 S. 1 Nr. 3 BauGB kann die Gemeinde einzelne, durch die bauliche Nutzung des angrenzenden Bereichs entsprechend geprägte Außenbereichsflächen in die im Zusammenhang bebauten Ortsteile einbeziehen. Hierbei muss der baulichen Nutzung des angrenzenden Bereichs ein Maßstab entnommen werden können, der grundlegend zur Bestimmung für die Prägung der einbezogenen Flächen dienen kann.[1377] Nur dann können dem angrenzenden Bereich auch die Zulässigkeitsvoraussetzungen gemäß § 34 Abs. 1 und Abs. 2 BauGB für die entsprechend geprägten Außenbereichsflächen entnommen werden.[1378] Die Prägung und das Gebot des Einfügens in die nähere Umgebung gemäß § 34 Abs. 1 S. 1 BauGB müssen einen hinreichenden Maßstab für eine konfliktfreie bauliche Nutzung bieten, um dem auch für die Ergänzungssatzung geltenden Postulat der geordneten städtebaulichen Entwicklung gemäß § 34 Abs. 5 S. 1 Nr. 1 BauGB Genüge zu tun.[1379] Die geforderte Vereinbarkeit mit einer geordneten städtebaulichen Entwicklung i.S.v. § 34 Abs. 5 S. 1 Nr. 1 BauGB erlangt für die Ergänzungssatzung auch im Hinblick auf die Darstellungen des Flächennutzungsplans Relevanz. Die Regelung des § 34 Abs. 4 S. 1 Nr. 3 BauGB sieht – anders als § 34 Abs. 4 S. 1 Nr. 2 BauGB für die Entwicklungssatzung – im Wortlaut keine Bindung der Ergänzungssatzung an die Darstellungen

---

1373 *Söfker*, in: Ernst/Zinkahn/Bielenberg/Krautzberger, BauGB, § 34, Rn. 106; *Rinsdorf*, Der Flächennutzungsplan als Steuerungsinstrument der Gemeinde, S. 129; *Rieger*, a.a.O., Rn. 109; einen anderen Ansatz verfolgt *Reidt*, in Bracher/Reidt/Schiller, Bauplanungsrecht, Rn. 2168, der das Verhältnis von Entwicklungssatzung und Flächennutzungsplan schwepunktmäßig im Rahmen des § 34 Abs. 5 S. 1 Nr. 1 BauGB abhandelt.

1374 *Rieger*, a.a.O., Rn. 110.

1375 Sieher hierzu *Finkelnburg/Ortloff/Kment*, BauplanungsR, § 26, Rn. 12, die darauf hinweisen, dass bis 1998 der § 34 Abs. 4 S. 1 Nr. 3 die sogenannte Abrundungssatzung regelte, nach der die Einbeziehung der Außenbereichsflächen voraussetzte, dass diese das Gebiet abrunden. Hingegen genügt nach der aktuellen Gesetzesfassung die Prägung der entsprechenden Außenbereichsflächen durch die bauliche Nutzung des angrenzenden Bereichs.

1376 *Rieger*, in: Schrödter, BauGB, § 34, Rn. 112.

1377 BVerwG, Beschluss vom 03.12.2008 – 4 BN 26.08 -, ZfBR 2009, 277 (278).

1378 *Söfker*, in: Ernst/Zinkahn/Bielenberg/Krautzberger, BauGB, § 34, Rn. 117.

1379 *Reidt*, in Bracher/Reidt/Schiller, Bauplanungsrecht, Rn. 2182.

des Flächennutzungsplans vor.[1380] Jedoch setzt die Vereinbarkeit mit einer geordneten städtebaulichen Entwicklung voraus, dass die mit der Ergänzungssatzung ermöglichten baulichen Nutzungen im Falle des Vorhandenseins eines Flächennutzungsplans mit dessen Darstellungen vereinbar sind.[1381] Die Ergänzungssatzung darf den Darstellungen des Flächennutzungsplans nicht widersprechen.[1382] Das Entwicklungsgebot des § 8 Abs. 2 S. 1 BauGB gilt auch hier – wie schon bei der Entwicklungssatzung – in entsprechender Anwendung.[1383]

d) Zusammenfassung

Auf das grundlegende Zulässigkeitsregime gemäß § 34 Abs. 1, Abs. 2 BauGB im unbeplanten Innenbereich wirkt der Flächennutzungsplan nicht ein. Auch die im Jahre 2013 neu eingeführte Vorschrift des § 5 Abs. 2 Nr. 2 lit. d) BauGB, die ausdrücklich die Möglichkeit der Darstellung zentraler Versorgungsbereiche im Flächennutzungsplan vorsieht, verleiht dem Flächennutzungsplan im unbeplanten Innenbereich keine Steuerungswirkung. Denn die zur Einzelhandelssteuerung im unbeplanten Innenbereich geltende Vorschrift des § 34 Abs. 3 BauGB zielt ausschließlich auf – nach den tatsächlichen Verhältnissen – bereits vorhandene zentrale Versorgungsbereiche ab. Hingegen kann die Darstellung zentraler Versorgungsbereiche im Flächennutzungsplan für die Bauleitplanung Auswirkungen haben. Denn für die hier geltenden § 1 Abs. 6 Nr. 4 BauGB und § 9 Abs. 2a BauGB sind auch geplante zukünftige, nach den aktuellen tatsächlichen Verhältnissen noch nicht vorhandene zentrale Versorgungbereiche von Relevanz.

Die Funktionen des Flächennutzungsplans bei der Aufstellung von Satzungen gemäß § 34 Abs. 4 BauGB sind differenziert zu beurteilen. Während der Flächennutzungsplan bei der Aufstellung von Klarstellungssatzungen i.S.v. § 34 Abs. 4 S. 1 Nr. 1 BauGB keine Bedeutung hat, ist er für die Entwicklungssatzung i.S.d. § 34 Abs. 4 S. 1 Nr. 2 BauGB relevant. Voraussetzung für die Aufstellung der

---

1380 *Rinsdorf*, Der Flächennutzungsplan als Steuerungsinstrument der Gemeinde, S. 132, die den Begriff Abrundungssatzung benutzt; *Demske*, Die Steuerungswirkung des Flächennutzungsplans, S. 210.

1381 *Reidt*, in Bracher/Reidt/Schiller, Bauplanungsrecht, Rn. 2182; *Schink*, DVBl. 1999, 367 (373).

1382 VGH BW, Urt. v. 08.04.2009 – 5 S 1054/08 -, ZfBR 2009, 793 (795).

1383 VGH BW, ebenda; *Reidt*, in Bracher/Reidt/Schiller, Bauplanungsrecht, Rn. 2182; *Demske*, Die Steuerungswirkung des Flächennutzungsplans, S. 210 ff., die allerdings nicht ausdrücklich die entsprechende Anwendbarkeit des § 8 Abs. 2 S. 1 BauGB feststellt, aber von einer Bindung der Einbeziehungssatzung an den Flächennutzungsplan spricht; a.A. *Rinsdorf*, Der Flächennutzungsplan als Steuerungsinstrument der Gemeinde, S. 132 f., die von einer relevanten Beeinträchtigung der geordneten städtebaulichen Entwicklung erst dann ausgeht, wenn die aufgrund der Satzung zulässige bauliche Nutzung Auswirkungen auf die Konzeption des Flächennutzungsplans für das gesamte Gemeindegebiet oder jedenfalls auf die über den Ortsteil, in dem die Satzung belegen ist, hinausgehende Konzeption hat.

Entwicklungssatzung ist die Darstellung der betroffenen Flächen als Bauflächen oder Baugebiete im Flächennutzungsplan. Der Flächennutzungsplan gibt hier einen dem Entwicklungsgebot gemäß § 8 Abs. 2 S. 1 BauGB entsprechenden Rahmen für die Entwicklungssatzung vor. Für die Ergänzungssatzung gemäß § 34 Abs. 4 S. 1 Nr. 3 BauGB hat der Flächennutzungsplan insofern Bedeutung, als diese mit der geordneten städtebaulichen Entwicklung und damit mit den Darstellungen des Flächennutzungsplans vereinbar sein muss.

3. *Die Wirkungen des Flächennutzungsplans auf das Zulässigkeitsregime des § 35 BauGB*

Das Zulässigkeitsregime für den Außenbereich bestimmt sich nach § 35 BauGB. Hierbei kommt dem Flächennutzungsplan eine herausgehobene Bedeutung zu. So darf sich die Gemeinde nach der Rechtsprechung des BVerwG im „Außenbereich (...) grundsätzlich darauf beschränken, die städtebauliche Entwicklung planerisch durch den Flächennutzungsplan zu steuern“[1384]. Im Folgenden werden zunächst die Grundstrukturen des § 35 BauGB aufgezeigt. Auf dieser Basis wird die für die Funktion des Flächennutzungsplans im Rahmen des Zulässigkeitsregimes des § 35 BauGB maßgebliche Rechtsprechung des BVerwG bis zur Schaffung des gesetzlichen Planvorbehalts i.S.d. § 35 Abs. 3 S. 3 BauGB aufbereitet. Schließlich erfolgt eine Untersuchung des Planvorbehalts gemäß § 35 Abs. 3 S. 3 BauGB im Hinblick auf eine damit möglicherweise einhergehende Stärkung der Funktion des Flächennutzungsplans im Außenbereich. Hierbei werden auch die mit dem Planvorbehalt im Zusammenhang stehenden Vorschriften des § 15 Abs. 3 BauGB und des § 249 Abs. 1 und Abs. 2 BauGB näher betrachtet. Schließlich wird auf Grundlage der neueren Rechtsprechung und Literatur untersucht, welche Wirkungen die Darstellungen des Flächennutzungsplans i.S.v. § 35 Abs. 3 S. 1 Nr. 1 BauGB haben.

a) *Ausgangspunkt: Ein kurzer Überblick über das Zulässigkeitsregime des § 35 BauGB für den Außenbereich*

Grundlage für die Einordnung der Funktionen und Wirkungen des Flächennutzungsplans sind die Grundstrukturen des § 35 BauGB. Die Norm regelt das bauplanungsrechtliche Zulässigkeitsregime für Vorhaben im Außenbereich. Im Außenbereich ist ein Vorhaben belegen, wenn der Vorhabenstandort weder im Geltungsbereich eines qualifizierten oder vorhabenbezogenen Bebauungsplans i.S.d. § 30 Abs. 1 und Abs. 2 BauGB noch im unbeplanten Innenbereich i.S.v. § 34 BauGB belegen ist.[1385] Die Erfassung des Vorhabenstandorts durch den Geltungsbereich eines einfachen Bebauungsplans i.S.v. § 30 Abs. 3 BauGB ändert an seiner Zuordnung zum Außenbereich

1384 BVerwG, Urt. v. 18.08.2005 – 4 C 13.04 -, BVerwGE 124, 132 (141).

1385 *Erbguth/Schubert*, Öffentliches Baurecht, § 8, Rn. 58; *Mitschang/Reidt*, in: Battis/Krautzberger/Löhr, BauGB, § 35, Rn. 2.

nichts.[1386] Allerdings kann der einfache Bebauungsplan mit seinen Festsetzungen die Vorhabenzulässigkeit modifizieren.[1387] Die § 35 BauGB zugrundeliegende Leitvorstellung ist die grundsätzliche Freihaltung des Außenbereichs von Bebauung, soweit diese nicht ihrer spezifischen Eigenart nach in den Außenbereich gehört.[1388] Die Vorschrift unterscheidet zwischen privilegierten Vorhaben gemäß § 35 Abs. 1 BauGB und sonstigen Vorhaben gemäß § 35 Abs. 2 BauGB. Privilegierte Vorhaben sind dem Außenbereich grundsätzlich zugewiesen, während sonstige – also nicht-privilegierte – Vorhaben grundsätzlich unzulässig sind.[1389] Voraussetzung für die Zulässigkeit privilegierter Vorhaben im Außenbereich gemäß § 35 Abs. 1 BauGB ist, dass öffentliche Belange nicht entgegenstehen, während für sonstige Vorhaben in § 35 Abs. 2 BauGB postuliert wird, dass diese öffentliche Belange nicht beeinträchtigen dürfen.[1390] Die Vorschrift des § 35 Abs. 3 S. 1 BauGB listet beispielhaft Konstellationen auf, in denen eine Beeinträchtigung öffentlicher Belange insbesondere vorliegt. Hierzu zählen gemäß § 35 Abs. 3 S. 1 Nr. 1 BauGB auch die Fälle, in denen das Vorhaben den Darstellungen des Flächennutzungsplans widerspricht. Obwohl § 35 Abs. 3 S. 1 dem Wortlaut nach an das für sonstige Vorhaben gemäß § 35 Abs. 2 BauGB geltende Kriterium der Beeinträchtigung öffentlicher Belange anknüpft, gilt die Vorschrift ebenfalls für die privilegierten Vorhaben, denen gemäß § 35 Abs. 1 BauGB öffentliche Belange nicht entgegenstehen dürfen.[1391] Ob dem Vorhaben öffentliche Belange gemäß § 35 Abs. 1 BauGB entgegenstehen oder diese durch das Vorhaben gemäß § 35 Abs. 2 BauGB beeinträchtigt werden, ist im Wege einer sogenannten nachvollziehenden Abwägung zu ermitteln, im Rahmen derer – im Gegensatz zur planerischen Abwägung – keine planerische Gestaltungsfreiheit besteht.[1392] Während § 35 Abs. 3 S. 2 BauGB spezielle Raumordnungsklauseln enthält, hat der im Zuge der am 01.01.1997 in Kraft getretenen BauGB-Novelle[1393] geschaffene gesetzliche Planvorbehalt i.S.v. § 35 Abs. 3 S. 3 BauGB[1394] die Wirkungen bestimmter Darstellungen des Flächennutzungsplans auf die im Rahmen des § 35 BauGB zu beachtenden öffentlichen Belange über die Regelung des § 35 Abs. 3 S. 1 Nr. 1 BauGB hinaus erweitert[1395]. Nach § 35 Abs. 3 S. 3 BauGB stehen öffentliche Belange den privilegierten Vorhaben i.S.v. § 35 Abs. 1 Nr. 2–6 BauGB regelmäßig auch dann

---

1386 *Söfker*, in: Ernst/Zinkahn/Bielenberg/Krautzberger, BauGB, § 35, Rn. 16.
1387 *Söfker*, ebenda.
1388 *Mitschang/Reidt*, in: Battis/Krautzberger/Löhr, BauGB, § 35, Rn. 1.
1389 *Muckel/Ogorek*, Öffentliches Baurecht, § 7, Rn. 135.
1390 *Muckel/Ogorek*, a.a.O., Rn. 175.
1391 *Muckel/Ogorek*, ebenda.
1392 *Decker*, JA 2015, 1 (2 f.); siehe ausführlich zur nachvollziehenden Abwägung unten 4. Teil, C., II., 3., d), bb).
1393 Gesetz v. 30.07.1996, BGBl. I S. 1189.
1394 Bis zum Inkrafttreten des BauROG (Gesetz v. 18.08.1997, BGBl. I S. 2081) am 01.01.1998 war der Planvorbehalt in Satz 4 des § 35 Abs. 3 BauGB geregelt, siehe *Dürr*, in: Brügelmann, BauGB, § 35, Rn. 106.
1395 *Decker*, JA 2014, 1 (4).

entgegen, soweit für diese durch Darstellungen im Flächennutzungsplan – oder als Ziele der Raumordnung – eine Ausweisung an anderer Stelle erfolgt ist. In Kontext mit dem Planvorbehalt gemäß § 35 Abs. 3 S. 3 BauGB stehen auch die Vorschrift zur Zurückstellung von Baugesuchen gemäß § 15 Abs. 3 BauGB und die Spezialregelungen des § 249 Abs. 1 und Abs. 2 BauGB für die Windenergie, die ebenfalls jeweils Anlass zu Zweifeln an dem Dogma von der fehlenden Außenverbindlichkeit des Flächennutzungsplans geben. Die Regelung des § 35 Abs. 4 BauGB ermöglicht mit dem Ersatz, der Erweiterung und der Nutzungsänderung bereits vorhandener sonstiger Vorhaben i.S.d. § 35 Abs. 2 BauGB[1396] Maßnahmen, die über den Bestandsschutz nach hergebrachtem Verständnis hinausgehen.[1397] Hierdurch wird der verfassungsrechtlich gebotene Bestandsschutz einfachgesetzlich konkretisiert.[1398] So können den in § 35 Abs. 4 BauGB näher beschriebenen Vorhaben bestimmte öffentliche Belange – so auch der Widerspruch des Vorhabens zu den Darstellungen des Flächennutzungsplans – nicht entgegengehalten werden.[1399] Die von § 35 Abs. 4 BauGB begünstigten Vorhaben werden – mit Blick auf die selektive Auswahl der öffentlichen Belange, die den Vorhaben nicht entgegengehalten werden können – auch als teilweise privilegierte Vorhaben bezeichnet.[1400] Aus § 35 Abs. 5 BauGB folgen weitere Vorgaben für die Vorhabenzulassung im Außenbereich, mit denen eine möglichst geringe Beeinträchtigung des Außenbereichs durch die Vorhabenzulassung erreicht werden soll.[1401] So enthält § 35 Abs. 5 S. 1 BauGB eine spezielle Bodenschutzklausel für den Außenbereich, während § 35 Abs. 5 S. 2 BauGB für die privilegierten Vorhaben i.S.d. § 35 Abs. 1 Nr. 2–6 BauGB die Abgabe einer Verpflichtungserklärung durch den Bauantragsteller[1402] zum Rückbau und zur Entsiegelung des Bodens nach dauerhafter Nutzungsaufgabe als weitere Zulässigkeitsvoraussetzung postuliert.[1403] Schließlich bietet § 35 Abs. 6 S. 1 BauGB den Gemeinden eine Rechtsgrundlage, um mit einer Außenbereichssatzung in nicht überwiegend landwirtschaftlich geprägten Gebieten mit vorhandener Wohnbebauung von einigem Gewicht die Zulässigkeit von Wohnbauvorhaben nach § 35 Abs. 2 BauGB zu erleichtern.[1404] Die Satzung wirkt ausschließlich zulässigkeitsunterstützend.[1405] Mit der Außenbereichssatzung kann die Gemeinde gemäß § 35 Abs. 6 S. 1 bestimmen, dass den genannten Vorhaben nicht entgegenhalten werden kann, dass sie einer Darstellung im Flächennutzungsplan über Flächen für die Landwirtschaft oder Wald widersprechen oder die Entstehung oder Verfestigung einer Splittersiedlung befürchten lassen. Die Rechtsgrundlage

1396 *Bönker*, in: Hoppe/Bönker/Grotefels, Öffentliches Baurecht, § 8, Rn. 253.
1397 *Muckel/Ogorek*, Öffentliches Baurecht, § 7, Rn. 175.
1398 *Bönker*, in: Hoppe/Bönker/Grotefels, Öffentliches Baurecht, § 8, Rn. 253.
1399 *Muckel/Ogorek*, Öffentliches Baurecht, § 7, Rn. 175.
1400 *Rieger*, in: Schrödter, BauGB, § 35, Rn. 167; vgl. auch *Muckel/Ogorek*, a.a.O., Rn. 200.
1401 *Bönker*, in: Hoppe/Bönker/Grotefels, Öffentliches Baurecht, § 8, Rn. 273.
1402 *Rieger*, in: Schrödter, BauGB, § 35, Rn. 213.
1403 *Bönker*, in: Hoppe/Bönker/Grotefels, Öffentliches Baurecht, § 8, Rn. 274 f.
1404 *Erbguth/Schubert*, Öffentliches Baurecht, § 8, Rn. 108.
1405 *Erbguth/Schubert*, ebenda.

des § 35 Abs. 6 S. 1 BauGB gestattet der Gemeinde mithin, eine deutlich an die gesetzliche Regelungstechnik des § 35 Abs. 4 BauGB angelehnte Bestimmung auf Satzungsebene zu treffen.[1406] Die Satzung kann sich gemäß § 35 Abs. 6 S. 2 BauGB auch auf kleineren Handwerks- und Gewerbebetrieben dienende Vorhaben erstrecken.

Trotz dieser Bedeutung des Flächennutzungsplans für die Vorhabenzulässigkeit im Außenbereich entfaltet dieser nach der traditionellen h.M. in Literatur und Rechtsprechung auch im Außenbereich grundsätzlich keine Außenwirkung.[1407] Etwas anderes gilt nach der h.M. allerdings hinsichtlich der Darstellungen, mit denen § 35 Abs. 3 S. 3 BauGB umgesetzt wird.[1408] Im Folgenden wird der maßgeblich durch die höchstrichterliche Rechtsprechung bestimmte Diskurs zu den Rechtswirkungen des Flächennutzungsplans im Außenbereich bis zur Schaffung des gesetzlichen Planvorbehalts gemäß § 35 Abs. 3 S. 3 BauGB dargestellt. Sodann wird der Wandel der h.M. hinsichtlich der Darstellungen i.S.d. § 35 Abs. 3 S. 3 BauGB aufgezeigt und die mit dieser Regelung in Zusammenhang stehenden Vorschriften des § 15 Abs. 3 sowie des § 249 Abs. 1 und Abs. 2 BauGB analysiert. Schließlich ist zu untersuchen, ob und inwiefern die h.M. in Bezug auf die fehlende Außenwirkung von Darstellungen des Flächennutzungsplans mit Blick auf seine Eigenschaft als öffentlicher Belang i.S.v. § 35 Abs. 3 S. 1 Nr. 1 bei der Vorhabenzulassung im Außenbereich noch zutreffend ist.

b) Die höchstrichterliche Rechtsprechung zu den Rechtswirkungen des Flächennutzungsplans im Außenbereich bis zur Schaffung des gesetzlichen Planvorbehalts i.S.d. § 35 Abs. 3 S. 3 BauGB

Bis zur Kodifizierung des heute[1409] in § 35 Abs. 3 S. 3 BauGB geregelten gesetzlichen Planvorbehalts durch das am 01.01.1997 in Kraft getretene Änderungsgesetz[1410] zum BauGB konzentrierte sich die insbesondere durch die höchstrichterliche Rechtsprechung geprägte Diskussion der Rechtswirkungen des Flächennutzungsplans im Außenbereich auf die Rolle der Darstellungen als entgegenstehender öffentlicher Belang bei der Vorhabenzulassung. Wie bereits oben[1411] erläutert, hatte der ursprünglich für das öffentliche Bau- und Bodenrecht

1406 *Muckel/Ogorek*, Öffentliches Baurecht, § 7, Rn. 201.

1407 Siehe nur: BVerwG, Urt. v. 18.08.2005 – 4 C 13.04 -, BVerwGE 124, 132 (141); *Gaentzsch/Philipp/Tepperwien*, in: Schlichter/Stich/Driehaus/Paetow, BK BauGB, § 5, Rn. 4; *W.-R. Schenke*, NVwZ 2007, 134 (135 f.).

1408 Siehe nur: BVerwG, Urt. v. 26.04.2007 – 4 CN 3.06 -, BVerwGE 128, 382 (386); BVerwG, Urt. v. 31.03.2013 – 4 CN 1.12 -, BVerwGE 146, 40 (42 ff.); *Mitschang*, in: Battis/Krautzberger/Löhr, BauGB, § 5, Rn. 46.

1409 Der Planvorbehalt war zunächst – bis zum Inkrafttreten des BauROG (G. v. 18.08.1997, BGBl. I S. 2081) am 01.01.1998 – in § 35 Abs. 3 S. 4 BauGB geregelt, siehe *Dürr*, in: Brügelmann, BauGB, § 35, Rn. 106.

1410 G. v. 30.07.1996, BGBl. I S. 1189.

1411 Siehe oben 3. Teil, B., II., 1.

zuständige 1. Senat des BVerwG ausgeführt, dass die im Flächennutzungsplan zum Ausdruck gebrachten planerischen Vorstellungen der Gemeinden zu den bei der Zulässigkeit eines sonstigen Vorhabens i.S.d. § 35 Abs. 2 BBauG zu berücksichtigenden öffentlichen Belangen gehörten.[1412] Beachtlich ist, dass die seinerzeit zugrundeliegende Fassung des § 35 BBauG – anders als heute § 35 Abs. 3 S. 1 Nr. 1 BauGB – den Widerspruch des Vorhabens zu den Darstellungen des Flächennutzungsplans noch nicht als Beispielsfall der Beeinträchtigung öffentlicher Belange aufzählte.[1413] Das BVerwG führte weiter aus, der Flächennutzungsplan stelle für das Baugenehmigungsverfahren mehr als eine unverbindliche Äußerung dar.[1414] Der 1. Senat wies in diesem Zusammenhang darauf hin, dass „auch Bebauungspläne jederzeit geändert und den neuen Verhältnissen angepasst werden können“[1415]. Weiter führte der 1. Senat im Zusammenhang mit der Vorhabenzulässigkeit im Außenbereich wörtlich aus: „Der Flächennutzungsplan hat somit nicht nur eine rein verwaltungsinterne Bedeutung als Arbeitsgrundlage der Gemeinde für die Aufstellung der Bebauungspläne, sondern ist auch ein wesentlicher Anhaltspunkt für die Feststellung im Baugenehmigungsverfahren, ob das konkrete Vorhaben öffentliche Belange beeinträchtigt oder nicht.“[1416] Somit wirke sich die durch die Gemeinde in Ausübung ihrer planerischen Gestaltungsfreiheit durch die generellen Festlegungen des Flächennutzungsplans getroffene Entscheidung auf den Inhalt des Rechtsbegriffs der öffentlichen Belange aus. Dies bedeute „für die Rechtsanwendung jedoch grundsätzlich nichts anderes, als wenn die Entscheidung über die Zulässigkeit eines Vorhabens von den Festsetzungen eines Bebauungsplanes abhinge“[1417]. Diese Rechtsprechung des 1. Senats wurde nach dem Wechsel der Zuständigkeiten durch den bis heute für das öffentliche Baurecht zuständigen 4. Senat des BVerwG eingeschränkt. Zwar führte der 4. Senat zunächst aus, er übernehme das durch den 1. Senat entwickelte „Grundsatzbekenntnis (...), dass der Flächennutzungsplan bei der Beurteilung eines Vorhabens im Außenbereich einen wesentlichen Anhaltspunkt für die Feststellung im Baugenehmigungsverfahren bedeutet, ob das konkrete Vorhaben öffentliche Belange

1412 BVerwG, Urt. v. 29.04.1969 – I C 30.62 – BVerwGE 18, 247 (252 ff.).

1413 Dieser Beispielsfall wurde erst mit der BBauG-Novelle 1976 (Gesetz zur Änderung des Bundesbaugesetzes v. 18.08.1976, BGBl. I S. 2221) eingeführt, siehe *Söfker*, in: Ernst/Zinkahn/Bielenberg/Krautzberger, BauGB, § 35, Rn. 79.

1414 BVerwG, Urt. v. 29.04.1969 – I C 30.62 – BVerwGE 18, 247 (253).

1415 BVerwG, ebenda.

1416 BVerwG, ebenda.

1417 BVerwG, a.a.O., 254.

beeinträchtigt oder nicht“[1418].[1419] Allerdings könnten hiermit für das rechtliche Gewicht der Flächennutzungspläne im jeweiligen Einzelfall keine allgemein verbindlichen Bewertungsgrundsätze verknüpft werden.[1420] Die Rechtsprechung des 1. Senats dürfe nicht missverstanden werden. So führte der 4. Senat aus, eine „völlige Verwischung der rechtlichen Grenzen zwischen Flächennutzungs- und Bebauungsplan konnte und sollte damit [mit der Rechtsprechung des 1. Senats] nicht ausgesprochen werden“[1421]. Vielmehr sei bei der Prüfung der Vorhabenzulässigkeit unter dem Gesichtspunkt entgegenstehender Aussagen in einem Flächennutzungsplan „in weitem Umfange auf die Verhältnisse des Einzelfalls abzustellen“[1422]. Insbesondere seien Flächennutzungspläne „in wesentlich stärkerem Maße als Bebauungspläne“[1423] von den tatsächlichen Entwicklungen im Plangebiet abhängig.[1424] Ursprünglich ging das BVerwG für privilegierte Vorhaben davon aus, dass diesen die Darstellungen des Flächennutzungsplans nicht entgegengehalten werden könnten.[1425] Denn für die privilegierten Nutzungen habe der Gesetzgeber bereits dergestalt geplant, dass die von ihm als privilegiert eingestuften Nutzungen grundsätzlich in den Außenbereich gehörten.[1426] Das gesetzliche Zulässigkeitsregime für den Außenbereich räume dem Bauherrn eines privilegierten Vorhabens im Ergebnis keine geringeren Rechte ein, als im Geltungsbereich eines Bebauungsplans.[1427] In einer späteren Entscheidung stellte das BVerwG dann ausdrücklich klar, dass die Darstellungen des Flächennutzungsplans

---

1418 BVerwG, Urt. v. 15.03.1967 – IV C 205.65 -, BVerwGE 26, 287 (291). Der Senat weist weiter darauf hin, dass dies insbesondere auch mit Blick auf kleine ländliche Gemeinden gelte, für die regelmäßig weder die Möglichkeit noch die Notwendigkeit bestehe, für größere Teile des Gemeindegebiets „die Bebauung normativ – durch einen Bebauungsplan (verbindlichen Bauleitplan) – zu regeln“. Auf den Umstand, dass auch in kleineren Gemeinden Teile des Gebiets als unbeplanter Innenbereich dem Zulässigkeitsregime des § 34 BauGB unterfallen dürften, geht das Gericht nicht ein.

1419 BVerwG, ebenda.

1420 BVerwG, ebenda.

1421 BVerwG, Beschl. v. 20.07.1990 – 4 N 3.88 – NVwZ 1991, 262 (263).

1422 BVerwG, Urt. v. 15.03.1967 – IV C 205.65 -, BVerwGE 26, 287 (292).

1423 BVerwG, Beschl. v. 20.07.1990 – 4 N 3.88 – NVwZ 1991, 262 (263) unter Verweis auf BVerwG, Urt. v. 15.03.1967 – IV C 205.65 -, BVerwGE 26, 287 ff.

1424 BVerwG, Beschl. v. 20.07.1990 – 4 N 3.88 – NVwZ 1991, 262 (263) unter Verweis auf BVerwG, Urt. v. 15.03.1967 – IV C 205.65 -, BVerwGE 26, 287 ff.

1425 BVerwG, Urt. v. 25.10.1967 – IV C 86.66 -, BVerwGE 28, 148 (151 f.); *Hoppe,* in: FS-Gelzer, S. 43 weist darauf hin, dass das BVerwG in dieser Entscheidung die Durchsetzungsfähigkeit von Darstellungen des Flächennutzungsplans nicht etwa für den Einzelfall verneint habe, sondern vielmehr generell die Möglichkeit ausgeschlossen habe, dass Darstellungen die Funktion entgegenstehender öffentliche Belange übernehmen könnten.

1426 BVerwG, ebenda; *Taegen,* in: FS-Schlichter, S. 251 f.

1427 BVerwG, a.a.O., 150 f.

„nicht einfach wie Rechtssätze ‚anwendbar'"[1428] seien. Vielmehr seien sie „immer nur als Unterstützung und einleuchtende Fortschreibung bestimmter tatsächlicher Gegebenheiten geeignet, zum Vorliegen eines beeinträchtigten öffentlichen Belanges beizutragen"[1429]. Schließlich nahm das BVerwG von dem ursprünglich gezogenen Vergleich der Regelung des § 35 Abs. 1 BBauG mit der eines Bebauungsplans ausdrücklich Abstand.[1430] Der Gesetzgeber habe mit der Regelung des § 35 Abs. 1 BBauG zwar bestimmt, dass die dort genannten privilegierten Vorhaben allgemein zulässig sind, jedoch keine Entscheidung über den konkreten Standort getroffen. Auch habe der Gesetzgeber nicht entschieden, dass privilegierte Vorhaben an jedem beliebigen Standort im Außenbereich errichtet werden dürften. Denn auch für privilegierte Vorhaben gelte das Gebot der größtmöglichen Schonung.[1431] Vielmehr habe der Gesetzgeber die Prüfung des jeweiligen Vorhabens einschließlich des Vorhabenstandorts am Maßstab etwaiger entgegenstehender öffentlicher Belange dem bauaufsichtlichen Genehmigungsverfahren im Einzelfall überlassen. Hierin unterscheide sich das Zulässigkeitsregime für den Außenbereich von den Regelungen im Geltungsbereich eines qualifizierten Bebauungsplans ebenso wie von den Regelungen für den unbeplanten Innenbereich.[1432] Enthielten Pläne, denen keine unmittelbare Außenverbindlichkeit gegenüber Dritten zukomme, die aber der Vorbereitung rechtsverbindlicher Planungen dienten – hierzu zähle auch der Flächennutzungsplan – konkrete Standortaussagen, so könnten diese konkreten Standortaussagen bei der Vorhabenzulassung im Außenbereich einem hiervon abweichenden privilegierten Vorhaben für diesen Standort als öffentlicher Belang entgegenstehen.[1433] Dies setze voraus, dass die entsprechende Planungsaussage über den Regelungsgehalt des § 35 Abs. 2 BBauG hinausgehe.[1434] Eine derart qualifizierte Standortzuweisung soll nach der Rechtsprechung des BVerwG nicht vorliegen, wenn die Darstellung des Flächennutzungsplans dem Außenbereich nur eine Funktion zuweist, die ihm nach dem Willen des Gesetzgebers ohnehin zukommen soll.[1435] Die Rechtsprechung zur

1428 BVerwG, Urt. v. 28.02.1975 – IV C 30.73 -, BVerwGE 48, 81 (die entsprechende Passage des Urteils ist in BVerwGE nicht abgedruckt, siehe juris, Rn. 30).

1429 BVerwG, ebenda.

1430 BVerwG, Urt. v. 20.01.1984 – 4 C 43.81 -, BVerwGE 68, 311 (314); *Taegen*, in: FS-Schlichter, S. 251 ff; *Hoppe*, in: FS-Gelzer, S. 43 f.

1431 BVerwG, a.a.O., 315.

1432 BVerwG, a.a.O., 314 f.

1433 BVerwG, a.a.O., 315.

1434 BVerwG, ebenda.

1435 BVerwG, a.a.O., 315 f. Als Beispiel nennt das BVerwG die Darstellung von Flächen für die Land und Forstwirtschaft in einem Flächennutzungsplan. Hierbei handele es sich regelmäßig nicht um qualifizierte Standortzuweisungen, da sie dem Außenbereich nur die nach dem Willen des Gesetzgebers ohnehin zukommende Funktion zuweisen, der Land- und Forstwirtschaft zu dienen. Später hat das BVerwG dann klargestellt, dass eine konkrete Standortbezogenheit der Darstellung von Flächen

Wirkung von Darstellungen des Flächennutzungsplans als relevanter öffentlicher Belang bei der Vorhabenzulässigkeit im Außenbereich hat das BVerwG im Folgenden dahingehend weiterentwickelt, dass die positive Ausweisung von Standorten für einzelne privilegierte Nutzungen in den Darstellungen des Flächennutzungsplans zugleich diese Nutzungen an anderen Standorten in der Gemeinden ausschließen kann.[1436] Konkret entschied das BVerwG über die Wirkung der Darstellung von Abgrabungsflächen, die in der Planbegründung als „Auskiesungskonzentrationszone" bezeichnet wurden.[1437] Solle die Darstellung einer Abgrabungsfläche nicht nur den jeweiligen Standort für die Abgrabung vorhalten, sondern zugleich den einzigen Standort im Geltungsbereich des Flächennutzungsplans kennzeichnen, an dem noch Abgrabungen stattfinden sollen, so sei mit Blick hierauf die Darstellung einer Landwirtschaftsfläche dahingehend zu verstehen, dass die Landwirtschaft jedenfalls Vorrang vor einer Nutzung der Fläche für Abgrabungen haben soll.[1438] Dies gelte umso mehr, wenn – wie hier für den Kiesabbau – für die betreffende Abgrabung nahezu der ganze Außenbereich in Betracht komme.[1439] Hier stelle „die Verhinderung einer allgemeinen ‚Verkraterung' der Außenbereichslandschaft durch Abgrabungen"[1440] einen durch die Darstellung entsprechender Konzentrationsflächen konkretisierten öffentlichen Belang dar.[1441] So verstanden, könne entsprechend der bisherigen Rechtsprechung auch „die Darstellung von Abgrabungsflächen ‚Unterstützung und einleuchtende Fortschreibung tatsächlicher Gegebenheiten' sein"[1442]. Für die Darstellung solcher Konzentrationszonen im Flächennutzungsplan fehle der Gemeinde auch nicht die Ermächtigungsgrundlage. Dem Flächennutzungsplan komme die Aufgabe zu, ein gesamträumliches Entwicklungskonzept für das Gemeindegebiet darzustellen. Dieses solle insbesondere für die verbindliche Bauleitplanung und die Träger der Fachplanung Bindungen erzeugen. Dass Darstellungen des Flächennutzungsplans als entgegenstehende öffentliche Belange Zulassungshindernisse für Vorhaben im Außenbereich sein könnten, sei nicht ihr primärer Zweck, sondern mögliche

für die Landwirtschaft ausnahmsweise aber dann in Betracht komme, wenn für diese konkreten Außenbereichsflächen besondere Verhältnisse gerade bezüglich deren landwirtschaftlicher Nutzung vorliegen, siehe BVerwG, Urt. v. 22.05.1987 – 4 C 57.84 -, BVerwGE 77, 300 (302).

1436 Siehe *Hoppe*, in: FS-Gelzer, S. 49 zu dieser Zusammenfassung des Kerngehalts der Entscheidung BVerwG, Urt. v. 22.05.1987 – 4 C 57.84 -, BVerwGE 77, 300 ff.

1437 BVerwG, a.a.O., 301.

1438 BVerwG, a.a.O., 303 f.

1439 BVerwG, a.a.O., 304. Das BVerwG hat dies in dem seinerzeit vorliegenden Fall für die dort betroffene Stadt Köln bejaht. Aufgrund des geologischen Aufbaus des Untergrunds komme in Köln nahezu der gesamte Außenbereich für die Abgrabung von Kies und Sand in Betracht.

1440 BVerwG, ebenda.

1441 BVerwG, ebenda.

1442 BVerwG, ebenda.

mittelbare Wirkung. Denn der Flächennutzungsplan sei „keine rechtssatzmäßige Regelung zulässiger Bodennutzungen“[1443]. Es gehe vielmehr darum, ob die Darstellung einer Abgrabungsfläche als Konzentrationszone mit ihrer negativen Aussage bezüglich anderer „Flächen als ‚Unterstützung und einleuchtende Fortschreibung tatsächlicher Gegebenheiten‘ den Rang öffentlicher Belange“[1444] haben könne. Ob die Darstellung der Konzentrationszone sich dann im Einzelfall gegen ein Vorhaben an anderer Stelle des Plangebiets durchsetze, sei Gegentand der Anwendung des § 35 Abs. 1 BBauG und stelle keine diese Vorschrift aushebelnde anderweitige Regelung dar.[1445] Bei der Anwendung des § 35 Abs. 1 und Abs. 2 BBauG sei nach ständiger Rechtsprechung eine Abwägung vorzunehmen. Hierbei handele es sich nicht um eine planerischen, sondern um eine die allgemeine gesetzliche Wertung für den Einzelfall konkretisierende nachvollziehenden Abwägung[1446] zwischen den im Einzelfall berührten öffentlichen Belangen und dem Realisierungsinteresse des Antragstellers.[1447] Hierbei komme privilegierten Vorhaben mit Blick auf ihre generelle gesetzgeberische Zuweisung in den Außenbereich ein besonders starkes Gewicht zu.[1448]

Bei der Gewichtung der Darstellung einer Konzentrationszone als öffentlicher Belang sei zu beachten, dass auch dieser Darstellung eine bauleitplanerische Abwägung zugrunde liegen müsse. Allerdings liege hier „notwendigerweise eine globalere Abwägung“[1449] zugrunde als bei einer Darstellung, die nur positiv einer bestimmten Fläche eine bestimmte Nutzung zuweise. Nicht für jede über die Konzentrationszone hinausgehende anderweitige Fläche, die für die privilegierte Nutzung in Betracht komme, werde die plangebende Gemeinde abwägen können, ob ausreichende städtebauliche Gründe gegen die privilegierte Nutzung sprechen. Da der Flächennutzungsplan gerade keine rechtssatzmäßige Wirkung habe – sondern allenfalls nur nach einer Gewichtung im Einzelfall durchsetzungsfähige öffentliche Belange konkretisiere –, mache dies die bauleitplanerische Abwägung nicht fehlerhaft. Im Übrigen komme der negativen Seite der Darstellung einer Konzentrationszone notwendigerweise ein „eher globaler Charakter“[1450] zu, was das Gewicht der negativen Seite einer Abgrabungskonzentrationszone verringere und den besonderen Umständen des Einzelfalls eine größere Chance eröffne, sich durchzusetzen, als dies gegenüber einer ausschließlich positiven Standortdarstellung der Fall wäre.[1451]

1443 BVerwG, a.a.O., 305.
1444 BVerwG, ebenda.
1445 BVerwG, ebenda.
1446 Siehe zum Begriff und den Merkmalen der nachvollziehenden Anwendung unten 4. Teil, C., II., 3., d), bb).
1447 BVerwG, Urt. v. 22.05.1987 – 4 C 57.84 -, BVerwGE 77, 300 (307).
1448 BVerwG, ebenda.
1449 BVerwG, ebenda.
1450 BVerwG, a.a.O., 308.
1451 BVerwG, a.a.O., 307 f.

Dieser Rechtsprechung zur negativen Wirkung von dargestellten Konzentrationszonen mit ihrer „verblüffenden Konsequenz“[1452] für die Zulässigkeit privilegierter Vorhaben außerhalb der Zonen begegnete in der Literatur Kritik.[1453] Bereits die Ausführungen des BVerwG zum Flächennutzungsplan als Unterstützung und einleuchtende Fortschreibung tatsächlicher Gegebenheiten erwiesen sich als eine unglücklich gewählte „sybillinische Wortprägung“[1454]. Dies gelte umso mehr, wenn diese Formulierung für negative Darstellungen zur Verhinderung von Nutzungen herangezogen werde.[1455] Der Gehalt der „kryptische[n] und interpretationsfähige[n] Wortprägung“[1456] von der Unterstützung und einleuchtenden Fortschreibung tatsächlicher Gegebenheiten werde überdehnt, wenn hierunter auch negative nutzungsverhindernde Darstellungen gezählt würden. Die Verhinderung einer tatsächlichen Entwicklung könne gerade nicht als Unterstützung und einleuchtende Fortschreibung tatsächlicher Gegebenheiten gewertet werden.[1457] Darüber hinaus begegneten der Rechtsprechung weitere Zweifel. Durch die Zuerkennung einer die entsprechenden privilegierten Vorhaben andernorts ausschließenden Wirkung der Darstellungen von Konzentrationszonen erhalte der Flächennutzungsplan die Funktion eines Darstellungsprivilegs.[1458] Dies sei insbesondere mit Blick auf standortgebundene Außenbereichsvorhaben – also Vorhaben mit einer speziellen räumlichen Affinität zu einem bestimmten Standort[1459] – problematisch.[1460] Hierzu zählten etwa ortsgebundene gewerbliche Betriebe. So werde die durch das BVerwG für die Darstellung einer Konzentrationszone konstatierte Möglichkeit der globalen Abwägung den Anforderungen des bauleitplanerischen Abwägungsgebots nicht gerecht.[1461] Denn auch, wenn es – wie durch das BVerwG vorausgesetzt – auf die Gewichtung im Einzelfall ankomme, sei zu beachten, dass nur einem ordnungsgemäß abgewogenen Flächennutzungsplan die Funktion eines öffentlichen Belangs zukomme. Dies könne die Globalabwägung bei der Darstellung von Konzentrationszonen nicht leisten. Ihr fehle hinsichtlich ihrer negativen Wirkung die notwendige

1452 *Taegen*, in: FS-Schlichter, S. 253.
1453 *Hoppe*, in: FS-Gelzer, S. 43 ff.; *Taegen*, a.a.O., S. 254.
1454 *Hoppe*, a.a.O., S. 51.
1455 *Hoppe*, a.a.O., S. 54.
1456 *Hoppe*, a.a.O., S. 52.
1457 *Hoppe*, ebenda.
1458 *Hoppe*, a.a.O., S. 55, der darauf hinweist, dass der Begriff des Darstellungsprivilegs dem nordrhein-westfälischen Landesplanungsrecht entnommen sei. Bei einem Darstellungsprivileg gehe die Wirkung der Darstellung stets über die Sicherungsfunktion für eine bestimmte Nutzung an einem Standort hinaus und schließe an anderer Stelle diese Nutzung aus. Ein Darstellungsprivileg regele die Ausschließlichkeit der Nutzung an dem dargestellten Standort.
1459 *Hoppe*, ebenda.
1460 *Hoppe*, a.a.O., S. 58 ff.
1461 *Hoppe*, a.a.O., S. 60 f.

situationsbezogene Prioritätsentscheidung.[1462] Im Übrigen stehe das für den Flächennutzungsplan von der Rechtsprechung angenommen Darstellungsprivileg auch im Widerspruch zu der eigentumssichernden Funktion des Zulässigkeitsregimes im Außenbereich.[1463] Der Gesetzgeber habe die Bautätigkeit aus Gründen des verfassungsrechtlich gebotenen Eigentumsschutzes bewusst nicht auf den (beplanten oder unbeplanten) Innenbereich beschränkt. Die gesetzliche Privilegierung bestimmter Außenbereichsvorhaben habe nutzungsermöglichende und damit eigentumssichernde Funktion.[1464] Die mit einem Darstellungsprivileg einhergehende und (lediglich) auf einer Globalabwägung beruhende Einschränkung der Nutzungsprivilegierung für ortsgebundene Gewerbetriebe konterkariere den mit § 35 Abs. 1 BauGB bezweckten Eigentumsschutz und sei mit den gesetzlichen Grundlagen des BauGB nicht zu vereinbaren.[1465] Die Grundlage für diese grundsätzlichen Bedenken wurde mit der gesetzlichen Regelung des Planvorbehalts mit dem am 01.01.1997 in Kraft getretenen Änderungsgesetz[1466] zum BauGB ausgeräumt.[1467]

c) Darstellungen gemäß § 35 Abs. 3 S. 3 BauGB

Mit dem am 01.01.1997 in Kraft getretenen Änderungsgesetz zum BauGB[1468] griff der Gesetzgeber[1469] die Rechtsprechung des BVerwG[1470] zu den sogenannten Abgrabungskonzentrationszonen auf.[1471] und kodifizierte die heute in § 35 Abs. 3 S. 3 BauGB niedergelegte Regelung über den Planvorbehalt. Da die planerische Steuerung mit Darstellungen i.S.v. § 35 Abs. 3 S. 3 BauGB erst mit Inkrafttreten des Flächennutzungsplans oder seiner entsprechenden Änderung wirksam wird, wurde zum Zwecke der Sicherung einer solchen in Aufstellung befindlichen Planung mit dem EAG-Bau[1472] die Zurückstellungsmöglichkeit des § 15 Abs. 3 BauGB geschaffen, die mit der Innenentwicklungsnovelle 2013[1473] erweitert wurde.[1474] Bezug auf die

1462 *Hoppe*, a.a.O., S. 61.
1463 *Hoppe*, a.a.O., S. 61 f.
1464 *Hoppe*, a.a.O., S. 61.
1465 *Hoppe*, a.a.O., S. 62 f.
1466 G. v. 30.07.1996, BGBl. I S. 1189.
1467 *Schidlowski*, NVwZ 2001, 388 (389).
1468 G. v. 30.07.1996, BGBl. I S. 1189.
1469 Siehe zu diesem Motiv die Beschlussempfehlung des Ausschusses für Raumordnung, Bauwesen und Städtebau v. 19.06.1996, BT-Drs. 13/4978, S. 7; *Dürr*, in: Brügelmann, BauGB, § 35, Rn. 106a.
1470 BVerwG, Urt. v. 22.05.1987 – 4 C 57.84 -, BVerwGE 77, 300 (303 ff.).
1471 Siehe zur Entstehungsgeschichte des § 35 Abs. 3 S. 3 BauGB: *Ostkamp*, Planerische Steuerung von Windenergieanlagen, S. 35 ff.
1472 „Gesetz zur Anpassung des Baugesetzbuchs an EU-Richtlinien (Europarechtsanpassungsgesetz Bau – EAG Bau)“ v. 24.06.2004, BGBl. I, S. 1359.
1473 „Gesetz zur Stärkung der Innenentwicklung in den Städten und Gemeinden und weiteren Fortentwicklung des Städtebaurechts“ v. 11.06.2013, BGBl. I S. 1548.
1474 *Mitschang*, in: Battis/Krautzberger/Löhr, BauGB, § 15, Rn. 13.

Steuerungsmöglichkeit des Planvorbehalts gemäß § 35 Abs. 3 S. 3 BauGB nimmt auch die im Zuge der Klimaschutz-Novelle 2011[1475] eingeführte und mit der Innenentwicklungsnovelle 2013[1476] erweiterte Sonderregelung des § 249 BauGB für die Windenergie.

aa) Der Planvorbehalt i.S.v. § 35 Abs. 3 S. 3 BauGB

Die auf die Rechtsprechung des BVerwG zu den sogenannten Abgrabungskonzentrationszonen zurückgehende[1477] Kodifizierung des Planvorbehalts mit dem am 01.01.1997 in Kraft getretenen Änderungsgesetz zum BauGB[1478] fand sich zunächst in S. 4 des § 35 Abs. 3 BauGB, bevor die Regelung mit Inkrafttreten des BauROG[1479] am 01.01.1998 ihren noch heute aktuellen Platz in § 35 Abs. 3 S. 3 erhielt.[1480] Der Planvorbehalt des § 35 Abs. 3 S. 3 BauGB sieht in der aktuellen Fassung vor, dass öffentliche Belange einem der in § 35 Abs. 1 Nr. 2–6 privilegierten Vorhaben regelmäßig entgegenstehen, soweit für diese durch Darstellungen im Flächennutzungsplan oder als Ziele der Raumordnung an anderer Stelle eine Ausweisung erfolgt ist. Mit der Schaffung des Planvorbehalts reagierte der Gesetzgeber zugleich auf die Kritik der Literatur, die das Fehlen einer gesetzlichen Ermächtigungsgrundlage für die mit der Darstellung von Konzentrationszonen einhergehende mittelbare Ausschlusswirkung moniert hatte.[1481] Der unmittelbare Anlass für die Schaffung der Regelung war die ebenfalls mit der BauGB-Novelle 1997 erfolgte Aufnahme der Windkraftanlagen in den Katalog der privilegierten Vorhaben gemäß § 35 Abs. 2 BauGB.[1482] Hier wurde mit der Einführung des Planvorbehalts ein Gegengewicht zu der grundsätzlich nicht an bestimmte Standorte gebundene Privilegierung der Windenergie geschaffen, das ein unkoordinierte Anwendung dieser Privilegierung durch ein planmäßiges Vorgehen verhindern soll.[1483] Allerdings darf der gesetzliche Planvorbehalt nicht einseitig unter den Aspekten der Steuerung der Ansiedlung von

---

1475 „Gesetz zur Förderung des Klimaschutzes bei der Entwicklung in den Städten und Gemeinden" v. 22.07.2011, BGBl. I 2011 S. 1509.

1476 „Gesetz zur Stärkung der Innenentwicklung in den Städten und Gemeinden und weiteren Fortentwicklung des Städtebaurechts" v. 11.06.2013, BGBl. I S. 1548.

1477 Siehe zu diesem Motiv die Beschlussempfehlung des Ausschusses für Raumordnung, Bauwesen und Städtebau v. 19.06.1996, BT-Drs. 13/4978, S. 7; BVerwG, Urt. v. 17.12.2002 – 4 C 15.01 -, BVerwGE 117, 287 (294) stellt ebenfalls fest, dass sich der Gesetzgeber bei der Schaffung von § 35 Abs. 3 S. 3 BauGB an der Rechtsprechung des BVerwG orientiert habe; *Dürr*, in: Brügelmann, BauGB, § 35, Rn. 106a.

1478 G. v. 30.07.1996, BGBl. I S. 1189.

1479 G. v. 18.08.1997, BGBl. I S. 2081.

1480 *Dürr*, in: Brügelmann, BauGB, § 35, Rn. 106.

1481 Siehe zu dem Zusammenhang zwischen Kritik und Gesetzgebung: *Stüer/Vildomec*, BauR 1998, 427 (432); *Wagner*, UPR 1996, 370 (374).

1482 *Dürr*, in: Brügelmann, BauGB, § 35, Rn. 106a.

1483 *Kley*, Der Teilflächennutzungsplan, S. 43 f.; *Kühne*, Die Änderungen des § 35 BauGB durch das EAG-Bau, S. 84; *Schröter*, Bauvorhaben im Außenbereich, S. 845.

Windenergieanlagen betrachtet werden.[1484] Vielmehr gelten dieselben Grundsätze des Planvorbehalts für alle Vorhaben i.S.d. § 35 Abs. 1 Nr. 2-Nr. 6 BauGB.[1485]

aaa) Klärung der Terminologie: Planvorbehalt, Darstellungsprivileg, Konzentrationszonen und Konzentrationsflächen

Die Terminologie im Zusammenhang mit § 35 Abs. 3 S. 3 BauGB wird nicht einheitlich gehandhabt. Es finden sich die Begriffe Darstellungsprivileg, Planvorbehalt, Konzentrationszonen und Konzentrationsflächen.[1486]

Der Begriff „Darstellungsprivileg" ist dem nordrhein-westfälischen Landesplanungsrecht entnommen und beschreibt das Privileg des Plangebers, einen bestimmten Standort für eine bestimmte Nutzung darzustellen und hiermit zugleich diese Nutzung für das übrige Plangebiet auszuschließen.[1487] Das Darstellungsprivileg ist heute in der Vorschrift des § 35 Abs. 3 S. 3 verankert.[1488] Aus der in § 35 Abs. 3 S. 3 BauGB niedergelegten Möglichkeit für den Plangeber, durch planerische Darstellungen auf die grundsätzlich gesetzlich vorgesehene Zulässigkeit privilegierter Vorhaben i.S.d. § 35 Abs. 1 Nr. 2–6 BauGB im Außenbereich einzuwirken, folgt, dass die Zulässigkeit der privilegierten Vorhaben i.S.v. § 35 Abs. 1 Nr. 2–6 BauGB dem Vorbehalt einer entgegenstehenden Planung – also einem „Planvorbehalt" – unterworfen wird.[1489] Flächen, für die Darstellungen i.S.d. § 35 Abs. 3 S. 3 BauGB erfolgt sind, werden in der Praxis „Konzentrationszonen"[1490] oder „Konzentrationsflächen" genannt.[1491] Insofern bezeichnen diese beiden Begriffe – wiewohl in der Planungspraxis teilweise Konzentrationsflächen als eigene Art der Darstellung[1492] Verwendung finden[1493] – zunächst weniger die im konkreten Fall gewählte Darstellung

1484 BVerwG, Urt. v. 17.12.2002 – 4 C 15.01 -, BVerwGE 117, 287 (293); *Decker*, JA 2015, 1 (4).

1485 BVerwG, ebenda; *Decker*, ebenda.

1486 Siehe *Keilbach*, Rechtsschutz gegen Flächennutzungspläne, S. 100 f., m.w.N.

1487 *Hoppe*, in: FS-Gelzer, S. 55; *Schulze Buschhoff*, Das Darstellungsprivileg im Flächennutzungsplan, S. 20.

1488 BVerwG, Urt. v. 17.12.2002 – 4 C 15.01 -, BVerwGE 117, 287 (294).

1489 *Kümper*, ZfBR 2015, 224 (228); *Söfker*, in: Ernst/Zinkahn/Bielenberg/Krautzberger, BauGB, § 35, Rn. 123.

1490 Eine konzise Definition der Konzentrationszonen zeigt *Lutz*, Repowering-Steuerung, S. 105 auf. Der Begriff bezeichne „diejenigen Gebiete, deren planerische Darstellungen die Wirkung des § 35 Abs. 3 S. 3 BauGB entfalten".

1491 Siehe *Gierke*, in: Brügelmann, BauGB, § 5, Rn. 202a, der aber die Schreibweisen „Konzentrations-Flächen" und „Konzentrations-Zonen" bevorzugt; *Kümper* 2015, 224 (228).

1492 Diese müssen allerdings durch eine bestimmte Nutzung weiter konkretisiert werden, siehe speziell zur Darstellung von „Konzentrationsflächen" in Teilflächennutzungsplänen: *Schwarz*, in: Mitschang (Hrsg.), Klimagerechte Stadtentwicklung, S. 138 f.

1493 Siehe hierzu sogleich 4. Teil, C., II., 3., c), aa)., ddd), (2).

einer bestimmten Art der Bodennutzung, als vielmehr die Wirkung, die mit dieser Darstellung erreicht werden soll. Die entsprechenden Nutzungen werden an den ausgewiesenen Standorten gleichsam konzentriert.[1494]

bbb) Die Funktion des Planvorbehalts gemäß § 35 Abs. 3 S. 3 BauGB

Die Regelung des § 35 Abs. 3 S. 3 BauGB ist Ausdruck eines Kompromisses.[1495] Einerseits macht der Gesetzgeber durch die Privilegierung der Nutzungen i.S.v. § 35 Abs. 1 Nr. 2–6 BauGB deutlich, dass diese für den Außenbereich adäquat sind.[1496] Andererseits erkennt er an, dass durch die massenhafte Ansiedlung dieser Nutzungen eine Beeinträchtigung des Außenbereichs droht, die sich allein mit dem Instrumentarium des § 35 Abs. 1 BauGB nicht verhindern lässt.[1497] In der Folge wird die Privilegierung in den Fällen des § 35 Abs. 1 Nr. 2–6 unter einen Planvorbehalt gestellt.[1498] Die Privilegierungsentscheidung des Gesetzgebers greift zwar auch in den Fällen des § 35 Abs. 3 S. 3 BauGB weiterhin, aber nur unter der Maßgabe der planerischen Vorstellungen des Plangebers.[1499] Diese Systematik wird sowohl dem

---

1494 *Lutz*, Repowering-Steuerung, S. 105; *Redeker*, in: FS-Hoppe, S. 340; *Söfker*, in: Ernst/Zinkahn/Bielenberg/Krautzberger, BauGB, § 35, Rn. 124b weist darauf hin, dass der Begriff der „Konzentrationsplanung“ im Zusammenhang mit der Windenergie entstanden sei, die in Windparks gebündelt werde. Allerdings setze die Ausweisung an anderer Stelle i.S.v. § 35 Abs. 3 S. 3 BauGB nicht zwingend eine Konzentration i.S.e. Bündelung mehrerer Vorhaben an einem Standort voraus. Vielmehr könne die Ausweisung an anderer Stelle i.S.v. § 35 Abs. 3 S. 3 BauGB auch durch Verteilung einzelner Vorhaben an mehreren Standorten erfolgen.

1495 BVerwG, Urt. v. 17.12.2002 – 4 C 15.01 -, BVerwGE 117, 287 (293); *Decker*, JA 2015, 1 (4).

1496 Nach *Kümper*, ZfBR 2015, 224 (225 f.) geht mit der Aufnahme der erneuerbaren Energien Windkraft, Biomasse und Solarenergie in § 35 Abs. 1 Nr. 5, 6 und 8 BauGB ein Funktionswandel der Privilegierung einher. Die selbständige Privilegierung dieser Vorhaben erfolge nicht mehr nur zum Zwecke ihrer Tolerierung im Außenbereich aus bloßer Notwendigkeit, sondern solle ihre Ansiedlung im Außenbereich gezielt fördern. Der Planvorbehalt solle als Korrektiv dieser Privilegierung dienen. Diese Steuerungsmöglichkeit greife aber nicht in jeder Konstellation gleich gut. So würden Solaranlagen i.S.d. mit der Klimaschutz-Novelle 2011 („Gesetz zur Förderung des Klimaschutzes bei der Entwicklung in den Städten und Gemeinden“ v. 22.07.2011, BGBl. I 2011 S. 1509) eingefügten § 35 Abs. 1 Nr. 8 BauGB von vornherein nicht durch den Planvorbehalt § 35 Abs. 3 S. 3 BauGB – der sich nur auf § 35 Abs. 1 Nr. 2–6 BauGB bezieht – erfasst.

1497 BVerwG, Urt. v. 17.12.2002 – 4 C 15.01 -, BVerwGE 117, 287 (293). Das Gericht nennt „eine ‚Verspargelung‘ der Landschaft“ in Bezug auf die Windenergie und „eine ‚Verkraterung‘ der Landschaft“ hinsichtlich des Abbaus von Bodenschätzen als Beispiele für drohende Szenarien.

1498 *Decker*, JA 2015, 1 (4).

1499 BVerwG, Urt. v. 17.12.2002 – 4 C 15.01 -, BVerwGE 117, 287 (293); *Decker*, JA 2015, 1 (4).

gebotenen Schutz des Außenbereichs als auch der gemeindlichen Planungshoheit gerecht und entspricht der in § 1 BauGB zum Ausdruck kommenden Konzeption, nach der die Gemeinden unter Zugrundelegung ihrer städtebaulichen Vorstellungen die baulichen und sonstigen Nutzungen der Grundstücke auf ihrem Gebiet vorzubereiten und zu leiten haben.[1500]

ccc) Der Teilflächennutzungsplan gemäß § 5 Abs. 2b BauGB für die Zwecke des § 35 Abs. 3 S. 3 BauGB

Mit dem EAG-Bau wurde im Jahre 2004 das Instrument des Teilflächennutzungsplans in das BauGB implementiert. Allerdings hatte es bereits mit § 246a Abs. 1 S. 1 Nr. 1 BauGB a.F. i.V.m. § 5 Abs. 1 S. 3 der BauZVO von 1990 bis 1998 in den fünf neuen Bundesländern die Möglichkeit gegeben, bis zur Aufstellung eines gemeindeweiten Flächennutzungsplans Darstellungen für räumliche oder sachliche Teilbereiche zu treffen.[1501] Dieses im Gesetzestext als „Teil-Flächennutzungsplan" bezeichnete Planungsinstrument unterschied sich nicht nur in der Schreibweise von dem mit dem EAG-Bau 2004 in § 5 Abs. 2b BauGB geregelten Instrument des Teilflächennutzungsplans.[1502] Während der „Teil-Flächennutzungsplan" sich sowohl auf einzelne Themenfelder beschränken als auch für einen räumlichen Teilbereich alle Darstellungen für die Art der Bodennutzung enthalten konnte, ist der Teilflächennutzungsplan auf Darstellungen mit den Rechtswirkungen des § 35 Abs. 3 S. 3 BauGB und damit auf die Steuerung bestimmter privilegierter Vorhaben im Außenbereich beschränkt.[1503] Konnten die Darstellungen gemäß § 35 Abs. 3 S. 3 zuvor nur in dem gemeindeweiten Flächennutzungsplan i.S.v. § 5 Abs. 1 S. 1 BauGB dargestellt werden, so ist mit der Einführung des Teilflächennutzungsplans erstmals ein eigenständiges Instrument mit der Möglichkeit zur Modifizierung der gesetzlich normierten Zulässigkeit bestimmter Außenbereichsvorhaben nach § 35 Abs. 1 BauGB durch eine planerische Entscheidung der Gemeinde einschließlich der Verweisung dieser Nutzungen auf eine bestimmte Zone des Außenbereichs geschaffen worden.[1504] Mit dem Instrument des Teilflächennutzungsplans soll den Gemeinden die planerische Arbeit erleichtert werden, die bei Ausweisungen i.S.d. § 35 Abs. 3 S. 3 BauGB hohe Ansprüche an eine ausgewogene Konzeption erfüllen müssen und Gefahr laufen, dass die den Ausweisungen zugedachte Ausschlusswirkung bei Verstoß gegen diese hohen Anforderungen entfällt.[1505] Während der herkömmliche Flächennutzungsplan gemäß § 5 Abs. 1 S. 1 BauGB für das ganze Gemeindegebiet die sich aus der beabsichtigten städtebaulichen Entwicklung ergebende Art der Bodennutzung nach den voraussehbaren Bedürfnissen der Gemeinde in den Grundzügen darstellt, dient

1500 BVerwG, a.a.O., 294; *Decker*, ebenda.
1501 Siehe *Schwarz*, in: Mitschang (Hrsg.), Klimagerechte Stadtentwicklung, S. 120 f.
1502 *Schwarz*, a.a.O., S. 121; *Söfker*, in: FS-Stüer, S. 280.
1503 *Schwarz*, a.a.O., S. 121, 123; *Söfker*, a.a.O., S. 285.
1504 Vgl. *Söfker*, in: Ernst/Zinkahn/Bielenberg/Krautzberger, BauGB, § 5, Rn. 62a.
1505 *Erbguth/Schubert*, Öffentliches Baurecht, § 8, Rn. 123.

der Teilflächennutzungsplan der Steuerung von Außenbereichsvorhaben und ist insofern – gleichwohl er instrumentell ein Teil der Flächennutzungsplanung ist – dem Zulässigkeitsrecht des § 35 BauGB zuzuordnen.[1506] Es handelt sich auch insofern um ein autarkes Planungsinstrument, als der Teilflächennutzungsplan rechtlich nicht von dem Bestehen bzw. der Wirksamkeit eines allgemeinen gemeindeweiten Flächennutzungsplans gemäß § 5 Abs. 1 S. 1 BauGB abhängig ist.[1507] Die Pläne teilen kein gemeinsames rechtliches Schicksal.[1508] Von dem Instrument des Teilflächennutzungsplans wurde in der planerischen Praxis zunächst nur zurückhaltend Gebrauch gemacht.[1509] So bestanden in der Praxis Rechtsunsicherheiten bei der Anwendung des Instruments auf Grundlage der ursprünglichen Fassung des § 5 Abs. 2b BauGB.[1510] Wörtlich lautete § 5 Abs. 2b BauGB in der Fassung der EAG-Bau 2004: „Für Darstellungen des Flächennutzungsplans mit den Rechtswirkungen des § 35 Abs. 3 Satz 3 können sachliche Teilflächennutzungspläne aufgestellt werden." Die Unsicherheiten bei der Anwendung dieser Vorschrift bestanden zum einen hinsichtlich der Frage, ob neben den Darstellungen mit den Rechtswirkungen des § 35 Abs. 3 S. 3 BauGB auch solche mit Wirkungen i.S.v. § 8 Abs. 2 BauGB in den Teilflächennutzungsplan aufgenommen werden können.[1511] Zum anderen war fraglich, ob die Vorschrift, die von „sachlichen Teilflächennutzungsplänen" spricht, auch die Aufstellung von Teilflächennutzungsplänen für räumliche Teilbereiche des Außenbereichs ermöglicht.[1512] Diese Unsicherheiten wurden durch die Neufassung der Vorschrift im Rahmen der BauGB-Novelle 2011 beseitigt. Die Vorschrift lautet nun: „Für die Zwecke des § 35 Absatz 3 Satz 3 können sachliche Teilflächennutzungspläne aufgestellt werden; sie können auch für Teile des Gemeindegebiets aufgestellt werden." Mit Halbsatz 2 der neu gefassten Vorschrift ist nunmehr klargestellt, dass der Teilflächennutzungsplan sowohl den gesamten Außenbereich der Gemeinde als auch Teilbereiche des Außenbereichs erfassen kann.[1513] Mit der Formulierung „für die Zwecke des § 35 Abs. 3 Satz 3" macht die Neufassung des § 5 Abs. 2b HS 1 BauGB zum einen deutlich, dass der Teilflächennutzungsplan Darstellungen mit den Wirkungen des § 35 Abs. 3 S. 3

1506 *Söfker*, in: FS-Stüer, S. 273 (281).

1507 *Kley*, Der Teilflächennutzungsplan, S. 102 f.; *Söfker*, in: Ernst/Zinkahn/Bielenberg/Krautzberger, BauGB, § 5, Rn. 62c.

1508 *Schwarz*, ZfBR-Sonderausgabe 2012, 83 (86).

1509 *Bunzel*, ZfBR 2012, 114 (118); *Schwarz*, in: Mitschang (Hrsg.), Klimagerechte Stadtentwicklung, S. 124.

1510 Vgl. *Bunzel*, a.a.O., 117 f.

1511 Vgl. *Bunzel*, ebenda.

1512 Siehe zu dieser Kontroverse: *Kley*, Der Teilflächennutzungsplan, S. 78 ff., m.w.N.

1513 *Schwarz*, in: Mitschang (Hrsg.), Klimagerechte Stadtentwicklung, S. 126 ff. Der Autor führt hier weiter aus, dass die Darstellungen mit der Steuerungswirkung des § 35 Abs. 3 S. 3 BauGB zwar auf den Außenbereich beschränkt seien, es gleichwohl aber Sinn mache, auch den Innenbereich in den Plan aufzunehmen, um die Abstände zwischen den Standorten für privilegierte Vorhaben und bestehenden oder geplanten Siedlungsflächen zu verdeutlichen.

BauGB enthalten muss.[1514] Zum anderen wird klargestellt, dass die Darstellungen des Teilflächennutzungsplans nicht auf die Rechtswirkungen des § 35 Abs. 3 S. 3 BauGB beschränkt sein müssen.[1515] Vielmehr können auch weitere Darstellungen aufgenommen werden, aus denen gemäß § 8 Abs. 2 BauGB Bebauungspläne entwickelt werden oder die als öffentliche Belange i.S.v. § 35 Abs. 3 S. 1 Nr. 1 BauGB der Zulässigkeit privilegierter Außenbereichsvorhaben entgegengehalten werden können.[1516] Allerdings müssen diese zusätzlichen Darstellungen stets in sachlichem Zusammenhang mit den Darstellungen stehen, denen die Wirkung des § 35 Abs. 3 S. 3 BauGB zukommt.[1517] In Betracht kommen hier z.B. Ausgleichsflächen i.S.v. § 5 Abs. 2a BauGB i.V.m. § 1a Abs. 3 BauGB[1518] oder Höhenbegrenzungen gemäß § 16 Abs. 1 BauNVO für Windenergieanlagen[1519]. Auch können Darstellungen gemäß § 249 Abs. 2 S. 3 BauGB in den Teilflächennutzungsplan aufgenommen werden, nach denen neue und mit Wirkung nach § 35 Abs. 3 S. 3 BauGB versehene Flächen für Windenergieanlagen erst in Anspruch genommen werden dürfen, wenn andere Windenergieanlagen innerhalb einer bestimmten Frist zurückgebaut werden.[1520] Diese Möglichkeit ist insbesondere für das sogenannte „Repowering“[1521] relevant. In Bezug auf die in § 249 Abs. 2 BauGB geregelte Möglichkeit, den Standort für die zurückzubauenden Anlagen außerhalb des Gemeindegebiets zu bestimmen, wird teilweise kritisiert, dass dies mit Blick auf den planungspraktischen Vollzug insofern problematisch ist, als die für die Regelung nach § 249 Abs. 2 BauGB plangebende Gemeinde dort keine Planungshoheit habe.[1522] Hier müsse auf die „unterschiedlichen Möglichkeiten der interkommunalen Kooperation“[1523] zurückgegriffen werden. Im Rahmen entsprechender Teilflächennutzungspläne kann diese Kooperation durch einen gemeinsamen Teilflächennutzungsplan realisiert werden, der die Regelungen des § 5 Abs. 2b und § 204 BauGB kombiniert.[1524] Im Ergebnis hat der Gesetzgeber mit

1514 *Söfker*, in: Ernst/Zinkahn/Bielenberg/Krautzberger, BauGB, § 5, Rn. 62d; *Schwarz*, a.a.O., S. 144.

1515 *Erbguth/Schubert*, Öffentliches Baurecht, § 8, Rn. 123, vgl. *Söfker*, in: FS-Stüer, S. 273 (275).

1516 *Söfker*, ebenda.

1517 So im Ergebnis *Schwarz*, in: Mitschang (Hrsg.), Klimagerechte Stadtentwicklung, S. 143 ff.; *Söfker*, ebenda.

1518 *Schwarz*, a.a.O., S. 141 f.

1519 *Söfker*, in: FS-Stüer, S. 273 (276).

1520 *Schwarz*, in: Mitschang (Hrsg.), Klimagerechte Stadtentwicklung, S. 143; *Söfker*, ebenda.

1521 Der RegE zur BauGB-Novelle 2011, BR-Drs. 344/11 v. 06.06.2011, S. 31 führt zu diesem Schlagwort aus: „Unter Repowering von Windenergieanlagen ist die Ersetzung älterer, oft vereinzelt stehender Windenergieanlagen durch moderne, leistungsfähigere Windenergieanlagen, vorzugsweise in Windparks (‚Aufräumen der Landschaft‘), zu verstehen.“

1522 *Mitschang*, BauR 2013, 29 (52).

1523 *Mitschang*, ebenda.

1524 Siehe *Schwarz*, ZfBR-Sonderausgabe 2012, 83 (87 f.).

der Neufassung des § 5 Abs. 2b BauGB mit der BauGB-Novelle 2011 noch einmal die Bedeutung des Flächennutzungsplans als Planungsinstrument für die Standortsteuerung herausgestellt.[1525] Im Übrigen stehen Teilflächennutzungspläne i.S.d. § 5 Abs. 2b BauGB bei der Frage nach der Zulässigkeit einer prinzipalen Normenkontrolle gegen Flächennutzungspläne besonders im Fokus, da bei ihnen Darstellungen mit der Wirkung des § 35 Abs. 3 S. 3 BauGB Hauptinhalt des Plans sind.[1526]

ddd) Die Anwendung des Planvorbehalts gemäß § 35 Abs. 3 S. 3 BauGB

Will sich der Plangeber des Planvorbehalts gemäß § 35 Abs. 3 S. 3 BauGB bedienen und die Nutzungen an bestimmten Standorten bündeln, so muss er für die entsprechenden Nutzungen i.S.d. § 35 Abs. 1 Nr. 2–6 BauGB Flächen darstellen.[1527] Voraussetzung dafür, dass der Darstellung der Positivfläche zugleich die Ausschlusswirkungen des § 35 Abs. 3 S. 3 BauGB zukommen, ist ein entsprechender planerischer Wille des Plangebers.[1528] Daher muss die Darstellung selbst diesen planerischen Willen zum Ausdruck bringen oder dieser muss – insbesondere unter Hinzunahme der Planbegründung i.S.v. § 5 Abs. 5 BauGB – durch Auslegung zu ermitteln sein.[1529] Zugleich muss die Darstellung i.S.v. § 35 Abs. 3 S. 3 BauGB in räumlicher Hinsicht möglichst klar umgrenzt sein.[1530] Die mit der Darstellung gemäß § 35 Abs. 3 S. 3 BauGB gleichzeitig erzeugten Ausschlussflächen – auch Negativflächen genannt[1531] – werden nicht im Flächennutzungsplan dargestellt.[1532] Die Konzentrationsflächen und die Ausschlussflächen stehen in einem komplementären Verhältnis zueinander.[1533] Insofern definieren die Konzentrationszonen den Geltungsbereich der Ausschlussflächen negativ.[1534]

1525 *Battis/Krautzberger/Mitschang/Reidt/Stüer*, NVwZ 2011, 897 (899).

1526 *Schwarz*, in: Mitschang (Hrsg.), Klimagerechte Stadtentwicklung, S. 165.

1527 *Söfker*, in: Ernst/Zinkahn/Bielenberg/Krautzberger, BauGB, § 35, Rn. 124.

1528 BVerwG, Urt. v. 31.01.2013 – 4 CN 1.12 -, BVerwGE 146, 40 (44); *Muckel/Ogorek*, Öffentliches Baurecht, § 5, Rn. 13.

1529 BVerwG, a.a.O., 46; *Söfker*, in: Ernst/Zinkahn/Bielenberg/Krautzberger, BauGB, § 35, Rn. 124; eine ausdrückliche Aufnahme der mit der positiven Darstellung zugleich gewollten Ausschlusswirkung in die zeichnerischen oder textlichen Darstellungen hält *Rinsdorf*, Der Flächennutzungsplan als Steuerungsinstrument der Gemeinde, S. 238 f. für notwendig.

1530 *Gierke*, in: Brügelmann, BauGB, § 5, Rn. 202a; *Gaentzsch/Philipp/Tepperwien*, in: Schlichter/Stich/Driehaus/Paetow, BK BauGB, § 5, Rn. 42b.

1531 BVerwG, Urt. v. 31.01.2013 – 4 CN 1.12 -, BVerwGE 146, 40 (43).

1532 BVerwG, Urt. v. 20.05.2010 – 4 C 7.09 -, BVerwGE 137, 74 (78); *Gierke*, in: Brügelmann, BauGB, § 5, Rn. 204b.

1533 BVerwG, Urt. v. 31.01.2013 – 4 CN 1.12 -, BVerwGE 146, 40 (47); *Decker*, JA 2015, 1 (4).

1534 BVerwG, ebenda; *Decker*, ebenda.

(1) Anforderungen an das Plankonzept für Darstellungen mit der Wirkung des § 35 Abs. 3 S. 3 BauGB

Die Anwendung des Planvorbehalts gemäß § 35 Abs. 3 S. 3 BauGB kommt einer planerischen Kontingentierung gleich.[1535] In der Folge unterliegen Darstellungen gemäß § 35 Abs. 3 S. 3 BauGB – auch mit Blick auf Art. 14 Abs. 1 GG – besonderen Anforderungen.[1536] In Anlehnung an die Rechtsprechung des BVerwG[1537] zu den Abgrabungskonzentrationszonen setzt die Ausschlusswirkung einer Darstellung nach § 35 Abs. 3 S. 3 BauGB voraus, dass der Darstellung von Konzentrationszonen ein den gesamten Außenbereich umfassendes schlüssiges Plankonzept zugrunde liegt.[1538] Insofern muss nicht nur die positive Entscheidung für den Standort, sondern ebenso auch die damit verbundene Ausschlusswirkung für die übrigen Bereiche begründet werden.[1539] So bedingen nach der höchstrichterlichen Rechtsprechung die negativen und positiven Komponenten einer Darstellung gemäß § 35 Abs. 3 S. 3 BauGB einander.[1540] Die negative Wirkung der Konzentrationszonendarstellung gemäß § 35 Abs. 3 S. 3 BauGB liegt im Ausschluss der privilegierten Nutzungen i.S.d. § 35 Abs. 1 Nr. 2–6 BauGB außerhalb der Konzentrationszone und ist nur gerechtfertigt, wenn ihr positiv gegenübersteht, dass der Plangeber die Durchsetzungsfähigkeit der betroffenen Nutzungen an anderer Stelle sicherstellt.[1541] Insofern müssen die betroffenen Vorhaben innerhalb der Konzentrationszone zulässig sein und sich dort gegen andere Belange durchsetzen können.[1542] Andernfalls ist die Planung bereits mit Blick auf das Eigentumsgrundrecht aus Art. 14 Abs. 1 GG fehlerhaft.[1543] Auch führt die Ausweisung einer Konzentrationszone i.S.v. § 35 Abs. 3 S. 3 BauGB auf Grundlage einer fehlerfreien oder nur mit unbeachtlichen Fehlern behafteten Abwägung dazu, dass bei der Prüfung der Zulässigkeit eines entsprechenden Vorhabens innerhalb der Konzentrationszone diesem öffentliche Belange

1535 BVerwG, Urt. v. 17.12.2002 – 4 C 15.01 -, BVerwGE 117, 287 (294); *Decker*, ebenda.

1536 *Decker*, ebenda.

1537 BVerwG, Urt. v. 22.05.1987 – 4 C 57.84 -, BVerwGE 77, 300 (304 f.).

1538 BVerwG, Urt. v. 17.12.2002 – 4 C 15.01 -, BVerwGE 117, 287 (298) unter Hinweis auf BVerwG, Urt. v. 22.05.1987 – 4 C 57.84 -, BVerwGE 77, 300 (304 f.).und den in den Gesetzgebungsmaterialien enthaltenen Ausschussbericht vom 19.06.1996, BT-Drs. 13/4978, S. 7. Entgegen des Verweises in dem Urteil finden sich die relevanten Ausführungen tatsächlich auf S. 8 des Ausschussberichts.

1539 BVerwG, Urt. v. 17.12.2002 – 4 C 15.01 -, BVerwGE 117, 287 (298); BVerwG, Beschl. v. 15.09.2009 – 4 BN 25.09 -, ZfBR 2010, 65 (66).

1540 BVerwG, Urt. v. 17.12.2002 – 4 C 15.01 -, BVerwGE 117, 287 (294); BVerwG, Urt. v. 21.10.2004 – 4 C 2.04 -, BVerwGE 122, 109 (111).

1541 BVerwG, Urt. v. 17.12.2002 – 4 C 15.01 -, BVerwGE 117, 287 (294); *Decker*, JA 2015, 1 (4).

1542 *Decker*, ebenda.

1543 *Decker*, ebenda.

nicht entgegenstehen können.[1544] Denn diese Abwägung muss bei Ausweisung einer Konzentrationszone bereits im Planaufstellungsverfahren erfolgt sein.[1545] Zum Teil wird darauf hingewiesen, dass bei der Darstellung von Konzentrationszonen über die konkrete bauleitplanerische Abwägung hinaus auch noch einzelne Erwägungen anzustellen sind, die sonst regelmäßig erst auf der Ebene der Vorhabenzulassung im Einzelfall eine Rolle spielen.[1546] Auch das Gebot der planerischen Konfliktbewältigung erfordere dies.[1547] Insofern komme der mit Darstellungen gemäß § 35 Abs. 3 S. 3 BauGB versehene Flächennutzungsplan nicht nur dem Bebauungsplan in seiner Wirkung gleich, sondern müsse auch darüber hinausgehende Anforderungen erfüllen.[1548] Diese Überlegungen treffen zu. Nur durch Vorziehen einzelner Aspekte des Genehmigungsverfahrens in das Aufstellungsverfahren kann der Plangeber gewährleisten, dass die privilegierte Nutzung dann im Einzelfall auch innerhalb der Konzentrationszone genehmigungsfähig ist.

Im Übrigen rechtfertigen nicht beliebige, sondern nur städtebauliche Gründe die mit der positiven Standortzuweisung gemäß § 35 Abs. 3 S. 3 BauGB verbundene Ausschlusswirkung.[1549] Der Plangeber darf nicht aus anderen Motiven unter dem Schleier der Bauleitplanung und des § 35 Abs. 3 S. 3 BauGB eine Verhinderungspolitik betreiben, die auf die Reglementierung oder gar Unterbindung der privilegierten Nutzungen i.S.d. § 35 Abs. 1 Nr. 1–6 BauGB abzielt.[1550] Unzulässig ist insbesondere „eine[n] bloße[n] ‚Feigenblatt'-Planung, die auf eine verkappte Verhinderungsplanung hinausläuft"[1551]. Auch bei einer Planung gemäß § 35 Abs. 3 S. 3 BauGB muss der Plangeber der Privilegierungsentscheidung des Gesetzgebers Rechnung tragen und der Nutzung substantiell Raum verschaffen.[1552]

Für die Erarbeitung des Planungskonzepts bei Anwendung des Planvorbehalts gemäß § 35 Abs. 3 S. 3 BauGB hat die Rechtsprechung eine bestimmte abschnittsweise Schrittfolge ausgearbeitet[1553], die weitgehend als verbindlich eingestuft

1544 BVerwG, Urt. v. 20.05.2010 – 4 C 7.09-, BVerwGE 137, 74 (83); *Münkler*, NVwZ 1482 (1483); *Scheidler*, in Schrödter, BauGB, § 5, Rn. 135.

1545 BVerwG, ebenda; *Münkler*, ebenda.

1546 *Münkler*, ebenda; speziell für Konzentrationsflächen zur Ansiedlung von Windenergieanlagen: *Battis*, FS-Stüer, S. 176.

1547 *Münkler*, ebenda.

1548 *Münkler*, ebenda.

1549 BVerwG, Urt. v. 17.12.2002 – 4 C 15.01 -, BVerwGE 117, 287 (299).

1550 BVerwG, ebenda, speziell zu Windkraftnutzungen i.S.v. § 35 Abs. 1 Nr. 5 BauGB. Das OVG RP, Urt. v. 28.02.2008 – 1 C 11131/07 -, BauR 2008, 1101 (1103) überträgt diese Ausführungen zutreffend auf die weiteren Nutzungen gemäß § 35 Abs. 1 Nr. 2–4 und Nr. 6 BauGB; *Mitschang/Reidt*, in: Battis/Krautzberger/Löhr, BauGB, § 35, Rn. 116.

1551 BVerwG, a.a.O., 295.

1552 BVerwG, ebenda; BVerwG, Urt. v. 13.12.2012 – 4 CN 1.11 -, BVerwGE 145, 231.

1553 BVerwG, Urt. v. 13.12.2012 – 4 CN 1.11 -, BVerwGE 145, 231 (232); BVerwG, Beschl. v. 15.09.2009 – 4 BN 25.09 -, ZfBR 2010, 65 (66); *Decker*, JA 2015, 1 (5).

wird.[1554] Diese Methode wurde anlässlich der Ausweisung von Konzentrationszonen für Windenergieanlagen i.S.d. § 35 Abs. 1 Nr. 5 BauGB entwickelt, gilt aber entsprechend auch für die übrigen Nutzungen gemäß § 35 Abs. 1 Nr. 1–4 und Nr. 6 BauGB.[1555] Auch hinsichtlich der beiden Varianten des § 35 Abs. 3 S. 3 BauGB

1554 NdsOVG, Urt. v. 23.01.2014 – 12 KN 285/12 -, NuR 2014, 872 (873 f.); OVG Berlin-Brandenburg, Urt. v. 24.02.2011 – 2 A 2/09 -, NuR 2011, 794 (801 f.); *Decker*, ebenda; a.A. *Schröter*, Bauvorhaben im Außenbereich, S. 893 ff., der neben der sogenannten Ausschlussmethode, die weitgehend den von der aktuellen Rechtsprechung entwickelten Kriterien entspricht, auch die sogenannte Eignungsprüfung als mögliche Methode nennt. Bei der Eignungsprüfung ist das Plangebiet zunächst auf Flächen zu untersuchen, die für die jeweilige privilegierte Nutzung geeignet sind. In der Folge werden von diesen Flächen die Tabuzonen sowie Puffer- und Konfliktflächen abgezogen. Die verbleibenden Flächen stehen dann für die mögliche weitere Planung von Konzentrationszonen zur Verfügung. *Schröter* selbst bevorzugt aber die Ausschlussmethode als gerichtsfester. I.Ü. berücksichtigen seine Ausführungen nicht mehr die Entscheidung BVerwG, Urt. v. 13.12.2012 – 4 CN 1.11 -, BVerwGE 145, 231 ff., die offensichtlich erst nach Drucklegung veröffentlicht wurde. Gleiches gilt für Söfker, ZfBR 2013, 13 (14 f.). Dieser lehnt i.Ü. zwar eine bindende Prüfungsreihenfolge für die Darstellung von Konzentrationszonen i.S.d. § 35 Abs. 3 S. 3 BauGB. Im Kern bezieht er dies aber auf die fehlende verbindliche Notwendigkeit zur Ermittlung weicher Tabuzonen. Diese Notwendigkeit wird aber auch von den Befürworten einer verbindlichen Prüfungsfolge verneint, so etwa von *Decker*, ebenda; *Münkler*, NVwZ 1482 (1487 f.) spricht sich in Kenntnis der Entscheidung BVerwG, ebenda, gegen die Verbindlichkeit der Prüfungsschritte aus. Allerdings konstatiert sie, dass die im Rahmen der Ermittlung der harten und weichen Tabuzonen sowie der Potentialflächen anzustellenden Überlegungen zwangsläufig erfolgen müssen. Daher könne i.E. nur die Prüfungsreihenfolge geändert werden, während inhaltlich die gleichen Überlegungen angestellt werden müssten.

1555 *Decker*, a.a.O. 4 f., dort Fn. 34 und 46, der auch auf OVG NRW, Urt. v. 26.09.2013 – 16 A 1294/08 -, DVBl. 2014, 382 (384) verweist. Das OVG NRW hat hier anlässlich der Konzentrationsflächenplanung in einem Regionalplan festgehalten, dass die Rechtsprechung des BVerwG zur abschnittsweisen Ausarbeitung des Plankonzepts für die Darstellung von Konzentrationszonen für die Windenergie sich im Grundsatz auf die Nutzung von Konzentrationsflächen zum Zwecke der Abgrabung übertragen lasse. Das OVG NRW bezieht sich hier auf das BVerwG, Beschl. v. 18.01.2011 – 7 B 19.10 -, NVwZ 2011, 812 (815), das diese Übertragung ebenfalls hier anlässlich der Konzentrationsflächenplanung für Abgrabungen in einem Regionalplan gebilligt hat. Das BVerwG weist hier wiederum auf OVG RP, Urt. v. 28.02.2008 – 1 C 11131/07 -, BauR 2008, 1101 (1103) hin. Hier hatte das OVG RP anlässlich der Darstellung von Konzentrationsflächen zum Zwecke der Abgrabung in einem Flächennutzungsplan ausgeführt, die durch das BVerwG, Urt. v. 17.12.2002 – 4 C 15.01 -, BVerwGE 117, 287 ff. für die Konzentrationsflächenplanung für die Windenergienutzung aufgestellten Grundsätze seien übertragbar. Die Übertragbarkeit der von der Rechtsprechung anlässlich der Ausweisung von Konzentrationszonen gemäß § 35 Abs. 3 S. 3 BauGB für Windenergieanlagen

unterscheiden sich die grundsätzlichen Anforderungen an die Ausarbeitung der Planung nicht.[1556] Sie stimmen überein, unabhängig davon, ob die Wirkungen gemäß § 35 Abs. 3 S. 3 BauGB auf der Ebene der Bauleitplanung durch Darstellungen eines Flächennutzungsplans oder auf der Ebene der Raumordnung durch Festlegung entsprechender Ziele erreicht werden sollen.[1557] Nach der von der Rechtsprechung anlässlich der Ausweisung von Konzentrationszonen für Windenergieanlagen i.S.d. § 35 Abs. 1 Nr. 5 BauGB entwickelten Methode zur abschnittsweisen Erarbeitung des Planungskonzepts sind zunächst die Bereiche zu ermitteln, die für die betroffene privilegierte Nutzung nicht zur Verfügung stehen. Diese Bereiche werden als Tabuzonen bezeichnet.[1558] Im Weiteren sind harte und weiche Tabuzonen zu differenzieren.[1559] Bei den harten Tabuzonen handelt es sich um die Bereiche, in denen die Ansiedlung von Windenergieanlagen „aus welchen Gründen auch immer"[1560] schlechterdings ausgeschlossen ist.[1561] Entsprechend fehlt es für eine Ausweisung nach § 35 Abs. 3 S. 3 BauGB auf diesen Flächen bereits gemäß § 1 Abs. 3 S. 1 BauGB an der städtebaulichen Erforderlichkeit einer solchen Darstellung.[1562] Insofern sind harte Tabuzonen der Abwägung gemäß § 1 Abs. 7 BauGB entzogen.[1563] Schlechterdings ausgeschlossen in diesem Sinne ist die Darstellung einer Konzentrationszone für die Ansiedlung von Windenergieanlagen beispielsweise bei fehlender Windhöffigkeit des Standorts[1564] sowie entgegenstehenden anderen gesetzlichen Vorgaben wie etwa eines naturschutzrechtlichen Verbots[1565] oder entgegenstehenden Vorgaben des Immissionsschutzrechts[1566]. Bereits bei Ausweisung einer Konzentrationszone müssen schädliche Umwelteinwirkungen durch die dort zulässigen Windenergieanlagen ausgeschlossen werden.[1567] Als Zwischenschritt

---

i.S.d. § 35 Abs. 1 Nr. 5 entwickelten Grundsätze auf die übrigen Nutzungen gemäß § 35 Abs. 1 Nr. 2–4 und Nr. 5 BauGB konstatieren ferner: *Söfker*, in: Ernst/Zinkahn/Bielenberg/Krautzberger, BauGB, § 5, Rn. 18c; *Kümper*, ZfBR 2015, 224 (228).

1556 *Schröter*, Bauvorhaben im Außenbereich, S. 872; *Kümper*, ebenda.

1557 *Schröter*, ebenda; *Kümper*, ebenda.

1558 BVerwG, Urt. v. 13.12.2012 – 4 CN 1.11 -, BVerwGE 145, 231 (233); BVerwG, Beschl. v. 15.09.2009 – 4 BN 25.09 -, ZfBR 2010, 65 (66).

1559 BVerwG, Urt. v. 13.12.2012 – 4 CN 1.11 -, BVerwGE 145, 231 (233); BVerwG, Beschl. v. 15.09.2009 – 4 BN 25.09 -, ZfBR 2010, 65 (66); *Decker*, JA 2015, 1 (5).

1560 BVerwG, Urt. v. 13.12.2012 – 4 CN 1.11 -, BVerwGE 145, 231 (233).

1561 BVerwG, ebenda; BVerwG, Beschl. v. 15.09.2009 – 4 BN 25.09 -, ZfBR 2010, 65 (66) spricht davon, dass es sich um Bereiche handele, in denen die „Errichtung und der Betrieb von Windenergieanlagen aus tatsächlichen und/oder rechtlichen Gründen schlechthin ausgeschlossen" sei; *Decker*, JA 2015, 1 (5).

1562 BVerwG, Urt. v. 13.12.2012 – 4 CN 1.11 -, BVerwGE 145, 231 (233); *Decker*, ebenda; *Münkler*, NVwZ 1482 (1485).

1563 BVerwG, a.a.O., 233 f.

1564 *Decker*, JA 2015, 1 (5).

1565 *Decker*, ebenda.

1566 *Decker*, ebenda; BVerwG, Urt. v. 17.12.2002 – 4 C 15.01 -, BVerwGE 117, 287 (300).

1567 BVerwG, ebenda.

wird in Teilen der Literatur in der Folge die gegebenenfalls erforderliche Anpassung an die Ziele der Raumordnung gemäß § 1 Abs. 4 BauGB genannt.[1568] Sodann folgt die Ebene der Abwägung gemäß § 1 Abs. 7 BauGB, der die Ermittlung der weichen Tabuzonen zuzurechnen ist.[1569] Hierbei handelt es sich um Bereiche, in denen die Ansiedlung von Windenergieanlagen zwar tatsächlich und rechtlich möglich wäre, die jedoch nach den städtebaulichen Vorstellungen der Gemeinde und hieraus entwickelten einheitlichen Kriterien gleichwohl für diese Nutzungen ausgeschlossen werden sollen, bevor die Abwägung der im Einzelfall für und gegen die Ansiedlung der Windenergie sprechenden Belange erfolgt.[1570] Entsprechend der Ansiedlung der weichen Tabuzonen auf der Ebene der Abwägung ist die Entscheidung für weiche Tabuzonen rechtfertigungsbedürftig.[1571] Beispielsweise können über die immissionsschutzrechtlichen Vorgaben hinausgehende Pufferflächen zu einer Wohnnutzung als weiche Tabuzonen qualifiziert werden.[1572] Vor dem Hintergrund, dass harte und weiche Tabuzonen mit § 1 Abs. 3 BauGB und § 1 Abs. 7 BauGB verschiedenen rechtlichen Regimen unterliegen, muss sich der Plangeber den Unterschied bewusst machen und ihn dokumentieren.[1573] Der Unterschied zwischen harten und weichen Tabuzonen liegt im Kern darin, dass die Realisierung der entsprechenden Nutzung in den harten Tabuzonen von vornherein tatsächlich oder rechtlich ausgeschlossen ist, während bei den weichen Tabuzonen eine Abwägung vorgenommen werden muss.[1574] Das BVerwG erkennt an, dass die Abgrenzung von harten und weichen Tabuzonen in der Praxis schwierig sein kann.[1575] Jedoch seien diese Schwierigkeiten hinzunehmen, wenn „vom Plangeber nicht mehr gefordert (...) [werde], als was er ‚angemessenerweise' leisten"[1576] könne. In der durch das BVerwG gebilligten Rechtsprechung der Vorinstanz ist insofern von einem Beurteilungsspielraum des Plangebers die Rede.[1577] Das BVerwG selbst verwendet diesen Begriff nicht[1578], hat seiner Verwendung durch die Vorinstanz aber nicht widersprochen.[1579] Im Ergebnis wird die Abgrenzungsentscheidung des Plangebers gerichtlich nur auf Nachvollziehbarkeit

1568 *Decker*, JA 2015, 1 (5).

1569 *Decker*, ebenda; BVerwG, Urt. v. 13.12.2012 – 4 CN 1.11 -, BVerwGE 145, 231 (234).

1570 BVerwG, ebenda; BVerwG, Beschl. v. 15.09.2009 – 4 BN 25.09 -, ZfBR 2010, 65 (66); *Decker*, ebenda; *Scheidler*, in Schrödter, BauGB, § 5, Rn. 119; *Münkler*, NVwZ 1482 (1483).

1571 BVerwG, ebenda; *Decker*, ebenda.

1572 *Decker*, ebenda; OVG Berlin-Brandenburg, Urt. v. 24.02.2011 – 2 A 2.09 -, NuR 2011, 794 (801).

1573 BVerwG, Urt. v. 13.12.2012 – 4 CN 1.11 -, BVerwGE 145, 231 (233); *Decker*, ebenda.

1574 *Münkler*, NVwZ 1482 (1485).

1575 BVerwG, Urt. v. 13.12.2012 – 4 CN 1.11 -, BVerwGE 145, 231 (234); *Decker*, JA 2015, 1 (5); *Stüer*, DVBl. 2013, 509 (510).

1576 BVerwG, ebenda.

1577 OVG Berlin-Brandenburg, Urt. v. 24.02.2011 – 2 A 2/09 -, NuR 2011, 794 (802).

1578 *Münkler*, NVwZ 1482 (1485), dort Fn. 44.

1579 *Stüer*, DVBl. 2013, 509 (511).

und Widerspruchsfreiheit geprüft.[1580] Zur Begründung dieses Spielraums wird in der durch das BVerwG gebilligten obergerichtlichen Rechtsprechung auf das Beispiel des Immissionsschutzes verwiesen.[1581] Hier sei der Gemeinde bei der Abgrenzung von harten Tabuzonen (immissionsschutzrechtlich zwingend gebotene Abstände) und weichen Tabuzonen (aus Vorsorgegründen zusätzlich eingeräumte Abstände) auf der Ebene des Flächennutzungsplans ein Beurteilungsspielraum zuzubilligen, da diese Abgrenzung ohne Kenntnis der genauen technischen Anlagenkonfiguration nicht exakt bestimmt werden könne.[1582] Da das planerische Instrument der weichen Tabuzonen durch den Plangeber nicht zwingend aufgegriffen werden muss, kann dieser das Risiko eines Abwägungsfehlers durch Verzicht auf diese Kategorie reduzieren.[1583] In Zweifelsfällen der Abgrenzung der beiden Kategorien der Tabuzonen kann der Plangeber zur Risikominimierung die betroffenen Flächen unter beiden Aspekten behandeln und im Rahmen der Abwägung mit Blick auf die weichen Tabuzonen dann die Nutzung ebenfalls ausschließen.[1584] Die nach Abzug der harten und weichen Tabuzonen verbleibenden Bereiche des Plangebiets werden als Potentialflächen bezeichnet.[1585] Diese Potentialflächen sind schließlich im Rahmen der Abwägung mit den auf ihnen möglichen weiteren – und mit der Windenergie konkurrierenden Nutzungen – in Beziehung zu setzen.[1586] Konkret bedeutet dies, dass die gegen die Ausweisung einer Konzentrationszone an dieser Stelle sprechenden Belange mit dem Anliegen abzuwägen sind, für die Windenergie an geeigneten Orten Ansiedlungsmöglichkeiten zu schaffen, die der Privilegierung gemäß § 35 Abs. 1 Nr. 5 BauGB gerecht werden.[1587] Hier gilt das Diktum des BVerwG, nach dem als Ergebnis der Abwägung der Windenergie substanziell Raum verschafft werden muss.[1588] Andernfalls liefe die Planung auf eine verdeckte Verhinderungsplanung hinaus.[1589] Ob der Windenergie substanziell Raum verschafft wurde, beurteilt sich anhand einer wertenden Betrachtung unter Würdigung der örtlichen Verhältnisse in tatsächlicher Hinsicht.[1590] Das BVerwG betont, dass hierfür kein exklusiver Maßstab

1580 *Stüer*, a.a.O., 510; *Decker*, JA 2015, 1 (5).
1581 OVG Berlin-Brandenburg, Urt. v. 24.02.2011 – 2 A 2/09 -, NuR 2011, 794 (802).
1582 OVG Berlin-Brandenburg, ebenda.
1583 *Decker*, JA 2015, 1 (5).
1584 *Decker*, ebenda; *Stüer*, DVBl. 2013, 509 (511).
1585 BVerwG, Beschl. v. 15.09.2009 – 4 BN 25.09 -, ZfBR 2010, 65 (66); *Decker*, ebenda.
1586 BVerwG, ebenda; *Decker*, a.a.O., 6.
1587 BVerwG, ebenda; *Decker*, ebenda.
1588 BVerwG, Urt. v. 13.12.2012 – 4 CN 1.11 -, BVerwGE 145, 231 (236); BVerwG, Beschl. v. 15.09.2009 – 4 BN 25.09 -, ZfBR 2010, 65 (66); BVerwG, Urt. v. 17.12.2002 – 4 C 15.01 -, BVerwGE 117, 287 (295); *Decker*, JA 2015, 1 (6).
1589 BVerwG, Beschl. v. 15.09.2009 – 4 BN 25.09 -, ZfBR 2010, 65 (66); BVerwG, Urt. v. 17.12.2002 – 4 C 15.01 -, BVerwGE 117, 287 (295).
1590 BVerwG, Urt. v. 20.05.2010 – 4 C 7.09-, BVerwGE 137, 74 (die Passage ist in der offiziellen Entscheidungssammlung nicht abgedruckt, siehe juris, Rn 28); *Decker*, JA 2015, 1 (6).

existiert und überlässt die Entwicklung entsprechender Kriterien den Tatsachengerichten.[1591] Als einen möglichen – aber eben nicht exklusiven – Maßstab nennt das BVerwG das Verhältnis zwischen den dargestellten Konzentrationszonen und dem Umfang der sich nach Abzug der harten Tabuzonen ergebenden potentiellen Flächen.[1592] Unzulässig sei aber jedenfalls die Festlegung eines konkreten Prozentsatzes, dem der Umfang der Konzentrationszonen im Verhältnis zu den Potentialflächen genügen müsse.[1593]

(2) Mögliche Darstellungen für eine Ausweisung an anderer Stelle i.S.v. § 35 Abs. 3 S. 3 BauGB

Der nicht abschließende Katalog möglicher Darstellungen des Flächennutzungsplans gemäß § 5 Abs. 2 BauGB führt die „Konzentrationszonen" bzw. „Konzentrationsflächen" nicht als eigene Darstellungsmöglichkeit auf.[1594] Gesetzlich ist insofern nicht vorgegeben, wie eine Konzentrationszone im Flächennutzungsplan darzustellen ist.[1595] Soll eine Konzentrationszone i.S.v. § 35 Abs. 3 S. 3 BauGB ausgewiesen werden, so muss für die entsprechende Nutzung i.S.v. § 35 Abs. 1 Nr. 2–6 BauGB eine Positivfläche[1596] dargestellt werden[1597], die nach dem zum Ausdruck kommenden Willen des Plangebers zugleich die Wirkungen des § 35 Abs. 3 S. 3 BauGB – und damit Ausschluss- bzw. Negativflächen[1598] – erzeugen soll[1599]. Für die Darstellung der Positivfläche für eine der Nutzungen gemäß § 35 Abs. 1 Nr. 2–6 BauGB kommen insbesondere Bauflächen und Baugebiete i.S.d. BauNVO in Betracht[1600] So können für die Nutzungen gemäß § 35 Abs. 1 Nr. 2–6 BauGB Sonderbauflächen und Sondergebiete nach § 5 Abs. 2 BauGB i.V.m. § 11 BauNVO dargestellt werden.[1601] In Betracht

1591 BVerwG, Urt. v. 13.12.2012 – 4 CN 1.11 -, BVerwGE 145, 231 (236).

1592 BVerwG, a.a.O., 236 f.

1593 BVerwG, a.a.O., 237 f.; *Decker*, JA 2015, 1 (6).

1594 *Gaentzsch/Philipp/Tepperwien*, in: Schlichter/Stich/Driehaus/Paetow, BK BauGB, § 5, Rn. 42b. Auch *Lutz*, Repowering-Steuerung, S. 104 weist darauf hin, dass das Gesetz den Begriff der Konzentrationszone nicht ausdrücklich enthalte.

1595 Siehe speziell zu Darstellungen gemäß § 35 Abs. 3 S. 3 BauGB zur Ansiedlung von Windenergieanlagen *Gatz*, in; FS-Stüer, S. 183, der betont, dass – anders als bei Ausweisungen i.S.v. § 35 Abs. 3 S. 3 BauGB durch Ziele der Raumordnung – gesetzlich nicht vorgegeben ist, wie die Konzentrationszonen im Flächennutzungsplan darzustellen sind.

1596 Zum Begriff der Positivfläche: BVerwG, Urt. v. 31.01.2013 – 4 CN 1.12 -, BVerwGE 146, 40 (43).

1597 *Söfker*, in: Ernst/Zinkahn/Bielenberg/Krautzberger, BauGB, § 35, Rn. 124.

1598 Zu den Begriffen Ausschlussfläche und Negativfläche: BVerwG, Urt. v. 31.01.2013 – 4 CN 1.12 -, BVerwGE 146, 40 (43).

1599 BVerwG, ebenda.

1600 *Söfker*, in: Ernst/Zinkahn/Bielenberg/Krautzberger, BauGB, § 35, Rn. 124.

1601 *Gierke*, in: Brügelmann, BauGB, § 5, Rn. 202a; *Söfker*, ebenda; *Rinsdorf*, Der Flächennutzungsplan als Steuerungsinstrument der Gemeinde, S. 240; speziell zur

kommt auch die Darstellung von Industrie- bzw. Gewerbegebieten[1602], Flächen für öffentliche Versorgungsanlagen gemäß § 5 Abs. 2 Nr. 4 BauGB[1603], Anlagen, Einrichtungen und sonstigen Maßnahmen, die dem Klimawandel entgegenwirken i. S. v. § 5 Abs. 2 Nr. 2 lit. b BauGB[1604] sowie Flächen für Aufschüttungen oder Abgrabungen gem. § 5 Abs. 2 Nr. 8 BauGB[1605].

Da die Aufzählung möglicher Darstellungen in § 5 Abs. 2 BauGB nicht abschließend ist, kommen auch weitere Darstellungsmöglichkeiten für die Ausweisung von Konzentrationszonen mit der Wirkung gemäß § 35 Abs. 3 S. 3 BauGB in Betracht.[1606] Eine Begrenzung ergibt sich aber auch[1607] für Darstellungen mit der Wirkung des § 35 Abs. 3 S. 3 BauGB aus dem Umstand, dass die Darstellungen des Flächennutzungsplans keine Aussagen enthalten dürfen, die nicht Gegenstand der Festsetzungen eines Bebauungsplans sein könnten.[1608] Hinsichtlich der nicht in dem Katalog des § 5 Abs. 2 BauGB enthaltenen Darstellungsmöglichkeiten für Konzentrationszonen i.S.v. § 35 Abs. 3 S. 3 BauGB kommen insbesondere an die raumordnerische Regelung des § 8 Abs. 7 ROG angelehnte Darstellungen von Vorrangflächen[1609] bzw.

Darstellung von Sonderbauflächen und Sondergebieten mit Wirkung gemäß § 35 Abs. 3 S. 3 BauGB in Teilflächennutzungsplänen: Schwarz, in: Mitschang (Hrsg.), Klimagerechte Stadtentwicklung, S. 132 f.

1602 *Gierke*, ebenda; *Söfker*, ebenda.

1603 *Gierke*, ebenda; *Söfker*, ebenda, *Rinsdorf*, Der Flächennutzungsplan als Steuerungsinstrument der Gemeinde, S. 240; speziell zur Darstellung von Anlagen gemäß § 5 Abs. 2 Nr. 4 BauGB mit Wirkung gemäß § 35 Abs. 3 S. 3 BauGB in Teilflächennutzungsplänen: *Schwarz*, in: Mitschang (Hrsg.), Klimagerechte Stadtentwicklung, S. 134 f.

1604 *Gierke*, ebenda; speziell zur Darstellung von Anlagen, Einrichtungen und sonstigen Maßnahmen, die dem Klimawandel entgegenwirken mit Wirkung gemäß § 35 Abs. 3 S. 3 BauGB in Teilflächennutzungsplänen: *Schwarz*, a.a.O., S. 134.

1605 *Gierke*, ebenda; *W. Schrödter*, in Schrödter, BauGB, § 5, Rn. 60 ff.; *Rinsdorf*, Der Flächennutzungsplan als Steuerungsinstrument der Gemeinde, S. 240; speziell zur Darstellung von Abgrabungsflächen mit Wirkung gemäß § 35 Abs. 3 S. 3 BauGB in Teilflächennutzungsplänen: *Schwarz*, a.a.O., S. 137; *Söfker*, in: Ernst/Zinkahn/Bielenberg/Krautzberger, BauGB, § 35, Rn. 124 nennt die mögliche Darstellung von Flächen i.S.v. § 35 Abs. 3 S. 3 BauGB für die Gewinnung von Steinen, Erden und anderen Bodenschätzen gemäß § 5 Abs. 2 Nr. 8 BauGB.

1606 *Gaentzsch/Philipp/Tepperwien*, in: Schlichter/Stich/Driehaus/Paetow, BK BauGB, § 5, Rn. 42b; *Jaeger*, in: Spannowsky/Uechtritz, BeckOK BauGB, § 5, Rn. 68a.

1607 Siehe zu dieser allgemeinen Grenze für sämtliche Darstellungen des Flächennutzungsplans schon oben 4. Teil, C., II., 1., a), aa), aaa).

1608 OVG NRW, Urt. v. 04.12.2006 – 7 A 568/06 -, BauR 2007, 677 (679); *Schröter*, Bauvorhaben im Außenbereich, S. 857; *Gierke*, in: Brügelmann, BauGB, § 5, Rn. 204a.

1609 *Schiller*, in Bracher/Reidt/Schiller, Bauplanungsrecht, Rn. 179 f.; *Söfker*, in: Ernst/Zinkahn/Bielenberg/Krautzberger, BauGB, § 35, Rn. 124; *Jaeger*, in: Spannowsky/Uechtritz, BeckOK BauGB, § 5, Rn. 68a; Speziell zur Darstellung von Vorrangflächen gemäß § 35 Abs. 3 S. 3 BauGB in Teilflächennutzungsplänen: *Schwarz*, in: Mitschang (Hrsg.), Klimagerechte Stadtentwicklung, S. 138 f.

Vorrangzonen[1610] in Betracht. Zum Teil werden in der planerischen Praxis auch Konzentrationsflächen[1611] dargestellt. Hier bezeichnet der Begriff dann nicht (nur) die Wirkung gemäß § 35 Abs. 3 S. 3 BauGB einer bestimmten Darstellung, sondern auch die konkrete Darstellung selbst. Diese muss aber noch mit einer bestimmten Nutzung verknüpft werden[1612], da die Bezeichnung „Konzentrationsfläche" zunächst nichts über die Art der Bodennutzung sagt. Darüber hinaus kommt auch die Darstellung von Vorbehaltsflächen[1613] und Belastungsflächen[1614] sowie Eignungsflächen[1615] in Betracht. Der Gesetzentwurf zum EAG-Bau sah ursprünglich – ausdrücklich in Zusammenhang mit dem Planvorbehalt gemäß § 35 Abs. 3 S. 3 BauGB[1616] – vor, die Kategorien Vorrangflächen, Eignungsflächen und Belastungsflächen in den Katalog der Darstellungsmöglichkeiten des § 5 Abs. 2 BauGB aufzunehmen.[1617] Auch wenn der Gesetzgeber auf die Aufnahme dieser Darstellungsmöglichkeiten in den Katalog des § 5 Abs. 2 BauGB unter Hinweis auf die ausreichenden bestehenden Steuerungsoptionen verzichtet hat[1618], kommen diese Darstellungen mit Blick auf den Umstand, dass der Katalog des § 5 Abs. 2 nicht abschließend ist, grundsätzlich in Betracht.[1619] Jedoch sind derartige Darstellungen nicht in jedem Falle geeignet, die Wirkungen des § 35 Abs. 3 S. 3 BauGB zu entfalten. Anerkannt ist insofern die Möglichkeit zur

---

1610 Siehe zur Darstellung von Vorrangzonen: BVerwG, Urt. v. 17.12.2002 – 4 C 15.01 -, BVerwGE 117, 287 ff.

1611 Speziell zur Darstellung von Konzentrationsflächen gemäß § 35 Abs. 3 S. 3 BauGB in Teilflächennutzungsplänen: *Schwarz*, in: Mitschang (Hrsg.), Klimagerechte Stadtentwicklung, S. 138 f.

1612 Siehe speziell unter dem Gesichtspunkt derTeilflächennutzungspläne: *Schwarz*, ebenda.

1613 Speziell unter dem Gesichtspunkt der Teilflächennutzungspläne: *Schwarz*, a.a.O., S. 139.

1614 *Schiller*, in Bracher/Reidt/Schiller, Bauplanungsrecht, Rn. 179; zur Darstellung von Belastungsflächen gemäß § 35 Abs. 3 S. 3 BauGB speziell unter dem Gesichtspunkt der Teilflächennutzungspläne: *Schwarz*, ebenda.

1615 *Söfker*, in: Ernst/Zinkahn/Bielenberg/Krautzberger, BauGB, § 35, Rn. 124; *Schiller*, in Bracher/Reidt/Schiller, Bauplanungsrecht, Rn. 180; *Jaeger*, in: Spannowsky/Uechtritz, BeckOK BauGB, § 5, Rn. 68a; speziell zur Darstellung von Eignungsflächen mit Wirkung gemäß § 35 Abs. 3 S. 3 BauGB in Teilflächennutzungsplänen: *Schwarz*, a.a.O., S. 140 f.

1616 RegE EAG-Bau, BT-Drs. 15/2250, S. 48.

1617 Die Regelung war als § 5 Abs. 2 Nr. 10 und 11 BauGB vorgesehen, siehe RegE EAG-Bau, BT-Drs. 15/2250; *Gierke*, in: Brügelmann, BauGB, § 5, Rn. 9 und 203; *Schröter*, Bauvorhaben im Außenbereich, S. 949 f.

1618 Beschlussempfehlung und Bericht des Ausschusses für Verkehr, Bau- und Wohnungswesen, BT-Drs. 15/2996, S. 65; *Gierke*, a.a.O., Rn. 9.

1619 *Schiller*, in Bracher/Reidt/Schiller, Bauplanungsrecht, Rn. 179; speziell zu diesen Darstellungsmöglichkeiten in Teilflächennutzungsplänen: *Schwarz*, in: Mitschang (Hrsg.), Klimagerechte Stadtentwicklung, S. 138 f.

Darstellung von Vorrangflächen[1620] mit der Wirkung des § 35 Abs. 3 S. 3 BauGB, die an die raumordnerische Kategorie der Vorranggebiete i.S.v. § 8 Abs. 7 S. 1 Nr. 1 ROG angelehnt[1621] sind.[1622] Die Darstellungen von Vorrangflächen müssen mit einer bestimmten Nutzung verknüpft werden.[1623] Für diese Nutzung besteht innerhalb der Vorrangfläche eine Bevorrechtigung dergestalt, dass andere Nutzungen nur dann zugelassen werden können, wenn hierdurch die vorrangige Nutzung nicht beeinträchtigt wird.[1624] Allerdings reicht die Wahl der an die raumordnerischen Kategorien angelehnten Darstellung einer Vorrangfläche nicht aus, um die Wirkungen des § 35 Abs. 3 S. 3 BauGB zu erzeugen.[1625] Vielmehr muss der Plangeber – entsprechend der für die Vorranggebiete der Raumordnung in § 8 Abs. 7 S. 2 ROG vorgesehenen Möglichkeit – die Vorrangfläche mit einer gebietsexternen Ausschlusswirkung verbinden und dies kenntlich machen.[1626] Strittig ist, ob zur Darstellung von Gebieten i.S.v. § 35 Abs. 3 S. 3 BauGB auch auf die an die raumordnerische Kategorie der Einungsgebiete i.S.v. § 8 Abs. 7 S. 1 Nr. 3 ROG angelehnten Eignungsflächen zurückgegriffen werden kann. Dieser Gebietstyp sieht grundsätzlich vor, dass die entsprechenden Nutzungen außerhalb des Standorts ausgeschlossen sind. Insofern bietet sich diese Darstellung zunächst für die Umsetzung des Planvorbehalts i.S.v. § 35 Abs. 3 S. 3 BauGB an. Problematisch ist allerdings die fehlende Exklusivität für die Nutzung, zu deren Gunsten die Eignungsfläche dargestellt wird. Anders als bei an die raumordnerische Kategorie der Vorranggebiete gemäß § 8 Abs. 7 S.1 Nr. 1 ROG angelehnten Vorrangflächen können sich innerhalb der Eignungsflächen auch konkurrierende Nutzungen in der Abwägung durchsetzen.[1627] Daher wird vertreten, dass Eignungsflächen – mit Blick auf das Postulat der höchstrichterlichen Rechtsprechung, nach dem zur Rechtfertigung des mit § 35 Abs. 3 S. 3 BauGB

1620 Mit der Verwendung des Begriffs der „Vorrangfläche" soll in Abgrenzung zu den „Vorranggebieten" in der Raumordnung die Zuordnung dieser Darstellungen zur Ebene der Flächennutzungsplanung verdeutlicht werden, siehe *Schwarz*, a.a.O., S. 138.

1621 *Gierke*, in: Brügelmann, BauGB, § 5, Rn. 203.

1622 Zu „Vorrangzonen": BVerwG, Urt. v. 17.12.2002 – 4 C 15.01 -, BVerwGE 117, 287 ff.; speziell zur Darstellung von Vorrangflächen mit Wirkung gemäß § 35 Abs. 3 S. 3 BauGB in Teilflächennutzungsplänen: *Söfker*, in: Ernst/Zinkahn/Bielenberg/Krautzberger, BauGB, § 5, Rn. 62e.

1623 Speziell zur Darstellung von Vorrang- und Konzentrationsflächen mit Wirkung gemäß § 35 Abs. 3 S. 3 BauGB in Teilflächennutzungsplänen: *Schwarz*, in: Mitschang (Hrsg.), Klimagerechte Stadtentwicklung, S. 138 f.

1624 *Gierke*, in: Brügelmann, BauGB, § 5, Rn. 203.

1625 Speziell zur Darstellung von Vorrang- und Konzentrationsflächen mit Wirkung gemäß § 35 Abs. 3 S. 3 BauGB in Teilflächennutzungsplänen: *Schwarz*, in: Mitschang (Hrsg.), Klimagerechte Stadtentwicklung, S. 138.

1626 *Gierke*, in: Brügelmann, BauGB, § 5, Rn. 203.

1627 Speziell zur Darstellung von Eignungsflächen mit Wirkung gemäß § 35 Abs. 3 S. 3 BauGB in Teilflächennutzungsplänen: *Schwarz*, in: Mitschang (Hrsg.), Klimagerechte Stadtentwicklung, S. 140.

verbundene Zurücktretens der Privilegierung in Teilen des Plangebiets sichergestellt werden müsse, dass sich die betroffenen Vorhaben an anderer Stelle gegenüber konkurrierenden Nutzungen durchsetzen[1628] – den Anforderungen des § 35 Abs. 3 S. 3 BauGB nicht genügten.[1629] Zutreffend hält die h.M. die Darstellung von Eignungsflächen mit Wirkung gemäß § 35 Abs. 3 S. 3 BauGB gleichwohl für wirksam, wenn durch eine entsprechend große Dimensionierung sichergestellt wird, dass auch bei Ansiedlung von anderen dort möglicherweise zulässigen Vorhaben für die mit der Wirkung gemäß § 35 Abs. 3 S. 3 BauGB außerhalb des Eignungsgebiets ausgeschlossene Vorhaben genügend Raum innerhalb des Eignungsgebiets verbleibt.[1630] Für die Möglichkeit, Eignungsflächen mit der Wirkung des § 35 Abs. 3 S. 3 BauGB zu versehen, spricht auch, dass die Ausweisung als Eignungsgebiet zwar andere Nutzungen nicht a priori ausschließt, aber einer Gewichtungsvorgabe hinsichtlich der möglichen Beeinträchtigung öffentlicher Belange durch andere als die dargestellten Nutzungen macht.[1631] Hingegen sind Vorbehaltsflächen nicht zur Darstellung von Ausweisungen gemäß § 35 Abs. 3 S. 3 BauGB geeignet.[1632] Sie sind an die raumordnerische Kategorie der Vorbehaltsgebiete angelehnt, in denen nach § 8 Abs. 7 Nr. 2 ROG der einschlägigen Nutzung gegenüber konkurrierenden Nutzungen in der Abwägung ein besonderes Gewicht beizumessen ist.[1633] Damit kommt der Nutzung kein genereller Vorrang zu.[1634] In der Folge sind Vorbehaltsflächen nicht zur Erzielung der Wirkung des § 35 Abs. 3 S. 3 BauGB geeignet.[1635] Gleiches

1628 BVerwG, Urt. v. 17.12.2002 – 4 C 15.01 -, BVerwGE 117, (294).

1629 OVG Sachsen-Anhalt, Beschl v. 15.08.2007 – 2 M 162/07 -, juris; speziell zur Darstellung von Eignungsflächen in Teilflächennutzungsplänen: *Kley*, Der Teilflächennutzungsplan, S. 164 ff.

1630 *Gierke*, in: Brügelmann, BauGB, § 5, Rn. 204; *Schiller*, in Bracher/Reidt/Schiller, Bauplanungsrecht, Rn. 184; differenziert und speziell zur Darstellung von Eignungsflächen mit Wirkung gemäß § 35 Abs. 3 S. 3 BauGB in Teilflächennutzungsplänen: *Schwarz*, in: Mitschang (Hrsg.), Klimagerechte Stadtentwicklung, S. 140 f., der die Darstellung einer Eignungsfläche wohl nur dann für vereinbar mit § 35 Abs. 3 S. 3 BauGB hält, wenn die Vorrang- und Eignungsflächen in Anlehnung an § 8 Abs. 7 S. 2 ROG miteinander verknüpft werden.

1631 *Schiller*, in Bracher/Reidt/Schiller, Bauplanungsrecht, Rn. 180.

1632 Speziell zur Darstellung von Vorbehaltsflächen mit Wirkung gemäß § 35 Abs. 3 S. 3 BauGB in Teilflächennutzungsplänen: *Schwarz*, in: Mitschang (Hrsg.), Klimagerechte Stadtentwicklung, S. 139; ebenfalls speziell für die Konstellation des Teilflächennutzungsplans: *Kley*, Der Teilflächennutzungsplan, S. 164.

1633 Vgl. speziell zur Darstellung von Vorbehaltsflächen mit Wirkung gemäß § 35 Abs. 3 S. 3 BauGB in Teilflächennutzungsplänen: *Schwarz*, ebenda.

1634 Speziell zur Darstellung von Vorbehaltsflächen mit Wirkung gemäß § 35 Abs. 3 S. 3 BauGB in Teilflächennutzungsplänen: *Schwarz*, ebenda.

1635 Speziell für die Darstellung von Vorbehaltsflächen mit Wirkung gemäß § 35 Abs. 3 S. 3 BauGB in Teilflächennutzungsplänen: *Schwarz*, ebenda; ebenfalls speziell für die Konstellation des Teilflächennutzungsplans: *Kley*, Der Teilflächennutzungsplan, S. 164.

gilt für Belastungsflächen.[1636] Belastungsflächen können in einem Flächennutzungsplan dargestellt werden, um dieses Gebiet insbesondere im Falle einer Häufung von bestimmten Nutzungen von weiteren einschlägigen Vorhaben freizuhalten.[1637] Es erfolgt jedoch keine Konzentration der Nutzungen innerhalb des Gebiets i.S.e. Ausweisung an anderer Stelle gemäß § 35 Abs. 3 S. 3 BauGB.[1638] Insofern ist die Belastungsfläche das Gegenstück zur Konzentrationsfläche und für eine Darstellung gemäß § 35 Abs. 3 S. 3 nicht geeignet.[1639] Auch kann die Wirkung der Belastungsflächen bereits mit der Darstellung von Nutzungsbeschränkungen gemäß § 5 Abs. 2 Nr. 6 BauGB erreicht werden.[1640]

eee) Rechtswirkungen des Flächennutzungsplans mit Darstellungen i.S.v. 35 Abs. 3 S. 3 BauGB

Durch den Planvorbehalt des § 35 Abs. 3 S. 3 BauGB kommt bestimmten Darstellungen des Flächennutzungsplans eine über die hergebrachte Bedeutung als öffentliche Belange i.S.d. § 35 Abs. 3 S. 1 Nr. 1 BauGB hinausgehende bauplanerische Bedeutung zu.[1641]

(1) Unmittelbare Wirkungen von Darstellungen gemäß § 35 Abs. 3 S. 3 BauGB auf die Vorhabenzulässigkeit im Außenbereich

Entscheidet sich die Gemeinde, dass der Darstellung einer Positivfläche für privilegierte Vorhaben i.S.d. § 35 Abs. 1 Nr. 2–6 BauGB zugleich die Wirkung einer Ausweisung i.S.d. § 35 Abs. 3 S. 3 BauGB zukommen soll, so ergibt sich die mit einer solchen Darstellung verbundene Ausschlusswirkung aus dem Gesetz und führt unmittelbar zur Unzulässigkeit der einschlägigen privilegierten Vorhaben außerhalb der Darstellung.[1642] Voraussetzung ist ein entsprechender planerischer Wille des

---

1636 *Schiller*, in Bracher/Reidt/Schiller, Bauplanungsrecht, Rn. 190; speziell zur Darstellung von Belastungsflächen mit Wirkung gemäß § 35 Abs. 3 S. 3 BauGB in Teilflächennutzungsplänen: *Schwarz*, ebenda; ebenfalls mit Blick auf den Teilflächennutzungsplan: *Kley*, a.a.O., S. 162 f.

1637 *Schiller*, in Bracher/Reidt/Schiller, Bauplanungsrecht, Rn. 188.

1638 *Schiller*, a.a.O., Rn. 190; speziell zur Darstellung von Belastungsflächen mit Wirkung gemäß § 35 Abs. 3 S. 3 BauGB in Teilflächennutzungsplänen: *Schwarz*, in: Mitschang (Hrsg.), Klimagerechte Stadtentwicklung, S. 139; ebenfalls speziell unter dem Gesichtspunkt des Teilflächennutzungsplans: *Kley*, Der Teilflächennutzungsplan, S. 162 f.

1639 *Schiller*, ebenda; speziell für die Konstellation des Teilflächennutzungsplans: *Kley*, a.a.O., S. 163.

1640 Speziell für die Konstellation des Teilflächennutzungsplans: *Schwarz*, in: Mitschang (Hrsg.), Klimagerechte Stadtentwicklung, S. 139.

1641 BVerwG, Urt. v. 17.12.2002 – 4 C 15.01 -, BVerwGE 117, 287 (293); *Decker*, JA 2015, 1 (4).

1642 BVerwG, Urt. v. 31.01.2013 – 4 CN 1.12 -, BVerwGE 146, 40 (43).

Plangebers.[1643] Stellt der Plangeber Flächen gemäß § 35 Abs. 3 S. 3 BauGB in dem Flächennutzungsplan dar, so erlangt der Flächennutzungsplan über die mittelbaren Wirkungen gemäß § 35 Abs. 3 S. 1 BauGB hinaus unmittelbare Außenwirkungen.[1644] Mit Blick auf die mit Darstellungen i.S.v. § 35 Abs. 3 S. 3 BauGB einhergehende Kontingentierung erfüllt er insoweit wie die Festsetzungen eines Bebauungsplans[1645] die Merkmale einer Inhalts- und Schrankenbestimmung des Art. 14 Abs. 1 S. 2 GG.[1646]

Die von der Ausschlusswirkung betroffenen Bereiche werden als Ausschluss- bzw. Negativflächen bezeichnet.[1647] Die Ausschlusswirkung umfasst grundsätzlich den gesamten übrigen Außenbereich des Plangebers.[1648] Soll sie nur Teile des Außenbereichs umfassen, so müssen diese in den Darstellungen des Flächennutzungsplans abgegrenzt werden.[1649] Weiterhin sieht § 35 Abs. 3 S. 3 BauGB vor, dass die Ausschlusswirkung in der Regel greift. Dies ermöglicht die Zulassung der einschlägigen Vorhaben im Ausnahmefall auch auf den Ausschluss- bzw. Negativflächen[1650] und damit eine Feindifferenzierung, für die bei der Abwägung auf der Ebene des Flächennutzungsplans kein Raum ist[1651]. Im Einzelfall sind die privaten Interessen an der Realisierung des betroffenen Vorhabens und die öffentlichen Belange der Ausschlusswirkung des § 35 Abs. 3 S. 3 BauGB gegenüberzustellen.[1652] Dieses Vorgehen weist Ähnlichkeiten mit der nachvollziehenden Abwägung[1653] bei Anwendung des § 35 Abs. 1 BauGB auf.[1654] Allerdings gelten hier insofern gegenteilige Vorzeichen, als der Gesetzgeber mit der Formulierung „entgegenstehen“ in § 35 Abs. 1 BauGB die für die Vorhabenzulässigkeit wirkende Privilegierung unterstreicht, während das in § 35 Abs. 3 S. 3 BauGB niedergelegte Regel-Ausnahme-Verhältnis die grundsätzliche Priorität des Interesses an der Freihaltung der Negativ- bzw. Ausschlussflächen betont.[1655] Daher kommt eine Ausnahme im Einzelfall nur in atypischen Fallkonstellationen[1656] in Betracht, wenn diese Wertung des Gesetzgebers nicht

---

1643 BVerwG, a.a.O., 44.
1644 BVerwG, Urt. v. 26.04.2007 – 4 CN 3.06 -, BVerwGE 128, 382 (386).
1645 BVerwG, a.a.O., 387.
1646 BVerwG, ebenda; BVerwG, Urt. v. 17.12.2002 – 4 C 15.01 -, BVerwGE 117, 287 (303); OVG Berlin-Brandenburg, Urt. v. 24.02.2011 – 2 A 2/09 -, NuR 2011, 794 (797).
1647 BVerwG, Urt. v. 31.01.2013 – 4 CN 1.12 -, BVerwGE 146, 40 (43).
1648 *Gierke*, in: Brügelmann, BauGB, § 5, Rn. 204b.
1649 *Gierke*, ebenda.
1650 BVerwG, Urt. v. 26.04.2007 – 4 CN 3.06 -, BVerwGE 128, 382 (387).
1651 BVerwG, Urt. v. 17.12.2002 – 4 C 15.01 -, BVerwGE, 117, 287 (302); *Decker*, JA 2015, 1 (6).
1652 BVerwG, ebenda; *Rieger*, in Schrödter, BauGB, § 35, Rn. 165; *Decker*, ebenda.
1653 Siehe zur nachvollziehenden Abwägung unten 4. Teil, C., II., 3., d), bb).
1654 BVerwG, Urt. v. 26.04.2007 – 4 CN 3.06 -, BVerwGE 128, 382 (387); BVerwG, Urt. v. 17.12.2002 – 4 C 15.01 -, BVerwGE, 117, 287 (302); *Decker*, JA 2015, 1 (6).
1655 BVerwG, Urt. v. 17.12.2002 – 4 C 15.01 -, BVerwGE, 117, 287 (302); *Decker*, ebenda.
1656 Zur Voraussetzung der atypischen Fallkonstellation für eine Ausnahme von § 35 Abs. 3 S. 3 BauGB: BVerwG, Urt. v. 26.04.2007 – 4 CN 3.06 -, BVerwGE 128, 382 (388).

konterkariert und das mit der Darstellung gemäß § 35 Abs. 3 S. 3 BauGB verfolgte Steuerungsziel nicht in Frage gestellt wird.[1657] Ähnlich den Voraussetzungen des § 31 Abs. 2 BauGB für eine Befreiung von den Festsetzungen des Bebauungsplans[1658] dürfen durch die Ausnahme die Grundzüge des Flächennutzungsplans nicht berührt werden.[1659] In der Literatur wird die Schaffung des gesetzlichen Planvorbehalts in § 35 Abs. 3 S. 3 BauGB in den Kontext einer zu beobachtenden Entwicklung für das Zulässigkeitsregime im Außenbereich gestellt.[1660] So sei zu konstatieren, dass die Zulässigkeit von Außenbereichsvorhaben nicht mehr alleine durch die Entscheidungen des Gesetzgebers und der Baugenehmigungsbehörden bestimmt werde, sondern verstärkt auch und in wesentlichen Teilen durch die Planungsentscheidungen der Gemeinden und begrenzt auch durch die Raumordnungspläne.[1661] Diese Entwicklung habe die Schaffung der gesetzlichen Grundlage für Innenbereichssatzungen gemäß § 34 Abs. 4 BauGB, die Aufwertung der Ziele der Raumordnung durch die Regelung des § 35 Abs. 3 S. 2 BauGB und die Regelung über die Außenbereichssatzung in § 35 Abs. 6 BauGB hervorgebracht. In diesen Zusammenhang sei auch die Regelung des § 35 Abs. 3 S. 3 zu stellen, in deren Folge dann auch die Schaffung des Instituts des Teilflächennutzungsplans gemäß § 5 Abs. 2b BauGB[1662] und der Zurückstellungsmöglichkeit gemäß § 15 Abs. 3 BauGB[1663] zu sehen sei.[1664]

(2) Die Darstellungen gemäß § 35 Abs. 3 S. 3 BauGB im Kontext der untergesetzlichen Rechtsvorschriften i.S.v. § 47 Abs. 1 VwGO

Seit der Kodifizierung des Planvorbehalts beschäftigen sich Rechtsprechung und Literatur mit der Frage, ob den Darstellungen gemäß § 35 Abs. 3 S. 3 BauGB Normcharakter zukommt. Diskutiert wird diese Frage regelmäßig im Zusammenhang mit der Statthaftigkeit einer Normenkontrolle gegen Flächennutzungspläne mit Darstellungen i.S.d. § 35 Abs. 3 S. 3 BauGB. Wie oben bereits aufgezeigt[1665], ist die Normenkontrolle gemäß § 47 Abs. 1 VwGO gegen untergesetzliche Rechtsvorschriften statthaft. Eine nähere Konkretisierung erfährt die Statthaftigkeit der Normenkontrolle in § 47 Abs. 1 Nr. 1 VwGO dahingehend, dass jedenfalls Satzungen nach dem BauGB und Rechtsverordnungen aufgrund des § 246 Abs. 2 BauGB taugliche

1657 BVerwG, Urt. v. 17.12.2002 – 4 C 15.01 -, BVerwGE, 117, 287 (302); *Rieger*, in Schrödter, BauGB, § 35, Rn. 165; *Decker*, JA 2015, 1 (6).

1658 Zur Vergleichbarkeit des Regel-Ausnahme-Verhältnisses bei § 35 Abs. 3 S. 3 BauGB und § 31 Abs. 2 BauGB: BVerwG, Urt. v. 26.04.2007 – 4 CN 3.06 -, BVerwGE 128, 382 (388).

1659 *Söfker*, in Ernst/Zinkahn/Bielenberg/Krautzberger, BauGB, § 35, Rn. 128a.

1660 *Söfker*, a.a.O., Rn. 123.

1661 *Söfker*, ebenda.

1662 Siehe hierzu oben 4. Teil, C., II., 3., c), aa), ccc).

1663 Siehe hierzu unten 4. Teil, C., II., 3., c), bb).

1664 *Söfker*, in Ernst/Zinkahn/Bielenberg/Krautzberger, BauGB, § 35, Rn. 123.

1665 Siehe oben 3. Teil, B., II., 2., b), aa), aaa).

Antragsgegenstände sind. Im Weiteren ist gemäß § 47 Abs. 1 Nr. 2 VwGO – wenn das Landesrecht dies zulässt – die Normenkontrolle gegen andere im Rang unter dem Landesgesetz stehende Rechtsvorschriften statthaft. Wie oben bereits geschildert, ist der strittige Begriff der Rechtsvorschrift i.S.d. § 47 Abs. 2 Nr. 2 VwGO durch eine Kombination von formellen und materiellen Kriterien einzugrenzen.[1666]

(a) Die Diskussion um die rechtliche Einordnung von Flächennutzungsplänen mit Darstellungen gemäß § 35 Abs. 3 S. 3 BauGB bis zum Jahre 2007

Infolge der Kodifizierung des Planvorbehalts mit dem am 01.01.1997 in Kraft getretenen Änderungsgesetz zum BauGB[1667] erkannte das BVerwG im Jahre 2002[1668] an, dass der Flächennutzungsplan im Rahmen von Darstellungen i.S.d. § 35 Abs. 3 S. 3 Var. 1 BauGB unmittelbare Außenwirkung entfalte und der Flächennutzungsplan insoweit Merkmale einer Inhalts- und Schrankenbestimmung i.S.d. Art. 14 Abs. 1 S. 2 GG aufweise. Im Jahre 2003 qualifizierte die höchstrichterliche Rechtsprechung die in einem Regionalplan enthaltenen Ziele der Raumordnung i.S.v. § 35 Abs. 3 S. 3 Var. 2 BauGB als Rechtsnormen, gegen die eine Normenkontrolle nach § 47 Abs. 1 Nr. 2 VwGO statthaft sei.[1669] Zur Begründung verwies das Gericht auf den Bedeutungszuwachs, den die Ziele der Raumordnung durch die neu geschaffene Regelung in § 35 Abs. 3 S. 3 Var. 2 BauGB erfahren haben. In diesem Zusammenhang führte das BVerwG auch aus, dass die bisherige höchstrichterliche Rechtsprechung – nach der die Darstellungen des Flächennutzungsplans keine Rechtsvorschriften seien und sich die unmittelbaren rechtlichen Wirkungen des Flächennutzungsplans auf den innergemeindlichen Bereich beschränkten – so pauschal nicht mehr zutreffe.[1670] Vielmehr wirkten die Darstellungen gemäß § 35 Abs. 3 S. 3 Var. 1 BauGB unmittelbar auf die Vorhabenzulassung ein.[1671] Der Flächennutzungsplan erfülle daher in dieser Konstellation eine dem Bebauungsplan vergleichbare Funktion. Die Möglichkeit der Normenkontrolle liege hier nicht fern.[1672] Gleichwohl gelte dies für sonstige Darstellungen des Flächennutzungsplans unverändert nicht. Denn diesen Darstellungen komme im Gegensatz zu den Zielen der Raumordnung keine verbindliche Regelungswirkung gegenüber dem Bürger zu.[1673]

In der Literatur wurde diese Entwicklung der Rechtsprechung aufgegriffen. Wurde Flächennutzungsplänen mit Darstellungen gemäß § 35 Abs. 3 S. 3 BauGB

1666 Siehe oben 3. Teil, B., II., 2., b), aa), aaa).
1667 G. v. 30.07.1996, BGBl. I S. 1189.
1668 BVerwG, Urt. v. 17.12.2002 – 4 C 15.01 -, BVerwGE 117, 287 (303).
1669 BVerwG, Urt. v. 20.11.2003 – 4 CN 6.03 -, BVerwGE 119, 217 (219 ff.).
1670 BVerwG, a.a.O., 225.
1671 BVerwG, ebenda.
1672 BVerwG, ebenda.
1673 BVerwG, ebenda.

vereinzelt schon vor dieser Rechtsprechung Normcharakter zugesprochen[1674], so geschah dies nun vermehrt.[1675] Entsprechend wurde in diesen Fällen auch die Normenkontrolle als statthaft erachtet. Hierbei wurde auf § 47 Abs. 1 Nr. 2 VwGO abgestellt.[1676] Im Rahmen der BauGB-Novelle 2004 (EAG-Bau) erfuhr der Planvorbehalt des § 35 Abs. 3 S. 3 BauGB mit der Einführung des Teilflächennutzungsplans gemäß § 5 Abs. 2b BauGB und der Zurückstellungsmöglichkeit nach § 15 Abs. 3 BauGB eine weitere Aufwertung.[1677] Das OVG Rheinland-Pfalz erachtete im Jahre 2005 einen Normenkontrollantrag gegen einen Flächennutzungsplan mit Konzentrationsflächen für Windenergieanlagen als statthaft.[1678] In dem Urteil führte das Gericht aus, dass Darstellungen des Flächennutzungsplans i.S.v. § 35 Abs. 3 S. 3 Var. 1 BauGB ein verbindlicher Regelungscharakter aufgrund einer planerischen Abwägungsentscheidung der plangebenden Gemeinde zukomme.[1679] Eine Überprüfbarkeit nach § 47 Abs. 1 Nr. 1 VwGO scheide von vornherein aus.[1680] Die Normenkontrolle sei vielmehr nach § 47 Abs. 1 Nr. 2 VwGO statthaft. Diese Rechtsauffassung bestätigte das OVG Rheinland-Pfalz noch einmal in einem Urteil aus dem Jahre 2006.[1681] Die Rechtsprechung des OVG Rheinland-Pfalz wurde in der Literatur weitgehend positiv aufgenommen.[1682] Vereinzelt wurden jedoch Bedenken geäußert. So wurde angemerkt, dass – entgegen der Annahme des OVG Rheinland-Pfalz die Normenkontrolle nicht nach § 47 Abs. 1 Nr. 2 VwGO, sondern in analoger Anwendung des § 47 Abs. 1 Nr. 1 VwGO statthaft sei.[1683] Hierfür spreche zum einen die Vergleichbarkeit der Rechtswirkungen des Flächennutzungsplans mit Darstellungen gemäß § 35 Abs. 3 S. 3 BauGB mit den Rechtswirkungen eines Bebauungsplans.[1684] Zum anderen gebiete auch das mit § 47 Abs. 1 Nr. 1 VwGO durch den Gesetzgeber verfolgte Ziel eines bundeseinheitlich ausgestalteten Rechtsschutzes gegen die die städtebaulichen

---

1674 *Redeker*, in: FS-Hoppe, S. 340; *Kment*, Rechtsschutz im Hinblick auf Raumordnungspläne, S. 133.

1675 *Hoppe*, DVBl. 2003, 1345 (1355); *Kment*, NVwZ 2003, 1047 (1055).

1676 *Kment*, Rechtsschutz im Hinblick auf Raumordnungspläne, S. 133; *Kment*, NVwZ 2003, 1047 (1055); *Kment*, NVwZ 2004, 314 (315); *Loibl*, UPR 2004, 419 (421 f.); *Leopold*, VR 2004, 325 (327 ff.); *Berkemann*, in: Berkemann/Halama, BauGB 2004, § 214, Rn. 175.

1677 Siehe zum Teilflächennutzungsplan oben 4. Teil, C., II., 3., c), aa), ccc) und zu der Zurückstellungsmöglichkeit unten 4. Teil, C., II., 3., c), bb).

1678 OVG RP, Urt. v. 08.12.2005 – 1 C 10065/05 -, NVwZ 2006, 1442 ff. Die zunächst eingelegte Revision gegen dieses Urteil – die bereits durch das OVG RP zugelassen wurde -, wurde später zurückgenommen und das Verfahren eingestellt, siehe BVerwG, Beschl. v. 06.02.2006 – 4 CN 1.06 -, BeckRS 2006, 21354.

1679 OVG RP, a.a.O., 1443.

1680 OVG RP, a.a.O., 1442.

1681 OVG RP, Urt. v. 20.07.2006 – 1 C 10052/06 -, BeckRS 2006, 26053.

1682 *Tigges*, ZNER 2005, 338 f.; *Jeromin*, NVwZ 2006, 1374 ff.; *Wolff*, JA 2007, 396 (397); *Steiff*, NZBau 2006, 774 f; *Guckelberger*, DÖV 2006, 973 (981).

1683 *W.-R. Schenke*, NVwZ 2007, 134 (140 f.).

1684 *W.-R. Schenke*, a.a.O., 141.

Regelungen nach dem BauGB eine analoge Anwendung dieser Norm hinsichtlich der Statthaftigkeit der Normenkontrolle gegen Flächennutzungspläne mit Darstellungen gemäß § 35 Abs. 3 S. 3 BauGB.[1685]

Zudem wurden vereinzelt auch grundsätzliche Bedenken gegen die durch das OVG Rheinland-Pfalz angenommene Statthaftigkeit einer Normenkontrolle gegen Flächennutzungspläne mit Darstellungen gemäß § 35 Abs. 3 S. 3 BauGB geäußert. Dies geschah unter Hinweis auf den Sinn und Zweck des § 47 Abs. 1 VwGO, die Entstehungsgeschichte der Regelung des § 35 Abs. 3 S. 3 BauGB und ihrer Rechtswirkungen sowie auf die unterschiedliche Rechtsqualität von Zielen der Raumordnung und Darstellungen des Flächennutzungsplans.[1686] So sei mit der Rechtsprechung des BVerwG vom 20.07.1990[1687] weiterhin davon auszugehen, dass der Einordnung des Flächennutzungsplans – auch eines solchen mit Darstellungen gemäß § 35 Abs. 3 S. 3 BauGB – als Rechtsvorschrift der Sinn und Zweck des § 47 Abs. 1 VwGO entgegenstehe, mit dem der Bundesgesetzgeber den Rechtsschutz im Städtebaurecht habe vereinheitlichen wollen.[1688] Entsprechend lasse sich aus dem Umstand, dass der Flächennutzungsplan in § 47 Abs. 1 Nr. 1 VwGO nicht genannt sei, folgern, dass auch eine entsprechende Bestimmung durch das Landesrecht gemäß § 47 Abs. 1 Nr. 2 ausgeschlossen sei.[1689] Hieran habe sich durch die Schaffung des § 35 Abs. 3 S. 3 BauGB nichts geändert, da der Flächennutzungsplan auch weiterhin nicht eine kommunale Satzung des Städtebaurechts sei.[1690] Weiterhin habe der Gesetzgeber mit der Schaffung des § 35 Abs. 3 S. 3 BauGB nur die Rechtsprechung des BVerwG aus dem Jahre 1987 zu den Konzentrationszonen für Abgrabungsflächen[1691] kodifizieren wollen.[1692] Das BVerwG habe aber auch im Nachgang zu dieser Entscheidung die Zulässigkeit der Normenkontrolle verneint, sodass auch der Gesetzgeber – der nur die Rechtsprechung des BVerwG habe kodifizieren wollen – mit der Schaffung des § 35 Abs. 3 S. 3 BauGB keine qualitative Änderung habe herbeiführen wollen. Entsprechend sei auch nicht mit einer Änderung der Rechtsprechung des BVerwG zu rechnen.[1693] I.Ü. bleibe es auch mit Blick auf die Darstellungen gemäß § 35 Abs. 3 S. 3 BauGB dabei, dass die rechtliche Außenwirkung des Flächennutzungsplans erst

1685 *W.-R. Schenke*, ebenda.

1686 *Dazert*, BauR 2007, 657 ff.

1687 BVerwG, Beschl. v. 20.07.1990 – 4 N 3.88 -, NVwZ 1991, 262.

1688 *Dazert*, BauR 2007, 657 (658 f.).

1689 *Dazert*, a.a.O., 658; hingegen weist *Guckelberger*, DÖV 2006, 973 (981) darauf hin, dass bei Änderung der VwGO im Jahre 1976 nicht abzusehen gewesen sei, wie sich die Instrumente zur Steuerung der städtebaulichen Entwicklung und Ordnung verändern werden. Dies spreche gegen die Annahme, dass der Gesetzgeber mit § 47 Abs. 1 Nr. 1 VwGO eine abschließende Regelung für das Baurecht treffen wollte.

1690 *Dazert*, a.a.O., 658 f.

1691 BVerwG, Urt. v. 22.05.1987 – 4 C 57.84 -, BVerwGE 77, 300 (303 ff.).

1692 *Dazert*, BauR 2007, 657 (659).

1693 *Dazert*, ebenda.

durch Tatbestandsmerkmale anderer Normen – hier des § 35 Abs. 3 S. 3 BauGB – hergestellt werde.[1694] Der Flächennutzungsplan biete auch mit den Darstellungen gemäß § 35 Abs. 3 S. 3 BauGB nur Anhaltspunkte für die noch vorzunehmende nachvollziehende Abwägung zwischen den Aussagen des Plans und dem Realisierungsinteresse des Vorhabenträgers.[1695] Mit der Schaffung des § 35 Abs. 3 S. 3 BauGB sei lediglich das Gewicht der mit diesen Darstellungen verbundenen Negativausweisungen erhöht worden, sodass in diesen Fällen bei Anwendung des § 35 Abs. 1 BauGB regelmäßig das Entgegenstehen öffentlicher Belange anzunehmen sei.[1696] Schließlich seien Darstellungen des Flächennutzungsplans gemäß § 35 Abs. 3 S. 3 BauGB auch nicht mit Zielen der Raumordnung vergleichbar, deren unmittelbare Außenwirkung gesetzlich verankert sei.[1697]

(b) Das Urteil des BVerwG vom 26.04.2007 (4 CN 3.06) und seine Rezeption

Gegen das Urteil des OVG Rheinland-Pfalz aus dem Jahre 2006[1698] wurde Revision eingelegt, über die das BVerwG im Jahre 2007 entschied.[1699] Hierbei vollzog es den Wandel in seiner Rechtsprechung, den es in seinem Urteil zu der Rechtsqualität von Zielen der Raumordnung im Jahre 2003[1700] bereits angedeutet hatte: Gegen Flächennutzungspläne mit Darstellungen i.S.v. § 35 Abs. 3 S. 3 BauGB sei die Normenkontrolle statthaft.[1701] Allerdings zog das BVerwG, abweichend von der Vorinstanz und der ganz überwiegenden Ansicht in der Literatur[1702], für die Statthaftigkeit der Normenkontrolle den § 47 Abs. 1 Nr. 1 VwGO in analoger Anwendung heran.[1703] Der durch das vorinstanzliche OVG Rheinland-Pfalz für einschlägig erachtete § 47 Abs. 1 Nr. 2 VwGO werde dem durch den Bundesgesetzgeber mit der Einführung des § 47 Abs. 1 Nr. 1 VwGO verfolgten Ziel der einheitlichen Ausgestaltung des Rechtsschutzes gegen Bebauungspläne insbesondere für die in privaten Belangen berührten Planbetroffenen nicht gerecht.[1704] Nach ständiger Rechtsprechung des BVerwG komme Darstellungen eines Flächennutzungsplans gemäß der grundlegenden Konzeption des BauGB aus sich heraus keine unmittelbare rechtliche

1694 *Dazert*, ebenda.
1695 *Dazert*, ebenda.
1696 *Dazert*, ebenda.
1697 *Dazert*, ebenda.
1698 OVG RP, Urt. v. 20.07.2006 – 1 C 10052/06 -, BeckRS 2006, 26053.
1699 BVerwG, Urt. v. 26.04.2007 – 4 CN 3.06 -, BVerwGE 128, 382 ff.
1700 BVerwG, Urt. v. 20.11.2003 – 4 CN 6.03 -, BVerwGE 119, 217 (225).
1701 BVerwG, Urt. v. 26.04.2007 – 4 CN 3.06 -, BVerwGE 128, 382 (384).
1702 Der ganz überwiegende Teil der Stimmen in der rechtswissenschaftlichen Literatur, die vor der Entscheidung des BVerwG am 26.04.2007 eine Normenkontrolle gegen (bestimmte) Darstellungen des Flächennutzungsplans befürworteten, bejahten die Statthaftigkeit nach § 47 Abs. 1 Nr. 2 VwGO. Anders – soweit ersichtlich – zuvor nur *W.-R. Schenke*, NVwZ 2007, 134 (140 f.).
1703 BVerwG, Urt. v. 26.04.2007 – 4 CN 3.06 -, BVerwGE 128, 382 (384 ff.).
1704 BVerwG, a.a.O., 384 f.

Bindungswirkung gegenüber Dritten zu.[1705] Funktional sei der Flächennutzungsplan der vorbereitende Bauleitplan, dessen Rechtswirkungen durch den gemeindeinternen Bereich begrenzt würden und sich inhaltlich durch das Entwicklungsgebot des § 8 Abs. 2 BauGB auswirkten.[1706] Der Gesetzgeber sei aber befugt, den Darstellungen des Flächennutzungsplans – jenseits seiner so beschriebenen Steuerungsfunktion im Kontext der zweistufigen Bauleitplanung – eine weitergehende Bedeutung für die Zulässigkeit von Vorhaben im Einzelfall beizugeben.[1707] Entsprechend würden mit § 35 Abs. 3 S. 1 Nr. 1 BauGB die Darstellungen des Flächennutzungsplans zu öffentlichen Belangen, die der Vorhabenzulässigkeit im Außenbereich entgegenstehen können. Mit der Kodifizierung des Planvorbehalts gemäß § 35 Abs. 3 S. 3 BauGB sei der Gesetzgeber hierüber noch hinausgegangen und habe bestimmten Darstellungen ein Ausmaß an rechtlicher Verbindlichkeit beigelegt, das den Umfang der herkömmlichen Wirkungen deutlich überschreite.[1708] Hierdurch sei der Flächennutzungsplan gesetzgeberisch zu einem qualifizierten Instrument der gemeindlichen Standortplanung aufgewertet worden.[1709] Die durch das EAG-Bau eingefügte Zurückstellungsmöglichkeit des § 15 Abs. 3 BauGB habe die rechtliche Steuerungswirkung des Flächennutzungsplans mit Darstellungen gemäß § 35 Abs. 3 S. 3 BauGB weiter befördert.[1710] Darstellungen gemäß § 35 Abs. 3 S. 3 BauGB entfalteten hinsichtlich des ihnen zukommenden materiellrechtlichen Regelungsgehalts und Regelungsanspruchs eine den Festsetzungen des Bebauungsplans gleichkommende Bindungskraft.[1711] Hierdurch sei eine planwidrige Regelungslücke entstanden, die es mit der analogen Anwendung des § 47 Abs. 1 Nr. 1 VwGO zu schließen gelte.[1712] Demgegenüber entfalte § 47 Abs. 1 Nr. 1 VwGO auch keine Sperrwirkung.[1713] Soweit in der früheren Rechtsprechung des Senats darauf hingewiesen wurde, dass einer Normenkontrolle gegen Flächennutzungspläne der Sinn und Zweck des § 47 Abs. 1 VwGO und dem in dieser Vorschrift zum Ausdruck kommenden gesetzgeberischen Willen entgegenstehe, werde diese Ansicht hinsichtlich der Darstellungen gemäß § 35 Abs. 3 S. 3 BauGB nicht aufrechterhalten.[1714] Schließlich könne auch der am 01.01.2007 in Kraft getretenen prozessualen Präklusionsregelung des § 47 Abs. 2a VwGO nichts gegen die analoge Anwendung des § 47 Abs. 1 Nr. 1 VwGO in Bezug auf Flächennutzungspläne mit Darstellungen gemäß § 35 Abs. 3 S. 3 BauGB

1705 BVerwG, a.a.O., 386.
1706 BVerwG, ebenda.
1707 BVerwG, ebenda.
1708 BVerwG, a.a.O., 386 f.
1709 BVerwG, a.a.O., 388.
1710 BVerwG, ebenda.
1711 BVerwG, a.a.O., 388 f.
1712 BVerwG, ebenda.
1713 BVerwG, a.a.O., 389 f.; *Battis*, JZ 2007, 1153 (1154) merkt zu den Ausführungen des Urteils an dieser Stelle an, dass „der Senat bei Lückenfindung und Lückenschluss nicht ohne Skrupel" gewesen sei.
1714 BVerwG, a.a.O., 390.

entnommen werden. Zwar werde hier der Flächennutzungsplan nicht genannt. Jedoch sei weder dem Wortlaut des § 47 Abs. 2a VwGO noch den Gesetzesmaterialien zu entnehmen, dass der Gesetzgeber die Regelungslücke erkannt habe und mit der Regelung des § 47 Abs. 2a VwGO die analoge Anwendung des § 47 Abs. 1 Nr. 1 VwGO ausschließen wollte.[1715] Im Ergebnis hat das BVerwG damit – ohne dies ausdrücklich auszuführen – den Darstellungen des Flächennutzungsplans gemäß § 35 Abs. 3 S. 3 BauGB den Charakter einer Rechtsnorm im materiellen Sinn zuerkannt.[1716]

Die neue Rechtsprechung des BVerwG stieß in der Literatur überwiegend auf Zustimmung.[1717] Während zum Teil von einer „kleinen Sensation"[1718] die Rede war, stellten andere Literaturstimmen fest, es handele sich um die stringente Fortentwicklung der bisherigen Rechtsprechung[1719], sodass nicht ernsthaft Zweifel an der Zulassung der prinzipalen Normenkontrolle gegen Flächennutzungspläne im Hinblick auf § 35 Abs. 3 S. 3 BauGB hätten bestehen können[1720]. Auch wurde das Urteil des BVerwG als gelungenes Beispiel für die erfolgreiche Zusammenarbeit von Rechtslehre und Rechtsprechung bezeichnet.[1721] Während z.T. betont wurde,

---

1715 BVerwG, a.a.O., 390 f.

1716 OVG RP, Beschl. v. 04.09.2015 – 8 C 10384/15 -, juris unter Bezug auf BVerwG, Urt. v. 26.04.2007 – 4 CN 3.06 -, BVerwGE 128, 382 ff. Hingegen hat OVG RP, Urt. v. 18.10.2007 – 1 C 10138/07 -, ZfBR 2008, 67 (68) noch betont, dass das BVerwG den Flächennutzungsplan nicht als Rechtsnorm bezeichnet habe, sondern lediglich aufgrund der hinsichtlich des Regelungsgehalts mit einem Bebauungsplan vergleichbaren Funktion der Darstellungen gemäß § 35 Abs. 3 S. 3 BauGB eine analoge Anwendung des § 47 Abs. 1 Nr. 1 VwGO für sachgerecht erachte.

1717 *Stüer*, BauR 2007, 1495 ff.; *Battis*, JZ 2007, 1153 f.; *Lahme*, ZNER 2007, 225 f. der bezüglich der durch das BVerwG bejahten Statthaftigkeit gemäß § 47 Abs. 1 Nr. 1 VwGO analog davon spricht, dass „dieser Lösungsweg uneingeschränkt zu begrüßen sei".; *Wollenteit*, NVwZ 2008, 1281 ff.; *Hufen*, JuS 2008, 926 (927), der drauf hinweist, dass die „fehlende rechtliche Kontrolle (...) vor allem in Fällen des § 35 III 1–3 BauGB immer bedenklich" gewesen sei; *Scheidler*, DVP 2007, 503 ff.; *Scheidler*, DÖV 2008, 766 ff.; ablehnend: *Herrmann*, NVwZ 2009, 1185 ff, der ebenfalls konstatiert, dass die Entscheidung des BVerwG in der Literatur nahezu uneingeschränkte Zustimmung gefunden habe, in der Folge aber selbst die Gebotenheit der Normenkontrolle verneint. Vielmehr sei die allgemeine Feststellungsklage wegen ihrer Einzelfallbezogenheit besser geeignet, die Zulässigkeit einer Konzentrationszone zu überprüfen.

1718 In dieser Diktion der Rechtsprechung zustimmend: *Lahme*, ZNER 2007, 225.

1719 *Scheidler*, DVP 2007, 503; in dieser Tendenz auch *Stüer*, BauR 2007, 1495 (1503), der unter Hinweis auf die Rechtsprechung des BVerwG zu den Abgrabungskonzentrationszonen (BVerwG, Urt. v. 22.05.1987 – 4 C 57.84 -, BverwGE 70, 300 ff.) drauf hinweist, dass die neue Rechtsprechung nicht ganz überraschend daherkomme.

1720 *Wollenteit*, NVwZ 2008, 1281.

1721 *Battis*, JZ 2007, 1153 (1154); nach Battis, Ad Legendum 2012, 153 (157) ist die neue Rechtsprechung des BVerwG „ein weiteres Beispiel richterlicher Rechtsfortbildung, die den Rechtsschutz des privaten Grundeigentums gegenüber intensivierter planerischer Ausgestaltung von Inhalt und Schranken des Eigentums durch einen

dass die Statthaftigkeit der Normenkontrolle auf Flächennutzungspläne mit Darstellungen gemäß § 35 Abs. 3 S. 3 BauGB begrenzt sei[1722], zeigten sich andere Stimmen für eine zukünftige Erweiterung auf andere Darstellungsarten offen[1723] oder forderten sie offensiv[1724]. Allerdings stieß die Rechtsprechung des BVerwG auch auf Kritik. Vereinzelt wurde vertreten, dass die Statthaftigkeit der Normenkontrolle gemäß § 47 Abs. 1 Nr. 1 VwGO nicht im Wege der Analogie, sondern in direkter Anwendung der Norm zu bejahen sei.[1725] Denn bei Flächennutzungsplänen mit Darstellungen gemäß § 35 Abs. 3 S. 3 BauGB handele es sich mit Blick auf ihre Außenwirkungen um Satzungen nach dem BauGB, auch wenn sie dort nicht ausdrücklich so bezeichnet würden.[1726] Andere Literaturstimmen begegneten der Rechtsprechung des BVerwG mit grundsätzlichen Zweifeln. So leide die Entscheidung des BVerwG unter dogmatischer Begründungsschwäche.[1727] Für eine analoge Anwendung der Normenkontrolle sei schon grundsätzlich kein Raum, da diese nur zusätzlich und aus Zweckmäßigkeitsgründen zu den bestehenden und ausreichenden Rechtsschutzmöglichkeiten der VwGO eingeführt worden sei.[1728] Die bestehenden inzidenten Kontrollmöglichkeiten reichten aus. Im Übrigen könne gegen

---

materiellen Rechtssatz eigener Art verstärkt, ohne auf den Gesetzgeber zu warten". In dieser Tendenz auch *Stüer*, BauR 2007, 1495 (1503), der die Rechtsprechung des BVerwG zur Statthaftigkeit einer Normenkontrolle gegen Flächennutzungspläne mit Darstellungen gemäß § 35 Abs. 3 S. 3 BauGB als Beleleg dafür sieht, dass die Rechtsprechung nicht nur die „Aufgabe eines Statisten oder ‚Subsumtionsautomaten'" habe.

1722 OVG RP, Urt. v. 18.10.2007 – 1 C 10138/07 -, ZfBR 2008, 67 (68); *Scheidler*, DVP 2007, 503 (506); *Scheidler*. DÖV 2008, 766 (770); *Held*, LKRZ 2008, 367 (371 f.); *Schröter*, Bauvorhaben im Außenbereich, S. 797; *Keilbach*, Rechtsschutz gegen Flächennutzungspläne, S. 133.

1723 *Gatz*, jurisPR-BVerwG 16/2007 Anm. 3; *Stüer*, BauR 2007, 1495 (1503); *Hufen*, JuS, 2008, 926 (928).

1724 *Lahme*, in: ZNER 2007, 225 (226), der es jedenfalls nicht für unwahrscheinlich hält, dass das BVerwG die Normenkontrollmöglichkeit auch gegen Flächennutzungspläne ohne Darstellungen i.S.v. § 35 Abs. 3 S. 3 BauGB eröffnen wird; *Battis*, JZ 2007, 1153 (1154) hält die Möglichkeit der Normenkontrolle gegen Flächennutzungspläne für begrenzt auf „eine bestimmte Konstellation im Außenbereich"; nach *Hufen*, VerwProzR, § 19, Rn. 12 bleibt es weiterhin unerfindlich, warum der „gewöhnliche" Flächennutzungsplan mit seinen „gleichfalls erheblichen faktischen und rechtlichen Wirkungen" nicht der Normenkontrolle unterliegen soll.

1725 *Keilbach*, Rechtsschutz gegen Flächennutzungspläne, S. 135 ff.

1726 *Keilbach*, ebenda.

1727 *Herrmann*, NVwZ 2009, 1185 (1187), der für den Fall, dass man der Rechtsprechung des BVerwG folgen wolle, weiter ausführt, es liege dann nahe – auch wenn das BVerwG sich hierzu restriktiv geäußert habe – zu fragen, ob gegen andere Darstellungen auch die Normenkontrolle statthaft sei. Dies gelte für Darstellungen, die zukünftige Nutzungen hinreichend konkret bestimmen und somit als öffentliche Belange der Zulässigkeit von Nutzungen entgegenstehen können.

1728 *Herrmann*, a.a.O., 1187 f.

Darstellungen eines Flächennutzungsplans i.S.v. § 35 Abs. 3 S. 3 BauGB auch im Wege der Feststellungsklage vorgegangen werden.[1729] Aber auch wenn man die Statthaftigkeit der prinzipalen Normenkontrolle grundsätzlich bejahe, so sei diese nicht anlog § 47 Abs. 1 Nr. 1 VwGO, sondern gemäß § 47 Abs. 1 Nr. 2 VwGO statthaft.[1730] Mit der analogen Anwendung des § 47 Abs. 1 Nr. 1 VwGO habe das BVerwG implizit den Darstellungen gemäß § 35 Abs. 3 S. 3 BauGB die Eigenschaft als Rechtsvorschrift zuerkannt.[1731] Dann sei aber § 47 Abs. 1 Nr. 2 VwGO einschlägig, dessen in seiner Formulierung zum Ausdruck kommende Eigenschaft als Auffangtatbestand einer Lückenfüllung im Wege der Analogie entgegenstehe.[1732] Der Umstand, dass drei Bundesländer die Normenkontrolle gemäß § 47 Abs. 1 Nr. 2 VwGO nicht eingeführt haben, genüge für die Analogiebildung nicht.[1733] Fehl gehe auch die Begründung des BVerwG, dass der Flächennutzungsplan mit Darstellungen i.S.v. § 35 Abs. 3 S. 3 BauGB in seinen Wirkungen mit dem Bebauungsplan vergleichbar sei. Denn der Bebauungsplan bestimme die Vorhabenzulässigkeit in positiver und negativer Hinsicht abschließend, während die Darstellung i.S.v. § 35 Abs. 3 S. 3 BauGB nur die Unzulässigkeit einer einzigen Nutzungsart außerhalb der Konzentrationszone nach sich ziehe.[1734] Daher sei – wenn man die Notwendigkeit der prinzipalen Normenkontrolle überhaupt bejahen wolle – § 47 Abs. 1 Nr. 2 VwGO einschlägig.[1735]

1729 *Herrmann*, a.a.O., 1188 f.

1730 *Herrmann*, a.a.O., 1189 f., der darauf hinweist, dass dies überhaupt nur dann gelte, wenn man den Darstellungen i.S.v. § 35 Abs. 3 S. 3 BauGB abstrakt-generelle Wirkung – und damit keine Eigenschaft als Allgemeinverfügung – und Außenwirkung zuspreche. *Herrmann* deutet hierzu Zweifel an, ohne diese tiefergehend auszuführen.

1731 *Herrmann*, a.a.O., 1189.

1732 *Herrmann*, ebenda; *Erbguth/Schubert*, Öffentliches Baurecht, § 15, Rn. 15; ebenfalls ablehnend: *Ziekow*, in: Sodan/Ziekow, VwGO, § 47, Rn. 79b.

1733 *Herrmann*, a.a.O., 1190, der im Übrigen auch die Planwidrigkeit der Regelungslücke anzweifelt. So habe der Bundesgesetzgeber noch 2006 die Regelung des § 47 Abs. 1 Nr. 1 VwGO durch die Präklusionsvorschrift in § 47 Abs. 2a VwGO ergänzt, ohne sich der seinerzeit schon aktuellen Diskussion zur Statthaftigkeit der Normenkontrolle gegen Flächennutzungspläne anzunehmen. Nach *Bringewat*, NVwZ 2013, 984 (985) sprechen die Gesetzesmaterialien hingegen dafür, dass die Frage der Statthaftigkeit einer Normenkontrolle gegen Flächennutzungspläne bei der Schaffung des § 47 Abs. 2a VwGO übersehen wurde.

1734 *Herrmann*, a.a.O., 1189.

1735 *Herrmann*, a.a.O., 1190; *Ziekow*, in: Sodan/Ziekow, VwGO, § 47, Rn. 79b; ebenfalls für die Statthaftigkeit nach § 47 Abs. 1 Nr. 2 VwGO: *Erbguth/Schubert*, Öffentliches Baurecht, § 15, Rn. 15; auch *Kalb/Külpmann*, in Ernst/Zinkahn/Bielenberg/Krautzberger, BauGB, § 10, Rn. 219 konstatieren, dass der Rückgriff auf § 47 Abs. 1 Nr. 2 VwGO dogmatisch näher gelegen hätte, da angesichts dieser Vorschrift die Annahme einer durch § 47 Abs. 1 Nr. 1 VwGO analog zu füllenden Regelungslücke zweifelhaft sei. Durch den Rückgriff auf § 47 Abs. 1 Nr. 1 VwGO analog solle vielmehr eine unter

(c) Das Urteil des BVerwG vom 31.01.2013 (4 CN 1.12) und seine Rezeption

Im Jahre 2013 präzisierte das BVerwG seine Rechtsprechung zur Statthaftigkeit der Normenkontrolle gegen Flächennutzungspläne mit Darstellungen gemäß § 35 Abs. 3 S. 3 BauGB[1736] und setzte der analogen Anwendung des § 47 Abs. 1 Nr. 1 VwGO zugleich enge Grenzen.[1737] So sei möglicher Gegenstand der statthaften Normenkontrolle nach § 47 Abs. 1 Nr. 1 VwGO analog ausschließlich die Willensentscheidung des Plangebers, mit Ausweisungen für privilegierte Nutzungen gemäß § 35 Abs. 1 Nr. 2–6 BauGB die Ausschlusswirkungen nach § 35 Abs. 3 S. 3 BauGB außerhalb dieser Ausweisungen zu erzeugen.[1738] Im Übrigen seien die Darstellungen des Flächennutzungsplans einer Normenkontrolle gemäß § 47 VwGO nicht zugänglich.[1739] So habe der Plangeber die Wahl, ob er mit der Darstellung von Positivflächen für Nutzungen i.S.v. § 35 Abs. 1 Nr. 2–6 BauGB[1740] lediglich die Fläche für die jeweilige Nutzung vorhalten oder zugleich mit dieser Darstellung auch die Ausschlusswirkung des § 35 Abs. 3 S. 3 BauGB erzeugen wolle.[1741] Denn die Ausschlusswirkungen würden – anders als bei der Festlegung von Eignungsgebieten i.S.d. § 8 Abs. 7 S. 1 Nr. 3 ROG – bei der Darstellung von positiven Standortzuweisungen für die Nutzungen i.S.d. § 35 Abs. 1 Nr. 2–6 BauGB nicht automatisch erzeugt. Es bedürfe vielmehr einer entsprechenden planerische Willensbetätigung dahingehend, dass mit der dargestellten Positivfläche zugleich die Ausschlusswirkung i.S.v. § 35 Abs. 3 S. 3 BauGB außerhalb dieser Flächen erreicht werden soll.[1742] Da erst die Willensbetätigung des Plangebers dem Flächennutzungsplan eine mit den Bebauungsplanfestsetzungen vergleichbare und die analoge Anwendung des § 47 Abs. 1 Nr. 1 VwGO begründende Funktion zukommen lasse, sei es geboten, die analoge Anwendung des § 47 Abs. 1 Nr. 1 VwGO auch auf die Frage der Wirksamkeit dieser planerischen Entscheidung zu begrenzen.[1743] Statthaft gemäß § 47 Abs. 1 Nr. 1 VwGO analog sei daher alleine

---

rechtspolitischen Gesichtspunkten sinnvolle bundeseinheitliche Praxis gesichert werden.

1736 BVerwG, Urt. v. 31.01.2013 – 4 CN 1.12 -, BVerwGE 146, 40 ff.

1737 *Reicherzer/Freitag*, IR 2013, 183 (184).

1738 BVerwG, Urt. v. 31.01.2013 – 4 CN 1.12 -, BVerwGE 146, 40 (42 ff.). Das BVerwG hat daher den Normenkontrollantrag der Antragstellerin - die Windenergieanlagen innerhalb der Konzentrationszone errichten wollte und der Ansicht war, die dort dargestellte Höhenbegrenzung sei rechtswidrig – für unstatthaft erachtet. Soweit sich die Antragstellerin statthaft gegen das in den textlichen Darstellungen geregelte Entgegenstehen öffentlicher Belange i.S.v. § 35 Abs. 3 S. 3 BauGB außerhalb der Konzentrationszone wende, sei sie nicht antragsbefugt. Denn sie habe nicht geltend gemacht, dass ihr dort Nutzungsmöglichkeiten genommen würden.

1739 BVerwG, a.a.O., 42.

1740 Die Ausführungen des BVerwG, a.a.O., 44 f. beziehen sich konkret auf die Windenergienutzung i.S.v. § 35 Abs. 1 Nr. 5 BauGB.

1741 BVerwG, a.a.O., 44 f.

1742 BVerwG, a.a.O., 44.

1743 BVerwG, ebenda.

der Antrag, die Darstellungen insoweit für unwirksam zu erklären, als sich in ihnen der Wille des Plangebers zeige, mit der Darstellung von Positivflächen für Vorhaben gemäß § 35 Abs. 1 Nr. 2–6 BauGB die Ausschlusswirkungen des § 35 Abs. 3 S. 3 BauGB zu erzeugen.[1744] Hingegen sei die Darstellung von Konzentrationszonen für sich genommen kein tauglicher Gegenstand einer Normenkontrolle in analoger Anwendung des § 47 Abs. 1 Nr. 1 VwGO.[1745] Zwar seien die positiven Rechtswirkungen der Darstellungen einer Konzentrationsfläche insofern mit den Bindungswirkungen von Bebauungsplanfestsetzungen vergleichbar, als dort die jeweiligen privilegierten Vorhaben hinsichtlich der Art der Nutzung zulässig seien.[1746] So hatte das BVerwG in einem Urteil aus dem Jahre 2011 festgehalten, dass durch die mit der Darstellung gemäß § 35 Abs. 3 S. 3 BauGB verbundene Positivfläche „in der Bindungswirkung einem Bebauungsplan vergleichbar [bestimmt wird], dass in den dargestellten Konzentrationsflächen die bevorzugten Vorhaben ihrer Art nach zulässig sind"[1747]. In seiner Entscheidung vom 31.01.2013 führt das BVerwG unter Rekurs auf dieses Urteil aus, dass es hier jedoch an der für eine Analogie vorausgesetzten planwidrigen Regelungslücke fehle, da diese Wirkungen nicht aus der Kodifizierung des Planvorbehalts gemäß § 35 Abs. 3 S. 3 BauGB folgten, sondern dem Gesetzgeber schon bei Schaffung der bundesweiten Möglichkeit einer Normenkontrolle gemäß § 47 Abs. 1 Nr. 1 VwGO bekannt gewesen seien.[1748] Zwar stünden Konzentrations- und Ausschlussfläche insofern in einem Komplementärverhältnis, als die Ausschlussflächen negativ über die Konzentrationsflächen definiert würden. Eine Verzahnung von Positiv- und Negativflächen zeige sich auch in dem auf der Ebene der Abwägung zu verlangenden schlüssigen gesamträumlichen Konzept sowie in dem Erfordernis, der einschlägigen privilegierten Nutzung i.S.d. § 35 Abs. 1 Nr. 2–6 BauGB[1749] substanziell Raum zu verschaffen.[1750] Daher sei eine wirksame Planung der Konzentrationsflächen zwar unter mehreren Gesichtspunkten tatbestandliche Voraussetzung der Ausschlusswirkung gemäß § 35 Abs. 3 S. 3 BauGB, ohne damit selbst unmittelbar der Normenkontrolle in analoger Anwendung des § 47 Abs. 1 Nr. 1 VwGO zugänglich zu sein.[1751] Es handele sich vielmehr um eine gerichtlich inzident zu prüfende Vorfrage.[1752]

1744 BVerwG, a.a.O., 45 f.
1745 BVerwG, a.a.O., 46.
1746 BVerwG, ebenda unter Rekurs auf BVerwG, Urt. v. 20.05.2010 – 4 C 7.09 -, BVerwGE 137, 74 (84).
1747 BVerwG, Urt. v. 20.05.2010 – 4 C 7.09 -, BVerwGE 137, 74 (85).
1748 BVerwG, Urt. v. 31.01.2013 – 4 CN 1.12 -, BVerwGE 146, 40 (46).
1749 Das BVerwG, ebenda bezieht sich speziell auf die Nutzung der Windenergie.
1750 BVerwG, a.a.O., 47.
1751 BVerwG, ebenda.
1752 BVerwG, ebenda.

Ebenso wenig wie gegen die Konzentrationsfläche selbst sei auch ein Normenkontrollantrag gegen die dort vorgesehenen Beschränkungen[1753] – im durch das BVerwG entschiedenen Fall eine Höhenbegrenzung für Windenergieanlagen – nach § 47 Abs. 1 Nr. 1 VwGO analog statthaft.[1754] Zwar könnten auch diese die zulässigen Nutzungen erheblich einschränken[1755]. Sie unterlägen jedoch als öffentlicher Belang i.S.v. § 35 Abs. 3 S. 1 Nr. 1 BauGB einer nachvollziehenden Abwägung.[1756] Auch gelte hier wiederum, dass der Gesetzgeber diese Rechtswirkungen bei Einführung der bundesweiten Möglichkeit der Normenkontrolle gemäß § 47 Abs. 1 Nr. 1 VwGO kannte und damit die für eine Analogie vorauszusetzende planwidrige Regelungslücke fehle.[1757]

Während Teile der Literatur das Urteil des BVerwG vom 31.01.2013 als Sicherung der Rechtsschutzmöglichkeiten mit Blick auf die Planungen für den Außenbereich begrüßten[1758], bezweifelten andere Stimmen, ob das BVerwG mit dieser restriktiven Anwendung der Normenkontrolle gegen Konzentrationsflächenplanungen dem Zweck der Normenkontrolle noch gerecht werde[1759]. So habe die Rechtsprechung die Anforderungen an das gesamträumliche Planungskonzept bei der Darstellung von Konzentrationszonen gerade mit Blick auf den Umstand entwickelt, dass eine getrennte Betrachtung der mit der Darstellung der Positivfläche einhergehenden Zuweisung in die Konzentrationszone einerseits und der damit verbundenen Ausschlusswirkung auf den Negativflächen andererseits nicht sinnvoll sei.[1760] Durch die mit dem Urteil vom 31.01.2013 postulierten Einschränkungen der Normenkontrolle werde die frühe und einheitliche Klärung der mit den Darstellungen gemäß § 35 Abs. 3 S. 3 BauGB einhergehenden Rechtsfragen verhindert.[1761]

1753 *Kalb/Külpmann*, in Ernst/Zinkahn/Bielenberg/Krautzberger, BauGB, § 10, Rn. 219 unter Verweis auf BVerwG, Urt. v. 31.01.2013 – 4 CN 1.12 -, BVerwGE 146, 40 ff.

1754 BVerwG, a.a.O., 47 f.

1755 BVerwG, a.a.O., 47.

1756 BVerwG, ebenda.

1757 BVerwG, a.a.O., 47 f.

1758 *Bringewat*, NVwZ 2013, 984 (987), der unter Bezugnahme auf BVerwG, Urt. v. 31.01.2013 – 4 CN 1.12 -, BVerwGE 146, 40 ff. davon spricht, diese Entscheidung erweitere und sichere die Rechtsschutzmöglichkeiten. Der Aspekt der Erweiterung wird von ihm nicht näher ausgeführt. Festzuhalten ist insofern, dass das Urteil vom 31.01.2013 die Statthaftigkeit der Normenkontrolle gerade nicht erweitert, sondern – ausgehend von BVerwG, Urt. v. 26.04.2007 – 4 CN 3.06 -, BVerwGE 128, 382 ff. – gerade einschränkend präzisiert.

1759 *Reicherzer/Freitag*, IR 2013, 183 (184).

1760 *Reicherzer/Freitag*, ebenda.

1761 *Reicherzer/Freitag*, a.a.O., 184 f., die neben der Einschränkung der Statthaftigkeit der Normenkontrolle auch auf die restriktive Auslegung der Antragsbefugnis durch das BVerwG abzielen. Zu den Fragen der Antragsbefugnis siehe auch *Frey*, NVwZ 2013, 1184 (1185 ff.).

Zum Teil wird darauf hingewiesen, die Präzisierung der Rechtsprechung bringe die Notwendigkeit einer Änderung der gerichtlichen Tenorierungspraxis mit sich.[1762] Soweit der Tenor bisher sowohl die Unwirksamkeit der Vorrangwirkung in der Konzentrationszone als auch die Unwirksamkeit der Ausschlusswirkung außerhalb der Zone umfasst habe, müsse er – vor dem Hintergrund, dass nunmehr nur die Entscheidung des Plangebers zur Herbeiführung der Ausschlusswirkung Gegenstand der Normenkontrolle sein könne – jetzt dahingehend lauten, dass der Darstellung der Konzentrationszone die Rechtswirkungen des § 35 Abs. 3 S. 3 BauGB nicht zukommen.[1763] Hingegen weisen andere Stimmen in der Literatur darauf hin, dass – wenn der Normenkontrollantrag statthaft und auch ansonsten zulässig ist – der gerichtliche Prüfungsumfang nicht von vornherein auf die Ausschlusswirkung der Darstellungen gemäß § 35 Abs. 3 S. 3 BauGB beschränkt sei. Insofern sei im Einzelfall – insbesondere, wenn für die Darstellungen gemäß § 35 Abs. 3 S. 3 BauGB kein Teilflächennutzungsplan aufgestellt wurde, sondern diese Bestandteil eines gemeindeweiten Flächennutzungsplans sind – zu klären, ob die Darstellungen i.S.v. § 35 Abs. 3 S. 3 BauGB selbständige Teile des Flächennutzungsplans sind und damit isoliert für unwirksam erklärt werden könnten.[1764] Sei die Teilbarkeit nicht gegeben, so habe das Normenkontrollgericht auf die Gesamtunwirksamkeit des Flächennutzungsplans zu erkennen.[1765] Ist der Flächennutzungsplan nicht teilbar, so ziehe dies auch die Ausweitung des Prüfungsumfangs nach sich. Erwiesen sich im Rahmen einer statthaften Normenkontrolle die Darstellungen, in denen die Planungsentscheidung der Gemeinde für die Ausschlusswirkungen des § 35 Abs. 3 S. 3 BauGB zum Ausdruck komme, nicht als unwirksam, so dürfe das Normenkontrollgericht – bei Unteilbarkeit des Plans – die Prüfung nicht an dieser Stelle abbrechen.[1766] Vielmehr habe es dann auch die Darstellungen ohne Außenwirkung auf ihre Wirksamkeit zu prüfen, die nach der Rechtsprechung isoliert nicht mit der Normenkontrolle angegriffen werden können.[1767] Dies folge auch aus dem Charakter der Normenkontrolle, für deren Zulässigkeit zwar die Verletzung subjektiver Rechte geltend gemacht werden muss, deren Prüfungsumfang in der Begründetheit

---

1762 *Gatz*, jurisPR-BVerwG 11/2013, Anm. 5 zu Konzentrationsflächen für die Windenergie.

1763 *Gatz*, ebenda, speziell unter dem Gesichtspunkt der Konzentrationsflächen für die Windenergie.

1764 *Bringewat*, NVwZ 2013, 984 (985).

1765 *Bringewat*, ebenda.

1766 *Bringewat*, ebenda.

1767 *Bringewat*, ebenda; auch *Frey*, NVwZ 2013, 1184 (1189) spricht davon, dass das Normenkontrollgericht den angegriffenen Flächennutzungsplan umfänglich an höherrangigem Recht prüfe. Allerdings stehen im Fokus dieser Abhandlung „Windkraft-Flächennutzungspläne", die zumeist als Teilflächennutzungspläne aufgestellt werden.

sich aber nach objektiven Kriterien richte.[1768] An anderer Stelle wird in der Literatur darauf hingewiesen, dass eine – nicht nur dem Schutz subjektiver Rechte, sondern auch der objektiven Rechtskontrolle dienenden – verwaltungsgerichtlichen Normenkontrolle zwar grundsätzlich auch mit Blick auf die subjektive Belange des Antragsstellers nicht berührende Rechtsfehler begründet sein könne.[1769] Ob dies auch für Normenkontrollen gegen Flächennutzungspläne mit Darstellungen gemäß § 35 Abs. 3 S. 3 BauGB gelte, sei aber zweifelhaft.[1770] Denn die Statthaftigkeit einer solchen Normenkontrolle stelle eine Rechtsfortbildung dar, die ihrerseits gerade auf die individuelle Betroffenheit des Antragstellers abstelle.[1771] Im Ergebnis ist dieser einschränkenden Ansicht zuzustimmen. Dies ergibt sich auch aus folgenden Überlegungen: Unterstellt man die Richtigkeit der Rechtsprechung des BVerwG, nach der nur die mit der Darstellung gemäß § 35 Abs. 3 S. 3 VwGO verbundene Ausschlusswirkung mit der Wirkung von Bebauungsplanfestsetzungen – und damit mit deren Normwirkung – gleichzusetzen ist, so ist der Prüfungsumfang hierdurch begrenzt. Zwar ist es zutreffend, dass das Gericht bei der Normenkontrolle hinsichtlich des Prüfungsumfangs nicht auf den Teil der Norm begrenzt ist, durch den sich der Antragsteller in seinen subjektiven Rechten verletzt sieht. Allerdings handelt es sich bei den weiteren Teilen des Flächennutzungsplans jenseits der Darstellungen gemäß § 35 Abs. 3 S. 3 BauGB – die Richtigkeit der Rechtsprechung des BVerwG unterstellt – gerade nicht um Normen. Damit stellen sie für die Prüfung des Gerichts – die sich auf die Wirksamkeit von Normen bezieht – keinen tauglichen Gegenstand dar. Insofern ist die Normqualität der Darstellungen nicht nur für die Statthaftigkeit der Normenkontrolle relevant, sondern begrenzt zugleich den Prüfungsumfang auf Begründetheitsebene. Hierin liegt auch der Unterschied zu den Konstellationen, in denen ein Bebauungsplan Antragsgegenstand ist. Dort kommt allen Festsetzungen

1768 *Bringewat*, NVwZ 2013, 984 (985 f.), der in seinen Ausführungen allerdings – wie aufgezeigt – auch darauf abstellt, der Prüfungsumfang der Normenkontrolle könne sich auch auf Darstellungen ohne die Wirkungen des § 35 Abs. 3 S. 3 BauGB erstrecken, wenn sich der Flächennutzungsplan als unteilbar erweise. Ähnlich auch: *Frey*, NVwZ 2013, 1184 (1189). Diese Argumentation übersieht, dass das Normenkontrollgericht im Rahmen einer Normenkontrolle gegen einen Flächennutzungsplan mit Darstellungen gemäß § 35 Abs. 3 S. 3 BauGB zwar den Plan insgesamt aus Gründen der Unteilbarkeit für unwirksam erklären kann. Hieraus folgt aber nicht, dass sich der Prüfungsumfang der Normenkontrolle im engeren Sinne auch auf die anderen Darstellungen erstreckt. Diese werden durch das Normenkontrollgericht nicht auf ihre Wirksamkeit als Norm geprüft, sondern nur darauf, ob sie ihrerseits – bei Unwirksamkeit der mit der Normwirkung der Ausschlussentscheidung gemäß § 35 Abs. 3 S. 3 BauGB ausgestatteten Darstellungen – eine sinnvolle städtebauliche Ordnung bewirken. Ist dies nicht der Fall, so erweist sich der Flächennutzungsplan als unteilbar und ist als gesamtunwirksam zu verwerfen (siehe zu diesen Konstellationen sogleich).

1769 *Battis*, Ad Legendum, 153 (157).

1770 *Battis*, ebenda.

1771 *Battis*, ebenda.

– unabhängig davon, ob sie den Antragssteller in subjektiven Rechten verletzen – Normcharakter zu. Kommt das Normenkontrollgericht im Rahmen der statthaften Normenkontrolle zu dem Ergebnis, dass den dargestellten Konzentrationsflächen die Ausschlusswirkung gemäß § 35 Abs. 3 S. 3 BauGB zukommt, so ist – wenn man mit dem BVerwG anderen Darstellungen des Flächennutzungsplans keinen Normcharakter zuerkennt – die Prüfung beendet.[1772] Hiervon zu unterscheiden ist die Frage, ob der Flächennutzungsplan für gesamtunwirksam zu erklären ist, wenn die statthaft angegriffene und als unwirksam erkannte Ausschlusswirkung i.S.v. § 35 Abs. 3 S. 3 BauGB nicht von dem übrigen Flächennutzungsplan abgetrennt werden kann, weil andernfalls nur noch ein sogenannter „Planungstorso“[1773] übrig bliebe. So ist denkbar, dass die für die Windenergie dargestellten Flächen i.S.v. § 35 Abs. 3 S. 3 BauGB durch einen aktualisierten Flächennutzungsplan erweitert werden sollten und die Gemeinde im Rahmen einer Abwägungsentscheidung hierfür andere Konzentrationsflächen für die Windenergie aufgegeben und mit anderen Darstellungen überplant hat. Wird dann im Rahmen der Normenkontrolle durch das Gericht der neuen und erweiterten Konzentrationszone die Wirkung gemäß § 35 Abs. 3 S. 3 abgesprochen, so würde sich die Abwägungsentscheidung der Gemeinde als unzutreffend erweisen.[1774] In solchen Fällen ist von der Gesamtunwirksamkeit des Flächennutzungsplans auszugehen.[1775] Gleichwohl werden die übrigen Darstellungen – also jene, denen die Gemeinde keine Ausschlusswirkung gemäß § 35 Abs. 3 S. 3 BauGB beilegen wollte – nicht auf ihre Wirksamkeit als Norm geprüft

---

1772 Vgl. *Battis*, ebenda, der – wie soeben aufgezeigt – darauf hinweist, dass die Normenkontrolle gegen einen Flächennutzungsplan mit Darstellungen gemäß § 35 Abs. 3 S. 3 BauGB eine gerade auf der speziellen Betroffenheit des Antragsstellers beruhende Rechtsfortbildung darstelle. Daher sei zweifelhaft, ob bei einer solchen Normenkontrolle das Normenkontrollgericht den Flächennutzungsplan auch aus solchen Gründen, durch die private Belange des Antragstellers nicht berührt werden, für unwirksam erklären könne. Offenbar wird mit diesen Ausführungen der Umstand angesprochen, dass gerade die Darstellungen mit den Rechtswirkungen gemäß § 35 Abs. 3 S. 3 BauGB Außenwirkung gegenüber den Betroffenen entfalten. Diese Außenwirkung ist aber ein entscheidendes Kriterium für die Einordnung solcher Darstellungen als materielle Rechtsnormen, vgl. hierzu auch OVG RP, Beschl. v. 04.09.2015 – 8 C 10384/15 -, juris

1773 Mit dem Schlagwort Planungstorso wird die objektive Unteilbarkeit eines Bebauungsplans beschrieben, der nach Abzug des als unwirksam erkannten Teils den Anforderungen des § 1 BauGB nicht mehr gerecht würde, siehe *Kalb/Külpmann*, in: Ernst/Zinkahn/Bielenberg/Krautzberger, BauGB, § 10, Rn. 305 f.

1774 Das Beispiel stammt von *Bringewat*, NVwZ 2013, 984 (986).

1775 Nach *Bringewat*, NVwZ 2013, 984 (985 f.) hätte das Gericht den Flächennutzungsplan dann insgesamt für unwirksam zu erklären; nach *Stüer*, BauR 2007, 1495 (1503) ist in diesen Fällen von der Gesamtunwirksamkeit des Flächennutzungsplans auszugehen, auch wenn sich der Tenor der Gerichtsentscheiung auf die Darstellungen gemäß § 35 Abs. 3 S. 3 BauGB beschränke.

und sind damit nicht Gegenstand der Begründetheitsprüfung der Normenkontrolle im engeren Sinne.

bb) Die Zurückstellungsmöglichkeit nach § 15 Abs. 3 BauGB bei Flächennutzungsplänen mit den Rechtswirkungen des § 35 Abs. 3 S. 3 BauGB

Zur Sicherung eines in Aufstellung befindlichen Flächennutzungsplans mit Darstellungen i.S.v. § 35 Abs. 3 S. 3 BauGB – die ihre planerische Steuerungsfunktion erst mit Wirksamwerden des Flächennutzungsplans oder seiner entsprechenden Änderung entfalten – wurde mit dem EAG-Bau[1776] die im Zuge der Innenentwicklungsnovelle 2013[1777] erweiterte Zurückstellungsmöglichkeit des § 15 Abs. 3 BauGB geschaffen.[1778] Als Vorbild diente die durch Fristablauf nach 1998 obsolet gewordene Regelung zur temporären Zurückstellungsmöglichkeit des § 245b BauGB a.F.[1779] Nach dieser gemäß der gesetzlichen Überschrift als „Überleitungsvorschrift für Entscheidungen über Windenergieanlagen" gedachten Norm war die Entscheidung der „Baugenehmigungsbehörde über die Zulässigkeit von Windenergieanlagen im Sinne des § 35 Abs. 1 Nr. 7 [heute § 35 Abs. 1 Nr. 5 BauGB] bis längstens zum 31. Dezember 1998 auszusetzen, wenn die Gemeinde beschlossen hat, einen Flächennutzungsplan aufzustellen, zu ändern oder zu ergänzen und beabsichtigt zu prüfen, ob Darstellungen zu Windenergieanlagen im Sinne des § 35 Abs. 3 Satz 4 [heute § 35 Abs. 3 S. 3 BauGB] in Betracht kommen". Nach § 15 Abs. 3 S. 1 BauGB können die plangebenden Gemeinden bei der Baugenehmigungsbehörde die Zurückstellung von Baugesuchen beantragen, welche die Durchführung einer in Aufstellung befindlichen Flächennutzungsplanung, mit der die Rechtswirkung des § 35 Abs. 3 S. 3 BauGB erreicht werden soll, unmöglich macht oder wesentlich erschwert. Hierbei ist gemäß § 15 Abs. 3 S. 2 und 3 BauGB auf die Jahresfrist die Zeit zwischen Eingang des Baugesuchs und der Zustellung des Zurückstellungsbescheids – bei Einhaltung einer angemessenen, weil erforderlichen Bearbeitungsfrist – nicht anzurechnen[1780], wobei die Gemeinde einen zulässigen Aussetzungsantrag nur binnen sechs Monaten nach förmlicher Kenntniserlangung von dem Baugesuch in einem Verwaltungsverfahren stellen kann.[1781]

1776 „Gesetz zur Anpassung des Baugesetzbuchs an EU-Richtlinien (Europarechtsanpassungsgesetz Bau – EAG Bau)" v. 24.06.2004, BGBl.I, S. 1359.

1777 „Gesetz zur Stärkung der Innenentwicklung in den Städten und Gemeinden und weiteren Fortentwicklung des Städtebaurechts" v. 11.06.2013, BGBl. I S. 1548.

1778 *Mitschang*, in: Battis/Krautzberger/Löhr, BauGB, § 15, Rn. 13.

1779 RegE zum EAG Bau, BT-Drs. 15/2250, S. 52; *Mitschang*, ebenda.

1780 *Stock*, in: Ernst/Zinkahn/Bielenberg/Krautzberger, BauGB, § 15, Rn. 71s, der zutreffend darauf hinweist, dass bei Überschreitung der angemessenen Bearbeitungsfrist nach den für § 15 Abs. 1 BauGB entwickelten Grundsätzen die Zeiten der faktischen Zurückstellung angerechnet werden.

1781 *Stock*, a.a.O., § 15, Rn. 71l.

Mit Blick auf den Umstand, dass sich nach Einführung der Zurückstellungmöglichkeit gemäß § 15 Abs. 3 BauGB erwiesen hatte, dass die Jahresfrist – angesichts der Komplexität des von der Rechtsprechung für Darstellungen i.S.v. § 35 Abs. 3 S. 3 BauGB geforderten schlüssigen gesamträumlichen Planungskonzepts – häufig zu kurz bemessen ist, wurde im Rahmen der Innenentwicklungsnovelle 2013 die Möglichkeit der Fristverlängerung als neuer Satz 4 in § 15 Abs. 3 BauGB eingefügt.[1782] Danach kann bei Vorliegen besonderer Umstände[1783] auf Antrag der Gemeinde die Entscheidung über die Zulässigkeit von Vorhaben gemäß § 35 Abs. 1 Nr. 2–6 BauGB um maximal ein weiteres Jahr ausgesetzt werden.

Durch die Zurückstellungsmöglichkeit in § 15 Abs. 3 BauGB wurde das Steuerungspotential des Flächennutzungsplans deutlich aufgewertet.[1784] Die Vorschrift soll die Wirksamkeit des Flächennutzungsplans als zentrales Instrument zur Steuerung der Vorhabenzulässigkeit im Außenbereich sichern.[1785] Mit § 15 Abs. 3 BauGB bezieht der Gesetzgeber erstmals bestimmte Arten von Flächennutzungsplänen in ein Sicherungsinstrument mit ein, das bis dahin Bebauungsplänen vorbehalten

---

1782 Siehe „Beschlussempfehlung und Bericht des Ausschusses für Verkehr, Bau und Stadtentwicklung“, BT-Drs. 17/13272, S. 9; *Rieger*, ZfBR 2014, 535.

1783 *Rieger*, a.a.O., 536 f. bezweifelt, dass mit der Einführung der Verlängerungsmöglichkeit gemäß § 15 Abs. 3 S. 4 BauGB das mit der Komplexität der Konzentrationszonenplanung einhergehende Zeitproblem gelöst wird. Für die Definition der besonderen Umstände sei auf die Auslegung des für Veränderungssperren geltenden § 17 Abs. 2 BauGB zurückzugreifen, nach der besondere Umstände nur vorliegen, wenn das Planverfahren sich von dem allgemeinen Rahmen der üblichen städtebaulichen Planungstätigkeit abhebe. Da die hohe Komplexität des Verfahrens bei der Konzentrationsflächenplanung die Regel und nicht Ausnahme sei, hebe sich aber ein solches Verfahren nur selten von den für diese Verfahren üblichen Anforderungen ab. Rieger wendet sich damit gegen die Ansicht von *Stock*, in: Ernst/Zinkahn/Bielenberg/Krautzberger, BauGB, § 15, Rn. 71p, der gerade aus den Umstand, dass die hohe Komplexität des Verfahrens bei Konzentrationsflächenplanung regelmäßig gegeben ist, folgert, die Auslegung des § 17 Abs. 2 BauGB könne nicht auf § 15 Abs. 3 S. 4 BauGB übertragen werden, da die Norm andernfalls ins Leere liefe. Daher erfordere § 15 Abs. 3 S. 4 BauGB nur, dass sich die besonderen Gründe für einen erhöhten Zeitbedarf aus der konkreten Planungssituation ergeben.

1784 Dies stellt *Kühne*, Die Änderungen des § 35 BauGB durch das EAG-Bau, S. 262 zusammenfassend für die mit dem EAG-Bau neu eingefügten § 5 Abs. 2b BauGB und § 15 Abs. 3 fest.

1785 *Guckelberger*, DÖV 2006, 973 (979), die zudem festhält, dass der Flächennutzungsplan jedenfalls infolge der Zurückstellung direkt auf die Vorhabenzulassung einwirke. Es sprächen aber auch gute Gründe dafür, dass der Flächennutzungsplan selbst auf die Vorhabenzulässigkeit einwirke. Andernfalls würde die mit der Zurückstellung einhergehende Beeinträchtigung des privaten Rechtskreises kaum die Verhältnismäßigkeit wahren.

war.[1786] Dies trägt dem Umstand Rechnung, dass die in § 35 Abs. 3 S. 3 BauGB vorgesehene Steuerungsmöglichkeit ihre Wirkung erst mit Inkrafttreten des Flächennutzungsplans entfaltet.[1787]

cc) Die Sonderregelungen des § 249 BauGB zu den Darstellungen gemäß § 35 Abs. 3 S. 3 BauGB für die Nutzung der Windenergie

Im Rahmen der Klimaschutz-Novelle 2011[1788] wurde mit § 249 BauGB eine Sonderregelung für die Windenergie geschaffen, die im Jahre 2014[1789] um einen dritten Absatz ergänzt wurde.[1790] Während § 249 Abs. 1 und Abs. 2 BauGB im direkten Zusammenhang mit den Möglichkeiten der Darstellungen i.S.v. § 35 Abs. 3 S. 3 BauGB stehen, ist dies für § 249 Abs. 3 S. 3 nur mittelbar der Fall.[1791] Daher beschränkt sich die nachfolgende Betrachtung auf die Wirkungen der Regelungen gemäß § 249

1786 BVerwG, Urt. v. 26.04.2007 – 4 CN 3.06 -, BVerwGE 128, 382 (388). Das Gericht stellt im Weiteren fest, die Einführung von § 15 Abs. 3 BauGB habe die rechtliche Steuerungskraft des Flächennutzungsplans weiter gestärkt.

1787 *Mitschang*, in: Battis/Krautzberger/Löhr, BauGB, § 15, Rn. 13.

1788 „Gesetz zur Förderung des Klimaschutzes bei der Entwicklung in den Städten und Gemeinden" v. 22.07.2011, BGBl. I 2011 S. 1509.

1789 „Gesetz zur Einführung einer Länderöffnungsklausel zur Vorgabe von Mindestabständen zwischen Windenergieanlagen und zulässigen Nutzungen" v. 15.07.2014, BGBl. I S. 954.

1790 *Söfker*, in: Ernst/Zinkahn/Bielenberg/Krautzberger, BauGB, § 249, Rn. 1.

1791 Die Vorschrift des § 249 Abs. 3 BauGB enthält eine sogenannte Länderöffnungsklausel, nach der die Bundesländer mit bis zum 31.12.2015 zu verkündenden Landesgesetzen bestimmen können, dass Windenergieanlagen nur dann unter den Privilegierungstatbestand des § 35 Abs. 1 Nr. 5 BauGB fallen, wenn sie einen bestimmten Abstand zu den im Landesgesetz bezeichneten zulässigen baulichen Nutzungen einhalten. Gemäß § 249 Abs. 3 S. 2 BauGB sind die Einzelheiten, insbesondere zur Abstandsfestlegung und zu den Auswirkungen der festgelegten Abstände auf Ausweisungen in geltenden Flächennutzungsplänen und Raumordnungsplänen landesgesetzlich zu regeln. Nach Satz 3 der Vorschrift können landesgesetzlich auch Abweichungen von den grundsätzlich geforderten Abständen zugelassen werden. Die Zulässigkeit landesgesetzlicher Abstandsregelungen gemäß § 249 Abs. 3 BauGB ist unter verfassungsgerichtlichen Gesichtspunkten – insbesondere hinsichtlich der mit den Abstandsregelungen verbundenen Eingriffe in das Grundrecht auf Eigentum gemäß Art. 14 Abs. 1 S. 1 GG und das Recht auf kommunale Selbstverwaltung gemäß Art. 28 Abs. 2 GG – umstritten, siehe nur *Albrecht/Zschiegner*, NVwZ 2015, 1093 ff. Auf die hier zu untersuchenden Darstellungen gemäß § 35 Abs. 3 S. 3 BauGB wirkt sich die Regelung mittelbar insofern aus, als auf den Abstandsflächen keine Konzentrationszonen für Windenergieanlagen geplant werden können, da die in § 35 Abs. 3 S. 3 BauGB vorausgesetzte Privilegierung hier gerade entfällt und die von den Abstandsflächen erfassten Bereiche zu harten Tabuzonen werden, siehe *Albrecht/Zschiegner*, a.a.O., 1097, 1099.

Abs. 1 und Abs. 2 BauGB auf die Darstellungen des Flächennutzungsplans gemäß § 35 Abs. 3 S. 3 BauGB für die Nutzung der Windenergie.

aaa) Die Regelung des § 249 Abs. 1 S. 1 BauGB: Darstellung zusätzlicher Flächen für die Windenergie im Flächennutzungsplan

In § 249 Abs. 1 S. 1 BauGB ist festgelegt, dass aus der Darstellung zusätzlicher Flächen für die Nutzung von Windenergie in einem Flächennutzungsplan nicht geschlossen werden kann, dass die bisherigen Darstellungen des Flächennutzungsplans für die Erzielung der Rechtswirkungen gemäß § 35 Abs. 3 S. 3 BauGB unzureichend sind. Auch wenn der Wortlaut der Vorschrift nicht ausdrücklich davon spricht, müssen auf den zusätzlichen Flächen Windenergieanlagen i.S.v. § 35 Abs. 1 Nr. 5 BauGB zulässig sein und den Darstellungen müssen die Wirkungen gemäß § 35 Abs. 3 S. 3 BauGB zukommen.[1792] Die Vorschrift des § 249 Abs. 1 BauGB soll insbesondere die rechtliche Grundlage für das sogenannte Repowering verbreitern.[1793] Gemäß des Gesetzentwurfes ist unter „Repowering von Windenergieanlagen (...) die Ersetzung älterer, oft vereinzelt stehender Windenergieanlagen durch moderne, leistungsfähigere Windenergieanlagen, vorzugsweise in Windparks (‚Aufräumen der Landschaft'), zu verstehen"[1794]. Die leistungsstärkeren neuen Windenergieanlagen erfordern nicht selten neue Standorte, da sie oftmals höher sind oder größere Abstände erforderlich machen.[1795] Die Vorschrift des § 249 Abs. 1 S. 1 BauGB erfasst hierbei sowohl die Erweiterung vorhandener als auch die Darstellung gänzlich neuer Flächen, nicht aber die Reduzierung vorhandener Flächen.[1796] Die in der Praxis bestehenden Unsicherheiten über die Frage, ob und inwiefern die rechtssichere Änderung oder Ergänzung bisheriger Darstellungen möglich ist, ohne hiermit zugleich Zweifel an dem bisher zugrundeliegenden schlüssigen gesamträumlichen Planungskonzept zu wecken, sollen mit der Vorschrift des § 249 Abs. 1 BauGB

1792 *Söfker*, in: Ernst/Zinkahn/Bielenberg/Krautzberger, BauGB, § 249, Rn. 8.

1793 Siehe den Entwurf der Fraktionen der CDU/CSU und FDP eines „Gesetzes zur Stärkung der klimagerechten Entwicklung in den Städten und Gemeinden", BT-Drs. 17/6076, S. 12 f.; *Söfker*, a.a.O., Rn. 1a; *Muckel/Ogorek*, Öffentliches Baurecht, § 7, Rn. 168.

1794 Siehe den Entwurf der Fraktionen der CDU/CSU und FDP eines „Gesetzes zur Stärkung der klimagerechten Entwicklung in den Städten und Gemeinden", BT-Drs. 17/6076, S. 12 f.

1795 *Muckel/Ogorek*, Öffentliches Baurecht, § 7, Rn. 168.

1796 *Söfker*, in: Ernst/Zinkahn/Bielenberg/Krautzberger, BauGB, § 249, Rn. 6 f.; *Roeser*, in: Schlichter/Stich/Driehaus/Paetow, BK BauGB, § 249, Rn. 3; *Scheidler*, in Schrödter, BauGB, § 249, Rn. 10, der allerdings den § 249 Abs. 1 S. 1 BauGB auch auf die Fälle anwenden will, in denen auf bisherige Standorte verzichtet und an anderer Stelle zusätzliche Flächen dargestellt werden. Voraussetzung sei aber, dass sich im Ergebnis eine positive Gesamtflächenbilanz oder aber jedenfalls eine gleichbleibende oder erhöhte Energiebilanz ergebe.

beseitigt werden.[1797] Insbesondere folgt aus der gesetzlichen Vermutung des § 249 Abs. 1 S. 1 BauGB auch, dass aus der Ergänzung durch zusätzliche Flächen nicht geschlossen werden kann, der Windenergie sei zuvor nicht substantiell Raum verschafft worden.[1798] Überwiegend wird § 249 Abs. 1 S. 1 BauGB als Vermutungsregelung eingeordnet.[1799] Gemäß § 249 Abs. 1 S. 2 BauGB gilt diese entsprechend auch bei Änderung oder Aufhebung von Darstellungen zum Maß der baulichen Nutzung. Für aus den Darstellungen des Flächennutzungsplans entwickelte Bebauungspläne sieht § 249 Abs. 2 S. 3 BauGB wiederum die entsprechende Geltung von § 249 Abs. 1 S. 1 und S. 2 BauGB vor.

Sowohl an der Notwendigkeit der Vermutungsregelung des § 249 Abs. 1 S. 1 BauGB als auch an ihrer Vereinbarkeit mit dem verfassungsrechtlich verankerten Abwägungsgebot wird in Teilen der Literatur gezweifelt. So bestehe für diese Vermutung keine Notwendigkeit, da aus der Darstellung zusätzlicher Flächen für die Nutzung von Windenergie ohnehin nicht regelmäßig gefolgert werden könne, dass das bisherige Nutzungskonzept unzureichend gewesen sei.[1800] Im Übrigen müsse sich die Planung stets an dem Abwägungsgebot messen lassen.[1801] So gälten auch für die zusätzlichen Darstellungen die Anforderungen der § 1 Abs. 3 S. 1 BauGB und § 1 Abs. 7 BauGB.[1802] Das Abwägungsgebot sei verfassungsrechtlich verankert.[1803] Entsprechend könne der Gesetzgeber es nicht mit einer Vermutungsregel aushebeln.[1804] Daher müsse bei der Darstellung zusätzlicher Flächen für Windenergieanlagen das Gesamtkonzept einschließlich bisheriger Darstellungen unter den Gesichtspunkten des Abwägungsgebots überprüft werden.[1805]

1797 *Scheidler*, UPR 2012, 411 (413 f.).

1798 *Mitschang/Reidt*, in: Battis/Krautzberger/Löhr, BauGB, § 249, Rn. 4; *Kment*, DÖV 2013, 17 (22); *Söfker*, ZfBR 2013, 13 (18).

1799 *Stüer/Stüer*, DVBl. 2011, 1117 (1122); *Scheidler*, ZfBR-Sonderausgabe 2012, 76 (81); *Mitschang/Reidt*, in: Battis/Krautzberger/Löhr, BauGB, § 249, Rn. 1; *Mitschang*, BauR 2013, 29 (42); a.A. *Roeser*, in: Schlichter/Stich/Driehaus/Paetow, BK BauGB, § 249, Rn. 4, der § 249 Abs. 1 S. 1 BauGB als Fiktion einordnet.

1800 *Kment*, DVBl. 2012, 1125 (1127); *Kment*, DÖV 2013, 17 (22); *Kment*, Die Verwaltung 2014, 377 (383); unter diesem Aspekt verstehen *Battis/Krautzberger/Mitschang/Reidt/Stüer*, NVwZ 2011, 897 (903) die Regelung als Klarstellung.

1801 *Wickel*, UPR 2011, 416 (418 f.).

1802 *Kment*, Die Verwaltung 2014, 377 (383).

1803 *Wickel*, UPR 2011, 416 (418 f.); *Kment*, DVBl. 2012, 1125 (1127 f.); *Kment*, DÖV 2013, 17 (22); *Kment*, Die Verwaltung 2014, 377 (383); *Roeser*, in: Schlichter/Stich/Driehaus/Paetow, BK BauGB, § 249, Rn. 4.

1804 *Wickel*, ebenda, der es daher als fraglich ansieht, ob die Regelung des § 249 Abs. 1 S. 1 BauGB ihren Zweck erfüllen kann; *Kment*, DVBl. 2012, 1125 (1127); *Kment*, DÖV 2013, 17 (22); *Kment*, Die Verwaltung 2014, 377 (383); *Roeser*, ebenda; ebenfalls kritisch, aber ohne direkte Bezugnahme auf die verfassungsrechtliche Verankerung des Abwägungsgebots: *Erbguth/Schubert*, Öffentliches Baurecht, § 8, Rn. 123a.

1805 *Roeser*, ebenda.

Zutreffend wird an anderer Stelle in der Literatur aufgezeigt, dass § 249 Abs. 1 S. 1 BauGB voraussetze, dass die vorhandenen Darstellungen mit den Wirkungen gemäß § 35 Abs. 3 S. 3 BauGB – sowohl nach den allgemein für den Flächennutzungsplan geltenden Anforderungen als auch speziell mit Blick auf die Anforderungen des § 35 Abs. 3 S. 3 BauGB – wirksam seien.[1806] Weiterhin gälten auch für die neuen Darstellungen die sich insbesondere aus § 1 Abs. 6 und 7 BauGB ergebenden allgemeinen Anforderungen an die Bauleitplanung.[1807] Hingegen müssten nach der Vermutungsregelung des § 249 Abs. 1 S. 1 BauGB die Anforderungen des § 35 Abs. 3 S. 3 BauGB an ein schlüssiges gesamträumliches Planungskonzept nicht noch einmal aufgerufen werden, wenn nur begrenzte Änderungen oder Ergänzungen durch die zusätzlichen Darstellungen i.S.v. § 249 Abs. 1 S. 1 BauGB vorgenommen werden.[1808] Insbesondere dürften die zusätzlichen Darstellungen sowohl nicht im Widerspruch zu dem Plankonzept der vorhandenen Darstellungen mit den zugrundeliegenden harten Tabuzonen stehen[1809] als auch nicht von den weiterhin zugrunde gelegten weichen Tabuzonen abweichen[1810] und müssten somit innerhalb der Potentialflächen liegen[1811]. Dieser Auffassung ist zu folgen. Die Wirksamkeit der bereits vorhandenen Darstellungen i.S.v. § 35 Abs. 3 S. 3 BauGB setzt das Vorliegen eines schlüssigen gesamträumlichen Konzepts voraus. Halten sich die neuen Darstellungen innerhalb der dort ermittelten Potentialflächen, so ist damit sichergestellt, dass auch die neuen Darstellungen den Anforderungen des § 35 Abs. 3 S. 3 BauGB entsprechen.[1812] Da auch die neuen Darstellungen ihrerseits den Anforderungen des Abwägungsgebots gemäß § 1 Abs. 7 BauGB genügen müssen, greifen die in der Literatur geäußerten

---

1806 *Söfker*, in: Ernst/Zinkahn/Bielenberg/Krautzberger, BauGB, § 249, Rn. 5; *Scheidler*, in Schrödter, BauGB, § 249, Rn. 9.

1807 *Scheidler*, a.a.O., Rn. 15.

1808 *Söfker*, ZfBR 2013, 13 (18); *Söfker*, in: Ernst/Zinkahn/Bielenberg/Krautzberger, BauGB, § 249, Rn. 9.

1809 *Söfker*, ZfBR 2013, 13 (18); *Söfker*, in: Ernst/Zinkahn/Bielenberg/Krautzberger, BauGB, § 249, Rn. 9; *Scheidler*, in Schrödter, BauGB, § 249, Rn. 16.

1810 *Scheidler*, ebenda, der für den Fall des Eingriffs in – auch weiche – Tabuzonen eine komplette Neubewertung für erforderlich erachtet; *Söfker*, in: Ernst/Zinkahn/Bielenberg/Krautzberger, BauGB, § 249, Rn. 9 hält es für ausreichend, wenn von den weichen Tabuzonen jedenfalls nicht wesentlich abgewichen wird.

1811 *Scheidler*, ebenda; *Schröter*, Bauvorhaben im Außenbereich, S. 391 ff. entwickelt in Auseinandersetzung mit den Ausführungen von *Wickel*, UPR 2011, 416 (418 f.) eine verfassungskonforme Auslegung des § 249 Abs. 1 S. 1 BauGB dahingehend, dass es „sich (...) bei den neuen Standorten nur um solche handeln [dürfe], die auch schon im Rahmen der alten Planung zusätzlich hätten ausgewiesen werden können". Allerdings schränkt er im Folgenden ein, dass hierunter in erster Linie eine nicht zu umfängliche Ausweitung vorhandener Standorte falle und gänzlich neue Standorte nur dann ausgewiesen werden könnten, wenn sie sich in der näheren Umgebung und damit im „Wirkbereich der vorhandenen Windkraftanlagen" befänden.

1812 Vgl. *Scheidler*, ebenda.

und auf die verfassungsrechtliche Verankerung des Abwägungsgebots abstellenden Bedenken gegen die Vermutungsregel des § 249 Abs. 1 S. 1 BauGB nicht durch.

bbb) Die Regelung des § 249 Abs. 2 S. 3 BauGB als Rechtsgrundlage für die Bestimmung der Vorhabenzulässigkeit von Windenergieanlagen durch den Flächennutzungsplan

Vor dem Hintergrund, dass das Repowering den Ersatz sogenannter Altanlagen[1813] durch neue Windenergieanlagen bezweckt[1814], bietet § 249 Abs. 2 BauGB eine Grundlage, um den Rückbau der Altanlagen planungsrechtlich abzusichern[1815]. Die Regelung des § 249 Abs. 2 S. 1 BauGB ordnet an, dass gemäß § 9 Abs. 2 S. 1 Nr. 2 BauGB der Plangeber die in einem Bebauungsplan festgesetzten Windenergieanlagen unter die Bedingung stellen kann, dass diese Anlagen nur zulässig sind, wenn nach ihrer Errichtung innerhalb einer im Bebauungsplan zu bestimmenden angemessenen Frist die dort näher bezeichneten Altanlagen zurückgebaut werden.[1816] Hierbei kann der Standort der zurückzubauenden Windenergieanlagen gemäß § 249 Abs. 2 S. 2 BauGB auch außerhalb des Geltungsbereichs des Bebauungsplans oder außerhalb des Gebiets der Gemeinde liegen. Gemäß § 249 Abs. 2 S. 3 BauGB können Darstellungen des Flächennutzungsplans i.S.v. § 35 Abs. 3 S. 3 BauGB mit den Sätzen 1 und 2 des § 249 Abs. 2 BauGB entsprechenden Bestimmungen mit Wirkungen für die Zulässigkeit der Windenergieanlagen gemäß § 5 Abs. 1 Nr. 5 BauGB verknüpft werden. Teile der Literatur sehen in der Regelung des § 249 Abs. 2 S. 3 BauGB keine Erweiterung der möglichen Darstellung des Flächennutzungsplans, sondern nur eine Klarstellung, da der nicht abschließenden Katalog des § 5 Abs. 2 BauGB auch bisher schon bedingte Darstellungen zugelassen habe.[1817] Nach zutreffender anderer Ansicht handelt es sich bei § 249 Abs. 2 S. 3 BauGB – anders als bei den Vorschriften des § 249 Abs. 2 S. 1 und S. 2, denen in Bezug auf den Bebauungsplan nur klarstellende Funktion zukomme – um eine echte Neuerung.[1818] Hierzu wird in der Literatur ausgeführt, mit § 249 Abs. 2 S. 3 BauGB werde – allerdings beschränkt auf die Ansiedlung von Windenergieanlagen – die Steuerungsfunktion

1813 Der Begriff Altanlagen für die zurückzubauenden Windenergieanlagen ist *Söfker*, in: Ernst/Zinkahn/Bielenberg/Krautzberger, BauGB, § 249, Rn. 13 entnommen.

1814 *Roeser*, in: Schlichter/Stich/Driehaus/Paetow, BK BauGB, § 249, Rn. 7.

1815 *Söfker*, in: Ernst/Zinkahn/Bielenberg/Krautzberger, BauGB, § 249, Rn. 13.

1816 *Roeser*, in: Schlichter/Stich/Driehaus/Paetow, BK BauGB, § 249, Rn. 7; *Muckel/Ogorek*, Öffentliches Baurecht, § 7, Rn. 168.

1817 *Kment*, DVBl. 2012, 1125 (1128 f.); *ders.*, DÖV 2013, 17 (23); *ders.*, Die Verwaltung 2014, 377 (384); *Mitschang/Reidt*, in: Battis/Krautzberger/Löhr, BauGB, § 249, Rn. 11.

1818 *Wickel*, UPR 2011, 416 (419), der darauf hinweist, dass die Regelung die Möglichkeit bedingter Darstellungen erstmals ausdrücklich eröffne; *Otto*, ZfBR-Sonderausgabe 2012, 72 (73); *Scheidler*, in Schrödter, BauGB, § 249, Rn. 32.

des Flächennutzungsplans im Außenbereich erweitert.[1819] Die Regelung ermögliche Darstellungen, die über die bekannten Rechtswirkungen im Außenbereich gemäß § 35 Abs. 3 S. 1 Nr. 1 BauGB und § 35 Abs. 3 S. 3 BauGB hinausgingen[1820]. Nach dieser Ansicht enthält § 249 Abs. 2 S. 3 BauGB eine Sonderregelung, in deren Folge der Flächennutzungsplan bei der Vorhabenzulassung im Außenbereich nicht auf seine Funktion als öffentlicher Belang i.S.v. § 35 Abs. 3 S. 1 Nr. 1 BauGB beschränkt sei, sondern eine echte Zulässigkeitsregelung enthalten dürfe.[1821] Auf Grundlage dieser Vorschrift dürften die Darstellungen des Flächennutzungsplans bestimmen, dass neue Windenergieanlagen nur unter der Voraussetzung des Rückbaus anderer Anlagen zulässig sind.[1822] Im Anwendungsbereich des § 249 Abs. 2 S. 3 BauGB wirke der Flächennutzungsplan wie eine Regelung der Zulässigkeit i.S.v. § 30 BauGB.[1823] Daher bringe § 249 Abs. 2 S. 3 BauGB weitere Durchbrechungen der überkommenen Einordnung des Flächennutzungsplans als nur vorbereitender Bauleitplan mit sich.[1824] Mit Blick darauf, dass Darstellungen i.S.d. § 249 Abs. 2 S. 3 BauGB konkrete Rechtwirkungen auslösten, könnten diese auch Gegenstand einer verwaltungsgerichtlichen Normenkontrolle i.S.d. § 47 VwGO sein.[1825]

Letztere Ansicht ist zutreffend. Auch wenn man mit Blick auf den offenen Katalog des § 5 Abs. 2 BauGB annehmen will, dass Darstellungen des Flächennutzungsplans grundsätzlich auch mit Bedingungen versehen werden können, so galt dies jedenfalls für die den Darstellungen zukommende Wirkung i.S.v. § 35 Abs. 3 S. 3 BauGB vor Schaffung des § 249 Abs. 2 S. 3 BauGB nicht. Insofern ist zwischen der dargestellten Positivfläche und der ihr beigelegten Ausschlusswirkung gemäß § 35 Abs. 3 S. 3 BauGB zu unterscheiden.[1826] Die Ausschlusswirkung nimmt aber – anders als die zugrundeliegende Positivfläche – nicht an der Offenheit des Katalogs des § 5 Abs. 2 BauGB teil. Damit hat die Vorschrift des § 249 Abs. 2 S. 3 BauGB keine klarstellende Funktion, sondern schafft eine neue Rechtsgrundlage, um in Flächennutzungsplänen bindende Kriterien für die Vorhabenzulässigkeit darzustellen.

1819 *Söfker*, ZfBR 2011, 541 (548); *Scheidler*, UPR 2012, 411 (413); *Scheidler*, in Schrödter, BauGB, § 249, Rn. 32.

1820 *Söfker*, in: Ernst/Zinkahn/Bielenberg/Krautzberger, BauGB, § 5, Rn. 18.

1821 *Otto*, ZfBR-Sonderausgabe 2012, 72 (73); Auch *Söfker*, in: Ernst/Zinkahn/Bielenberg/Krautzberger, BauGB, § 5, Rn. 18 weist darauf hin, dass Bestimmungen i.S.v. § 249 Abs. 2 S. 3 BauGB die Zulässigkeit von Windenergieanlagen unmittelbar regelten.

1822 *Otto*, ebenda.

1823 *Otto*, ebenda.

1824 *Erbguth/Schubert*, Öffentliches Baurecht, § 8, Rn. 123b.

1825 *Beckmann*, UPR 2013, 175 (182).

1826 Siehe hierzu oben 4. Teil, C., II., 3., c), aa), ddd), (2).

d) Die Wirkungen widersprechender Darstellungen des Flächennutzungsplans i.S.d. § 35 Abs. 3 S. 1 Nr. 1 BauGB auf die Vorhabenzulässigkeit im Außenbereich

Das BVerwG hat betont, dass auch nach Schaffung des Planvorbehalts gemäß § 35 Abs. 3 S. 3 BauGB durch den Gesetzgeber die Gemeinden bei der Steuerung der städtebaulichen Entwicklung im Außenbereich nicht auf die Darstellung von Konzentrationszonen beschränkt sind. Vielmehr könnten die Gemeinden auch mit herkömmlichen Darstellungen von Flächennutzungsplänen über ihrer Wirkung als öffentliche Belange i.S.v. § 35 Abs. 3 S. 1 Nr. 1 BauGB die Vorhabenzulässigkeit im Außenbereich steuern.[1827] Nicht zuletzt mit Blick auf diese Ausführungen bleibt die Frage der Rechtwirkungen des Flächennutzungsplans mit herkömmlichen Darstellungen im Außenbereich i.S.v. § 35 Abs. 3 S. 1 Nr. 1 BauGB interessant.

aa) Die Funktion des Flächennutzungsplans gemäß § 35 Abs. 3 S. 1 Nr. 1 BauGB im Normgefüge des § 35 BauGB

Der Flächennutzungsplan kann sowohl für die Zulässigkeit privilegierter Vorhaben gemäß § 35 Abs. 1 BauGB als auch sonstiger Vorhaben i.S.v. § 35 Abs. 2 BauGB als öffentlicher Belang gemäß § 35 Abs. 3 S.1 Nr. 1 BauGB relevant sein. Wie oben aufgezeigt[1828], verdeutlicht der unterschiedliche Wortlaut des § 35 Abs. 1 BauGB – nach dem privilegierte Vorhaben unzulässig sind, wenn ihnen öffentliche Belange entgegenstehen – und des § 35 Abs. 2 BauGB – nach dem sonstige Vorhaben schon dann unzulässig sind, wenn sie öffentliche Belange beeinträchtigen – die unterschiedliche Gewichtung der öffentlichen Belange in den beiden Konstellationen.[1829] Eine nicht abschließende Aufzählung relevanter öffentlicher Belange enthält § 35 Abs. 3 S. 1 BauGB. Über den Wortlaut hinaus, der an die sonstigen Vorhaben gemäß § 35 Abs. 2 BauGB anknüpft, gilt der Katalog des § 35 Abs. 3 S. 1 BauGB auch für die Zulässigkeit privilegierter Vorhaben nach § 35 Abs. 1 BauGB.[1830] Insofern sind für § 35 Abs. 1 und Abs. 2 BauGB dieselben öffentlichen Belange von Relevanz, wenn ihnen auch – wie aufgezeigt[1831] – bei der Anwendung von § 35 Abs. 1 und Abs. 2 BauGB jeweils ein unterschiedliches Gewicht zukommt.[1832]

Beispielhaft für die im Rahmen der Beurteilung der Vorhabenzulässigkeit nach § 35 Abs. 1 und Abs. 2 BauGB relevante Vereinbarkeit des Vorhabens mit den öffentlichen Belangen nennt § 35 Abs. 3 S. 1 Nr. 1 BauGB den Widerspruch

---

1827 BVerwG, Urt. v. 18.08.2005 – 4 C 13.04 -, BVerwGE 124, 132 (141).
1828 Siehe oben 4. Teil, C., II., 3., a).
1829 *Muckel/Ogorek*, Öffentliches Baurecht, § 7, Rn. 175.
1830 *Muckel/Ogorek*, ebenda; *Söfker*, in Ernst/Zinkahn/Bielenberg/Krautzberger, BauGB, § 35, Rn. 75.
1831 Siehe oben 4. Teil, C., II., 3., a).
1832 *Muckel/Ogorek*, Öffentliches Baurecht, § 7, Rn. 175.

des Vorhabens zu den Darstellungen des Flächennutzungsplans.[1833] Hierdurch wirkt der Flächennutzungsplan auf die Vorhabenzulässigkeit im Einzelfall ein.[1834] Die in den Darstellungen des Flächennutzungsplans zum Ausdruck kommenden planerischen Vorstellungen konkretisieren die geordnete städtebauliche Entwicklung im Einzelfall und gehören damit zu den öffentlichen Belangen.[1835] Rechtsprechung und Literatur sehen hierin eine Erweiterung der Steuerungswirkung des Flächennutzungsplans im Vergleich zu seiner Funktion innerhalb der zweistufigen Bauleitplanung.[1836] Der Gesetzgeber sei an einer solchen Erweiterung der Steuerungswirkungen des Flächennutzungsplans – wie im Rahmen des § 35 Abs. 3 S. 1 Nr. 1 BauGB – auch nicht gehindert.[1837] Allerdings vermittelt § 35 Abs. 3 S. 1 Nr. 1 BauGB den Darstellungen des Flächennutzungsplans nur ihre Eigenschaft als die Vorhabenzulassung potentiell hinderndes Negativmerkmal.[1838] Hingegen geht von den Darstellungen des Flächennutzungsplans grundsätzlich keine zulässigkeitsbegründende Wirkung im Außenbereich aus.[1839] Denn auch ein Vorhaben, das den Darstellungen des Flächennutzungsplans entspricht, kann mit weiteren öffentlichen Belangen kollidieren.[1840] An der Eigenschaft des Flächennutzungsplans als potentiell

---

1833 Voraussetzung für die Funktion des Flächennutzungsplans i.S.v. § 35 Abs. 3 S. 1 Nr. 1 BauGB ist aber, dass dieser Darstellungen für den betroffenen Bereich enthält. Dies wird zwar regelmäßig der Fall sein. Jedoch kann der Plangeber auch auf Darstellungen des Flächennutzungsplans für den Außenbereich ganz oder teilweise verzichten, sodass dort sogenannte weiße Flächen vorzufinden sind, siehe *Roeser*, in: Schlichter/Stich/Driehaus/Paetow, BK BauGB, § 35, Rn. 64; *Rieger*, in: Schrödter, BauGB, § 35, Rn. 97; *Taegen*, in: FS-Schlichter, S. 248.

1834 BVerwG, Urt. v. 26.04.2007 – 4 CN 3.06 -, BVerwGE 128, 382 (386); *Söfker*, in: Ernst/Zinkahn/Bielenberg/Krautzberger, BauGB, § 35, Rn. 79.

1835 *Taegen*, in: FS-Schlichter, S. 248; Rieger, in: Schrödter, BauGB, § 35, Rn. 95: „Der Flächennutzungsplan enthält (...) eine Konkretisierung dessen, was im Einzelfall der geordneten städtebaulichen Entwicklung entspricht."

1836 BVerwG, Urt. v. 26.04.2007 – 4 CN 3.06 -, BVerwGE 128, 382 (386); vgl. *Söfker*, in: Ernst/Zinkahn/Bielenberg/Krautzberger, BauGB, § 35, Rn. 79.

1837 BVerwG, a.a.O., 386 f.: Das Gericht führt aus, mit der Regelung des Planvorbehalts gemäß § 35 Abs. 3 S. 3 BauGB sei der Gesetzgeber noch einen Schritt weiter gegangen, als dies mit der Schaffung des § 35 Abs. 3 S. 1 Nr. 1 BauGB der Fall gewesen sei.

1838 Vgl. *Bönker*, in: Hoppe/Bönker/Grotefels, Öffentliches Baurecht, § 8, Rn. 197.

1839 *Schröter*, Bauvorhaben im Außenbereich, S. 521.

1840 BVerwG, Urt. v. 10. 5.1968 – IV C 18.66 -, NJW 1969, 68 (69); *Schröter*, a.a.O., S. 521 f., der mit *Söfker*, in: Ernst/Zinkahn/Bielenberg/Krautzberger, BauGB, § 35, Rn. 81 u.a. darauf abstellt, dass die Regelung des § 35 Abs. 3 S. 2 BauGB auf Flächennutzungspläne keine Anwendung findet. *Schröter* weist aber darauf hin, dass eine Entsprechung des Vorhabens mit den Darstellungen des Flächennutzungsplans die Kraft der mit dem Vorhaben kollidierenden Belange abmildern kann. Zutreffend führen *Mitschang/Reidt*, in: Battis/Krautzberger/Löhr, BauGB, § 35, Rn. 76 aus, dass dem Vorhaben die übrigen Belange nicht mehr ohne Weiteres entgegengehalten werden können, wenn diese bei der Aufstellung des Flächennutzungsplans schon

hinderndes Negativmerkmal für die Vorhabenzulässigkeit im Außenbereich ändert sich auch nichts, wenn die Gemeinde mit einem den Darstellungen des Flächennutzungsplans widersprechenden Vorhaben im Einzelfall einverstanden ist und das Einvernehmen gemäß § 36 BauGB erteilt.[1841] Denn die Darstellungen des Flächennutzungsplans besitzen durch das Aufstellungsverfahren gegenüber dem in der Erteilung des Einvernehmens zum Ausdruck kommenden „schlichten planerischen Willen der Gemeinde eine ‚gesteigerte Richtigkeitsgewähr'"[1842].

Im Folgenden ist zu untersuchen, welche zulässigkeitshindernde Wirkungen der Flächennutzungsplan in den beiden Konstellationen des § 35 Abs. 1 BauGB und des § 35 Abs. 2 BauGB jeweils hat. Hierbei ist unter dem Gesichtspunkt des Zulassungsregimes des § 35 BauGB auch die oben geschilderte h.M.[1843] zu überprüfen, nach der dem Flächennutzungsplan – jenseits der Darstellungen i.S.v. § 35 Abs. 3 S. 3 BauGB – auch deswegen kein Normcharakter zukommen soll, weil er nur rechtlich relevant sei, wenn dies – wie bei § 35 Abs. 3 BauGB – gesetzlich angeordnet sei.[1844] Der Flächennutzungsplan bekomme seine rechtlichen Wirkungen ausschließlich durch Tatbestandsmerkmale anderer Normen vermittelt[1845], für deren Anwendung seine Darstellungen als Tatsachen herangezogen werden könnten.[1846] So liefere der Flächennutzungsplan bei der Beurteilung der Vorhabenzulässigkeit im Außenbereich gemäß § 35 Abs. 3 BauGB zwar wesentliche Anhaltspunkte für die Frage, ob ein Vorhaben relevante Belange beeinträchtige.[1847] Jedoch sei er – wesentlich stärker als Bebauungspläne – von den tatsächlichen Entwicklungen abhängig und könne bei entsprechenden Abweichungen seine Bedeutung als Konkretisierung öffentlicher Belange verlieren.[1848] Dies gelte zwar nicht für jede Abweichung, aber jedenfalls dort, wo die Darstellungen des Flächennutzungsplans den speziellen Verhältnissen vor Ort nicht mehr gerecht werden, weil diese beispielsweise durch die zwischenzeitliche Entwicklung überholt worden seien.[1849] Im Übrigen verleihe die

---

abgewogen wurden. So weist *Schröter*, a.a.O., S. 522 zutreffend darauf hin, dass der Flächennutzungsplan nach BVerwG, Urteil v. 25.01.1985 – 4 C 29.81 -, NVwZ 1985, 747 (748) Indizwirkung für tatsächliche und das Gewicht öffentlicher Belange abschwächende Umstände haben kann.

1841 NdsOVG, Beschl. v. 31.08.1998 – 1 L 3914/98 -, juris.

1842 NdsOVG, ebenda.

1843 Siehe oben 3. Teil, B., II., 2., b), aa), bbb), (c).

1844 *Schiller*, in: Bracher/Reidt/Schiller, Bauplanungsrecht, Rn. 131.

1845 Bei *Hug*, Gemeindenachbarklagen im öffentlichen Baurecht, S. 235 f., m.w.N. findet sich hierfür das Schlagwort „Mittelbarkeitsargument".

1846 BVerwG, Beschl. v. 20.07.1990 – 4 N 3.88 – NVwZ 1991, 262 (263); *Kraft*, in: Spannowsky/Mitschang (Hrsg.), Flächennutzungsplanung im Umbruch?, S. 155. führt in diesem Zusammenhang aus, erst „über diese ‚Scharniernormen' [genannt wird u.a. § 35 Abs. 3 S. 1 Nr. 1 BauGB] erhält der Flächennutzungsplan eine gewisse normative Kraft".

1847 BVerwG, ebenda.

1848 BVerwG, ebenda.

1849 BVerwG, Beschl. v. 01.04.1997 – 4 B 11.97 – NVwZ 1997, 899 (900).

Funktion seiner Darstellungen als öffentliche Belange gemäß § 35 Abs. 3 S. 1 Nr. 1 BauGB dem Flächennutzungsplan auch deshalb keinen Normcharakter, weil – insbesondere bei privilegierten Vorhaben – von den entsprechenden Vorgaben des Flächennutzungsplans im Rahmen einer nachvollziehenden Abwägung abgewichen werden könne.[1850] Im Folgenden wird aufzuzeigen sein, ob diese Argumente der h.M. mit Blick auf die Wirkungen der Darstellungen des Flächennutzungsplans gemäß § 35 Abs. 3 S. 1 Nr. 1 BauGB im Rahmen des Zulässigkeitsregimes des § 35 Abs. 1 und Abs. 2 BauGB durchgreifen.

bb) Die nachvollziehende Abwägung zwischen Außenbereichsvorhaben und den Darstellungen des Flächennutzungsplans

Charakteristisch für das Zulässigkeitsregime des § 35 BauGB im Außenbereich ist die dort vorzunehmende nachvollziehende Abwägung[1851].[1852] Sowohl bei der Frage nach der Zulässigkeit privilegierter Vorhaben gemäß § 35 Abs. 1 BauGB als auch bei sonstigen Vorhaben nach § 35 Abs. 2 BauGB sind bei der Abwägung zwischen dem Interesse an der Realisierung des Außenbereichsvorhabens und den öffentlichen Belangen die Wertungen des Gesetzgebers konkretisiert für den Einzelfall nachzuvollziehen.[1853] Mit dem Begriff der nachvollziehenden Abwägung wird ein auf die Gewichtung im Einzelfall ausgerichteter und gerichtlich voll überprüfbarer Akt der Rechtsanwendung bezeichnet.[1854] Um zu klären, ob sich die öffentlichen Belange im Einzelfall durchsetzen, ist ihr jeweiliges Gewicht zu bestimmen und abwägend mit dem Vorhaben konkret in Beziehung zu setzen.[1855] Hierbei ist der in § 35 Abs. 1 BauGB vorgesehenen Privilegierung der dort genannten Vorhaben

---

1850 *W.-R. Schenke*, NVwZ 2007, 134 (135 f.); nur mit Blick auf privilegierte Vorhaben findet sich diese Argumentation bei *Schröter*, Bauvorhaben im Außenbereich, S. 798.

1851 Der Begriff nachvollziehende Abwägung geht auf *Weyreuther*, BauR 1977, 293 (297) zurück, der ihn anlässlich seiner Überlegungen zum Wesen der planerischen Abwägung zur Abgrenzung verwendet. Er beschreibt hiermit „nachvollziehende Entscheidungen, denen keine eigene Abwägung, sondern das Auffinden einer vorgegebenen Abwägung vorausgeht". Als Beispiel hierfür nennt er § 35 BBauG. Weitere Ausführungen finden sich bei *Weyreuther*, Bauen im Außenbereich, S. 19. Siehe zu dieser Historie die ausführliche Aufarbeitung bei *Hug*, Gemeindenachbarklagen im öffentlichen Baurecht, S. 274 ff.

1852 *Bönker*, in: Hoppe/Bönker/Grotefels, Öffentliches Baurecht, § 8, Rn. 182; *Erbguth/Schubert*, Öffentliches Baurecht, § 8, Rn. 59.

1853 BVerwG, Urt. v. 22.05.1987 – 4 C 57.84 -, BVerwGE 77, 300 (307); BVerwG, Beschl. v. 26.06.2014 – 4 B 47.13 – ZfBR 2014, 773 (774); *Decker*, JA 2015, 1 (2 f.).

1854 BVerwG, Beschl. v. 26.06.2014 – 4 B 47.13 – ZfBR 2014, 773 (774).

1855 BVerwG, Urt. v. 19.07.2001 – 4 C 4.00 -, BVerwGE 115, 17 (24 f.); *Decker*, JA 2015, 1 (3); siehe auch die umfassende Darstellung der Rechtsfigur der nachvollziehenden Abwägung bei *Hug*, Gemeindenachbarklagen im öffentlichen Baurecht, S. 274 ff.

Genüge zu tun.[1856] Dies kommt auch dadurch zum Ausdruck, dass das Gesetz in § 35 Abs. 1 BauGB vorsieht, dass für die Unzulässigkeit privilegierter Vorhaben diesen öffentliche Belange entgegenstehen müssen, während bei sonstigen Vorhaben bereits die Beeinträchtigung der Belange zu ihrer Unzulässigkeit führt.[1857] Die unterschiedlichen Auswirkungen der öffentlichen Belange auf die Zulässigkeit von privilegierten und sonstigen Vorhaben werden durch das jeweilige zwischen dem Vorhaben und dem öffentlichen Belang bestehende Verhältnis begründet.[1858] Anders als der planerischen Abwägung wohnt dieser nachvollziehenden Abwägung kein gestalterisches Element inne.[1859] Insbesondere kann ein Verstoß gegen öffentliche Belange nicht abwägend kompensiert werden.[1860] Im Übrigen ergibt sich dieser Unterschied zur planerischen Abwägung auch aus den Umstand, dass eine Baugenehmigung grundsätzlich als gebundene Entscheidung erteilt wird.[1861] Bei der Anwendung des § 35 BauGB ist ein Konditionalprogramm abzuarbeiten, das für planerische Erwägungen keinen Platz lässt.[1862] Die Argumentation der h.M., nach der Darstellungen eines Flächennutzungsplans deshalb keine Außenverbindlichkeit zukomme, weil sie noch eine planerische Abwägung durchlaufen müssten, ist auch vor diesem Hintergrund kritisch zu hinterfragen.[1863] Denn diese Argumentation nimmt Bezug auf den grundsätzlich finalen Charakter von Planungsnormen, bei deren Anwendung der Plangeber nicht subsumiert, sondern planerisch abwägt.[1864] Gerade eine solche planerische Abwägung ist aber nicht Bestandteil des Zulässigkeitsregimes des § 35 BauGB.[1865]

aaa) Die Wirkungen der Darstellungen des Flächennutzungsplans i.S.v. § 35 Abs. 3 S. 1 Nr. 1 BauGB auf das Zulässigkeitsregime des § 35 Abs. 2 BauGB für sonstige Vorhaben

Gemäß § 35 Abs. 2 BauGB kann ein sonstiges Vorhaben im Einzelfall zugelassen werden, wenn es öffentliche Belange nicht beeinträchtigt. Eine solche Beeinträchtigung ist nach § 35 Abs. 3 S. 1 Nr. 1 BauGB insbesondere dann anzunehmen, wenn

---

1856 BVerwG, Urt. v. 25.10.1967 – IV C 86.66 -, BVerwGE 28, 148 (151); *Decker*, ebenda; *Bönker*, in: Hoppe/Bönker/Grotefels, Öffentliches Baurecht, § 8, Rn. 185.

1857 *Decker*, ebenda.

1858 *Bönker*, in: Hoppe/Bönker/Grotefels, Öffentliches Baurecht, § 8, Rn. 185.

1859 *Bönker*, a.a.O., 186; *Decker*, JA 2015, 1 (3): Dem Plangeber wird bei der nachvollziehenden Abwägung „keine planerische Gestaltungsfreiheit eingeräumt".

1860 *Bönker*, a.a.O., Rn. 187; *Schröter*, Bauvorhaben im Außenbereich, S. 501 ff.

1861 *Decker*, JA 2015, 1 (3).

1862 BVerwG, Urt. v. 01.08.2002 – 4 C 5.01 -, BVerwGE 117, 25 (29); siehe hierzu *Hug*, Gemeindenachbarklagen im öffentlichen Baurecht, S. 277.

1863 *Hug*, a.a.O., S. 285.

1864 *Hug*, ebenda.

1865 *Hug*, ebenda.

das Vorhaben den Darstellungen des Flächennutzungsplans widerspricht.[1866] Auch wenn nach dem Wortlaut des § 35 Abs. 2 BauGB sonstige Vorhaben im Einzelfall zugelassen werden „können", eröffnet die Norm nach zutreffender ganz h.M. kein Ermessen.[1867] Vielmehr ist der Wortlaut mit Blick auf Art. 14 Abs. 1 GG verfassungskonform dahingehend auszulegen, dass bei Nichtbeeinträchtigung öffentlicher Belange ein Anspruch auf Zulassung des Vorhabens besteht.[1868] Auch im Rahmen des § 35 Abs. 2 BauGB ist eine nachvollziehende Abwägung zwischen den Realisierungsinteressen des Vorhabenträgers und den öffentlichen Belangen vorzunehmen.[1869] Nach der Rechtsprechung des BVerwG besteht zwischen der bei Anwendung des § 35 Abs. 2 BauGB vorzunehmenden nachvollziehenden Abwägung und der bei der Prüfung der Zulässigkeit von privilegierten Vorhaben gemäß § 35 Abs. 1 BauGB vorzunehmenden nachvollziehenden Abwägung „weniger ein ‚quantitativer', eine ‚Verschiedenheit dem Grade nach', sondern vor allem ein qualitativer, d.h. durch das jeweilige Verhältnis zwischen dem Vorhaben und dem öffentlichen Belang begründeter"[1870] Unterschied. Jedoch komme innerhalb dieses Verhältnisses den

1866 *Rinsdorf*, Der Flächennutzungsplan als Steuerungsinstrument der Gemeinde, S. 209.

1867 BVerwG, Urt. v. 29.04.1969 – I C 30.62 – BVerwGE 18, 247 (251); *Söfker*, in: Ernst/Zinkahn/Bielenberg/Krautzberger, BauGB, § 35, Rn. 73; *Rinsdorf*, Der Flächennutzungsplan als Steuerungsinstrument der Gemeinde, S. 209; a.A. mit Hinweis darauf, dass an dem Wortlaut des § 35 Abs. 2 BauGB „nicht zu rütteln" sei: *Ortloff*, NVwZ 1988, 320 (322) der weiter ausführt: „Das Ermessen in § 35 Absatz II BauGB mit seiner (ersatz-) planerischen Funktion läßt sich (...) auch als Ausgleich für die Beeinträchtigung der durch Art. 28 II GG geschützten gemeindlichen Planungshoheit verstehen, die der Bundesgesetzgeber vor allem durch die Gewichtung öffentlicher Belange zugunsten bestimmter sonstiger Vorhaben in § 35 Absatz IV BauGB vorgenommen hat."

1868 BVerwG, Urt. v. 29.04.1969 – I C 30.62 – BVerwGE 18, 247 (251); *Söfker*, in: Ernst/Zinkahn/Bielenberg/Krautzberger, BauGB, § 35, Rn. 73; *Rinsdorf*, Der Flächennutzungsplan als Steuerungsinstrument der Gemeinde, S. 209; auch *Muckel/Ogorek*, Öffentliches Baurecht, § 7, Rn. 174 legen die Norm entsprechend verfassungskonform dahingehend aus, dass ein Rechtsanspruch auf Zulassung bei Nichtbeeinträchtigung öffentlicher Belange bestehe. Eine solche Beeinträchtigung sei aber fast immer gegeben; a.A.: *Ortloff*, ebenda.

1869 BVerwG, Urt. v. 22.05.1987 – 4 C 57.84 -, BVerwGE 77, 300 (307); BVerwG, Beschl. v. 26.06.2014 – 4 B 47.13 – ZfBR 2014, 773 (774); *Decker*, JA 2015, 1 (2 f.); a.A. *Rinsdorf*, Der Flächennutzungsplan als Steuerungsinstrument der Gemeinde, S. 211, die bei der Anwendung des § 35 Abs. 2 BauGB keine nachvollziehende Abwägung erkennt, da eine Beeinträchtigung öffentlicher Belange immer schon bei nachteiliger Betroffenheit eines Belangs gegeben sei; *Hug*, Gemeindenachbarklagen im öffentlichen Baurecht, S. 281 hält die Bezeichnung des bei § 35 Abs. 2 BauGB vorzunehmenden Vorgangs der Rechtsanwendung als nachvollziehende Abwägung zwar für historisch erklärbar, aber der Sache nach verfehlt.

1870 BVerwG, Urteil vom 25. 10. 1967 – IV C 86.66 -, BVerwGE 28, 148 (151) zu § 35 BBauG.

privilegierten Vorhaben gegenüber den sonstigen Vorhaben ein Vorzug zu. Nach dem Willen des Gesetzgebers seien privilegierte Vorhaben dem Außenbereich in einer den Wirkungen des Bebauungsplans nahekommender Weise zugewiesen, während sonstige Vorhaben dort grundsätzlich nicht realisiert werden sollten. Insbesondere bei Berücksichtigung entgegenstehender Flächennutzungspläne werde dies deutlich. Diese hätten bei der Zulassung sonstiger Vorhaben eine herausgehobene Bedeutung, da sie die für sonstige Vorhaben im Gesetz angelegte Unzulässigkeit nur bestätigten.[1871] Das BVerwG hat sein Diktum, nach dem die privilegierten Vorhaben dem Außenbereich durch das Gesetz in einer den Wirkungen des Bebauungsplans nahekommenden Weise zugewiesen sind, später aufgegeben.[1872] Anders als bei der Festsetzung durch Bebauungsplan sei im Außenbereich auch für privilegierte Vorhaben die Frage des konkreten Standorts noch bei der Rechtsanwendung im Einzelfall zu klären.[1873] Gleichwohl stößt die geschilderte Rechtsprechung weiterhin auf die Kritik der aktuellen Literatur.[1874] So stehe die Feststellung des BVerwG, nach der sich die Auswirkungen öffentlicher Belange bei der Vorhabenzulässigkeit von privilegierten und sonstigen Vorhaben weniger quantitativ als qualitativ unterscheiden sollen, in Widerspruch zu den Ausführungen wenige Sätze später, nach denen privilegierte Vorhaben durch den Gesetzgeber dem Außenbereich grundsätzlich zugewiesen seien, während es sich mit sonstigen Vorhaben umgekehrt verhalte.[1875] Aus der Betonung der Gemeinsamkeiten durch das BVerwG folge die Gefahr, entscheidende Unterschiede in der Rechtsanwendung bei § 35 Abs. 1 und Abs. 2 BauGB zu verdecken.[1876] Die Rechtsanwendung bei Prüfung der Zulässigkeit eines sonstigen Vorhabens i.S.d. § 35 Abs. 2 BauGB beinhalte keine Abwägung[1877], sondern sei einfache Subsumtion eines Sachverhalts unter den gesetzlichen Tatbestand.[1878]

1871 BVerwG, a.a.O., 151 f. zu § 35 BBauG.

1872 BVerwG, Urt. v. 20.01.1984 – 4 C 43.81 -, BVerwGE 68, 311 (314 f.).

1873 BVerwG, ebenda; siehe hierzu *Decker*, JA 2015, 1 (3).

1874 *Hug*, Gemeindenachbarklagen im öffentlichen Baurecht, S. 279 f.; *Dürr*, in: Brügelmann, BauGB, § 35, Rn. 70.

1875 *Dürr*, ebenda.

1876 *Hug*, Gemeindenachbarklagen im öffentlichen Baurecht, S. 280.

1877 *Dürr*, in: Brügelmann, BauGB, § 35, Rn. 73; *Rinsdorf*, Der Flächennutzungsplan als Steuerungsinstrument der Gemeinde, S. 210 f., die feststellt, dass eine nachvollziehende Abwägung nicht Bestandteil des § 35 Abs. 2 BauGB sei.

1878 *Hug*, Gemeindenachbarklagen im öffentlichen Baurecht, S. 282; a.A. *Kau*, ZfBR 2009, 120 (123), der allgemein für § 35 Abs. 2 BauGB ausführt, dass eine Beeinträchtigung öffentlicher Belange nicht schon bei formaler Erfüllung des Tatbestands vorliege. Dies folge aus der verfassungskonformen Auslegung des § 35 BauGB im Lichte der grundrechtlich nach Art. 14 Abs. 1 S. 1 GG gewährleisteten Baufreiheit. Vielmehr müsse „in Anbetracht der konkreten planungsrechtlichen, baulichen, topographischen und sonstigen Gegebenheiten des fraglichen Vorhabens sorgsam untersucht werden, inwieweit die den gesetzlichen Bestimmungen materiell zugrundeliegenden Anforderungen auch tatsächlich gegeben“ seien.

Diese Argumente greifen für den Regelfall[1879] des § 35 Abs. 2 BauGB durch. Denn eine Beeinträchtigung öffentlicher Belange ist im Rahmen der Zulässigkeit von sonstigen Vorhaben i.S.v. § 35 Abs. 2 BauGB bereits dann anzunehmen, wenn das Vorhaben den Darstellungen des Flächennutzungsplans gemäß § 35 Abs. 3 S. 1 Nr. 1 BauGB widerspricht.[1880] So hat das BVerwG ausgeführt, dass die Darstellungen eines Flächennutzungsplans eine Sperrwirkung im Rahmen des § 35 Abs. 2 BauGB „nur dann nicht zu erzeugen vermögen, wenn die Entwicklung des Baugeschehens ihnen in einem sowohl qualitativ wie quantitativ so erheblichem Maße zuwiderläuft, daß die Verwirklichung der ihnen zugrundeliegenden Planungsabsichten entscheidend beeinträchtigt ist"[1881]. Im Umkehrschluss folgt aus diesen Ausführungen, dass solche Darstellungen des Flächennutzungsplans, deren Realisierbarkeit nicht durch die tatsächlichen Entwicklungen vor Ort unmöglich (geworden) ist[1882], eine Sperrwirkung gegenüber sonstigen Vorhaben erzeugen. Es genügt für die Beeinträchtigung i.S.v. § 35 Abs. 2 BauGB der einfache Widerspruch zum Flächennutzungsplan.[1883] Der Flächennutzungsplan muss auch nicht – andernfalls liefe seine Erwähnung als öffentlicher Belang ins Leere – mit der örtlichen Situation übereinstimmen, um seine Wirkung i.S.d. § 35 Abs. 3 S. 1 Nr. 1 BauGB zu entfalten.[1884] Ein Vorhaben kann den Darstellungen des Flächennutzungsplans i.S.d. § 35 Abs. 3 S. 1 Nr. 1 BauGB auch widersprechen, soweit diese nicht die tatsächlichen Verhältnisse, sondern die

---

1879 Ausnahmsweise findet bei der Anwendung des § 35 Abs. 2 BauGB eine Abwägung statt, wenn ein uneingeschränkt gewährleistetes Grundrecht den betroffenen privaten Belang schützt. Diese Konstellation ist beispielsweise bei der Aufstellung von Kunstwerken im Außenbereich relevant, in denen die Kunstfreiheit gemäß Art. 5 Abs. 3 GG betroffen ist. Auf die regelmäßig für das Bauen im Außenbereich relevanten Grundrechte aus Art. 12 GG und Art. 14 GG ist diese Konstellation nicht übertragbar: Siehe zu alledem: *Dürr*, in: Brügelmann, BauGB, § 35, Rn. 73.

1880 *Taegen*, in: FS-Schlichter, S. 251; *Rinsdorf*, Der Flächennutzungsplan als Steuerungsinstrument der Gemeinde, S. 211; *Schröter*, Bauvorhaben im Außenbereich, S. 520; in diesem Sinne auch *Decker*, JA 2015, 1 (3).

1881 BVerwG, Beschl. v. 31.10.1997 – 4 B 185.97 -, Buchholz 406.11 § 35 BauGB Nr. 333.

1882 A.A. *Rinsdorf*, Der Flächennutzungsplan als Steuerungsinstrument der Gemeinde, S. 215, die ausführt, dass die mangelnde Realisierbarkeit des Flächennutzungsplans nicht seine Wirkungen i.S.v. § 35 Abs. 3 S. 1 Nr. 1 BauGB hindere. Gegen eine solche Einschränkung spreche der Wortlaut, der keine Differenzierung in dieser Hinsicht enthalte. Auch sei die Rechtsfigur der Funktionslosigkeit nicht auf den Flächennutzungsplan anwendbar.

1883 *Decker*, JA 2015, 1 (3), der den für die Beeinträchtigung i.S.v. § 35 Abs. 2 BauGB genügenden einfachen Widerspruch in Vergleich zu der Konstellation bei privilegierten Vorhaben gemäß § 35 Abs. 1 BauGB setzt, für deren Unzulässigkeit ein qualifizierter Widerspruch zu den Darstellungen des Flächennutzungsplans vorliegen müsse.

1884 BVerwG, Beschl. v. 01.04.1997 – 4 B 11.97 -, NVwZ 1997, 899 (900); *Mitschang/Reidt*, in: Battis/Krautzberger/Löhr, BauGB, § 35, Rn. 75.

beabsichtigte städtebauliche Entwicklung widergeben.[1885] Auch einer konkreten standortbezogenen Darstellung[1886] bedarf es – anders als bei § 35 Abs. 1 BauGB[1887] – zur Erzeugung der Sperrwirkung im Falle des § 35 Abs. 2 BauGB nicht.[1888] Allerdings setzt die Annahme einer Beeinträchtigung i.S.v. § 35 Abs. 2 BauGB eine hinreichend konkrete Darstellung voraus, die als Maßstab für den in § 35 Abs. 3 S. 1 Nr. 1 BauGB postulierten Widerspruch des Vorhabens herangezogen werden kann.[1889] So liegt eine Beeinträchtigung vor, wenn der Flächennutzungsplan in positiver Hinsicht eine mit dem Vorhaben nicht zu vereinbarende Darstellung enthält oder jedenfalls in negativer Hinsicht Anhaltspunkte für einen entgegengesetzten gemeindlichen Planungswillen vorliegen.[1890] Beispielsweise hindern Darstellungen von Flächen für bestimmte Vorhaben und Baugebiete die Vorhabenzulässigkeit sonstiger Vorhaben, die diesen Darstellungen i.S.v. § 35 Abs. 3 S.1 Nr. 1 BauGB widersprechen.[1891]

Sind die widersprechenden Darstellungen des Flächennutzungsplans i.S.d. § 35 Abs. 3 S. 1 Nr. 1 BauGB hinreichend konkret, so findet bei der Prüfung der Zulässigkeit sonstiger Vorhaben gemäß § 35 Abs. 2 BauGB eine Subsumtion statt.[1892] Wird hierbei festgestellt, dass das Vorhaben diesen Darstellungen widerspricht, ist das sonstige Vorhaben unzulässig.[1893] Im Ergebnis sind die Wirkungen der Darstellungen des Flächennutzungsplans in diesen Konstellationen mit denen von Festsetzungen eines Bebauungsplans vergleichbar.[1894]

1885 *Söfker*, in: Ernst/Zinkahn/Bielenberg/Krautzberger, BauGB, § 35, Rn. 80; *Hug*, Gemeindenachbarklagen im öffentlichen Baurecht, S. 287 f.

1886 Zutreffend hält *Decker*, JA 2015, 1 (3) fest, dass für die Beeinträchtigung i.S.v. § 35 Abs. 2 BauGB – anders als im Fall des § 35 Abs. 1 BauGB – auch der Widerpruch zu den Darstellungen genüge, soweit sie Fläche für die Land- und Forstwirtschaft ausweisen; a.A.: *Kau*, ZfBR 2009, 120 (125).

1887 Siehe hierzu sogleich 4. Teil, C., II., 3., d), bb), bbb).

1888 OVG Berlin-Brandenburg, Beschl. v. 06.04.2009 – 11 S 59.08 -, juris; *Mitschang/Reidt*, in: Battis/Krautzberger/Löhr, BauGB, § 35, Rn. 75.

1889 *Hug*, Gemeindenachbarklagen im öffentlichen Baurecht, S. 287 ff., der diese Darstellungen mit dem Schlagwort „Maßstabsdarstellungen" kennzeichnet.

1890 BVerwG, Urt. v. 15.01.1969 – IV C 23.67 -, juris; *Mitschang/Reidt*, in: Battis/Krautzberger/Löhr, BauGB, § 35, Rn. 75.

1891 *Söfker*, in: Ernst/Zinkahn/Bielenberg/Krautzberger, BauGB, § 35, Rn. 80; *Schröter*, Bauvorhaben im Außenbereich, S. 520.

1892 *Hug*, Gemeindenachbarklagen im öffentlichen Baurecht, S. 286, 290.

1893 *Hug*, a.a.O., S. 286.

1894 *Brohm*, Öffentliches Baurecht, § 6, Rn. 13; *Kment*, Rechtsschutz im Hinblick auf Raumordnungspläne, S. 132; *Hug*, Gemeindenachbarklagen im öffentlichen Baurecht, S. 290; *Mitschang/Reidt*, in: Battis/Krautzberger/Löhr, BauGB, § 35, Rn. 75, die betonen, dass hierfür eine hinreichende Konkretisierung des Planungswillens der Gemeinde erkennbar sein muss; *Schröter*, Bauvorhaben im Außenbereich, S. 520.

bbb) Die Wirkungen der Darstellungen des Flächennutzungsplans i.S.v. § 35 Abs. 3 S. 1 Nr. 1 BauGB auf das Zulässigkeitsregime des § 35 Abs. 1 BauGB für privilegierte Vorhaben

Nach § 35 Abs. 1 BauGB setzt die Zulässigkeit der dort aufgelisteten privilegierten Vorhaben im Außenbereich voraus, dass diesen öffentliche Belange nicht entgegenstehen. Wie oben aufgezeigt[1895], gilt der Beispielkatalog der öffentlichen Belange in § 35 Abs. 3 S. 1 BauGB trotz des an § 35 Abs. 2 BauGB anknüpfenden Wortlauts auch für die Zulässigkeit privilegierter Vorhaben nach § 35 Abs. 1 BauGB.[1896] Daher ist der in § 35 Abs. 3 S. 1 Nr. 1 genannte Widerspruch des Vorhabens zu den Darstellungen des Flächennutzungsplans auch für § 35 Abs. 1 BauGB relevant. Wie oben ebenfalls dargelegt[1897], hatte das BVerwG den Darstellungen des Flächennutzungsplans – die zunächst nicht in dem gesetzlichen Katalog öffentlicher Belange aufgelistet waren – ursprünglich jede Möglichkeit der Auswirkung auf die Zulässigkeit privilegierter Vorhaben abgesprochen.[1898] Denn privilegierte Vorhaben seien dem Außenbereich durch den Gesetzgeber in einer den Festsetzungen eines Bebauungsplans nahekommenden Weise zugewiesen worden.[1899] Flächennutzungspläne könnten sich hier nicht auswirken, da „diese Pläne in der Art und Qualität ihrer Aussage unmittelbar der Ebene angehören, in der die (‚planerische') Aussage des § 35 Abs. 1 BBauG selbst liegt"[1900]. Daher müsse ihre Heranziehung bei der Zulässigkeitsprüfung privilegierter Vorhaben ebenso scheitern wie in Gebieten, in denen sich die Vorhabenzulässigkeit nach den Festsetzungen eines Bebauungsplans beurteilt.[1901] Nach Einfügung der Darstellungen des Flächennutzungsplans in den

---

1895 Siehe oben 4. Teil, C., II., 3., a).

1896 *Muckel/Ogorek*, Öffentliches Baurecht, § 7, Rn. 175; *Söfker*, in Ernst/Zinkahn/Bielenberg/Krautzberger, BauGB, § 35, Rn. 75.

1897 Siehe hierzu oben 4. Teil, C., II., 3., b).

1898 BVerwG, Urt. v. 25.10.1967 – IV C 86.66 -, BVerwGE 28, 148 (152); siehe hierzu die Ausführungen von *Rinsdorf*, Der Flächennutzungsplan als Steuerungsinstrument der Gemeinde, S. 228 f.

1899 BVerwG, a.a.O., 151 f. zu § 35 BBauG.

1900 BVerwG, a.a.O., 152.

1901 BVerwG, ebenda. Diese Aussage muss insofern verwundern, als BVerwG, Urt. v. 15.03.1967 – IV C 205.65 -, BVerwGE 26, 287 (291) die Unterschiede zwischen Bebauungsplan und Flächennutzungsplan betont hatte. Insofern hätte es unter Zugrundelegung dieser Prämissen der Argumentation des BVerwG nähergelegen, dass das Gericht die Wirkungen des Flächennutzungsplans bei § 35 Abs. 1 BBauG noch unterhalb der Wirkungen des Bebauungsplans ansetzt und nicht auf der Ebene der gesetzlichen Aussage des § 35 Abs. 1 BBauG selbst. Denn diese sollte ja ihrerseits mit Wirkungen von Bebauungsplanfestsetzungen vergleichbar sein.

gesetzlichen Katalog der öffentlichen Belange[1902] mit der BBauG-Novelle 1976[1903] hat das BVerwG diese Rechtsprechung aufgegeben.[1904] Denn anders als bei der Steuerung der Vorhabenzulässigkeit durch Bebauungspläne sei im Außenbereich auch für privilegierte Vorhaben noch die Frage des konkreten Standorts auf der Ebene des Einzelfalls zu klären.[1905] Insbesondere habe der Gesetzgeber mit § 35 Abs. 1 BauGB nicht etwa entschieden, dass privilegierte Vorhaben an jedem beliebigen Standort innerhalb des Außenbereichs errichtet werden könnten.[1906] Vielmehr gelte auch im Rahmen des Zulässigkeitsregimes für privilegierte Vorhaben das Gebot der Schonung des Außenbereichs.[1907] So könnten konkrete standortbezogene Aussagen des Flächennutzungsplans der Zulässigkeit auch von privilegierten Vorhaben an den entsprechenden Standorten entgegenstehen.[1908] Hierfür müsse die standortbezogene Aussage des Flächennutzungsplans aber über den Gehalt der gesetzlichen Regelung für sonstige Vorhaben hinausgehen.[1909] Nicht hinreichend konkret sei daher regelmäßig die Darstellung von Flächen für die Land- und Forstwirtschaft. Sie entspreche lediglich der dem Außenbereich ohnehin zukommenden Funktion für die Land- und Forstwirtschaft sowie für Erholungszwecke. Diese komme aber bereits in dem Zulässigkeitsregime für sonstige Vorhaben zum Ausdruck. Folglich handele es sich hierbei nicht um qualifizierte Standortzuweisungen[1910], die einem privilegierten Vorhaben entgegenstehen könnten.[1911]

Ob dem Vorhaben öffentliche Belange i.S.v. § 35 Abs. 1 BauGB entgegenstehen, weil es gemäß § 35 Abs. 3 S. 1 Nr. BauGB den Darstellungen des Flächennutzungsplans widerspricht, ist – wie oben bereits gezeigt[1912] – im Wege einer nachvollziehenden Abwägung zu ermitteln.[1913] Hierbei ist der jeweils betroffene öffentliche

---

1902 *Rinsdorf*, Der Flächennutzungsplan als Steuerungsinstrument der Gemeinde, S. 228 führt aus, das BVerwG habe seine Rechtsprechung noch vor Einfügung der Darstellungen des Flächennutzungsplans in den Beispielkatalog des § 35 Abs. 3 S. 1 BauGB korrigiert und zitiert in diesem Zusammenhang BVerwG, Urt. v. 20.01.1984 – 4 C 43.81 -, BVerwGE 68, 311 (314 ff). Die Einfügung der Darstellungen in den Beispielkatalog wurde aber mit der BBauG-Novelle 1976 (Gesetz zur Änderung des Bundesbaugesetzes v. 18.08.1976, BGBl. I, 2221) bereits vollzogen.

1903 Gesetz zur Änderung des Bundesbaugesetzes v. 18.08.1976, BGBl. I, 2221.

1904 BVerwG, Urt. v. 20.01.1984 – 4 C 43.81 -, BVerwGE 68, 311 (314 f.).

1905 BVerwG, ebenda; siehe hierzu *Decker*, JA 2015, 1 (3).

1906 BVerwG, a.a.O., 315.; siehe hierzu *Decker*, ebenda.

1907 BVerwG, ebenda.

1908 BVerwG, ebenda.

1909 BVerwG, ebenda.

1910 *Decker*, JA 2015, 1 (2) spricht von „qualifizierte[n], flächenbezogene[n] Darstellungen des Flächennutzungsplans (Standortzuweisungen)".

1911 BVerwG, Urt. v. 20.01.1984 – 4 C 43.81 -, BVerwGE 68, 311 (315 f.).

1912 Siehe oben 4. Teil, C., II., 3., d), bb).

1913 BVerwG, Urt. v. 17.12.2015 – 4 C 15.01 -, BVerwGE 117, 287 (292).

Belang zu gewichten und konkret in Beziehung zu dem Vorhaben zu setzen.[1914] Der in § 35 Abs. 1 BauGB für bestimmte Vorhaben vorgesehenen Privilegierung ist dabei Genüge zu tun.[1915] Sie muss im Rahmen der nachvollziehenden Abwägung zugunsten des Vorhabens gewichtet werden.[1916] Bereits aus den Unterschieden im Wortlaut zwischen § 35 Abs. 1 und Abs. 2 BauGB wird deutlich, dass privilegierte Vorhaben eine gegenüber sonstigen Vorhaben gesteigerte Durchsetzungskraft haben.[1917] Während sonstige Vorhaben bereits scheitern, wenn sie öffentliche Belange beeinträchtigen, erweisen sich privilegierte Vorhaben erst dann als unzulässig, wenn ihnen öffentliche Belange entgegenstehen.[1918] Die gesteigerte Durchsetzungskraft fußt auf der in § 35 Abs. 1 BauGB zum Ausdruck kommenden grundsätzlichen Zuweisung der privilegierten Vorhaben in den Außenbereich.[1919] Ist der Vorhabenstandort aber bereits durch den Flächennutzungsplan qualifiziert anderweitig verplant, so ergibt die nachvollziehende Abwägung regelmäßig einen Verstoß gegen § 35 Abs. 3 S. 1 Nr. 1 BauGB.[1920] Hier erlangt die oben[1921] geschilderte Rechtsprechung des BVerwG zur möglichen Detailschärfe[1922] von Darstellungen des Flächennutzungsplans besondere Bedeutung. Das BVerwG hat die Darstellung von präzisen Grenzwerten für Geruchsimmissionen in einem Flächennutzungsplan gebilligt, mit der die zulässigen Immissionen von Tierhaltungsanlagen im Außenbereich im Hinblick auf eine in der Nähe befindliche Fläche für Erholungs-, Kur- und Freizeitzwecke gesteuert werden sollten.[1923] Wie oben[1924] aufgezeigt, hat das BVerwG hier festgehalten, dass der Flächennutzungsplan auch Darstellungen enthalten darf, die in ihrer Detailliertheit mit Festsetzungen eines Bebauungsplans vergleichbar sind und keiner weiteren Konkretisierung bedürfen, solange diese Darstellungen die Art der Bodennutzung nur unter einzelnen Aspekten betreffen.[1925] Enthalte der Flächennutzungsplan detaillierte Darstellungen, so müssten diese auf

---

1914 BVerwG, Urt. v. 19.07. 2001 – 4 C 4.00 -, BVerwGE 115, 17 (24 f.); Decker, JA 2015, 1 (3); siehe auch die umfassende Darstellung der Rechtsfigur der nachvollziehenden Abwägung bei *Hug*, Gemeindenachbarklagen im öffentlichen Baurecht, S. 274 ff.

1915 BVerwG, Urt. v. 25.10.1967 – IV C 86.66 -, BVerwGE 28, 148 (151); *Decker*, ebenda; *Bönker*, in: Hoppe/Bönker/Grotefels, Öffentliches Baurecht, § 8, Rn. 185.

1916 *Weyreuther*, Bauen im Außenbereich, S. 159.

1917 *Decker*, JA 2015, 1 (3).

1918 *Weyreuther*, Bauen im Außenbereich, S. 159.

1919 *Decker*, JA 2015, 1 (3).

1920 *Decker*, ebenda.

1921 Siehe oben 4. Teil, C., II., 1., a), aa), bbb).

1922 Siehe zu der nach der Rechtsprechung möglichen Regelungsdichte von Darstellungen des Flächennutzungsplans *Guckelberger*, DÖV 2006, 973 (979 f.).

1923 Siehe zum konkreten Sachverhalt: *Mitschang*, in: FS-Krautzberger, S. 51; *Rojahn*, in: Mitschang (Hrsg.), Flächennutzungsplanung – Aufgabenwandel und Perspektiven, S. 103 f.; *Gierke*, in: Mitschang (Hrsg.), Flächennutzungsplanung – Aufgabenwandel und Perspektiven, S. 202 ff.

1924 Siehe oben 4. Teil, C., II., 1., a), aa), bbb).

1925 BVerwG, Urt. v. 18.08.2005 – 4 C 13.04 -, BVerwGE 124, 132 (138, 142).

einer differenzierten Abwägung beruhen.[1926] In der Literatur wurden diese Vorgaben treffend dahingehend zusammengefasst, dass der Flächennutzungsplan für den Außenbereich „punktuelle Vollregelungen“[1927] beinhalten könne. Mit Blick auf die bei der Prüfung der Zulässigkeit von privilegierten Vorhaben vorzunehmende nachvollziehende Abwägung hält das BVerwG fest, dass hier die bei Aufstellung des Flächennutzungsplans fehlerfrei ermittelten und abgewogenen Belange nicht anders gewichtet werden könnten.[1928] Jedoch bleibe zu prüfen, ob das Vorhaben von den der grobmaschigeren planerischen Abwägung zugrundeliegenden Annahmen abweiche und insofern das Gewicht der gemeindlichen Planungsvorstellungen relativiert sei.[1929] Zu berücksichtigen sei, dass der Flächennutzungsplan wesentlich stärker als Bebauungspläne von der tatsächlichen Entwicklung im Plangebiet abhänge und eine entsprechend starke Abweichung seine Aussagekraft abschwächen oder beseitigen könne.[1930] Sei dies der Fall, so könnten auch detaillierte Darstellungen im Rahmen der nachvollziehenden Abwägung ihre Bedeutung als dem Vorhaben entgegenstehender öffentlicher Belang einbüßen.[1931] Auch hielt das BVerwG in dieser Entscheidung noch einmal fest, dass die Darstellungen des Flächennutzungsplans im Gegensatz zu Bebauungsplanfestsetzungen nicht wie Rechtssätze anwendbar seien.[1932]

Die Überzeugungskraft dieser Relativierung durch das BVerwG ist zweifelhaft.[1933] Dies gilt auch, soweit das Gericht in einem anderen Urteil ausführt, Darstellungen i.S.d. § 35 Abs. 3 S. 1 Nr. 1 BauGB müssten sich im Unterschied zu solchen gemäß § 35 Abs. 3 S. 3 BauGB als einem dem privilegierten Vorhaben entgegenstehender öffentlicher Belang erst noch im Rahmen einer nachvollziehenden Abwägung bewähren.[1934] Dem kann vor dem Hintergrund der eben erläuterten weiteren Prämissen der Rechtsprechung des BVerwG nicht gefolgt werden. Das BVerwG hat detaillierte Darstellungen für zulässig erachtet, die treffend mit dem in der Literatur zu findenden Begriff „punktuelle Vollregelungen“[1935] bezeichnet werden können, der im Folgenden für diesen Typ von Darstellungen übernommen wird. Weiter hat das BVerwG für den Fall, dass einer solchen punktuellen Vollregelung eine detaillierte fehlerfreie Abwägung der zutreffend ermittelten Belange zugrunde liege, ausgeführt, dass diese Belange bei der im Rahmen der Zulässigkeitsprüfung gemäß § 35 Abs. 1 i.V.m. § 35 Abs. 3 S. 1 Nr. 1 BauGB vorzunehmenden Abwägung nicht

1926 BVerwG, a.a.O., 143.

1927 *Gatz*, jurisPR-BVerwG 25/2005, Anm. 1.

1928 BVerwG, Urt. v. 18.08.2005 – 4 C 13.04 -, BVerwGE 124, 132 (144).

1929 BVerwG, ebenda.

1930 BVerwG, ebenda.

1931 BVerwG, ebenda.

1932 BVerwG, a.a.O., 141, 143.

1933 *Gierke*, in: Mitschang (Hrsg.), Flächennutzungsplanung – Aufgabenwandel und Perspektiven, S. 205 f.

1934 BVerwG, Urt. v. 31.01.2013 – 4 CN 1.12 -, BVerwGE 146, 40 (47 f.).

1935 Der Begriff stammt von *Gatz*, jurisPR-BVerwG 25/2005, Anm. 1.

anders gewichtet werden könnten.[1936] Unter dieser Prämisse kommt solchen Darstellungen aber im Ergebnis die Wirkung von Bebauungsplanfestsetzungen zu.[1937] Sie müssen sich nicht noch im Rahmen einer nachvollziehenden Abwägung bewähren. Solche Darstellungen sind mit jenen gemäß § 35 Abs. 3 S. 3 BauGB vergleichbar.[1938] Diesen kommt ebenfalls eine mit den Festsetzungen des Bebauungsplans vergleichbare Funktion zu.[1939]

Soweit das BVerwG die Wirkungen der detaillierten Darstellungen i.S.v. § 35 Abs. 3 S. 1 Nr. 1 BauGB für die Fälle einschränkt, in denen das Gewicht der planerischen Abwägung durch Abweichungen von den dieser zugrundeliegenden tatsächlichen Annahmen gemindert sei[1940], wird hierzu in der Literatur zutreffend auf die erkennbare Mühe des Gerichts hingewiesen, überhaupt die Notwendigkeit einer

---

1936 BVerwG, Urt. v. 18.08.2005 – 4 C 13.04 -, BVerwGE 124, 132 (144).

1937 *Mitschang*, ZfBR 2008, 227 (238): „Er [der Flächennutzungsplan] nähert sich ihm [dem Bebauungsplan] inhaltlich und funktional an und seine spezifischen Darstellungen erlangen die gleiche Durchsetzungskraft wie Festsetzungen eines Bebauungsplans."; Mitschang, in: FS-Krautzberger, S. 58; *Rojahn*, in: Mitschang (Hrsg.), Flächennutzungsplanung – Aufgabenwandel und Perspektiven, S. 108 führt aus, es bleibe mit Blick auf BVerwG, Urt. v. 18.08.2005 – 4 C 13.04 -, BVerwGE 124, 132 ff. der Eindruck, dass ein Flächennutzungsplan „mit so detailgenauen, nicht weiter konkretisierungsbedürftigen Emissionswerten (...) im Außenbereich, wie sie hier in Streit waren, eine dem Bebauungsplan vergleichbare Steuerungsfunktion übernimmt".; *Hug*, Gemeindenachbarklagen im öffentlichen Baurecht, S. 291 f. konstatiert, dass auch detaillierte Darstellungen gegenüber privilegierten Vorhaben gemäß § 35 Abs. 1 BauGB noch eine Abwägung durchlaufen müssten. Insofern stelle sich die Situation anders dar als im Rahmen des § 35 Abs. 2 BauGB. Daher könne man noch mit der h.M. argumentieren, dass die Darstellungen in dieser Konstellation keine direkte Außenwirkung entfalteten. Jedoch seien entsprechend detaillierte und nicht mehr konkretisierungsbedürftige Darstellungen insgesamt als Rechtsvorschriften einzuordnen, da sie gegenüber den sonstigen Vorhaben Außenwirkung entfalteten. Für die Einordnung als materieller Rechtssatz insgesamt reiche es aber aus, wenn die Außenwirksamkeit in einer Hinsicht – nämlich gegenüber den sonstigen Vorhaben – gegeben sei.

1938 *Gierke*, in: Mitschang (Hrsg.), Flächennutzungsplanung – Aufgabenwandel und Perspektiven, S. 205 f.

1939 BVerwG, Urt. v. 31.01.2013 – 4 CN 1.12 -, BVerwGE 146, (42). Wie oben – 4. Teil, C., II., 3., c), aa), eee), (2), (c) – bereits dargestellt, führt das Gericht hier aus, dass auch die positiven und auf die Konzentrationszone bezogenen Wirkungen der Darstellungen gemäß § 35 Abs. 3 S. 3 BauGB mit den Wirkungen von Bebauungsplanfestsetzungen vergleichbar seien. Eine Normenkontrolle sei in analoger Anwendung des § 47 Abs. 1 Nr. 1 VwGO aber – mangels anderweitiger planwidriger Regelungslücke – nur gegen die außerhalb der Konzentrationszone enstehende negative Ausschlusswirkung statthaft.

1940 BVerwG, Urt. v. 18.08.2005 – 4 C 13.04 -, BVerwGE 124, 132 (144).

nachvollziehenden Abwägung begründen zu können.[1941] Im Ergebnis unterschieden sich solche Darstellungen nicht wesentlich von jenen i.S.d. § 35 Abs. 3 S. 3 BauGB.[1942] Für den Planbetroffenen mache es keinen Unterschied, ob eine Darstellung gemäß § 35 Abs. 3 S. 3 BauGB oder eine detaillierte und nicht weiter konkretisierungsbedürftige Darstellung i.S.v. § 35 Abs. 3 S. 1 BauGB im Rahmen der Vorhabenzulässigkeit eine Sperrwirkung entfalte.[1943] Im Übrigen komme Darstellungen gemäß § 35 Abs. 3 S. 3 BauGB eine Ausschlusswirkung nach dem Wortlaut der Norm auch nur „in der Regel“ zu.[1944] Damit gelte die gegen die rechtssatzmäßige Wirkung des Flächennutzungsplans vorgebrachte Einschränkung, nach der seinen Darstellungen keine unmittelbaren und die Zulässigkeit privilegierter Vorhaben ausschließenden Wirkungen zukommen soll, ebenso für die Darstellungen i.S.v. § 35 Abs. 3 S. 3 BauGB.[1945] Im Ergebnis wirkten damit alle Darstellungen zur Art der Bodennutzung im Außenbereich[1946] zulassungssteuernd und bildeten eine Inhalts- und Schrankenbestimmung des Eigentums gemäß Art. 14 Abs. 1 S. 2 GG.[1947]

Diesen Argumenten der Literatur ist jedenfalls für die punktuellen Vollregelungen des Flächennutzungsplans zum Außenbereich zuzustimmen. Zwar wird der Umstand, dass § 35 Abs. 3 S. 3 BauGB einen Regelvorbehalt enthält, an anderer Stelle in der Literatur herangezogen, um den im Vergleich zu den Darstellungen gemäß § 35 Abs. 3 S. 1 Nr. 1 BauGB gesteigerten Wirkungsgrad der Darstellungen nach § 35 Abs. 3 S. 3 BauGB zu verdeutlichen.[1948] Diese hätten regelmäßig außerhalb der Konzentrationszone eine ausschließende Wirkung für die jeweils einschlägigen privilegierten Vorhaben, während Darstellungen i.S.v. § 35 Abs. 3 S. 1 Nr. 1 BauGB den privilegierten Vorhaben nur im Einzelfall entgegengehalten werden könnten.[1949] Vorliegend allerdings wird gerade aus dem Umstand, dass die Ausschlusswirkung von Darstellungen i.S.d. § 35 Abs. 3 S. 3 BauGB an anderer Stelle des Plangebiets „in der Regel“ eintritt, die Vergleichbarkeit mit punktuellen Vollregelungen[1950] des

---

1941 *Gierke*, in: Mitschang (Hrsg.), Flächennutzungsplanung – Aufgabenwandel und Perspektiven, S. 205 f.

1942 *Gierke*, a.a.O., S. 205.

1943 *Jeromin*, NVwZ 2006, 1374 (1376).

1944 *Jeromin*, a.a.O., 1375; *W. Schrödter*, in: Schrödter, BauGB, § 5, Rn. 106.

1945 *Jeromin*, ebenda.

1946 Darüber hinaus will *Jeromin*, a.a.O., 1376 an späterer Stelle seines Beitrags nicht nur den entsprechenden Darstellungen für den Außenbereich, sondern „allen Darstellungen eines Flächennutzungsplanes mit einem umfassenden Bodennutzungskonzept zur Art der baulichen Nutzung eine abstrakt-generelle Regelung mit Außenwirkung zusprechen“. Auch mit Blick auf § 8 Abs. 2 BauGB werde Nutzungs- und Standortentscheidung bereits auf Ebene des Flächennutzungsplans getroffen.

1947 *Jeromin*, a.a.O., 1375.

1948 *Söfker*, in: Ernst/Zinkahn/Bielenberg/Krautzberger, BauGB, § 5, Rn. 18b.

1949 Vgl. *Söfker*, ebenda.

1950 *Gatz*, jurisPR-BVerwG 25/2005, Anm. 1.

Flächennutzungsplans deutlich.[1951] Im Übrigen bezieht sich der Wortlaut der zitierten Argumentation des BVerwG auf die „der grobmaschigeren planerischen Abwägung zugrundeliegenden tatsächlichen Annahmen". Punktuelle Vollregelungen[1952] des Flächennutzungsplans müssen hingegen nach der Rechtsprechung des BVerwG auf einer detaillierten – und nicht auf einer grobmaschigen – Abwägung beruhen.

Dass der geschilderten Ansicht der Literatur[1953] im Ergebnis jedenfalls für punktuelle Vollregelungen des Flächennutzungsplans zu folgen ist, mögen auch folgende Überlegungen zeigen: Soweit das BVerwG für die hier interessierenden punktuellen Vollregelungen[1954] enthaltenden Darstellungen gemäß § 35 Abs. 3 S. 1 Nr. 1 BauGB ins Feld führt, atypische tatsächliche Konstellationen könnten ihre Wirkung mindern, gilt das ebenso für Darstellungen nach § 35 Abs. 3 S. 3 BauGB, ohne dass das BVerwG ihre Vergleichbarkeit mit den Wirkungen von Bebauungsplanfestsetzungen anzweifelt. Nach der Rechtsprechung des BVerwG läuft der Vorbehalt „in der Regel" in § 35 Abs. 3 S. 3 BauGB „auf eine nachvollziehende Abwägung hinaus, freilich unter umgekehrten Vorzeichen"[1955]. Während der Gesetzgeber mit der Formulierung „entgegenstehen" in § 35 Abs. 1 BauGB die für die Vorhabenzulässigkeit wirkende Privilegierung unterstreiche, betone das in § 35 Abs. 3 S. 3 BauGB niedergelegte Regel-Ausnahme-Verhältnis die grundsätzliche Priorität des Interesses an der Freihaltung der Negativ- bzw. Ausschlussflächen.[1956] In einem anderen Urteil unterstreicht das BVerwG, dass es sich bei den durch den Regelvorbehalt des § 35 Abs. 3 S. 3 BauGB erfassten Ausnahmen um „vom Plangeber so nicht vorgesehene (atypische) Fallkonstellationen handeln"[1957] müsse. Die Möglichkeit einer atypischen Fallkonstellation ist aber nach der Rechtsprechung des BVerwG auch bei der Prüfung, ob einem privilegierten Vorhaben gemäß § 35 Abs. 3 S. 1 Nr. 1 BauGB öffentliche Belange in Form eines Widerspruchs zu den Darstellungen des Flächennutzungsplans i.S.v. § 35 Abs. 3 S. 1 Nr. 1 entgegenstehen, die verbliebene Aufgabe. Nur wenn eine solche Atypik vorliegt, können bei der nachvollziehenden Abwägung die entsprechenden und auf Grundlage einer detaillierten Abwägung dargestellten parzellenscharfen Regelungen ihre Bedeutung als entgegenstehender öffentlicher Belang einbüßen.[1958] Dann aber erfahren die Wirkungen der punktuelle Vollregelungen[1959] enthaltenden Darstellungen i.S.v. § 35 Abs. 3 S. 1 Nr. 1 BauGB durch die notwendige Prüfung auf eine atypische Konstellation in ihrer Wirkung keine weitergehende Abschwächung als die Ausschlusswirkung von Darstellungen i.S.d. § 35 Abs. 3 S. 3 BauGB durch den im Gesetzestext enthaltenen Vorbehalt „in

---

1951 *Jeromin*, NVwZ 2006, 1374 (1375); *W. Schrödter*, in: Schrödter, BauGB, § 5, Rn. 106.
1952 *Gatz*, jurisPR-BVerwG 25/2005, Anm. 1.
1953 *Jeromin*, NVwZ 2006, 1374 (1375); *W. Schrödter*, in: Schrödter, BauGB, § 5, Rn. 106.
1954 *Gatz*, jurisPR-BVerwG 25/2005, Anm. 1.
1955 BVerwG, Urt. v. 17.12.2002 – 4 C 15.01 -, BVerwGE, 117, 287 (302).
1956 BVerwG, ebenda; *Decker*, JA 2015, 1 (6).
1957 BVerwG, Urt. v. 26.04.2007 – 4 CN 3.06 -, BVerwGE 128, 382 (387 f.).
1958 BVerwG, Urt. v. 18.08.2005 – 4 C 13.04 -, BVerwGE 124, 132 (144).
1959 *Gatz*, jurisPR-BVerwG 25/2005, Anm. 1.

der Regel".[1960] Für Darstellungen gemäß § 35 Abs. 3 S. 3 BauGB nimmt aber auch das BVerwG eine Vergleichbarkeit mit den Wirkungen von Bebauungsplanfestsetzungen an. Folglich sind auch solche Darstellungen i.S.d. § 35 Abs. 3 S. 1 Nr. 1 BauGB, die auf einer detaillierten Abwägung basierende parzellenscharfe Regelungen enthalten, in ihren Wirkungen mit Bebauungsplanfestsetzungen vergleichbar. Daher ist mit den oben geschilderten Literaturstimmen eine Vergleichbarkeit solcher Darstellungen mit den Festsetzungen eines Bebauungsplans anzunehmen. Enthält der Flächennutzungsplan für den Außenbereich Darstellungen mit einer punktuellen Vollregelung, so kommt diesen bei der Zulassung eines privilegierten Vorhabens im Außenbereich Außenwirkung zu.[1961]

e) Zusammenfassung

Für das Zulässigkeitsregime des § 35 BauGB kommt dem Flächennutzungsplan eine besondere Bedeutung zu. Die Gemeinden können sich im Außenbereich darauf beschränken, die städtebauliche Entwicklung planerisch durch den Flächennutzungsplan zu steuern.

Mit der Schaffung des auf die höchstrichterliche Rechtsprechung zu den Abgrabungskonzentrationszonen zurückgehenden gesetzlichen Planvorbehalts gemäß § 35 Abs. 3 S. 3 BauGB ist die Funktion des Flächennutzungsplans im Außenbereich aufgewertet worden. Darstellungen gemäß § 35 Abs. 3 S. 3 sind mit den Festsetzungen eines Bebauungsplans vergleichbar. Aufgewertet worden ist der Flächennutzungsplan als Planungsinstrument auch mit Blick auf die in Zusammenhang mit § 35 Abs. 3 S. 3 BauGB geschaffene Möglichkeit zur Aufstellung von Teilflächennutzungsplänen i.S.d. § 5 Abs. 2b BauGB. Mit der Kodifizierung der ebenfalls im Kontext des § 35 Abs. 3 S. 3 BauGB stehenden Zurückstellungsmöglichkeit nach § 15 Abs. 3 BauGB wurde das Steuerungspotential des Flächennutzungsplans erhöht. Gleiches gilt für die mit dem Repowering von Windenergieanlagen in Verbindung stehende Regelung des § 249 BauGB. So können in den Flächennutzungsplan auf Grundlage von § 249 Abs. 2 S. 3 BauGB Darstellungen aufgenommen werden, die unmittelbare Zulässigkeitsregeln für Windenergieanlagen enthalten.

Der Verweis der h.M. auf die nachvollziehende Abwägung zur Begründung der fehlendenden Außenwirkung von Darstellungen des Flächennutzungsplans i.S.v. § 35 Abs. 3 S. 1 Nr. 1 BauGB bei der Zulässigkeit von Außenbereichsvorhaben greift in seiner Allgemeinheit nicht durch. Sind die widersprechenden Darstellungen hinreichend konkret, so können sie die Zulässigkeit sonstiger Vorhaben gemäß § 35 Abs. 2 BauGB unmittelbar hindern und wirken dann wie Festsetzungen eines

---

1960 Auch *Gierke*, in: Mitschang (Hrsg.), Flächennutzungsplanung – Aufgabenwandel und Perspektiven, S. 206 sieht keinen wesentlichen Unterschied zu den Fällen des § 35 Abs. 3 S. 3 BauGB.

1961 Zu diesem Ergebnis gelangen auch *Jeromin*, NVwZ 2006, 1374 (1375); nach *Gierke*, in: Mitschang (Hrsg.), Flächennutzungsplanung – Aufgabenwandel und Perspektiven, S. 206 liegt die Annahme einer rechtssatzmäßigen Wirkung nahe.

Bebauungsplans. Ähnliches gilt auch für die Zulässigkeit privilegierter Vorhaben gemäß § 35 Abs. 1 BauGB. Enthält der Flächennutzungsplan detailscharfe Darstellungen, die auf einer hinreichend differenzierten Abwägung beruhen, so stehen diese der Zulässigkeit des privilegierten Vorhabens unmittelbar entgegen und wirken wie die Festsetzungen eines Bebauungsplans. Dies zeigt auch der Vergleich mit Darstellungen i.S.v. § 35 Abs. 3 S. 3 BauGB. Solche punktuellen Vollregelungen des Flächennutzungsplans entfalten Außenwirkung.

III. Die Wirkungen des Flächennutzungsplans im Verhältnis zu der Fachplanung

Das Verhältnis von örtlicher Bauleitplanung und überörtlicher Fachplanung ist weder gesetzlich abschließend geregelt, noch haben sich in Literatur und Rechtsprechung abschließende Lösungsansätze herausgebildet.[1962] Bei der raumbezogenen Fachplanung lassen sich die drei Bereiche Planfeststellungen bzw. Plangenehmigung, Schutzgebietsfestsetzungen und sonstige räumliche Fachplanungen unterscheiden.[1963]

1. Grundsätzlich keine umfassende gesetzliche Regelung des Verhältnisses von Flächennutzungs- und Fachplanung

Der Befund des Fehlens einer umfassenden Regelung des Verhältnisses von Bauleitplanung und Fachplanung gilt insbesondere auch unter dem speziellen Blickwinkel der Flächennutzungsplanung. So ist das Verhältnis von Flächennutzungsplanung und Fachplanung nur in einzelnen Vorschriften niedergelegt.[1964] Neben der Regelung des § 5 Abs. 4 S. 1 BauGB, nach der Planungen, die „nach anderen gesetzlichen Vorschriften festgesetzt sind“ (also auch Fachplanungen), in den Flächennutzungsplan nachrichtlich übernommen werden sollen und dem allgemeinen Abwägungsgebot sind insbesondere die §§ 7, 38 BauGB für das Verhältnis von Bauleitplanung und Fachplanung von Relevanz.[1965] Nach § 38 BauGB sind die Regelungen der §§ 29 ff. BauGB über die bauplanungsrechtliche Vorhabenzulässigkeit „auf Planfeststellungsverfahren und sonstige Verfahren mit den Rechtswirkungen der Planfeststellung für Vorhaben von überörtlicher Bedeutung“ nicht anzuwenden. Es handelt sich insofern um sogenannte privilegierte Fachplanungen.[1966] Während die Regelung des § 38 BauGB nicht speziell auf das Verhältnis von Flächennutzungsplan und Fachplanung

---

1962 *Kümper*, UPR 2013, 9; Kraft, *BauR* 1999, 829 (830 f.); *Kauch/Roer*, Bauleitplanung und Fachplanung, S. 1 f.

1963 Diese Einteilung ist *Hendler*, in: Koch/Hendler, Baurecht, § 1, Rn. 22 ff. entnommen; siehe zu den Arten der Fachplanung auch oben 4. Teil, B., II.

1964 *Kümper*, ZfBR 2012, 631 (636).

1965 *Kümper*, ebenda.

1966 *Finkelnburg/Ortloff/Kment*, BauplanungsR, § 22, Rn. 4.

abstellt[1967], handelt es sich bei § 7 BauGB um eine speziell mit Blick auf diese Konstellation geschaffene Vorschrift. Nach dieser haben öffentliche Planungsträger, die bei der Aufstellung des Flächennutzungsplans beteiligt wurden, ihre Planungen insoweit anzupassen, als sie dem Flächennutzungsplan nicht widersprochen haben.

2. *Das Aufeinandertreffen von Flächennutzungsplan und Fachplan in verschiedenen zeitlichen Konstellationen*

Die Wechselwirkungen von Fachplanung und Flächennutzungsplan hängen entscheidend davon ab, in welcher zeitlichen Konstellation die Planungen aufeinandertreffen. Denkbar sind drei Fälle: Ein nachfolgender Fachplan trifft auf einen vorlaufenden Flächennutzungsplan, die Aufstellung von Fachplan und Flächennutzungsplan erfolgt parallel oder ein nachfolgender Flächennutzungsplan trifft auf einen vorlaufenden Fachplan.[1968]

a) *Nachfolgender Fachplan trifft auf vorlaufenden Flächennutzungsplan: Die Anpassungspflicht nach § 7 BauGB*

Die Regelung des § 7 BauGB ist Ausfluss der mit der Planungshoheit einhergehenden Verantwortung der Gemeinde für die städtebauliche Entwicklung und Ordnung des Gemeindegebiets im Ganzen, die sie mit dem Flächennutzungsplan als Planung mit integrativem Effekt umsetzt.[1969] Zwar ist die im Flächennutzungsplan zum Ausdruck kommende Planungshoheit der Gemeinde bei einer gegenläufigen fachplanerischen Entscheidung ohnehin im Rahmen der Abwägung zu berücksichtigen.[1970] Allerdings ist in § 7 BauGB ein darüber hinausgehender und auf der Programmierungsfunktion des Flächennutzungsplans gründender[1971] Geltungsanspruch gegenüber der Fachplanung niedergelegt.[1972] Nach dieser Vorschrift haben die an der Aufstellung des Flächennutzungsplans nach § 4 oder § 13 BauGB beteiligten öffentlichen Planungsträger[1973] ihre Planungen an den Flächennutzungsplan insoweit anzupassen, als sie

---

1967 *Kümper*, ZfBR 2012, 631 (636).

1968 Diese Systematisierung geht zurück auf *Erbguth*, NVwZ 1989, 608 (609), der sie dem Verhältnis von Planfeststellung und Bauleitplanung zugrunde legt. Speziell für das Verhältnis von Fachplanung und Flächennutzungsplanung findet sich diese Systematisierung u.a. auch bei *Demske*, Die Steuerungswirkung des Flächennutzungsplans S. 154 ff. und *Kümper*, ZfBR 2012, 631 (636 ff.).

1969 *Gaentzsch/Philipp*, in: Schlichter/Stich/Driehaus/Paetow, BK BauGB, § 7, Rn. 1.

1970 *Gaentzsch/Philipp*, a.a.O., Rn. 2.

1971 Vgl. *Gierke*, in: Brügelmann, BauGB, § 1, Rn. 25.

1972 *Gaentzsch/Philipp*, in: Schlichter/Stich/Driehaus/Paetow, BK BauGB, § 7, Rn. 5.

1973 Auch private Vorhabenträger können im Einzelfall über den engen Wortlaut der Norm hinaus „öffentliche Planungsträger“ i.S.v. § 7 sein. So führt der HessVGH, Urt. v. 28.06.2005 – 12 A 3/05 -, juris aus: „Jedenfalls dann, wenn ein Projekt als gemeinnützig anzusehen ist und im Hinblick darauf rechtliche Privilegierungen genießt wie etwa die Anwendung des § 38 BauGB oder der Vorhabensträger

ihm nicht bis zum Beschluss der Gemeinde über den Flächennutzungsplan widersprochen haben. Macht eine Veränderung der Sachlage eine abweichende Planung erforderlich und kann ein Einvernehmen mit der Gemeinde hierüber nicht erreicht werden, so sieht die Vorschrift des § 7 BauGB vor, dass öffentliche Planungsträger nachträglich dem Flächennutzungsplan widersprechen können, wenn die für die abweichende Planung geltend gemachten Belange die sich aus dem Flächennutzungsplan ergebenden städtebaulichen Belange nicht nur unwesentlich überwiegen. Auslegung und Bedeutung der Regelung des § 7 BauGB sind nicht abschließend geklärt.[1974]

aa) Die bisherige Einordnung des § 7 BauGB in Literatur und Rechtsprechung

Der aus § 7 BauGB folgende Geltungsanspruch des Flächennutzungsplans gegenüber der Fachplanung unterstreicht die Stellung des Flächennutzungsplans als „Nahtstelle zwischen kommunalem Städtebau und staatlicher Planung".[1975] So wird diese Regelung einerseits auch als „wichtigste Koordinationsvorschrift im Baugesetzbuch" eingestuft[1976]. Andererseits hat § 7 BauGB in der planerischen Arbeit und der gerichtlichen Praxis lange Zeit nur wenig Aufmerksamkeit erfahren.[1977] Dies mag nicht zuletzt daran liegen, dass die durch § 7 BauGB ausgelöste Bindungswirkung der öffentlichen Planungsträger an deren Flächennutzungsplan von Teilen der Literatur unter Verweis auf die Möglichkeit des nachträglichen Widerspruchs als stark relativiert eingestuft wird.[1978] So diene die „Widerspruchslast des § 7 BauGB (...) wirklich ‚nur' der nachdrücklichen Anregung eines frühzeitigen Abstimmungsgesprächs zwischen den beteiligten Planungsträgern"[1979]. Im Verhältnis zur Fachplanung zeige sich die Schwäche des Flächennutzungsplans als ein nur auf interne Bindungswirkungen ausgerichtetes Planungsinstrument.[1980] Andere Literaturstimmen betonen hingegen, dass der Flächennutzungsplan – wie eine Zusammenschau von § 7 BauGB und § 38 BauGB zeige – nach dem Wortlaut des Gesetzes eine stärkere

---

Planfeststellungsbeschlüsse mit enteignender Vorwirkung erhält, erscheint die Gleichbehandlung mit unmittelbar öffentlichen Planungsträgern geboten."

1974 Vgl. *Durner*, Konflikte räumlicher Planung, S. 104, der davon spricht, die Aussagekraft „der §§ 7 und 38 BauGB über das Verhältnis der Bauleitplanung zur Fachplanung [sei] widersprüchlich, lückenhaft und auslegungsbedürftig"; andererseits bezeichnet *Paetow*, UPR 1990, 321 (323) den § 7 BauGB als „relativ umfassende gesetzliche Regelung".

1975 *Durner*, a.a.O., S. 105.

1976 *Durner*, ebenda S. 105.

1977 *Kümper*, UPR 2013, 9 (10); *Kraft*, UPR 2001, 294 (295) spricht davon, dass es sich bei § 7 BauGB um eine „vielen Juristen unbekannte" Vorschrift handele; *Kraft*, BauR 1999, 829 (832).

1978 So *Koch*, in: FS-Schlichter, S. 476.

1979 So *Koch*, ebenda.

1980 *Kauch/Roer*, Bauleitplanung und Fachplanung, S. 177.

Bindungswirkung gegenüber dem Fachplan entfalte als ein Bebauungsplan.[1981] Dem ist zuzustimmen. Die Vorrangstellung der Flächennutzungsplanung gegenüber der Fachplanung[1982] zeigt sich auch in der einschränkenden Wirkung des vorlaufenden Flächennutzungsplans auf die in § 38 BauGB vorgesehene Privilegierung der Planfeststellung und bestimmter anderer Fachplanungen gegenüber einem vorlaufenden Bebauungsplan. Denn von der Privilegierung des § 38 BauGB sind jedenfalls die Festsetzungen eines Bebauungsplans ausgenommen, die in den Grenzen des Entwicklungsgebots gemäß § 8 Abs. 2 S. 1 BauGB unmittelbar aus Darstellungen eines Flächennutzungsplans entwickelt wurden, denen der Fachplanungsträger nicht widersprochen hat.[1983] Ein Abweichen von den Festsetzungen des Bebauungsplans ist dann nur soweit möglich, als die Vorgaben des Flächennutzungsplans noch gewahrt bleiben.[1984] Schließlich sprechen gegen die These von der Relativierung der Bindungswirkung des § 7 BauGB durch die Möglichkeit des nachträglichen Widerspruchs auch die Anforderungen des § 7 S. 5 BauGB an einen nachträglichen Widerspruch. Nach dieser Regelung ist der nachträgliche Widerspruch nur zulässig, wenn die für die abweichende Planung geltend gemachten Belange die sich aus dem Flächennutzungsplan ergebenden städtebaulichen Belange nicht nur unwesentlich überwiegen. So wird in der Literatur auch die Ansicht vertreten, mit Aufnahme dieses Postulats habe der Gesetzgeber die Stellung der vorbereitenden Bauleitplanung gegenüber der Fachplanung gestärkt.[1985] Darüber hinaus hat die Vorschrift des § 7 BauGB vor dem Hintergrund verschärfter Planungskonflikte zwischen Gemeinden und Trägern der Fachplanung an Bedeutung gewonnen.[1986] Dies führt nicht selten dazu, dass die Träger der Fachplanung dem Flächennutzungsplan prophylaktisch widersprechen.[1987] Allerdings sind diesem Vorgehen enge Grenzen gesetzt: Der wirksame Widerspruch setzt einen Konkretisierungsgrad der Fachplanung voraus, der

---

1981 *Durner*, Konflikte räumlicher Planung, S. 77, der dieses Ergebnis als gesetzgeberischen Wertungswiderspruch kritisiert.

1982 Laut *Rinsdorf*, Der Flächennutzungsplan als Steuerungsinstrument der Gemeinde, S. 148 führt die Anpassungspflicht „im Ergebnis zu einer gesetzlich eingeräumten Vorrangstellung der Flächennutzungsplanung gegenüber der Fachplanung".

1983 *Kauch/Roer*, Bauleitplanung und Fachplanung, S. 206.

1984 *Kauch/Roer*, a.a.O., S. 207; *Dörries*, Das Verhältnis der Bauleitplanung zur raumbeanspruchenden Fachplanung, S. 124.

1985 Vgl. *Demske*, Die Steuerungswirkung des Flächennutzungsplans, S. 166.

1986 *Durner*, Konflikte räumlicher Planung, S. 108; *W. Schrödter*, in Schrödter, BauGB, § 7, Rn. 1, führt aus, angesichts der „verstärkten Bereitschaft der Gemeinden, überörtliche Fachplanungen zu ‚bekämpfen'" sei der § 7 BauGB bei Konflikten zwischen Bauleitplanung und überörtlicher Planung von erheblicher Bedeutung.

1987 *Durner*, Konflikte räumlicher Planung, S. 108 f.; *Kraft*, BauR 1999, 829 (832); *Koch*, in: FS-Schlichter, S. 476.

einen Ausgleich der Belange im Flächennutzungsplan erlauben würde.[1988] Andernfalls entfällt die Bindungswirkung des § 7 S. 1 BauGB nicht.[1989]

Nach herrschender Literaturmeinung entspricht die Anpassungspflicht des § 7 S. 1 BauGB dem Entwicklungsgebot des § 8 Abs. 2 S. 1 BauGB, nach dem Bebauungspläne aus dem Flächennutzungsplan zu entwickeln sind.[1990] Auch die höchstrichterliche Rechtsprechung betont die Parallelen der beiden Vorschriften.[1991] Allerdings stößt diese Ansicht auf Kritik einzelner Literaturstimmen.[1992] Die Anpassungspflicht des § 7 S. 1 BauGB müsse vielmehr in gleicher Weise wie die Anpassungspflicht der Bauleitplanung gemäß § 1 Abs. 4 BauGB an Ziele der Raumordnung verstanden werden.[1993] So sei im Rahmen des § 7 S. 1 BauGB der Rückgriff auf § 8 Abs. 2 S. 1 BauGB bereits deshalb systemwidrig, weil es sich bei der Entwicklung der Bebauungspläne aus dem Flächennutzungsplan um die Bindung von Plänen innerhalb einer Planungshierarchie handele, während die Anpassungspflicht für die Fachplanung an den Flächennutzungsplan verschiedenartige Planungen betreffe.[1994] Der Begriff der Entwicklung werde vom Gesetzgeber dort verwendet, wo es um die Anpassung von Plänen unterschiedlicher Stufung aber gleicher Zweckbestimmung gehe.[1995] Dies zeige insofern auch ein Blick auf das ROG 1998, als dort in § 9 Abs. 2 S. 1 ROG (heute § 8 Abs. 2 S. 1 ROG) ein Entwicklungsgebot für Regionalpläne aus dem Raumordnungsplan für das Landesgebiet festgeschrieben sei.[1996] Im Übrigen sei die Entwicklung i.S.v. § 8 Abs. 2 S. 1 BauGB auf die Fortentwicklung und Konkretisierung der bereits im Flächennutzungsplan angelegten städtebaulichen Konzeption der Gemeinde ausgerichtet, während der öffentliche Planungsträger i.S.d. § 7 S. 1 BauGB zu einer solchen Fortentwicklung gerade nicht befugt sei. Der Träger der Fachplanung dürfe gerade keine eigenen städtebaulichen Ziele verfolgen, sondern

---

1988 So *Rinsdorf*, Der Flächennutzungsplan als Steuerungsinstrument der Gemeinde, S. 151; *Gaentzsch/Philipp*, in: Schlichter/Stich/Driehaus/Paetow, BK BauGB, § 7, Rn. 12; *Kümper*, UPR 2013, 9 (12) führt zutreffend aus, dass sich der Fachplanungsträger in der Folge „nicht durch einen ‚prophylaktischen' Widerspruch Planungsfreiräume offenhalten" könne.

1989 Siehe *Gaentzsch/Philipp*, ebenda.

1990 *Gaentzsch/Philipp*, a.a.O., Rn. 4; *Runkel*, in Ernst/Zinkahn/Bielenberg/Krautzberger, BauGB, § 7, Rn. 10b; *Dörries*, Das Verhältnis der Bauleitplanung zur raumbeanspruchenden Fachplanung, S. 114; *Finkelnburg/Ortloff/Kment*, BauplanungsR, § 7, Rn. 50.

1991 BVerwG, Beschl. v. 20.07.1990 – 4 N 3.88 -, NVwZ 1991, 262 (263).

1992 *Gierke*, in: Brügelmann, BauGB, § 7, Rn. 101c; Kritisch auch *Kümper*, UPR 2013, 9 (17).

1993 *Gierke*, ebenda; *Schlarmann*, Das Verhältnis der privilegierten Fachplanungen zur kommunalen Bauleitplanung, S. 302; auch *Kümper*, ebenda deutet die Parallele zu § 1 Abs. 4 BauGB an.

1994 *Gierke*, ebenda.

1995 *Gierke*, ebenda.

1996 So *Gierke*, ebenda.

müsse sich an den Zwecken und Zielen der Fachplanung orientieren.[1997] Im Übrigen könne der Gleichsetzung der Wirkung des § 7 S. 1 BauGB mit der Wirkung des § 1 Abs. 4 BauGB auch nicht entgegengehalten werden, dass der Flächennutzungsplan im Verhältnis zu anderen Planungsträgern nur Rahmencharakter habe. Denn auch die von § 1 Abs. 4 BauGB erfassten Pläne der Raumordnung setzten insofern nur einen Rahmen und beließen einen Gestaltungsspielraum.[1998] Teile dieser Literaturmeinung vertreten auch unter Verweis auf den Wortlaut des § 7 S. 1 BauGB die Ansicht, die Bindungswirkung der vorlaufenden Flächennutzungsplanung sei „rechtssatzmäßiger Natur“[1999]. Entsprechend müsse unter dem Blickwinkel der Wirkungen des Flächennutzungsplans nach § 7 S. 1 BauGB zur Ermöglichung des Rechtsschutzes eine Normenkontrolle als statthaft in Betracht gezogen werden.[2000]

Der beschriebenen Mindermeinung ist zuzustimmen. Der Fachplanungsträger entwickelt nicht die in dem Flächennutzungsplan angelegten städtebaulichen Ziele der Gemeinde weiter, sondern verfolgt eigene fachplanerische Ziele, die häufig – wie ein Blick auf die in der Literatur konstatierte Tendenz zur (nicht selten unwirksamen) vorbeugenden Einlegung eines Widerspruchs zeigt – den mit der Flächennutzungsplanung verfolgten Zielen entgegenstehen. Versteht man unter der Entwicklung i.S.v. § 8 Abs. 2 S. 1 BauGB nicht zuletzt auch die Förderung der in dem Flächennutzungsplan angelegten städtebaulichen Ziele, so wird deutlich, dass die Anpassung gemäß § 7 S. 1 BauGB nicht als Entwicklung im Sinne einer so beschriebenen Förderung zu verstehen ist.[2001] Vielmehr verhindert die Anpassungspflicht nur ein Konterkarieren der Flächennutzungsplanung durch die Fachplanung. Die Regelung des § 7 S. 1 BauGB verlangt insofern eine rein „negative Anpassung“[2002], aber keine Weiterentwicklung. Eine „positive Anpassung“ wird nur insofern verlangt, als die Fachplanung sich in das Gesamtkonzept des Flächennutzungsplans einfügen muss.[2003]

bb) Die neuere Rechtsprechung des BVerwG zu § 7 BauGB

Durch die jüngere höchstrichterliche Rechtsprechung hat die Anpassungspflicht des § 7 BauGB allerdings an Bedeutung erheblich gewonnen.[2004]

1997 *Gierke*, ebenda.

1998 *Gierke*, in: Brügelmann, BauGB, § 5, Rn. 42 und § 7, Rn. 106.

1999 So *Gierke*, a.a.O., § 5, Rn. 42; ausdrücklich gegen eine solche Auslegung des § 7 S. 1 BauGB spricht sich BVerwG, Urt. v. 24.11.2010 – 9 A 13.09 -, BVerwGE 138, 226 (233) aus, demzufolge die Anpassungspflicht gemäß § 7 S. 1 BauGB „nicht im Sinne einer rechtssatzmäßigen Anwendung (‚Vollzug‘) der einzelnen Darstellungen des Flächennutzungsplans“ zu verstehen sein soll.

2000 *Gierke*, a.a.O., § 6, Rn. 194.

2001 Vgl. *Gierke*, a.a.O., § 7, Rn. 101c.

2002 So *Gierke*, a.a.O., Rn. 104.

2003 *Gierke*, a.a.O., Rn. 104a.

2004 So *Kümper*, UPR 2013, 9 (10).

aaa) Das Urteil des BVerwG vom 24.11.2010 (9 A 13.09)

Zunächst hat das BVerwG mit Urteil vom 24.11.2010[2005] die Bedeutung des Flächennutzungsplans als zentrales Instrument der städtebaulichen Entwicklung gestärkt.[2006] Der Entscheidung lag in tatsächlicher Hinsicht ein Planfeststellungsbeschluss für den Teilabschnitt einer Bundesautobahn auf dem Gebiet des Stadtstaats Bremen zugrunde.[2007] Das BVerwG hat die Rechtswidrigkeit und Nichtvollziehbarkeit des Planfeststellungsbeschlusses u.a. mit Blick auf einen Verstoß gegen das Anpassungsgebot des § 7 S. 1 BauGB festgestellt. Klarstellend hält das Gericht zunächst noch einmal fest, dass die in § 7 BauGB normierte Bindung der öffentlichen Planungsträger im Falle des unterlassenen Widerspruchs – wie in § 38 S. 2 BauGB ausdrücklich geregelt – auch für die gemäß § 38 S. 1 HS 1 gegenüber der Bauleitplanung im Übrigen privilegierten Vorhaben gelte.[2008] Weiter führt das Gericht entsprechend seiner bisherigen Rechtsprechung aus, dass die in § 7 BauGB normierte Bindung für den Fachplanungsträger bedeute, dass dieser „sich nicht in Gegensatz zum Flächennutzungsplan setzen darf“[2009]. Den Planungsträger treffe insofern die gleiche Bindung an den Flächennutzungsplan wie die Gemeinde nach § 8 Abs. 2 BauGB bei der Aufstellung des Bebauungsplans.[2010] Zwar sei die gesetzlich angeordnete Anpassungspflicht nicht als rechtssatzmäßige Anwendung im Sinne eines „Vollzugs“ zu verstehen.[2011] Dem Begriff des Entwickelns sei insofern ein gewisser Gestaltungsspielraum immanent. Allerdings dürfe die Fachplanung nicht der Grundkonzeption des Flächennutzungsplans widersprechen und, wo sie von den Darstellungen des Flächennutzungsplans abweiche, müsse dies durch den Übergang in eine stärker verdeutlichende Planungsstufe gerechtfertigt sein. In der Folge führt das Gericht aus, die Anpassungspflicht nach § 7 S. 1 BauGB gehe über die ohnehin bestehende Verpflichtung zur Berücksichtigung der Belange des Städtebaus im Rahmen der fachplanerischen Abwägung hinaus. Im Falle des unterbliebenen Widerspruchs des öffentlichen Planungsträgers vermittele die Vorschrift des § 7 S. 1 BauGB dem Flächennutzungsplan „eine ihm sonst als Plan eigener Art ohne normative Wirkung nicht zukommende rechtliche Verbindlichkeit“[2012]. Die Darstellungen des Flächennutzungsplans stellten in diesem Fall Vorgaben an den öffentlichen Planungsträger dar, die diesen rechtlich binden und es ihm untersagen, sich in Gegensatz zu ihnen zu setzen.[2013] Das BVerwG stellt unter Anwendung dieser Maßstäbe fest, dass die im zu entscheidenden Fall planfestgestellte Linienführung

2005 BVerwG, Urt. v. 24.11.2010 – 9 A 13.09 -, BVerwGE 138, 226 ff.

2006 So *Kümper*, UPR 2013, 9 (11); vgl. auch *Nolte*, jurisPR-BVerwG 7/2011 Anm. 1.

2007 Siehe zum Sachverhalt *Bergt/Kück*, in: FS-Stüer, S. 354 ff.

2008 BVerwG, Urt. v. 24.11.2010 – 9 A 13.09 -, BVerwGE 138, 226 (231).

2009 BVerwG, a.a.O., 231 f.

2010 BVerwG, a.a.O., 232.

2011 BVerwG, a.a.O., 233.

2012 BVerwG, a.a.O., 232.

2013 BVerwG, ebenda.

für die Bundesautobahn nicht mehr als Fortentwicklung der in dem Flächennutzungsplan festgelegten Grundkonzeption angesehen werden könne.[2014] Vor dem Hintergrund des in dem Stadtstaat Bremen angesiedelten Sachverhalts führt das BVerwG sodann zu der Frage aus, ob bei einer (in Bremen zu verneinenden[2015]) Identität von Fachplanungsträger und der Gemeinde als Plangeberin des Flächennutzungsplans die Anpassungspflicht des § 7 S. 1 BauGB zur Disposition der Gemeinde stünde. Dies verneint das BVerwG mit der Begründung, die Regelung des § 7 BauGB schütze nicht nur die Planungshoheit als subjektive Rechtsposition der Gemeinde, sondern auch die gesamtplanerische Steuerungskraft des Flächennutzungsplans als objektiven öffentlichen Belang.[2016] Mit diesen Ausführungen erkennt das BVerwG erstmals eine über die subjektive Rechtposition der gemeindlichen Planungshoheit hinausgehende objektiv-rechtliche Schutzrichtung der Regelung des § 7 S. 1 BauGB an.[2017] Zur Begründung verweist das Gericht auf die Bindung der Gemeinde an den Flächennutzungsplan bei der Aufstellung von Bebauungsplänen. Hier dürfe die Gemeinde bei der Aufstellung von Bebauungsplänen nicht für Teilbereiche ihres Gebiets neue Planungskonzepte entwickeln, ohne ihren Flächennutzungsplan als übergeordnete Gesamtplanung für das Gemeindegebiet zu ändern. Der Umstand, dass die Gemeinde regelmäßig die Planungshoheit sowohl für die Flächennutzungsplanung als auch für die Aufstellung des Bebauungsplans innehat, ändere hieran nichts. Nichts anderes gelte im Verhältnis zur Fachplanung. Auch hier diene die Bindung an den Flächennutzungsplan dem objektiven Belang einer geordneten städtebaulichen Entwicklung. Entsprechend sei die Gemeinde in den Fällen, in denen sie selbst Trägerin der Fachplanung ist, auch Adressatin der Anpassungspflicht an ihren eigenen Flächennutzungsplan.[2018] Auch könne die Gemeinde gegenüber einem nicht mit ihr identischen Träger der Fachplanung auf die Beachtung ihres Flächennutzungsplans nicht ohne Weiteres verzichten und so die Bindungswirkung des Flächennutzungsplans entfallen lassen.[2019] Hinsichtlich einer möglichen Abweichung i.S.v. § 7 S. 3 BauGB bei Änderung der Sachlage gelte zum einen, dass diese Vorschrift in tatsächlicher Hinsicht abweichende Umstände voraussetze. Insbesondere in informellen Planungen zum Ausdruck kommende abweichende Ziele stellten keine Änderung der Sachlage in diesem Sinne dar. Zum anderen setze die Herstellung des notwendigen Einvernehmens mit der Gemeinde bei Änderung der Sachlage voraus, dass diese nach außen erkennbar durch eine von

2014 BVerwG, a.a.O., 233.
2015 BVerwG, a.a.O., 234.
2016 BVerwG, ebenda.
2017 Vgl. *Nolte*, jurisPR-BVerwG 7/2011 Anm. 1; *Kümper*, UPR 2013, 9 (11); zuvor hatte schon *Rinsdorf*, Der Flächennutzungsplan als Steuerungsinstrument der Gemeinde, S. 148 darauf hingewiesen, dass durch § 7 BauGB auch die Funktion des Flächennutzungsplans als Grundlage eines gemeindeweiten Nutzungskonzepts geschützt wird.
2018 BVerwG, Urt. v. 24.11.2010 – 9 A 13.09 -, BVerwGE 138, 226 (235).
2019 BVerwG, a.a.O., 235 f.

dem nach dem einschlägigen Landesrecht zuständigen Gemeindeorgan beschlossene Änderung des Flächennutzungsplans dokumentiert werde.[2020] Dies ergebe sich aus der besonderen Bedeutung des Flächennutzungsplans. So werde in der landesrechtlich regelmäßig angeordneten Zuständigkeit der Gemeindevertretung für die Beschlussfassung über den Flächennutzungsplan dessen „Leitfunktion in der städtebaulichen Entwicklung“[2021] deutlich. Welches Gewicht das Gesetz der in dem Flächennutzungsplan enthaltenen gesamträumlichen Entwicklungskonzeption beimesse, zeige sich auch an folgenden Punkten: Die Gemeinde darf nur unter den in § 8 Abs. 3 und 4 BauGB geregelten Voraussetzungen ein Parallelverfahren durchführen oder sich für einen vorgezogenen Bebauungsplan entscheiden. Darüber hinaus sei zu beachten, dass der Flächennutzungsplan demselben öffentlichen Aufstellungsverfahren unterworfen ist, wie der rechtsverbindliche Bebauungsplan. Im Übrigen setze die nach außen gerichtete Wirksamkeit des Flächennutzungsplans die ortsübliche Bekanntmachung seiner Genehmigung voraus. So werde auch insbesondere die Funktion des Flächennutzungsplans, jedermann über den Stand der von der Gemeinde beabsichtigten städtebaulichen Entwicklung Auskunft zu geben, nur dann erfüllt, wenn der Bürger sich darauf verlassen könne, dass der Flächennutzungsplan einer geänderten Planungskonzeption angepasst werde.[2022] Allerdings müsse in diesen Fällen nicht die förmliche Änderung des Flächennutzungsplans vor Inkrafttreten der Fachplanung abgewartet werden, wenn der Abstimmungsprozess zwischen Fachplanungsträger und Gemeinde abgeschlossen und eine entsprechende Änderung des Flächennutzungsplans durch einen förmlichen Beschluss des zuständigen Gemeindeorgans bereits eingeleitet worden sei.[2023] Das BVerwG stellt schließlich fest, dass die Anpassungspflicht des § 7 S. 1 BauGB mit einer doppelten Schutzrichtung neben der Planungshoheit der Gemeinde auch das Gemeinwohl schütze. Daher könnten sich betroffene Grundeigentümer, denen gegenüber die Fachplanung enteignungsrechtliche Vorwirkung entfaltet, auf einen Verstoß gegen § 7 S. 1 BauGB berufen und rügen, dass die Fachplanung dem öffentlichen Belang einer geordneten städtebaulichen Entwicklung und damit dem Wohl der Allgemeinheit i.S.v. Art. 14 Abs. 3 S. 1 GG zuwiderlaufe.[2024] Durch die Fachplanung nur mittelbar nachteilig Betroffene könnten sich auf die Verletzung der Anpassungspflicht des § 7 S. 1 BauGB nicht direkt berufen. Allerdings infiziere der Verstoß gegen das Anpassungsgebot des § 7 S. 1 BauGB die dem (im entschiedenen Fall aus § 17 S. 2 FStrG folgenden) Abwägungsgebot unterliegende Variantenprüfung für die Wahl der Autobahntrasse. Auf diesen Abwägungsfehler wiederum könnten sich dann die nicht unmittelbar nachteilig Betroffenen berufen. In diesem Zusammenhang hält das BVerwG fest, dass die Planfeststellungsbehörde sich im zu entscheidenden

2020 BVerwG, a.a.O., 236.
2021 BVerwG, ebenda.
2022 BVerwG, a.a.O., 237.
2023 BVerwG, ebenda.
2024 BVerwG, a.a.O., 228, 238; siehe auch *Nolte*, jurisPR-BVerwG 7/2011 Anm. 1.

Fall die in einer Verkehrsuntersuchung empfohlene Trassenvariante zu eigen gemacht habe. Die Verkehrsuntersuchung baue ihrerseits auf einer informellen Entwicklungsplanung in Form eines „Masterplans" auf. Das BVerwG führt weiter aus, die Planfeststellungsbehörde habe damit rechtswidrig den zu einem „Masterplan" verdichteten informellen Planungen Vorrang gegenüber dem gesamträumlichen Entwicklungskonzept des Flächennutzungsplans eingeräumt. Mit dieser Vorgehensweise werde übersehen, dass „[der] ‚Masterplan' der Gemeinde ihr Flächennutzungsplan sein" müsse, der „nicht nur die Gemeinde bei der weiteren städtebaulichen Entwicklung des Gemeindegebiets, sondern auch den nicht widersprechenden Träger der überörtlichen Planung" binde.[2025]

In der Literatur wurde die geschilderte Rechtsprechung des BVerwG als Stärkung der Steuerungskraft des Flächennutzungsplans als nach der gesetzlichen Konzeption zentrales Instrument der städtebaulichen Entwicklung begrüßt.[2026] Das BVerwG habe mit seiner Feststellung, dass § 7 BauGB nicht nur die gemeindliche Planungshoheit, sondern auch die gesamtplanerische Steuerungskraft des Flächennutzungsplans als objektiven öffentlichen Belang schützt, aufgezeigt, dass zwischen dem Anpassungsgebot des § 7 BauGB und dem Entwicklungsgebot des § 8 Abs. 2 BauGB nicht nur inhaltlich, sondern auch hinsichtlich der Schutzrichtung der Normen eine Parallele bestehe.[2027] Entsprechend solle – nach der in § 7 BauGB zum Ausdruck kommenden Wertung – der Flächennutzungsplan die gleiche Funktion, die er im Verhältnis zur Aufstellung von Bebauungsplänen erfüllt, auch im Verhältnis zu anderen Planungen erfüllen.[2028] Allerdings ist das Urteil des BVerwG vom 24.11.2010 auch auf Kritik gestoßen. So passe der in § 38 BauGB zum Ausdruck kommende Vorrang der privilegierten Fachplanung nicht zu einem aus § 7 BauGB abgeleiteten weitreichenden Anpassungsgebot an die Bauleitplanung.[2029]

bbb) Das Urteil des BVerwG vom 24.11.2011 (9 A 23.10)

Mit Urteil vom 24.11.2011[2030] nahm das BVerwG hinsichtlich der Voraussetzungen und Wirkungen des Anpassungsgebots des § 7 S. 1 BauGB weitgehend auf seine Entscheidung vom 24.11.2010[2031] Bezug. Soweit sich die Entscheidung mit der Anpassung der Fachplanung an den Flächennutzungsplan beschäftigt, geht es im Kern einerseits um die Frage, welchen Grad an Eindeutigkeit Darstellungen

2025 BVerwG, a.a.O., 240.

2026 *Kümper*, UPR 2013, 9 (11).

2027 *Nolte*, jurisPR-BverwG 7/2011 Anm. 1.

2028 *Nolte*, ebenda.

2029 *Stüer*, DVBl. 2011, 381 (383).

2030 BVerwG, Urt. v. 24.11.2011 – 9 A 23.10 -, BVerwGE 141, 171ff.; teilweise Parallelentscheidung: BVerwG, Urt. v. 24.11.2011 – 9 A 24.10 -, – juris.

2031 BVerwG, Urt. v. 24.11.2010 – 9 A 13.09 -, BVerwGE 138, 226 ff.

des Flächennutzungsplans haben müssen, damit sie die Wirkung des § 7 S. 1 BauGB auslösen und welche Spielräume die Darstellungen des Flächennutzungsplans andererseits der nachfolgenden Fachplanung lassen. Das BVerwG stellt zunächst unter Rekurs auf sein Urteil vom 24.11.2010[2032] noch einmal klar, dass die Umstände des Einzelfalls entscheidend für die Beurteilung sind, ob die nachfolgende Fachplanung als an die Flächennutzungsplanung angepasst im Sinne eines Weiterentwickelns gelten kann.[2033] Dem Urteil des BVerwG vom 24.11.2011 lag wiederum eine Klage gegen einen Planfeststellungsbeschluss für einen Autobahnabschnitt in dem Bundesland Bremen zugrunde. In tatsächlicher Hinsicht stand der Standort des Tunnelportals eines unter der Weser verlaufenden Autobahntunnels in Streit.[2034] Im Zusammenhang mit der Frage, ob der Standort des Tunnelportals durch eine Änderung des Flächennutzungsplans in dessen Darstellungen aufgenommen worden ist, führt das BVerwG zu den Anforderungen an die Darstellungen eines Flächennutzungsplans aus. So hält das Gericht zunächst noch einmal fest, dass Darstellungen des Flächennutzungsplans gegenüber nachfolgenden Planungen gemäß § 7 S. 1 BauGB und § 8 Abs. 2 BauGB sowie nach § 35 Abs. 3 BauGB gegenüber Vorhaben im Außenbereich Bindungswirkung entfalten.[2035] Entsprechend müssten die Darstellungen zum einen so bestimmt sein, dass sie einen ausreichenden Rahmen für Konkretisierungen bilden können. Zum anderen müsse klargestellt sein, welche Darstellungen beschlossen wurden. Hier müsse der Flächennutzungsplan selbst einen Anhaltspunkt geben. Ein Rückgriff auf den Erläuterungsbericht und die Planbegründung sei nur zur Verdeutlichung einer eindeutig vorhandenen Darstellung zulässig.[2036] Weiter beschäftigt sich das Urteil mit der Frage, ob die planfestgestellte Trassenführung mit der Darstellung der Linienführung im Flächennutzungsplan vereinbar ist, obwohl sie von dieser abweiche. Das BVerwG bejaht dies und stellt – in Abgrenzung zu dem Urteil vom 24.11.2010[2037] und dem dort zugrundeliegenden Tatbestand – fest, dass für den betreffenden Bereich „keine Konzeption des Flächennutzungsplans erkennbar [ist], die dafür sprechen könnte, dass die Trassenführung exakt vorgegeben werden sollte“[2038]. Das BVerwG stellt – seinen eigenen Vorgaben gemäß – auf die Umstände des Einzelfalls ab, um zu bestimmen, welchen Korridor eine Darstellung des Flächennutzungsplans für ihre Umsetzung im Sinne eines Entwickelns offen lässt.

2032 BVerwG, Urt. v. 24.11.2010 – 9 A 13.09 -, BVerwGE 138, 226 ff.

2033 BVerwG, Urt. v. 24.11.2011 – 9 A 23.10 -, BVerwGE 141, 171 (182).

2034 Siehe zum Sachverhalt *Bergt/Kück*, in: FS-Stüer, S. 354 ff.

2035 BVerwG, Urt. v. 24.11.2011 – 9 A 23.10 -, BVerwGE 141, 171. Die hier in Bezug genommenen Ausführungen finden sich unter Rn. 33 der bei juris einsehbaren Urteilsbegründung. Diese Passage wurde in der offiziellen Entscheidungssammlung nicht abgedruckt.

2036 BVerwG, ebenda; siehe hierzu auch *Bergt/Kück*, in: FS-Stüer, S. 365.

2037 BVerwG, Urt. v. 24.11.2010 – 9 A 13.09 -, BVerwGE 138, 226 ff.

2038 BVerwG, Urt. v. 24.11.2011 – 9 A 23.10 -, BVerwGE 141, 171 (182).

Das Urteil des BVerwG vom 24.11.2011 wird in der Literatur zum einen in der Linie des der Anpassungspflicht des § 7 BauGB erheblichen Bedeutungszuwachs vermittelnden Urteils vom 24.11.2010 gesehen.[2039] Andererseits wird vonseiten der Kritiker des Urteils vom 24.11.2010, die die dortige Aufwertung des § 7 BauGB als unvereinbar mit dem in § 38 BauGB zum Ausdruck kommenden Vorrang der Fachplanung gesehen haben, die ergänzende Rechtsprechung des BVerwG vom 24.11.2011 begrüßt.[2040] Es werde klargestellt, dass durch den Flächennutzungsplan belassene Spielräume nicht nur im Rahmen von Festsetzungen des Bebauungsplans, sondern auch durch die Fachplanung genutzt werden können. Weiter könne unter Beachtung der Rechtsprechung des BVerwG einiges dafür sprechen, dass „neue fachplanerische Konzepte nur dann das Anpassungsgebot des § 7 BauGB einhalten müssten, wenn sie durch konkrete, im Konzept des Flächennutzungsplans erkennbare städtebauliche Belange gesperrt sind und sozusagen das planerische Gesamtkonzept durchkreuzen“[2041]. Diesen Ausführungen, nach denen Darstellungen des Flächennutzungsplans der Fachplanung nur insoweit entgegenstehen können, als die entsprechenden fachplanerischen Belange schon bei der Abwägung des Flächennutzungsplans berücksichtigt wurden und nicht danach neu hinzugekommen sind[2042], ist entgegenzutreten. Zum einen ist in den Urteilen des BVerwG vom 24.11.2010[2043] und 24.11.2011[2044] zu dieser Frage nichts ausdrücklich dargetan. Zum anderen würde die in § 7 BauGB angeordnete Vorrangstellung des Flächennutzungsplans konterkariert und die für den nachträglichen Widerspruch vorgesehenen Hürden unterminiert.

b) Nachfolgender Flächennutzungsplan trifft auf einen vorlaufenden Fachplan

Für das Aufeinandertreffen eines in Aufstellung befindlichen Flächennutzungsplans und eines bereits in Kraft getretenen Fachplans finden sich keine ausdrücklichen gesetzlichen Kollisionsregeln.[2045] Eine ältere Literaturstimme folgert aus § 7 BauGB eine Anpassungspflicht für die vorlaufende Fachplanung an die nachlaufende Flächennutzungsplanung. Zum einen spreche der Wortlaut des § 7 S. 1 BauGB nur von anzupassenden „Planungen“, ohne in zeitlicher Hinsicht zu differenzieren. Zum anderen erfasse auch die Anpassungspflicht des § 1 Abs. 4 BauGB bereits bestehender Bauleitpläne an die Ziele der Raumordnung. Nichts anderes gelte dann aber für die

2039 *Kümper*, UPR 2013, 9 (10), dort Fn. 8.

2040 *Stüer/Bergt*, DVBl. 2012, 449 (451); vgl. auch *Bergt/Kück*, in: FS-Stüer, S. 363, die ausführen, der Senat habe seine Rechtsprechung vom 24.11.2010 „nicht etwa wie eine in Blei gegossene Schrift auf die Weserquerung“ übertragen.

2041 *Stüer/Bergt*, ebenda.

2042 So *Stüer* DVBl. 2011, 381 (383) schon zu BVerwG, Urt. v. 24.11.2010 – 9 A 13.09 -, BVerwGE 138, 226 ff.

2043 BVerwG, Urt. v. 24.11.2010 – 9 A 13.09 -, BVerwGE 138, 226 ff.

2044 BVerwG, Urt. v. 24.11.2011 – 9 A 23.10 -, BVerwGE 141, 171 ff.

2045 *Kümper*, ZfBR 2012, 631 (640).

Anpassungspflicht gemäß § 7 S. 1 BauGB für vorlaufende Fachplanungen in Bezug auf nachfolgende Flächennutzungspläne.[2046] Auch andere Vertreter der Literatur ziehen einen Vorrang der nachfolgenden Flächennutzungsplanung vor der vorlaufenden Fachplanung jedenfalls für die Konstellationen in Betracht, in denen der Träger der Fachplanung trotz der bereits in Kraft getretenen entgegenstehenden Fachplanung dem Flächennutzungsplan nicht widerspricht.[2047] Nach ganz h.M. hingegen hat der nachfolgende Flächennutzungsplan die Vorgaben eines vorlaufenden wirksamen Fachplans zu beachten.[2048] Allerdings ist – vor dem Hintergrund des Fehlens einer ausdrücklichen gesetzlichen Kollisionsregel – die Begründung für den angenommenen Vorrang des wirksamen vorlaufenden Fachplans für den nachfolgenden Flächennutzungsplan nicht einheitlich:

Zunächst wird der Vorrang der bestehenden wirksamen Fachplanung vor der nachfolgenden Flächennutzungsplanung auch mit dem Hinweis begründet, andernfalls bräuchte es die Vorschrift des § 7 BauGB für den Fall des vorlaufenden Flächennutzungsplans nicht.[2049] Zugleich wird ein Erst–recht–Schluss aus § 7 BauGB, nachdem der nachfolgende Flächennutzungsplan an die vorlaufende Fachplanung i.S.e. Anpassungspflicht gebunden sein soll[2050], durch die h.M. als zu weitgehend verneint.[2051] Die Vorschrift des § 7 BauGB betreffe ausschließlich den Fall des vorlaufenden Flächennutzungsplans und enthalte keine Aussage über den Rang der Fachplanung.[2052]

Weitgehende Einigkeit besteht auch darin, dass der Vorschrift des § 5 Abs. 4 S. 1 BauGB, gemäß der nach anderen gesetzlichen Vorschriften festgesetzte Planungen und sonstige Nutzungsregelungen in den Flächennutzungsplan nachrichtlich zu übernehmen sind, für den Fall der Kollision eines Flächennutzungsplans mit einer vorlaufenden Fachplanung direkt keine konstitutive Regelung zu entnehmen ist. Als reine Ordnungsvorschrift soll § 5 Abs. 4 S. 1 BauGB lediglich der Klarheit der Pläne dienen.[2053] Die nachrichtlich übernommenen Planungen werden nicht rechtlicher Bestandteil des Flächennutzungsplans.[2054] Vielmehr beurteilt sich die Vorrangstellung der Fachplanung nach den für sie geltenden fachplanerischen Vorschriften.

2046 *Schlarmann*, Das Verhältnis der privilegierten Fachplanungen zur kommunalen Bauleitplanung, S. 301 ff.

2047 *Paetow*, UPR 1990, 321 (323).

2048 *Demske*, Die Steuerungswirkung des Flächennutzungsplans, S. 156; *Kümper*, ZfBR 2012, 631 (640); für die Fachplanung durch Planfeststellung: *Erbguth*, NVwZ 1989, 608 (610); *Kauch/Roer*, Bauleitplanung und Fachplanung, S. 142.

2049 *Dörries*, Das Verhältnis der Bauleitplanung zur raumbeanspruchenden Fachplanung, S. 111; *Demske*, ebenda.

2050 So *Paetow*, UPR 1990, 321 (323).

2051 *Dörries*, Das Verhältnis der Bauleitplanung zur raumbeanspruchenden Fachplanung, S. 111; *Demske*, Die Steuerungswirkung des Flächennutzungsplans, S. 156; *Gierke*, in: Brügelmann, BauGB, § 7, Rn. 57a.

2052 *Kümper*, ZfBR 2012, 631 (640).

2053 *Demske*, Die Steuerungswirkung des Flächennutzungsplans, S. 156.

2054 *Kümper*, ZfBR 2012, 631 (640); *Demske*, ebenda.

Dem § 5 Abs. 4 BauGB kommt insofern deklaratorische Wirkung[2055] für die Vorrangstellung der wirksamen Fachplanungen zu, als nach dieser Vorschrift „festgesetzte" Planungen in den Flächennutzungsplan nachrichtlich übernommen werden sollen. Festgesetzt in diesem Sinne sind Planungen und sonstige Nutzungsregelungen, wenn sie mit Außenwirkung rechtsverbindlich sind.[2056] Diese Verbindlichkeit ergibt sich aus den einschlägigen fachgesetzlichen Regelungen.[2057] Gemeint sind hier in erster Linie die in § 38 BauGB privilegierten Planfeststellungsbeschlüsse und weitere Fachplanungen.[2058] Allerdings gilt § 38 BauGB zunächst nur für das Aufeinandertreffen einer nachfolgenden privilegierten Fachplanung und eines vorlaufenden Bebauungsplans. Die Vorrangstellung der nach § 38 BauGB privilegierten Fachplanungen gegenüber ihnen nachfolgenden Flächennutzungsplänen wird durch die Literatur in einem doppelten Erst-recht-Schluss aufgezeigt. Die Vorschrift des § 38 BauGB ist auf den vorlaufenden Bebauungsplan zugeschnitten. In einem ersten Erst-recht-Schluss wird gefolgert, dass der nachfolgende Bebauungsplan auch keine Bindungswirkung gegenüber dem vorlaufenden privilegierten Fachplan zeitige. Gelte dies für den nach außen gerichteten nachfolgenden Bebauungsplan, so müsse dies aber – gemäß einem zweiten Erst-recht-Schluss – auch für den nachfolgenden Flächennutzungsplan gelten.[2059] Dieser sei nicht nach außen gerichtet und damit gegenüber dem Bebauungsplan durchsetzungsschwächer[2060]. In Teilen der Literatur wird allerdings konstatiert, dass dieses Argument durch die neuere Rechtsprechung zur Außenwirksamkeit von Darstellungen i.S.d. § 35 Abs. 3 S. 3 BauGB obsolet geworden sei.[2061] Allerdings handele es sich bei dem Flächennutzungsplan nicht um eine Satzung und folglich um ein gegenüber dem als Rechtsnorm ergehenden Bebauungsplan gleichwohl durchsetzungsschwächeres Instrument.[2062]

Begründet wird der Vorrang des wirksamen Fachplans vor dem nachfolgenden Flächennutzungsplan schließlich auch mit dem Grundsatz der zeitlichen Priorität, nach dem einer zeitlich vorlaufenden Planung eine Bindungswirkung für nachfolgende Planungen zukommt.[2063] Dieser Grundsatz wird teilweise als der

---

2055 *Kauch/Roer*, Bauleitplanung und Fachplanung, S. 124.

2056 *Söfker*, in Ernst/Zinkahn/Bielenberg/Krautzberger, BauGB, § 5, Rn. 69.

2057 BVerwG, Urt. v. 20.01.1984 – 4 C 43.81 -, BVerwGE 68, 311 (316); *Kauch/Roer*, Bauleitplanung und Fachplanung, S. 124; *Demske*, Die Steuerungswirkung des Flächennutzungsplans, S. 156.

2058 *Demske*, a.a.O., S. 155.

2059 *Erbguth*, NVwZ 1989, 608 (610); *Dörries*, Das Verhältnis der Bauleitplanung zur raumbeanspruchenden Fachplanung, S. 111 f.; *Rinsdorf*, Der Flächennutzungsplan als Steuerungsinstrument der Gemeinde, S. 166; *Demske*, a.a.O., S. 158 f.; *Kümper*, ZfBR 2012, 631 (640).

2060 *Erbguth*, ebenda; *Dörries*, ebenda; *Rinsdorf*, ebenda; *Kümper*, ebenda.

2061 *Demske*, Die Steuerungswirkung des Flächennutzungsplans, S. 159.

2062 *Demske*, ebenda.

2063 *Dörries*, Das Verhältnis der Bauleitplanung zur raumbeanspruchenden Fachplanung, S. 111; *Kauch/Roer*, Bauleitplanung und Fachplanung, S. 114 f., 124; *Demske*,

Rechtssicherheit dienende Ausformung des Rechtsstaatsprinzips angesehen[2064], während er andererseits dogmatisch bei dem Abwägungsgebot des § 1 Abs. 7 BauGB verortet wird.[2065]

c) *Parallele Aufstellung von Fachplan und Flächennutzungsplan*

Für den Fall, dass Fachplan und Flächennutzungsplan parallel aufgestellt werden, ist weder § 7 BauGB noch § 38 BauGB eine Regelung zu entnehmen. Teilweise wird die Auffassung vertreten, auch dem in Aufstellung befindlichen Flächennutzungsplan kämen bereits Vorwirkungen i.S.v. § 7 S. 1 BauGB zu.[2066] Dies müsse jedenfalls dann gelten, wenn für den Flächennutzungsplan die Planreife eingetreten sei, also der Stand des Aufstellungsverfahrens die Annahme rechtfertige, dass es bei dem materiellen Inhalt des Planentwurfs verbleiben werde.[2067] Die h.M. lehnt eine Vorwirkung des in Aufstellung befindlichen Flächennutzungsplans im Rahmen des § 7 BauGB ab. Die Anpassungspflicht des § 7 BauGB setzte vielmehr einen wirksamen Flächennutzungsplan voraus.[2068] Dies ergebe sich aus der Systematik des BauGB. Der Gesetzgeber habe die Fälle, in denen in Aufstellung befindlichen Plänen eine Vorwirkung zukommen soll, mit § 8 Abs. 3 S. 2 BauGB und § 33 BauGB abschließend geregelt. Eine solche Regelung sei für § 7 BauGB nicht ersichtlich.[2069]

Allerdings treffen bei der parallelen Aufstellung von Fachplan und Flächennutzungsplan sowohl den Träger der Fachplanung als auch die Gemeinde gegenseitige Berücksichtigungspflichten. So hat der Fachplanungsträger die in dem Entwurf des Flächennutzungsplans zum Ausdruck kommenden städtebaulichen Belange

---

Die Steuerungswirkung des Flächennutzungsplans, S. 157; *Kümper*, ZfBR 2012, 631 (640).

2064 *Kauch/Roer*, a.a.O., S. 124; *Demske*, ebenda.

2065 *Kümper*, ZfBR 2012, 631 (640), der auch auf die Rechtsprechung des BVerwG verweist, wo der Grundsatz der zeitlichen Priorität als „wichtiges Abwägungskriterium“ bezeichnet wird, siehe BVerwG, Beschl. v. 05.11.2002 – 9 VR 14/02 – NVwZ 2003, 207 (208).

2066 *Runkel*, in Ernst/Zinkahn/Bielenberg/Krautzberger, BauGB, § 7, Rn. 14; *Mitschang*, in: Battis/Krautzberger/Löhr, BauGB, § 7, Rn. 3; der VGH Baden-Württemberg, Urt. v. 31.01.1997 – 8 S 991/96 -, juris, Rn. 47 spricht davon, dass „mögliche ‚Vorwirkungen' eines planreifen Flächennutzungsplans allenfalls weiter abgemilderte Koordinierungspflichten (...) begründen“ könnten.

2067 *Runkel*, in Ernst/Zinkahn/Bielenberg/Krautzberger, BauGB, § 7, Rn. 14.

2068 *Kauch/Roer*, Bauleitplanung und Fachplanung, S. 209; *Gierke*, in: Brügelmann, BauGB, § 7, Rn. 96; *Kümper*, ZfBR 2012, 631 (639); *Kümper*, UPR 2013, 9 (10); *Gaentzsch/Philipp*, in: Schlichter/Stich/Driehaus/Paetow, BK BauGB, § 7, Rn. 6; *Demske*, Die Steuerungswirkung des Flächennutzungsplans, S. 169 f.; *Rinsdorf*, Der Flächennutzungsplan als Steuerungsinstrument der Gemeinde, S. 149; OVG Schleswig-Holstein, Urt. v. 03.06.2004 – 1 KN 14/02, juris.

2069 *Gierke*, in: Brügelmann, BauGB, § 7, Rn. 96; OVG Schleswig-Holstein, a.a.O.; *Kümper*, ZfBR 2012, 631 (639); *Kümper.*, UPR 2013, 9 (10).

im Rahmen der fachplanerischen Abwägung zu berücksichtigen.[2070] Dieses fachplanerische Abwägungsgebot ist teilweise in fachgesetzlichen Vorschriften – wie etwa § 17 S. 2 FStrG niedergelegt – und ergibt sich im Übrigen auch direkt aus den rechtsstaatlichen Anforderungen an die Planung.[2071] Ebenso hat die Gemeinde im Rahmen der bauleitplanerischen Abwägung des Flächennutzungsplans nach § 1 Abs. 7 BauGB die Belange der in Aufstellung befindlichen Fachplanung zu berücksichtigen.[2072]

3. *Zusammenfassung*

Das Verhältnis von Flächennutzungs- und Fachplanung ist gesetzlich nicht umfassend geregelt. Eine speziell auf dieses Verhältnis abstellende Regelung findet sich nur in § 7 BauGB. Bei näherer Betrachtung zeigt sich, dass dem Flächennutzungsplanung – entgegen der Annahme in Teilen der Literatur – gegenüber der Fachplanung eine vergleichsweise starke Stellung zukommt.

Die Kollisionsregel für den Fall, dass ein nachfolgender Fachplan auf einen vorlaufenden Flächennutzungsplan trifft, enthält § 7 BauGB. Mit einer in der Literatur formulierten Rechtsansicht ist davon auszugehen, dass § 7 BauGB unter den entsprechenden Voraussetzungen für den Träger der Fachplanung eine strenge Anpassungspflicht auslöst. Auch durch die Rechtsprechung des BVerwG wurde die Anpassungspflicht gemäß § 7 S. 1 BauGB gestärkt, indem das Gericht betont, dass die Vorschrift dem Flächennutzungsplan Verbindlichkeit vermittelt und neben der gemeindlichen Planungshoheit auch das Gemeinwohl schützt. Mit dieser Rechtsprechung wurde die Steuerungskraft des Flächennutzungsplans gestärkt.

Im Falle der parallelen Aufstellung von Fachplan und Flächennutzungsplan müssen beide Planungen die jeweils anderen Belange im Rahmen der Abwägung berücksichtigen.

Besteht eine vorlaufende Fachplanung, so hat der nachfolgende Flächennutzungsplan diese gemäß einem doppelten Erst-recht-Schluss aus § 38 BauGB zu beachten.

D. Fazit: Die Rechtswirkungen des Flächennutzungsplans als Teil der räumlichen Planung

Im Geflecht der räumlichen Planung übernimmt der Flächennutzungsplan auf den verschiedenen Planungsebenen Funktionen und entfaltet Rechtswirkungen. So ist

---

2070 *Gierke*, a.a.O., Rn. 18; *Gaentzsch/Philipp*, in: Schlichter/Stich/Driehaus/Paetow, BK BauGB, § 7, Rn. 3; *Kümper*, ZfBR 2012, 631 (639); *Kümper*, UPR 2013, 9 (10); *Demske*, Die Steuerungswirkung des Flächennutzungsplans, S. 170.

2071 *Gierke*, ebenda; *Kümper*, ZfBR 2012, 631 (639); *Kümper*, UPR 2013, 9 (10); *Demske*, a.a.O., S. 169.

2072 *Gierke*, a.a.O., Rn 17; *Kümper*, ZfBR 2012, 631 (639); *Kümper*, UPR 2013, 9 (10).

er Bindeglied zwischen überörtlichen Raumordnungsplänen und örtlichen Bebauungsplänen. Mit dem regionalen Flächennutzungsplan nach § 8 Abs. 4 ROG und der nach § 8 Abs. 1 S. 2 ROG in den Stadtstaaten möglichen Substituierung des landesweiten Raumordnungsplans durch den Flächennutzungsplan bestehen Mischformen zwischen Raumordnungs- und Flächennutzungsplanung.

Der Flächennutzungsplan kann unter bestimmten Voraussetzungen detailscharfe Darstellungen enthalten. Als Teil der gemeindlichen Bauleitplanung liegt dem Flächennutzungsplan die gesetzgeberische Vorstellung seiner Priorität zugrunde, die in dem Entwicklungsgebot des § 8 Abs. 2 S. 1 BauGB und der dort angelegten Determinationsfunktion des Flächennutzungsplans zum Ausdruck kommt. Diese Determinationsfunktion wird durch weitere Regelungen des § 8 BauGB modifiziert. Relativiert wird die Funktion des Flächennutzungsplans als erste Stufe der Bauleitplanung durch das beschleunigte Verfahren gemäß § 13a BauGB für Bebauungspläne der Innenentwicklung, während die Abschaffung der Anzeigepflicht für die aus dem Flächennutzungsplan entwickelten Bebauungspläne die Funktion dieser Stufe stärkt. Eine hervorgehobene Funktion übernimmt der Flächennutzungsplan auch bei der Berücksichtigung von Belangen des Umwelt- und Naturschutzes in der Bauleitplanung. Dies gilt beispielweise mit Blick auf das Planungsziel der nachhaltigen städtebaulichen Entwicklung i.S.v. § 1 Abs. 5 S. 1 BauGB, die Bodenschutzklausel des § 1a Abs. 2 BauGB, die naturschutzrechtlichen Eingriffsregelungen gemäß §§ 1a Abs. 3, 200a BauGB und die Berücksichtigung der Erhaltungsziele und des Schutzzwecks der Natura 2000-Gebiete i.S.d. § 1a Abs. 4 i.V.m. § 1 Abs. 6 Nr. 7 lit. b BauGB. Auch übernimmt der Flächennutzungsplan gemäß § 2 Abs. 4 S. 5 BauGB eine Abschichtungsfunktion bei der Umweltprüfung für nachfolgende Bebauungspläne und gegebenenfalls – bei Darstellungen i.S.v. § 35 Abs. 3 S. 3 BauGB – in entsprechender Anwendung des § 17 Abs. 3 UVPG hinsichtlich der auf Vorhabenebene durchzuführenden Umweltverträglichkeitsprüfung. Wird die regelmäßig gemäß § 2 Abs. 1 BauGB der Gemeinde zukommende Aufgabe zur Aufstellung des Flächennutzungsplans nach §§ 203 ff. BauGB auf einen überörtlichen Planungsträger hochgezont – während die Bebauungspläne weiter durch die Gemeinde aufgestellt werden – so stehen sich zwei rechtlich selbständige Planungsträger gegenüber. Diese sogenannten heteronomen Flächennutzungspläne entfalten gegenüber der Gemeinde die Wirkungen einer Rechtsvorschrift.

Im unbeplanten Innenbereich gemäß § 34 BauGB sind die Wirkungen des Flächennutzungsplans stark eingeschränkt. Relevanz hat der Flächennutzungsplan hier bei der Aufstellung von Entwicklungssatzungen gemäß § 34 Abs. 4 S. 1 Nr. 2 BauGB und Ergänzungssatzungen nach § 34 Abs. 4 S. 1 Nr. 3 BauGB.

Zentrale Bedeutung kommt dem Flächennutzungsplan für den Außenbereich gemäß § 35 BauGB zu. So sind Darstellungen auf Grundlage des Planvorbehalts i.S.v. § 35 Abs. 3 S. 3 BauGB mit den Rechtswirkungen von Festsetzungen eines Bebauungsplans vergleichbar. Auch das im Kontext des Planvorbehalts i.S.d. § 35 Abs. 3 S. 3 BauGB durch den Gesetzgeber geschaffene Planungsinstrument des Teilflächennutzungsplans i.S.v. § 5 Abs. 2b BauGB und die Zurückstellungmöglichkeit des § 15 Abs. 3 BauGB stärken die Steuerungskraft des Flächennutzungsplans. Gleiches gilt für die Vorschrift des § 249 BauGB, die insbesondere die Steuerungsmöglichkeiten des Flächennutzungsplans für das Repowering von Windenergieanlagen stärkt. So können nach § 249 Abs. 2 S. 3 BauGB unmittelbare Zulässigkeitsregeln für Windenergieanlagen im Flächennutzungsplan dargestellt werden. Auch jenseits der im Kontext des Planvorbehalts gemäß § 35 Abs. 3 S. 3 BauGB stehenden Vorschriften entfaltet der Flächennutzungsplan im Außenbereich starke Rechtswirkungen. So greift die Relativierung dieser Rechtswirkungen durch die h.M. unter Verweis auf die bei der Anwendung des § 35 Abs. 1 und Abs. 2 BauGB durchzuführende nachvollziehende Abwägung nur eingeschränkt durch. Hinreichend konkrete Darstellungen können die Zulässigkeit eines sonstigen Vorhabens i.S.d. § 35 Abs. 2 BauGB unmittelbar hindern und haben dann die Wirkungen der Festsetzungen eines Bebauungsplans. Gleiches gilt bei privilegierten Vorhaben nach § 35 Abs. 1 BauGB, wenn die entsprechende Darstellung detailscharf und Ergebnis einer hinreichend differenzierten Abwägung ist. Diese – in der Literatur zutreffend als punktuelle Vollregelungen bezeichneten – Darstellungen des Flächennutzungsplans entfalten Außenwirkung.

Im Verhältnis zur Fachplanung kommt insbesondere dem vorlaufenden Flächennutzungsplan eine starke Position zu. So vermittelt § 7 S. 1 BauGB dem vorlaufenden Flächennutzungsplan gegenüber dem nachlaufenden Fachplan Verbindlichkeit und schützt nicht nur die gemeindliche Planungshoheit, sondern zugleich das Allgemeinwohl.

5.Teil: Zusammenfassung und Gesamtergebnis

A. Zusammenfassung

Zusammenfassend sind folgende Erkenntnisse der Untersuchungen zu Rechtsnatur und Rechtswirkungen des Flächennutzungsplans festzuhalten:

I. Der Plan als eigenständige Handlungsform im Gewand verschiedener Rechtsformen

Der Plan bildet eine eigenständige verwaltungsrechtliche Handlungsform, nicht aber eine eigenständige Rechtsform. Vielmehr tritt er im Gewand verschiedener Rechtsformen auf. Seine Rechtsnatur muss im Einzelfall bestimmt werden.

II. Unterschiede des Flächennutzungsplans nach dem BBauG/ BauGB zu seinen historischen Vorläufern

Mit dem SächsABauG wurde am Anfang des 20. Jahrhunderts erstmals ein System der zweistufigen städtebaulichen Planung geschaffen. Historische Vorläufer des Flächennutzungsplans nach dem BBauG/BauGB sind der Flächenaufteilungsplan nach dem SächsABauG, der Wirtschaftsplan nach dem WSG und die Leitpläne der Aufbaugesetze. Anders als der Flächenaufteilungsplan entfaltete der Wirtschaftsplan gemäß § 6 WSG verbindliche Rechtswirkungen. Gleiches gilt für den beispielhaft herangezogenen Leitplan nach dem AufbauG NRW, der mit Blick auf seine Wirkungen gemäß § 8 Abs. 1 AufbauG NRW als Rechtsvorschrift einzuordnen ist. Jedoch wurden in das BBauG und das BauGB keine dem § 6 WSG oder § 8 Abs. 1 AufbauG NRW vergleichbaren Regelungen übernommen, sodass diese Erkenntnisse zu dem Wirtschaftsplan und dem Leitplan nicht ohne Weiteres auf den Flächennutzungsplan übertragbar sind. Grundsätzlich wollte der Gesetzgeber dem Flächennutzungsplan nach dem BBauG/BauGB keine unmittelbaren Rechtswirkungen beigeben.

III. Keine abschließende Bestimmung der Rechtsnatur des Flächennutzungsplans in Rechtsprechung und Literatur

Weder Rechtsprechung noch Literatur ordnen den Flächennutzungsplan einer überkommenen Rechtsform zu. Während der ursprünglich zuständige 1. Senat des BVerwG die Wirkungen des Flächennutzungsplans in die Nähe der Wirkungen eines Bebauungsplans rückte, wird durch den bis heute zuständigen 4. Senat die Unverbindlichkeit des Flächennutzungsplans betont. In der Literatur hat nach Inkrafttreten des BBauG nur eine Mindermeinung den Flächennutzungsplan als Rechtsnorm qualifiziert. Im Weiteren wurde und wird der Flächennutzungsplan auch als Bündel dinglicher Verwaltungsakte, Handlung mit örtlichem Bezug, öffentlich-rechtlicher Vertrag, hoheitliche Willenserklärung besonderer Art, qualifizierter Sachverhalt, Verwaltungsprogramm und Verwaltungsvorschrift eingestuft. Mit einigen Differenzierungen zu Darstellungen i.S.v. § 35 Abs. 3 S. 3 BauGB ordnet die ganz h.M. den Flächennutzungsplan als hoheitliche Maßnahme sui generis ohne Außenverbindlichkeit ein. Diese Einordnung kann – nicht zuletzt mit Blick auf die Bedeutung der Rechtsnatur hoheitlichen Handelns für den Rechtsschutz – nicht zufriedenstellen. Daher ist es geboten, die Rechtsnatur des Flächennutzungsplans anhand seiner Wirkungen in der jeweils relevanten Konstellation zu anderen Planungen und Planersatzvorschriften zu bestimmen.

IV. Funktionen und Wirkungen des Flächennutzungsplans im Verhältnis zu Raumordnungsplänen

Dem Flächennutzungsplan kommt eine Bindegliedfunktion zwischen den Plänen der Raumordnung und den örtlichen Bebauungsplänen zu. Mit dem regionalen Flächennutzungsplan i.S.d. § 8 Abs. 4 ROG liegt eine Mischform zwischen Raumordnungs- und Flächennutzungsplan vor. Entsprechend der jeweiligen landesgesetzlichen Regelung ist er Rechtsverordnung oder Satzung. Ist seine Rechtsform gesetzlich nicht vorgegeben, so entfalten jedenfalls die enthaltenen Ziele der Raumordnung die Wirkungen von Rechtsnormen. Häufig teilen die nutzungsregelnden Darstellungen des regionalen Flächennutzungsplans das Schicksal einer in ihm enthaltenen unwirksamen regionalplanerischen Festlegung. Gemäß § 8 Abs. 1 S. 2 ROG ist in den Stadtstaaten die Substituierung des landesweiten Raumordnungsplans durch den Flächennutzungsplan möglich. Hierbei handelt es sich um einen Unterfall des regionalen Flächennutzungsplans.

V. Der Flächennutzungsplan im System der zweistufigen Bauleitplanung

Der Flächennutzungsplan als vorbereitender Bauleitplan kann Darstellungen enthalten, die eine den Festsetzungen des Bebauungsplans gleichkommende Detailschärfe aufweisen. Im Verhältnis zum Bebauungsplan kommt dem Flächennutzungsplan eine Determinationsfunktion zu, die im Entwicklungsgebot des § 8 Abs. 2 S. 1 BauGB ihren Ausdruck findet. Modifiziert wird die Determinationsfunktion durch weitere Regelungen des § 8 BauGB. Relativiert wird sie durch die Möglichkeit der Aufstellung von Bebauungsplänen der Innenentwicklung im beschleunigten Verfahren gemäß § 13a BauGB. Gestärkt wurde die Determinationsfunktion des Flächennutzungsplans durch die Abschaffung der Anzeigepflicht für die aus dem Flächennutzungsplan entwickelten Bebauungspläne. Erhebliche Bedeutung hat der Flächennutzungsplan auch bei der Berücksichtigung von Belangen des Umwelt- und Naturschutzes in der Bauleitplanung.

VI. Die besondere Wirkung heteronomer Flächennutzungspläne

Wird die grundsätzlich der Gemeinde nach § 2 Abs. 1 BauGB zukommende Aufgabe zur Aufstellung des Flächennutzungsplans gemäß §§ 203 ff. BauGB auf einen überörtlichen Planungsträger hochgezont, so entfaltet der Flächennutzungsplan gegenüber der weiterhin für die Aufstellung der Bebauungspläne zuständigen Gemeinde Außenwirkung. Ein solcher heteronomer Flächennutzungsplan ist im Verhältnis zur Gemeinde als Rechtsvorschrift zu qualifizieren.

VII. Die untergeordnete Bedeutung des Flächennutzungsplans im unbeplanten Innenbereich gemäß § 34 BauGB

Im unbeplanten Innenbereich i.S.v. § 34 Abs. 1 und Abs. 2 BauGB entfaltet der Flächennutzungsplan keine Rechtswirkungen im Hinblick auf die Vorhabenzulässigkeit. Auch die in § 5 Abs. 2 Nr. 2 lit. d. BauGB vorgesehene Möglichkeit zur Darstellung zentraler Versorgungsbereiche ist – entgegen den Überlegungen in der Gesetzesbegründung und einzelner Stimmen der Literatur – für die Vorhabenzulässigkeit gemäß § 34 Abs. 3 BauGB ohne Relevanz. Bei der Aufstellung von Satzungen i.S.d. § 34 Abs. 4 BauGB sind die Funktionen des Flächennutzungsplans differenziert zu betrachten. Relevanz kommt ihm bei der Aufstellung der Entwicklungssatzung gemäß § 34 Abs. 4 S. 1 Nr. 2 BauGB und der Ergänzungssatzung nach § 34 Abs. 4 S. 1 Nr. 3 BauGB zu.

VIII. Die zentrale Bedeutung des Flächennutzungsplans für das Zulässigkeitsregime im Außenbereich gemäß § 35 BauGB

Im Außenbereich gemäß § 35 BauGB kommt dem Flächennutzungsplan eine herausgehobene Bedeutung zu. Dies gilt zunächst für die aufgrund des Planvorbehalts gemäß § 35 Abs. 3 S. 3 BauGB möglichen Darstellungen, denen die Wirkungen von Festsetzungen eines Bebauungsplans zukommen. Bei diesen Darstellungen handelt es sich um Rechtsvorschriften. Im Zusammenhang mit dem Planvorbehalt des § 35 Abs. 3 S. 3 BauGB sind auch das Planungsinstrument des Teilflächennutzungsplans gemäß § 5 Abs. 2b BauGB und die Zurückstellungsmöglichkeit nach § 15 Abs. 3 BauGB zu sehen, die jeweils die Steuerungsfunktion des Flächennutzungsplans stärken. Schließlich bietet die für die Zwecke des Repowering von Windenergieanlagen geschaffene Vorschrift des § 249 BauGB mit § 249 Abs. 2 S. 3 BauGB eine Rechtsgrundlage für Darstellungen, die unmittelbare Zulässigkeitsregeln für Windenergieanlagen beinhalten.

Auch jenseits des § 35 Abs. 3 S. 3 BauGB können Darstellungen des Flächennutzungsplans als Rechtsvorschriften einzuordnen sein. Der auf die Notwendigkeit der nachvollziehenden Abwägung abstellenden herrschenden Gegenmeinung kann in ihrer Allgemeinheit nicht gefolgt werden. So können hinreichend konkrete Darstellungen des Flächennutzungsplans die Zulässigkeit eines sonstigen Vorhabens gemäß § 35 Abs. 2 BauGB unmittelbar hindern. Hinreichend detaillierte und auf einer differenzierten Abwägung gründende Darstellungen können auch die Zulässigkeit eines privilegierten Vorhabens gemäß § 35 Abs. 1 BauGB unmittelbar unterbinden. Solche – in der Literatur zutreffend als punktuelle Vollregelungen bezeichneten – Darstellungen entfalten Außenwirkung.

IX. Die starke Stellung des vorlaufenden Flächennutzungsplans gegenüber dem nachlaufenden Fachplan

Die Regelung des § 7 Abs. 1 BauGB postuliert – entgegen der h.M. in der Literatur – eine strenge Pflicht zur Anpassung des nachlaufenden Fachplans an den vorlaufenden Flächennutzungsplan. Mit der Anpassungspflicht gemäß § 7 S. 1 BauGB an den Flächennutzungsplan wird nach der neueren höchstrichterlichen Rechtsprechung nicht nur die gemeindliche Planungshoheit, sondern zugleich das Allgemeinwohl geschützt. Auch dies zeigt die zentrale Bedeutung des Flächennutzungsplans für die räumliche Planung.

B. Gesamtergebnis

Die Rechtsnatur des Flächennutzungsplans lässt sich in einer generalisierenden Betrachtungsweise nicht abschließend bestimmen. Weder seine historischen Grundlagen noch seine dogmatische Durchdringung in Rechtsprechung und Literatur ermöglichen die generelle Zuordnung des Flächennutzungsplans zu einer der überkommenen Formen des Verwaltungshandelns. Dieser Umstand macht es erforderlich, die Rechtnatur des Flächennutzungsplans mit Blick auf seine Wirkungen im Verhältnis zu anderen Planungen und Planersatzvorschriften zu betrachten. Hier zeigt sich, dass der Flächennutzungsplan teilweise erhebliche Rechtswirkungen mit sich bringt.

Neben der Funktion des Flächennutzungsplans im Verhältnis zwischen Raumordnung und Bebauungsplanung sowie seiner gesteigerten Bedeutung gegenüber einem nachlaufenden Fachplan zeigen sich die Rechtswirkungen des Flächennutzungsplans insbesondere im System der Bauleitplanung und der Planersatzvorschriften. Die dem Flächennutzungsplan im Rahmen der zweistufigen Bauleitplanung zugewiesene Determinationsfunktion wurde einerseits durch die Einführung des beschleunigten Verfahrens gemäß § 13a BauGB für Bebauungspläne der Innenentwicklung geschwächt, andererseits durch den Wegfall der Anzeigepflicht für die aus dem Flächennutzungsplan entwickelten Bebauungspläne gestärkt. Aufgewertet wurde auch die Bedeutung des Flächennutzungsplans für die Berücksichtigung von Belangen des Umwelt- und Naturschutzes in der Bauleitplanung. Beachtenswert sind auch die Rechtswirkungen von Flächennutzungsplänen, die durch einen überörtlichen Planungsträger aufgestellt werden. Ihnen kommt im Verhältnis zu den für die Aufstellung der Bebauungspläne zuständigen Gemeinden Außenwirkung zu. Erhebliche Unterschiede in den Rechtswirkungen des Flächennutzungsplans zeigen sich im Verhältnis zu den Planersatzvorschriften des § 34 BauGB und des § 35 BauGB. Während der Flächennutzungsplan für die Vorhabenzulässigkeit im unbeplanten Innenbereich nicht relevant ist, kommt ihm für das Zulässigkeitsregime im Außenbereich zentrale Bedeutung zu. Sowohl die Schaffung des Planvorbehalts gemäß § 35 Abs. 3 S. 3 BauGB als auch die hiermit im Zusammenhang stehende Einführung des Instruments des Teilflächennutzungsplans gemäß § 5 Abs. 2b BauGB und der Zurückstellungsmöglichkeit gemäß § 15 Abs. 3 BauGB haben den Flächennutzungsplan aufgewertet. Gleiches gilt für die – ebenfalls im Kontext des § 35 Abs. 3 S. 3 BauGB stehende – Vorschrift des § 249 Abs. 2 S. 3 BauGB, auf deren Grundlage in den Flächennutzungsplan Darstellungen mit unmittelbaren Zulässigkeitsregeln für Windenergieanlagen aufgenommen werden können. Auch jenseits des gesetzlichen Planvorbehalts gemäß § 35 Abs. 3 S. 3 BauGB haben Darstellungen des Flächennutzungsplans für die Vorhabenzulässigkeit im Außenbereich erhebliche Bedeutung. Hinreichend konkrete Darstellungen können die Zulässigkeit eines sonstigen Vorhabens gemäß § 35 Abs. 2 BauGB unmittelbar verhindern. Gleiches gilt im Rahmen der Zulässigkeit eines privilegierten Vorhabens nach § 35 Abs. 1 BauGB für detailscharfe und auf einer differenzierten Abwägung beruhende Darstellungen.

Angesichts dieser Rechtswirkungen kann im Hinblick auf die Rechtsnatur des Flächennutzungsplans der von der h.M. postulierten Einordnung als hoheitliche Maßnahme sui generis ohne Außenverbindlichkeit nicht uneingeschränkt gefolgt werden. Vielmehr entfalten sogenannte heteronome Flächennutzungspläne im Verhältnis zu den betroffenen Gemeinden Außenwirkung. Sie sind als Rechtsvorschriften zu qualifizieren. Als Rechtsvorschriften einzuordnen sind auch außenverbindliche Darstellungen gemäß § 35 Abs. 3 S. 3 BauGB und § 249 Abs. 2 S. 3 BauGB. Gleiches gilt – mit Blick auf die Vorhabenzulässigkeit gemäß § 35 Abs. 2 BauGB – auch für hinreichend konkrete widersprechende Darstellungen des Flächennutzungsplans i.S.d. § 35 Abs. 3 S. 1 Nr. 1 BauGB. Erweisen sich die Darstellungen hinsichtlich ihrer Detailschärfe und der ihnen zugrundeliegenden Abwägung als sogenannte punktuelle Vollregelungen, so kommt ihnen auch im Rahmen des § 35 Abs. 1 BauGB zulässigkeitshindernde Außenverbindlichkeit zu. Auch solche Darstellungen sind als Rechtsvorschriften einzustufen.

Schriften zum Deutschen und Internationalen Bau-, Umwelt- und Energierecht

Herausgegeben von Axel Wirth

Band 1 Sebastian Ulbrich: Leistungsbestimmungsrechte in einem künftigen deutschen Bauvertragsrecht vor dem Hintergrund, der Funktion und der Grenzen von §§ 1 Nr. 3 und Nr. 4 VOB / B. 2007.

Band 2 Alice Müller: Nachhaltigkeit im öffentlichen Baurecht unter besonderer Berücksichtigung energieeffizienten Bauens und des Einsatzes erneuerbarer Energien. 2008.

Band 3 Petra Christiansen-Geiss: Voraussetzungen und Folgen des Koppelungsverbotes Art. 10 § 3 MRVG. 2009.

Band 4 Johannes Kuffer: Heilung unwirksamer Bauvertragsklauseln. 2009.

Band 5 Stefan Schifferdecker: Bindungswirkung städtebaulicher Wettbewerbe. Rechtliche und soziale Bindungen im Abwägungsprozess. 2009.

Band 6 Christian Felix Fischer: Die zweifelhafte Abnahmefiktion des § 640 Abs. 1 S. 3 BGB. Eine Untersuchung der Voraussetzungen und Rechtsfolgen, ihres Sinn und Zwecks sowie der Folgen für die Praxis. 2010.

Band 7 Jan-Bertram A. Hillig: Die Mängelhaftung des Bauunternehmers im deutschen und englischen Recht. 2010.

Band 8 Hajo Willner: Zahlungsansprüche von Bauunternehmern bei Störungen des Bauablaufs. Eine Untersuchung in Bezug auf VOB / B-Verträge. 2010.

Band 9 Kathrin Susanne Jansen: Die Mangelrechte des Bestellers im BGB-Werkvertrag vor Abnahme. 2010.

Band 10 Franz Weinberger: *Alliancing Contracts* im deutschen Rechtssystem. 2010.

Band 11 Mathias Schäfer: Leistungspakete im Eigenheimbau. Ein Rechtsvergleich USA – Deutschland. 2011.

Band 12 Andreas Schmidt: Abschlagszahlungen nach gesetzlichem Werkvertragsrecht. Analyse und Reformvorschlag unter besonderer Berücksichtigung des Bauvertrags. 2011.

Band 13 Robert Bach: Die Abwägung gemäß § 1 Abs. 7 BauGB nach Erlass des EAG Bau. 2012.

Band 14 Axel Wirth (Hrsg.): Fragen zum Öffentlichen und Privaten Baurecht im Internationalen Ländervergleich. Seminar zum Internationalen Baurecht. 2013.

Band 15 Stephanie Englert-Dougherty: Baulärm und Sozialadäquanz. 2016.

Band 16 Julian Linz: Die Haftung des Bausachverständigen – Tätigkeitsfeld und Haftungsausschluss. 2017.

Band 17 Jan D. Sommer: Die Duldung rechtswidriger Zustände im öffentlichen Baurecht. 2017.

Band 18 Gerrit Krupp: Rechtsnatur und Rechtswirkungen des Flächennutzungsplans. 2017.

www.peterlang.de

www.ingramcontent.com/pod-product-compliance
Ingram Content Group UK Ltd.
Pitfield, Milton Keynes, MK11 3LW, UK
UKHW022103051026
15623UKWH00003B/648